Herbert R. Lottman

Der Fall von Paris

Aus dem Englischen von
Bernd Rullkötter

Piper
München Zürich

Die amerikanische Erstausgabe erschien 1992 unter dem Titel
„The Fall of Paris" im Verlag Harper Collins, New York

ISBN 3-492-03531-0
© Herbert R. Lottman 1992
© der deutschen Ausgabe: R. Piper GmbH & Co. KG, München 1994
Satz: Fotosatz Pfeifer, Gräfelfing
Druck und Bindung: Offizin Andersen Nexö, Leipzig
Printed in Germany

Inhalt

Teil IV HITLERS PARIS

Karten

Prolog

Acht Monate eines erklärten Krieges ohne ernsthafte Kämpfe endeten für Frankreich in der kurzen Nacht vom 9. auf den 10. Mai 1940, als deutsche Heere die Grenzen dreier neutraler Nachbarn – der Niederlande, Belgiens und Luxemburgs – verletzten. Deutsche Flugzeuge ignorierten die Grenzbefestigungen und setzten Fallschirmjäger über dem niederländischen Industriegebiet ab, während andere Luftlandetruppen nach Belgien entsandt wurden, wo sie Befestigungsanlagen und Brükken im ungeschützten Hinterland einnahmen. In der Morgendämmerung überzog Hermann Görings Luftwaffe die überraschten Neutralen mit Angriffswellen, die Verwirrung und Panik auslösten.

Kurz nach Mitternacht wurde der französische Oberbefehlshaber Maurice Gamelin von seinem Adjutanten geweckt; er studierte erste Berichte französischer Militärattachés über »ungewöhnliche Bewegungen« im Nordosten. Bald trafen Informationen aus der näheren Umgebung ein: über Angriffe der deutschen Luftwaffe auf französische Militärflugplätze unterhalb der Kriegszone. Es gab keinen Zweifel mehr: die Offensive hatte begonnen. Der Zweite Weltkrieg war nach Frankreich gekommen.

Der französische Ministerpräsident Paul Reynaud wurde um vier Uhr morgens durch einen Anruf des belgischen Botschafters in Paris aus dem Schlaf gerissen. Die Deutschen rechtfertigten den Einfall in Belgien mit der Behauptung, daß französische und britische Truppen sich ihrerseits zum Einmarsch in das neutrale Land bereit machten. Das winzige Belgien, unter Beschuß genommen und erschüttert, bat formell um französische Hilfe. Die Bitte war erwartet worden, wie General Gamelin in seinem Tagesbefehl deutlich machte: »Der Angriff, den wir seit dem letzten Oktober vorhergesehen hatten, wurde heute morgen eingeleitet. Deutschland hat einen tödlichen Kampf gegen uns eröffnet. Die Parolen für Frankreich und seine Verbündeten sind Mut, Energie, Selbstvertrauen.«

Die Pariser hörten diese Worte in den ersten Rundfunknachrichten des Tages. Außerdem hörten sie Ministerpräsident Reynaud:

Drei freie Nationen – die Niederlande, Belgien, Luxemburg – sind während der Nacht von der deutschen Armee überfallen worden. Sie haben bei den alliierten Armeen um Hilfe nachgesucht. Heute morgen ... haben unsere Soldaten, die Soldaten der Freiheit, die Grenze überschritten ...

Nur einen Monat zuvor, am 10. April, hatte General Gamelin dem Befehlshaber der französischen Streitkräfte im östlichen Mittelmeer, Maxime Weygand, anvertraut, daß er sich eine solche feindliche Offensive inbrünstig wünsche, denn dies werde ihm ermöglichen, seine eigene Strategie durchzusetzen. Er plane, französische und britische Truppen schnellstens nach Norden marschieren zu lassen, wo sie an der Dyle in Belgien Position beziehen sollten. Von dieser Verteidigungslinie aus könnten die Franzosen dann einen kraftvollen Gegenangriff führen.

Ein Militärexperte der Tageszeitung *Paris Soir* teilte General Gamelins Genugtuung. »Es ist soweit«, erklärte er seinen Kollegen. »Hitler hat seinen Fehler gemacht.«

»Drei Fehler wie dieser, und er ist in Paris«, erwiderte der Dramatiker Henry Bernstein, der die Redaktion besucht hatte, um die jüngsten Neuigkeiten zu erfahren.

Teil I
Paris im Frühling

Frankreich hat seine Rolle erfüllt. Sie bestand darin, sich zur Vernichtung darzubieten, weil die Welt beschlossen hatte, zu vermitteln, ohne zu helfen oder zu kämpfen, und eine Zeitlang unter Schweigen begraben zu werden. Bei einem Angriff stehen zwangsläufig Männer in vorderster Linie. Sie sterben fast immer. Aber die ersten müssen sterben, damit der Angriff stattfindet.

ANTOINE DE SAINT-EXUPÉRY, Flug nach Arras

1

Auftakt zum ersten Tag

War dies etwa der Krieg? Das war eine Frage, die man sich im Winter und Frühjahr 1940 häufig stellte, besonders Franzosen oder Briten. Frankreich und Großbritannien hatten Hitlers Aggression gegen Polen Anfang September 1939 mit einer sofortigen Kriegserklärung beantwortet, doch dann war kaum etwas geschehen. Gewiß, in einer Geste der Solidarität mit dem so weit entfernten, bedrängten Polen rückten französische Streitkräfte während des ersten Kriegsmonats an die deutsche Front im Saartal vor, doch dann zogen sie sich hinter die Maginotlinie zurück, in Stellungen, die sicherer waren, also hinter jenes eindrucksvolle Befestigungssystem an der Grenze zu Deutschland, das, damals und für immer, Unbeweglichkeit symbolisieren sollte.

Danach geschah nichts mehr. Es war, als warteten die Franzosen wie 1914 auf den ersten Schritt der Deutschen. Weniger als eine Generation zuvor, unter Kaiser Wilhelm, waren deutsche Truppen einen Tag nach der Kriegserklärung an Frankreich in das neutrale Belgien einmarschiert, rasch nach Süden und Westen vorgerückt und kurz vor der Pariser Region, an der Marne, aufgehalten worden. Darauf folgten vier Jahre der Offensiven und Gegenoffensiven über den verwüsteten französischen Boden, bei denen die besten jungen Männer auf beiden Seiten, darunter auch die besten jungen Männer Großbritanniens, ihr Leben ließen – bis die besten jungen Männer der Vereinigten Staaten von Amerika ihre Stärke einbrachten, um das Patt zu überwinden und dem Krieg ein Ende zu setzen.

Aber nun schreibt man Mai 1940, und die Franzosen und Briten stehen wiederum den Deutschen gegenüber – beobachtet von einem wohlwollenden, neutralen Land jenseits des Ozeans, den Vereinigten Staaten. Sogar die Russen, die den Ersten Weltkrieg als Verbündete des Westens begannen, sind nun neutral und, schlimmer noch, infolge von Stalins Nichtangriffspakt mit Hitler Bettgefährten der Deutschen. Vom Vereinigten Königreich über den Kanal entsandte Truppen haben ihr Lager neben französischen Streitkräften in Frankreich aufgeschlagen, britische Maschinen parken auf französischen Flugplätzen, die Alliierten patrouillieren gemeinsam auf dem Meer. Ein empfindliches Machtgleichgewicht läßt es offenbar beiden Seiten unklug erscheinen, ihre Positionen zu verschieben. Bei den Franzosen wird dies als Strategie bezeichnet; mittlerweile nutzen die Deutschen den Zeitgewinn, um ihren Sieg über Polen zu konsolidieren und sich auf andere Siege im Westen vorzubereiten.

Diese langen Monate der Immobilität nannte man in Frankreich *drôle de guerre* – seltsamer oder komischer Krieg; die Engländer bevorzugten den schärferen Ausdruck *phony war*, »Sitzkrieg«. Gelangweilte Soldaten und geparkte Panzer, in der Regel schweigende Kanonen (abgesehen von symbolischem Sperrfeuer). Gewohnheiten verfestigten sich, und der Charakter des Krieges schien sich im April 1940 kaum zu ändern, als Hitlers Truppen einen seit langem geplanten Skandinavienfeldzug durchführten, wobei sie zunächst die Grenze nach Dänemark mühelos überwanden; der eintägige Einmarsch wird in den Geschichtsbüchern kaum mit einer Fußnote bedacht. Dann folgte die Überfahrt nach Norwegen, die beweisen sollte, daß die Nazis die Briten in deren eigener Domäne (dem Meer) übertreffen konnten. Die überraschten, allzu optimistischen Alliierten konnten Norwegen bald nur noch Gastfreundschaft für den König und die Exilregierung anbieten.

Und immer noch gab es im Osten nichts Neues.

Pierre Mendès-France, ein junger Parlamentsabgeordneter, der einen ländlichen Wahlkreis in der Normandie vertrat, diente damals bei der französischen Luftwaffe im Mittelmeer. Anfang Mai, nach fast acht Monaten ständiger Alarmbereitschaft in Beirut, kehrte er nach Paris zurück – und war schockiert. Die Pariser konnten ihren »komischen Krieg« offenbar kaum vom Friedenszustand unterscheiden. Dies bedeutete einen vergleichsweise hohen Komfort und wenig Einschränkungen. Die hoffnungsvollste Ansicht lautete, daß die Zeit für Frankreich arbeite und daß es den Krieg ohne Blutvergießen gewinnen könne. Man tat, was man konnte, um sich das Warten bequem zu machen.

Jemand erzählte Mendès-France von einem »Rosenstrauchfonds« für die Maginotlinie, einem Werk gutherziger Französinnen, die hofften, den Grenzbefestigungen einen Hauch von Poesie zu verleihen. VIPs konnten die Befestigungen mit einem Gefolge von Fotografen besuchen. Für den Herzog von Windsor wurde eine Salve abgefeuert; die amerikanische Korrespondentin Dorothy Thompson durfte eine 75mm-Kanone, den Stolz Frankreichs, abschießen.

Die gewöhnlichen Pariser Bürger gehorchten den Luftschutzsirenen zu Beginn des Krieges und trugen Gasmasken bei sich (manchmal setzten sie die Masken sogar auf), während sie sich zum nächstgelegenen Schutzraum aufmachten. Patrioten folgten den Appellen in den Zeitungen, in denen um Alteisen und um Wachhunde für Militärpatrouillen gebeten wurde. Maurice Chevalier spendete ein altes Auto und lieferte den Illustrierten damit eine wunderbare Geschichte. In einer Anzeige für Haaröl wurde vorgeschlagen, es den Soldaten an der Front zu schicken, da das Tragen eines Helmes oder eines Käppis zu Haarverlust führen könne.

Am Tag der Kriegserklärung im September 1939 wurden die Theater von Paris geschlossen. Dann, als der Charakter des Krieges offenkundig wurde, öffnete man sie wieder. »Paris muß Paris bleiben«, verkündete Maurice Chevalier, »damit die Soldaten im Urlaub trotz allem ein Stück Pariser Charme vorfinden.« Theaterprogramme enthielten Stadtpläne mit den nächstgelegenen Luftschutzräumen, und die Zahl der Zuschauer war auf die Zahl der in umliegenden Kellern verfügbaren Plätze begrenzt. Aber die Vielfalt des Angebots blieb eindrucksvoll. Zum Beispiel die Programme für den schicksalhaften Tag, den 10. Mai (die natürlich vorbereitet worden waren, bevor irgend jemand wissen konnte, was geschehen würde): Die Repertoiretruppe der Comédie Française hatte eine reguläre Aufführung angekündigt, und in ihrem Schwestertheater am linken Seineufer, dem Odéon, war die Vorschau auf ein neues Stück angezeigt. Die Presse führte sechsundzwanzig geplante Ereignisse für jenen Abend an, darunter Jean Giraudoux' Drama *Ondine* mit dem berühmten Schauspieler Louis Jouvet. Unter den zweiundzwanzig Kabarett- oder Variétévorführungen war eine mit dem Titel »Drôle de Revue« – eine offenkundige Anspielung auf den friedlichen Krieg. Nicht zu vergessen sind dreiundvierzig angekündigte Filme, von denen zwei so lange laufen sollten, wie es ein freies Paris gab: *Ninotschka* mit Greta Garbo und *Der Glöckner von Notre-Dame* mit Charles Laughton in der Hauptrolle.

Philippe Richer, ein Schriftsteller, der die komische Seite der *drôle de guerre* untersuchte, fand heraus, daß die Soldaten an der Front aufgebracht über die unveränderte Lebenshaltung der Pariser Bevölkerung waren. Die Soldaten wußten von den überfüllten Restaurants und den Schlangen vor den Kinos. Manche, die ein schlechtes Gewissen hätten haben sollen, sich jedoch nicht von Zweifeln plagen ließen, betrachteten die Männer in Uniform zuweilen als Müßiggänger. Ein Frontsoldat, Jean-Paul Sartre, zeichnete ein hübsches Beispiel für diese Einstellung auf: Ein Krämer in Uniform erhält einen Brief von seiner Frau, die ihn auffordert, bestimmte Verwaltungsarbeiten zu übernehmen. »Schreib Du an den Kunden«, befiehlt sie, »denn Du hast nichts zu tun. Ich habe zuviel um die Ohren.«

Natürlich vermißte man geliebte Partner, die in ferne Festungen und Garnisonen entsandt worden waren, und gelegentlich brachen Frauen die Vorschriften, um an die Front zu reisen und ihre Männer zu besuchen. Einige blieben dort. Offiziere fanden manchmal einen Weg, mit ihrem eigenen Auto zu einem Kurzurlaub, ob autorisiert oder nicht, nach Paris zu fahren. Wenn es überhaupt Spannungen gab, dann rührten sie von echten oder vermeintlichen Feinden an der Heimatfront her.

So führte die Regierung einen unbarmherzigen Kreuzzug gegen die französischen Kommunisten. Dies war eine Reaktion auf die Übereinkunft zwischen der Sowjetunion und dem nationalsozialistischen Deutschland, die Stalin die Möglichkeit gab, Hitler nach Polen zu folgen und die Beute mit ihm zu teilen. Die Kommunistische Partei und die ihr angeschlossenen Organisationen wurden am 26. September 1939 – einen Monat nach der Stillegung der allgegenwärtigen kommunistischen Presse – verboten. Übertretungen des Verbots konnten mit Gefängnis zwischen einem und fünf Jahren bestraft werden. Führende kommunistische Persönlichkeiten gingen in den Untergrund. Parteichef Maurice Thorez wurde zum Militärdienst einberufen, doch es gelang ihm, sich der Armee zu entziehen und das Kriegsende in Moskau abzuwarten. In Paris brachte eine geheime kommunistische Zelle seit dem 26. Oktober 1939 eine illegale Ausgabe des verbotenen Parteiorgans *L'Humanité* heraus; darin hieß es immer wieder, der Krieg Frankreichs gegen Deutschland sei nicht der Krieg der Arbeiter. Die französische Regierung wies den sowjetischen Botschafter am 28. März 1940 aus: In einem Telegramm, mit dem er Stalin zum sowjetisch-deutschen Friedensvertrag gratulierte, hatte er die Franzosen und Briten als »Kriegstreiber« bezeichnet.

Dies soll nicht heißen, daß die *drôle de guerre* nur aus Gerede bestanden hätte. Am 26. Februar 1940 überquerten feindliche Aufklärungsflugzeuge nach Einbruch der Dunkelheit die Pariser Region, und französische Flakgeschütze eröffneten das Feuer. Eine der französischen Granaten schlug im Pariser 5. Arrondissement ein, unweit der Métrostation Censier an der Rue de Mirbel. Das Geschoß beschädigte die Grundschule an der Rue Monge und ein Café und riß einen etwa fünfzig Zentimeter breiten Trichter. Zwei Frauen kamen um, einem Mann mußte ein Bein amputiert werden – und sie waren nicht die einzigen Opfer. Früher hatte es keine Warnung, keine Sirenen, gegeben. In dieser Nacht waren zwar Sirenen zu hören, doch man sah keine Flugzeuge.

PARISER, BLEIBT NICHT
AUF DER STRASSE,
WENN IHR FLAK HÖRT

lautete eine Schlagzeile; eine naheliegende Schlußfolgerung.

Die Kunst wurde besser beschützt als die Menschen. Seit dem »anderen Krieg«, der mit Erinnerungen an den Vandalismus der »Boches« verbunden war, hatten Museumsdirektoren beschlossen, die Kunstschätze Frankreichs nicht in feindliche Hände fallen, beschädigen oder vernichten zu lassen. Es gab detaillierte Planungen darüber, welche Kunstwerke wohin geschafft und wer sie bewachen sollte. Für transportable Werke wählte man als Aufbewahrungsort häufig historische Monumente weit von Paris.

Die erste Warnung war fast ein Jahr vor der Kriegserklärung zu hören, nämlich im September 1938, als Hitler die Tschechoslowakei bedrohte. Zwei Tage vor dem Treffen des britischen und des französischen Regierungschefs mit Hitler und Mussolini in München fuhr eine erste Lastwagenkolonne vom Louvre zu dem Renaissanceschloß Chambord nahe der Loire. Bei der Nachricht von der Unterzeichnung des Münchner Abkommens zwischen den Demokratien und den Diktatoren atmeten die Hüter der Pariser Kunstschätze erleichtert auf. Man sagte die Räumung ab, aber in manchen Galerien blieben die offenen Verpackungskisten stehen.

Die Kriegserklärung vom 3. September 1939 schließlich war das Signal, daß es mit der Evakuierung nun ernst werden sollte. In den nächsten vier Monaten trafen hundertfünfzig bis zweihundert Wagenladungen Kunstwerke in Chambord ein – manchmal nur Zwischenstation auf dem Weg zu einem weiter entfernten Zufluchtsort in einem der fünfzehn in Lagerhäuser verwandelten Schlösser in Südwestfrankreich, die sicherer schienen. Rose Valland, die damals im Jeu de Paume arbeitete, dem Pariser Impressionistenmuseum, erinnerte sich, daß die neunundzwanzigste Lastwagenkolonne am 3. Oktober mit den wertvollsten Marmorstatuen des Louvre abfuhr: der Venus von Milo, der Nike von Samothrake und Michelangelos *Sklaven*. Skulpturen, die so schwer waren, daß man sie nicht befördern konnte, wurden, von Sandsäcken geschützt, zurückgelassen. Die Kisten, die vor der Verladung im Hof des Louvre standen, trugen sinnlose Ziffern, damit etwaige Zuschauer nicht errieten, welches Kunstwerk abtransportiert wurde. Aber manchem drängte sich der Gedanke auf, daß die Kunstwerke in Sicherheit gebracht wurden, die Menschen aber zurückbleiben mußten.

Wenn die Regierung an die Menschen dachte, dann im Zusammenhang mit deren Ernährung. Zwar besaß man noch reichliche Lebensmittelvorräte, doch bereits im Februar 1940 wurde über

16

voraussichtliche Knappheiten debattiert. Um die Rationierung vorzubereiten, ließ die Regierung eine neue Volkszählung durchführen. Brot, damals ein wichtigeres Grundnahrungsmittel als heute, war das Hauptproblem für die Planer. Fortan sollte nur ein Einheitslaib verkauft werden, nicht etwa die raffinierten Brötchen aller Art und Form, die manche Familien bevorzugten. Croissants waren allerdings nicht verboten. Restaurants durften bei teureren Mahlzeiten nur hundertfünfzig Gramm Brot pro Person servieren; wer sich in einem Bistro eine billigere Mahlzeit bestellte, hatte ein Recht auf dreihundert Gramm. Butter kam nicht auf den Tisch (eine Lektion, an die man sich in vielen Restaurants noch lange nach dem Krieg erinnerte). Konditoreien und Süßwarenhandlungen sollten dienstags, mittwochs und freitags geschlossen bleiben; an diesen Tagen stand auch auf den Speisenkarten der Restaurants kein Gebäck. Alkoholische Getränke konnten nur dienstags, donnerstags und samstags in der Öffentlichkeit gekauft oder konsumiert werden.

Die Zeitungen vergaßen nicht, ihre Leser daran zu erinnern, was ihnen während der Woche bevorstand:

MONTAG: Kein Schlachtfleisch, keine Wurstwaren und Innereien, kein Pferdefleisch.
DIENSTAG: Kein Schlachtfleisch, keine Wurstwaren. Keine Apéritifs oder andere alkoholische Getränke, Schließung von Konditoreien und Süßwarenhandlungen.
MITTWOCH: Kein Schlachtfleisch, keine Süßwaren.
DONNERSTAG: Kein Alkohol.
FREITAG: Keine Konditorei- und Süßwaren.
SAMSTAG: Kein Alkohol.
SONNTAG: Keine Beschränkungen.

Die Schwierigkeit war, daß während des endlosen Sitzkriegs nichts dringlich zu sein schien. Als der Krieg schließlich begann und die Franzosen so langsam reagierten, war ein Regierungsbeamter, Max Brusset (Sekretär des Kolonialministers Georges Mandel), überzeugt, daß die langen Monate des Wartens an dieser Trägheit schuld seien. Der Sitzkrieg habe mithin seinen Zweck erfüllt.

2

Donnerstag, 9. Mai

Der einflußreiche, gerade in den Senat gewählte Jacques Bardoux – ein Erzkonservativer, der die Volksfrontregierungen der dreißiger Jahre ablehnte, doch von unerschütterlichem Patriotismus erfüllt war – führte ein Kriegstagebuch. Seine Eintragung vom 9. Mai beginnt folgendermaßen: »Ein friedlicher Vorkriegsmorgen, Paris ist grün, ruhig, voller Menschen, sonnig.« Es war schwer, zu dem Zeitpunkt nicht vom Wetter zu sprechen. Der Monat Mai war dem nationalen Wetteramt zufolge einer der wärmsten und sonnigsten seit 1874. Nur viermal in den vergangenen sechsundsechzig Jahren hatte man im Mai mehr Sonnenschein verzeichnet.

Der sechsundsechzigjährige Jacques Bardoux war emeritierter Professor für Diplomatiegeschichte an der École Supérieure de Guerre; nach seiner Wahl in den Senat erhielt er sofort einen Sitz im Ausschuß für auswärtige Angelegenheiten. Er verstand es, Fragen zu stellen und zuzuhören. An jenem Morgen erfuhr er von der Kabinettskrise. Paul Reynaud war der Kriegführung durch den Verteidigungsminister Daladier und dessen Protegé, General Gamelin, überdrüssig und hatte mit seinem Rücktritt als Ministerpräsident gedroht.

Auf der anderen Seite des Kanals war Neville Chamberlain – der Mann von München, der geglaubt hatte, daß ein Abkommen mit den Diktatoren den Frieden sichern werde – immer noch Premierminister seines Landes, und er ignorierte den beredten Appell eines konservativen Parteifreundes und Parlamentariers: »Um Gottes willen, treten Sie zurück!«

Dominique Leca, Reynauds Kabinettsekretär, machte das parlamentarische System Frankreichs dafür verantwortlich, daß der Ministerpräsident (dessen eigentlicher Titel Vorsitzender des Ministerrats lautete) keine energische Führungsrolle übernehmen konnte. Selbst ein kämpferischer Regierungschef wie Reynaud war nicht völlig Herr im eigenen Haus. Er konnte zum Beispiel nicht einfach seinen Verteidigungsminister oder seinen Generalstabschef entlassen, wenn er dies für richtig hielt. Dabei waren wenige Regierungschefs der Dritten Republik so entschlossen zu Veränderungen gewesen wie er.

Robert de Saint-Jean, ein Schriftsteller und Beamter, kannte den Ministerpräsidenten gut – hauptsächlich hatte er mit Reynaud in dessen Zeit als Finanzminister zu tun gehabt – und mußte unweigerlich an die Zeichnungen eines boshaften rechten Karikaturisten, der sich Sennep nannte, denken. Jener Sennep stellte den Ministerpräsidenten als Mickymaus dar; eine gewisse Ähnlichkeit war tatsächlich nicht zu leugnen. In seinem Tagebuch notierte Saint-Jean: »Trotzdem verliert er keinen Millimeter an Statur und auch seine außerordentliche Vitalität hat unter der täglichen Belastung nicht gelitten. Sein Ton ist nach wie vor herausfordernd, sein Blick unverändert feurig, und seine Gedanken sind immer noch blitzschnell. Er wirkt zehn Jahre jünger, als er ist – niemand hielte ihn für einundsechzig.«

Wie die meisten Politiker, die sich in Paris einen Namen gemacht hatten, kam Reynaud aus der Provinz. Er stammte aus Barcelonette, einem Dorf in den Basses-Alpes, im Südosten Frankreichs, und hatte eine der angesehensten Pariser Eliteschulen besucht. Bereits 1930 war der Zentrumspolitiker Finanzminister gewesen – ein Posten, den er 1938 erneut bekleidete. In Verteidigungsfragen war Reynaud seit langem das, was die Amerikaner später einen Falken nannten; schon 1934 hatte Charles de Gaulle, der Befürworter einer starken Panzerstreitmacht, ihn auf seine Seite gezogen. Reynaud war einer der wenigen Politiker, die nach Mussolinis Angriff auf Abessinien Sanktionen gegen Italien forderten. Auch hatte er die Münchner Beschwichtigungspolitik Hitler gegenüber abgelehnt (eine Politik, für die Edouard Daladier, wenn auch widerstrebend, mitverantwortlich war).

Kurz, Paul Reynaud war die Kassandra des Vorkriegsjahrzehnts. Er hatte erkannt, daß der Zweite Weltkrieg drohte, und versucht, die Vorbereitungen zu beschleunigen, was zum Bruch mit konservativeren politischen Freunden führte, die noch bis zum Tag des Kriegsausbruchs eine Beschwichtigungspolitik vorzogen. Als der Krieg begann, hätte in Frankreich kein besserer Politiker am Ruder sein können. Doch jetzt, am 9. Mai, stand er kurz davor, seinen bedeutenden Auftrag zurückzugeben.

Reynaud hatte die Entwicklungen während des Norwegenfeldzugs mit wachsender Sorge beobachtet. Er selbst, nicht der passive, gutmütige Daladier, hätte Verteidigungs- und Kriegsminister sein sollen. Seine Überzeugung war nur wenige Tage zuvor durch einen Brief de Gaulles von der Front untermauert worden, in dem der freimütige Oberst dafür plädierte, die französischen Streitkräfte auf Panzer umzurüsten. Dazu sei allerdings ein Führungswechsel nötig. »Ich wiederhole, daß das Militär seinem Wesen nach zu konformistisch ist, um sich ohne fremde Hilfe zu wandeln. Das ist Sache des Staates – diese Aufgabe hat Vorrang vor allem anderen.« De Gaulle hatte sich seinen Kandidaten bereits auserkoren. »Sie allein«, teilte er Reynaud mit, »aufgrund Ihres Amtes, Ihrer Persönlichkeit und der Position, die Sie zu diesem Thema – allein und seit sechs Jahren – vertreten haben, können und sollten diese Aufgabe übernehmen.«

Aber am Morgen des 9. Mai war Reynaud so früh, wie es anständigerweise möglich war, in das Büro des Präsidenten der Republik marschiert, um zu verkünden, daß er eine Kabinettskrise auslösen werde. Beunruhigt fragte Albert Lebrun, ob dies wirklich notwendig sei. Schließlich erfreue sich Daladier – ein ländlicher Politiker, der als Dorfbürgermeister und Abgeordneter den tiefsten Süden Frankreichs repräsentierte sowie Vorsitzender seiner Partei war und zweimal als Ministerpräsident gedient hatte – weiterhin größter Popularität, während Gamelin von den britischen Verbündeten hochgeschätzt werde. Reynaud beharrte: Es bleibe ihm nichts anderes übrig. Er habe die Verantwortung, und nun beabsichtige er, sich auch die Macht zu verschaffen, um dringend erforderliche Entscheidungen zu treffen.

Unter der Verfassung der Dritten Republik, die seit dem Sturz

Napoleons III. in Kraft war, lebten die Franzosen in einer vollendeten parlamentarischen Demokratie: Der Ministerpräsident und das Kabinett schuldeten der Abgeordnetenkammer Rechenschaft, und der von beiden Kammern gewählte Präsident der Republik, eine reine Repräsentationsfigur, hatte sich der jeweils vorherrschenden Meinung zu beugen. Die Vielfalt der politischen Parteien kräftigte die Demokratie, wirkte sich jedoch verheerend auf die Stabilität aus, denn sie führte zu häufigen Kabinettskrisen und Ablösungen des Ministerpräsidenten. Die Wahl vom Frühjahr 1936 – die letzte vor dem Krieg – brachte eine linksorientierte Volksfront an die Macht (an der Spitze der Volksfront standen Sozialisten und Radikalsozialisten, die, ungeachtet ihres Namens, traditionelle republikanische Werte hochhielten; die Kommunisten gehörten der Regierung nicht an, unterstützten sie jedoch). Zwischen Mai 1936 und Paul Reynauds Amtsantritt als Ministerpräsident im März 1940 hatte es vier Regierungen gegeben, von denen der Sozialist Léon Blum und die Radikalsozialisten jeweils zwei leiteten. Nur die Krise und der Krieg konnten die gegenwärtige Regierung vor dem Sturz retten.

Reynaud kehrte in sein eigenes Amtszimmer zurück und entsandte Boten, die das Kabinett zu einer Dringlichkeitssitzung zusammenriefen; das Treffen solle in Reynauds Büro im Außenministerium am Quai d'Orsay stattfinden. Einer seiner Minister, der heimliche Anarchist Anatole de Monzie, vertraute seinem privaten Tagebuch später an, daß er den Zweck der Sitzung nicht habe erraten können. »Der kleine Ministerpräsident hatte sein typisches Lächeln, siegessicher und zurückhaltend zugleich«, notierte Monzie.

»Meine Herren«, begann Reynaud, »ich muß mich mit Ihnen über die Befehlssituation unterhalten.« Er ging auf die in Norwegen begangenen Fehler ein und schloß mit der Erklärung, daß General Gamelin als Oberbefehlshaber der französischen Streitkräfte abgelöst werden müsse.

Daladier protestierte. Es gebe keinen Grund, Gamelin für die Ereignisse in Norwegen verantwortlich zu machen, denn der dortige Krieg werde von den Briten geführt. Reynaud war entzückt, denn nun hatte er einen Vorwand, sich eines Politikers zu entledigen, der alles verkörperte, was er an der willfährigen und unfähigen Führerschaft der Dritten Republik verabscheute. Er verkündete, diese Meinungsverschiedenheit sei das Ende des Kabinetts, was dem Rücktritt aller Anwesenden gleichkomme. Doch wegen der Kriegsumstände seien die Minister aufgefordert, ihren Rücktritt geheimzuhalten, bis Reynaud eine neue Regierung gebildet habe.

An diesem Abend gab William Christian Bullitt, der nach Konsultationsgesprächen gerade aus Washington zurückgekehrte amerikanische Botschafter, in seiner Residenz an der Place d'Iéna ein Dincr für Ministerpräsident Reynaud (der dieses Amt trotz seines geheimen Rücktritts weiterhin innehatte). Unter den Gästen waren Rüstungsminister Raoul Dautry, der Gouverneur der Bank von Frankreich, Pierre Fournier, hohe britische Offiziere wie Air Marshal Arthur S. Barratt und zwei von Bullitts Landsleuten, die Kriegskorrespondenten Vincent Sheean und Dorothy Thompson. Das Tischgespräch drehte sich um die Frage, ob die Deutschen im Laufe des Jahres angreifen würden. Dautry glaubte es nicht – und das französische Waffenbeschaffungsprogramm beruhe auf dieser Annahme. Fournier unterbrach: »Wenn das Ihre Theorie ist, dann befinden wir uns in größerer Gefahr, als ich vermutet hatte. Der deutsche Angriff könnte jetzt in jeder Minute – oder vielleicht in wenigen Tagen – durchgeführt werden.«

Ein Zeuge der Diskussion, der amerikanische Botschaftsrat Robert Murphy, lauschte voller Erstaunen diesen hohen Regierungsbeamten, die so weit voneinander entfernte Standpunkte vertraten. Nach dem Essen fuhr eine kleine Gruppe, darunter einer der britischen Offiziere, ins Hotel Meurice, um die Diskussion in Dorothy Thompsons Suite fortzusetzen; das Gespräch zog sich bis lange nach Mitternacht hin. Am nächsten Morgen kam Murphy der Gedanke, daß der britische Offizier wahrscheinlich gerade noch rechtzeitig in seinem Hauptquartier in Compiègne eingetroffen war, um festzustellen, daß die deutsche Offensive begonnen hatte.

Teil II
Die erste Woche

*Das Ende von Paris ist das Ende der Welt; können wir
dies trotz all unserer Einsicht hinnehmen?*

Victor Serge, Mémoires d'un révolutionnaire

3

Freitag, 10. Mai

Adolf Hitler, der sich in erster Linie als ersten Soldat des Deutschen Reiches betrachtete, erteilte persönlich die Genehmigung für die Frühjahrsoffensive gegen Frankreich und Belgien; das genaue Datum sollte vom Ergebnis der deutschen Operationen in Norwegen und natürlich von den meteorologischen Verhältnissen abhängen. Vom 4. Mai an wurde deutschen Einheiten mitgeteilt, daß man sie vierundzwanzig Stunden vor dem Angriff unterrichten werde. Das Wetter war für den Luftangriff, der die Schlacht entscheiden sollte, nicht günstig gewesen, doch dann wurde es besser. Am 9. Mai um fünf Uhr morgens bestieg Hitler den Zug, der ihn zum Befehlsstand bei Münstereifel brachte, auf einer Anhöhe, die Belgien gegenüberlag (sie erhielt den Codenamen Felsennest). Um neun waren die Wettervorhersagen weiterhin befriedigend, und Hitler befahl den Angriff – durch den Decknamen »Danzig« wurde der Befehl an die Fronttruppen weitergeleitet.

Inzwischen hatte Joachim von Ribbentrops Außenministerium das Weißbuch, das die Verletzung der belgischen und niederländischen Neutralität rechtfertigen sollte, in die endgültige Form gebracht.

Zur Information von Paul Reynaud und dessen Personal hielt der Kabinettssekretär Maurice Dejean die Ereignisse in diesem dramatischen Moment fest. Dejean hatte sich ein Lager in Reynauds Büro im Außenministerium aufgeschlagen (denn Reynaud war damals sowohl Außenminister wie Ministerpräsident), aber er sollte in jener Nacht wenig Schlaf bekommen.

Der erste Anruf erfolgte eine knappe halbe Stunde nach Mitternacht: Der französische Gesandte im Großherzogtum Luxemburg, Charles Tripier, meldete »ungewöhnliche Vorfälle« an der luxemburgischen Grenze zu Deutschland. »Touristen« hätten Schwierigkeiten gemacht.

Um ein Uhr kündigte der französische Botschafter in Brüssel, Paul Bargeton, die Sendung einer dringenden codierten Nachricht an, übermittelte ihren Kern jedoch bereits am Telefon. Sowohl die belgische als auch die niederländische Armee hätten »ungewöhnliche Aktivitäten« an ihren Grenzen gemeldet.

Danach Stille bis vier Uhr, als der Gesandte Tripier wiederum aus Luxemburg anrief, um sich zu erkundigen, ob er Geheimakten verbrennen solle. (Er sollte.) Fünfzehn Minuten später teilte die Brüsseler Botschaft mit, daß die luxemburgische Grenze tatsächlich überschritten sei, mehrere örtliche Gendarmen seien dabei ums Leben gekommen. Um sechs Uhr berichtete Jacques de Blesson, Sekretär an der französischen Gesandtschaft in Den Haag, aus dem niederländischen Außenministerium, daß deutsche Luftlandetruppen auf niederländisches Territorium abgesprungen seien; Festungen und Flugplätze seien bombardiert worden. Die Niederländer hätten die Brücken über die Maas sofort gesprengt, um sich von Deutschland abzutrennen, doch der Feind versuche eine Überquerung mit kleinen Gummibooten.

Eine Viertelstunde später rief Botschafter Bargeton den Direktor für politische Angelegenheiten im Außenministerium, Emile Charvériat, an. Bargeton sagte, er habe sich seit fünfundvierzig Minuten um eine Verbindung bemüht, wodurch er mißtrauisch geworden sei … Wie auch immer, die Deutschen hätten tatsächlich eine Offensive gegen Belgien eingeleitet, dessen Regierung nun nach den Bedingungen des französisch-belgischen gegenseitigen Beistandsvertrags um Unterstützung nachsuche.

Um 6.17 Uhr gab Charvériat die Nachricht an das Kriegsministerium und dann an Ministerpräsident Reynaud weiter. Der belgische Botschafter in Frankreich fuhr zum Quai d'Orsay, um die Meldungen über die Invasion seines Landes zu bestätigen und ein formelles belgisches Hilfsersuchen zu überreichen. Um 6.25 Uhr bat der niederländische Gesandte in Paris um ein Gespräch mit Reynaud; auch er verlangte französische Hilfe. Fünf Minuten später rief Tripier von neuem aus Luxemburg an. Er habe nach Paris fahren wollen, doch die Straßen seien von deutschen Fallschirmjägern gesperrt, weshalb er sich wieder in sein Büro begeben habe; sein amerikanischer Kollege sei bei ihm. Auf Charvériats Instruktion hin hißte Tripier eine amerikanische Flagge über der französischen Gesandtschaft, um sie unter den Schutz eines neutralen Staates zu stellen.

Beamte im Außenministerium hörten die erste deutsche Rundfunkmeldung über den Angriff um 7.30 Uhr in Form eines Kommuniqués, in dem es hieß, die Franzosen und Briten hätten geplant, durch Belgien und die Niederlande hindurch – mit Unterstützung von seiten der neutralen Länder – in Deutschland einzumarschieren; um den Schachzug der Alliierten zu durchkreuzen, hätten die Deutschen Truppen in die Niederlande, nach Belgien und ins benachbarte Luxemburg entsandt. Roland de Margerie, ein Mitarbeiter des Außenministeriums, der das deutsche Statement gemeinsam mit Reynaud hörte, schlug dem Ministerpräsidenten vor, Papst Pius XII. um eine öffentliche Verurteilung des deutschen Einmarsches in neutrale Länder, deren Bevölkerung überwiegend katholisch sei, zu bitten. Reynaud erklärte sich einverstanden und meinte, der belgische König Leopold solle ebenfalls an den Papst appellieren. Religiöse und dynastische Erwägungen könnten Mussolini vielleicht davon abhalten, sich mit dem deutschen Führer zu verbünden. Reynaud stand neben seinem Telefon, als die Dämmerung am Himmel von Paris aufzog, und er begriff, daß Adolf Hitler ihm keine Alternative gelassen hatte. Nun würde er im Amt bleiben und an dem schwerfälligen General Gamelin festhalten müssen; man konnte den Mann, »der das Uhrwerk der belgischen Operation aufgezogen hatte«, schwerlich entlassen.

Später sollte fast jeder, sogar der gewöhnlich zurückhaltende Präsident Lebrun, die Niederlage mindestens teilweise auf den »strategischen Irrtum« zurückführen, der in diesem Augenblick begangen wurde – ein Irrtum, der doch geplant war: der französische Einmarsch in Belgien war General Gamelins Strategie. Es war der erste Schritt des »kläglichsten Feldzugs« in der französischen Geschichte, wie der Militärhistoriker Oberst Adolphe Goutard schrieb. Allerdings zeigt der offizielle britische Kriegshistoriker, J.R.M. Butler, daß auch das britische Oberkommando einen alliierten Vorstoß nach Belgien begrüßte, und zwar aus denselben Gründen wie Gamelin.

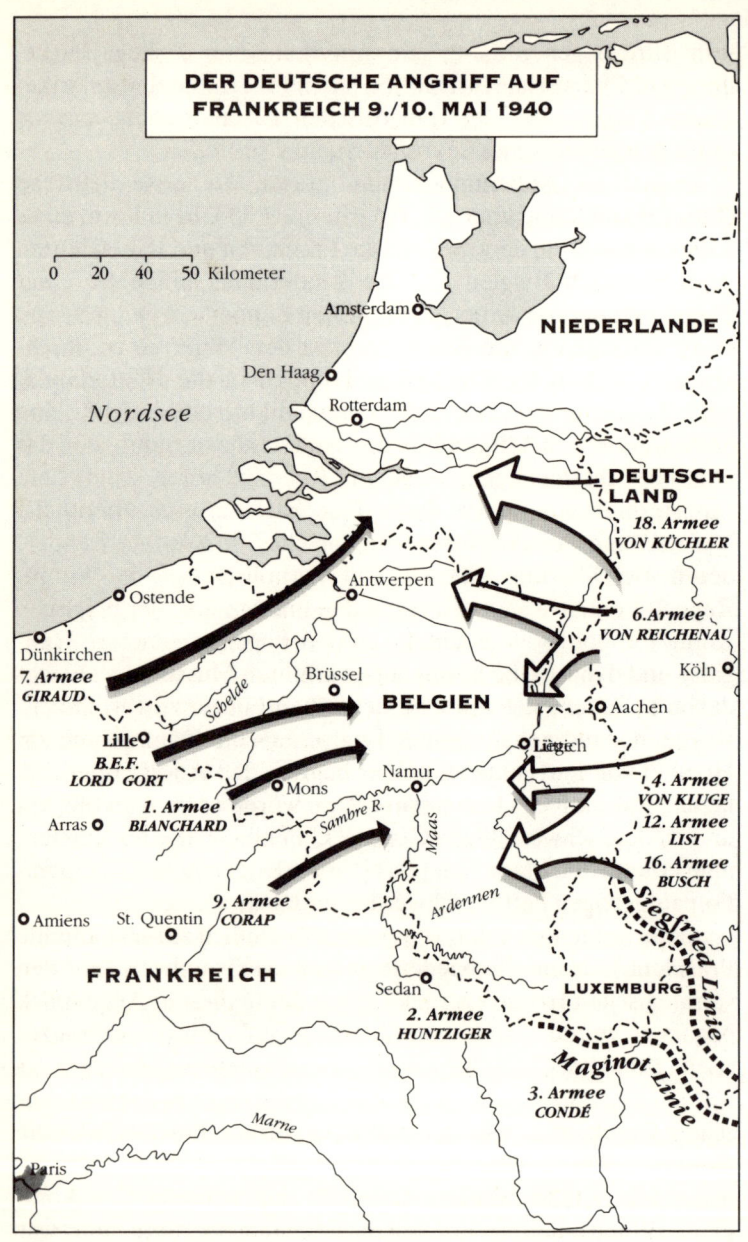

DER DEUTSCHE ANGRIFF AUF FRANKREICH 9./10. MAI 1940

NIEDERLANDE

Nordsee

Amsterdam

Den Haag

Rotterdam

DEUTSCH-LAND

18. Armee VON KÜCHLER

Ostende

Antwerpen

6.Armee VON REICHENAU

Köln

Dünkirchen

7. Armee GIRAUD

Brüssel

BELGIEN

Aachen

Schelde

Lille

B.E.F. LORD GORT

Mons

Namur

Lüttich

4. Armee VON KLUGE

1. Armee BLANCHARD

Sambre R.

Maas

12. Armee LIST

Arras

16. Armee BUSCH

9. Armee CORAP

Ardennen

Siegfried Linie

Amiens

St. Quentin

FRANKREICH

Sedan

LUXEMBURG

2. Armee HUNTZIGER

Maginot Linie

3. Armee CONDÉ

Marne

Paris

0   20   40   50 Kilometer

Karte »Der dt. Angriff, 9.–10. Mai…«

28

Oberst Paul de Villelume, damals der wichtigste Militärberater des Ministerpräsidenten, erhielt die Nachricht durch einen Anruf von Reynauds Gefährtin Hélène de Portes, die manchmal viel weniger die Rolle einer Gastgeberin als die einer politischen Beraterin zu spielen schien. Nachdem Villelume zu einem Gespräch mit Reynaud am Quai d'Orsay geeilt war, fuhr er weiter zu Gamelins Hauptquartier in Vincennes am Ostrand von Paris. Dort entdeckte er, daß der Generalstab mit Jubel auf den deutschen Angriff reagierte. Insgeheim war Villelume überrascht und besorgt, denn die französischen Truppen, die nördlich nach Belgien vorrückten, wurden nicht von deutschen Flugzeugen attackiert; die Deutschen *gestatteten* ihnen den Einmarsch. Er war überzeugt (jedenfalls behauptete er dies später), daß der Feind eine Falle vorbereitet hatte.

Reynaud teilte offenbar seine Überzeugung. Er fragte Gamelin: »Beunruhigt es Sie nicht, daß die alliierten Heere nach Belgien vordringen, ohne von der deutschen Luftwaffe behindert zu werden?« Gamelin antwortete, er mache sich nicht die geringsten Sorgen – doch Reynaud bemerkte, daß sich das Gesicht des Generals gerötet hatte. Wenn manche Militärs sich wunderten, weshalb eine schlecht ausgerüstete und unzureichend ausgebildete französische Armee aus leicht zu verteidigenden Positionen abgezogen wurde, um vorrückenden feindlichen Truppen auf einem noch tags zuvor neutralen Territorium zu begegnen, blieben sie damals jedenfalls stumm.

Niemanden überraschte die Tatsache, daß Regierungsmitglieder durch eine Frau, die weder der politischen noch der militärischen Hierarchie angehörte, über die deutsche Offensive unterrichtet wurden. Man war an die Allgegenwart und Allwissenheit – um nicht zu sagen: Allmacht – der Gräfin Hélène de Portes gewöhnt, die, obwohl unsichtbar für die Öffentlichkeit, bereits vor dem 10. Mai zur Legende geworden war. Nach Ansicht vieler, die die Gräfin kannten, doch nur flüsternd über sie sprachen, war ihr Einfluß auf den Regierungschef von Übel. Im Rückblick ist es schwer, ein Urteil zu fällen, denn Reynaud sollte sich als der entschlossenste Kriegsführer Frankreichs erweisen. Doch die Legende, die sich bis heute gehalten hat, zeichnet Hélène de Portes als Defätistin.

Sie wurde als Hélène Rebuffet, Tochter eines erfolgreichen Bauunternehmers, in Marseille geboren. Bereits vor Reynauds Eheschließung im Jahre 1930 war sie mit ihm und seiner künftigen Frau befreundet. Dann führte ihr Interesse an Paul zu Szenen im Haushalt der Reynauds, bis er 1938 aus seiner Wohnung an der Rue du Faubourg Saint-Honoré in ein Junggesellenquartier an der Place du Palais-Bourbon, genau gegenüber der Deputiertenkammer, umzog. Es gab Gerüchte über ein stürmisches Privatleben, das wenig Zeit und Energie für andere Aktivitäten lasse. Doch das frenetische öffentliche Leben und die tatkräftige Kriegsführung Reynauds widerlegen solche Gerüchte.

*

Es war nur ein zufälliges Zusammentreffen, doch an dem Tag, als Reynaud auf seinen Rücktritt verzichtete, um seine Arbeit als Kriegsführer Frankreichs fortzusetzen, kam jenseits des Kanals ein neuer Kriegsführer an die Macht. Als Erster Lord der Admiralität war Winston S. Churchill infolge des Norwegenfeldzugs bereits ein vertrautes Gesicht für die Briten; man könnte sogar behaupten, daß er die Verantwortung für das Versagen der Alliierten mittrug. Doch die Öffentlichkeit und das Parlament begrüßten ihn als erwünschten Nachfolger des ermüdeten Neville Chamberlain, des Mannes von München und der Beschwichtigungspolitik.

Fernande Alphandery, damals achtundzwanzig Jahre alt und unverheiratet, war Geschäftsführerin eines pharmazeutischen Unternehmens – eine Beschäftigung, auf die der Sitzkrieg kaum Auswirkungen hatte. Obwohl sie das Kind jüdischer Eltern war – einer sephardischen Familie, die sich seit Beginn des 16. Jahrhunderts in Frankreich etabliert hatte – , nahm sie den Krieg nur am Rande zur Kenntnis. Sie war Kommunistin gewesen und hatte die Partei nicht wegen ideologischer Bedenken verlassen, sondern einfach, weil ihr die Zeit fehlte, an den Zusammenkünften ihrer Zelle teilzunehmen. Der Spanische Bürgerkrieg hatte ihr mehr zu denken gegeben als der gegenwärtige französische

Krieg; sie sah darin eine typische Reaktion der Linksintellektuellen.

Aber die Ereignisse veranlaßten sie, ein Tagebuch zu führen. Am 10. Mai gab es etwas, das sich niederzuschreiben lohnte: einen Luftalarm um fünf Uhr morgens. Sie ging nicht hinunter in den Keller ihres Wohnhauses an der Rue Victorien Sardou (ganz in der Nähe der Avenue de Versailles), denn mittlerweile schien es albern, den Zivilschutzvorschriften zu gehorchen.

Da sie nun hellwach war, konnte sie jedoch den Sonnenaufgang vor ihrem Fenster bewundern. »Es ist ein schöner, rosiger und kühler Tag«, notierte sie romantisch. Der Vogelgesang war »betäubend« – sie konnte ihn über die Sirenen, über das Öffnen und Schließen von Fenstern und Türen, über das Dröhnen der Flugzeuge hinweg hören. Sie tröstete sich mit dem Gedanken, daß es »unsere« Maschinen seien. Oder nicht? Denn nun konnte sie auch Flugabwehrgeschütze hören.

Langsam kehrten die vertrauten Straßengeräusche zurück, zum Beispiel von Milchwagen auf der Morgenrunde. Unten hatten sich Frühaufsteher um einen behelmten Zivilschutzwart versammelt, um ihn zu fragen, ob der Angriff vorüber sei. Fernande Alphandery wußte, daß der Mann die Antwort auf dieselbe Weise wie alle anderen erhalten würde: durch das zweite Heulen der Sirenen, das die Entwarnung verkündete. Um neun Uhr waren sie und alle, mit denen sie sich unterhalten hatte, zu dem Schluß gekommen, es kann nur ein Scherz gewesen sein. Doch dann hörten sie Radio und erfuhren, daß der Luftalarm in den Rahmen eines größeren Bildes gehörte. Bald begannen die Nachbarn, über »den anderen Krieg« zu sprechen, den Ersten Weltkrieg, der zweiundzwanzig Jahre zuvor geendet hatte.

A. J. Liebling, Korrespondent der Illustrierten *The New Yorker*, die in Form von Essays von den Schlachtfeldern Europas berichtete, stand im Morgengrauen am Fenster seines Lieblingshotels, als die Sirenen ertönten. Es war die erste Warnung am Tage seit den frühen Kriegswochen. Von seinem Zimmer aus sah er auf den Square Louvois hinunter wie auf »ein elisabethanisches Theater, dessen Zuschauerränge von den geöffneten Fenstern sämtlicher Gebäude eingefaßt wurden. Statt jedoch

hinunter auf die Bühne zu blicken, schauten alle nach oben«.
Die Menschen an den Fenstern trugen noch Nachthemden und
Schlafanzüge, und diese Kleidungsstücke wirkten auf den höheren Stockwerken schäbiger, wie Liebling notierte, »denn der
Wohlstand der Mieter in einem Etagenhaus ist umgekehrt
proportional zu ihrer Höhe«. Flakfeuer hatte die Vögel in den
Bäumen unter ihm aufgeschreckt; Leuchtspurgeschosse erhell-
ten den frühmorgendlichen Himmel. Der Reporter wußte nicht,
ob die Flugzeuge, die er hörte, deutscher oder französischer
Herkunft waren. Als eines von ihnen hoch über die Stadt hin-
wegstrich, verstummten die Kanonen. Wie Liebling vermutete,
wollten die französischen Verteidiger verhindern, daß eine
feindliche Maschine in Flammen auf die Dächer von Paris herab-
stürzte.

Pierre Mendès-France, der kurz zuvor ein Offizierspatent als
Bordbeobachter erhalten hatte, wollte möglichst rasch an
Kampfflügen teilnehmen. Als Parlamentsmitglied war er in der
Lage, seine Bitte an oberster Stelle vorzutragen. Am Vortag
hatte er Luftfahrtminister André Laurent-Eynac telefonisch um
einen Termin gebeten; der Minister hatte ihn für den nächsten
Morgen um neun Uhr in sein Büro bestellt.
Mendès' Tag begann mit den Sirenen. Wenn die Deutschen
nun bei Tage Angriffe auf Paris flogen, mußte es sich um eine
neue Entwicklung handeln. Die Morgenzeitungen lieferten
keine Aufklärung: der Krieg der Titelseiten spielte sich im
fernen Norwegen ab – dort wollte er eingesetzt werden, dachte
Mendès-France. Das Gebäude des Luftfahrtministeriums am
Boulevard Victor wirkte ruhig und geschäftsmäßig. Niemand
konnte ihm den Grund für den Fliegeralarm im Morgengrauen
sagen. Laurent-Eynac empfing ihn zum verabredeten Zeitpunkt. Mendès berichtete von seiner Erfahrung in Syrien und
kam dann auf Norwegen und den von ihm gewünschten Auftrag
zu sprechen.
»Sehr gern«, erwiderte der Minister. »Aber bei dem, was im
Moment geschieht, weiß ich nicht, wie wir Flugzeuge dorthin
schicken sollen.«
»Was geschieht denn?«

»Wissen Sie das nicht?« Pierre Mendès-France war bald ins Bild gesetzt, änderte rasch seinen Plan und bat, nach Belgien entsandt zu werden.

Als Leutnant Mendès-France das Luftfahrtministerium verließ, konnte er an den Mienen der Menschen ablesen, daß sie die Morgennachrichten gehört hatten. Alle, mit denen er sprach, waren guter Stimmung – im Grunde froh, daß die lange Wartezeit endlich vorbei war. Beim Mittagessen mit seiner Frau traf er Henri de Kérillis, einen erzkonservativen und patriotischen Parlamentarierkollegen. »In einem Monat«, sagte Kérillis, »werden die Deutschen in Paris oder wir in Berlin sein. Für Frankreich ist es nicht nur eine der Schlachten des Krieges, sondern die Entscheidungsschlacht.«

Robert de Saint-Jean – einer der Schriftsteller, die das hastig gegründete, im Hotel Continental untergebrachte Informationsministerium rekrutiert hatte – führte ein Tagebuch, in dem er Beobachtungen festhielt, die damals nicht unbedingt für ein breiteres Publikum geeignet waren. »›Es ist soweit!‹ Heute morgen hört man in Paris nichts anderes«, notierte er am 10. Mai.

Die Gymnasiallehrerin Simone de Beauvoir, deren Gefährte Jean-Paul Sartre als Soldat nach Ostfrankreich abkommandiert worden war, kaufte, eher gedankenverloren, eine Zeitung am Kiosk in der Nähe des Café du Dôme und warf einen Blick darauf, während sie den Boulevard Raspail entlangschlenderte. Als sie die Schlagzeilen las, blieb sie an einer Bank am Straßenrand stehen, setzte sich hin und weinte. In den folgenden Tagen wurde sie – was etwas Neues für sie war – zu einer eifrigen Zeitungsleserin.

Wenn man dem Entertainer Maurice Chevalier glauben darf, wurden die Lebensgeister durch den Überraschungsangriff erst richtig geweckt. »Es wird langsam Zeit für einen guten Kampf«, lautete der allgemeine Seufzer. Chevalier, bereits eine internationale Berühmtheit – er hatte fast dreißig Jahre auf französischen Bühnen und sieben Jahre in Hollywood hinter sich –, trat damals im Casino de Paris auf, einem der besten Varietétheater der Stadt. Es war, als sei das Theater in elektrische Schwingungen versetzt worden. »Die werden sehen, wozu wir fähig sind, die Deutschen. Die Zeit der Reden ist vorbei. Je größer die Schlacht, desto schneller wird der Krieg vorbei sein.«

*

Hitlers Überraschungsangriff hatte dafür gesorgt, daß niemand aus dem Kabinett entlassen wurde. Trotzdem gab es einiges, was Paul Reynaud tun konnte, um ein Kriegskabinett daraus zu machen. Er zog zwei prominente Mitglieder der parlamentarischen Rechten heran: Louis Marin und Jean Ybarnégary. Der letztere war ein Verbündeter des umstrittenen antikommunistischen Kämpfers Oberst François de La Rocque. Dies genügte, um einen echten Faschisten vor Wut zittern zu lassen. »Natürlich springen diese Männer der Rechten auf einen Ruf von Reynaud herbei wie Hunde auf einen Knochen«, schrieb Alain Laubreaux von der extremistischen Wochenzeitung *Je Suis Partout* voller Groll – allerdings nur in sein privates Tagebuch.

Der Senator Jacques Bardoux erhielt die Nachricht sehr früh durch den Anruf eines Freundes. »Die entscheidende Stunde hat eher geschlagen, als ich dachte«, vertraute er seinem Tagebuch an. »Gott rette uns.« Nachdem er seine Post unterzeichnet hatte, ging er hinaus in ein »Paris der großen Tage, ruhig und still. Jeder hält es für unanständig zu schwatzen, denn unsere Kinder werden sterben.« Offenkundig begegnete Senator Bardoux keinem von denen, die sich aufmachten, um Chevalier singen zu hören.

Nachdem Bardoux seine Familienangelegenheiten geregelt hatte – vor allem sorgte er dafür, daß seine Kinder und Enkel in sicherere Gebiete gebracht wurden –, suchte er die britische Botschaft auf, um mit dem Botschafter Sir Ronald Campbell zu sprechen, den er »ernst, erschöpft, sehr traurig« antraf. Dies verriet dem Senator einiges über die wahre Situation. Der Botschafter war sich mit Bardoux darüber einig, daß Hitler durch den Rückzug der Alliierten in Norwegen sowie durch die Kabinettskrisen in London und Paris ermutigt worden sei, die Niederlande, Belgien und Luxemburg anzugreifen. Laut Bardoux wären amerikanische Flugzeuge nötig; könnten die niederländische Königin und der belgische König nicht um Hilfe an die Vereinigten Staaten appellieren?

Bevor der Tag vorüber war, sollte sich Paul Reynaud zu einem freimütigen Gespräch mit dem amerikanischen Botschafter zusammensetzen – es war nicht die erste derartige Unterredung und nicht die letzte. Reynaud übermittelte William Bullitt die guten wie die schlechten Nachrichten. Ein bedrohliches Zeichen: Die Niederländer hätten nicht weniger als hundertfünfzig deutsche Fallschirmjäger ausfindig gemacht und gefangengenommen, die in Uniformen der niederländischen Armee auf niederländischem Boden gelandet seien. Natürlich habe man sie erschossen.

Und doch, wie Bullitt dem amerikanischen Außenministerium sofort nach diesem Treffen berichtete, schien Reynaud in durchaus gehobener Stimmung. Er teilte mit, daß französische Truppen bereits weit nach Norden – nach Brüssel, Antwerpen und Namur – vorgestoßen seien. »Die Schlacht, die nun begonnen hat«, zitierte Bullitt den Ministerpräsidenten, »ist schließlich ein Kampf um die Freiheit in der Welt, und von ihrem Ergebnis wird es abhängen, ob wir in Frankreich, ebenso wie Sie in Amerika, den Kopf ein wenig höher tragen können oder ihn viel tiefer sinken lassen müssen.« Was Reynaud selbst betreffe, so habe er versprochen, seine persönlichen Differenzen mit Verteidigungsminister Daladier zu begraben. Bullitt konnte nach Washington melden, der deutsche Angriff habe es dem tapferen Ministerpräsidenten ermöglicht, die politische Krise zu überstehen. »Von seinem Rücktritt hat die französische Presse nichts verlautbart, und nur ein erstaunlich kleiner Kreis ist darüber unterrichtet.«

Bullitt war natürlich ein Mitglied dieses Kreises. Kluge Franzosen, die der herrschenden Elite angehörten, wußten, daß sie in Botschafter Bullitt einen Freund hatten. Er war der Vertreter einer neutralen Nation, deren Ressourcen und industrielles Potential in der französischen Presse regelmäßig gepriesen wurden, um die Moral zu heben. Zudem war Bullitt eine einzigartige Persönlichkeit, ein äußerst engagierter Diplomat, der aufrichtig meinte, daß Frankreich seiner Mühe wert sei. An diesem und den folgenden Tagen leistete der Botschafter jegliche Unterstützung und spendete allen Trost, die der Abgesandte einer großen, doch passiven Nation bieten konnte. Vom französischen Standpunkt aus gab es niemanden, der mehr getan hätte. Dieser Diplomat kannte und liebte Frankreich und beherrschte die Sprache. Außerdem war er ein Vertrauter von Präsident Franklin D. Roosevelt und fand jederzeit bei ihm Gehör.

Bullitt wurde am 15. Januar 1891 in eine ungewöhnliche Ahnenreihe hineingeboren. Väterlicherseits stammte er von protestantischen Emigranten ab, die Frankreich im siebzehnten Jahrhundert verlassen hatten (und ursprünglich Boulet hießen). Durch Heiraten war er nicht nur mit George Washington und Patrick Henry, sondern anscheinend sogar mit der Indianerprinzessin Pacahontas verwandt. Mütterlicherseits hatte er deutsche und jüdische Vorfahren, darunter den Chirurgen Samuel Gross, der in der Smithsonian Institution für seine Beiträge zur amerikanischen Medizin durch eine Statue geehrt wird. Die Bullitts besaßen Prestige und Geld. Der junge William lernte in München Deutsch; zu Hause sprach seine Mutter mit ihm Französisch. Er war der erste amerikanische Botschafter in Frankreich, der sich in der Landessprache verständigen konnte.

Er hatte das College in Yale besucht und studierte Jura in Harvard, als sein Vater starb. Der junge Mann begann den Ersten Weltkrieg als Reporter und arbeitete bei Kriegsende im Außenministerium, wo er rasch zu einem Experten für Europa und das nachrevolutionäre Rußland wurde. Präsident Woodrow Wilson nahm ihn zu den Friedensverhandlungen mit nach Versailles, wo Bullitt in der amerikanischen Delegation für die Berichte des Nachrichtendienstes verantwortlich war. Danach wurde er nach Moskau entsandt, um das neue Sowjetregime in Augenschein zu nehmen. Bald hatte er einen Weg gefunden, um Präsident Wilson zu verärgern, da er dessen Kampagne für einen amerikanischen Eintritt in den Völkerbund entgegenwirkte. Bereits im Alter von sechsundzwanzig war er ein verdrossener ehemaliger Regierungsbeamter.

Sein Talent und seine Beziehungen hatten zur Folge, daß er im Licht der Öffentlichkeit blieb. Er ließ sich von einer Schönheit aus den höheren Kreisen Philadelphias scheiden, um die Witwe

John Reeds zu heiraten, des amerikanischen Kommunisten, der *Zehn Tage, die die Welt erschütterten* schrieb und an der Kremlmauer beigesetzt ist. Bullitt machte weiterhin auf sich aufmerksam, und sein Name erschien häufig in den Zeitungen, zum Beispiel nach seinem Schlüsselroman, in dem er die Oberschicht von Philadelphia verspottete. Er war genau der richtige Mitarbeiter für Franklin Roosevelt, auch dieser ein rebellischer Aristokrat. Nachdem er 1932 an Roosevelts Präsidentschaftskampagne mitgearbeitet hatte, wurde er der inoffizielle Berater des neuen Präsidenten für auswärtige Angelegenheiten und erhielt eine weitere nonkonformistische Aufgabe: er führte die Verhandlungen für die Anerkennung der Sowjetunion. Im Anschluß daran war er der einleuchtende Kandidat für den Botschafterposten in Moskau. Zwar bewunderte er die Oktoberrevolution, doch er sprach sich wiederholt gegen Stalins grobe Repressionen aus und war nicht länger ein Freund der UdSSR, als er die Botschaft verließ. 1936 traf er als amerikanischer Botschafter in Frankreich ein und gewann neue Freunde durch seine antifaschistische Haltung. Manche bezeichneten ihn wegen seiner verschwenderischen Empfänge, die er zum Teil aus eigener Tasche bezahlte, als den »Champagner-Botschafter«. In einer biographischen Skizze im *New Yorker* zitierte die Pariser Korrespondentin Janet Flanner den Tribut eines seiner alten Freunde an Bullitt: er sei aus reichen Verhältnissen *aufgestiegen*.

»Seine Energie veranlaßt die Menschen, ihn entweder zu bewundern oder zu verabscheuen«, schrieb Flanner. »Er ist eigensinnig, parteiisch und stets ein Kämpfer, ein forscher Patriot und ein explosiver Romantiker.« Er sei »adrenal«; man könne ihm alle Emotionen am Gesicht ablesen. »Halsstarrig, verwöhnt, imposant, eine Art Nabob und ein guter Showman, hat er komplizierte Ambitionen, die sich aus seiner Hingabe an seine eigenen Vorstellungen von Idealismus, seinem Interesse an seiner Karriere und seinem Glauben an das höhere Schicksal der menschlichen Rasse zusammensetzen.«

In Paris kümmerte sich Bullitt ganz allein, ohne die Hilfe einer Ehefrau, um den gesellschaftlichen Aspekt des Botschaftslebens. Er mietete sich ein Landhaus in der Nähe des Schlosses Chantilly und züchtete Pferde. Die Korrespondentin des *New*

Yorker, die ihren Artikel Ende 1938 – weniger als ein Jahr vor Kriegsausbruch – schrieb, schilderte ihn als frühzeitig kahl, »blauäugig, rosahäutig... Die dunkelrote Nelke, die er täglich im Knopfloch trägt, amüsiert die Franzosen«.

Man konnte ihn als einen diplomatischen Dilettanten bezeichnen, und genau dies tat mindestens ein Beobachter, der Bullitts Karriere als eine Reihe weniger unbedeutender Erfolge und vieler Fehlschläge ansah und ihn als Roosevelts Apparatschik verhöhnte. Was die Auswirkungen von Bullitts Einsatz betrifft, so sind die Historiker geteilter Meinung. War er ein Kriegstreiber, der Hitler zum Angriff auf den Westen verleitete? Ein moderner Paul Revere, der die Welt vor einer aktuellen Gefahr warnte? Oder nur »ein glänzender Schwindler«, wie ein amerikanischer Reporter in Paris insgeheim dachte, ein Angehöriger des Establishments, oberflächlich und brillant, der in Ereignisse verwickelt worden war, die seine Kompetenz überstiegen? Kritiker erinnerten sich daran, daß Bullitt vor der tschechoslowakischen Krise von 1938 von jeglicher Kriegstreiberei weit entfernt gewesen war und Zugeständnisse an die Nazis befürwortet hatte. Im Juni jenes Jahres hatte er Innenminister Harold Ickes erklärt, es sei die Pflicht der Vereinigten Staaten, nicht in den Krieg einzutreten und soviel wie möglich von der westlichen Zivilisation zu retten.

Wie immer das endgültige Urteil lauten mag, diese »Gestalt wie aus einem Buch von F. Scott Fitzgerald« lieferte genau den moralischen Aufschwung, den Frankreich damals brauchte. Zuweilen schien er eher der Botschafter Frankreichs in den Vereinigten Staaten zu sein als umgekehrt, doch dies hatte unter den gegebenen Umständen einige Vorteile. Robert Murphy enthüllte später, daß Bullitts vertraulicher Umgang mit den französischen Spitzenpolitikern bewußt hochgespielt worden sei, um die Deutschen zu überzeugen, daß die Vereinigten Staaten sich stärker für Frankreich engagierten, als es in Wirklichkeit der Fall war.

4

Samstag, 11. Mai

Nun wurde die gesamte Energie des neuen Deutschland freige-
setzt, wiewohl sie sich hauptsächlich gegen kleine und neutrale
Nationen entlud. Die Deutschen entwickelten eine neue Art der
Kriegsführung, die von den Stukas symbolisiert wurde; man
fürchtete sie wegen ihres grauenhaften Heulens beim Sturzflug
fast ebensosehr wie wegen der Bomben, die sie auf ihre Ziele
abwarfen. Fallschirmeinsätze hinter den feindlichen Linien – die
Fallschirmjäger waren häufig als einheimische Soldaten oder
sogar als Zivilisten verkleidet – stellten eine hinterlistigere, doch
nicht weniger effektive Methode dar. Hinzu kamen die Panzer,
die nicht nur (wie von den Franzosen) zur Unterstützung der
Infanterie benutzt wurden, sondern massive Formationen bildeten, um die feindlichen Linien zu durchbrechen und eine
Entscheidung herbeizuzwingen.

Ein Mann, den man im Bodenkrieg nicht aus den Augen
verlieren durfte, war der deutsche General Georg von Küchler;
er feierte seinen neunundfünfzigsten Geburtstag, während er
sich im Verlauf des Monats den nördlichen Toren von Paris
näherte. Als Artillerieoffizier ausgebildet, befehligte er die
18. Armee, die den Vorstoß gegen die Niederlande führte.
Küchler hatte sich als Soldat im Ersten Weltkrieg Respekt ver-
schafft und war einer von Hitlers Günstlingen geworden. Seine
Mai-Offensive gegen die Niederlande war so einseitig, als gäbe
es dort überhaupt keinen Gegner. Später zeichnete Küchler sich
an der Ostfront aus, wo seine brutale Taktik ihm die Beförderung zum Feldmarschall sicherte. Zwischen den beiden Feld-
zügen hatte er die Ehre, die Armee, die Paris einnahm, zu befeh-
ligen, doch dies war der am wenigsten blutige seiner Aufträge.

Unterdessen leisteten die Niederländer auch am 11. Mai
tapfer Widerstand. Sie lieferten Gefechte in Dorfstraßen und

verteidigten jeden Kanal. Küchler unterstand auch die 9. Panzerdivision, deren Geschwindigkeit sprichwörtlich war. Dadurch überquerten die Deutschen wichtige Wasserwege, bevor man die Brücken sprengen konnte. Französische Einheiten, die sich nach Norden vorschoben, um ihren neuen Verbündeten zu helfen, waren durch feindliche Luftangriffe gefesselt (sie erreichten nie den niederländischen Boden). In Belgien konnten französische und britische Streitkräfte nicht die Positionen beziehen, die ihnen im Gamelin-Plan zugewiesen waren. Truppen, die auf Luftangriffe nicht vorbereitet waren, denen auch die Ausrüstung fehlte, um sich gegen konzentrierte Attacken von Panzerfahrzeugen zu verteidigen, wurden mühelos aufgerieben. Die militärischen Fernmeldenetze erwiesen sich als unzureichend, um die Aktionen an der Front zu koordinieren und um das Hauptquartier über den Standort der feindlichen Truppen zu unterrichten.

Die Franzosen hatten sich an den »Sitzkrieg« – wie auch der kämpferische Ministerpräsident Reynaud ihn nannte – gewöhnt, doch sie waren nicht auf den Blitzkrieg vorbereitet.

Außerdem bot Hitlers Kriegsstil die Möglichkeit, Paris fast vom ersten Tag an auf eine andere Art zu erreichen: durch Rundfunksendungen, die der Propagandaminister Joseph Goebbels von Berlin aus leitete. Die Franzosen waren bereits mit den Stimmen ihrer Landsleute vertraut, die über Radio Stuttgart plumpe Unwahrheiten verbreiteten. Nun organisierte Goebbels angeblich französische Programme, die aus noch größerer Nähe zu Paris ausgestrahlt wurden. Die Sprecher behaupteten, französische Patrioten zu sein, die ihre Regierung ablehnten. Es war leicht, mit Hilfe solcher Sendungen Verwirrung zu stiften. Die Sprecher bestritten Gerüchte über deutsche Geheimwaffen nicht und hatten keine Einwände gegen die deutsche Praxis, Fallschirmjäger als einheimische Soldaten oder unschuldige Zivilisten zu verkleiden – im Gegenteil. Bald darauf entlehnte Goebbels den Namen der mittlerweile verbotenen kommunistischen Parteizeitung und gründete »Radio Humanité«. »Ein kommunistisches Frankreich wäre infolge von Hitlers Bündnis mit der UdSSR sicher vor deutschen Angriffen«, erklärte ein Sprecher. »Es gibt keine deutsche Gefahr, wie unsere Kapitalisten lautstark behaupten, nur um die Proletarier in den Tod zu schicken.« Selbstverständlich rief der angeblich kommunistische Sender zu zivilem Ungehorsam auf: »Zeichnet keine Kriegsanleihen, zahlt keine Steuern, arbeitet langsamer, führt Sabotageakte durch, tut nur das, was zum Überleben nötig ist.«

Die wohl größte Leistung der deutschen Rundfunkpropaganda bestand darin, daß sie französische Hörer von der Unbesiegbarkeit des deutschen militärischen Nachrichtendienstes, von der Allwissenheit deutscher Spione und der Existenz einer in allen Gesprächen präsenten »Fünften Kolonne« überzeugte. Der Begriff entstand im Spanischen Bürgerkrieg, als einer von Francisco Francos Generalen prahlte, die Aufrührer rückten mit vier Kolonnen gegen Madrid vor, besäßen jedoch eine fünfte Kolonne von Anhängern innerhalb der Stadt. Während des Sitzkriegs teilten Franzosen einander mit, der deutsche Rundfunk verbreite die Einzelheiten französischer Militärbewegungen bereits im Augenblick des Vollzugs. Kaum ziehe eine neue Einheit an die Front, hieß es, schicke Radio Stuttgart ihr bereits Grüße.

So lauteten die Gerüchte. Aber französische Horchfunker, die die feindlichen Sendungen abhörten, fanden bald heraus, daß die Deutschen nichts dergleichen vermochten. In Frankreich wimmelte es nicht von Spionen. Am 26. April 1940, als das Verteidigungsministerium eine Anweisung zu diesem Thema an sämtliche Spionageabwehroffiziere ausgab, war in keinem einzigen Fall bewiesen, daß feindliche Fallschirmspringer auf französischem Gebiet eine erfolgreiche Mission durchgeführt hätten. Keine verborgenen Funkgeräte auf französischem Territorium verrieten Geheimnisse an den Feind. Keine Spione gaben feindlichen Flugzeugen – mit Hilfe von Raketen – Signale; das alles behaupteten die Gerüchte. Das militärische Establishment fragte sich, ob solche Gerüchtemacherei nicht ihrerseits auf die Arbeit einer Fünften Kolonne zurückgehe, und man wies Nachrichtendienstoffiziere an, die Quellen derartiger Falschmeldungen aufzuspüren.

Keine Republik ist gegen eine solche Taktik gewappnet. Eines der wenigen in Kriegszeiten verfügbaren Verteidigungsinstrumente war die Zensur, und dieses Instrument wurde eingesetzt. Man wies sämtlichen Pariser Tageszeitungen Militärzensoren zu, die bis in die frühen Morgenstunden, wenn die Zeitungen in den Satz gingen, bei den Redakteuren und Druckern blieben. Jeder sah auf den ersten Blick, was die Zensoren mit den Kriegsnachrichten anstellten, denn die in einem Artikel gestrichenen Zeilen erschienen als weiße Flächen in der veröffentlichten Ausgabe.

Es war Samstag, und zu Friedenszeiten wäre dies der Beginn einer dreitägigen Pfingstfeier gewesen. Aber im Jahre 1940 beschloß die Regierung, den Montag zu einem Arbeitstag zu machen.

Eine Tageszeitung berichtete:

Während der Passagierverkehr in den Zügen aus Pariser Bahnhöfen in die Provinz sehr rege war, kam es zu keinem Gedränge und keiner Panik, und jeder konnte sich einen Platz sichern. Dies alles in einer Atmosphäre völliger Ruhe.

Unklar blieb, wie viele aus Paris ins Wochenende abreisten und wie viele zu entkommen suchten.

Der Kriegskorrespondent A. J. Liebling war an jenem Nachmittag mit einem Armeehauptmann an der Trabrennbahn Auteuil, in dem Park am Westrand von Paris, verabredet. Doch der Offizier ließ ihn telefonisch wissen, daß jeglicher Urlaub gestrichen sei. »Es ist gut, daß es endlich anfängt«, fuhr der Hauptmann fort. »Wir können die Boches schlagen und die Sache bis zum Herbst hinter uns bringen.« Daraufhin fuhr Liebling allein nach Auteuil, wo ihm auffiel, daß die Tribüne mit Besuchern gefüllt war, die sich hauptsächlich für die neuen Dreijährigen und die Kleidung der Frauen interessierten. Niemand schien sich Sorgen um die deutsche Eroberung von Arnheim und Maastricht oder um die Fallschirmjäger über Rotterdam zu machen.

Alle Pariser Bürger, mit denen sich Liebling unterhielt, wirkten so selbstbewußt wie sein Offiziersfreund. »Die Boches haben es nun mit jemandem zu tun, der ihnen gewachsen ist!« lautete

42

die großspurige, häufig wiederholte Aussage. »Sie werden sehen, daß wir keine Polen oder Norweger sind!« Natürlich würden die Deutschen zunächst Boden gewinnen, aber der Krieg werde lange dauern – wie der frühere. Der Korrespondent des *New Yorker* hatte den Eindruck, daß die Menschen von 1918 »hypnotisiert« waren.

Der amerikanische Reporter Quentin Reynolds war am Vortag in Paris eingetroffen – gerade rechtzeitig, wie er meinte, um über die Offensive zu berichten. Aber es war schwer, die französischen Behördenvertreter, die für Kriegskorrespondenten zuständig waren, davon zu überzeugen, daß der Krieg eine dringende Angelegenheit sei. Er sollte Formulare ausfüllen und wurde um Fotos gebeten, aber obwohl er ein Empfehlungsschreiben von Botschafter Bullitt besaß, ließ der erforderliche Passierschein auf sich warten. »Diese Dinge brauchen Zeit«, sagte Pierre Comert, der Presseverbindungsmann des Außenministeriums. »Es könnte drei Wochen oder einen Monat dauern.«

Reynolds hatte nicht die Geduld, in Paris herumzusitzen, wo sich keine lohnende Story finden ließ. Deshalb ließ er sich einen Vorwand einfallen. Er kehrte zu Comert zurück, um diesen um einen »Rat« zu bitten: Er wolle ein Telegramm an seinen »Onkel«, den Präsidenten der Vereinigten Staaten, schicken, damit Roosevelt beim Ministerpräsidenten Reynaud eine Beschleunigung des Akkreditierungsverfahrens bewirke. Ob es möglich sei, daß sich Comert persönlich um das Telegramm kümmere? Der Gesichtsausdruck des Franzosen wandelte sich, als er Reynolds' an Franklin Delano Roosevelt adressierte Schwindelei las: »Es war großartig von Dir, mich gestern abend anzurufen. Bitte, grüß Tante Eleanor sehr herzlich von mir...«

Comert ließ unverzüglich die erforderlichen Papiere für Reynolds ausstellen.

5

Sonntag, 12. Mai

Das offizielle französische Kriegskommuniqué dürfte die Pariser, die beim Frühstück Radio hörten, nicht beunruhigt haben. Es begann:»Im Gebiet des Albertkanals und der Maas, wo deutsche Angriffe mit höchster Intensität fortgesetzt werden, unterstützt unsere Luftwaffe belgische Truppen auf umfassende und effektive Weise.« Gleichzeitig gehe Gamelins Marsch nach Belgien planmäßig voran. Im Abendkommuniqué war sogar die Rede von einer Verbesserung der niederländischen Situation, teilweise dank britischer Luftangriffe.

Am Himmel über dem Ardennenwald südlich der französischen Linien sowie im Saartal über Nordostfrankreich gab es beträchtliche Feindaktivitäten. Die Franzosen behaupteten, dreißig Feindflugzeuge seien abgeschossen worden. Erstaunlicherweise räumte das deutsche Oberkommando den Verlust von einunddreißig Maschinen an jenem Tag ein, erklärte jedoch, dreihundertzwanzig alliierte Flugzeuge zerstört zu haben – achtundfünfzig im Luftkampf, zweiundsiebzig durch Flakfeuer und die übrigen am Boden. Aber wer den französischen Kommuniqués Glauben schenkte, Radio hörte und die Leitartikel las, konnte sich an jenem Tag recht zuversichtlich fühlen. Havas, die offizielle französische Nachrichtenagentur, faßte zusammen:»Das französische Oberkommando in Belgien hat eine Mauer aufgebaut, die der deutschen Dampfwalze Einhalt gebieten wird.«

Was in Wirklichkeit geschah, war weniger ermutigend für diejenigen, die Bescheid wußten, Gewiß, die Niederländer waren immer noch in der Lage, ihre größten Städte – Amsterdam, Rotterdam und Den Haag – zu verteidigen: praktisch ohne Hilfe, denn der Feind hatte General Henri Girauds 7. französische Armee erfolgreich daran gehindert, sie zu erreichen.

Weiter im Süden rückten die Deutschen nach Belgien vor, wo und wann es ihnen beliebte, und machten damit die französische Planung gänzlich zunichte.

Paris war immer noch weit von den Ereignissen entfernt und vielleicht aus diesem Grunde eher fähig, die Lage zu meistern. Clare Boothe, die Ehefrau des *Time-* und *Life*-Gründers Henry Luce, arbeitete in jenem Frühjahr als Kriegskorrespondentin. Sie war bereits an der belgischen Grenze gewesen, und als sie nach Paris kam, hatte sie den Eindruck, eine Sommerfrische zu besuchen.

Nicht etwa, daß die Menschen glücklich gewesen wären – wie denn auch? –, aber sie waren ebenfalls froh, daß es begonnen hatte, denn wenn etwas begonnen hat, ist es dem Ende um einiges näher. Alle meinten, daß endlich die *wirkliche* Front festgelegt worden und daß diese wirkliche Front viel weiter von Paris entfernt sei, als sie in ihren optimistischsten Träumen angenommen hatten.

Für Clare Boothe Luce war Paris das elegante Hotel Ritz an der Place Vendôme – nun praktisch eine Schlafstätte für Kriegskorrespondenten aus wohlhabenden Nationen.

An jenem Abend fuhren Freunde sie hinaus nach Versailles zu einem Diner. Auf der Rückfahrt wurden sie von den Luftschutzsirenen überrascht. Im Auto konnten sie das Donnern von Flakgeschützen hören und sehen, wie Granaten explodierten, wie Suchscheinwerfer nach Zielen tasteten. Ein Polizist brachte sie mit seiner Trillerpfeife zum Stehen, und man forderte sie auf, sich in den Keller eines nahegelegenen Wohnhauses zu begeben. Dort war Clare Boothe von knurrigen Erwachsenen und schläfrigen Kindern umringt. Eine Frau sagte: »Das ist kein Leben für *normale* Menschen. Weshalb können die Deutschen nicht unsere Soldaten den Krieg führen lassen? *C'est tout de même insupportable.*« Clare Boothe mußte sich fragen: »Ist es so rasch unerträglich geworden?«

Die nördlichen Nachbarn hatten eine Antwort auf die Frage. Belgische Zivilisten im Vorfeld der Nazi-Invasion hatten ihren

Exodus durch Nordostfrankreich unmittelbar nach der Einleitung der deutschen Offensive begonnen. Von nun an und bis zu dem Zeitpunkt, da Belgien abgesperrt wurde, nahm die Prozession von Flüchtlingen aus den Niederlanden, Belgien und Luxemburg kein Ende; sie kamen mit Autos oder Pferdewagen, mit Fahrrädern oder zu Fuß neben Handwagen, denn viele besaßen kein Transportmittel. Damals und später führten alle Straßen nach Paris: um in sichere Gebiete zu gelangen, mußten Flüchtlinge aus dem Norden den Weg über Paris nehmen. Sie kamen durch die nördlichen Tore in die Stadt, durchquerten sie auf den Hauptverkehrsstraßen und verließen sie durch eines der südlichen Tore. Dabei boten sie den seßhaften Parisern zum erstenmal ein genaueres Bild eines Krieges, der nicht mehr *drôle* war. Die Flüchtlinge wurden von der Furcht vor Greueltaten getrieben, von der Erinnerung an die Brutalität deutscher Soldaten im letzten Krieg. Nun sahen die Pariser diese Furcht in den Gesichtern von Menschen, die sich kaum von ihnen selbst unterschieden – »weinend, verängstigt, niedergedrückt von Körben und Bündeln«, wie der russische Schriftsteller Ilja Ehrenburg schrieb.

6

Montag, 13. Mai

Während die Franzosen und Briten ihre besten Soldaten weiterhin nach Belgien entsandten, um den Einmarsch der Deutschen aufzuhalten, geschah das Unmögliche. Weiter südlich, an einem Abschnitt der französischen Grenze, der als undurchdringlich galt, schafften die Deutschen den Durchbruch. In der Nacht vom 12. auf den 13. Mai brausten Hitlers Elitetruppen, die Panzerdivisionen, durch die Ardennenhügel und das Waldgebiet des südlichen Belgien bis zur Maas und schafften es, den Fluß zu überqueren. Sie überraschten und überwältigten die französischen Verteidiger, zumeist zweitklassige Truppen und Reservisten, die älter und weniger kampfbereit waren als die nun weiter nördlich in Belgien festsitzenden Divisionen. Insgesamt nahmen sieben Panzerdivisionen an dem Angriff teil, der in dem entscheidenden Sedan-Abschnitt von General Heinz Guderian, einem der bedeutendsten deutschen Verfechter der Panzerkriegführung, geleitet wurde.

Zwischen den Weltkriegen hatten die Franzosen die Maginotlinie als ein System permanenter Befestigungen entworfen, die durch Tunnels miteinander verbunden wurden und die Ostgrenze abriegeln sollten. Aber diese Verteidigungslinie war mit Absicht auf eine kurze Strecke beschränkt: sie reichte *nicht* bis nach Belgien – denn Belgien war mit Frankreich befreundet. Der allgemeinen Überzeugung zufolge – und sie wurde von den französischen Strategen geteilt – war der Ardennerwald eine natürliche Barriere gegen jegliche Invasion.

Der deutsche Überraschungsangriff – Teil einer sorgfältig abgestimmten Strategie, um unterhalb der alliierten Positionen in Nordfrankreich und Belgien zuzuschlagen und so die besten französischen und britischen Kampfdivisionen in die Falle zu locken – erhielt den bezeichnenden Namen »Sichelschnitt«.

Später nannte ein britischer Historiker ihn einen der glänzendsten Siegespläne, die der militärische Geist je hervorgebracht habe, und natürlich wurde er Hitlers Genie zugeschrieben. Aber noch neunzig Tage vor dem Beginn der deutschen Offensive hatte sich das Oberkommando, mit Hitlers Segen, darauf eingestellt, die gleiche Schlacht zu führen wie eine Generation zuvor.

Generalleutnant Erich von Manstein, der die Operation Sichelschnitt ersann und sich für ihre Durchführung einsetzte, gehörte nicht einmal dem Oberkommando der Wehrmacht an; im Grunde hätte er sich gar nicht einmischen dürfen – das Oberkommando verzieh ihm dies nie. Er hatte im Ersten Weltkrieg bei Verdun gekämpft und war 1935 zum Obersten und Operationschef aufgestiegen. Zwar war er nie in Verschwörungen gegen den Führer verwickelt, doch er war dafür bekannt, daß er kein Blatt vor den Mund nahm, und während einer Säuberung des Militärs durch kompromißlose Nazis ein Jahr vor Kriegsbeginn wurde er abgeordnet, das Kommando über eine Division zu übernehmen. Bei Kriegsausbruch war er zweiundfünfzig und gerade zum General befördert worden. Zur Zeit der deutschen Vorbereitungen auf den Westfeldzug diente er als Generalstabschef der Heeresgruppe A unter General Gerd von Rundstedt; diese Heeresgruppe lag am Rhein, Südbelgien und Luxemburg gegenüber.

Bevor Manstein seinen Gegenvorschlag unterbreitete, wies er darauf hin, daß der OKW-Plan, der einen Angriff durch das neutrale Belgien hindurch auf Nordfrankreich vorsah, die Strategie von 1914 ohne jegliches Überraschungsmoment wiederhole. Manstein dagegen regte an, lediglich einen Scheinangriff gegen die Niederlande und Belgien zu führen und den Hauptvorstoß weiter südlich folgen zu lassen. Er gewann einen Verbündeten in Heinz Guderian, der keinen Zweifel hatte, daß seine Panzereinheiten die angeblich undurchdringlichen Ardennen überwinden konnten. Zuerst erhielt Manstein keine Gelegenheit, dem Oberkommando seine Argumentation vorzutragen. Ein zeitgenössischer Historiker fragte sich, ob Hitler geglaubt habe, Manstein sei jüdischer Abstammung. (Sein Vater war polnisch-deutscher Herkunft und hieß Lewinski; der Sohn wurde von einem Freund der Familie aufgezogen und nahm dessen Namen an.)

Am 17. Februar 1940 wurde Manstein, seit kurzem Befehlshaber eines Armeekorps, zu einem Frühstück gebeten, bei dem sich Hitler mit den neuen Kommandierenden Generalen bekannt machen wollte. Danach arrangierte ein Adjutant ein Privatgespräch mit dem Führer, und dieser zeigte sich anscheinend beeindruckt von Mansteins Vorschlägen.

Am 10. März betrat Major Henri Navarre, ein französischer Geheimdienstoffizier, die Bar des Hotels Eden in Lugano, um sich mit dem besten französischen Geheimagenten der Hitler-Ära zu treffen: Hans Thilo Schmidt, der den Codenamen »H.E.« oder »Asche« trug. Der Agent teilte Navarre mit, sein Bruder Rudolf Schmidt, ein von Hitler besonders geschätzter General, habe an dem Frühstück teilgenommen, nach dem Hitler durch Manstein überredet worden war, den Hauptvorstoß der kommenden Offensive nach Süden zu verlagern, um die Alliierten innerhalb Belgiens einzuschließen. Der französische Nachrichtendienst legte diese Information anderen Berichten bei, etwa der Meldung, daß der Feind das Ardennenterrain studiere. Aber als die Geheimdienstchefs General Gamelin am 19. März ihre Schlußfolgerungen vortrugen, waren die Stabsoffiziere des Oberbefehlshabers nicht bereit zu glauben, daß die Deutschen zu einer solchen Aktion fähig seien.

Die Verantwortung für den Ardennenvorstoß wurde General Ewald von Kleists Panzergruppe übertragen; Guderians 19. Panzerkorps war eines von nur drei Korps, die an jenem Tag eingesetzt wurden. Am 12. Mai erkundigte sich der nervöse Hitler sogar bei Kleist, ob dieser auf Infanterieunterstützung warten wolle; er erhielt eine abschlägige Antwort. Der Angriff wurde für 16.00 Uhr deutscher Zeit am 13. Mai befohlen.

Guderian hatte nicht nur die Überraschung, sondern auch die französische Skepsis auf seiner Seite. Er ließ mächtige Stahlfahrzeuge gegen zweitklassige Infanteristen vorrücken, und sogar die französischen Jagdflugzeuge, die die Mängel der Infanterie hätten ausgleichen können, waren aus der Gegend abgezogen worden. Wenn französische Artilleristen tatsächlich einmal deutsche Panzer im Visier hatten, erinnerten sie sich an den Befehl, Munition zu sparen, so daß sie die deutschen Panzer nicht einmal zwingen konnten, ihr Tempo zu verlangsamen.

Sogar als die Deutschen ihr Sperrfeuer und ihre Luftangriffe einleiteten, die nichts anderes als den Beginn der Offensive markieren konnten, trauten die Franzosen ihren eigenen Beobachtungen nicht. Dabei hätte man taub oder blind sein müssen (wie ein französischer General später bemerkte), um nicht zu begreifen, daß der Angriff bevorstand.

Ein Adjutant von General Gamelin erinnerte sich später, wie die Nachricht im Hauptquartier in Vincennes aufgenommen wurde. Die Mitteilung kam von General Joseph Georges, dem Befehlshaber der nordöstlichen Front, der eine Nachricht von General André Corap, dem Kommandanten der 9. Armee, weiterleitete: Die Deutschen hätten die Maas überschritten. Entgeisterung. Der Fluß war als eine »tiefe Grube« bekannt. Die Doktrin besagte, daß Flüsse kaum zu überwindende Hindernisse seien (ungeachtet der Tatsache, daß diese Annahme bereits in einem früheren Krieg widerlegt worden war). Minuten nach der ersten Meldung hörte man aus dem Befehlsstand von General Georges in La Ferté-sous-Jouarre, daß die Franzosen einen Gegenangriff mit Panzern begonnen hätten. Nun hielt alles den Atem an.

Gamelins Adjutant schrieb, die Lage sei so besorgniserregend gewesen, daß der Oberbefehlshaber zweimal direkt mit Coraps Hauptquartier telefoniert und General Georges übergangen habe – was weder zuvor noch danach je vorgekommen sei.

Am Ende des Tages hatten noch keine Panzer die Maas überquert, doch deutsche Infanteristen kletterten bereits über die Böschung nach Frankreich. Hätten die Franzosen angegriffen, statt sich zurückzuziehen, wären sie wahrscheinlich in der Lage gewesen, die kleine Invasionstruppe auszulöschen (wie Oberst Adolphe Goutard, ein gaullistischer Offizier, erklärte). Aber General Georges hätte einen Angriffsbefehl erhalten müssen, und er wußte kaum, was sich an der Maas wirklich abspielte. Die Entfernung, die Gamelin zwischen sich selbst und die Front gelegt hatte, hätte ihm durchaus Gelegenheit gegeben, den deutschen Angriff am 10. Mai als Falle zu erkennen, doch das geschah nicht. Und die französische Niederlage (wiederum mit Oberst Goutards Worten) wurde nicht durch Gamelins Vorstoß nach Belgien verursacht, sondern durch seine beharrliche Weigerung, die französische Armee, »gelähmt und nutzlos«, aus dem Norden abzuziehen.

Churchill hielt an diesem Tag im Unterhaus seine erste Rede als Premierminister: »Ich möchte dem Hause dasselbe sagen, was ich den Mitgliedern dieser Regierung gesagt habe: ›Ich habe nichts zu bieten als Blut, Mühsal, Tränen und Schweiß.‹« Seine Regierung habe nur eine einzige Politik: Krieg zu führen, und nur ein einziges Ziel: den Sieg.

Während er sprach, schien die Landschlacht in Belgien plangemäß zu verlaufen; zu jenem Zeitpunkt dürfte er noch nicht von dem Durchbruch in den Ardennen gehört haben. In ihrem eigenen Abschnitt bezogen die britischen Expeditionsstreitkräfte vorbereitete Stellungen an der Dyle.

7

Dienstag, 14. Mai

Die Schnelligkeit des deutschen Angriffs auf die Maas, die Dichte der Panzertruppen, die keinen Gegenschlag zuließ, die Panik unvorbereiteter und rasch erschöpfter Soldaten, verbunden mit einem höchst erstaunlichen Zusammenbruch des Fernmeldenetzes, ließen von Anfang an keinen Zweifel am deutschen Sieg. Nicht nur Churchill war über die Entwicklungen auf dem Schlachtfeld nicht unterrichtet, sondern auch der französische Oberbefehlshaber und der kampfbereite Ministerpräsident hatten keine Informationen über den Ablauf der Ereignisse.

Doch der Öffentlichkeit mußte irgend etwas mitgeteilt werden. Das morgendliche Kommuniqué enthielt eine echte Enthüllung: »Der Feind hat die Maas von Liège bis Namur und bei Sedan erreicht.« Am Nachmittag wurde der Schleier noch ein wenig mehr gelüftet: »An der Maas, südlich von Namur, versuchten die Deutschen an mehreren Stellen, den Fluß zu überschreiten. Wir gingen zum Gegenangriff über, der Kampf setzt sich fort…« Während der täglichen Pressekonferenzen, die im Kriegsministerium an der Rue Saint-Dominique für Auslandskorrespondenten abgehalten wurden, »schwächt man eine Wahrheit, die sämtliche denkbaren Ängste übersteigt, so weit wie möglich ab«, schrieb Robert de Saint-Jean.

Die Wahrheit hätte in der Tat ein kümmerliches Bild der französischen Gefechtsplanung geliefert, die auf der Überzeugung beruhte, daß die Ardennen undurchdringlich und die Maas unüberbrückbar seien. Jener Frontbereich war unzureichend ausgebildeten Reservisten – älteren Männern, die man nicht für den Kampf vorgesehen hatte – zugewiesen worden. Daß sie trotzdem kämpften, häufig mit erheblichem Mut angesichts grausamer Verluste, ist eine der unerzählten Geschichten des Krieges (schon deshalb, weil der Mangel an Luftwaffen- und

Artillerieunterstützung die 55. Infanteriedivision so sehr schwächte, daß kaum jemand übrigblieb, der über Gutes wie Schlechtes berichten könnte).

Die amerikanische Korrespondentin Virginia Cowles, die von ihrem Londoner Stützpunkt aus zu einer Expertin für europäische Kriege geworden war, traf an diesem prächtigen Frühlingstag in Paris ein und konnte nicht glauben, daß die Stadt bedroht sei. Paris war ruhig, fast zu ruhig; jener Tag glich einem Sonntag, wenn die Stadt verlassen, jedermann aufs Land gefahren ist. Es herrschte kaum Verkehr, die Restaurants und Geschäfte waren halb leer. Dieser Charme wurde nur durch gelegentlichen Luftalarm unterbrochen, aber man sah keine feindlichen Flugzeuge und niemand eilte in die Keller. Die Journalistin hatte den Eindruck, daß alle Pariser genau das Gegenteil von dem taten, was man hätte erwarten sollen. Während des Fliegeralarms standen sie am Fenster und schauten zum Himmel.

Aber diese Gelassenheit war oberflächlich, wie Virginia Cowles bald herausfand. Jeder Pariser schien etwas über Fallschirmjäger erzählen zu können. Angeblich waren feindliche Soldaten als Priester und Nonnen, ja sogar als ganze Balletttruppe verkleidet in Frankreich abgesprungen. Als sie an diesem Dienstag eine französische Freundin besuchte, stürzte jemand ins Zimmer und verkündete, daß soeben deutsche Fallschirmspringer in der Nähe, auf der Avenue des Champs-Elysées, gelandet seien. Die beiden Frauen traten auf den Balkon hinaus und sahen überall auf der Straße Menschengruppen, die zum Himmel hinaufspähten.

»Plötzlich begannen Menschen an einer Kreuzung zu lärmen, weil jemand – niemand wußte, wer – die Landung eines Fallschirmjägers beobachtet haben wollte«, erinnerte sich der Diplomat Jean Chauvel. »Die Polizei wurde angerufen und eilte herbei, gefolgt von Feuerwehrleuten und allen möglichen anderen. Pfiffe waren zu hören. Die Aufregung dauerte eine Viertelstunde und war mit einemmal vorbei. So zeigte ein Volk, das die Tragödie des Krieges bisher nicht erlebt hatte, die Bereitschaft, übergangslos von Ruhe auf Panik umzuschalten.«

K<small>EINE</small> L<small>ANDUNG VON</small> F<small>ALLSCHIRMJÄGERN IN</small> P<small>ARIS</small> versicherte *Le Figaro* seinen Lesern am nächsten Morgen. Ursache des Gerüchts sei der Absturz eines Beobachtungsballons.

Virginia Cowles verließ die Wohnung ihrer Freundin und suchte die britische Botschaft an der Rue du Faubourg Saint-Honoré auf, um einen Passierschein an die Front zu beantragen. Ihr dortiger Gesprächspartner vertraute ihr an, er mache sich größere Sorgen um die Moral der Franzosen als um deutsche Kanonen und Flugzeuge: Solange die Stimmung nicht umschlage, sei auch alles andere nicht so schlimm.

Die Korrespondentin merkte bald, daß die Franzosen ungerührt blieben; die Aufregung um die Fallschirmjäger war nur ein Einzelfall. Das französische Kriegsministerium verhielt sich weiter so, als begrüßte es die deutsche Offensive, denn nun sei die feindliche Armee zerstreut und könne durch einen Gegenangriff leichter von ihren Stützpunkten abgeschnitten werden. Virginia Cowles ging beruhigt ins Bett.

»In einer so entsetzlichen Krise wie dieser ist die Pflicht der französischen Frauen klar und einfach«, teilte Germaine Beaumont ihren Lesern am Morgen im Leitartikel von *Le Matin* mit. »Keine ordnungswidrigen Bewegungen, keine Panik, kein Klatsch, keine überflüssigen Fragen.« Die Frauen hätten ihre Aufgabe wie in Friedenszeiten zu erfüllen, schrieb die sanfte Kolumnistin. Das gelte für »die Arbeiterin in der Fabrik, die Bäuerin auf dem Feld, die Angestellte im Büro«. Ihre Schlußfolgerung hätte militante Feministinnen wohl kaum freundlich gestimmt: »Die heilige Genoveva, die den barbarischen Horden Einhalt gebot, trug nie andere Waffen als ihren Hirtenstab und ihre Spindel.«

General Pierre Héring, der Militärbefehlshaber von Paris, ließ deutsche Staatsbürger – Männer zwischen siebzehn und fünfundfünfzig – im Stade Buffalo, knapp einen Kilometer südlich der Stadt in Montrouge, zusammentreiben. »Eine kluge Maßnahme«, pflichtete *Le Figaro* bei. Der Reporter Louis Gabriel-Robinet beschrieb die Szene; eine Reihe von Gendarmen, in Khakiuniform und mit Karabinern bewaffnet, umringten die gewaltige, mit grauem Beton verkleidete Arena und sahen zu, wie deutsche Staatsangehörige in Taxis und Privatwagen eintrafen. Gewöhnlich stiegen mehrere Menschen – sie hatten persönliche Habseligkeiten, Decken, Flaschen und Brot bei sich – aus demselben Fahrzeug aus. In der kommenden Nacht würden sie auf Stroh schlafen.

Die Internierten zeigten sich friedlich. Die Hauptaufgabe der Gendarmen bestand darin, Frauen – Gattinnen und Schwestern der Männer, die sich den französischen Behörden auslieferten – sowie Freunde fortzuschicken, die die unglücklichen Ausländer zum Ort ihrer Inhaftierung begleitet hatten. In der Menge waren Reiche und Arme, Feinde Frankreichs (schrieb der Reporter von *Le Figaro*), aber auch klägliche, heimatlose Seelen. Wer sich nicht selbst meldete, wurde von der Polizei abgeholt. »Bis zum späten Abend«, berichtete Gabriel-Robinet, »spielten sich immer gleiche Abschiedsszenen ab, flossen die gleichen Tränen, wiederholten sich die gleichen Gesten.«

Am nächsten Tag waren die Frauen an der Reihe, die man aufforderte, in einem Stadion zu erscheinen, das weniger weit von der Innenstadt entfernt war. An beiden Tagen gerieten auch entschiedene Nazigegner ins Netz: Menschen, die vor dem Hitler-Regime geflohen waren; deutsche Juden, auf die es die Nazis besonders abgesehen hatten. So kam es zu dem Paradox, daß viele Unschuldige einige Zeit in den berüchtigten Internierungslagern in Zentral- und Südfrankreich verbrachten und, als die Deutschen eintrafen, erneut ihren Verfolgern ausgeliefert waren.

An diesem Tag begann in Paris definitiv die Evakuierung von Kindern – in Wagenkolonnen, die von Lehrern begleitet wurden. Eltern erhielten über die Zeitungen den Rat, Kinder, die in die Pfingstferien gefahren waren, nicht zurückzuholen.

Ministerpräsident Paul Reynaud schrieb in seinem besten Englisch ein Statement nieder, das er seinem neuen Kollegen Winston Churchill am Telefon verlesen wollte. »Ich bin gerade aus dem Kriegskomitee zurückgekehrt«, erklärte Reynaud, »und ich wäre Ihnen dankbar, wenn Sie das folgende Statement der französischen Regierung zu Papier bringen könnten.« Zweifellos übergab Churchill einem Sekretär den Hörer:

Die Situation ist sehr ernst. Deutschland versucht, einen tödlichen Schlag gegen Paris zu richten. Die deutsche Armee hat unsere Befestigungslinien südlich von Sedan durchbrochen. Dies liegt daran, daß wir einem kombinierten Angriff von schweren Panzern und Bombergeschwadern keinen Widerstand leisten können. Um den deutschen Vorstoß zu stoppen, solange noch Zeit ist, und um den Erfolg unseres Gegenangriffs zu sichern, ist es nötig, die deutschen Panzer von den sie unterstützenden Bombern abzuschneiden.

Dies ist nur durch eine beträchtliche Zahl von Kampfflugzeugen zu schaffen.

Sie waren so freundlich, bereits vier Staffeln zu entsenden – also mehr, als Sie versprochen hatten.

Wenn wir diese Schlacht gewinnen wollen, die entscheidend für den ganzen Krieg sein könnte, ist es nötig, daß Sie sofort weitere zehn Staffeln entsenden.

Ohne eine solche Hilfe können wir nicht garantieren, den deutschen Vormarsch zu stoppen.

Zwischen Sedan und Paris gibt es keine Befestigungen mehr, die sich mit der Front vergleichen ließen, welche wir um nahezu jeden Preis wiederherstellen müssen.

Ich bin zuversichtlich, daß uns die Hilfe Englands in diesem entscheidenden Moment nicht versagt bleibt.

Die Antwort fiel Churchill nicht leicht. Vor allem mußte er die Meinung seiner Generalstabschefs einholen. Und nach Ansicht von Sir Hugh Dowding, dem Chef des Jagdfliegerkommandos, benötigte Großbritannien jeden einzelnen seiner Hurricane-Jäger, denn wenn Frankreich besiegt sei, werde Hitler sich gegen die Britischen Inseln wenden. Also mußte Churchill dem französischen Ministerpräsidenten mitteilen, daß die Hurricanes die britische Maginotlinie seien (eine etwas unglückliche Metapher für diesen hervorragenden Stilisten).

Als der Air Marshal Arthur Barratt, Befehlshaber der britischen Streitkräfte in Frankreich, jedoch kurz darauf erläuterte, was von den Piloten der Royal Air Force in Frankreich verlangt wurde – jeder sollte pro Tag vier oder fünf Einsätze fliegen –,

willigte das britische Kabinett ein, vier Staffeln bereitzustellen...
Vier Staffeln, nicht die zehn, die Reynaud erhofft hatte.

Der amerikanische Botschafter Bullitt hatte an jenem Morgen
dringende Angelegenheiten mit Reynaud zu besprechen. Die
US-Botschaft in Rom hatte alarmierende Nachrichten über
Mussolinis Absichten in bezug auf Frankreich geschickt. Mit
dem Telegramm in der Hand sprang Bullitt in einen Botschafts-
wagen und ließ sich die kurze Strecke über die Seine zum Außenministerium fahren. Reynaud hielt gerade eine Sitzung mit
seinem Kriegskabinetts ab, doch auf Bullitts Ersuchen hin
verließ er die Zusammenkunft vorübergehend.

Der Ministerpräsident war ebenfalls der Meinung, daß eine
italienische Aktion bevorstehe, besonders nachdem die Deutschen nun einen »entsetzlichen Erfolg« an der Maas errungen
hätten. Reynaud erklärte, die Deutschen seien im Besitz »kolos-
saler Panzer« und »einer völlig überwältigenden Menge« von
Flugzeugen gewesen. In einem verschlüsselten Telegramm nach
Washington, das den Vermerk »Persönlich und geheim für den
Präsidenten« trug, gab Bullitt eine Zusammenfassung von
Reynauds Bericht, der noch weitere erschreckende Einzelheiten
enthielt: »Die deutschen Panzer überquerten die Maas, als
existiere sie gar nicht. Sie überrollten die französischen Panzer-
abwehranlagen aus Eisenbahnschienen, die tief in Beton versenkt waren und aus dem Boden ragten, so mühelos, als wären
die Schienen aus Stroh.« Reynaud hatte für sein Fazit eine ähnliche Ausdrucksweise gewählt wie Churchill gegenüber: »In
diesem Moment ist nichts mehr zwischen den deutschen Panzern
und Paris.«

Der amerikanische Botschafter unterstrich die Dringlichkeit
der Probleme, indem er Roosevelt wissen ließ, Frankreich
erlebe auch ohne den Kriegseintritt Italiens »einen der tragisch-
sten und schrecklichsten Momente in seiner Geschichte. Mit
Beteiligung Italiens wäre das Ergebnis nicht nur für Frankreich
und England, sondern auch für jedes andere Land der Welt,
einschließlich der Vereinigten Staaten, tragisch«.

Es war Bullitts wenig subtile Warnung an einen Präsidenten,
den er gut kannte. Er trug auch Reynauds Bitte um weitere

amerikanische Flugzeuge vor, obwohl er selbst nicht glaubte, daß die USA Maschinen entbehren konnten. Außerdem hoffte Bullitt, er könne den Präsidenten überreden, einige der älteren amerikanischen Zerstörer zum Einsatz gegen die unheilvollen deutschen U-Boote an die französische und die britische Marine zu verkaufen.

Offenkundig sah dieser amerikanische Botschafter seine Rolle nicht darauf beschränkt, einfach nur Beobachtungen anzustellen und Berichte abzuliefern. Er reichte Hilfsgesuche nicht nur weiter, sondern unterstützte sie auch. Zum Beispiel hatte er am 13. Mai eine französische Bitte um Ausbildung französischer Piloten in den Vereinigten Staaten übermittelt, obwohl er sich fragte, ob ein solches Verfahren Roosevelt wohl »in Verlegenheit bringen« würde. Denn der Präsident hatte es mit einem widerstrebenden Kongreß und einer entschieden neutralen Wählerschaft zu tun. »Meiner Ansicht nach«, erklärte Bullitt kühn, »wäre es von großem Vorteil für unser Land, wenn Frankreich mehr ausgebildete Piloten hätte; durch die Verteidigung ihrer Heimat würden sie auch uns verteidigen.« In einem anderen Telegramm bat er, die Lieferung amerikanischer Jagdflugzeuge und Bomber zu beschleunigen, selbst wenn dies erfordere, daß amerikanische Reservepiloten ihr Offizierspatent zurückgäben, damit sie die Maschinen als Zivilisten nach Europa fliegen könnten.

In der Frage der Pilotenausbildung wurde er enttäuscht. Roosevelt antwortete, eine solche Abmachung setze die amerikanische Neutralität aufs Spiel. »Man glaubt, es wäre besser und viel ratsamer für alle Beteiligten, sich an Kanada zu wenden, wo es ausgezeichnete Flugplätze und gutes Sommerwetter gibt.« Bullitt ließ sich jedoch nicht abschrecken und richtete sein nächstes Telegramm an Außenminister Cordell Hull, dem er erläuterte, welch ungeheurer Bedarf an Flugzeugen bestehe. »Die Verluste in der gegenwärtigen Schlacht bei Sedan sind so enorm, daß sich in ungefähr einem Monat der Zeitpunkt vorhersehen läßt, an dem jede Maschine, die fähig ist zu starten, besser ist als gar keine.«

Dann trafen weitere besorgniserregende Nachrichten aus Rom ein, diesmal über die französische Botschaft. Der italienische

Außenminister, Graf Galeazzo Ciano, hatte dem französischen Botschafter André François-Poncet mitgeteilt, es gebe eine »neunzigprozentige Chance«, daß Italien auf Deutschlands Seite in den Krieg eintreten werde. Der französische Geheimdienst legte Reynaud einen zusätzlichen Bericht vor: Der Hof der italienischen Botschaft an der Rue de Varenne sei voller Kisten, die jederzeit gepackt werden könnten.

Es wurde Zeit, verstärkte Versuche zu unternehmen, um Italien aus dem Krieg herauszuhalten. Die Franzosen und Briten hatten offensichtliche Beweggründe dazu, und die Amerikaner würden ihnen als neutrale Dritte Hilfe leisten. In Frankreich selbst wurden die Bemühungen, Mussolini von seinem Plan abzubringen, von Politikern unterstützt, deren Motive Reynaud nicht unbedingt schätzte. Manche waren unverhohlene Bewunderer des italienischen Faschismus, andere waren schwärmerische Italophile, die sich den Nachbarn einfach nicht als einen Feind vorstellen konnten. Beide Gruppen erhielten Beistand vom italienischen Botschafter in Frankreich, Raffaele Guariglia, der sich, obwohl ein treuer Diener von Benito Mussolini und Mussolinis Schwiegersohn, Graf Ciano, immer noch als einen Freund Frankreichs bezeichnete. Guariglia, der Sohn eines Juraprofessors aus Neapel, erinnerte gern daran, daß sein eigener Juraprofessor Francesco Nitti gewesen war: in den Tagen vor Mussolini ein prominenter Staatsmann, der sich nun freiwillig vor dem Faschismus ins Exil zurückgezogen hatte. Später stellte Guariglia sich selbst sogar als einen Karrierediplomaten dar, der nichts mit der faschistischen Hierarchie zu tun gehabt habe. Das Beste, was man über ihn sagen kann, ist wohl, daß er im Ungewissen gelassen wurde. Er nahm nicht an den Gesprächen zwischen Mussolini und Hitler teil und war über Mussolinis Kriegsplan nicht unterrichtet worden.

Bevor der Tag um war, erhielt Paris weitere unheilvolle Nachrichten; man bekam allmählich eine Vorstellung davon, was ein Krieg, entfesselt von hervorragend ausgerüsteten Fanatikern, mit sich bringen konnte. Die Niederlande hielten der gewaltigen Übermacht nicht mehr stand; die Königin und die Regierung waren geflohen. General von Küchler, der deutsche Feldkommandeur, stand vor dem riesigen Hafen- und Industriekomplex von Rotterdam und verlangte die Kapitulation. Die Niederländer gaben sich geschlagen.

Trotzdem – manche machen einen Koordinationsfehler auf deutscher Seite dafür verantwortlich – wurde das Zentrum von Rotterdam brutal bombardiert; ein Feuer, das nicht zu löschen war, vollendete die Zerstörung. Der Krieg in den Niederlanden war beinahe zu Ende.

Aber der deutsche Befehlshaber – derselbe General von Küchler –, der einen Monat später vor Paris stehen würde, vergaß die Lektion nicht: Eine Großstadt konnte innerhalb einer Stunde vollkommen zerstört werden.

8

Mittwoch, 15. Mai

Kurz nach sechs Uhr morgens ließ sich Verteidigungsminister Edouard Daladier zu Ministerpräsident Reynaud durchstellen, der noch zu Hause an der Place du Palais-Bourbon war. »Alles ist verloren«, begann Daladier. »Die Straße nach Paris ist offen. Nichts kann die Deutschen mehr hindern, die Hauptstadt zu erreichen.« Es war dasselbe, was Reynaud am Vortag Churchill und Bullitt mitgeteilt hatte. Doch während der Nacht hatte sich General Coraps Armee von den Vorposten entlang der Maas zurückgezogen, weil man hoffte, daß eine Neugruppierung außerhalb der Schußweite des Feinds den Franzosen gestatten werde, eine gewisse Ordnung herzustellen und eine vernichtende Niederlage zu vermeiden. Dieser Rückzug öffnete jedoch eine Bresche von fast achtzig Kilometern in den französischen Reihen.

Wenige Minuten später war Daladier wieder am Apparat. »Die Lage hat sich etwas gebessert. Die Deutschen haben einige Dörfer südlich von Sedan geräumt.«

Trotz der widersprüchlichen Berichte wußte Reynaud, was er zu tun hatte. Er ließ sich mit der Residenz des britischen Premierministers in der Downing Street 10 verbinden und weckte Churchill. Wie zuvor hatte er seine geplante Rede niedergeschrieben; die Überlieferung des Textes ist seinem aufmerksamen Kabinettsekretär Maurice Dejean zu verdanken:

> Wir haben die Schlacht gestern abend verloren. Die Straße nach Paris liegt offen. Schicken Sie uns so viele Flugzeuge und Truppen wie möglich.

Die Schlacht verloren? »Unmöglich!« entfuhr es Churchill – die Erfahrung zeige doch, daß jede Offensive letztlich ihren

Schwung verliere; man denke nur an die deutsche Offensive vom März 1918... Churchill war überzeugt, daß sich der Feind innerhalb weniger Tage gezwungen sehen werde, haltzumachen und auf Nachschub zu warten. Dann hätten die Alliierten Zeit für den Gegenangriff. Diese Lektion habe er von Marschall Foch gelernt.

Aber man sei nicht mehr im Ersten Weltkrieg, hielt Reynaud dagegen. »Alles ist anders. Eine Flut von Panzern rollt auf uns zu.«

Um neun Uhr rief Daladier erneut bei Reynaud an. Mittlerweile hatte der Verteidigungsminister Zeit für seine Morgenwäsche und Rasur gehabt und konnte die Lage gefaßter betrachten. So wurde, wie Reynauds Mitarbeiter Dominique Leca ironisch bemerkte, aus der »Bresche« ein »Kessel«. Am 15. Mai schien es immer noch möglich, das Parlament und das Volk zu beruhigen.

Die offensichtliche Widersprüchlichkeit der Frontberichte könnte wohl auch auf das widersprüchliche Verhalten des Feindes zurückgeführt werden. Das Problem war Hitler selbst, der es ablehnte, die Panzer so weit und so schnell wie möglich vorstoßen zu lassen. Zweimal erhielt General Guderian den Befehl, seinen Vormarsch zu unterbrechen. Gerd von Rundstedt, Befehlshaber der Heeresgruppe A, wies den Panzergeneral ausdrücklich an, nicht weiter als bis zum Brückenkopf an der französischen Seite der Maas vorzustoßen. Der taktische Grund war, daß man auf den Nachschub und die Infanterie warten müsse. Erich von Manstein, der Organisator des Sichelschnitts in den Ardennen, fragte sich in Anbetracht dieser Umsicht später, ob Hitler versucht habe, seine Panzerdivisionen für künftige Schlachten zu schonen, oder ob er von Göring überzeugt worden sei, daß nur die Luftwaffe den britischen Fluchtweg über den Ärmelkanal abschneiden könne. Eine dritte Möglichkeit war, daß Hitler die Briten sanft behandeln wollte, weil er hoffte, mit ihnen zu einer Übereinkunft über die Beendigung des Krieges zu gelangen. Guderian selbst prahlte später, er habe die Befehle zum Haltmachen einfach ignoriert.

Zu einer entschieden undiplomatischen Stunde, um Viertel vor neun, platzte William Bullitt bei Valerio Valeri, dem päpstlichen

Nuntius, herein. Der Mann des Vatikans in Paris hatte sich auf seine eigene Weise der aktiven Diplomatie verschrieben. Bullitt wollte Valeri wissen lassen, daß die militärische Lage in Frankreich einen kritischen Punkt erreicht habe. Er habe aus absolut zuverlässiger Quelle erfahren, daß die Kriegserklärung Italiens nunmehr eine Sache von Tagen, wenn nicht von Stunden sei. Die Zukunft der christlichen Zivilisation sei gefährdet, verkündete der amerikanische Botschafter und schlug dem Abgesandten von Papst Pius nichts Geringeres vor als eine päpstliche Androhung der Exkommunikation Mussolinis, falls dieser den Krieg erkläre.

Valeri bediente sich der ihm eigenen Diplomatie, um dem Besucher klarzumachen, daß der Heilige Vater sein Möglichstes tue, Italien aus dem Krieg herauszuhalten. Mehr noch, der Papst sei weitgehend dafür verantwortlich, daß Italien immer noch Neutralität bewahre. Valeris Meinung nach war Bullitts Vorschlag undurchführbar und unproduktiv, da die Exkommunikation in der modernen Welt keinerlei Bedeutung mehr habe.

Das Gespräch wurde hitzig, und Valerio Valeri gestattete sich, Bullitt daran zu erinnern, daß der amerikanische Botschafter nicht immer ein so leidenschaftlicher Antifaschist gewesen sei. Entweder führte der Nuntius Akten, oder er hatte ein gutes Gedächtnis. Die Bemerkung saß – Bullitt erhob sich abrupt, als wolle er hinausstürzen, und erklärte dann: »Ich habe eine höhere Meinung von der Autorität des Papstes.« Diese Worte schienen ihn zu beruhigen, und die beiden Diplomaten beendeten ihr Gespräch, indem sie ihrer Hoffnung auf einen Sieg der Kräfte des Guten über die Kräfte des Bösen Ausdruck verliehen.

Kurz nach seinem Besuch beim päpstlichen Nuntius erschien Bullitt auf Reynauds Bitte hin am Quai d'Orsay. Der Franzose hoffte, daß sich Bullitt – und folglich auch Roosevelt – über den Ernst der Lage im klaren seien. »In der Gegend von Sedan findet die größte Schlacht der Geschichte statt«, stieß er hervor. Er berichtete von Daladiers Anruf in den frühen Morgenstunden; daraufhin habe er mit Churchill telefoniert, um ihm klarzumachen, daß der Krieg innerhalb von Tagen verloren sein könne und nach seiner Meinung verloren sein *werde*, wenn die Briten keine Flugzeuge schickten. Churchill, so Reynaud, habe ihn »angeschrien« und darauf bestanden, daß der Krieg nicht verloren werden dürfe. Daraufhin habe Reynaud dem britischen Premier versichert, daß Frankreich, solange er Regierungschef sei, den Kampf nicht aufgeben werde. Er müsse jedoch aufrichtig sein.

Zu Bullitt sagte Reynaud, die französische Luftwaffe sei der deutschen im Verhältnis eins zu zehn unterlegen. Könnten die Vereinigten Staaten vielleicht helfen? Bullitt erwiderte, Roosevelt sei sich dieses Problems sehr wohl bewußt, doch es gebe einfach keine Flugzeuge. Der französischen Einkaufsdelegation in den Vereinigten Staaten müsse es jedoch möglich sein, andere Maschinen zu finden.

Reynaud erneuerte seine Bitte um amerikanische Zerstörer. Bullitt leitete das Ersuchen nach Washington weiter und fügte seine eigene Warnung hinzu: »Die Lage könnte nicht ernster sein.« Im Laufe des Tages kam Bullitt in einem weiteren Telegramm »für den Präsidenten persönlich« auf die Angelegenheit zurück. Er hatte zuvor eine Unterredung mit César Campinchi, dem Marineminister, gehabt, der lediglich um ein Dutzend ausgemusterte amerikanische Zerstörer bat. Könnte die U.S. Navy, da man keinen Moment länger Zeit habe, nicht zwölf ihrer alten, aber immer noch aktiven Schiffe nach Frankreich senden, entweder zum Verkauf oder nur leihweise? Außerdem vierundfünfzig alte Patrouillenzerstörer für die U-Boot-Abwehr? »Bitte, telegrafieren Sie mir so schnell wie möglich eine Zusage«, kabelte Bullitt. Seine Anfrage sei persönlicher Natur und werde nur auf Roosevelts Wunsch hin in offizieller Form präsentiert werden.

Bullitt und seine französischen Freunde wurden jedoch enttäuscht. Das Veto kam vom amerikanischen Außenministerium; dort hieß es, die Anfrage müsse dem Kongreß unterbreitet werden, was »aus einer Vielzahl von Gründen« unzweckmäßig sei. Angesichts der amerikanischen Verpflichtungen in der westlichen Hemisphäre und im Pazifik, so das Außenministerium an Bullitt, gebe es wirklich keine überzähligen Zerstörer.

Nun waren die Staatsbürgerinnen »feindlicher Nationen« an der Reihe, sich zu stellen. Der Befehl lautete, sich am Vélodrome d'Hiver unweit des Quai de Grenelle zu melden, dem berühmten »Vel' d'Hiv'« der Sechstagerennen, das jetzt (in der bewundernden Prosa von »Le Matin«) zu einem »riesigen Konzentrationslager« geworden war.

Erna Friedländer zum Beispiel war gebürtige Berlinerin. Ihr Mann Rodolphe war als Kind deutsch-jüdischer Eltern in Paris geboren. Erna, obwohl keine Jüdin, hatte sich in Deutschland politisch gegen die Nazis engagiert. Rodolphe wurde als Angehöriger einer feindlichen Nation vorgeladen und erhielt die Wahl zwischen einem Arbeitslager und der Fremdenlegion. Er entschied sich für die Fremdenlegion und wurde nach Marokko entsandt. (Die Aufnahme einer relativ großen Zahl ausländischer Juden in der Fremdenlegion – wie zuvor spanisch-republikanischer Flüchtlinge – führte zu erheblichen Reibungen in einem Korps, das normalerweise jeglicher Ideologie fernstand.) Die damals neunjährige Tochter der Friedländers, die eine Pariser Schule besuchte, war mit ihrer Klasse in die ruhigere Provinz evakuiert worden. Niemand machte sich die Mühe, die Eltern über ihren genauen Aufenthaltsort zu unterrichten.

Erna stand also an diesem Morgen am Ende einer langen Schlange vor den Toren des Vel' d'Hiv'. Deutsche tun eben das, was ihnen befohlen wird, dachte sie. Wenn man sie auffordert, sich zur Internierung zu melden, stellen sie sich in eine Schlange und gehorchen. Doch als sie endlich den Schalter erreichte, wurde ihr geraten, nach Hause zurückzukehren. Da sie ein Kind in Frankreich hatte, war sie von der Internierung ausgenommen.

Aber Erna Friedländer wollte nicht nach Hause zurückkehren. Die Vorstellung, in Paris allein zu sein, war ihr zuwider; in einer Gruppe würde sie sich sicherer fühlen. Alle ihre Freundinnen – Frauen, deren Männer sich schon zuvor gemeldet hatten – wurden interniert. Weshalb sollte sie zurückbleiben?

Eine Frau, die ihre Tochter zum Stadion begleitet hatte (sie selbst war wegen Krankheit freigestellt), hörte die Auseinandersetzung am Meldeschalter. Sie überredete Erna, mit ihr nach Hause zu kommen, da sie nun in ihrer Wohnung reichlich Platz habe.

Ein Reporter von *Le Matin* beobachtete die Ereignisse am Stadion. Hilfreiche Personen trafen mit Geschenkpaketen für

Internierte ein (Geschenke waren erlaubt, nicht jedoch Besuche). »Wir können nicht garantieren, daß das Päckchen ausgehändigt wird«, erklärte ein Wächter. »Wir können nicht sagen, ob die Person, für die es bestimmt ist, sich noch hier aufhält.« Wenn eine Frau einmal in der Arena war, konnte sie keine Verbindung zur Außenwelt aufrechterhalten. »Die brauchen sich nicht zu beklagen«, sagte eine Ladenbesitzerin aus der Nachbarschaft zu dem Reporter. »Sie werden gut ernährt und anständig behandelt.«

Die österreichische Nazigegnerin Lisa Fittko wußte das Erlebnis nicht zu schätzen. »Ich entscheide, wer Deutscher ist und wer nicht!« bellte ein Vernehmungsbeamter der Polizei. Und es fiel ihr auf, daß sich Frauen, die nicht interniert wurden (weil sie zum Beispiel Kinder hatten), noch weniger wohl in ihrer Haut fühlten als sie selbst. Im Inneren des Velodroms, das sie seit einer Kundgebung für die spanischen Republikaner nicht mehr besucht hatte, fand sie den Zementboden mit Stroh bedeckt vor. Manche meinten, das Stroh sei »von den Amerikanern« gespendet worden, andere wußten es genauer: »von den Quäkern«. Lisa vermutete, daß es von einer jüdischen Organisation stammte. Sie gelangte schließlich in das berüchtigte »Inferno von Gurs« nahe der spanischen Grenze: ein Konzentrationslager, das die Franzosen für Flüchtlinge aus Francos Spanien eingerichtet hatten und das bereits Gefängniswärter, Baracken und Stacheldraht besaß.

Am Abend war der amerikanische Botschafter wiederum ein privilegierter Zuschauer. Er hielt sich »zufällig«, wie er Roosevelt später berichtete, bei Edouard Daladier auf, als um 20.40 Uhr General Gamelin telefonisch meldete, die belgische Armee sei an der kritischen Verteidigungslinie an der Maas südlich von Namur zusammengebrochen. Die Deutschen strömten nun durch die Lücke. Daladier, der entgeistert wirkte, wiederholte ständig: »Das kann nicht wahr sein.« Gamelin ließ seinen Minister zudem wissen, daß deutsche Panzerfahrzeuge unweit von Laon, kaum hundertzehn Kilometer von Paris entfernt, und außerhalb von Reims, hundertvierzig Kilometer östlich der Hauptstadt, gesichtet worden seien. Der fassungslose Minister flehte Gamelin an, einen sofortigen Gegenangriff einzuleiten. Der General erwiderte, er habe dafür einfach nicht die notwendigen Männer.

Diese unglaubliche Unterhaltung dauerte etwa eine Viertelstunde, dann führte Daladier den amerikanischen Botschafter zu einer Wand, an der eine große Generalstabskarte hing. Er deutete auf ein Dorf, das ein paar Kilometer nördlich und östlich von Laon entfernt war; dorthin hätten sich die Deutschen begeben, nachdem sie bis nach Laon selbst vorgedrungen seien. Danach konnte der erschöpfte Politiker nur noch hervorbringen, daß die Armee, zu deren Aufbau er so viel beigetragen hatte, kurz vor dem Untergang stehe.

Bullitts Reaktion war unerwartet. Er wußte, daß er neben dem Verteidigungsminister der einzige Zivilist – und natürlich der einzige Ausländer – war, der diese Informationen besaß – und er beschloß zu schweigen. Seiner Meinung nach hatte er nicht das Recht, seinem eigenen Präsidenten die schlechte Nachricht zu übermitteln, obwohl er hoffte, daß Roosevelt fähig wäre, zwischen den Zeilen von Bullitts Meldungen zu lesen.

Vom Schicksal auserwählte Männer sind zumindest teilweise von der Zufälligkeit der Ereignisse abhängig. Oberst Charles de Gaulle erhielt an diesem Tag seine Berufung. Er durfte die Militärdoktrin, die er seit vielen Jahren verfochten hatte – Panzer als selbständige Offensivwaffen –, in die Praxis umsetzen. Als Kommandeur der 4. Panzerdivision wurde er in das Gebiet von Laon abgeordnet, wo er die Front halten sollte, bis man eine neue französische Armee zur Schließung der Bresche, durch die Paris exponiert war, aufbieten konnte. General Georges erklärte ihm:»Sie haben immer die Ideen befürwortet, die der Feind jetzt anwendet. Nun haben Sie eine Chance zu handeln.«

De Gaulle, der noch im selben Jahr seinen fünfzigsten Geburtstag feierte, hatte sein gesamtes Erwachsenenleben in der Armee verbracht. Er hatte als Subalternoffizier im Ersten Weltkrieg, in dem er mehrmals verwundet worden war, dann als Lehrer – einer der seltenen Intellektuellen der Armee – und als Stabsoffizier gedient. Im Vorkriegsjahrzehnt hatte er seine fundierte Beweisführung für eine offensive Doktrin in Artikeln und Büchern dargelegt – ungeachtet der Tatsache, daß er damit völlig von den Ansichten seiner Vorgesetzten abwich.

Doch auch jetzt wurde er nicht etwa aufgefordert, sich die Last des gesamten Krieges aufzubürden. Vielmehr sollte er sich eine eigene Panzerarmee schaffen – nicht, um eine entscheidende Rolle zu spielen, wie er es sich gewünscht hätte, sondern um Zeit zu gewinnen, bis konventionelle Streitkräfte in Position gebracht werden konnten. Während er nach Norden fuhr, um sich an einer hoffnungslosen Schlacht zu beteiligen, und »dieses verlorene Volk und... diese militärische Schlappe« zu Gesicht bekam, schwor er sich, den Kampf fortzusetzen, bis der Feind endgültig besiegt und der Schandfleck auf der Ehre der Nation getilgt sei.

Roger Langeron, Polizeipräsident von Paris, machte in seinem Tagebuch einen Vermerk über einen Anruf, den er in jener Nacht erhielt. Das Oberkommando in Vincennes erkundigte sich, wie viele Lastwagen und motorisierte Polizisten er in die Bresche werfen könne. Langeron antwortete, daß infolge der Einberufung nur noch ein paar hundert motorisierte Polizisten im Dienst seien. Natürlich stünden sie der Armee zur Verfügung, aber seien sie wirklich in der Lage, Panzer aufzuhalten?

Vor dem Ende der Nacht hatte sich die Spannung gelegt – oder suchte die Armee anderswo nach Verstärkungen? Aber fortan wußte Langeron, daß er auch für die Verteidigung von Paris zuständig war.

Die nachträgliche Analyse des französischen Zusammenbruchs bietet eine ernüchternde Lektüre. Sie enthält eine Überraschung nach der anderen. Zu Beginn des Krieges hatte Frankreich mindestens so viele Panzer wie Deutschland, wenn nicht mehr. Das Problem bestand darin, daß die französische Doktrin ihren Einsatz nur als Hilfsmittel der Infanterie und in kleinen Gruppierungen vorsah. Die Deutschen bedienten sich einer Taktik, die de Gaulle durchschaute und bekannt machte: sie konzentrierten ihre Panzer in Form eines Stoßkeils. Auch bei der Luftmacht ging es weniger um Zahlen als um Taktik. 1939, am Anfang des Krieges, war die deutsche Luftwaffe kaum mehr als ein Bluff. Die französische Artillerie war der deutschen sogar überlegen, doch man hatte sie einfach nicht auf einen Bewegungskrieg eingestellt. Die Franzosen besaßen genauso viele Soldaten in Uniform und mehr Reservisten. Beide Seiten hatten genug Waffen für ihre jeweilige Militärstrategie, wie Oberst Adolphe Goutard in einer düsteren Bestandsaufnahme dieser Schlacht um Frankreich erläuterte – eine Ansicht, die sein Mentor de Gaulle teilte. Der Haken war nur, daß die französische Strategie von einem früheren Krieg bestimmt war.

Ein Historiker wies später darauf hin, daß Frankreich in dem früheren Krieg – zu einer Zeit, da die Gesamtbevölkerung des Landes 40 Millionen Menschen betrug – mehr als zwei Millionen Männer (1,4 Millionen Tote, 740 000 Krüppel) verloren hatte. In den Jahren zwischen den Kriegen fehlte es nicht nur an Armen und Beinen, sondern auch an Energie und Enthusiasmus – es schien ein allgemeiner Mangel an Nervenstärke zu herrschen. Die Wirtschaftskrise der dreißiger Jahre war ein schwerer Schlag für dieses Land, das eine ganze Generation verloren hatte. Der Gedanke an Abrüstung war verlockend, sogar für Militärs. Zum Beispiel akzeptierte Marschall Pétain im Februar 1934 die Berufung zum Kriegsminister, nachdem er das Versprechen erhalten hatte, daß man den Militärhaushalt, der bereits auf einem Tiefststand war, nicht antasten werde. Doch als das Kabinett den Militärhaushalt trotzdem kürzte – und dies angesichts eines Nachbarn, der unter seinem neuen Kanzler Adolf Hitler bereits den Völkerbund und die Abrüstungskonferenz verlassen hatte –, hielt Kriegsminister Pétain den Mund. Die Bedürfnisse der Armee wurden nicht gedeckt; die Maginotlinie würde nicht nach Norden ausgedehnt werden, um die französisch-belgische Grenze zu schützen. Sogar als Frankreich die Initiative ergriff und Deutschland im September 1939 den Krieg erklärte, hielt man es für ratsam, sich nicht zu rühren und die Schritte des Feindes abzuwarten. Es sah so aus, als sei die französische Armee nur zur Verteidigung gedacht.

Denn im September 1939 hätte man in Deutschland einmarschieren und es schlagen können. Seine besten Truppen waren nach Polen entsandt worden; die Franzosen und Briten hätten hundertzehn Divisionen gegen dreiundzwanzig deutsche ins

Feld führen können. Oberst Goutard zeigt auf, was die Memoiren vieler deutscher Generale enthüllen: die Tatsache, daß sich das deutsche Oberkommando nicht einmal nach dem Polenfeldzug für stark genug hielt, den westlichen Alliierten im Kampf entgegenzutreten. Aber die Deutschen nutzten die ihnen gegönnte Zeit. Gamelins Taktik war defensiv, und sogar wenn feindliche Truppen entdeckt wurden, eröffnete man nicht das Feuer. Während des Sitzkriegs hatten die Franzosen jede Beweglichkeit verloren.

An diesem Tag, als Paris verloren schien, wären die Menschen von Paris erstaunt über die Passivität im Hauptquartier in Vincennes gewesen. Gamelins Stab kümmerte sich im Grunde nicht um den Krieg; dies blieb die Verantwortung von General Georges in La Ferté-sous-Jouarre, sechzig Kilometer nördlich von Paris, und damit theoretisch näher an der Front. General Georges sprach kaum mit General Gamelin und bat weder um Hilfe noch um Rat. Gamelins Stab war schlicht unterbeschäftigt.

Wer nicht in militärische Geheimnisse eingeweiht war, konnte nicht wissen, wie schlimm die Dinge am 15. Mai wirklich standen. Aber nichts konnte Gerüchte aufhalten. Deshalb bekam die *Life*-Korrespondentin Clare Boothe in den Salons, die sie besuchte, sowie in den von der ausländischen Presse bevorzugten Cafés und Bars einiges über die Maas-Überquerung zu hören. In den Gerüchten wurden die Schuldigen ausgemacht, vor allem General Corap und seine Armee. Man munkelte, daß seine Bataillone voll von Kommunisten seien, die ihre Waffen fortgeworfen hätten. Deserteure würden auf den Straßen aufgelesen, sogar in Paris, um dann erschossen zu werden. Corap selbst, so die Gerüchte, müsse mit Kriegsgericht und Exekution rechnen. Oder er habe bereits Selbstmord begangen. In einer für die französische Armee günstigeren Version wurde die Niederlage deutschen Soldaten zugeschrieben, die sich als Priester oder Bauern verkleidet und die Franzosen gehindert hätten, die Brücken über die Maas zu sprengen.

Man konnte natürlich auch die Kommunisten für alles verantwortlich machen, was einige taten. Die Kommunistische Partei bot reichlich Grund zur Sorge; ihre Führer hielten den Krieg nach wie vor für einen Fehler und äußerten sich entsprechend. In einer illegalen Ausgabe von *L'Humanité* hieß es: »Während das deutsche Volk gegen seine Bourgeoisie kämpft, müssen auch wir in Frankreich gegen unsere Bourgeoisie kämpfen, die durch unsere Aktionen in den Fabriken und innerhalb der Armee geschwächt und besiegt werden kann.«

9

Donnerstag, 16. Mai

Kaum je war so häufig von Laon, der Hauptstadt des Département Aisne, die Rede gewesen. Die Stadt steht auf einer
Anhöhe über fruchtbarem Agrarland und wird von einer prächtigen gotischen Kathedrale beherrscht. Während der ganzen vier
Jahre des Ersten Weltkriegs war sie von den Deutschen besetzt
gewesen und hatte den Krieg als einer von wenigen Orten der
Region unbeschädigt überstanden. Kurz nach Mitternacht am
16. Mai rief Innenminister Henri Roy zu Hause bei Ministerpräsident Reynaud an: Der Präfekt von Aisne habe soeben gemeldet, die Situation in Laon sei »verworren«, die Stadt voll von
zurückweichenden französischen Truppen, und motorisierte
deutsche Einheiten patrouillierten in der Nähe.

Da das französische Oberkommando keine Berichte von der
Front erhielt und ein hartnäckiges Unverständnis für die Absichten des Feindes bewies, hielt es die Gegenwart von deutschen
Soldaten unweit von Laon natürlich für ein Anzeichen dafür,
daß die Deutschen nun nach Paris strebten (dabei sahen die
Franzosen in Wirklichkeit nichts als die stumpfe Seite der Sichel,
denn die Deutschen rückten nicht nach Süden vor, sondern nach
Westen zum Ärmelkanal hin – eine Maßnahme, mit der sie die
alliierten Streitkräfte in Nordfrankreich und Belgien einschließen wollten).

Dominique Leca erinnerte sich an jene kurze Nacht. Er wurde
um zwei Uhr ins Innenministerium an der Place Beauvau gerufen. Dort fand er den Ministerpräsidenten sowie den Innenminister Roy, den Militärbefehlshaber Héring, den Verteidigungsminister Daladier und eine Gruppe hoher Frontoffiziere vor.
Die Militärs ergingen sich in Schauergeschichten: Deserteure
strömten nach Compiègne (hundertvierzig Kilometer nördlich
von Paris) und französische Panzer an der Front würden von

kommunistischen Mechanikern sabotiert. Mehr noch, Rekruten aus der Pariser Region, wo sich die französische Arbeiterklasse konzentrierte, seien so aufsässig, daß loyale Soldaten ihre Gewehre auf sie richteten. Als die Offiziere geendet hatten, war man im Konferenzzimmer einer Panik nahe.

Einige dieser Geschichten blieben im Gedächtnis des Ministerpräsidenten haften. Jahre später entsann er sich, daß französische Offiziere ihre Männer im Stich gelassen hätten, weil es in einer hoffnungslosen Situation besser sei, den Feind so wenig Gefangene wie möglich machen zu lassen. Reynaud hörte von einem wohlhabenden Pariser, der seinen Sohn, einen Reserveoffizier in der Armee Corap, in seiner Pariser Wohnung antraf, wo der junge Mann ein Bad nahm. »Der Krieg ist beendet«, erklärte der Offizier.

Reynaud kehrte in sein Büro im Außenministerium zurück, wo man ihm einen Brief des Militärbefehlshabers überreichte:

Unter den gegenwärtigen Umständen erlaube ich mir, um Unordnung zu vermeiden, Ihnen vorzuschlagen, daß Sie die Evakuierung der Regierung anordnen, mit Ausnahme der für die Verteidigung zuständigen Ministerien – oder wenigstens ihrer Spitzenkräfte; auch die Mitglieder der Deputiertenkammer und des Senats sollten an die für sie vorgesehenen Stätten evakuiert werden.

Reynaud unterrichtete sein Kabinett und die Präsidenten der beiden Häuser des Parlaments – Jules Jeanneney im Senat und Edouard Herriot in der Deputiertenkammer – sofort über Hérings Brief. Aber er erinnerte sich auch an einen ausländischen Freund. Der Ministerpräsident verließ sein Büro, um mit Botschafter Bullitt nach dessen Ankunft am Quai d'Orsay zu sprechen. Reynaud bestätigte, was Bullitt bereits von Daladier wußte: Die Deutschen seien nicht aufzuhalten. »Es tut mir leid um die Demokratien«, waren Reynauds abschließende Worte. Bullitt sorgte dafür, daß sie dem Präsidenten innerhalb einer Stunde durch ein persönliches Telegramm gemeldet wurden.

Maurice Gamelin, der in der Nacht aus dem Schlaf gerissen und zur Konferenz ins Innenministerium beordert worden war, rührte sich lange nicht von der Stelle. Mittlerweile wußte niemand im Hauptquartier in Vincennes, was sich abspielte. Erst nach seiner Rückkehr wurde es lebhafter; Vincennes schien »fast« im Krieg zu sein, wie der Stabsoffizier Oberst Jacques Minart bemerkte. Die Militärregierung befand sich fortan in der Kriegszone, und General Héring wurden vierzig Kompanien Gendarme zugeteilt, um die Ordnung in Paris aufrechtzuerhalten. Sie sollten in die Stadt kommende Zivilfahrzeuge aufhalten und inspizieren, etwaige Soldaten herausholen – und an die Front zurückschicken.

Der erste Kabinettsvertreter, der zur morgendlichen Kriegskonferenz eintraf, war Georges Mandel, der im letzten Krieg Hauptberater des »Falken« Georges Clemenceau gewesen war. Mandel diente nun als Kolonialminister – ein anscheinend zweitrangiger Posten, da der Krieg auf dem europäischen Kontinent stattfand –, aber der fünfundfünfzigjährige Politiker hatte erheblichen Einfluß, der über seinen Amtsbereich weit hinausging. Er forderte mehr Kampfgeist und machte kaum ein Hehl aus seiner Überzeugung, daß es Maurice Gamelin und einigen von Reynauds engsten Beratern daran fehlen ließen.

Als nächster kam Senator Jeanneney, ein Staatsmann mit noch längerer Erfahrung; er war in Clemenceaus Regierung Unterstaatssekretär im Kriegsministerium gewesen. »Zwischen den Deutschen und Paris dürften rund hundertvierzig Kilometer liegen«, schloß er, nachdem man ihm die militärische Situation verdeutlicht hatte. »Sie werden die Entfernung an einem Tag zurücklegen!« Es sei eher eine Frage von Stunden, erwiderte Reynaud. »Mit anderen Worten, heute abend.«

Pierre Héring, unverkennbar erschöpft nach seiner schlaflosen Nacht, trat ein. Senatspräsident Jeanneney äußerte sich erstaunt darüber, daß Paris dem Feind gegenüber so hilflos sei. Wo seien die befestigten Barrikaden? Würden sie den Vormarsch des Feindes nicht wenigstens verlangsamen? Wo seien die Truppen zwischen der zerbrochenen Front und Paris? Habe man Brücken vermint?

»Ich bin dem Oberbefehlshaber unterstellt«, antwortete der unglückliche General. »Paris liegt nun in der Kriegszone. Ich weiß nicht, was das Oberkommando beschlossen hat.« Héring konnte der Versammlung nicht einmal mitteilen, ob man Sprengstoff für die nötigen Zerstörungen besitze; bis dahin seien Militärbefehlshaber für solche Angelegenheiten nicht zuständig gewesen.

Endlich trafen Edouard Daladier und Raoul Dautry ein, der Rüstungsminister: offenbar der richtige Mann auf dem richtigen Posten. Ihnen folgte Anatole de Monzie, Minister für öffentliche Bauten und Verkehr, der mithin auch für den Transport von Menschen und Geräten aus Paris in die Provinz verantwortlich war. Als Reynaud ihn aufforderte, Lastwagen bereitzustellen, um die Regierungs- und Parlamentsmitglieder einschließlich ihrer Archive zu evakuieren, protestierte Monzie zunächst: Man habe nicht genug Fahrzeuge! Zudem meinte er, daß die Regierung mit dem Auszug aus Paris den Kampf aufgeben und das übrige Frankreich lähmen werde.

Edouard Herriot, der Führer der Radikalen Partei, in seiner Jugend Literaturwissenschaftler und seit 1905 Bürgermeister von Lyon, war vor seiner Wahl zum Präsidenten der Deputiertenkammer im Jahre 1936 dreimal Ministerpräsident von Frankreich gewesen, und er sprach für das Volk: Es müsse wenigstens über die drohende Gefahr informiert werden. Diese Bemerkung verärgerte Anatole de Monzie, denn wenn man die Pariser warne, würden sie versuchen, die Stadt zu verlassen, und dafür fehle es einfach an Transportmitteln.

Man kam überein, zumindest die wichtigsten Behörden und die Goldreserven der Nation aus der Gefahrenzone zu entfernen. Dann war da noch die Frage der Archive. Jemand gab zu bedenken, daß die hier im Außenministerium befindlichen Unterlagen die Identität von Geheimagenten enthielten; mindestens einmal, in Beirut, seien heikle Informationen dieser Art erbeutet worden, wonach man französische Agenten enttarnt und aufgehängt habe.

Während Herriot zu einer Evakuierung des Parlaments neigte und dies in der Nachmittagssitzung bekanntgeben wollte, hielt sich Senator Jeanneney zurück. Und als Monzie erklärte, er könne noch am selben Tag um 15.00 Uhr Lastwagen für die Deputiertenkammer und den Senat bereitstellen, knurrte Jeanneney: »Jemand soll uns zuerst sagen, was unternommen wird, um Paris zu retten... Es ist wichtiger auszuhalten als zu fliehen!« Werde man wirklich eine Woche benötigen, um einen Verteidigungsplan für die Stadt zu entwerfen, wie Daladiers Militärberater behauptet hatte? »Und hat die Arbeit noch nicht angefangen? Worauf wartet man denn?«

Daladier versprach, daß die für die Verteidigung zuständigen Minister – er selbst als Kriegs- sowie der Marine- und der Luftwaffenminister – als letzte abreisen würden. Dautry, der Rüstungsminister, beschrieb geduldig, welche Explosivstoffe man besitze und wie man Brücken und Straßen sprengen würde.

Dann war Reynaud an der Reihe. Der Platz der Regierung sei in Paris – sogar unter heftigem Bombardement. Das Kabinett dürfe die Hauptstadt erst in der allerletzten Minute verlassen, um eine Gefangennahme zu vermeiden.

Unmittelbar darauf wurde er ans Telefon gerufen und erhielt offensichtlich eine Antwort auf seine Erklärung. Gamelin war am Apparat, und Reynauds Mitarbeiter Maurice Dejean schrieb die Worte des Generals nieder: »Nach Mitternacht am heutigen Tag kann ich die Sicherheit der französischen Regierung in Paris nicht mehr garantieren.« Vieles hänge davon ab, ob die Panzer sich nach Westen zur Normandie und zur Kanalküste oder nach Süden wendeten, um die Hauptstadt direkt anzugreifen.

Während die Minister in dem geräumigen Konferenzzimmer im Erdgeschoß beratschlagten, hörten sie draußen seltsame Geräusche, dumpfe Töne knapp vor den Fensterflügeln. Bomben? Anatole de Monzie schaute zum Himmel hinauf, als die ersten grünen Gegenstände aus den darüberliegenden Stockwerken geworfen wurden. Karteikästen! Die Minister und ihre Mitarbeiter sahen durch die Fenster zu, wie der Haufen aus Kästen und losen Blättern auf dem Rasen anwuchs. Dann goß jemand Benzin darüber und steckte ein Streichholz an. Das Außenministerium vernichtete seine gefährlichsten Unterlagen, und ein Feuer loderte auf, das in die Geschichte eingehen würde.

Natürlich konnte ein Feuer im großen Innenhof des Außenministeriums, ein paar hundert Meter von der Deputiertenkammer entfernt, kaum unbemerkt bleiben. Parlamentsmitglieder sahen es, und ihre Besorgnis wurde nicht geringer. Auch ausländische Diplomaten, französische und ausländische Journalisten sowie einfache Pariser Bürger wurden aufmerksam. (Die Flammen waren zwar von der Straße aus nicht zu sehen, aber die Rauchwolke war unverkennbar.) Die Verbrennung des Archivs sollte von der zensierten Presse nicht erwähnt werden, aber jedermann sprach darüber. Einige Papiere waren nicht völlig vernichtet, bevor sie hinauf zu den Dächern von Paris und dann wieder hinunter auf die Straßen schwebten.

Der junge Beamte François Seydoux erinnerte sich seine ganze diplomatische Karriere hindurch – und noch länger – an jenen Morgen. Sein Vorgesetzter Emile Charvériat hatte ihn im Morgengrauen zu einer Krisensitzung bestellt. Im Außenministerium rechnete man damit, daß die Deutschen Paris gegen vier Uhr nachmittags erreichen würden. Seydoux fiel die wächserne Hautfarbe des Generalsekretärs Alexis Léger auf, des höchsten Beamten am Quai d'Orsay. Behutsam erkundigte sich Seydoux: »Was meinen Sie?« – »Alles ist vorbei«, antwortete Léger – und Seydoux vernahm ein Schluchzen. Für Léger, einen bedrängten Republikaner unter den Diplomaten, war es das Ende einer Ära. Und es war das Ende seiner Karriere, denn man warf ihm vor, die Nerven verloren zu haben, als er befahl, das Archiv zu verbrennen. Reynaud versuchte, den Schlag zu mildern, indem er ihm den Posten des französischen Botschafters in Washington anbot, doch Léger lehnte ab. Wie könnte er eine Aufgabe übernehmen, die das Vertrauen seiner Vorgesetzten in einem Moment erfordere, da er aus dem höchsten Verwaltungsamt des Ministeriums habe ausscheiden müssen?

Trotzdem sollte er in den Vereinigten Staaten Trost finden. Dort konnte er sich seiner zweiten Karriere widmen: als Dichter unter dem Pseudonym Saint-John Perse. 1960 brachten seine Werke ihm den Nobelpreis für Literatur ein.

An jenem Nachmittag verrichteten die Diplomaten Schwerarbeit. Sie stellten sich in Hemdsärmeln in ihren Büros auf, um grüne Kästen mit wertvollen diplomatischen Unterlagen – Botschaftsberichten, Anordnungen des Außenministeriums,

Informationen aus geheimen Quellen – von Hand zu Hand weiterzureichen und aus den Fenstern zu werfen. François Seydoux hatte das Gefühl, den Zusammenbruch seines Landes mitzuerleben: Er und seine Kollegen begruben ein Vermächtnis.

Ein weiterer Jungdiplomat, Jean Chauvel, der seit fünf Uhr morgens an der Arbeit war, erinnerte sich, daß Charvériat zuerst daran gedacht hatte, die kostbaren Papiere in die Seine zu werfen, doch dann zu dem Schluß gekommen war, daß das Wasser sie nicht völlig vernichten würde; daher das Feuer. »Wenn es nötig wäre«, erklärte Charvériat seinen Kollegen, »würde ich nicht zögern, das Haus niederzubrennen.« Bald stellten sich ausländische Diplomaten und Journalisten ein, vom Rauch herbeigelockt, und gingen im Gebäude umher, während schwitzende Beamte Geheimdokumente aus den Fenstern beförderten. Es war eine Lektion in panischem Verhalten, die einer der Angestellten bedauerte. »Wir werden das Gespött von Europa sein«, sagte jemand. Es wurde Nacht, bevor man aufhörte, die Flammen zu füttern

Dann wurde der Befehl zur Vernichtung der Archive rückgängig gemacht. Die Deutschen setzten ihren Vormarsch auf Paris nicht fort, sondern konzentrierten sich offenbar auf die Normandie und den Ärmelkanal. Angehörige des Außenministeriums, die begonnen hatten, Paris zu verlassen und eine Redoute an der Loire anzusteuern, wurden zurückgerufen.

Während des Feuers tauchte Robert Murphy von der amerikanischen Botschaft auf. Das Schauspiel machte ihn traurig, doch inzwischen hatten die Franzosen den Angestellten der amerikanischen und der britischen Botschaft geraten, ihre eigenen Archive zu verbrennen, und man folgte dem Vorschlag.

Dann wurde es Zeit für die gemeinsame Sitzung von Senat und Deputiertenkammer, die im Palais-Bourbon, dem Sitz der Nationalversammlung, abgehalten werden sollte. Paul Reynauds Ansprache war kurz, »sehr nobel und sehr energisch«, urteilte Senator Jacques Bardoux. »Wenn der Tag kommt, an dem alles verloren scheint, wird die Welt sehen, wozu Frankreich fähig ist«, versprach er. »Schwäche wird mit dem Tod bestraft.«

Verdrießlich notierte Anatole de Monzie in einem Bericht, der während der deutschen Besetzung von Paris veröffentlicht wurde, er sei während Reynauds Ansprache vor dem Parlament Zeuge eines Wortwechsels zwischen Edouard Herriot und einigen Abgeordneten geworden, die sich erkundigten, weshalb Herriot sie aus Paris fortschicken wolle. Weil Reynaud es wünscht, habe Herriot geantwortet. Das zeige, was von der gockelhaften Rede des Militärpräsidenten zu halten sei, murrte Monzie.

Natürlich erschien auch William Bullitt am Quai d'Orsay, bevor der Nachmittag verstrichen war. Sein Kommentar zu dem Feuer: »Eine üble Sache!« Das sei nicht die einzige üble Sache, hätte Dominique Leca ihm gern mitgeteilt. Leca sah den Botschafter als einen Mann mit den besten Vorsätzen – von der Sorte, die den Weg zur Hölle pflastert. Leca hielt ihn für einen Hansdampf in allen Gassen. Gewiß, im Unterschied zum amerikanischen Botschafter in London, Joseph Kennedy, sei Bullitt ein Gegner der Nazis, doch in seiner Wichtigtuerei mache er allen Vorwürfe: den Briten, weil sie nicht genug Hilfe leisteten, den Franzosen, weil sie im Krieg unterlegen seien, und sogar Roosevelt, weil der nicht begreife, daß Paris und London mit Hitler verhandeln wollten.

Nach seiner Rückkehr in die Botschaft tippte Bullitt rasch ein weiteres »persönliches und geheimes« Telegramm an den Präsidenten. Aber bevor er es seinem Chiffreur gab, verfaßte er eine kürzere Mitteilung an David Salmon, den Leiter der Pressestelle im Außenministerium. Er bat Salmon, den Text persönlich zu dechiffrieren, den Inhalt für sich zu behalten und nur an Margret LeHand, die Sekretärin von Präsident Roosevelt, weiterzugeben. »Ich möchte das Folgende nur Ihren ganz privaten Vertrauten im Weißen Haus zu Gehör bringen, und zwar inoffiziell«, begann Bullitt. »Es ist die Art Hypothese, die wir häufig diskutieren, doch nie zu Papier bringen. Aber ich kann nicht mit Ihnen sprechen, also los.«

Es dürfte nicht viele diplomatische Berichte an einen Staatschef gegeben haben, die so eingeleitet wurden, aber schließlich war Bullitt kein Diplomat im herkömmlichen Sinne, und Roosevelt war selbst nicht sehr traditionsbewußt. »Es scheint auf der Hand zu liegen«, fuhr Bullitt fort, »daß die französische Armee, wenn Gott kein Wunder gewährt wie zur Zeit der Marne-

schlacht, mit einer vernichtenden Niederlage rechnen muß.«
Die Briten seien keine große Hilfe; sie hielten ihre Flugzeuge in
England zurück, während sie sich »kritisch und abwertend« über
ihre französischen Verbündeten äußerten. Der nicht sehr anglophile amerikanische Botschafter war der Ansicht, daß die
Briten, um den Konsequenzen einer Niederlage zu entgehen,
nicht davor zurückschrecken würden, in ihrem eigenen Land ein
faschistisches Regime zu errichten, so daß die britische Flotte
sich schließlich gegen die Vereinigten Staaten wenden müsse.
Roosevelt solle mit Mackenzie King, dem kanadischen Premierminister, und sogar mit einigen britischen Marineoffizieren die
Möglichkeit erörtern, die britische Flotte über den Atlantik nach
Kanada zu bringen, bevor derlei geschehen könne.

Rüstungsminister Raoul Dautry geriet nicht in Panik, aber auch
er mußte erhebliche Rettungsarbeiten leisten. Dautry, der in
diesem Jahr sechzig wurde, war ausgebildeter Ingenieur. Sein
Ministerium hatte unter anderem die Oberhoheit über Wissen-
schaft und Forschung, und eines der Projekte, die in seine
Zuständigkeit fielen, war die Entwicklung der Atomenergie. Er
hatte die Arbeit von Frédéric Joliot-Curie aufmerksam verfolgt, der zusammen mit seiner Frau Irène – der Tochter von
Marie und Pierre Curie, den Entdeckern des Radiums –, eine
Forschungsabteilung im Radium-Institut aufgebaut hatte. Nachdem Frédéric und Irène 1935 für ihre Arbeiten über künstliche
Radioaktivität den Nobelpreis für Chemie erhalten hatten,
wurde Frédéric Joliot an das angesehene Collège de France
berufen. Seine Mitarbeiter begleiteten ihn. Zu ihnen gehörte
Hans Heinrich von Halban, ein Österreicher, der in Deutschland studiert hatte; der begabte und ehrgeizige Mann war ein
Schüler des dänischen Kernphysikers Niels Bohr. Ein anderer
Mitarbeiter war der in Rußland geborene Lew Kowarski. Beide
waren zweiunddreißig; Joliot-Curie selbst hatte gerade seinen
vierzigsten Geburtstag gefeiert.
Im Jahre 1939, kurz bevor Enrico Fermi und Leo Szilard in
den Vereinigten Staaten ein ähnliches Phänomen entdeckten,
stießen Joliot und sein Team auf die Möglichkeit einer Kettenreaktion zur Schaffung einer neuen Energiequelle. Sie ver-

öffentlichten den ersten Bericht über die Neutronenemission im Spaltungsprozeß, und sie untersuchten auch die Möglichkeit, diese Energie für Sprengstoffe zu verwenden. Die Wissenschaftler des Collège de France bezogen das Uran für ihre Forschungen aus Belgisch-Kongo.

Nach der Kriegserklärung im September 1939 wurde Joliot-Curie zum Hauptmann befördert, aber wieder in sein Laboratorium abgeordnet; seine Kollegen Hans Halban (wie er sich nun nannte) und Lew Kowarski wurden in aller Eile zu französischen Staatsbürgern gemacht. Damals ging Joliot-Curie zu Raoul Dautry und legte ihm einen Bericht über das Projekt – und über das, was auf dem Spiel stand – vor. Unterdessen hatte Leo Szilard in den Vereinigten Staaten Albert Einstein dazu veranlaßt, einen Brief an Präsident Roosevelt zu unterzeichnen, der mehr oder weniger denselben Inhalt hatte wie Joliots Bericht an Dautry:

Im Laufe der letzten vier Monate haben sich die Wahrscheinlichkeit und die Möglichkeit ergeben – durch die Arbeit von Joliot in Frankreich sowie von Fermi und Szilard in Amerika –, eine nukleare Kettenreaktion in einer großen Radiummasse auszulösen, wodurch gewaltige Mengen Energie und riesige Quantitäten neuer radiumähnlicher Elemente erzeugt würden ... Dieses neue Phänomen würde auch zum Bau von Bomben führen, und es ist denkbar – wenn auch viel weniger sicher –, daß sich auf diese Weise Bomben eines neuen Typs mit extremer Sprengkraft herstellen lassen.

Das Atombombenprojekt, das wie nie zuvor wissenschaftliche Talente mobilisierte, unerhörte Kosten verursachte und unter allerhöchster Geheimhaltung stand, sollte bald in Gang gesetzt werden.

Inzwischen wahrte das Labor des Collège de France die für einen Kriegszustand übliche Verschwiegenheit. Man hatte Patentanträge eingereicht, die jedoch erst nach dem Krieg veröffentlicht wurden. Die Geheimhaltung wurde für Frédéric Joliots Geburtstag gelockert, wie Hans Halbans Frau feststellte. Sie wurde gebeten, zu diesem Anlaß eine Sachertorte zu backen, und Hans dekorierte die Torte mit einer Inschrift aus Vanille-creme: Es war eine wissenschaftliche Formel. »Sprecht mit niemandem darüber«, bat er. Die anwesenden Ehefrauen, natürlich mit Ausnahme von Irène Curie, verstanden seine Besorgnis nicht. Halbans Frau wußte nur, daß die Männer eine neue Energiequelle entdeckt hatten. Später, im Juli 1945, reiste sie mit ihrem zweiten Ehemann, dem theoretischen Physiker George Placzek, nach New Mexico, wo die erste Explosion einer Atombombe stattfand.

Dank Halbans früherer Arbeit mit Niels Bohr kam das Team zu dem Schluß, daß schweres Wasser – eine Substanz, die statt gewöhnlichem Wasserstoff Deuterium enthält – ein idealer Moderator für eine Uran-Kettenreaktion sei. Die einzige Quelle für schweres Wasser war eine Fabrik in Norwegen. Sie gehörte zufällig einem Franzosen, aber die Deutschen hatten es ebenfalls auf die kostbare Substanz abgesehen. Im Februar 1940 schickte Dautry einen Geheimagenten nach Norwegen, der, von dortigen Agenten unterstützt, die gesamte verfügbare Menge, nämlich 185,5 Kilo, zurückbringen sollte. Während der Mission des Geheimagenten in Norwegen bestand ein wirklichkeitsfremder französischer Bürokrat darauf, daß Halban und Kowarski als frühere Staatsbürger feindlicher Nationen (beide waren zum Teil auch jüdischer Herkunft) Paris sofort zu verlassen hätten. Ihr Status ermöglichte ihnen, sich den Ort ihres Exils selbst auszuwählen. (Kowarski entschied sich für Belle Ile vor der Atlantikküste, Halban für die Mittelmeerinsel Porquerolle, gegenüber der französischen Stadt Hyères.) Dann, als die Trommeln mit schwerem Wasser sicher im Collège de France installiert waren, wurden die beiden Verdächtigen aus dem Exil zurückgerufen, damit sie sich der Arbeit in ihrem hochgeheimen Labor widmen konnten. Und Hitler begann mit seiner Invasion in Norwegen.

Nun, am 16. Mai, bevor Joliots Team in der Lage war, eine Kettenreaktion mit dem kurz zuvor erworbenen schweren Wasser auszulösen, forderte man die Wissenschaftler auf, Paris zu verlassen, damit weder ihr Material noch ihre Geheimnisse in die Hände der Deutschen fielen. Das Uran wurde nach Marokko geschifft und dort aufbewahrt. Halban, seine Frau, ihr Töchterchen und ein Laborassistent waren die ersten, die abreisten. Er hatte Österreich und dessen zerstörte Wirtschaft nach dem Ersten Weltkrieg erlebt und dort eine Lektion gelernt. Deshalb hatten seine Frau Els und er seit vielen Monaten Benzin gehortet (er tankte den Peugeot der Familie häufig auf und fuhr dann in den Wald, um das Benzin mit Hilfe eines Gummischlauchs abzusaugen). Die Benzinbehälter wurden in der Garage der Familie untergebracht. Die Vorräte reichten, um das Auto und die 185,5 Kilo schweres Wasser aus Paris in Sicherheit zu bringen.

Es war ein herrlicher Tag, als sie abfuhren. Die strahlende Sonne und das Elend, das sie auf der Autobahn umgab, ließen Els Halban an den amerikanischen Bürgerkrieg und an Scarlett O'Hara denken, denn sie hatte kurz zuvor *Vom Winde verweht* gelesen.

William Bullitt war nicht der einzige bekannte Ausländer, der den Scheiterhaufen am Quai d'Orsay zu Gesicht bekam. Winston Churchill flog zu seinem ersten Besuch als Premierminister und erstem Treffen mit Paul Reynaud als Ministerpräsident ein. Es kam zu einer Kriegskonferenz – einem Obersten Kriegsrat – mit Reynaud und Daladier, General Gamelin und Admiral François Darlan auf französischer und mit Churchill und dessen Militärberater Sir John Dill und General Hastings Ismay auf britischer Seite. »Größte Verzweiflung stand allen ins Gesicht geschrieben«, notierte Churchill. Natürlich versuchten die Franzosen zu erklären, was an der Maas bei Sedan geschehen war, während Churchill vor dem Fenster des Konferenzzimmers am Quai d'Orsay »die von großen Feuern ... aufsteigenden Rauchwolken« beobachtete sowie »ehrwürdige Beamte, die Schubkarren mit Archivmaterial in die Flammen kippten«. Dies konnte nur bedeuten, daß die Evakuierung von Paris eine durchaus reale Möglichkeit war.

Gamelin hatte die traurige Pflicht, die französische Not, den Durchbruch bei Sedan und die Demoralisierung der Truppen durch feindliche Flugzeuge zu schildern. Reynauds Sekretär Maurice Dejean hörte, wie der Generalissimus sagte: »Die Deutschen wollen Paris erobern.« Gamelin schätzte die Stärke des Feindes auf achtzig Divisionen, von denen fünfzig im

Gefechtseinsatz seien. Nach einem Moment des Schweigens fragte Churchill, wo sich die strategischen Reserven Frankreichs befänden. »Es gibt keine«, erwiderte Gamelin. Die Franzosen waren überzeugt, daß ihr Besucher nicht abschätzen konnte, welche gewaltige Abfuhr Frankreich erlitten hatte. Der Engländer sah eine Möglichkeit zum Gegenangriff, während die Franzosen nur die Notwendigkeit eines eiligen Rückzugs aus den nördlichsten Positionen der Alliierten zu erkennen vermochten.

Die aktuelle Frage blieb: Würden die Briten die Jäger und Bomber entsenden, die Frankreich so dringend benötigte? Churchill erwiderte, sein Land könne keine Flugzeuge entbehren, die zur Verteidigung der Rüstungsbetriebe benötigt würden. Aber er wolle sehen, was sich machen lasse. Am Abend suchte Churchill den Ministerpräsidenten zu Hause auf und ließ ihn wissen, daß die britische Regierung bereit sei, zehn Jägerstaffeln neben den vier bereits versprochenen zu entsenden. Damit blieben noch fünfundzwanzig Staffeln zum Schutz Großbritanniens: das absolute Minimum.

Der Brite zeigte Reynaud die Nachricht, die er nach London geschickt hatte, um sein Kabinett und die Royal Air Force von dem Bedarf an weiteren Maschinen zu überzeugen. Der Text war am Telefon verlesen worden – unverschlüsselt, aber in hindustanischer Sprache, damit die Deutschen ihn nicht verstehen konnten. Dies war ein Einfall von Churchills Mitarbeiter Hastings Ismay gewesen, der in Indien geboren war und dem dortigen Vizekönig früher als Militärberater gedient hatte. Churchill hatte gebeten, Ismay die Antwort telefonisch zu übermitteln, natürlich auf Hindustani.

Der Premierminister verbrachte die Nacht in der britischen Botschaft an der Rue du Faubourg Saint-Honoré. Am nächsten Morgen rief er einen Attaché in sein Schlafzimmer, das dem großen Ziergarten gegenüberlag; er wies auf versengte Rasenflächen und fragte: »Was ist hier los?« Der Attaché gestand schüchtern, daß man Archivmaterial verbrannt habe; er hatte offensichtlich Angst vor Churchills Reaktion auf die Nachricht, daß wertvolle Dokumente vernichtet worden seien. Doch Churchill sagte nur: »War es notwendig, diesen großartigen Rasen zu verstümmeln?«

Gegen 18.00 Uhr war in der Regierungsspitze wieder Ruhe eingekehrt – jedenfalls nach außen hin. Das Kabinett würde die Hauptstadt nicht verlassen müssen, was Dominique Leca in der von ihm verfaßten Rundfunkansprache, die Reynaud um zwanzig Uhr halten würde, zum Ausdruck brachte. Nach reiflicher Überlegung meinte Leca, der blinde Alarm sei heilsam gewesen. Er hatte die Regierung und Einrichtungen wie die Bank von Frankreich gezwungen, sich damit zu beschäftigen, wie Menschen und Material nötigenfalls aus der Stadt gebracht werden konnten. Der »Tag des großen Schreckens«, wie man ihn später nennen würde, half auch Ministerpräsident Reynaud, seine Gedanken zu ordnen. Was für ein Verteidigungsminister war dieser Edouard Daladier, der den Krieg so überheblich begonnen, nun aber eingeräumt hatte, daß er keine Kampfeinheiten zum Schutz von Paris mehr besaß? Und Daladier war nicht der einzige, der entlassen werden mußte.

An diesem Tag setzte Daladier ein Memorandum für seinen Generalissimus auf, in dem er eine Bewertung der bisherigen militärischen Operationen und einen Blick in die Zukunft forderte. Das Dokument traf im Hauptquartier in Vincennes laut Oberst Minart unter chaotischen Umständen ein: eine Armee nach der anderen meldete ihr Scheitern an der Front. Verteidigungsstellungen konnten nicht gehalten werden, Soldaten benahmen sich ungebührlich. Sämtliche Cafés und Bistros der Umgebung von Paris waren voller Gäste in Uniform.

In Vincennes selbst wurde ein 77-mm-Geschütz in die Mitte des Hofes geschoben und auf das unbefestigte Südtor gerichtet. Sekretäre wurden rasch im Gebrauch der Waffe unterwiesen, und man brachte Geschützstellungen an den Eingängen des Stabsgebäudes an. Kurz, alle hatten, wie Minart berichtete, den Kopf verloren. Dies war der Rahmen, in dem Gamelins Stab eine Antwort auf Daladiers Schreiben verfaßte, wozu nicht weniger als zwei Tage benötigt wurden. In seinem Bericht räumte der Oberbefehlshaber ein, daß die Franzosen schwere Irrtümer begangen hätten. Er habe bereits einen Armeekommandeur, zwei Korpskommandeure und mehrere Divisionskommandeure ablösen lassen. Es habe kein unehrenhaftes Verhalten gegeben, sondern nur einen Mangel an Dynamik. Als der Bericht am 18. Mai unterzeichnet wurde, waren die Absichten des Feindes noch immer nicht klar. Würde sich der deutsche Hauptvorstoß gegen den Kanal richten, damit der Feind die alliierten Streitkräfte isolieren und die Invasion Großbritanniens vorbereiten konnte? Oder würde er auf Paris marschieren und das französische Kernland angreifen? Der Oberbefehlshaber war immer noch davon überzeugt, daß es richtig gewesen sei, seine besten Truppen nach Belgien zu verlegen, obwohl er zugeben mußte, daß die Deutschen besser für den Krieg gerüstet waren. Er beschrieb den typischen französischen Soldaten als phantasielos, undiszipliniert und leichtfertig; in der Zeit zwischen den Kriegen habe er keine moralische oder patriotische Ausbildung erhalten. Diese geschwächte Moral führe zu Plündereien an der Front und zu einer egoistischen Einstellung in kritischen Gefechtsmomenten.

Paul Reynaud wartete nicht zwei Tage auf Gamelins Bericht. Am 16. Mai, dem »Tag des großen Schreckens«, ging um 21.50 Uhr ein Telegramm an General Maxime Weygand, einen greisen Veteranen, der im Ersten Weltkrieg die rechte Hand des heldenhaften Marschalls Ferdinand Foch gewesen war. Weygand hatte als französischer Hochkommissar im Orient, als Generalstabschef der französischen Armee und als Oberbefehlshaber sämtlicher französischer Streitkräfte in der ersten Hälfte der dreißiger Jahre gedient. Damals hatte er sich gegen die Abrüstung ausgesprochen und eine Kürzung der Wehrdienstzeit abgelehnt. 1935 war Weygand, längst im Pensionsalter, aus der Armee ausgeschieden. Seine Abneigung einem linken Kabinett gegenüber hatte ihn vom Machtzentrum ferngehalten, bis ihn im August 1939 die Pflicht rief. Nun, im Alter von dreiundsiebzig Jahren und als Kommandeur der französischen Streitkräfte am Mittelmeer, war er der bekannteste aktive Soldat. Das Telegramm des Ministerpräsidenten trug den Stempel »Persönlich«, und Weygand wurde aufgefordert, es selbst zu dechiffrieren.

IN ANBETRACHT DES ERNSTES DER MILITÄRISCHEN LAGE AN DER WESTFRONT WÄRE ICH IHNEN DANKBAR, WENN SIE UNVERZÜGLICH NACH PARIS REISEN KÖNNTEN, NACHDEM SIE SCHRITTE ZUR ÜBER-

GABE DES KOMMANDOS AN EINEN OFFIZIER IHRES VERTRAUENS GETROFFEN HABEN. BITTE HALTEN SIE IHRE ABREISE IM RAHMEN DES MÖGLICHEN GEHEIM.

Wenn man A. J. Liebling, dem scharfsichtigen Korrespondenten des *New Yorker*, glauben darf, hatten die gewöhnlichen Pariser Bürger vor jenem Tag noch nicht unter Kriegspanik gelitten. Nur die am stärksten »sensibilisierten« Bevölkerungsschichten – Journalisten, Militärhelfer und natürlich Politiker – wußten um den Ernst der Situation. Am Vorabend zum Beispiel »war sogar die neurotische Kundschaft der Ritz- und der Crillon-Bar ruhig gewesen«. Doch nun begannen Gerüchte zu zirkulieren, etwa darüber, daß man bei Paris, also weit von der Front entfernt, Deutsche gesichtet habe – und dies Wochen vor der tatsächlichen Eroberung der Stadt. Amerikanische Kontoinhaber standen Schlange, um ihre Guthaben bei der Filiale einer New Yorker Bank abzuheben.

Die Furcht vor der Fünften Kolonne – womit entweder deutsche Spione oder deutschfreundliche Franzosen gemeint sein konnten, die, als normale Bürger auftretend, Unheil stifteten und Sabotageakte durchführten – war so weit verbreitet, daß verstärkte Überwachungsmaßnahmen erforderlich schienen. Die Polizei begann, aufs Geratewohl Ausweise zu überprüfen. Später sammelte der niederländische Historiker Louis de Jong einige der damals umlaufenden Geschichten, die dem Feind unheimliche Täuschungsmanöver und -geräte unterstellten – sprich: mysteriöse Lichtsignale und Funkbotschaften, die angeblich über die Dächer von Paris hinweghuschten …

»Paris ist gut gegen den inneren Feind geschützt«, hieß es beruhigend auf der Titelseite von *Le Figaro*. »Defätistische Propaganda hat in Paris nichts zu suchen.« Dieselbe Ausgabe berichtete von der Gründung einer Anti-Fallschirmjägermiliz für die Vororte der Stadt.

Natürlich konnten die Pariser nicht umhin, das Verschwinden ihrer Autobusse zu bemerken. Die offizielle Erklärung lautete, daß die Busse zum Transport von Flüchtlingen benötigt würden. Die Evakuierung von Regierungsbeamten wurde nicht erwähnt. Um die Bewegung von Militäreinheiten und von Flüchtlingen zu erleichtern, durften Autofahrer Paris nicht mehr in nördlicher oder östlicher Richtung verlassen. Die Zeitungen spielten die Berichte über Verhandlungen gegen kommunistische Parteiaktivisten hoch, die zu Gefängnisstrafen zwischen einem und fünf Jahren verurteilt wurden.

Niemand zählte die unheilverkündenden Telefonate, die an jenem Tag geführt wurden, häufig von Mitgliedern der Regierung oder des Militärs. Wer angeblich verläßliche Informationen besaß, rief befreundete Privatleute an, deren Leben oder Freiheit durch die Ankunft der Nazis in Gefahr sein könnte. Pierre Mendès-France erinnerte sich an einen Minister, der an diesem Tag systematisch allen seinen Freunden zur Flucht riet. Er ließ seine jüdischen Freunde wissen, daß sie besonders gefährdet seien. Mendès war Jude, aber eine Flucht kam für ihn nicht in Frage. Senator Bardoux hörte von einem General des Hauptquartiers, der eine polnische Freundin anrief und ihr mitteilte: »Wir sind verloren. Verschwinde aus Paris.« Der Senator knurrte: »Noch ein General, der aufgehängt werden sollte.«

Der Schriftsteller Pierre Drieu la Rochelle, ein erklärter Faschist, war sich über seine Gefühle nicht ganz im klaren, als die von ihm bewunderten Nazis in sein Land einmarschierten. »Man ist immer erstaunt, wenn etwas, das man erwartet hat, tatsächlich geschieht«, vertraute er seinem Tagebuch an. »Allerdings dachte ich nicht, daß es so rasch geschehen würde.« Der Erfolg der Deutschen sei darauf zurückzuführen, daß sie die Zukunft repräsentierten. »Ich spüre Hitlers Bewegungen, als wäre ich er«, hatte Drieu la Rochelle zwei Tage zuvor notiert. »Ich bin im Zentrum seiner Stoßkraft.«

Allwöchentlich kamen die vierzig Mitglieder der Académie Française zusammen, um das offizielle Wörterbuch der französischen Sprache zu revidieren. (Die Mitglieder der altehrwürdigen, von Kardinal Richelieu gegründeten Institution werden aufgrund ihrer hervorragenden Leistungen in den Künsten, den Naturwissenschaften, in der Politik oder in anderen Bereichen gewählt.) Am 16. Mai, als so viele Pariser von Furcht ergriffen wurden, saßen die »Unsterblichen« gelassen an ihrem Tisch und diskutierten das Verb *aimer* (lieben). Sie beendeten die Definition des Wortes während des Nachmittags und wandten sich dem nächsten zu: *aine* (Leistengegend).

Robert de Saint-Jean verließ seinen Schreibtisch im Informationsministerium zu recht später Stunde, um im Außenministerium ein paar Neuigkeiten zu erfahren. Es war 19.15 Uhr, als er im Vestibül eintraf und den Portier bat, ihm den Weg zu weisen. »Ich habe um neunzehn Uhr Feierabend«, erwiderte der Portier. Saint-Jean hatte den Eindruck, daß sich nichts geändert habe. »Uns zittert der Boden unter den Füßen, aber manche Leute ziehen weiterhin ihre Uhren auf.«

Es ist schade, daß wir nicht mit mehr Überlebenden aus jenen beklemmenden Tagen sprechen können. Und wenn man sich mit einem von ihnen unterhält, stellt man häufig fest, daß spätere, noch traumatischere Ereignisse die Erinnerungen an jene Wartezeit im Mai und Juni nahezu ausgelöscht haben. Die meisten Akteure des Dramas sind seit langem abgetreten, doch einige haben Tagebücher hinterlassen. Der Redakteur und Kritiker Paul Léautaud, der damals achtundsechzig Jahre alt war – und von sehr angegriffener Gesundheit, wenn man seinen Klagen Glauben schenkt –, wohnte bescheiden in einem einfachen Vorort und fuhr fast jeden Tag mit dem Zug ins Zentrum von Paris. Léautaud war ein scharfer Beobachter, ein freimütiger, wenn auch eigenwilliger Berichterstatter; er schien etwas leichtgläubig – oder jedenfalls stellte er sich so dar – und neigte zu willkürlichen Urteilen, die er in seinem Tagebuch verewigte.

Léautaud lebte allein mit seinen Haustieren, hauptsächlich Katzen, aber auch ein Affe war darunter. Zwar hätte er die Gesellschaft einer Frau vorgezogen, doch dafür war es offensichtlich zu spät; er wäre zu dem, was getan werden muß, nicht in der Lage gewesen. Diese Überlegung in seinem Tagebuch stammt vom 10. Mai, und darauf folgt: »Heute morgen gegen vier Uhr beginnt der wirkliche Krieg gegen Frankreich.« Dann vergingen Tage, in denen er nur literarische Skizzen zu Papier brachte – Nebenprodukte seiner Arbeit für die Literaturzeitschrift *Mercure de France* im Verlagsviertel am linken Seineufer. Am 15. Mai hieß es in Léautauds Tagebuch: »Ich schreibe, ich arbeite, ich vergesse völlig, daß Krieg geführt wird. Ich lege meinen Federhalter nieder, ich stehe auf, ich bereite mich zum Schlafengehen vor, ich betrachte den Nachthimmel. Die Realität kehrt zu mir zurück wie ein plötzlicher Sturz, eine Drohung, ein Fragezeichen.« Nachdem er von einem Freund über den deutschen Durchbruch bei Sedan erfahren hatte, schrieb er: »Die armen Pferde, die armen Maultiere, die armen Armeehunde!«

Um 14.00 Uhr hörte er, wie ein Arbeiter auf der Rue Saint-André-des-Arts zu seiner Frau sagte: »Man sieht, daß die Boches eingesperrt sind. Jedenfalls sind weniger Leute auf der Straße.« Dies charakterisierte den Exodus der Pariser, wie er sich der Arbeiterklasse darstellte. Léautaud kommentierte: »Daran ist einiges Wahre.« Nun, am 16. Mai, spricht er mit einer Freundin darüber, ob es ratsam sei, literarische Unterlagen in Sicherheit zu bringen. Man bietet ihm die Gastfreundschaft im fernen Château de Poligny an, in dem die Jacques-Doucet-Bibliothek ihre kostbaren Bestände verwahrt. Aber Léautaud reagiert nur langsam, denn er haßt es, angetrieben zu werden.

Teil III
Die Schlacht um Frankreich

Es war das Ende einer Welt, in der Paris den höchsten Rang einnahm, in der Frankreich lebendig war, in der es einen Hauch von Freiheit gab. Die geschwärzte Luft enthielt Öl, der Regen war voller Ruß, und die unglückliche Stadt wurde von dem sich senkenden Himmel niedergedrückt.

ELLIOT PAUL, The Last Time I Saw Paris

10

Freitag, 17. Mai

Nach der fieberhaften Nacht des 15. und den freudlosen Feuern des 16. Mai schien der Freitagmorgen ruhig, ein Tag der Entspannung; man konnte nachdenken oder wenigstens versuchen, seine Gedanken zu ordnen. General Héring, der für die Auslösung der Panik verantwortlich gemacht wurde, da er der Regierung empfohlen hatte, Paris zu räumen, besann sich nun eines anderen. Aber die Gerüchte hielten an. Während Dominique Leca aufatmete, da ein angeblicher Streik von belgischen Eisenbahnarbeitern ausgeblieben war, präsentierte der amerikanische Botschafter Bullitt seinem Präsidenten eine andere Version: Es habe tatsächlich einen Streik gegeben, doch er sei gebrochen worden, als die Belgier die kommunistischen Anführer erschossen hätten. Streng vertraulich – Bullitt richtete seine Mitteilung wiederum an den Präsidenten höchstpersönlich – merkte der Botschafter an, daß die meisten schweren Panzer Frankreichs »durch kommunistische Arbeiter aus den Renault-Werken am Rande von Paris bemannt« seien. Als man ihnen im kritischen Moment der Schlacht befohlen habe, gegen deutsche Panzer vorzurücken, hätten sie sich nicht von der Stelle gerührt. Bullitt lieferte Zahlen: In einem Fall, als dreiundsechzig französische Panzer hätten angreifen sollen, seien nur fünf dem Befehl gefolgt. Angeblich zertrümmerten Panzerbesatzungen lebenswichtige Maschinen. Die Schuldigen würden erschossen werden.

Noch schwerwiegender war nach Bullitts Meinung eine von den Sowjets angezettelte Rebellion zugunsten Deutschlands. Ein französisches Infanterieregiment, zusammengesetzt aus Kommunisten der Pariser Industrievororte, habe revoltiert und Compiègne, ein Städtchen zwischen Paris und der deutschen Front, besetzt. Rund 80 000 abtrünnige französische Soldaten hielten sich immer noch in Compiègne auf und würden am Abend von französischen Panzern und Flugzeugen angegriffen werden. Dann, nachdem er Roosevelt dies alles übermittelt hatte, fügte Bullitt hinzu, die Sache sei wohl doch nicht so bedeutsam, wie sie scheine. »Sobald Reynaud den Mut hat, im Einklang mit Napoleons ausgezeichnetem Prinzip ›Von Zeit zu Zeit ist es nötig, einen General zu erschießen, um die anderen zu ermutigen‹ zu handeln, wird die ›Fünfte Kolonne‹ verschwinden.« Bullitt hoffte, daß Roosevelt im Interesse der Zukunft Amerikas »jeden Kommunisten oder kommunistischen Sympathisanten in unserer Armee, Marine und Luftwaffen unschädlich machen« werde.

Der Ausspruch stammte nicht von Napoleon, sondern von Voltaire, und er bezog sich nicht auf Generale, sondern auf Admirale. Dies war eher ein Beispiel für Bullitts leidenschaftliche Überzeugung als für sein Geschick im Umgang mit Gerüchten, denn der Botschafter machte aus dem, was in Wirklichkeit eine Panik gewesen war, häufig eine kommunistische Verschwörung.

Nicht nur zufällig behandelte Joseph Goebbels in seiner täglichen Besprechung mit wichtigen Propagandamitarbeitern an jenem Morgen die Frage des Abweichlertums in den französischen Reihen, denn er verstand sich darauf, ein gutes Thema auszuschlachten. Goebbels' Männer wurden angewiesen, die in Frankreich umgehenden Gerüchte zu nutzen und die geplante Flucht der Regierung aus Paris hervorzuheben. Reynaud habe dementiert: er müsse ein Lügner genannt werden. Zudem sollten die Propagandaexperten die Furcht und das Mißtrauen hinsichtlich der Fünften Kolonne unter besonderem Verweis auf die deutschen Emigranten in Frankreich – einschließlich der Juden – verstärken. Sie sollten die Meldung verbreiten, daß die Deutschen nach der Besetzung einer Stadt Bankkonten beschlagnahmten (Goebbels meinte, die Franzosen würden daraufhin in aller Eile ihre Ersparnisse abheben und das Banksystem zerrütten). Und natürlich müsse in heimlichen, angeblich französischen Rundfunksendungen gemeldet werden, daß die Briten, während Frankreich sein Territorium verteidige, nur an ihrer eigenen Rettung interessiert seien.

Gleichzeitig prangerte die illegale Ausgabe des kommunistischen Parteiorgans *L'Humanité* vom 17. Mai »die Fünfte Kolonne von Agenten des Kapitalismus und Faschismus« an; man warnte davor, daß solche Leute ihre Sympathie für Hitler durch Angriffe gegen die Kommunisten tarnten. Agenten des Faschismus seien auf allen Regierungsebenen zu finden.

Paul Reynaud brauchte keinen weiteren Beweis dafür, daß er eine Mannschaft von Verlierern leitete. Sein Oberbefehlshaber mußte gehen, aber das würde nicht reichen. Das Kabinett benötigte Symbole in Gestalt harter Männer. Georges Mandel zum Beispiel war als Kolonialminister am falschen Platz. Reynaud meinte, dieser hartnäckige Politiker – man erinnerte sich immer noch an Mandels enge Zusammenarbeit mit dem ebenso hartnäckigen George Clemenceau – werde einen energischen Innenminister abgeben, der den Problemen an der Heimatfront, einschließlich des Problems der Abweichler und Kommunisten, gewachsen sein werde. Mandel hatte keine Angst vor dem Posten, aber er erinnerte den Ministerpräsidenten daran, daß er Jude sei; sein Name, wie der Léon Blums, sei ein rotes Tuch: »Warten Sie nur, es wird alles noch schlimmer werden!« Doch Mandel spielte eine Rolle in Reynauds Strategie. Er war der Mann, der Verräter vor ein Erschießungskommando gestellt hatte.

Dann würde Reynaud den hoffnungslos wohlmeinenden Edouard Daladier als Verteidigungs- und Kriegsminister absetzen und sein Amt selbst übernehmen. Außerdem war eine gewisse Schönheitschirurgie vonnöten: Marschall Philippe Pétain, der höchstrangige Überlebende des Ersten Weltkriegs und nun praktisch ein Denkmal, sollte von seinem Posten als Botschafter in Francos Spanien abberufen und zum Stellvertretenden Ministerpräsidenten ernannt werden.

Aber hatte Reynauds Wahl eines Nachfolgers für Gamelin nicht ebenfalls rein ornamentalen Charakter? Das war Dominique Lecas Befürchtung, denn Reynaud hatte sich für Maxime Weygand, einen weiteren Überlebenden, entschieden. Und er erwartete mehr von Weygand als die Funktion einer Galionsfigur; der General würde geschlagene Armeen retten und die

Niederlage in einen Sieg verwandeln müssen. Anscheinend besaß kein anderer Militärbefehlshaber die Qualifikationen und das Prestige, die nun gebraucht wurden.

An diesem 17. Mai begannen Pariser Polizisten, auf den Straßen mit Gewehren zu patrouillieren – ein verblüffender neuer Anblick. Außerdem war, wie *Le Matin* berichtete, eine Sondereinheit von Motorradpolizisten mit Maschinenpistolen ausgerüstet worden, die in zehn Sekunden zweiunddreißig Kugeln abfeuern konnten. Ihre Aufgabe war, nach feindlichen Fallschirmspringern Ausschau zu halten. Um die Bürger von Irrtümern abzuhalten, gab das Polizeipräsidium eine Warnung aus: Niemand dürfe ohne eine Lizenz Feuerwaffen kaufen, nicht einmal Jagd- und Übungswaffen.

Am selben Tag allerdings erhielten die Angestellten von öffentlichen wie privaten Rundfunksendern die Genehmigung, Waffen zu tragen.

A. J. Liebling berichtete den Lesern des *New Yorker* von einem jungen japanischen Botschaftsattaché, der erklärt hatte, es sei gut, Japaner zu sein, da kein Polizist ihn für einen feindlichen Fallschirmjäger halten werde.

Bereits im September 1939 hatte man sich mit dem Problem einer möglichen Evakuierung von Paris befaßt. Eine Projektgruppe unter Leitung des Stellvertretenden Ministerpräsidenten Camille Chautemps arbeitete Pläne aus: Von Beginn an stand fest, daß es keine systematische Evakuierung der Zivilbevölkerung geben werde; wer abreisen wollte, solle jedoch nicht daran gehindert werden. Nur Kinder, schwangere Frauen, Alte und Kranke dürften beim Verlassen der Stadt mit spezieller Unterstützung rechnen.

Nun, angesichts des deutschen Vormarsches, veröffentlichte das Informationsministerium eine Warnung: Der Feind verbreite Falschmeldungen, nicht nur durch die regulären Nachrichtenkanäle, sondern auch durch Agents provocateurs, um Panik auszulösen und die Bevölkerung zum Verlassen ihrer

Häuser zu bewegen, selbst wenn sie von der Gefechtszone weit entfernt lebten. »Sie [die Deutschen] bezwecken, die Straßen zu verstopfen und die alliierten Truppenbewegungen zu beeinträchtigen. Das Ergebnis ist eine Verlangsamung unserer Soldatenkolonnen, wodurch es feindlichen Flugzeugen erleichtert wird, Soldaten und Zivilisten mit Bomben und Maschinengewehren anzugreifen.« Niemand außerhalb von Paris dürfe seinen Wohnort ohne ausdrücklichen Befehl verlassen. Andererseits – und den Gerüchten zum Trotz – benötigen die Pariser trotz des Erlasses vom 16. Mai, der Paris in die Kriegszone einbezog, keine Erlaubnis, wenn sie sich aus der Hauptstadt absetzen wollten.

Paul Léautauds Freundin, Marie Dormoy von der Jacques-Doucet-Bibliothek, teilte ihm mit, es sei beschlossene Sache, daß die Regierung Paris verlassen werde; die Frauen von Kabinettsmitgliedern seien schon abgereist. Zu Hause in Fontenay-aux-Roses, einer Bahnstation der Vorortlinie, sinnierte Léautaud:

Es ist wahrlich beeindruckend, wenn man bedenkt, was durch den Fortschritt, durch wissenschaftliche Entdeckungen, Erfindungen – allen voran die Flugzeuge – usw. aus dem Krieg nach und nach geworden ist. Das Schlachtfeld ist überall. Ich bin hier, in diesem Häuschen inmitten eines großen Gartens, natürlich in gewisser Entfernung vom eigentlichen Gefechtsort. Aber es kann jederzeit eine Bombe fallen und dieses Haus dem Erdboden gleichmachen, es in Flammen setzen und vernichten und mit ihm alles, was es enthält, auch den friedlichen, unbewaffneten Zivilisten, der ich bin.

Der Faschistenfreund Alain Laubreaux war schockiert über eine Anzeige in seiner Morgenzeitung:

MIMI PINSON
79, Champs-Elysées

Tanzsaal
Luftschutzraum für 500 Personen
Absolute Sicherheit
Bei Luftalarm medizinische Versorgung

»Die Unanständigkeit dieser Anzeige!« schrieb Laubreaux in sein Tagebuch. »Seit einer Woche wird französisches Territorium besetzt, Städte werden bombardiert, Männer kämpfen verzweifelt, Menschen sterben zu Tausenden, und in Paris wird zur Musik von Negerorchestern getanzt!« Am liebsten hätte er sich mit der Peitsche in der Hand aufgemacht, um all die Müßiggänger und ihre »Bauch an Bauch« mit ihnen tanzenden Partnerinnen auseinanderzutreiben. Aber dann wäre er wieder einmal wegen Störung der öffentlichen Ordnung vor Gericht gestellt worden.

Vor seiner ersten Schlacht an der Spitze einer Panzerdivision nutzte Oberst Charles de Gaulle die verfügbare Zeit (während die nötigen Geräte an die Front gebracht wurden), um die Gefechtszone zu erkunden und um sich das Ausmaß des Zusammenbruchs deutlicher vor Augen zu führen. Er stieß auf entwaffnete französische Soldaten, die im Verlauf des deutschen Vorstoßes überwältigt worden waren. Der Feind hatte ihnen befohlen, ihre Gewehre fortzuwerfen und nach Süden zu marschieren, denn die Deutschen hatten es zu eilig, Gefangene zu machen. »Der Krieg fängt unerhört schlecht an«, schrieb de Gaulle. »Deshalb muß er fortgeführt werden. Dafür gibt es noch Platz auf der Welt.« Er legte ein Gelübde ab: »Wenn ich am Leben bleibe, werde ich kämpfen, wo es auch sei, so lange wie nötig, bis der Feind besiegt und die Schmach der Nation ausgetilgt ist.«
Und nun auf in die Schlacht. Am 17. Mai befahl er einen Angriff mit allen verfügbaren Panzern – es waren etwa hundert in drei Bataillonen – auf eine erheblich größere feindliche Streitmacht. De Gaulles Entschlossenheit machte sich bezahlt:

Die französischen Panzer rückten trotz feindlichen Artillerie-feuers und ohne Unterstützung durch französische Geschütze vor, bis Stukas und allzu überlegene deutsche Panzereinheiten einen weiteren Vorstoß tollkühn hätten werden lassen. Die französischen Truppen hatten ihren Zweck erfüllt und das Vorrücken der allgegenwärtigen deutschen Panzer kurzfristig aufgehalten. Aber ein Oberst und eine Division reichten schwer-lich aus, um einen entscheidenden Sieg zu erringen. De Gaulle sollte zwei Tage später von neuem angreifen, um General Gude-rians Vormarsch zu verzögern, doch die Stukas waren ebenfalls wieder da. Er bat inständig darum, noch mehr Panzer einsetzen zu dürfen, aber für eine solche Genehmigung hätte man einen zweiten de Gaulle gebraucht.

11

Samstag, 18. Mai

Auf der Suche nach einer rührenden Story fuhr die *Life*-Korrespondentin Clare Boothe zum Gare du Nord, dem Bahnhof, durch den Paris mit dem Nordosten verbunden wurde. Ihr klangen die Ohren, als sie die Namen der vielen französischen Städte hörte, die bereits an die Nazis gefallen waren. »Die Deutschen waren kaum hundert Kilometer von Paris entfernt«, teilte sie ihren Lesern mit, »und Furcht ergriff alle Herzen.« Im Flüchtlingszentrum des Bahnhofs beobachtete sie eine freiwillige, ältere Rotkreuzschwester, die Suppe an heimatlose Ankömmlinge aus Belgien und Nordfrankreich verteilte. »Madame«, fragte die Schwester, »sind Sie Amerikanerin?« Nachdem die Journalistin bejaht hatte, fuhr die Frau fort: »Dann müssen Sie mir die Wahrheit sagen ... Wer hat uns verraten?« Frankreich habe so viel geopfert, um die Maginotlinie zu bauen und die Deutschen fernzuhalten, aber die Deutschen seien trotzdem im Vormarsch.

Es war das erste Mal, daß Clare Boothe das Wort *Verrat* in diesem Zusammenhang gehört hatte. Danach sollte sie es noch oft hören, in Cafés oder aus dem Mund von Concièrges. Nach Meinung des gewöhnlichen Volkes war es natürlich die politische Schicht, die den Verrat begangen hatte. Die Reporterin sah die vor dem Hotel Ritz aufgestapelten teuren Gepäckstücke und hatte den Eindruck, daß die Reichen – die verräterischen Reichen – die Stadt verließen.

Zum Vergleich A. J. Lieblings Charakterisierung der belgischen Flüchtlinge, die nun in Paris auftauchten: »Die großen, schnittigen Autos der Luxus-Flüchtlinge kamen zuerst«, berichtete er den Lesern des *New Yorker*. »Die Fahrrad-Flüchtlinge erschienen kurz darauf.« Sie gefielen ihm nicht viel besser, diese »verdrossenen jungen Männer mit angeklatschtem Haar«, die

»mit erschreckendem, lautlosem Tempo aus der Dunkelheit hervorrasten«. Die Hotels füllten sich mit großen belgischen Familien; die Kinder hielten das Ganze für ein Vergnügen, während die Eltern sich um ihren Lebensunterhalt Sorgen machten.

Natürlich gab es auch verzweifelte Flüchtlinge: »Mütter mit wächsernem Gesicht, die schläfrige Babys schleppten, und sehr alte Ehepaare, die – achtbar, reserviert und verbittert – an Neuengländer erinnerten und Lederkoffer und Papageienkäfige hinter sich herzerrten ...«

Clare Boothe fand es normal, daß Flüchtlinge, die Silberfuchsmäntel trugen, über die Ausweglosigkeit der Situation unterrichtet waren. Aber wie außergewöhnlich, daß auch die kleinen Leute Bescheid wußten! Nicht durch die Informationen der Tagespresse, die »höchstens mitteilte, daß die Deutschen sich in den Gebieten aufhielten, die sie am Vortag erreicht hatten, und daß Frankreich ein wunderbares Land voll wunderbarer Soldaten sei...« Nicht einmal die Politiker wüßten, wo die Front war, nicht einmal das Oberkommando. Laut Boothe »erfuhr Paris das, was in Frankreich den ganzen Tag und die ganze Nacht hindurch vorgegangen war, auf die gleiche Weise wie eine Ehefrau erfährt, was ihr Mann angestellt hat«. Dies bedeutete, daß die Menschen das Lächeln oder Stirnrunzeln ihrer Staatsmänner beobachteten und den Tonfall der Rundfunksprecher einzuschätzen lernten: »Durch tausend kleine nach unten durchsickernde, unzensierbare Gesten und Hinweise verbreitete sich das ansteckende Klima schlechter Stimmung von der Pariser Society bis zum einfachen Volk...«

In Berlin war Joseph Goebbels offenbar selig, denn er trug in sein Tagebuch ein: »In Paris steigende Panik. Meldungen, daß Gamelin wackelt. So ist's recht. Wir schüren das Feuer.«

Clare Boothe konnte nicht wissen, daß nicht das Stirnrunzeln und der Tonfall der Staatsmänner den Pessimismus der Pariser nährten, sondern die Tatsachen und Erfindungen, mit denen Dr. Goebbels Frankreich überzog.

Es war der Tag der Kabinettsumbildung. Vor allem kam es darauf an, den leutseligen Daladier aus dem Kriegsministerium hinauszubefördern. Fortan würde der draufgängerische Paul Reynaud als Ministerpräsident sowie als Verteidigungs- und Kriegsminister amtieren; Daladier blieb im Kabinett und übernahm das Außenministerium. Anatole de Monzie, der Minister für öffentliche Bauten, witzelte später: »Nachdem Paul Reynaud am 16. an der Evakuierung von Paris gescheitert ist, evakuiert er nun seine Minister.«

Der Faschist Alain Laubreaux hatte seine eigene Ansicht über die Berufung von Georges Mandel ins Innenministerium: »Für einen jüdischen Krieg benötigt man einen jüdischen Clemenceau«, heißt es in seinem Tagebuch. Mandel war sich unzweifelhaft im klaren darüber, weshalb jemand wie Laubreaux ihn haßte. Er war seinerseits der Meinung, daß das Kabinett immer noch zu viele Relikte aus der Münchner Periode enthielt – Beschwichtigungspolitiker, die zu Pétain-Anhängern werden würden. Etliche Male vertraute er seinem Assistenten Max Brusset sein Unbehagen über Reynaud an, der zu »zerbrechlich« für Mandel war. (Außerdem beunruhigte ihn Reynauds Beziehung zu der Gräfin de Portes, die, wie er meinte, den Ministerpräsidenten zu einem jungen Athleten machen wolle.)

Eine Ernennung, die jedem einleuchtete, war die Philippe Pétains, des Ritters von Verdun. Er war häufig genug aus dem Ruhestand zurückgeholt worden, zuletzt deshalb, weil er als französischer Botschafter im Spanien der Nachbürgerkriegszeit am ehesten Persona grata für General Franco sein würde. An diesem Morgen willigte er in Reynauds Büro ein, dem Kabinett als Stellvertretender Ministerpräsident beizutreten; er war offenkundig erfreut, daß Frankreich ihn wieder benötigte. Aber seine Berufung bekümmerte einen anderen Soldaten: Charles de Gaulle, der zwischen den Kriegen im Stab des Marschalls gedient hatte. De Gaulle war überzeugt, daß Pétain einen Frieden mit Deutschland anstreben würde. In dem möglichen Szenario würde Reynaud das Amt des Ministerpräsidenten an einen bekannten Beschwichtigungspolitiker abtreten, nämlich an Pierre Laval, der das Militärestablishment mit Pétains Hilfe überzeugen würde, daß sich Frankreich den deutschen Forderungen beugen müsse.

Pessimismus war an der Tagesordnung. Die Deutschen hatten begonnen, bei ihrem unerbittlichen Marsch zum Ärmelkanal entschlossen gegen wichtige Orte in Frankreich vorzugehen, aber sie stießen nun auf den heftigeren Widerstand besser ausgebildeter französischer Truppen und schwererer Panzer – der besten, die Frankreich besaß. Doch die Deutschen kannten ihr Ziel und verfügten über die geschlossene Führung und die Kraft, es zu erreichen. Die Franzosen dagegen, denen eine klare Richtung sowie eine koordinierte Verteidigungs- oder Angriffsstrategie fehlte, stümperten immer noch herum. Paris schien zur Zeit nicht auf dem Plan des Feindes zu stehen, aber wer konnte da sicher sein? Das Tagebuch des Senatspräsidenten Jules Jeanneney enthüllt, daß er sich mit Edouard Herriot, seinem Ressortkollegen in der Deputiertenkammer, traf und die Abreise aus Paris mit ihm erörterte. Doch wohin? Die Regierung wollte alle nach Tours (an der Loire, zweihundert Kilometer südwestlich von Paris) und Umgebung schicken, doch Herriot fürchtete, das Provinzzentrum könne anfällig für Luftangriffe sein; irgendwann werde man es gleichfalls verlassen müssen. Er bevorzugte eine Verlegung in die Berge Zentralfrankreichs, die schon wegen der größeren Entfernung von der Hauptstadt sicherer wären. Jeanneney gab zu bedenken, daß man sich nach langen Diskussionen im Generalstab für Tours entschieden und bereits begonnen habe, provisorische Büros einzurichten. Das alles sei nicht so rasch abzuändern. Aber auch er vertrat den Standpunkt, daß der Regierungskern – womit er den Präsidenten der Republik, das Kabinett sowie Herriot und sich selbst meinte – zu einem raschen Rückzug aus Tours in ein weiter entferntes Versteck bereit sein müsse.

Anatole de Monzie, der sich um die Details zu kümmern hatte, blieb verärgert. Aus seinem Tagebuch geht hervor, daß er zunehmend Schwierigkeiten mit der Ungeduld der Bürokraten hatte, die schnellstens in Landschlösser umziehen wollten. Er begegnete allen derartigen Anfragen mit dem Vorwand, daß es ihm schlicht an Fahrzeugen fehle. Monzie verwandte einen großen Teil seiner Zeit darauf, Motorfahrzeuge von den Regierungsbehörden zurückzuholen, die am »Tag des großen Schreckens« Lastwagen und Busse requiriert und sie danach – für alle Fälle – auf ihren Parkplätzen abgestellt hatten. Jules Jeanneney berichtet in seinem Tagebuch, er habe sein Personal am 16. Mai entsprechend den Regierungsanweisungen aufgefordert, alles Wesentliche einnzupacken. »Seit dem 16. Mai warten zwei beladene Lastwagen. Worauf? Darauf, daß die Straßen verstopft sind?«

Die Ereignisse des Tages wurden vom amerikanischen Botschafter aufmerksam verfolgt. An jenem Nachmittag erfuhr er von Alexis Léger, der seinen Schreibtisch im Außenministerium noch nicht geräumt hatte, daß Reynaud dabei sei, einen persönlichen Appell an Roosevelt zu entwerfen; unter anderem bitte er den amerikanischen Präsidenten, den Kongreß zu einer Kriegserklärung an Deutschland zu bewegen. Bullitt warnte, daß ein solcher Appell »weit schlimmer« als zwecklos sein werde. Roosevelt tue alles in seinen Kräften Stehende, um Frankreich zu helfen, aber er sei auch Realist. Wenn er den Kongreß zu einer Abstimmung auffordere, werde man die Kriegserklärung einmütig *ablehnen*.

Bullitt sagte, er spreche freimütig, denn die Vereinigten Staaten und die Alliierten müßten einander in dieser schweren Stunde mit Freimut begegnen. Wenn Reynaud den Vereinigten Staaten eine Kriegserklärung abverlange, dann werde dies nur dem Protokoll gerecht, das heißt, er werde eines Tages nachweisen können, daß er den Versuch gemacht habe, doch von Roosevelt zurückgewiesen wurde. Ein solches Verhalten sei, wie Bullitt erklärte, ein billiges Manöver. Léger versprach, die Meinung des Botschafters weiterzuleiten und jeglichen derartigen Appell Reynauds zu verhindern. Dann erkundigte er sich, ob Bullitt bereit sei, am Abend seine Gedanken Reynaud persönlich darzulegen. Natürlich war Bullitt bereit.

Als der Botschafter und der Ministerpräsident – laut Bullitts Aufzeichnungen um 20.45 Uhr – zusammenkamen, erfuhr er von Reynaud, daß die Deutschen zur Kanalküste vorstießen und beabsichtigten, eine der besten französischen Armeen, die

104

damals in Belgien stand, zu isolieren. Letztlich werde der Feind sämtliche Kanalhäfen erobern und Frankreich von Großbritannien abschneiden. Dank der Überlegenheit der Deutschen in Truppenstärke und Material werde der Feind dann nach Süden schwenken und früher oder später in Paris einfallen. Der Ministerpräsident wies darauf hin, daß die Armeen im letzten Krieg rund sechs Kilometer pro Stunde zurückgelegt hätten, während die modernen Panzerdivisionen fast fünfzig Kilometer pro Stunde hinter sich bringen könnten. Er schloß mit der dramatischen Vorhersage, daß der Krieg vielleicht innerhalb von sechzig Tagen mit einer totalen Niederlage für Frankreich und Großbritannien enden werde.

Reynaud erklärte Bullitt, er habe daran gedacht, Roosevelt in einer formellen Botschaft für all das Kriegsmaterial zu danken, das Frankreich erhalten habe. Doch beim besten Willen der Welt könnten sich die Franzosen in diesem entscheidenden Monat nicht genug Material verschaffen, um den Deutschen gewachsen zu sein. Aber wenn Frankreich den Krieg verliere, werde Großbritannien bald von deutschen, in französischen Häfen stationierten U-Booten sowie von Flugzeugen aus Frankreich, den Niederlanden und Belgien stranguliert werden. Zudem werde Hitler Naziregimes in Südamerika errichten. Und in naher Zukunft würden sich die Vereinigten Staaten einer ähnlichen Bedrohung ausgesetzt sehen wie Frankreich heute. Reynaud hoffte, Roosevelt werde öffentlich erklären, daß die vitalen Interessen der Vereinigten Staaten im Falle einer Niederlage Frankreichs und Großbritanniens gefährdet seien. Deshalb könnten die Vereinigten Staaten (wie der Präsident sagen solle) die Niederlage der Alliierten nicht zulassen.

Bullitt entgegnete, daß in seinem Land nur der Kongreß einen Krieg erklären könne, und dieser werde sich gegenwärtig nicht zu einem solchen Schritt entschließen. Der Botschafter wußte, daß Hitler, wenn er die Möglichkeit hatte, seine Angriffe in der westlichen Hemisphäre fortsetzen würde, aber Bullitt glaubte immer noch, daß die amerikanische öffentliche Meinung nicht auf einen Krieg vorbereitet war. Die Amerikaner seien sich ihrer eigenen militärischen Schwäche bewußt und würden keine Truppen nach Europa entsenden. Der hartnäckige Franzose hielt dagegen, daß eine Erklärung von Roosevelt sein Volk ermutigen und den Deutschen schaden werde.

In seiner darauffolgenden Nachricht an Roosevelt räumte Bullitt ein, daß er die Meinung des französischen Ministerpräsidenten teile: Nach dem Sieg über die Alliierten werde sich Adolf Hitler in der Tat Südamerika zuwenden und »letztlich versuchen, eine Naziregierung in den Vereinigten Staaten zu errichten«. Trotz alledem riet der Botschafter nicht zu dem Statement, das Reynaud von Roosevelt wünschte: »Wenn eine solche Erklärung von Wert sein soll, müßte sie bedeuten, daß wir in naher Zukunft in den Krieg eintreten werden.«

Am Abend erschienen die amerikanischen und britischen Korrespondenten zur täglichen Pressekonferenz, die Pierre Comert, ein Vertreter des Informationsministeriums, in einem Rokoko-Ballsaal im Hotel Continental abhielt. Hier erfuhr die Presse offiziell von der Kabinettsumbildung. Danach sagte ein Stabsoffizier zu A. J. Liebling: »Weygands Ideen sind so altmodisch, daß sie wieder modern wirken.«

Liebling machte sich Sorgen um Pétain. Würde er für Pierre Lavals Pläne ausgenutzt werden, wie jener andere Soldat, Hindenburg, für Hitlers Pläne ausgenutzt worden war? Gleichwohl waren der Korrespondent und seine Kollegen an jenem Abend zuversichtlicher. Sie erwarteten keinen Sieg, doch die Katastrophe schien sich mit geringerem Tempo zu nähern.

106

12

Sonntag, 19. Mai

In einem Roman, der in jenen letzten Tagen spielt, schildert der russische Beobachter Ilja Ehrenburg das nächtliche Paris als einen dichten Wald, denn selbst die allgegenwärtigen blauen Laternen waren nun gelöscht worden. Fußgänger wurden auf den Straßen angehalten und mußten sich ausweisen. An der Rue du Cherche-Midi verhaftete man den lahmen Besitzer des Milchgeschäfts, weil ihn jemand bezichtigte, er habe feindlichen Flugzeugen Signale gegeben. Etliche Pariser waren bereit zu beschwören, daß 40 000 deutsche Soldaten in Verkleidung die Stadt unsicher machten.

Ehrenburg beschrieb die Flüchtlinge, die damals so benommen durch die Straßen von Paris wanderten, daß nicht einmal das Hupen nervöser Taxifahrer ihre Schritte beschleunigen konnte. Erschöpfte Frauen saßen auf Bordsteinen, und besorgte Passanten erkundigten sich, woher sie gekommen seien. Der Krieg schien den gewöhnlichen Pariser Bürgern immer noch weit entfernt – der Anblick von Flüchtlingen war das einzig Beunruhigende.

In Berlin vermerkte man während der täglichen Besprechung, die Joseph Goebbels mit seinen Abteilungsleitern abhielt, voll Bedauern, daß die Ernennung von Marschall Pétain zum Stellvertretenden Ministerpräsidenten einen positiven Einfluß auf die französische Moral gehabt habe. Gegenmaßnahmen seien erforderlich. Goebbels befahl der Presse und dem Rundfunk, die Berufung Pétains als rein politisches Manöver darzustellen, denn ein Mann von vierundachtzig Jahren sei nicht in der Lage, irgend etwas zu ändern. Auch müsse betont werden, daß ein Jude zum Innenminister gemacht worden sei, um die Antikriegsproteste niederzuschlagen und die jüdische Plutokratie zu retten. Sowohl die deutsche Presse als auch die Geheimsender sollten verbreiten (letztere im Tonfall der Entrüstung), daß sich Kriegsverbrecher wie Reynaud hinter der ehrwürdigen Gestalt Marschall Pétains versteckten.

Goebbels drängte seine Dienste, ihre Panikmache zu verstärken. Der französischsprachige Sender, angeblich von patriotischen Franzosen betrieben, sollte einen geplanten Anschlag auf die Deputiertenkammer »enthüllen« (im Anklang an die Methode, mit der die Nazis den Reichstagsbrand für sich nutzten). Als der Propagandaminister später auf die Leistungen des Tages zurückblickte, stellte er fest, die Presse in London und vor allem in Paris lasse die »totale Auflösung« im feindlichen Lager erkennen. Mit Befriedigung nahm er zur Kenntnis, daß die panische Flucht von Menschen Verkehrsstauungen auf den Hauptstraßen und sogar innerhalb der Städte verursachte.

Winston Churchill hielt seine erste Rundfunkansprache als Premierminister. Er mußte eingestehen, daß der Feind die französische Verteidigungsanlagen nördlich der Maginotlinie durchbrochen hatte, doch die Franzosen versuchten, mit Unterstützung der Royal Air Force, »diesem eindringenden Keil Widerstand zu leisten«:

Und wenn die französische und unsere eigene Armee richtig geführt wird – wovon ich überzeugt bin –, wenn die Franzosen ihre Begabung dafür, sich wiederaufzuraffen und zum Gegenangriff vorzugehen – eine Begabung, für die sie seit langem berühmt sind –, bewahrt haben, und wenn die britische Armee jene verbissene Ausdauer, jene unerschütterliche Kampffähigkeit zeigt, für die die Vergangenheit so viele Beispiele bietet, dann kann sich die Szene sehr plötzlich verändern.

Es wäre jedoch töricht, den Ernst der Stunde zu verhehlen.

Churchill versicherte den Briten, die Franzosen und besonders deren »energischer Ministerpräsident« hätten ihm »das heilige Versprechen« gegeben, »daß sie, was immer auch geschehen möge, bis zum Ende kämpfen werden, möge es bitter oder ruhmvoll sein«.

Nachdem Marschall Pétain in Reynauds Büro eingetreten war, wurde er von dem »energischen Ministerpräsidenten« gewarnt: »Ich habe einem Mann, den Sie nicht leiden können, einen Ruf erteilt, aber dies ist nicht die Zeit für persönliche Sympathien oder Antipathien.« Reynaud sprach von General Maxime Weygand und von der lebenslangen Abneigung zwischen den beiden Veteranen – eine Abneigung, die im Ersten Weltkrieg aus der Rivalität zwischen General Pétain und Weygands Chef, Marschall Foch, hervorgegangen war.

Weygand flog von Beirut nach Paris und nahm sich nur die Zeit, seine Kleidung zu wechseln, bevor er Reynauds Büro im Kriegsministerium an der Rue Saint-Dominique aufsuchte. Der Ministerpräsident hatte Pétain bei sich. Er gab Weygand noch keinen Hinweis auf dessen neuen Aufgabenbereich, sondern bat ihn nur, mit Gamelin und Georges zu sprechen und dann mit seinen Eindrücken zurückzukehren.

Weygand fuhr zu seinem Treffen mit General Gamelin nach Vincennes. Der erschöpfte Oberbefehlshaber erklärte dem Besucher nicht ohne Würde, daß er nach der Niederlage natürlich mit seiner Ablösung rechne. Weygand erwiderte, er wisse nur, daß Reynaud unzufrieden mit Gamelin sei. Darauf fuhr Weygand nach La Ferté-sous-Jouarre zu dem nicht weniger betrübten General Georges, der zugab, daß er überhaupt nicht mehr schlafen könne. Es folgte die fünfzig Kilometer lange Fahrt zurück nach Paris und zur Rue Saint-Dominique. Für Weygand war die Situation klar: Deutschland hatte die Initiative, und Frankreich beherrschte seine eigenen Front nicht mehr. Reynaud bot Weygand den Posten des Oberbefehlhabers an, und dieser akzeptierte den Auftrag.

Nachdem Maurice Gamelin über diese Ereignisse nachgedacht hatte, schrieb er später, er habe am Morgen des 19. Mai noch nicht geahnt, daß dies der letzte Tag seiner militärischen Karriere sein werde. Schließlich habe er so viele schwierige Momente überstanden. Auch glaube er nicht, für die Geschehnisse an der Front verantwortlich zu sein – genausowenig wie Pétain für die katastrophale Schlacht vom Chemin des Dames im Jahre 1918 verantwortlich gemacht werden könne. Er selbst meinte, das schwache Glied in der französischen Befehlshierarchie sei in La Ferté-sous-Jouarre zu suchen, dem Hauptquartier von General Georges (und die dortige Unordnung trage dazu bei, Georges' Ermattung zu erklären).

Für die Pariser Bürger hatte es keinen Wandel an der Spitze gegeben – noch nicht. Es war Sonntag, und für sie gab es ein anderes Szenario. Am Morgen besuchten Paul Reynaud, Edouard Daladier und andere Regierungsmitglieder die Messe in Notre-Dame. Auch die Deputierten und Senatoren sowie das Diplomatische Korps waren eingeladen worden. Notre-Dame bot ein tristes Bild, denn man hatte die wertvollen Fassadenskulpturen mit Sandsäcken abgedeckt.

Senator Bardoux sprach von einem herrlichen Gottesdienst. Die Menge der Gläubigen drängte sich auf dem riesigen Vorplatz und im Inneren der Kathedrale. Monseigneur Roger Beaussart trug die Mitra und hielt einen Hirtenstab, während er zur Kanzel hinaufstieg. »Was erbitten wir von Gott?« begann er. »Den Sieg… Wir bitten Ihn darum, weil wir einen Krieg nicht um Geld oder weltliche Macht führen, sondern um religiöse Werte zu bewahren, ohne die es keinen Lebenssinn gibt.« Das Banner der Johanna von Orléans und andere Heiligenreliquien wurden hochgehalten, während sich die Prozession durch das Kirchenschiff und dann hinaus auf den Platz bewegte – es war eine Erinnerung an andere Prozessionen in Zeiten der Not. Monseigneur Beaussarts Worte hallten wider und wurden von den Anwesenden mitgesprochen:

Unsere Liebe Frau von Paris, wir vertrauen auf dich; Heiliger Michael, schütze uns im Gefecht! Heiliger Ludwig, schütze jene, die uns regieren! Heilige Genoveva, schütze Paris und Frankreich! Heilige Johanna von Orléans, kämpfe an der Seite unserer Soldaten und führe uns zum Sieg!

William Bullitt stand in der ersten Reihe. Er gehörte zu denen, die ihre Tränen, wie beobachtet wurde, nicht zurückhalten konnten.

Aber einer der anwesenden Journalisten, Emile Buré von *L'Ordre*, schaute zu, wie der amerikanische Botschafter vor

110

einer Statue der heiligen Johanna niederkniete und ihr eine Rose von Präsident Roosevelt darbot, und konnte den profanen Gedanken nicht unterdrücken: »Nicht Gebete brauchen wir, sondern Flugzeuge.«

Paul Léautaud hielt diese Zeremonie für »eine Schande«. In seinem Tagebuch heißt es: »Gebet ist Schwäche, Ohnmacht, Verzweiflung, Verzicht.« Dann erörterte er das Thema beim Mittagessen mit seiner treuen Freundin Marie Dormoy von der Doucet-Bibliothek. Er begegnete ihrem Argument, Beten sei »eine Kraft«, mit den Worten, daß man im Angesicht der Gefahr nicht auf die Knie sinken dürfe, sondern ihr aufrecht entgegentreten müsse. Er habe keine Sympathie für die französischen Revolutionäre von 1792, aber sie hätten zur Zeit der Krise nicht gebetet, sondern eine Armee aufgestellt. Die Franzosen sollten Gewehre zu Hause haben, um sich selbst zu verteidigen, und dem Oberbefehlshaber müßte man ein Ultimatum stellen: »Sie haben zwei Tage, um die Situation auszubügeln.«

Bei alldem vergaß Léautaud nicht, daß er die Republik ablehnte. Deshalb fügte er in seinem für eine künftige Veröffentlichung bestimmten Tagebuch hinzu: »Im Falle einer Niederlage sollte man sämtliche Politiker, die auf die eine oder andere Weise für die Niederlage verantwortlich sind, vor ein Erschießungskommando stellen.«

13

Montag, 20. Mai

Paul Léautaud hielt in seinem Tagebuch fest: »Die Morgenzeitungen melden, die deutschen Armeen seien vor Saint-Quentin, am Abend sind sie schon bei Péronne. Man hat gestern nicht genug gebetet.« Der Kritiker fand offenkundig Gefallen an der Betrachtung menschlicher Schwächen. Als Sammler von Absurditäten ergötzte er sich an einem Leitartikel, in dem die Leser folgendermaßen beruhigt wurden: »Je weiter die Deutschen vorrücken, in desto größerer Gefahr befinden sie sich, da sie sich immer mehr von ihren Stützpunkten entfernen, während es für uns desto besser ist, je weiter wir uns zurückziehen, da wir uns unseren eigenen Stützpunkten nähern.« Dem fügte Léautaud hinzu: »Laßt uns doch gleich bis zu den Pyrenäen zurückweichen, dann wären die Deutschen erledigt.«

Der Korrespondent Alexander Werth war fast so sarkastisch wie Léautaud. Er begab sich an jenem Tag mit einem Artikel, den er nach London schicken wollte, ins Hotel Continental. Eine negative Bemerkung über Daladier wurde vom Zensor gestrichen (schließlich war Daladier noch Kabinettsmitglied!). Während Werth mit dem zuständigen Obersten verhandelte, wurden telefonisch neue Befehle durchgegeben: Nichts dürfe über die Bombardierung von Le Havre, über Spanien oder Italien oder über die wahrscheinliche Evakuierung der britischen Kolonie in Paris geäußert werden.

Der Hinweis auf Le Havre erregte Aufsehen. Werth erfuhr, daß es ein recht schweres Bombardement gewesen sei. Im Kriegsministerium informierte man ihn über heftige Gefechte »in der Umgebung« von Saint-Quentin und Péronne. Der Sprecher deutete an, daß der Vormarsch des Feindes verlangsamt worden sei, doch Werth war überzeugt, daß ein Ort, in dessen »Umgebung« gekämpft wurde, bereits in deutscher Hand sein mußte.

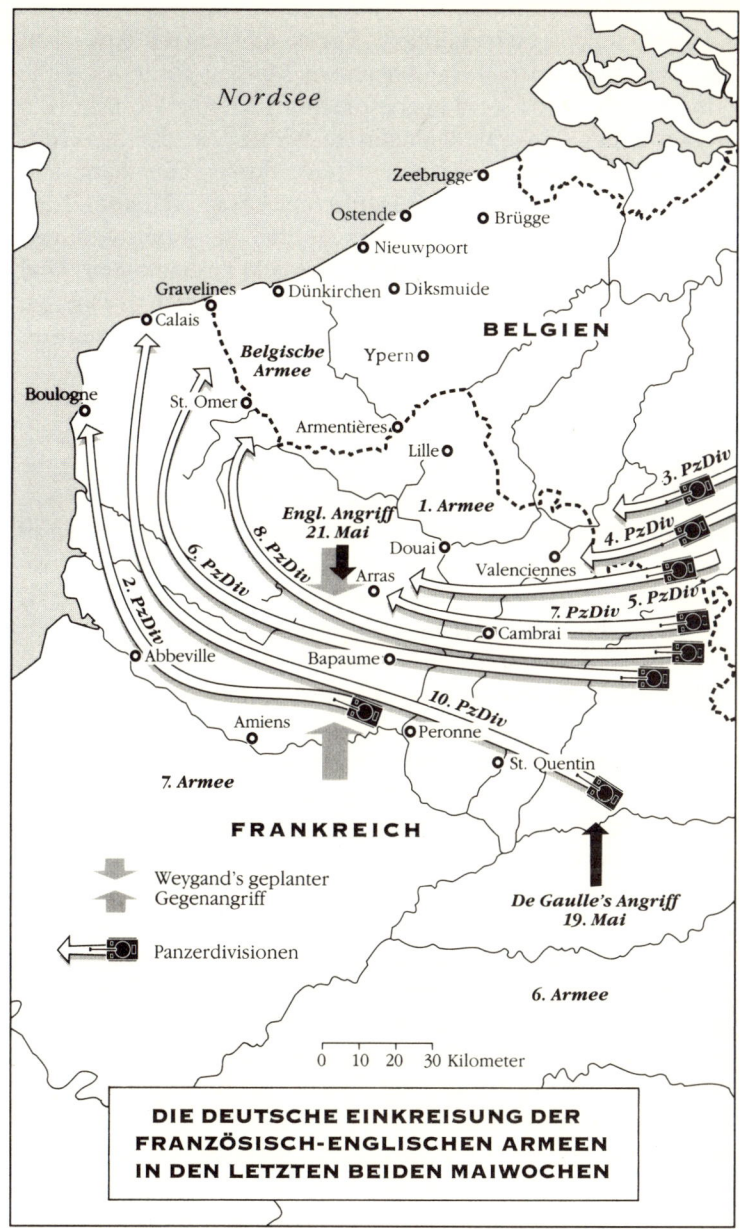

Karte: »Die dt. Einkreisung...«

Joseph Goebbels tat weiterhin was er konnte, um die Zuversicht der Franzosen zu trüben. An jenem Morgen forderte er die Abteilungsleiter bei der Lagebesprechung auf, das Gerücht vom Rücktritt des Generals Gamelin zu verbreiten, der die Hoffnungslosigkeit der französischen Lage durchschaut habe und sogar für Verhandlungen mit Deutschland eingetreten sei. Eine andere Idee: Man solle behaupten, daß die Franzosen den Flüchtlingen aus der Kriegszone Falschgeld aushändigten. Und noch eine: Man erkläre, ausländischen Diplomaten in Paris sei geraten worden, sich auf die Evakuierung des Kabinetts einzustellen.

Die Kommunisten in Paris, die durch unbarmherzige Strafverfolgung zur Vorsicht gezwungen wurden, druckten und verteilten weiterhin illegale Schriften sowie die Untergrundausgabe von *L'Humanité*. In der Nummer vom 20. Mai wurde betont, daß Angehörige der Fünften Kolonne nicht mit Fallschirmen zu landen brauchten, denn sie seien bereits innerhalb der französischen Regierung. Die Kommunisten forderten einmal mehr, daß Frankreich eine »Friedensregierung« bilde.

Von den Kommunisten und von Goebbels unbeeindruckt, stellte Ministerpräsident Reynaud dankbar fest, daß seine neuen Ernennungen den Franzosen Grund zur Hoffnung gaben. Er blätterte die Morgenzeitungen mit dem Gefühl durch, endlich einmal das Richtige getan zu haben. *Le Figaro* proklamierte in seinem Leitartikel: »Pétain ist der erhabene und siegreiche Widerstand von Verdun. Weygand ist die Seele von Foch.«

Maurice Gamelin stand an diesem Morgen nach einer schlaflosen Nacht auf und schaute sich in dem kahlen Zimmer um, in dem er acht Monate lang gewohnt hatte. Es wirkte in der prächtigen Burgfestung Vincennes wie eine Mönchszelle. Die Ordonnanz packte seine Sachen, und um neun Uhr empfing er seinen Nachfolger (Weygand war pünktlich). »Kein Wort, das von Herzen kommt?« fragte sich Gamelin. »Hat er ein Herz? Ebenso wie Joffre und Foch?« Weygand schien selbstbewußt und jünger denn je. Gamelin erinnerte sich bitter an die Tatsache, daß er selbst Weygand auf den Posten in Beirut berufen hatte. Ob *er* sich auch daran erinnerte?

Weygand seinerseits glaubte, Erleichterung in Gamelins Verhalten zu erkennen – Erleichterung darüber, seiner schweren Verantwortung ledig zu sein.

Gamelin sagte, er wolle ein Memorandum über die gegenwärtige militärische Situation schreiben. Später, viel später, als Weygand auf den pessimistischen Bericht stieß, den Gamelin dem Ministerpräsident zwei Tage zuvor präsentiert hatte, gelangte der neue Oberbefehlshaber zu dem Schluß, es sei vielleicht besser, daß er den Bericht nicht vorher gesehen hatte. Das Ausmaß der drohenden Katastrophe hätte ihn wohl abgeschreckt.

Kurz nach zwölf Uhr erschien William Bullitt im Kriegsministerium zu einem Gespräch mit Reynaud. Die morgendlichen Schlagzeilen hatten die Stimmung des Ministerpräsidenten gehoben, doch nun sah er wieder bedrückt aus. In die Botschaft zurückgekehrt, meldete Bullitt dem amerikanischen Präsidenten: »Die Situation ist verzweifelt.« Von General Giraud, zuständig für die französische Verteidigung im Norden, höre man überhaupt nichts. Vielleicht habe Weygand das Ruder zu spät übernommen.

Schlimmer noch, es gab eine Meldung, wonach Italien bald als Verbündeter Deutschlands in den Krieg eintreten werde. Bullitt telegrafierte: »Meine persönliche Meinung ist, daß der deutsche Vormarsch auf Paris zurückgedrängt werden kann, wenn Mussolini daran gehindert wird, Frankreich einen Dolchstoß in den Rücken zu versetzen.« Er bat seinen Präsidenten um »einen letzten Versuch«, Mussolini aus dem Krieg herauszuhalten. »Der Schlag für die französische Moral, wenn er angreifen sollte, wäre schrecklich.«

Mussolinis Zögern war nicht vorgetäuscht. Wenn er sich bisher nicht an dem Krieg beteiligt hatte, dann deshalb, weil er nicht überzeugt war, daß Hitler siegen werde und Großbritannien geschlagen werden könne. Aber nachdem sich die Risiken verringert hatten, konnte der Duce großspurig auftreten. Denn Italien mußte seinen Teil zur Geschichtsschreibung beitragen – ungeachtet dessen, daß Mussolinis eigene Generäle erklärten,

115

sein Land sei nur zu »vierzig Prozent« vorbereitet. Das faschistische Italien hatte eine lange Liste von Klagen gegen die Alliierten, vor allem was die französische und die britische Kontrolle über das Mittelmeer – mit Gibraltar auf der einen und Suez auf der anderen Seite – anging, denn für Mussolini war es »unser Meer«. Andere Ärgernisse betrafen Afrika, wo ehemals italienische Territorien nun den Franzosen gehörten.

Zwar war Italien nicht kriegsbereit, aber nun brauchte es den Sieg nicht mehr zu erkämpfen, was Raffaele Guariglia, der italienische Botschafter in Paris, sehr gut wußte. Er bemühte sich nach Kräften um Zugeständnisse seitens der Franzosen, die sie als Gegenleistung für die Fortsetzung der italienischen Neutralität machen könnten. Seiner Meinung nach sollten die Franzosen die friedliche Besetzung eines ihrer Territorien, etwa des südöstlichen Grenzgebiets, durch Italien einer feindlichen Besetzung durch Deutschland vorziehen. Guariglias Plan zufolge würde Italien dieses Territorium aufgeben, sobald Frankreich anderswo zu Konzessionen bereit sei. Er unterbreitete dem Außenminister Graf Galeazzo Ciano, Mussolinis Schwiegersohn, seine Idee, wurde jedoch barsch abgefertigt. Ciano unterrichtete Guariglia nicht einmal über die Themen, die er fast täglich mit André François-Poncet, dem französischen Botschafter in Rom, besprach.

Nach einem weiteren Besuch in General Georges' Hauptquartier in La Ferté-sous-Jouarre kehrte Weygand um 18.00 Uhr ins Kriegsministerium zurück. Er berichtete von zahlreichen französischen Fehlern, glaubte jedoch, daß es noch nicht zu spät sei. Die Bresche könne bei Arras abgedichtet werden, wenn französische, britische und belgische Streitkräfte gemeinsam handelten. Er bot an, nach Norden zu reisen, um sich mit dem Oberbefehlshaber der britischen Truppen, General John Standish Gort, mit König Leopold von Belgien und natürlich mit den französischen Kommandeuren jenes Sektors zu treffen. Reynaud und Pétain hielten die Reise angesichts der Geschwindigkeit, mit welcher der Feind vorrückte, für zu riskant. Doch Weygand beharrte auf seinem Vorhaben und versprach, die Hin- und Rückreise innerhalb eines Tages zu bewältigen.

An diesem Tag erging vom Verteidigungsministerium eine geheime Anweisung, die Fronttruppen wie Nachhut hinsichtlich feindlicher Fallschirmspringer in den Alarmzustand versetzte. Manche seien als französische Offiziere verkleidet, besäßen alle erforderlichen Dokumente und machten sich daran, französischen Truppen im Namen eines wirklich existierenden Generals Befehle zu erteilen. Deutsche Fallschirmspringer seien bei der Landung schwer bewaffnet, denn sie hätten den Auftrag, hinter den Linien Panik auszulösen, indem sie unterschiedslos auf Soldaten und Zivilisten feuerten. Manchmal attackierten sie Flugplätze und andere wichtige Anlagen; zuweilen seien sie als Zivilisten verkleidet, um sich unter die allgemeine Bevölkerung, besonders unter Flüchtlinge, zu mischen und Panik zu verbreiten. Ähnliches gelte für Militäreinheiten, wo sie zum Beispiel riefen: »Da kommen die Panzer!«, um dann davonzulaufen. Oder als Soldaten aus Nachbarregimentern verkleidet, schlössen sie sich einer Kolonne an und versuchten, Offiziere zu ermorden. Sie zerstörten Straßen, Telegrafen- und Telefonleitungen ...

Es gab immer noch etliche imaginäre Fallschirmjäger. Beispielsweise geriet der Kriegskorrespondent Arved Arenstam an der Place de l'Alma in einen Verkehrsstau. Verursacht wurde sie von einer erregten Menge, in der das Gerücht über die Sichtung eines deutschen Fallschirmspringers und der Ruf »Tötet ihn!« umgingen. Aber niemand fand an diesem Nachmittag einen Fallschirmspringer, und niemand konnte beweisen, daß es im Stadtzentrum von Paris einen gegeben hatte.

Der Krieg war nah, aber nicht allzu nah. Die Pariser erfuhren aus den Zeitungen, daß sie nun Lebensmittelkarten im Rathaus abholen könnten. Zuerst würden nur Brotkarten verteilt; die Rationierung solle Anfang Juni in Kraft treten. *Le Figaro* lieferte in seiner Morgenausgabe Küchentips, zum Beispiel zur Resteverwertung in Füllungen für Artischockenherzen und Pfannkuchen. Die Zeitungen waren voll von nützlichen Ratschlägen für Flüchtlinge, denen Unterkunft, Lebensmittel, sogar Arbeitsplätze angeboten wurden. Jugendgruppen sammelten Spielzeug, Babykleidung, Schokolade und Orangen, um sie an den Bahnhöfen zu verschenken.

In ihrer eigenen Gegend im westlichen Paris hatte Fernande Alphandery zugesehen, wie Belgier mit recht eleganten Autos aus ihrem umkämpften Land in die Stadt kamen – um sie brauchte man sich keine Sorgen zu machen. Aber nun führte ihre freiwillige Arbeit für das Rote Kreuz sie zur Gare Saint-Lazare, wo sie Flüchtlingen half, die wirklich auf Hilfe angewiesen waren. Mademoiselle Alphandery – sie trug eine züchtige, offiziell wirkende Uniform, die auch dazu diente, das beträchtliche Chaos des Hilfsprogramms zu kaschieren – übernahm die Obhut über drei belgische Familien. Zuerst verschaffte sie ihnen Nahrungsmittel und eine Unterkunft, dann ermöglichte sie ihnen, in die Gegenden südlich von Paris weiterzureisen, wo es vielleicht Arbeit gab.

Botschafter Bullitt kam auf den Gedanken, daß die Not dieser Flüchtlinge dazu beitragen könne, die amtliche wie die öffentliche Meinung der Amerikaner entscheidend zu beeinflussen. In einem Kabel an das amerikanische Außenministerium meldete er:

Gestern abend begegnete ich zufällig der Frau des Blockade-ministers, Madame Georges Monnet, die in Soissons gewesen war und versucht hatte, kleine Kinder zu evakuieren. Sie gingen auf der Straße in Richtung Paris, da sie kein Transportmittel hatten, und Madame Monnet ermunterte sie, immerfort zu singen, um ihre Füßchen in Bewegung zu halten. Zwei deutsche Flugzeuge kamen im Sturzflug herunter, beschossen sie mit Maschinengewehren – und die Straße war von kleinen Körpern bedeckt.

Das gleiche habe ich von fünfzig französischen und amerikanischen Zeugen gehört.

Damit nicht genug. Wayne Taylor, der Vertreter des Roten Kreuzes in Paris, informierte Bullitt, daß die deutsche Grausamkeit und das französische Leiden »zehnmal schrecklicher« seien, als Bullitt gemeldet hatte. Taylor schätzte, daß wenigstens fünf Millionen Menschen auf den Straßen unterwegs seien; viele von ihnen müßten verhungern oder würden Krankheiten zum Opfer fallen, wenn die Amerikaner nicht sehr rasch Hilfe leisteten.

Offenbar hatten die Pariser Bürger ihren Enthusiasmus für abendliche Vergnügen verloren. Im Casino de Paris konnte Maurice Chevalier, der Star des Programms, die Fortschritte des Feindes an der sich verringernden Zuschauerzahl ablesen. An diesem Abend traten die anderen Entertainer und er nur für ein paar treue Besucher auf, die hier und da über das Theater verstreut waren. Viele Künstler waren verschwunden. Bald würde der Tag kommen, an dem es keinen Grund mehr gab, das Casino de Paris weiterhin zu öffnen. Danach schloß sich Chevalier in einem kleinen Fiat den Flüchtlingskolonnen an, die aus Belgien und Nordfrankreich kamen – und zunehmend auch aus Paris.

14

Dienstag, 21. Mai

Paul Léautaud war mit einer Dame befreundet, die Englisch lesen konnte. Dadurch erfuhr er die Einzelheiten der Niederlage bei Sedan, die den Lesern der französischen Presse vorenthalten wurden; eine ganze Region, »mit unversehrten Brücken«, sei nun »ohne Verteidigung, ohne Truppen«. Seine Vertraute wiederholte zudem, was sie am Morgen in Paris gehört hatte: Gamelin sei erschossen worden. Eine andere Frau bestätigte die Geschichte. Noch jemand anders behauptete, Gamelin habe sich selbst erschossen.

Nach dem Mittagessen hört Léautaud von seinem Zahnarzt, der Schweizer Rundfunk habe soeben die Eroberung der Stadt Laon bekanntgegeben. Im Laufe des Tages erfährt Léautaud, Südwestfrankreich sei voll von Flüchtlingen, die für verkleidete Deutsche gehalten würden. Andere Deutsche seien in Uniformen der polnischen Exilarmee unterwegs. Ein Sänger berichtet, er sei auf der Straße von einem Gendarmen angehalten und nach seinen Ausweispapieren befragt worden. In einem anderen Auto habe ein General gesessen, und der Sänger habe den Gendarmen aufgefordert, auch die Papiere des Offiziers zu überprüfen, da ein General normalerweise nicht selbst am Steuer sitze. Der Gendarm sei auf den General zugegangen, und dieser habe ihn erschossen. Eine andere Begebenheit: Ein Mitarbeiter des Außenministeriums sei in einem Feld auf zwei verdächtige Männer gestoßen, habe sie befragt und sei ermordet worden. Wahre Geschichten? Außerdem hört Léautaud von Arbeitern, die gekündigt oder sich geweigert hätten, sonntags in der Fabrik zu erscheinen; in verschiedenen Regimentern sei es zu Rebellionen gekommen. Léautaud ist überzeugt, daß der Verrat überall lauert.

Goebbels schrieb in sein Tagebuch, daß alle offiziellen und geheimen deutschen Sendungen fortan auf die Auslösung von Panik beim Feind abzielen müßten. Er brüstete sich damit, daß er den größten Teil des Materials eigenhändig verfaßte. Weygand werde eine Überraschung erleben, denn in Paris wie in London sinke die Moral. Bald werde man von einer »fatalistischen Verzweiflung« sprechen können. Demgegenüber sei das deutsche Volk ganz und gar von Siegeszuversicht erfüllt.

Das Thema, das Goebbels seinen »französischen« Geheimsendern am 21. Mai gab, lautet: »Alles ist verloren; wir müssen diesen Krieg beenden.« Mittlerweile bewiesen die echten Kommunisten Frankreichs wieder einmal, daß sie keinen Dr. Goebbels für die Niederschrift ihrer Texte benötigten. In Moskau entwarf Parteichef Maurice Thorez ein Manifest, das die Opposition der Kommunisten gegen den Krieg verdeutlichte. Deutsche Arbeiter hätten die Aufgabe, den deutschen Imperialismus zu bekämpfen, während es die Pflicht der Franzosen sei, ihre Landsleute zu verurteilen, die den Krieg begonnen hätten:

Wir klagen die französische Bourgeoisie an, den gegenwärtigen Krieg herbeigeführt zu haben, indem sie das deutsche Volk durch die monströsen Bedingungen des Versailler Vertrages – einer imperialistischen Bestrafung für einen imperialistischen Krieg – in die Knie zwang.

Da die kommunistische Presse nun verboten war, konnten die Pariser Thorez' Manifest nicht lesen (und auch die anderen Zeitungen durften es nicht bringen, selbst wenn sie gewollt hätten). Die ersten der Öffentlichkeit zugänglichen Druckwerke, in denen es erschien, waren die kommunistischen Parteiorgane in New York und London, die beide den Titel *The Daily Worker* trugen.

Die Pariser Presse erklärte sich am 21. Mai bereit, ihre Publikationen auf zwei Seiten, also auf ein beidseitig bedrucktes Blatt, zu beschränken. Dadurch, so hieß es in einer Ankündigung, würden Transportmittel gespart und mehr Fahrzeuge für Verteidigungszwecke freigestellt.

Es war ein wunderschöner Tag in Paris, wie der Journalist Alexander Werth in seinem Tagebuch notierte. Sogar die Morgenzeitungen, so dünn sie waren, schienen beruhigender als in der jüngsten Vergangenheit. Werth spazierte an der Seine entlang, durch die alten Straßen am linken Ufer, und bestellte sich zum Mittagessen eine ausgezeichnete Ente, bevor er sich zu der Senatssitzung aufmachte, in deren Verlauf Ministerpräsident Reynaud eine wichtige Rede halten sollte.

»Das Vaterland ist in Gefahr«, begann Reynaud. Er sprach freimütig über die Fehler der Franzosen: über die irrige Ansicht, die Maas stelle ein Hindernis für eine Invasion dar, und den unverzeihlichen Fehler, die Brücken über die Maas nicht zu sprengen, denn über diese Brücken rollten, unterstützt von Jagdflugzeugen, die deutschen Panzerdivisionen, denen nur »spärliche, schlecht geführte und schlecht ausgebildete Divisionen« gegenüberständen. Es war eine verblüffende Klage über die mangelnde Kampfbereitschaft des Landes, und am Ende seiner Kritik nannte Reynaud ausdrücklich die »Armee Corap«.

Deshalb habe man sich an Weygand wenden müssen. »Zu spät«, murmelten Parlamentarier. Der Jubel für das Gespann Weygand–Pétain klang halbherzig; die finstere Stimmung hielt an. Werth hörte ein allgemeines Seufzen, als der Ministerpräsident den Fall von Arras und Amiens bekanntgab. Aber Reynaud schloß mit der Versicherung, daß ein vereintes Frankreich und Großbritannien nicht besiegt werden könnten:

»Frankreich kann nicht sterben. Und wenn man mir eines Tages sagt, daß nur ein Wunder Frankreich retten könne, so würde ich antworten: ›Ich glaube an das Wunder, denn ich glaube an Frankreich‹.«

Dominique Leca, der einen Entwurf der Rede vorbereitet hatte, zuckte zusammen: Dies waren nicht seine Worte. Im Senat überwogen weltliche Republikaner, die gewiß nicht an Wunder glaubten. Zudem war Leca der Meinung, Reynaud habe durch sein Eingeständnis der begangenen Fehler Tür und Tor für Bezichtigungen geöffnet, daß Frankreich unvorbereitet in den Krieg gezogen sei.

Draußen im Korridor rief der Abgeordnete Xavier Vallat, der spätere Leiter des Amtes für jüdische Angelegenheiten im Vichy-Staat, dem früheren Volksfront-Ministerpräsidenten Léon Blum zu: »Da sehen Sie, wohin Sie uns gebracht haben!«

Seit Tagen hatte A. J. Liebling, der Korrespondent des *New Yorker*, den sich wandelnden Gesichtsausdruck der Pariser beobachtet. Sie wirkten abgezehrt, ihre Wangenknochen, Nasen und Kiefer schienen hervorzutreten. Er wußte, daß es genug Lebensmittel gab, aber »die Menschen magerten durch die Sorge ab«. Dabei schien keine unmittelbare Gefahr zu bestehen; Liebling selbst dachte nur dann an Bomben, wenn er sehr schlechte Neuigkeiten hörte.

Doch nun, nach Reynauds Rede, war auch Liebling beklommen. An jenem Abend, bei drückend heißem Wetter, mischte sich Donner mit dem Klang der Flakgeschütze. Er dachte, daß die Vororte bombardiert würden. Später stellte er fest, daß andere den gleichen Eindruck gehabt hatten.

François Charles-Roux, bis dahin französischer Botschafter im Vatikan, war nach Paris zurückbeordert worden, um den in Ungnade gefallenen Alexis Léger als Generalsekretär des Außenministeriums abzulösen. Der Generalsekretär war der Mann, der den diplomatischen Apparat das ganze Jahr hindurch in Gang hielt. Charles-Roux, ein Gelehrter und Karrierediplomat, der seinen sechzigsten Geburtstag hinter sich hatte, war seit 1932 Vertreter seines Landes beim Vatikan gewesen. Dadurch war er besonders qualifiziert, sich einer wachsenden Sorge des Kriegskabinetts zu widmen: der Sorge um Italien. Würde Mussolini auf Hitlers Rat hin in den Krieg eintreten? Konnte man ihn bewegen, weiterhin neutral zu bleiben, und um welchen Preis? Als erstes suchte Charles-Roux seinen Vorgänger Alexis Léger auf. Die beiden waren sich einig, daß Frankreich bald einen neuen Feind – Italien – haben werde, ohne in absehbarer Zeit einen neuen Verbündeten – die Vereinigten Staaten – zu bekommen. Charles-Roux fuhr weiter zum Kriegsministerium, wo Reynaud ihn vor eine große Wandkarte führte, um ihm ein Bild vom Schlachtfeld zu vermitteln: von der Einkesselung der alliierten Streitkräfte im Norden und von der dürftigen Chance eines Ausbruchs. Reynaud versprach: »Was immer geschieht, ich werde nicht kapitulieren.«

Die meisten, die hinreichend informiert waren, dachten genauso wie Charles-Roux: daß Italien mit Sicherheit angreifen werde, wenn man mit der Niederlage Frankreichs rechnen konnte. Aber es gab noch einen anderen Standpunkt, im Kabinett vertreten durch den rätselhaften Anatole de Monzie. Es war ein Standpunkt, der Italien eine gewisse Sympathie und damit Verhandlungsbereitschaft entgegenbrachte – ein Angebot als Gegenleistung für ein Neutralitätsversprechen.

Alexander Werth hatte um 18.00 Uhr den Telefonhörer in der Hand, als eine Luftschutzsirene ertönte; die Verbindung wurde unterbrochen. Er verließ sein Büro und ging hinunter in sein Quartier im selben Hotel, wo er Klavier zu spielen begann. Da er nicht mehr mit London telefonieren konnte, fragte er sich, ob er nicht einfach aufhören solle, über den Krieg zu berichten. Andere Korrespondenten benutzten Telegramme; er beschloß, dasselbe zu tun. Nach der Entwarnung ging er hinaus zum Café de la Paix und sah, daß die Außenterrasse voller Gäste war, die vor dem Abendessen ihren Apéritif tranken – obwohl die Sirene nur Sekunden vorher verklungen war.

»Meine liebe, teure kleine Frau«, begann Oberst de Gaulle seinen Brief »nach einer langen und schweren Schlacht, die zum Glück *sehr gut* für mich ausging.« Er sei nun in der Lage, Taktiken anzuwenden, die er so lange – häufig gegen die vorherrschende Meinung – befürwortet habe. »Meine Division nimmt im Verlauf der Kämpfe Gestalt an, und man gibt mir das Material, das ich brauche«, berichtete er seiner Frau Yvonne, »denn wenn die allgemeine Atmosphäre schlecht ist, so ist das ausgezeichnet für mich.«

In Wirklichkeit konnten de Gaulles Soldaten nicht viel mehr tun als die übrige Armee: zurückweichen. Allenfalls konnten sie langsamer und würdevoller zurückweichen als die anderen.

15

Mittwoch, 22. Mai

»Die Heiterkeit von Paris – mit einem schöneren Frühling als je zuvor – ist erstaunlich«, liest man in Robert de Saint-Jeans Tagebuch. »Natürlich gibt es Pariser, die nicht so recht begreifen, was geschieht, aber es gibt auch andere, und sie sind zahlreich, die es sehr wohl begreifen und trotzdem weiterhin auf die Zukunft des Landes vertrauen; sie sind sicher, daß die Sonne morgen wieder aufgehen und daß auch Frankreich noch existieren wird.«

Tatsächlich konnte man während dieses Krieges, der nicht mehr *drôle* war, in der Stadt ein beinahe normales Leben führen, zum Beispiel als Student im noch nicht wehrpflichtigen Alter – und als Studentin ohnehin. Im Mai glich die Universität einem Kokon; der Krieg war außerhalb. Für Jeanne Huzard, die Tochter eines Arztes, die an der Juristischen Fakultät an der Place du Panthéon studierte, war die deutsche Offensive fast eine Erleichterung – eine Art Wolkenbruch – nach Monaten der Ungewißheit gewesen. Und dann setzte sich das Leben beinahe unverändert fort, mit Besuchen von Theatern, Kinos, Restaurants und sogar Sonderausstellungen (etwa derjenigen im Grand Palais, die dem »Überseeischen Frankreich« gewidmet war). Die Zahl der Seminarteilnehmer hatte sich kaum verringert, da die meisten Studenten zu jung und die Professoren zu alt für die Wehrpflicht waren. Die Studenten sprachen selten über den Krieg. Nur einmal wurde eine der Übungen von einem Luftalarm unterbrochen, woraufhin alle pflichtbewußt in den Keller marschierten. Davon abgesehen war alles wie immer. Doch dann kam Reynauds überraschende Rede im Senat. Für Jeanne Huzard war sie wie eine kalte Dusche.

Simone de Beauvoir erschrak ebenfalls, als sie Paul Reynauds Eingeständnis im Rundfunk hörte; daß er von Wundern sprach, bedeutete, glaubte sie, nichts anderes, als daß alles verloren war.

Niedergeschlagen und unfähig, konzentriert zu arbeiten, ging sie ins Kino, ins Theater, in die Oper (in Darius Milhauds *Medée*, inszeniert von Charles Dullin), um für ein paar Stunden die Außenwelt zu vergessen.

Ein junger Dichter und Philosoph, der seine Gedanken ebenfalls dem Tagebuch anvertraute, vernahm indes einen hoffnungsvollen Ton in Reynauds Worten: »Die ungestüme Offenheit der Rede brachte einen indirekten Nutzen mit sich«, meinte Jean Lescure. Er war stolz auf ein Volk, das weiterkämpfen konnte, obwohl alles verloren schien. Es ist wieder so wie 1870, dachte Lescure. »Aber verstehen es unsere Staatsmänner, diese Energie zu nutzen, zu kanalisieren?«

In seinem Tagebuch hielt Lescure die Gerüchte fest, die ihm zu Ohren kamen und die er »Blödsinn« nannte: »Gamelin hat gleichzeitig Selbstmord begangen, ist von einem Kommunisten ermordet, dann erschossen worden und sitzt im Gefängnis.« Lescures Schwiegermutter hatte sich Reynauds Worte über die schlechtgeführte Armee Corap angehört und aus den Gerüchten gefolgert, daß sich zwei französische Divisionen geweigert hätten, den Feind anzugreifen. Alles in allem ein düsteres Bild. Lescure ärgerte sich besonders über die Angewohnheit, für das gegenwärtige Elend Frankreichs stets nach einem Sündenbock – meistens war es Léon Blums Volksfront – zu suchen.

Die Geschichten, die Robert de Saint-Jean im Informationsministerium hörte, waren keineswegs tröstlicher:

Die Flucht der Bauern über die Landstraßen wurde von deutschen Agenten ausgelöst, die als Bettler, Blinde, Nonnen, verletzte französische Soldaten usw. verkleidet waren ... Einzig und allein zu dem Zweck, die Straßen durch Scharen von Zivilisten zu blockieren und für französische Verstärkungen unbenutzbar zu machen.

Triumphierend notierte Joseph Goebbels, die Moral des Gegners sei katastrophal, »unsere Panikmache« zeitige nun sehr greifbare Ergebnisse.

Der berühmte Dramatiker Henry Bernstein ging mit Hervé Alphand, einem Beamten des Außenministeriums und künftigen Botschafter, in den Tuileriengärten spazieren und traf auf einen vertrauten Widersacher, den erklärten Faschisten Pierre Drieu la Rochelle. »Kopf hoch«, spottete Bernstein, »die Deutschen rücken vor. Sie sollten sich freuen.« Drieu antwortete mit zwei Fausthieben. Der Kampf dauerte nicht sehr lange, denn Bernstein war vierundsechzig und Drieu siebenundvierzig. Später wurde Drieu ein prominenter Kollaborateur der deutschen Besatzungsmacht, während Bernstein als Flüchtling in den Vereinigten Staaten weilte.

Walter Kerr hatte seit Herbst 1937 für den *New York Herald Tribune* aus Europa Bericht erstattet. Im folgenden Jahr hielt er sich in Österreich auf und schrieb über den Anschluß, danach begab er sich in die Tschechoslowakei, um die zum Münchner Abkommen führende Krise zu schildern. Kerr, mit achtundzwanzig Jahren bereits ein erfahrener Kriegskorrespondent, traf im September 1939 in Frankreich ein; der dortige Sitzkrieg erlaubte ihm, nach Finnland zu einem »echteren« Krieg zu reisen. Am Tag des deutschen Angriffs auf die Niederlande, Belgien und Luxemburg im Mai 1940 war er zu Hause in Syracuse, New York. Sein Chefredakteur suchte ihn auf und fragte, wie rasch er sich nach Paris begeben könne. Kerr reiste auf dem damals schnellsten Weg: mit dem Pan-American-Clipper nach Lissabon, dann mit dem Zug nach Paris, wo er am 22. Mai eintraf. Wie andere Kriegskorrespondenten versuchte er zuerst herauszufinden, wo die Front war; niemand konnte ihm Aufschluß geben. Aber es gab auch einen Krieg in Paris, bei dem uniformierte Polizisten mit Gewehren und Beamte in Zivil Menschen auf der Straße anhielten und die Ausweise verlangten. Er sah durchschossene Windschutzscheiben an den Autos von Flüchtlingen, die aus Belgien gekommen waren.

Kerr bemühte sich, aus den grassierenden Gerüchten schlau zu werden. Zu seiner Erleichterung merkte er, daß das französische Essen so gut war wie eh und je. Er mußte sich nur merken, an welchen Tagen Alkohol verkauft wurde.

Vincent Sheean, ein altgedienter Korrespondent, vor dem Kerr großen Respekt hatte, vertraute ihm an, daß Frankreich nicht mehr lange durchhalten werde. Sheean fand, über das bedrängte Paris gebe es nichts Neues mehr zu berichten, und wollte nach London, denn dort spiele sich jetzt das eigentliche Geschehen ab.

Ich erhalte täglich Hunderte von Briefen von französischen Männern, Frauen und Kindern, Senatoren, Müttern, Bauern, die mich anflehen, die Regierung und das Volk der Vereinigten Staaten zu überzeugen, daß sie in dieser Stunde nicht nur mit Sympathie, sondern auch mit Waffengewalt helfen müssen.

Hunderte von Briefen? Briefe von Bauern? Das dürfte eine Übertreibung gewesen sein, aber es ist der Inhalt eines offiziellen, von Botschafter William C. Bullitt unterzeichneten Telegramms. Es war an den amerikanischen Außenminister Cordell Hull gerichtet, der Bullitt in diesem Moment wie ein steinerner, ungerührter Funktionär erschienen sein muß. Der Botschafter schloß:

Während das Leid wächst, ist ein gewisses Maß an Bitterkeit unvermeidlich. Bis jetzt werden in diesen Briefen vornehmlich Dankbarkeit und dringende Bitten ausgedrückt, aber es gibt eine unterschwellige Strömung ... In jedem Brief wird der Ruf nach Flugzeugen laut.

In einer »persönlichen, inoffiziellen und nicht für die Öffentlichkeit bestimmten« Mitteilung an Franklin Roosevelt hatte sich Bullitt erkundigt, ob man amerikanische Reservepiloten nicht gestatten könne, nach Rückgabe ihres Offizierspatents für Frankreich eingesetzt zu werden (unter der Bedingung, daß sie nach dem Krieg ihren Reservistenstatus zurückerhielten). Nichts dergleichen wurde von der vorsichtigen amerikanischen Regierung genehmigt.

Obwohl es kein Sonntag war, wurde ein viertägiger Gebetszyklus in Saint-Etienne-du-Mont eingeleitet, der spätgotischen Kirche hinter dem Panthéon; dort befand sich das Grab der heiligen Genoveva, der Schutzpatronin der Stadt, die Paris durch ihre Gebete vor Attilas hunnischen Horden gerettet hatte. Nun brauchte man die Heilige, um Paris vor einer neuen Geißel zu schützen. Monseigneur Beaussart, der die Messe in Notre-Dame am vergangenen Sonntag zelebriert hatte, mahnte die Gläubigen, ihre politische Führung nicht zu verurteilen, sondern ihr volles Vertrauen zu schenken.

*

Zucker sollte rationiert werden. Man gab bekannt, daß jeder Bürger vom 1. Juli an das Recht auf monatlich 750 Gramm haben werde. Aber die Brotrationierung wurde einstweilen verschoben. Freiwillige Reservisten sollten zu Landwehreinheiten formiert werden und im Dienst ihre alten Armeeuniformen und -helme tragen. An den Tagen, an denen sie zum Einsatz kamen, würden sie den ihrem Rang entsprechenden Sold erhalten.

Ein bekanntes Varietétheater informierte die Presse:

> Ungeachtet der gegenwärtigen Geschäftsbedingungen ist es nach Ansicht von Monsieur Mitty Goldin, Direktor des A.B.C. Varietés, die Pflicht von Künstlern und Personal – ohne Rücksicht auf reduzierte und sogar negative Einnahmen –, Vorstellungen mit dem gesamten Ensemble fortzusetzen. Ab Freitag werden Matineen und Abendvorstellungen einer neuen Komödie mit französischen Liedern ... und einigen der besten Kabarettstars, dem Geist von Frankreich und Paris, stattfinden ...

An diesem Morgen um zehn Uhr hatte General Weygand Reynauds Büro betreten, um Bericht über seine ereignisreiche Mission an der nördlichen Front zu erstatten. Der neue Oberbefehlshaber hatte keine Zeit gehabt, zu schlafen oder sich auch nur zu waschen oder zu rasieren, bevor er den Regierungschef aufsuchte. »Er kehrt voller Elan zurück«, notierte Kabinettssekretär Maurice Dejean. »Sein ganzes Wesen strahlt Energie und Entscheidungskraft aus.« Der kleine General machte Reynaud eine Meldung, die den Ministerpräsidenten erfreut haben dürfte: Die Situation an der Front sei unverändert ernst, doch ein Gegenangriff sei nach wie vor möglich, ein Umschwung denkbar. Denn dieser Militärveteran, der als ein hochgradiger Skeptiker in Erinnerung bleiben würde, hatte in dem verworrenen Bild der Schlacht im Norden irgendwie Gründe zur Hoffnung gefunden. Trotz unzureichender Truppenstärke, trotz des Mangels an Koordination zwischen britischen, belgischen und französischen Einheiten – und trotz des Eingeständnisses von Weygands eigenen Kommandeuren, daß ihre erschöpften Streitkräfte zu einem großen Feldzug nicht in der Lage seien – könne man nun damit rechnen, daß die Alliierten an zwei Fronten angreifen, den deutschen Marsch zur Küste unterbinden und die Niederlage in einen Sieg verwandeln würden ... Militärhistoriker, die später die Situation analysierten und mindestens so viele Informationen hatten wie Weygand an jenem Tag, konnten über die Unverwüstlichkeit des alten Soldaten nur staunen.

Um 11.30 Uhr fuhr Reynaud zusammen mit Weygand nach Vincennes, um sich mit dem britischen Premierminister zu treffen, der den Wunsch geäußert hatte, mit dem neuen Generalissimus in dessen Hauptquartier zu konferieren. Churchill hatte Sir John Dill, den Chef des imperialen Generalstabs, mitgebracht. Weygand hatte zwei Bitten: Die Briten sollten ihre Luftunterstützung verstärken, und Reynaud solle den Flüchtlingsverkehr aus dem Norden unterbinden, denn dieser verstopfe wichtige Transportrouten. Er empfahl, Flüchtlinge mehrere Stunden pro Tag von den Hauptstraßen fernzuhalten und in anliegenden Feldern kampieren zu lassen; ihre Weiterreise müsse streng geregelt sein.

Die Regierung kam Weygand weiter entgegen, als er gehofft hatte.

KRIEGSMINISTERIUM
GENERALSTAB DER ARMEE

TELEGRAMM
PARIS, DEN 22. MAI 1940

AN DEN MILITÄRGOUVERNEUR VON PARIS
VERBIETE JEGLICHE EVAKUIERUNG VON ZIVILBEVÖLKERUNG

GENERALSTABSCHEF FÜR DAS INNERE
[GENERAL LOUIS-ANTOINE] COLSON

Nach seiner Fahrt zu General Georges' Hauptquartier kehrte Weygand vor dem Abendessen nach Paris zurück, um Reynaud von neuem Meldung zu machen. Auf der großen Wandkarte demonstrierte er geschickt, wie die Schlacht geschlagen und gewonnen werden könnte. Die Franzosen und Briten würden die Deutschen sowohl von Norden als auch von Süden her angreifen, die Front durchbrechen und dadurch die immer noch in Belgien eingeschlossenen alliierten Streitkräfte freisetzen.

So endete der Tag mit einem Hoffnungsstrahl.

16

Donnerstag, 23. Mai

Der herrliche Frühling, der die Stadt verschönte, wirkte weiterhin wie ein Kontrapunkt zu den schlechten Nachrichten aus dem Nordosten. »Hurra! Die Bücherstände am Quai sind wieder offen«, schrieb Alexander Werth in sein Tagebuch. »Oh, aber gibt es wirklich Grund zum Jubeln? Denn Paris sieht zwar wieder normaler aus, aber liegt das nicht vielmehr daran, daß die Deutschen ihrer üblichen Regel treu bleiben, sich nur einer Sache zur selben Zeit zu widmen? Im Moment konzentrieren sie sich eindeutig darauf, die englisch-französisch-belgische Armee in Belgien und Flandern einzuschließen.« Trotzdem war es eine Freude, am Pariser Seineufer entlangzuschlendern. »Es ist seltsam, Arbeiter zu sehen, die damit beschäftigt sind, den Sockel einer der Statuen am Pont du Louvre fertigzustellen. Die Fünfte Kolonne will wahrscheinlich Paris blitzsauber für den Führer machen!«

Werth betrat die Tuileriengärten. »Wie schön alles ist – mit dem Arc de Triomphe in der Ferne und mit den Brunnen, die immer noch in den Gärten plätschern; es ist heiß in der Sonne, und es riecht nach Gras und Buchsbaumhecken.« Kontrapunkt: Es gab kaum Kinder in der Nähe. Die Brunnen plätscherten, doch keine Kinder spielten hier. Und Werth konnte den allgegenwärtigen Flüchtlingsverkehr, die mit Gepäck beladenen Autos nicht übersehen. In einem von ihnen saß eine weinende Frau. In seinem Restaurant am Flußufer stieß er auf eine Gruppe von Belgiern. Sie lasen eine belgische Zeitung, die nun in Paris erschien, und ein Mann versuchte anscheinend, einen draußen geparkten Lieferwagen zu verkaufen. Werth entschloß sich, zur Gare d'Austerlitz, dem Tor nach Südwesten, hinunterzugehen und das Gewimmel der auf Züge wartenden Menschen zu betrachten.

Sogar der ausgemachte Schurke Alain Laubreaux schien sich von der Sonne milde stimmen zu lassen. »Lange und liebliche Tage haben Paris die ganze Woche lang umhüllt«, heißt es in seinem Tagebuch. »Es ist ein sanfter, exquisiter Frühling, die Sonne wärmt, ohne zu brennen; zwischendurch lassen kurze Gewitterschauer die Luft lau werden und verleihen ihr ein leichtes Aroma, so zart wie Tau am Mittag.« Die Straßen waren ruhig, weil es, wie Laubreaux wußte, keine Lastwagen oder Busse mehr gab, welche die Stille hätten stören können. Auch die Soldaten waren rar geworden. »Die Mädchen sind hübsch. Paris trägt das Antlitz eines friedlichen Sommers.«

Dann begegnete er den Polizisten mit Helmen und über die Schulter geschlungenen Gewehren: das war der Krieg, ebenso die schwarzen Schlagzeilen. Aber der Krieg muß sich mit dem ewigen Paris messen. »Dem Himmel ist es gleichgültig«, schloß Laubeaux. Ein Frühling wie dieser als Hintergrund eines Krieges sei wie eine Frau, die gezwungen werde, die Zudringlichkeit eines ihr verhaßten Mannes hinzunehmen.

Im Alter von zweiundfünfzig Jahren hatte Marcel Jouhandeau eine beachtliche Menge angesehener Prosa verfaßt; er war eine führende Gestalt des literarischen Zirkels um die *Nouvelle Revue française*, die nicht nur eine Zeitschrift und ein Verlag war, sondern einen Geisteszustand symbolisierte. Dadurch wurde Jouhandeau allerdings kaum zu einem moralischen Vorbild. Ein Jahr zuvor hatte er ein Pamphlet mit dem Titel *Die jüdische Gefahr* veröffentlicht; es war im Grunde eine Artikelsammlung, deren erster Beitrag »Wie ich Antisemit wurde« hieß. Jouhandeau teilte seinen Lesern mit, er fühle sich »unseren deutschen Feinden« näher »als all dem jüdischen Gesindel, das als französisch gilt«. Sein Fazit lautete: »Zwar habe ich keine Sympathie für Herrn Hitler, aber Monsieur Blum flößt mir eine viel stärkere Abscheu ein.«

In seinem privaten Tagebuch zeigt sich Jouhandeau als ein Bürger, der sich nicht weniger Sorgen um das Schicksal seines Paris machte als alle anderen. An seinen Fenstern im Boulevard de l'Admiral-Bruix – gegenüber dem Bois de Bologne in der Nähe der Porte Maillot – war er ein privilegierter Beobachter, denn der Boulevard am Westrand von Paris war nun praktisch zu einer Hauptverkehrsader für Soldaten und Flüchtlinge geworden, die nach Süden zogen. Allnächtlich zitterte Jouhandeaus Haus pausenlos unter der Bewegung von Lastwagen und Panzern. »Tiere spüren jede Beleidigung der Natur besser als wir«, schrieb er in sein Tagebuch. Seine Katze Doudou sei vor Furcht gelähmt, wenn die Panzerfahrzeuge vorbeidonnerten. Menschen könnten, wie er meinte, die Situation leichter bewältigen, denn schließlich hätten sie diese Maschinen konstruiert.

Pierre Drieu la Rochelle waren seine eigenen Reaktionen wichtiger als die von Haustieren. Er hatte das neue Europa der Diktatoren bewundert; heute näherte sich jenes Europa. Sollte er in Frankreich bleiben oder ausreisen? Seine Tagebucheintragung enthält eine zögernde Antwort:

Ich bin Pariser, ich muß das Schicksal von Paris teilen, das Schicksal der Steine von Paris ... Meine einzige Befürchtung ist, daß die Deutschen mich unter Druck setzen, mich ausnutzen und dadurch demütigen wollen, aber kann ich stärker gedemütigt werden, als ich es als Franzose bereits bin? Und sollte ich nicht als Vermittler dienen und an der unvermeidlichen Verwandlung Europas teilnehmen, von der ich sooft geträumt habe?

Das letztere sollte geschehen: Unter deutscher Schirmherrschaft wurde Drieu la Rochelle zum Herrscher des literarischen Paris; er wurde Herausgeber der kollaborationistischen *Nouvelle Revue française* und veröffentlichte die Monatszeitschrift, solange er glaubwürdige Autoren und willige Leser fand.

Bei Dr. Goebbels' täglicher Besprechung mit seinen Abteilungsleitern wurden neue Methoden zur Untergrabung der französischen Moral vorgeschlagen. Zum Beispiel könne man Gerüchte über eine Choleraepidemie ausstreuen, damit die Menschen Angst vor dem Trinkwasser hätten. Außerdem könne man den Hausfrauen empfehlen, Grundnahrungsmittel zu horten.

134

Dieser »sehr geheime Befehl« erging von Oberbefehlshaber Maxime Weygand an Pierre Héring, den Militärbefehlshaber von Paris:

> Wie ich höre, ziehen einzelne Soldaten, die behaupten, auf Urlaub zu sein, Tag und Nacht durch Paris, vornehmlich in der Nähe von Kasernen.
> Ich fordere Sie auf, sofortige Maßnahmen einzuleiten, um den Status dieser Militärangehörigen festzustellen. Diejenigen, die nicht identifiziert werden können, müssen eingesperrt werden; die anderen sind in Gruppen zu Militärdepots in der Pariser Region zu schicken ...

An diesem Morgen um zehn Uhr rief Paul Reynaud sein Kriegskabinett zur Ordnung und erteilte zunächst Rüstungsminister Raoul Dautry das Wort, denn die anstehende Frage lautete, wie man den Feind von der Industrieproduktion fernhalten könne. Dautry wies darauf hin, daß siebzig Prozent aller französischen Waffen und Flugzeuge in Paris und dessen Vororten produziert würden. Natürlich gab es Pläne, diese Fabriken in weniger gefährdete Regionen von Südfrankreich zu evakuieren, aber derart aufsehenerregende Aktionen, betonte Dautry, könnten sich negativ auf die Stimmung in der Bevölkerung auswirken und seien zu vermeiden. Luftfahrtminister André Laurent-Eynac erklärte, er plane keine systematische Evakuierung, sondern nur eine allmähliche Verlagerung der Fabriken, die Flugzeugtechnik produzierten. Aber wenn man bedenke, wie sich der Krieg entwickle, könne die Verlagerung natürlich nicht *zu* allmählich vonstattengehen. Schließlich würden sämtliche Flugzeugtriebwerke in Paris konstruiert.

Reynaud schaltete sich ein. Die »psychologische Situation« verlange, daß die Regierung weiterhin behaupte, es werde keine Evakuierungen geben. Der Luftfahrtminister solle mit seiner Verlagerung beginnen, dabei aber bestreiten, daß eine Evakuierung im Gange sei. Pétain stimmte Reynaud zu: Es dürfe keinen offenkundigen Rückzug aus der Hauptstadt geben, denn sonst werde die Moral einen schweren Schlag erhalten. Er erinnerte das Kabinett an die Lage im April 1918, als man ähnliche

Gespräche über die Verlegung der Citroën- und der Renault-Werke geführt habe. Camille Chautemps, der für die Evakuierungspläne zuständige Minister, skizzierte den Fortschritt, der seit dem Schrecken vom 16. Mai hinsichtlich der geplanten Verlegung von Regierungsbehörden erzielt worden sei. Er fürchtete, daß gewisse Transfers »ansteckend« sein und gewöhnliche Pariser, die nichts mit der Regierung zu tun hatten, alarmieren würden. Beamte dürften Paris nicht vor allen anderen verlassen, damit nicht der Eindruck entstehe, sie seien privilegiert. Es sei ohnehin schlimm genug, daß einige Behörden ihre Unterlagen packten und verschickten, während die Regierung offiziell erkläre, daß niemand von der Stelle weichen werde.

Am besten solle man Eltern raten, ihre Kinder in aller Stille aus der Stadt zu schicken.

Auch der Ministerpräsident war der Ansicht: die Moral ginge vor. Der Exodus der Regierung müsse aufhören. Die Beamten würden in Paris bleiben, ebenso die Kriegsproduktion, und dies sei der Presse mitzuteilen.

Unmittelbar nach der Sitzung befahl Marschall Pétain seinem Adjutanten, Hauptmann Léon Bonhomme (wie dessen Tagebuch bezeugt), nach Tours zu fahren und ein geeignetes Schloß als Residenz für den Marschall zu finden, wenn die Regierung nach Süden zog. Bonhomme reservierte ein Schloß und kehrte zwei Tage später nach Paris zurück.

17

Freitag, 24. Mai

Er stecke im dichtesten Schlachtgetümmel, schrieb Charles de
Gaulle seiner Frau. Und die Schlacht nehme einen recht guten
Verlauf. »Ich habe das Gefühl, daß die Überraschung überwun-
den ist und wir uns der Rettung nähern.« Die Verluste seien
schwer und würden es weiterhin sein. Die Überraschung sparte
er sich für den Schluß auf: »Seit gestern bin ich General.« Offensichtlich hatte Paul Reynaud durch de Gaulles Ernennung zum
(amtierenden) Brigadegeneral sowohl die siegreiche Doktrin als
auch den Offizier geehrt, der zu ihrer Anwendung bereit war.

Alain Laubreaux sinnierte in seinem Tagebuch über einen Artikel im *Paris-Soir* von Eve Curie (der zweiten Tochter von Marie
und Pierre Curie). Er bezeichnete sie – wegen ihrer bekannten
Beziehung zu dem jüdischen Dramatiker – als »Bernsteins
Luder«. »Sie ist eine neue Judith, die Männer zum Schutz des
bedrohten Israel in den Tod lockt.« Eine Zeile ihres Artikels
verärgerte ihn besonders: »Die Opfer, die in dieser schweren
Stunde von uns verlangt werden, sind gering und sogar der Tod
scheint ein angemessener Lohn zu sein.« – »Literatur als Brech-
mittel«, knurrte Laubreaux.

Wenn man auf den Bahnhöfen alte Menschen, Kinder,
Mädchen und Frauen sieht, die zwar außer Gefahr sind, aber,
durch Furcht und Tränen geschwächt, vor Erschöpfung
zusammenbrechen, und wenn man bedenkt, daß die Deutschen diese Schwäche und diese Verzweiflung aus nächster
Nähe mit Maschinengewehren beschießen, dann ist man von
heftiger Abscheu erfüllt und weiß in jenem Moment ganz
genau, daß Deutschland den Krieg *nicht* gewinnen *kann*.

Das war die positive Einstellung, wie die Pariser Bürger sie benötigten. Sie bekamen sie von Kolumnisten wie Germaine Beaumont, die diese Zeilen in *Le Matin* veröffentlichte. Sie berief sich auf einen alten keltischen Glauben und schrieb zum Schluß: »Wenn die Männer fallen, werden die Frauen zu den Waffen greifen, und wenn die Frauen ihrerseits fallen, werden sich die Steine der Straße erheben wie in den Zeiten der Legende.«

Die Propagandaexperten, die sich an jenem Morgen in Berlin um ihren Chef versammelten, hatten einen neuen Einfall: sie würden die volkstümliche Kraft der Prophezeiung ausnutzen. Nostradamus war schließlich Franzose, und man konnte auf die Prophezeiung zurückgreifen, in der er einen »Danubier« erwähnte (Hitler war an einem Nebenfluß der Donau geboren), der gewaltige Schlachten in den Ländern der Franken und der Waräger, jener frühen Skandinavier, schlagen und Deutschland größer und mächtiger machen werde als je zuvor.

Die Aufzeichnungen von Paul Baudoin, der von Ministerpräsident Reynaud die Titel Unterstaatssekretär und Sekretär des Kriegskabinetts erhalten hatte, berichten von einer Unterredung, die an jenem Morgen in Reynauds Büro mit Weygand und Pétain stattfand. Als der Generalissimus das Zimmer betrat, vertraute er Baudoin an: »Die Situation ist sehr ernst. Die Briten kehren zu den Kanalhäfen zurück, statt nach Süden hin anzugreifen.« Er habe erfahren, daß britische Streitkräfte Arras ohne Not aufgegeben hätten – und dies im Gegensatz zu Weygands Befehl und dem Plan, dem Churchill achtundvierzig Stunden zuvor zugestimmt habe. Weygand war nicht überrascht. Gestern habe sich General Sir William Ironside am Telefon so widerwärtig verhalten, daß Weygand ihn am liebsten geohrfeigt hätte. Es sei unmöglich, eine Armee zu kommandieren, die ihre Befehle aus London erhalte!

Offenbar hatten die Briten wenigstens ein Auge auf die Küste und die Häfen gerichtet, mit deren Hilfe sie entkommen konnten, falls die Schlacht verlorenging. Die Deutschen hatten es auf dieselben Häfen abgesehen, um den Rückzug abzuschneiden.

Nun tauchte der britische Botschafter, Sir Ronald Campbell, bei der Kriegskonferenz mit einer Warnung von Churchill auf: Das französische und das britische Oberkommando arbeiteten nicht ordnungsgemäß zusammen. Weygand war so entgegenkommend, die französische Seite dafür verantwortlich zu machen. General Gaston Billotte, der französische Befehlshaber der Nordfront, sei bei einem Autounfall ums Leben gekommen. Sein Nachfolger, General Pierre Blanchard, habe die Bestätigung seiner neuen Pflichten nicht rechtzeitig erhalten. Wieder einmal hatte die Kommunikation versagt.

Weygand umriß seinen Schlachtplan. Er wies zunächst darauf hin, daß die ihm zur Verfügung stehenden Streitkräfte unzureichend seien und daß es keine Reserve gebe. In Ermangelung britischer Hilfe werde sich ein neuer Angriff auf die untere Somme zwischen Amiens und dem Kanal konzentrieren, wodurch man versuchen wolle, die Verbindung zu französischen Truppen herzustellen, die infolge des deutschen Panzervorstoßes durch die Ardennen abgeschnitten worden seien. Wenn die Verbindung nicht zustande komme, sehe er keine Möglichkeit, die Kapitulation der im Norden eingeschlossenen alliierten Truppen zu vermeiden. (Wie wir heute wissen, war Lord Gort seit langem davon überzeugt, daß kein französischer Gegenangriff stattfinden werde. Es sei Zeit zu retten, was gerettet werden könne; der Kanalhafen Dünkirchen war seine Lösung.)

Reynaud erkundigte sich, was geschehen werde, wenn man die alliierten Truppen im Norden tatsächlich verliere. Weygand, Pétain und er studierten verschiedene andere Verteidigungspositionen. Damit stellte sich die Frage nach Paris von neuem.

Der stolze kleine Ministerpräsident ließ sich nicht umstimmen. Die Regierung könne die Hauptstadt erst in letzter Minute – wenn nötig, im Flugzeug – verlassen, damit die ernsten Konsequenzen einer Preisgabe der Stadt vermieden würden. Und wohin würde sich die Regierung begeben? Das Loiretal, das gegenwärtige Ziel der Planer, war einfach nicht weit genug von der Front entfernt. Ein Hafen, der eine Flucht oder Verstärkungen auf dem Seeweg zuließ, sei einer Gebirgsfestung zweifellos vorzuziehen.

Reynaud legte ein Gelübde ab: Selbst wenn die nördlichen Armeen kapitulierten, selbst wenn Italien den Krieg erkläre, wolle er bis zum Ende kämpfen. Die Ehre der Armee müsse gerettet werden. Er sei bereit, jüngere Männer einzuziehen – wenn man nur Waffen und Uniformen für sie hätte. Der Generalstab versuche, die geschlagene Armee Corap neu auszurüsten, doch es fehle an Gewehren.

Zwischen 16.00 und 19.00 Uhr besuchten Ministerpräsident Reynaud, Marschall Pétain und General Héring die Panzerabwehrstellungen nördlich von Paris, vornehmlich in Le Bourget unweit des Flughafens, im Ourcq-Tal und in Meaux.

∗

Die Notlage Frankreichs brachte seltsame Bündnisse hervor. Ilja Ehrenburg war nahezu ein historisches Monument: lange Zeit russischer Emigrant, dann Sowjetbürger, Schriftsteller, nun auch Kriegskorrespondent. Er war ein vertrautes Gesicht in den Künstlercafés von Montparnasse; als Propagandamitarbeiter des Sowjetregimes stand er der französischen Kommunistischen Partei nahe. Als Antifaschist (und russischer Jude) war er auf Frankreichs Seite, doch er diente einem nun mit Hitler verbündeten Staat. Wenige Russen in Paris waren glücklich über dieses Bündnis. Man hatte den sowjetischen Botschafter ausgewiesen, doch Nikolai Iwanow, sein Chargé d'affaires, war (laut Ehrenburg) überzeugt, daß Hitler die Sowjetunion angreifen werde. Iwanow hielt es für ratsam, die westlichen Alliierten freundschaftlich zu behandeln.

An diesem Tag erhielt Ilja Ehrenburg einen merkwürdigen Anruf. »Ilja«, sagte Anatole de Monzie, der Minister für öffentliche Arbeiten, »es ist nicht nett, alte Freunde zu vergessen. Ich höre, daß Sie sich bald nach Rußland aufmachen wollen. Wieso sind Sie nicht vorbeigekommen, um sich zu verabschieden?«

Gewiß, Ehrenburg kannte Monzie, einen der ersten prominenten französischen Besucher der Sowjetunion, der sogar ein Buch über seine Erfahrungen geschrieben hatte und für einen kulturellen und wirtschaftlichen Austausch mit dem neuen Staat eintrat. Aber Ehrenburg hielt Monzie auch für einen etwas unberechenbaren Mann, der einmal links und einmal rechts zu stehen schien. Allerdings kam dieses Verhalten dem Russen eher launenhaft als machiavellistisch vor.

Also machte sich Ehrenburg zum Ministerium für öffentliche Bauten am Boulevard Saint-Germain auf. Monzie rauchte Pfeife und verschwendete keine Zeit mit Smalltalk. »Pétain, Baudouin und ein paar andere wollen kapitulieren«, sagte der Minister. »Reynaud ist dagegen, gar nicht zu reden von Mandel. Wir haben sehr wenig Panzer und vor allem sehr wenig Flugzeuge. Die Lage ist kritisch.«

Ehrenburg fragte, weshalb die Regierung weiterhin Krieg gegen die französischen Kommunisten führe, weshalb sie die Arbeiterklasse, von der sie abhängig sei, gegen sich aufbringe. Monzie gab zu, daß die Regierung sehr streng vorgegangen sei. Kurz darauf kam er zur Sache: »Wenn die Russen uns Flugzeuge verkaufen, können wir durchhalten. Glauben Sie, daß die Sowjetunion durch die Vernichtung Frankreichs etwas zu gewinnen hat? Hitler wird sie ebenfalls angreifen.«

Der Schriftsteller legte die kurze Entfernung von Monzies Büro zur sowjetischen Botschaft an der Rue de Grenelle zurück und unterrichtete Iwanow über die Bitte der Franzosen. Iwanow forderte ihn auf, den Text für ein Telegramm nach Moskau zu entwerfen.

Heute ist dank den französischen Kommunisten, deren Zungen sich nach Stalins Tod lösten, mehr über diese Ereignisse bekannt. Monzie hatte sich zuerst an einen Franzosen gewandt: an Charles Hilsum, Direktor der in Paris ansässigen sowjetischen Banque Commerciale pour l'Europe du Nord. Der Minister war mit Hilsums Frau befreundet, und auf diese Weise war ein informeller Kontakt hergestellt. Monzie erklärte Hilsum – vielleicht ohne Reynauds Einwilligung –, daß Frankreich die diplomatischen Beziehungen zu Moskau im Austausch gegen Flugzeuge wiederaufnehmen werde. Der Bankier erwiderte, er sei nicht autorisiert, als Vermittler zu fungieren, und er war es, der Ehrenburg ins Gespräch brachte, einen von Stalins Favoriten, der überlebt hatte, während fast jeder andere russische Jude, der die sowjetischen Interessen im Ausland vertrat, im Zuge der Säuberungen hingerichtet worden war.

Anscheinend war es Monzies Idee, Pierre Cot, ehemals Luftfahrtminister in Léon Blums Regierung, zu Verhandlungen nach
Moskau zu entsenden. Reynaud lehnte den Vorschlag ab – vielleicht, weil er die Reaktion des Parlaments fürchtete, wenn diese
Aufgabe einem Volksfrontminister übertragen würde.

Einige Zeit vor dem Treffen mit Monzie war Ehrenburg von
der Polizei festgenommen, zum Präsidium gebracht und zusammen mit einer heterogenen Schar französischer Kommunisten
und ausländischer Flüchtlinge eingesperrt worden. Ein für
Ausweisungen zuständiger Beamter teilte ihm mit, er habe das
Land innerhalb von drei Tagen zu verlassen. Ehrenburg wollte
entgegnen, daß er seit einiger Zeit auf ein Ausreisevisum warte,
aber man schnitt ihm das Wort ab. Die Steuerbehörden verhin-
derten seine Ausreise, denn er hatte Gelder aus Moskau erhalten, aber nicht als Einkommen deklariert (die Summe war für
geflüchtete spanische Schriftsteller bestimmt). Auf einer anderen Etage des Präsidiums erhielt er die Möglichkeit, den Sachverhalt zu erklären, doch der zweite Beamte war so unnachgie-
big wie der erste: Erst wenn der Russe den Beweis vorlege, daß
er die Steuern für die sowjetische Überweisung bezahlt habe,
werde man ihm ein Ausreisevisum ausstellen. Daraufhin kehrte
er zu dem ersten Beamten zurück. Nach dreistündiger Wartezeit
konnte er endlich deutlich machen, daß er nicht abreisen *dürfe*.
Dem Mann war gleichgültig, was die andere Abteilung angeordnet hatte. Ehrenburg müsse Frankreich *sofort* verlassen.

Und ungeachtet des Krieges, des Durchbruchs bei Sedan und
der Bedrohung von Paris wurde Ehrenburgs Fall nicht vergessen. Kurz zuvor, am 21. Mai, hatte man ihn wiederum ins Präsidium geladen, um zu erfahren, weshalb er immer noch im Lande
sei. Es kam wieder zu einem längeren Hin und Her zwischen
verschiedenen Büros, bis die Luftschutzsirenen heulten und
Ehrenburg zusammen mit anderen Besuchern in den Keller
gebracht wurde. Ehrenburg stand neben dem Beamten, der
seine Ausreise forderte, hört ihn leise fluchen und wußte nicht,
ob er selbst, die Flakgeschütze oder die Deutschen den Zorn des
Mannes ausgelöst hatten. Dies war der Hintergrund der Vorla-
dung zum Minister für öffentliche Bauten am 24. Mai.

Drei Tage nachdem Ehrenburg in Moskau um Flugzeuge

gebeten hatte, stand er wieder Polizisten gegenüber, diesmal an
seiner Wohnungstür in der Rue de Cotentin. Die Männer –
Inspektoren, die keine Widerrede duldeten – hatten einen Haft-
befehl bei sich. Ehrenburg war überzeugt, daß sie auf Anweisung von Marschall Pétain hier waren. Die Inspektoren (einer
von ihnen sprach Russisch) durchsuchten seine persönlichen
Papiere sehr gründlich. Dann führten sie ihn ab, während ein
Nachbar sich erkundigte, ob Ehrenburg wirklich ein Spion sei.
Einer der Polizisten erwiderte: »Deutsch-kommunistische
Verschwörung.« Ein anderer Polizist ging mit gezogener Pistole
hinter ihm her und warnte: »Keine Sperenzchen, oder ich
schieße.« Auf dem Präsidium wurde ihm tatsächlich vorgewor-
fen, er habe im Auftrag der Deutschen mit anderen Kommunisten eine Verschwörung angezettelt.

Die Vernehmung dauerte den ganzen Tag, bis das Telefon
klingelte. Ein Inspektor nahm den Hörer ab und schlug beinahe
die Hacken zusammen, als er antwortete: »Ich höre, Herr Minister.« Man führte Ehrenburg höflich hinaus und gestattete ihm,
nach Hause zu fahren. Aber er verlangte eine Polizeieskorte,
und die Nachbarn wurden Zeugen, wie der Verschwörer in
großem Stil zurückkehrte.

Zufällig wohnte Charles Hilsum, der Chef der Pariser Sowjet-
bank, im selben Gebäude. Die Hilsums hatten gerade das Haus
betreten, als Ehrenburg und seine Begleiter an jenem Morgen
zum Präsidium fuhren. Hilsum rief sofort Monzie an, und dieser
benachrichtigte Innenminister Georges Mandel.

18

Samstag, 25. Mai

Die Journalisten, die zur schönsten Jahreszeit als Kriegskorrespondenten in Paris arbeiteten, waren widersprüchlichen Eindrücken und Gefühlen ausgesetzt. Der Brite Geoffrey Cox erinnerte sich:»Obwohl eine der bedeutendsten Schlachten der Geschichte im Norden tobte, deutete innerhalb der Stadt kaum etwas darauf hin, daß dieser Frühling nicht so war wie alle anderen.« Auf dem Weg zu einer Pressekonferenz im Kriegsministerium in der Rue Saint-Dominique spazierte Cox in der Morgensonne durch die Tuilerien, vorbei an Kindern, die im Gras spielten. Er aß im Schatten des Racing Club, tief im Bois de Boulogne, zu Mittag,»während oben winzige weiße Flecke um die Herrschaft über den Himmel kämpften und während der Rundfunk von schweren Angriffen *pour le saillant d'Amiens* berichtete«. Nach der Pressekonferenz, die Bilder von Blut und Bomben heraufbeschworen hatte, kehrte er zu Fuß heim,»und die Seine schimmerte wie Seide unter den Brücken, und alte Männer saßen an den Quais und angelten ...«

Es wäre lehrreich gewesen, einem Pariser bei der Lektüre seiner Morgenzeitung über die Schulter zu schauen. Vielleicht würde er sich als erstes den Pariser Börsennachrichten zuwenden.»Die Woche endete mit einer besonders ruhigen Sitzung in einer durchaus nicht pessimistischen Atmosphäre«, meldete der Finanzexperte von *Le Figaro*. Der Franc hatte sich gegenüber dem Dollar sogar leicht verbessert. In einem anderen Artikel wurde das offizielle Auktionhaus der Stadt als »diese vor Pessimismus geschützte Festung« beschrieben. Bei einem Verkauf von Familienerbstücken, zu denen verschiedene Gemälde gehörten, hatte man bemerkenswerte Preise erzielt.

In einer Anzeige wurde für ein berühmtes Kabarett, Le Bœuf sur le Toit, geworben; es war täglich von 18.00 bis 23.00 Uhr geöffnet und bot Cocktails, Diners und kalte Platten an. In dreizehn Theatern waren für diesen Abend Vorstellungen angekündigt: zum Beispiel *Medée* in der Oper, *Madame Sans-Gêne* in der Comédie Française und *Carmen* in der Opéra-Comique (sie alle waren öffentliche Theater). Zu den Privattheatern, die immer noch Programme veranstalteten, gehörten Ambassadeurs, Antoine und Grand Guignol, dazu Varietés wie Pigalle, Alcazar und Casino de Paris (wo Josephine Baker neben Maurice Chevalier auftrat). Auch zahlreiche gute Filme wurden noch in der Stadt gezeigt, darunter *Stürmische Höhen* und *Goodbye, Mr. Chips*; auch *Der Glöckner von Notre-Dame* und *Ninotschka* liefen unablässig weiter.

Der Tag endete auf höchster Regierungsebene mit einem Vorschlag, Frankreich solle die Einstellung der Feindseligkeiten erwägen.

Um 7.30 Uhr morgens hatte General Weygand bei Paul Baudouin angerufen, der natürlich für Paul Reynaud den Kriegsverlauf verfolgte. Der General meldete, er sei jetzt zuversichtlicher in bezug auf die Situation an der Front. Briten und Franzosen arbeiteten einträchtig zusammen, und Weygand sah sich in der Lage, seinen früheren Befehl zum Rückzug in die Kanalhäfen außer Kraft zu setzen. Reynaud hatte soeben ein Telegramm von Churchill erhalten, der den Plan für einen gemeinsamen Angriff billigte. So weit, so gut.

Aber gegen Mittag bewölkte sich der Himmel. Schlechte Nachrichten aus dem Norden fielen mit dem Eintritt eines neuen Akteurs in die anglo-französische Politik zusammen. In einem persönlichen Brief an den Ministerpräsidenten erklärte Winston Churchill, er habe, da Reynaud und er sich nicht jeden Tag treffen könnten, »einen alten Freund von Ihnen«, nämlich Generalmajor Sir Edward Spears, zum Verbindungsoffizier für Kriegsangelegenheiten ernannt. Spears hatte bereits im Ersten Weltkrieg als Verbindungsoffizier zu den französischen Streitkräften gedient, er sprach Französisch und verstand die Franzosen, aber oft gefiel ihm nicht, was er verstand, und das sagte er. »Sie sind willkommen«, sagte Pétain, als Spears eintrat, und dieser nahm es persönlich. Aber von diesem Moment an schwieg Pétain während der ersten Besprechung mit Spears, und selbst wenn Churchills Vertreter sich ausdrücklich an ihn wandte, schien der alte Marschall ihn nicht zu hören. Weygand gab sich herzlich, obwohl Spears und er früher keine Freunde gewesen waren. Der Oberbefehlshaber schien dem Engländer verhutzelt – wie Reynaud glich er einem Orientalen –, doch voller Energie; und er ließ kein Zeichen seiner zweifellos vorhandenen Besorgnis erkennen.

Spears begann mit einem Versuch, eine heikle Frage beizulegen. Die Franzosen sollten wissen, daß Churchill ihnen nichts an Unterstützung vorenthalte. Wenn die britischen Truppen nicht an den Standorten seien, an denen die Franzosen sie erwarteten, so liege dies an einem Koordinationsproblem. Schließlich sei es möglich, daß die Alliierten im Norden überhaupt nicht standhielten. Darauf hatte Reynaud eine Antwort: Wenn die nördlichen Armeen zusammenbrächen, werde es den Franzosen im Süden äußerst schwerfallen, sich gegen die Deutschen an der langen Front von der Somme-Mündung bis zur Schweiz zu behaupten. Nicht einmal ein geordneter Rückzug von einer Verteidigungsposition zur anderen sei denkbar; dazu fehle es an Verstärkungen. Diese düsteren Aussichten veranlaßten den französischen Ministerpräsidenten, eine Sitzung des Kriegskomitees für 18.00 Uhr anzuberaumen; dabei sollte Weygand Gelegenheit erhalten, die Situation in allen Details zu schildern.

Am Nachmittag fuhr Weygand nach La Ferté-sous-Jouarre, um sich mit General Georges über die noch praktikablen Defensivmaßnahmen zu beraten: die Verteidigung des Gebietes nördlich von Paris und der Hauptstadt selbst. Bestenfalls könne man erhoffen, meinte der Oberbefehlshaber schließlich, den Vormarsch des Feindes nach Süden aufzuhalten und dann eine Verteidigungslinie zu errichten, um sowohl das »Herz« des Landes als auch Paris – schon allein wegen seiner Rüstungsproduktion – zu retten.

Um 15.30 Uhr sprach Reynaud bei Jules Jeanneney im Senat vor. Wiederum ging es um die Frage, wohin man sich wenden könne und was zu tun sei. Paris war nun eindeutig in Gefahr. Jeanneney wünschte nicht, daß die Regierung ihre Hauptstadt aufgab, bevor es absolut nötig schien. Und wenn es nötig werde, müsse der Rückzug geordnet sein, damit keine Panik unter der Zivilbevölkerung ausbreche. Seiner Meinung nach sei Bordeaux die beste Zuflucht für die Regierung, denn die Hafenstadt im Südwesten sei so weit wie möglich von den Deutschen entfernt.

Danach ließ Reynaud den Senator wissen, daß der Feind, wenn er die Kanalküste erobere, vielleicht ein Friedensangebot machen werde. Sollte ein solches Angebot dem Parlament vorgelegt werden? Nur dann, erwiderte Jeanneney, wenn das Kabinett den Vorschlag wirklich für diskutabel halte. Andernfalls stünde man einem Parlament gegenüber, das zum Defätismus neige. Jeanneney persönlich hoffte, daß sich ein deutsches Friedensangebot als inakzeptabel erweisen werde, denn eine Übereinkunft könne zu Schlimmerem führen: Hitler werde erst versprechen, nicht mehr anzugreifen und sich dann nehmen, was er wolle (so, wie er sich nach dem Münchner Abkommen Prag genommen habe).

In Madrid las der deutsche Botschafter einen Bericht des spanischen Außenministers über ein Gespräch zwischen Marschall Pétain und José Felix Lequerica, dem spanischen Botschafter in Paris. Auf Lequericas Bemerkung, Pétain verkörpere die moralische Autorität Frankreichs und könne einen Ausweg aus der militärischen Situation finden, hatte der alte Mann entgegnet, er glaube nicht, daß der Führer ihm zuhören werde.

Der Bericht wurde auf Anweisung von Generalissimus Franco nach Berlin weitergeleitet – für den Fall, daß die Deutschen daran interessiert seien, über Lequerica mit Pétain Kontakt aufzunehmen.

Das Kriegskomitee versammelte sich wie geplant um 19.00 Uhr in Reynauds Büro im Kriegsministerium; die Sitzung dauerte, wie wir aus Paul Baudouins Aufzeichnungen erfahren, bis 21.10 Uhr. Baudouin hielt den gewichtigen Vorschlag General Weygands fest, den Pétain unterstützte: Man solle die Briten über die Fortsetzung des Krieges konsultieren. 1945, bei dem Hochverratsprozeß gegen Pétain, sagte Weygand, daß nicht er, sondern Staatspräsident Albert Lebrun die Frage separater Friedensverhandlungen mit den Deutschen, möglichst vor der Vernichtung der französischen Armee, aufgeworfen habe.

Die Sitzung begann mit einer detaillierten Darlegung der Situation im Bodenkrieg. General Pierre Blanchard, der neue Befehlshaber im Norden, schlug vor, französische, britische und belgische Einheiten – insgesamt achtunddreißig Divisionen – zu einem Gegenangriff zu gruppieren. Außerdem seien französische Truppen oberhalb von Paris bemüht, eine Linie, die buchstäblich ganz Frankreich durchzog, zu halten. Diese Linie dürfe nicht durchbrochen werden, betonte Weygand; die Soldaten müßten bis zur »Erschöpfung« kämpfen, um die Ehre des Landes zu retten. Reynaud stimmte ihm zu. »Schließlich ist es nicht sicher, daß unser Gegner uns eine sofortige Waffenruhe gewährt. Und ist es nicht unerläßlich, die Gefangennahme der Regierung zu vermeiden, falls der Feind in Paris einmarschiert?«

Die Eroberung von Paris war nun eine konkrete Möglichkeit. Die Diskussion wandte sich alternativen Hauptstädten zu, und zwar wiederum Tours und Bordeaux. Baudouins Sitzungsprotokoll, das – versiegelt und seit Jahren unberührt – im Staatsarchiv gefunden wurde, zeigt, daß Präsident Lebrun in der Tat gefragt hatte, wie Frankreich sich aus seiner Verpflichtung gegenüber Großbritannien lösen könne. Bevor Frankreich einen Separatfrieden akzeptiere, meinte Reynaud, müsse es seinen Verbündeten befragen. Weygand schlug vor, dies auf der Stelle zu tun. Daraufhin erklärte Reynaud, Churchill habe versprochen, den Krieg allein fortzusetzen, während er auf die Intervention der Vereinigten Staaten warte. Der Ministerpräsident hatte sich bei William Bullitt erkundigt, wie Frankreich seine Bitte um amerikanische Hilfe am besten formulieren könne; die Antwort stand noch aus. Zum Abschluß betonte Weygand, die französische Armee müsse gerettet werden, denn sie sei als einzige Kraft fähig, Ordnung bei den Franzosen zu bewahren.

André François-Poncet, der französische Botschafter in Rom, setzte an diesem Abend ein Geheimtelegramm nach Paris auf. Er hatte aus verläßlicher Quelle erfahren, daß Mussolini im März bei seinem Treffen mit Hitler am Brenner eingewilligt

148

habe, Frankreich den Krieg zu erklären. Im ersten Stadium der Feindseligkeiten werde Italien versuchen, Korsika, Tunesien, Malta und Ägypten zu erobern. Die Alliierten könnten Mussolini immer noch von seinem Vorhaben abbringen, wenn sie einen hinreichend hohen Preis zahlten, der dem Duce gestatte, sich vor der öffentlichen Meinung in Italien zu rechtfertigen und Hitler zu erklären, daß die Vorteile eines Verzichts den Kriegseintritt Italiens unmöglich machten. Botschafter François-Poncet glaubte, daß das Ergebnis der Schlacht um Flandern großen Einfluß auf die Entscheidung des italienischen Diktators haben werde, denn er werde entweder in den Krieg eintreten, um die Schwäche Frankreichs auszunutzen, oder er werde zögern, wenn es den Anschein hatte, daß sich der Krieg noch lange hinziehen könne.

Außenminister Edouard Daladier schickte an diesem Abend ebenfalls ein Telegramm ab: an die französische Botschaft in Washington. Er forderte den französischen Botschafter René Doynel de Saint-Quentin auf, eine an Präsident Roosevelt gerichtete Bitte mit dem britischen Botschafter, Lord Lothian, abzusprechen. Die beiden sollten Roosevelt fragen, ob er von Mussolini herausfinden könne, was genau der Duce im Mittelmeer zu erlangen hoffe, denn man wolle »Italien die Befriedigung seiner legitimen Ansprüche im Mittelmeerraum garantieren«.

19

Sonntag, 26. Mai

Der Kriegskorrespondent Quentin Reynolds erhielt die Information von Oberst Horace Fuller, dem amerikanischen Militärattaché. Fuller war laut Reynolds »der einzige Mann in Paris, der wußte, was kommen würde«. Und der Oberst riet anscheinend allen, die Stadt zu verlassen, solange sie noch konnten. Die französische Armee werde sich nicht »die Mühe machen«, die Stadt zu verteidigen.

Der junge Maurice Kahane, der etwas von einem Bilderstürmer hatte, schien die Konfusion seiner französischen Landsleute zu genießen. Beim Anblick von Pariser Polizisten, die mit ihren Helmen und alten Gewehren auf eingeschmuggelte Fallschirmjäger warteten, dachte er: »Das wird ein ungleicher Kampf!« Das Schauspiel von Müllwagen, die mit schweren Maschinengewehren ausgerüstet und von bejahrten Soldaten bemannt waren, machte ihm offenkundig Freude. »Wer hatte diesen Einfall? Vielleicht Reynaud selber – der ist schlau! Die mächtige Armee der Invasoren umzingelt bereits die Stadt, und überall warten behelmte und mit Besen bewaffnete Hausmeister auf sie. Wir werden siegen! Wie bei Verdun.« Es war der Humor eines Mannes, der (unter dem – katholischen – Namen seiner Mutter, Girodias) im besetzten Paris ohne Furcht vor Strafe gedeihen sollte.
Am Morgen leistete *Le Figaro* einen Beitrag zur Beruhigung seiner Leser:

> ZUR NATIONALEN SICHERHEIT
> Verhaftung unerwünschter Individuen
> Überprüfung von Flüchtlingen
> Bestrafung von Vergehen

Ein Reporter hatte sich auf die Suche nach Neuigkeiten über die »Fünfte Kolonne« gemacht und war im Innenministerium gelandet, »wo Monsieur Mandel Tag und Nacht ein Beispiel für die äußerste Wachsamkeit gibt, die er seinem Personal predigt«. Die Polizei, so *Le Figaro*, führe in einem selten erreichten Ausmaß und Tempo regelmäßige Razzien, Verhaftungen und Haussuchungen durch. Eine neue Technik bestehe darin, überraschend in Cafés, Restaurants und anderen Versammlungsorten einzufallen und die Identität aller Anwesenden zu überprüfen.

Das Innenministerium sei sich der Tatsache bewußt, daß Flüchtlinge als mögliche Spione und Saboteure verdächtigt würden. Diese Befürchtung sei, wie der Reporter versicherte, übertrieben. Es sei eine enorme Aufgabe, die Flüchtlinge auch nur oberflächlich unter die Lupe zu nehmen, doch nun leite man sie in verschiedene Provinzen weiter, deren Behörden mehr Zeit haben würden, feindliche Agenten in der Menge der Unschuldigen ausfindig zu machen. In einem anderen Artikel hieß es, seit Georges Mandels Ernennung zum Innenminister eine Woche zuvor seien mehr als zweitausend Hotels und Cafés inspiziert und mehr als 62 000 Personen vernommen worden. Die Befragungen hätten zur Verhaftung von rund fünfhundert Personen geführt; unter ihnen seien 334 ausländische Verdächtige, die umgehend in Konzentrationslager geschickt würden.

Noch ominöser war die Warnung aus dem Amt von Ministerpräsident Reynaud, die in der Mitte der Titelseite veröffentlicht wurde:

Um Chaos hinter den Linien und sogar an der Front zu schaffen, verbreiten die Deutschen – schriftlich oder telefonisch – Befehle oder Anweisungen, die mit dem Namen eines französischen Behördenvertreters oder sogar mit dem Namen des Ministerpräsidenten, des Ministers für nationale Verteidigung und Krieg unterzeichnet sind.

Das Amt des Ministerpräsidenten wollte die Pariser also daran erinnern, daß Befehle niemals schriftlich erteilt würden und daß telefonischen Anweisungen nicht Folge zu leisten sei.

Solche Warnungen konnten die Besorgnis nur erhöhen. Ein Leitartikel in derselben Ausgabe von *Le Figaro* plädiert für Nachsicht Unschuldigen – ob Franzosen oder Ausländer – gegenüber, die sich genötigt fühlten oder einfach nur den Wunsch verspürten, Paris zu verlassen. Er zitiert das Beispiel einer Frau ausländischer Nationalität (doch aus einem befreundeten Staat): Sie hatte eine polizeiliche Reisegenehmigung benötigt, doch vor sich auf dem örtlichen Revier eine Menge von Einheimischen angetroffen, die wußten, daß sie ebenfalls bald Reisegenehmigungen benötigen würden. Der Verfasser des Leitartikels war sich über den schrecklichen Exodus aus dem Norden im klaren, der für das Militär hinderliche Verkehrsstauungen bewirkte. »Aber Paris, das ruhig ist, dessen Ruhe von seinem Mut und auch von seiner Situation herrührt, die keinen Anlaß zur Furcht gibt – Paris sollte auf Vorschriften verzichten können, die keine Flexibilität zulassen.«

An diesem Sonntag kam es zu einem weiteren Appell an die Schutzheilige der Stadt, die Paris wenigstens einmal zuvor gerettet hatte. Seit Mittwoch waren die Gläubigen aufgefordert, am gewaltigen Grab der heiligen Genoveva in der Kirche Saint-Etienne-du-Mont zu beten. Heute zum erstenmal seit vielen Jahren wurden die Reliquien Genovevas aus dem Heiligtum entfernt, um die Gläubigen zu trösten – wie in vergangenen Zeiten, als man den Reliquienschrein durch die Straßen von Paris getragen hatte, um eine Katastrophe abzuwenden.

Lange vor der angekündigten Stunde füllte eine Menge, die auf Zehntausende von Menschen geschätzt wurde, den Platz vor der Kirche sowie die Place du Panthéon und die Nachbarstraßen; viele Betende – und Neugierige – lehnten sich aus Fenstern und über Balkons. Die Szene hatte etwas Mittelalterliches an sich, als Monseigneur Beaussart wiederum den Gesang anstimmte:

Unsere Liebe Frau von Paris, unsere Liebe Frau von Frankreich, bete für Frankreich!
Heilige Genoveva, bete für Frankreich!
Heiliger Ludwig, tapfer im Gefecht, hilf unseren Militärführern!

152

Als man zum Segen die Monstranz hoch über die Kirchenstufen hielt, fielen die Gläubigen auf die Knie – wenn sie Platz dazu hatten. Und dann, nachdem der Reliquienschrein wieder in die Sicherheit der Kirche gebracht worden war, stimmten die Pariser die *Marseillaise* an.

Aber zumindest ein Beobachter, der Diplomat Jean Chauvel, fand die Demonstration nicht recht überzeugend. Er wurde daran erinnert, wie er als Gymnasiast vor Abschlußprüfungen eine Kerze angezündet hatte. Er vermutete, daß die Regierung hinter diesem plötzlichen Ausbruch religiöser Inbrunst steckte, denn wie sonst ließ sich die Anwesenheit Léon Blums, der die Regierung repräsentierte, bei der Zeremonie in der Basilika Sacré-Cœur erklären? Nun, vor Saint-Etienne-du-Mont, entdeckte er »ein Gewimmel von alten Jungfern und Hausmädchen aus der Nachbarschaft«. Nur zweihundert Meter weiter, an der Rue Soufflot, waren die Straßencafés zum Bersten voll von Frauen in Sommerkleidern und Männern, die in Hemdsärmeln und mit zurückgeschobenen Hüten vor Bierkrügen saßen ...

Senator Jacques Bardoux hatte folgenden Eindruck: »Das Schauspiel der Reliquien der heiligen Genoveva, die auf der Place du Panthéon an einer stillen, benommenen Menge vorbeigetragen wurden, war nicht gerade trostreich, denn die Menschen hatten die Stimme verloren, beherrschten nicht einmal den Text der *Marseillaise* und leierten die Gebete mechanisch herunter.« Der Schatten einer anderen Niederlage – von 1870 – legte sich über das Land ...

»Ich möchte Ihnen meine höchst private Meinung über die gegenwärtige militärische Situation zu Ihrer höchst privaten Kenntnisnahme übermitteln«, begann William Bullitt am Mittag eine Depesche, die er als »Persönlich und Geheim, nur für den Präsidenten« markierte, um sie neugierigen Augen im State Department und im Kriegsministerium vorzuenthalten.

Ich glaube, daß die britischen, belgischen und französischen Armeen in Flandern innerhalb von zwei oder drei Tagen zur Kapitulation gezwungen sein werden; es gibt keine Hoffnung, daß sie sich zum Hauptkontingent der französischen Armee durchkämpfen können.

Innerhalb von fünf oder sechs Tagen werden die deutschen Panzergrenadierdivisionen die Überreste dieser alliierten Armeen überwältigt und sich zum Marsch auf Paris formiert haben. Indessen konzentrieren die Deutschen riesige Infanteriemengen knapp nördlich und südlich von Laon. Sobald die deutschen Panzergrenadierdivisionen zum Vormarsch bereit sind, werden sie mühelos nach Le Havre und Rouen an der Seine vordringen. Falls die Franzosen ihre gesamten verfügbaren Verstärkungen ausschicken, um der Gefahr einer Einkreisung der Hauptstadt von Nordwesten her zu begegnen, kann die Streitmacht, die nun in der Gegend von Laon zusammengezogen wird, auf dem direkten Weg über Soissons, Compiègne, Senlis, Chantilly und Meaux nach Paris durchbrechen.

Deshalb hat es den Anschein, daß Paris in ungefähr zehn Tagen mit einer Besetzung rechnen muß, und es ist schwierig, so mutig die französische Armee auch kämpfen mag, sich Umstände vorzustellen, unter denen Paris sich erfolgreich verteidigen ließe. Es tut mir zutiefst leid, daß ich gezwungen bin, eine solche Meinung auszudrücken, aber ich glaube, Sie sollten wissen, wie ernst die Situation wirklich ist.

Für Amerikaner sei es »schmerzlich« geworden, sich in Paris aufzuhalten, fand die Korrespondentin Clare Boothe. Während sich die Pariser der Bedrohung immer stärker bewußt wurden, fragten sie sich mit zunehmender Beklommenheit, wie Amerika helfen werde. Würden die Vereinigten Staaten Militärflugzeuge schicken? Clare Boothe mußte zugeben, daß sie nicht einmal sicher war, ob die Flugzeuge existierten. Deshalb wurde sie von ihren französischen Freunden gebeten: »Kehr jetzt nach Hause zurück und sag allen, daß wir sie haben müssen! Um Himmels willen, lernen die Demokratien denn nie etwas dazu?« Tatsächlich hätte die Journalistin persönlich vorsprechen müssen, um Amerika mitzuteilen, was Frankreich benötigte, denn die Zensur verbot Telegramme oder Rundfunksendungen, in denen die französische Bedrängnis offen zur Sprache kam.

Während man die Amerikaner um Hilfe bat, wurden die Briten kritisiert. Clare Boothe beobachtete eine Zunahme der antibritischen Gefühle unter den Parisern, die den Verbündeten für die Niederlage auf dem Schlachtfeld verantwortlich machten. Sie selbst bewunderte die Franzosen für ihren Mut und dafür, wie sie Flüchtlingen halfen, Verwundete versorgten oder sich einfach nur der Belastung gewachsen zeigten.

Ihre eigenen Landsleute waren in Paris nun rarer geworden. Nur die abgebrühtesten Korrespondenten, die bereits aus Madrid, Warschau, Prag, Helsinki und Oslo über den Krieg berichtet hatten, waren noch da und saßen zumeist in den Bars, wo sie Klatsch austauschten. Eines Abends, als der deutsche Vorstoß die Route nach Paris geöffnet zu haben schien, versammelten sich viele Angehörige des noch verbliebenen ausländischen Pressekorps im Hotel Ritz – in dem »hellerleuchteten, hübschen kleinen, blauen und weißen Salon« ihrer Suite. Ein altgedienter Reporter, H. R. Knickerbocker, äußerte sich voller Zorn über die amerikanische Neutralität. »Ist es wichtig für Amerika, Hitler von Paris fernzuhalten?« fragte er – rein rhetorisch. »Warum hören die Menschen in Amerika nicht endlich auf, ›die Flüchtlinge zu bedauern‹ und ›zu achtundneunzig Prozent Sympathie für die Alliierten zu empfinden‹, und warum beantworten sie diese Frage nicht verdammt schnell?«

Clare Boothe wollte wissen: »Sie glauben, es ist unser Krieg?«

»Verflucht, ja«, erwiderte er. Aber als sie ihm empfahl: »Schreiben Sie doch darüber«, gab er zornig zurück: »Davon wollen meine Herausgeber nichts hören, und meine Leser auch nicht. Sie wollen ›Lokalkolorit‹ aus Paris! Sie wollen lesen, wie alle Taxis beschlagnahmt wurden, um die Truppen an die Front zu schicken ..., wie bewaffnete Polizisten die Leute in den Cafés verhören, um Spione zu finden. Wie überfüllt, aber ruhig die U-Bahn-Keller während eines Luftangriffs sind. Daß das Gras in den Tuileriengärten in diesem Frühjahr nicht gemäht worden ist ...«

Ministerpräsident Reynaud flog an jenem Morgen nach London. Er wurde zu einem Privatgespräch in Churchills Büro gebeten; danach kamen die beiden Regierungschefs mit anderen

Amtsträgern zusammen. Es ging um Italien und darum, wie Mussolini vom Kriegseintritt abzuhalten sei. Da die Italiener sich vor allem über die britische Seemacht im Mittelmeer beschwerten, fragte Reynaud, ob es möglich sei, Mussolini einen Teil der Kontrolle über das Meer zu versprechen, falls er dem Krieg fernbleibe. Reynaud erinnerte Churchill daran, wie gefährlich es für Großbritannien wäre, wenn Frankreich im Kampf gegen die vereinigten deutschen und italienischen Streitkräfte den Krieg verlöre. Die beiden Regierungschefs diskutierten über einen förmlichen Appell Roosevelts an den italienischen Diktator. Darin solle der amerikanische Präsident Mussolini bitten, seine Forderungen auf den Tisch zu legen. Die Alliierten wußten, daß sich Italien Sorgen um das Mittelmeer machte, und sie waren zu einer Einigung bereit, die am Ende des Krieges in Kraft treten würde.

Roosevelt ging auf den Vorschlag ein. In einem Telegramm aus Washington wurde Wendell Phillips, der amerikanische Botschafter in Rom, angewiesen, Mussolini im Namen Roosevelts »sofort mündlich zu unterrichten«, daß Amerika beunruhigt über eine Ausweitung des Krieges auf das Mittelmeer sei. »Wenn Sie bereit sind, mich über die spezifischen Wünsche Italiens in dieser Hinsicht zu informieren, um die Befriedigung der legitimen italienischen Ansprüche in jenem Bereich sicherzustellen«, formulierte Roosevelt in unbeholfener Diplomatensprache, »werde ich diese Wünsche an die Regierungen Großbritanniens und Frankreichs weiterleiten.« Er sprach nicht von dem Angebot der Alliierten, ein Abkommen zu schließen, sondern er schlug einen amerikanisch-italienischen Dialog vor, der ihm ratsamer erschien.

Es wurde Zeit für Generalmajor Spears, die Einstellung seines alten Freundes, des Marschalls, auszuloten. Er besuchte Pétain am Sonntag in dessen Büro in einem recht kleinen Pavillon am Boulevard des Invalides; die idyllische Ruhe der Umgebung kam dem Engländer unwirklich vor. Der Marschall erinnerte Spears an die Zeit im Ersten Weltkrieg, als Pétain ein Armeekorps an der Front östlich von Paris kommandiert hatte. Dieselbe Gegend werde nun wieder in den Kriegskommuniqués erwähnt, setzte Pétain mit einem bitteren Lächeln hinzu. Er wolle zwar nicht in General Weygands Kriegsführung eingreifen, doch er selbst halte die Situation für hoffnungslos. Spears fiel auf, daß Pétain bei diesen Worten keine Miene verzog; es war, als beobachte ein Mann unglückliche Ereignisse in der entfernten Verwandtschaft seiner Familie. War das ein Zeichen des Alters?

Churchills Abgesandter kehrte am selben Nachmittag zu Pétain zurück. Diesmal begleitete er einen britischen Verbindungsoffizier, der Nachrichten von der Front überbrachte. Nun hatte Spears den Eindruck, daß Pétain hellwach war. Zum Beispiel fragte der alte Marschall, ob General Gort den Befehl über die alliierten Streitkräfte im Norden übernehmen könne. Laut Spears war dies eine spontane Idee Pétains, nicht etwa ein heimtückischer Versuch, den Briten die Verantwortung für eine etwaige Niederlage zuzuschieben.

Dann, als Spears sich bereits verabschieden wollte, bat der Gastgeber ihn zu einem Gespräch unter vier Augen in eine Fensternische. Ob Spears wisse, daß Weygand einen revolutionären Aufstand in Paris fürchte? Der Engländer erwiderte, dies scheine ihm eher eine politische als eine militärische Frage zu sein. Er selbst glaube nicht daran, denn er habe sich mit Innenminister Mandel unterhalten, der für derartige Probleme unmittelbar zuständig sei, und der Minister sei offenbar unbesorgt gewesen. Laut Spears hatte Weygand ohnehin genug damit zu tun, die Armee unter seinen Befehl zu bringen, weshalb er Zivilangelegenheiten lieber anderen überlassen sollte.

Louis Rollin, der Mandel als Kolonialminister abgelöst hatte, fuhr zu Weygands Hauptquartier nach Vincennes. Der General erzählte ihm eine Episode aus der römischen Geschichte: Nachdem die Barbaren in das alte Rom eingefallen seien, habe der Senat seine Beratungen fortgesetzt. Dann habe ein Gallier einen Senator am Bart gezupft und sei mit einem Stab zurückgetrieben worden, woraufhin die Barbaren den gesamten Senat niedermetzelten. Aber das Verhalten der Römer sei gleichwohl sehr mutig gewesen. Weygand fuhr fort: »Wissen Sie, ich konnte letzte Nacht überhaupt nicht schlafen, denn ich habe lange nach-

157

gedacht. Es gibt keinen Zweifel, die Regierung muß in Paris bleiben und sich gefangennehmen lassen.«

Der Minister war so verblüfft, daß er auf der Rückfahrt am Palais de l'Elysée haltmachte, um Präsident Lebrun mitzuteilen, was er gerade gehört hatte. »Der ist doch verrückt!« rief Lebrun aus.

Als Paul Reynaud Weygands Ansichten zu Ohren kamen, bemerkte er, nicht alle römischen Senatoren seien in der Stadt geblieben und hätten auf den Feind gewartet, sondern nur die alten Männer, die keine Waffen mehr tragen konnten.

Für A. J. Liebling vom *New Yorker* barg jede Krisenwoche »einen Altweibersommer des Optimismus« in sich. Beim Mittagessen zeigten seine französischen Freunde und er Erleichterung darüber, daß die Deutschen nun doch nicht bis nach Paris vorgedrungen seien. Die einzige Frage war anscheinend, wo General Weygand den Gegenangriff beginnen werde. Man unterhielt sich, und Liebling blieb bis zum Tee, bis zum Abendessen und schließlich bis zur letzten Nachrichtensendung um 23.30 Uhr. Die früheren Nachrichten des Tages waren belanglos gewesen, doch diesmal klang die Stimme des Sprechers so unheilschwer, daß Liebling und seine Freunde beunruhigt waren, noch bevor er etwas Wichtiges gesagt hatte. Dann erklärte er: »Wie immer die Schlacht in Flandern ausgeht, das Oberkommando hat Vorbereitungen dafür getroffen, daß der Feind keinen strategischen Nutzen aus dem Ergebnis ziehen kann.« Was hatte das zu bedeuten? Daß die Alliierten sich über den Kanal hinweg zurückziehen würden? »Jetzt kommen sie nach Paris«, sagte Lieblings Gastgeberin schluchzend. »Jetzt kommen sie nach Paris.«

In Frankreich war es nach Mitternacht, als Präsident Roosevelt seine sonntägliche Rundfunkansprache hielt (der Präsident nannte diese Zeit immer den »Sabbatabend«). Er berichtete dem amerikanischen Volk von der Not der europäischen Zivilbevölkerung, die dem Ansturm der Nazis ausgesetzt sei. Viele Amerikaner nähmen diese Ereignisse nicht zur Kenntnis, manche sogar in gutem Glauben, denn sie meinten, daß es »nicht

158

unsere Sache ist, was sich in Europa abspielt«. Aber aus welchem Grund auch immer man das Problem in der Vergangenheit verdrängt habe, nun stehe ein unsanftes Erwachen bevor, warnte Roosevelt. Denn Amerika sei nicht mehr »fern und isoliert«, nicht mehr »sicher vor den Gefahren, von denen kein anderes Land verschont wird«. Heute müßten sich die Vereinigten Staaten auf das Schlimmste gefaßt machen, und der Präsident werde den Kongreß auffordern, den größten jemals in Friedenszeiten eingebrachten Militärhaushalt zu verabschieden. »In dieser Ära der schnellen, mechanisierten Kriegsführung müssen wir alle bedenken, daß vieles, was heute modern und auf dem neuesten Stand, was durchschlagskräftig und praktisch ist, morgen veraltet und überholt sein wird.« In den Vereinigten Staaten sei es nicht die Aufgabe der Regierung, sondern der Privatindustrie, Kriegsmaterial herzustellen; nun werde die Regierung der Industrie helfen, diesen Produktionszweig zu entwickeln. »Wir verteidigen und bauen ein menschenwürdiges Leben, nicht allein für Amerika, sondern für die ganze Menschheit«, schloß Roosevelt. »Uns erwartet eine erhabene Pflicht, eine edle Aufgabe.«

20

Montag, 27. Mai

General Weygand setzte sich mit dem Militärbefehlshaber von Paris zusammen, um sich zu vergewissern, daß die nähere Umgebung verteidigt werden konnte. Es ging nicht nur darum, Paris vor den Deutschen zu schützen; für den konservativen Weygand hatte die Aufrechterhaltung der Ordnung *innerhalb* von Paris Priorität. Am 27. Mai besprachen die beiden Generale die möglichen Szenarios.

Im Moment war der Feind immer noch erheblich von der Hauptstadt entfernt; zudem stand ihm eine französische Armee im Weg. Aber ein überraschender Panzerangriff, Absprünge von Fallschirmjägern, sogar eine Aktion der »Fünften Kolonne« im Zentrum von Paris waren nicht auszuschließen. Sollten die Franzosen gezwungen werden, sich in Positionen unmittelbar im Norden der Hauptstadt zurückzuziehen, würden die Armeen im Feld für die Verteidigung von Paris zuständig sein. Gegenwärtig wurde die Stadt durch eine Verteidigungslinie geschützt, die von Vernon an der Seine bis zur unteren Oise, der unteren Ourcq und dann bis nach Château-Thierry an der Marne verlief; entlang dieser Linie konnten alle Zugangsstraßen mit Hilfe von kompakten Verteidigungsstellungen kontrolliert werden. Nun dachten Weygand und Héring über eine Ausdehnung der Linie nach: westlich von Vernon nach Pacy-sur-Eure und zum Euretal, östlich von Château-Thierry nach Montmirail und Esternay. Die Linie existierte, doch es fehlte an zuverlässigen Verteidigern, denn die meisten Männer befanden sich weiter nördlich an der Front.

Innenminister Georges Mandel teilte Weygands Befürchtungen, was Bürgerunruhen betraf, zumal es seine Aufgabe sein würde, sie niederzuschlagen. Heute schickte er einen Verbindungsoffizier nach Vincennes, mit der Bitte um drei Infanterieregimenter, die den »Unruhen« in Paris und Umgebung gewachsen sein würden. Er fand Verständnis bei Weygand – aber woher sollte er die Soldaten nehmen? Schließlich war Vincennes in der Lage, zwei Bataillone senegalesischer Kolonialtruppen, eine kleine Kavallerieeinheit, ein paar Panzer, mehrere Gendarmeriekompanien sowie tausend *gardes republicaines* zu entsenden. Weygand hatte die Gelegenheit genutzt und die Regierung aufgefordert, die Republikanergarden, die im Amtsgebäude »mißbräuchlich« als Portiers beschäftigt wurden, für die Armee freizustellen. (Mit anderen Worten, er mußte auf Verzweiflungsmaßnahmen zurückgreifen.)

Heutzutage mag es seltsam wirken, daß die obersten Militär- und Zivilbehörden auf dem Höhepunkt der Schlacht um Frankreich kaum eine größere Sorge hatten, als Ordnung in Paris, das heißt bei der Pariser Bevölkerung, zu halten. Das politische Establishment schätzte die Bewohner von Paris mit ihrer Arbeitermehrheit offenkundig als eine Gefahr ein, für deren Bekämpfung wertvolle Kräfte abgestellt werden mußten. Beim Mittagessen führte William Bullitt ein vertrauliches Gespräch mit seinem Freund Edouard Daladier, der nicht nur seine Befürchtungen teilte, sondern auch die Überzeugung, daß Paris nicht viel länger als eine Woche zu leben hatte. Daladier erklärte, daß die Deutschen, wenn die französische Regierung Paris verlasse, nicht sofort in die Stadt einmarschieren, sondern abwarten würden, bis die Kommunisten »die Stadt gebrandschatzt und geplündert und jeden noch auffindbaren anständigen Menschen ermordet hätten« (dies sind Daladiers Worte, zitiert von Bullitt). Der Außenminister sah eine Lösung: Die französische Regierung solle in Paris bleiben, selbst wenn dies eine Gefangennahme bedeute.

Weiter ließ Daladier den für derlei Mitteilungen aufgeschlossenen Botschafter wissen, die Deutschen würden zwar die amerikanische Botschaft nicht plündern und auch keine noch darin ausharrenden Amerikaner töten, doch Goebbels werde diese Aufgabe von den Kommunisten erledigen lassen, bevor die Deutschen einmarschierten. »Das könnte möglich sein«, berichtete Bullitt dem amerikanischen Präsidenten am selben Abend. »Ich habe dennoch nicht die Absicht, Paris zu verlassen.

Das gleiche gilt für die anderen Botschaftsangehörigen. Solche Geschehnisse wären unangenehm, doch von kurzer Dauer, und niemand hier hätte allzu große Einwände, es sei denn, man würde uns wie Schuschnigg behandeln und mit Atropin und Bromid füttern, damit sich unsere Persönlichkeit auflöst. In einem derartigen Fall würde jeder unverzügliche Maßnahmen von Ihnen erwarten.«

Nach dieser Schwarzmalerei fügte Bullitt jedoch hinzu, daß er im Grunde nicht mit solchen Aktionen der Deutschen rechne.

Daladier und er hatten beim Mittagessen noch ein anderes Thema, denn der Franzose kehrte danach in sein Büro zurück, um dem französischen Botschafter in Rom ein Geheimtelegramm zu schicken, in dem er Roosevelts Mitteilung an Mussolini umriß. Botschafter François-Poncet hatte wiederum gewarnt, daß ein italienischer Angriff auf Frankreich kurz bevorstehe; die einzige Hoffnung, ihn abzuwenden, liege in einem konkreten Angebot von Zugeständnissen. Daladier besprach sich mit Reynaud und mit François Charles-Roux vom Quai d'Orsay und gelangte zu der Auffassung, daß Roosevelts Nachricht ein Angebot genau dieser Art enthalte.

Deshalb herrschte allgemeine Enttäuschung, als man erfuhr, daß der amerikanische Botschafter Phillips versucht habe, Roosevelts Nachricht zu überbringen, aber nicht einmal zu Mussolini vorgelassen worden sei. Er mußte mit Galeazzo Ciano, dem Schwiegersohn und Außenminister des Diktators, vorliebnehmen. Und Graf Ciano hatte die negative Antwort des Duce schon bereit: Italien wolle nicht nur seine legitimen Ansprüche befriedigt sehen, sondern Mussolini sei auch entschlossen, seine Verpflichtungen gegenüber Deutschland zu erfüllen.

Phillips frage Ciano, ob dieser die Bedeutung von Präsident Roosevelts Nachricht vollauf begreife. Der Graf bejahte, doch er setzte hinzu, daß nun nichts mehr zu ändern sei. Er könne nicht genau sagen, wann Italien in den Krieg eintreten werde – vielleicht in ein paar Tagen oder in ein paar Wochen –, aber es werde »bald« geschehen.

Noch am selben Tag ließ sich Reynauds Kabinett ein echtes Zugeständnis an Mussolini einfallen: ein Angebot französisch-afrikanischer Territorien, etwa der somalischen Küste, der Eisenbahnlinie zwischen Dschibuti und Addis Abeba, dazu Grenzkorrekturen zwischen Tunesien und Libyen zum Vorteil des letzteren. Charles Roux im Außenministerium erhielt den Entwurf dieser Nachricht und vermutete einen impulsiven Akt, ausgelöst durch die Bestürzung über eine andere Nachricht (aus Belgien). Um drei Uhr morgens weckte er den Außenminister, um diesen über seine Befürchtung zu unterrichten. Daladier befahl ihm, vor Tagesanbruch nichts zu unternehmen. Bis dahin hatten sich die Gemüter halbwegs abgekühlt. Außerdem warnten die Briten, daß Mussolini durch keine Konzessionen zufriedenzustellen sei – sie wären nur das Eingeständnis der verzweifelten Lage Frankreichs. Folglich erging keinerlei Nachricht an Rom.

Der Schock ereignete sich am späten Nachmittag. Um 18.30 Uhr rief General Weygand das Kriegsministerium an, um anzukündigen, daß er zu einem Gespräch mit Reynaud unterwegs sei. »Es ist sehr ernst«, waren seine einzigen Worte. Damit meinte er die Kapitulation der belgischen Armee. Reynaud rief sein Kabinett zu einer Sitzung um 23.00 Uhr zusammen. Es herrschte eine Krisenatmosphäre, man hörte zornige Äußerungen über König Leopold, denn er hatte um Hilfe gebeten und französische Truppen zu seiner Unterstützung erhalten. Die Franzosen hätten früher in Belgien einmarschieren können, als noch eine Aussicht auf Erfolg bestand, dachte Charles Roux, aber dazu war es wegen Leopolds Neutralität und seiner Ablehnung des Bündnisses zwischen Großbritannien und Frankreich nicht gekommen.

Im Kabinett wurden Befürchtungen laut, daß die französische Bevölkerung die Hunderttausende von belgischen Flüchtlingen für den Verrat ihres Monarchen verantwortlich machen könnten. Die Moral der französischen Armee war zufriedenstellend; das Problem war die Stimmung im Volk. Schon hieß es: »Wir sind verraten worden.« Wenn man die belgischen Flüchtlinge (jedenfalls die wehrfähigen Männer unter ihnen) nicht in Uniformen stecke und an die Front sende, werde die französische öffentliche Meinung »explodieren«.

21

Dienstag, 28. Mai

Belgische Journalisten, die in Frankreich Zuflucht gesucht hatten, fanden die richtige Bezeichnung für den belgischen König Leopold: »der Verräterkönig«. Sein Vater, Albert I., ein beherzter Verbündeter Frankreichs im Ersten Weltkrieg, war »der Kriegerkönig« gewesen. Jeder wußte nun, daß Leopold mitten in der Schlacht – ohne vorherige Warnung an seine Verbündeten – kapituliert hatte. *Le Matin* veröffentlichte Ministerpräsident Reynauds Zusicherung, daß das belgische Kabinett den Kampf fortsetzen wolle; man werde auf französischem Boden eine neue Armee aus Belgiern aufstellen.

In Paris strömten bedrückte, weinende Angehörige der belgischen Exilgemeinde zur Reiterstatue von Leopolds Vater am Cours-la-Reine, unweit der Place de la Concorde, um Kränze mit schwarzen Schleifen niederzulegen. Der amerikanische Korrespondent Walter Kerr empfand die Zeremonie als eine der traurigsten, die er je erlebt hatte.

Reynaud überraschte die Pariser beim Frühstück mit einer Rundfunkansprache. »Ich muß das französische Volk über ein schwerwiegendes Ereignis in Kenntnis setzen«, begann er. »Frankreich kann nicht mehr mit der Kooperation der belgischen Armee rechnen.« Leopolds Kapitulation sei ein in der Geschichte beispielloser Akt gewesen.

Ein belgischer Flüchtling, der diese Worte hörte, setzte sich auf den nächstgelegenen Bordstein und brach in Tränen aus. Sein Anblick – genauso wie der endlose Strom von Autos mit Matratzen auf den Dächern – ließ die Pariserin Annette Sireix die Wirklichkeit des Krieges erkennen. Nun waren alle in den Krieg einbezogen.

Eine andere Zeugin, die Journalistin Clare Boothe, beobachtete weniger mitfühlende Reaktionen. »Wütende Pariser fingen an, belgische Flüchtlinge aus ihren Häusern zu werfen, ihre ärmlichen Karren zu verbrennen, sie in den Bahnhöfen und auf den Hauptstraßen zu beschimpfen und herumzustoßen ...« – »Wir haben schon immer gewußt, daß er für die Deutschen ist!« sagten manche Pariser über König Leopold. (A. J. Liebling hörte solche Bemerkungen. Ein anderer Kommentar lautete: »Wahrscheinlich sind alle Flüchtlinge Spione!«)

Bei Joseph Goebbels' morgendlicher Besprechung wurden den Männern, die für die Propaganda in Frankreich verantwortlich waren, eine neue Parole ausgegeben: »Schluß machen!« In Geheimsendungen sollte den Franzosen suggeriert werden, daß sie einen ehrenvollen Frieden erlangen könnten, wenn sie es wirklich wünschten.

Die Umstände hatten sich in der Tat geändert. »Wir sehen die Dinge anders als früher«, teilte der Schriftsteller Léon-Paul Fargue den Lesern von *Le Figaro* mit. Eine Woche zuvor sei Paris noch ruhig gewesen. Nun ist es »plötzlich aufgerüttelt worden, wie ein Schlafender, der jäh aus einem friedlichen Traum gerissen wird«. Die Pariser hätten die Lage »gleichmütig«, stoisch, sogar dilettantisch betrachtet. Aber diese Gelassenheit habe ihnen jetzt ein kalter Wind ausgetrieben.

»Die Tendenz des Marktes war gestern lustlos«, hieß es in dem Börsenbericht derselben Zeitung. »Aber Staatsanleihen ... hielten sich gut, und bei anderen französischen Geschäftspapieren waren die Schwankungen im allgemeinen nicht erheblich. Sogar Bergwerke hatten sich nicht merklich verschlechtert.« (Die Kohlengruben im Nordosten waren nun in feindlicher Hand oder jedenfalls in unmittelbarer Gefahr.)

Liebling vom *New Yorker* machte einen Spaziergang um die elegante Place Vendôme. Die dortigen Luxusgeschäfte wirkten beruhigend, denn sie erinnerten ihn an die Normalität und die Touristen der Vorkriegszeit. Er sah eine Kollektion von Sommerkrawatten bei Charvet. Der Verkäufer wirkte recht bekümmert, deshalb beschloß Liebling, den Krieg nicht zu erwähnen – aber der Mann tat es selbst. »Wir sind ein träges Volk, Monsieur«, sagte er freundlich. »Wir brauchen Ereignisse wie diese, damit wir aufwachen.«

Um elf Uhr vormittags bat Paul Reynaud den amerikanischen Botschafter zu sich in die Rue Saint-Dominique; er wollte Bullitts Meinung zu einem Appell hören, den der britische König George VI. und der französische Präsident Lebrun gemeinsam an Roosevelt richten sollten. Reynaud hatte die erste Zeile bereits zu Papier gebracht: »Den Armeen, die für die Freiheit der Welt kämpfen, ist ein Dolchstoß in den Rücken versetzt worden.« Dies bezog sich auf die Kapitulation Belgiens. Reynaud führte seinen Besucher zur Wandkarte hinüber und deutete auf die Positionen, die die Belgier von der Kanalküste bis zur französischen Grenze gehalten hatten. Sobald die Belgier die Verteidigung der Linie aufgegeben hätten, sei eine deutsche Panzerdivision durchgebrochen und habe der gesamten britischen Armee sowie den besten französischen Soldaten den Rückweg abgeschnitten. Sie würden bis zur letzten Patrone kämpfen, versicherte Reynaud, doch nun bleibe ihnen nichts mehr als ein würdiger Tod.

Und wenn diese eingeschlossenen Soldaten ausgelöscht seien, fuhr Reynaud fort, würden die Panzer auf Paris zurollen, wahrscheinlich über Laon, also über die direkte Route aus Südbelgien, wobei sie auf die vorherige Eroberung Rouens oder Le Havres verzichten könnten. Die Franzosen würden bis zum bitteren Ende kämpfen, aber das Ende werde sehr rasch kommen. Daher Reynauds Appell an Roosevelt. Dem Franzosen war klar, daß Hitler nach dem Sieg über Frankreich und Großbritannien gegen die Vereinigten Staaten losschlagen werde.

Bullitt hörte ihm zu und räumte ein, daß der britische Monarch und der französische Präsident das Recht hätten, sich direkt an Roosevelt zu wenden. Trotzdem halte er es für klug, wenn die Alliierten zunächst den britischen Botschafter in den Vereinigten Staaten, Lord Lothian (vormals Philip Henry Kerr), befragten, bevor sie eine Entscheidung darüber träfen, »was genau gesagt werden solle und was nicht«. Natürlich wußte Reynaud, daß die Vereinigten Staaten, selbst wenn sie Deutschland am nächsten Tag den Krieg erklärten, ohne Flugzeuge keine Armee nach Frankreich transportieren konnten. Aber es gab doch eine amerikanische Flotte. Der Ministerpräsident flehte Bullitt an, auf Roosevelt einzuwirken, damit dieser die Atlantikflotte ins Mittelmeer beordere. Dadurch könne zumindest »ein weiterer Dolchstoß« von Mussolini verhindert werden.

Bullitt berichtete Roosevelt in einem Telegramm über sein Gespräch mit dem französischen Ministerpräsidenten und fügte seine eigene Bitte um eine amerikanische Präsenz im Mittelmeer hinzu:

> Ich glaube so inständig, wie ich je etwas geglaubt habe, daß Sie nicht in der Lage sein werden, die Vereinigten Staaten vor dem deutschen Angriff zu schützen, wenn Sie auf die Kooperation der französischen und der britischen Flotte verzichten. Ich glaube, eine der sichersten Methoden, eine solche Kooperation zu erreichen, würde darin bestehen, unsere Atlantikflotte ins Mittelmeer zu entsenden.

Er bat »feierlich und dringend« darum, einen Kreuzer nach Bordeaux zu schicken, der, mit Maschinengewehren und Munition für die Franzosen an Bord, die französischen und britischen Goldreserven zur sicheren Verwahrung fortschaffen solle (es gebe 550 beziehungsweise hundert Tonnen, die gerettet werden müßten).

Sowohl Reynaud als auch Mandel, der sich ebenfalls mit Bullitt traf, erklärten, daß die benötigten Handfeuerwaffen – zwischen fünf- und zehntausend Thompson-Maschinenpistolen vom Kaliber .45 (ein 1928er Modell) – zum Schutz von Paris nicht vor den Deutschen, sondern vor den französischen Kommunisten eingesetzt werden sollten. Der Ministerpräsident und sein Innenminister erwarteten »einen kommunistischen Aufstand und Gemetzel in der Stadt Paris und anderen Industriezentren, während die deutsche Armee näherrückt«. Die Pariser Polizei besitze nur antiquierte einschüssige Gewehre. Bullitt selbst hielt ihre Einschätzung der Situation für zutreffend und die Anforderung von Handfeuerwaffen für gerechtfertigt. Er hoffte, daß die Waffen – die, wenn nötig, aus dem Bestand der amerikanischen Flotte zu entleihen seien – bereits am nächsten Tag an Bord eines amerikanischen Kreuzers gebracht werden könnten.

Der amerikanische Botschafter meldete dem Präsidenten außerdem: »Übrigens haben wir genau zwei Revolver in dieser ganzen Mission [der US-Botschaft], mit nur vierzig Kugeln, und ich hätte gern ein paar für uns selbst ...« Was er meinte, waren Maschinenpistolen. Als die amerikanischen Schiffe schließlich bereit waren, liefen sie nicht Bordeaux, sondern Casablanca an, wo die Goldreserven vorgefunden wurden. Die Maschinenpistolen gerieten nie in die Hände von Pariser Polizisten.

Wieder einmal befand sich Charles de Gaulle in der Vorhut, und wieder hatte er nicht die Aufgabe, eine Schlacht zu gewinnen, sondern eine üble Niederlage zu vermeiden. Die Deutschen hatten die Somme-Linie bei Abbeville, kurz unterhalb der Kanalküste, durchbrochen und bedrohten nun die Geschlossenheit der alliierten Armeen im Norden. De Gaulles bescheidener Auftrag bestand darin, diesen gefährlichen Kessel zu beseitigen. Dazu verfügte er über hundertvierzig Panzer, unterstützt von Artillerie und sechs Infanteriebataillonen. Der Angriff wurde eingeleitet, sobald die Division in Stellung war, das heißt, noch vor 17.00 Uhr. Die Verluste waren schwer, aber vor Einbruch der Dunkelheit war der Feind geschlagen. De Gaulle setzte vor der Morgendämmerung, als die deutschen Flugzeuge noch nicht herangezogen werden konnten, mit einer Offenisve nach. Seine Männer griffen immer wieder an und näherten sich Abbeville, ohne die Stadt jedoch zu erreichen. Trotzdem konnte der unerschrockene Offizier sein letztes Gefecht als einen Sieg verbuchen.

Nun kam es im Norden darauf an, vor der Katastrophe zu retten, was zu retten war. Es ging nicht mehr darum, eine arg lädierte Front neu zu einem Gegenangriff zu formieren, sondern einfach nur darum, die Linie zu halten, damit so viele alliierte Soldaten wie möglich den Kanalhafen Dünkirchen erreichen konnten. Der französischen Planung gemäß würden britische wie französische Soldaten auf dem Seeweg aus Dünkirchen evakuiert und sofort zu westlichen und südlichen Punkten befördert werden, wo sie auf französischem Boden von Bord gehen und sich wieder in den Krieg einschalten sollten.

Aber bald hatte es den Anschein, als schifften sich die Briten mit ihren Soldaten aus, um ihren eigenen Boden zu verteidigen, da sie Frankreich offenbar abgeschrieben hatten. Die dramatische Evakuierung von Dünkirchen unter feindlichem Feuer vollzog sich in der folgenden Woche, und am Ende würde sie als ein Sieg betrachtet werden, genau wie die Behauptung von Verdun im Ersten Weltkrieg als ein Sieg gegolten hatte: In einer historischen Operation mit großen und kleinen Schiffen wurden rund 330 000 Soldaten (ohne ihre schwere Ausrüstung) von der französischen Küste abgeholt und zur englischen Kanalseite gebracht; rund 130 000 Franzosen waren unter ihnen. Sie verloren nicht nur ihre Panzer und ihre großen Geschütze, sondern auch einige ihrer besten Kämpfer, die den Brückenkopf bis zum Ende verteidigten.

22

Mittwoch, 29. Mai

Vielleicht teilte Raffaele Guariglia, der italienische Botschafter
in Frankreich, dem Duce nur das mit, was dieser hören wollte,
aber sein Bericht nach Rom ist trotzdem der Lektüre wert, denn
er zeigt, welche Gedanken den Faschisten durch den Kopf
gingen:

> Während Regierung, Presse und Parlament [von Frankreich]
> dem klugen belgischen König Ereignisse zur Last legen wollen,
> die einzig und allein auf die militärpolitischen Mängel Frank-
> reichs zurückzuführen sind ..., wächst die öffentliche Unruhe
> – wenn auch unter der Oberfläche. Sie kann sich noch nicht
> artikulieren und erst recht noch keine sofortigen und entschei-
> denden praktischen Konsequenzen zeitigen, aber sie hat die
> Regierung veranlaßt, ihre Vorsichtsmaßnahmen zu verstär-
> ken und die Illusion einer möglichen Verteidigung an der
> Somme und an der Aisne zu fördern. Vielleicht werden die
> Franzosen erst in dem Moment, wenn die Illusionen zerstört
> und Paris gefallen ist, die Schuld derjenigen durchschauen,
> die sie in eine ausweglose Situation gebracht haben, und dann
> könnte es zu einer ernsten Reaktion kommen.

Guariglia meldete Gerüchte und Gegengerüchte, darunter die
Wahrscheinlichkeit, daß ein von Pétain geführtes Kabinett
bereit sein werde, mit Deutschland Frieden zu schließen.

Was Italien angeht, so glauben manche, daß ein französischer
Rückzug nach dem Fall von Paris – entlang dem Loire- und
dem Rhônetal – nicht nur die Möglichkeit eröffnen, sondern
die Notwendigkeit schaffen werde, daß Italien die französischen Grenzgebiete besetzt, bevor die Deutschen sie errei-

chen ... Die italienische Besetzung könnte dieser Hypothese zufolge sogar ohne eine förmliche Kriegserklärung Italiens an Frankreich stattfinden; jedenfalls würde uns dies ein wichtiges Unterpfand für den Zeitpunkt einer allgemeinen Friedensregelung verschaffen.

Fast im selben Moment betrachtete der päpstliche Staatssekretär Luigi Kardinal Maglione Paris und den Krieg von einem ganz anderen Standpunkt aus. Er bestellte Graf Bernardo Attolico, den italienischen Botschafter am Heiligen Stuhl, zu sich. Der Graf möge Deutschland durch die italienische Regierung auffordern lassen, Paris nicht zu bombardieren, sondern als offene Stadt zu betrachten. Außerdem wolle der Kardinal die Deutschen bitten, die Flüchtlingsscharen, die gewiß vor dem deutschen Einmarsch die Stadt verlassen würden, nicht zu bombardieren. Graf Attolico versprach, sein Möglichstes zu tun (und wir wissen aus den diplomatischen Archiven, daß er sein Versprechen hielt).

Am selben Tag gab Benito Mussolini einen Befehl an seine Streitkräfte heraus: Sie hätten noch eine Woche Zeit, sich vorzubereiten. Vom 5. Juni an werde die Kriegserklärung jederzeit möglich sein.

Während sich der Mai dem Ende zuneigte, schienen alle Karten auf dem Tisch zu liegen. General Weygand war nun bereit, ein Fazit zu ziehen. Zuerst setzte er sich mit Marschall Pétain zusammen, um sicherzustellen, daß zwischen ihnen keine wesentlichen Meinungsverschiedenheiten bestanden, dann (am Nachmittag des 28. Mai) verfaßte er sein Memorandum. Am nächsten Morgen um neun Uhr erschien er in Reynauds Büro und las dem Ministerpräsidenten den Text vor. Er begann mit einem Hinweis auf das, was jetzt auf dem Spiel stand: Frankreich schicke sich an, seine gesamten verbliebenen Kräfte – die Divisionen, die die Rückschläge im Norden und an der Maas überlebt hatten – für die Schlacht aufzubieten. Sie hätten den Befehl, keinen Schritt zurückzuweichen. Aber dies bedeute auch, daß man sich auf eine spätere und noch gewichtigere Entscheidung einstellen müsse.

Denn es sei möglich, so fuhr Weygand fort, daß die Deutschen trotz heldenhaftem französischen Widerstandes den Durchbruch schaffen würden. Dann werde der Feind mit Hilfe seiner Flugzeuge und Panzer rasch »die lebenswichtigen Zentren des Landes« erreichen, darunter auch Paris mit seinen zahlreichen Rüstungsfabriken. In diesem Fall werde Frankreich nicht mehr fähig sein, weiterhin für eine »koordinierte Verteidigung seines Territoriums« zu sorgen. Im Ersten Weltkrieg habe man Breschen häufig schließen können, da keine Seite zu einem koordinierten Einsatz von Panzern und Flugzeugen in der Lage gewesen sei. Heute jedoch würde der Feind Frankreich, selbst wenn es die notwendige Ausrüstung besäße, niemals erlauben, seine Truppen in ihrem Gebrauch zu unterweisen.

Natürlich würden die Franzosen versuchen, die Front zu halten – und das trotz der Kapitulation Belgiens. Aber sogar für dieses Ziel benötige man britische Truppen, Panzer und Flugzeuge. Daher die brutale Schlußfolgerung:

Außerdem müssen die Briten wissen, daß vielleicht der Zeitpunkt kommt, von dem an es Frankreich trotz äußerster Anstrengungen unmöglich ist, einen militärisch glaubwürdigen Kampf zur Verteidigung seines Bodens fortzusetzen.

Dieser Zeitpunkt wäre der endgültige Zusammenbruch der Positionen, deren Verteidigung, ohne einen Gedanken an Rückzug, den französischen Streitkräften befohlen wurde.

Im Rückblick, sagte Weygand später, er sei froh, daß er dieses Memorandum geschrieben habe. Denn es diente dazu, die Gründe für die Niederlage Frankreichs noch vor der letzten Schlacht zu erklären.

Botschafter Bullitt aß mit Edouard Herriot, dem Präsidenten der Deputiertenkammer, im Haus eines gemeinsamen Freundes zu Mittag. Bullitt berichtete den Tischgästen, daß König Leopold die Vereinigten Staaten nur wenige Tage zuvor gebeten habe, seine Kinder unter amerikanischen Schutz zu stellen; Roosevelt habe angeboten, sie nach Washington bringen zu lassen und sie wie Angehörige seiner eigenen Familie zu behandeln. Die öffentliche Meinung in den USA verfestige sich (Herriot erinnerte sich später an diese Bemerkung des Botschafters). Die Vereinigten Staaten schickten alles verfügbare Material nach Europa, so daß sie selbst nur noch hundertfünfzig Jagdflugzeuge und hundertfünfzig Bomber besäßen; weitere Maschinen würden so rasch wie möglich produziert.

In Reynauds Büro war die Rede von einem letzten Appell an Roosevelt, einem Telefonanruf des Ministerpräsidenten persönlich, in dem er noch einmal um amerikanische Flugzeuge bitten sollte – und um amerikanische Piloten.

Die Morgenausgabe von *Le Matin* veröffentlichte eine Mitteilung des Botschafters Bullitt an seine in Frankreich ansässigen Landsleute: Wer in die Vereinigten Staaten zurückkehren wolle, könne mit der *SS Washington* fahren, die am 4. Juni in Bordeaux bis zu 1500 Passagiere an Bord nehmen werde.

Für jemanden, der nicht an der Front stand und nicht der Regierung angehörte, war es Ende Mai immer noch möglich, auch die entsetzlichsten Schagzeilen außer acht zu lassen. Zum Beispiel für den Schriftsteller und Journalisten Emmanuel Berl, der trotz seiner einflußreichen Freunde die allgemeine Apathie teilte. Er wußte im tiefsten Inneren, daß die Deutschen siegen würden, aber er hatte nicht einmal daran gedacht, seine englische Schwiegermutter über den Kanal zurückzuschicken. Von seinem Landhaus im Norden von Paris aus konnte Berl den Strom belgischer und zunehmend auch französischer Flüchtlinge aus dem bedrängten Nordosten beobachten; diese gewaltige Völkerwanderung erschien ihm erschreckend wie eine Erdumwälzung.

Allerdings erwartete jeder in Berls Umgebung ein Wunder, eine Wiederholung des Sieges an der Marne im Ersten Weltkrieg (der freilich weniger ein Sieg als eine Fesselungsaktion gewesen war).

Berl war französischer Jude. Die gespenstischsten Beispiele für eine Stimmung, die man am ehesten als Euphorie beschreiben kann, lieferten ausgerechnet Juden, die doch in den sieben Jahren von Hitlers Herrschaft im Nachbarland Vorzugsziele der Nazis gewesen waren. Sogar jüdische Flüchtlinge aus Deutschland und Osteuropa schienen von diesem – wie wir es heute nennen würden – irrationalen Verhalten befallen zu sein. Wenn man sie zur Rede stellte, antworteten sie stets: »Das kann in Frankreich doch nicht passieren.« Annette Sireix, eine damals siebenundzwanzigjährige Buchhalterin und Stenotypistin, blieb mit ihren beiden Brüdern in Paris, bis die Deutschen in Geschützreichweite waren; und sogar als sie zusammen mit Freunden die Stadt verließ, harrten ihre in Polen geborenen Eltern aus. Wohin sollte sich eine jüdische Familie wenden, die im Gegensatz zu vielen Parisern keine Bekannten oder Verwandten in der Provinz hatte? Die Statistik zeigt, daß sich verhältnismäßig weniger Juden als Nichtjuden dem Exodus aus Paris anschlossen, und dies galt besonders für Emigranten der jüngeren Vergangenheit, die am stärksten gefährdet waren.

Man konnte Paris immer noch so leicht verlassen, als fahre man in Urlaub; ein Personalausweis oder sonstiger Nachweis der Staatsbürgerschaft war das einzige erforderliche Dokument. Es war sogar möglich, stilvoll zu reisen: wenn schon nicht im eigenen Auto, dann wenigstens in Schlafwagenabteilen erster oder zweiter Klasse. Allerdings war es leichter, einen Platz in einem Dritte-Klasse-Abteil zu finden, denn die weniger wohlhabenden Bürger reisten seltener.

Der Schriftsteller Julien Green erzählte eine Anekdote über den Schauspieler und Dramatiker Sacha Guitry, der für seine Egozentrik bekannt war. Guitry traf am Gare d'Orsay ein und fand sich am Ende einer drängelnden Menschenmenge wieder. »Schämen Sie sich denn nicht!« rief er. Mit seiner gebieterischen Stimme stellte er die Ordnung rasch wieder her. Dann schob sich der extravagante Künstler mit seinem Gepäck an der Schlange vorbei und stellte sich an die Spitze. »Und was ist mit Ihnen?« beschwerte sich jemand aus der Menge. »Bei mir ist das etwas anderes«, erwiderte Guitry. »*Ich* habe Angst.«

In ihren Berichten für *Life* schilderte Clare Boothe die andere Seite der Szenen, die sich auf Bahnhöfen abspielten: die der Flüchtlinge aus dem Norden.

»Sie stiegen mit verstörten Gesichtern aus den Zügen, mit weißen Gesichtern, mit blutigen Gesichtern, mit Gesichtern, die durch Niagarafälle aus menschlichen Tränen ihre menschliche Gestalt eingebüßt hatten ...« Eine Übertreibung? Es waren

174

Menschen, die ihr Zuhause, ihr Land und häufig auch Angehörige im Krieg verloren hatten. Und wenn nicht, so waren sie doch von Familie und Freunden getrennt, und ein Ende ihres Elends war nicht abzusehen. »Sie kamen und kamen und kamen mit Fahrrädern und Bündeln und zerbeulten Koffern, sie trugen mit steifen Armen verbogene Vogelkäfige, Babys und Hunde, oder sie stützten einander ... Die Saga ihres Leidens hallte in den großen Bahnhöfen wider und betäubte einem das Hirn und manchmal beinahe auch das Herz.«

Die Pariser halfen, so gut sie konnten. Gare du Nord und Gare de l'Est waren mit Freiwilligen bemannt: mit Pfadfindern, Rotkreuzschwestern, sogar mit »reichen, in Frankreich lebenden Amerikanern«. Clare Boothe entdeckte überrascht, wie viele barmherzige Menschen es unter ihnen gab. Die Amerikaner ließen sich Listen der benötigten Artikel geben und kauften sie dann von ihrem eigenen Geld. Krankenwagen trugen häufig die Namen amerikanischer Spender. Aber es gab nicht genug Pfadfinder oder Schwestern oder reiche Amerikaner, nicht genug Medikamente, Milch, Betten oder Krankenwagen. Als Clare Boothe von einem Kollegen hörte, daß man in ganz Frankreich nicht genug Unterkünfte für die Flüchtlinge habe, von Lebensmitteln gar nicht zu reden, erklärte die *Life*-Korrespondentin: »Das amerikanische Rote Kreuz wird ihnen Geld schikken.«

»Sie brauchen Material, nicht Geld«, lautete die Antwort. »Wie können wir ihnen das schicken? Mit unseren Schiffen? Sie kennen doch das Neutralitätsgesetz.«

»Es wird sich ein Weg finden«, beharrte Clare Boothe.

»Ja«, entgegnete ihr Kollege, »aber nicht rechtzeitig.«

Daran hatte sie nicht gedacht: Jegliche Hilfe würde Frankreich zu spät erreichen.

Eine andere Art der Unterstützung leistete das American Hospital of Paris, eine Einrichtung, die vor dem Ersten Weltkrieg für Amerikaner, die in Europa wohnten oder reisten, gegründet worden war. Obwohl bei Ausbruch des Krieges im August 1914 noch relativ klein, hatte das Amerikanische Krankenhaus französische und britische und dann natürlich auch amerikanische

Soldaten versorgt, als die Vereinigten Staaten 1917 in den Kampf eintraten. Das gleiche geschah im Jahre 1939, als das American Hospital of Paris und seine Klinik Etretat an der Kanalküste in Lazarette für französische Soldaten umgewandelt wurden (wobei einige Betten weiterhin für amerikanische Zivilisten reserviert blieben).

Nach dem deutschen Angriff am 10. Mai eröffnete man ein Basislazarett in einem Schulgebäude in Angoulême, rund fünfhundert Kilometer südwestlich von Paris. Bis Anfang Juni waren Ärzte, Krankenschwestern und Geräte mit Wagen des American Hospital zu dem Lazarett transportiert worden, und bald empfing das Personal Verwundete direkt von den Schlachtfeldern. Das Pariser Hauptkrankenhaus war immer noch geöffnet; seine Sanitätswagen leisteten Großtaten, die in Militärberichten lobend erwähnt wurden: Ohne Scheinwerfer rasten sie durch die Nacht und brachten französische Verwundete vor dem vorrükkenden Feind in Sicherheit.

Man konnte helfen, ohne formell einer Institution anzugehören. Und Hélène Azenor war wohl die am wenigsten formelle Pariserin, der man sogar im Herzen der französischen Bohème, im Montparnasse der Zwischenkriegszeit, hätte begegnen können. Sie wohnte in ihrem Maleratelier an der Rue Campagne-Première, die ungeheuer weit vom Krieg entfernt schien. Doch die Straße liegt nur wenige Schritte neben der Hauptverkehrsader von Norden nach Süden, dem Boulevard Saint-Michel, und sie mündet in eine andere städtische Hauptstraße, den Boulevard Raspail. Dadurch wurde Hélène Azenor zu einer unfreiwilligen Zeugin des Flüchtlingsstroms. Fasziniert beobachtete sie die unter Möbeln und Matratzen, Fahrrädern und Vogelkäfigen begrabenen Fahrzeuge; darin saßen stets ein oder zwei Menschen zuviel. Die Kolonne der Flüchtlinge wurde mit jedem Tag dichter; bald fuhren die Autos Stoßstange an Stoßstange durch Paris. Am eindruckvollsten waren die Pferdewagen, die jeweils einen ganzen Haushalt sowie Frauen, Kinder und alte Menschen beförderten. Jüngere Männer gingen neben den Pferden her; Hunde waren an die Wagen gebunden und halfen – jedenfalls hatte es den Anschein –, sie zu ziehen.

Der Krieg war auch in den Ateliers eingekehrt. Man hatte die Fenster blau anstreichen müssen; für Künstler mit Dachfenstern war dies eine gewaltige Fläche, und als Hélène Azenor ihre Fenster mit Hilfe der Concièrge strich, wirkte ihr Atelier plötzlich finster. Sie überlegte, ob es Zeit für sie sei, sich dem Exodus anzuschließen. Eines Tages ging sie sogar neben der Prozession her, bahnte sich zwischen den Autos und Karren und Fahrrädern einen Weg nach Süden zur Porte d'Orléans und stieß auf viele Flüchtlinge, die überhaupt keine fahrbaren Untersätze hatten. Sie gingen zu Fuß und schoben manchmal Schubkarren oder Kinderwagen, die allerdings keine Babys, sondern persönliche Habseligkeiten enthielten. Man mußte sich vorandrängen oder stärkeren Verkehrsteilnehmern (den Autos oder Pferdewagen) ausweichen. Dabei herrschte das größte Chaos, und es kam zu den längsten Stauungen, die Hélène je erlebt hatte; die brüllenden Erwachsenen, die weinenden Kinder und wiehernden Pferde und natürlich die unvermeidlichen Autohupen sorgten für einen kaum erträglichen Geräuschpegel. Sie stemmte sich der Menge entgegen und kehrte so schnell wie möglich in ihr Atelier zurück. Nun wußte sie, daß sie Paris niemals verlassen würde. Freunde forderten sie auf mitzukommen und versprachen, sie in diesem oder jenem Auto unterzubringen. »Wir werden draußen zelten«, sagten die Freunde. »Komm mit. Die Deutschen werden genau solche Greueltaten begehen wie 1914.« Sie glaubte ihnen nicht, zum Teil deshalb, weil sie meinte, daß die Deutschen Paris nie erreichen würden.

Mittlerweile hatte sie weniger Nachbarn, die ihre Überzeugung teilten. Ihre Straße und ihr geliebtes Künstlerquartier im Haus Nummer 9 leerten sich. An der Ecke des Boulevard Raspail war ein großes unbewohntes Gebäude zu einer Flüchtlingsunterkunft gemacht worden, und man brauchte nicht viel Neugier, um herauszufinden, daß diese unglücklichen Menschen in totaler Unordnung lebten. Hélène und ihre Concièrge beschlossen, die Bedingungen für so viele wie möglich zu erleichtern. Denn es gab Dutzende von leeren Ateliers in ihrem Gebäude; die Besitzer waren ausgezogen und hatten die Schlüssel bei der Concièrge hinterlassen. Natürlich räumte Hélène Frauen mit Kleinkindern, den Alten und Hilflosen Vorrang ein. Krämer aus der Nachbarschaft spendeten Milch und Brot. Denjenigen, die kräftig genug waren, um in der bettenlosen Unterkunft am Boulevard Raspail zu überleben, brachten Hélène Azenor und ihrer Concièrge, wann immer es möglich war, Decken und Lebensmittel.

Unterdessen änderte sich die Welt, denn der Tag kam, an dem sogar die Verwaltungsbehörde des Arrondissements verlassen war; das örtliche Polizeirevier und das Krankenhaus schienen kein Personal mehr zu haben. Die Künstlerin vom Montparnasse war einsamer als je zuvor, allein mit einer Concièrge in einem Gebäude, das mehr als hundert Wohnungen und Ateliers enthielt. Die Concièrge hatte hoch und heilig geschworen, daß sie nie fortgehen würde. Und dann ging sie doch – einen Tag bevor die Deutschen einmarschierten.

Julius P. Winter war der Pariser Büroleiter der Western Electric, einer amerikanischen Firma, die sich auf Tonausrüstungen für Kinos und Aufnahmegeräte für die Filmherstellung spezialisierte. Er war der einzige Amerikaner der Niederlassung und hatte rund hundert Angestellte. Winters Verbindung mit Paris hatte im Jahre 1918 begonnen; er war als Soldat gekommen. Er war direkt hinter dem Quai de la Rapée in der Nähe der Bastille einquartiert und freundete sich bald mit einem französischen Mädchen an, das auf der anderen Hofseite wohnte. Als sie heirateten, zog er zu ihrer Familie. 1940 wohnte er noch dort, und fünfzig Jahre später immer noch.

Als im Jahre 1939 der Krieg ausbrach, blieb die Western Electric geöffnet, wenn auch hauptsächlich für Instandsetzungsarbeiten. Sogar das endete mit der Offensive vom 10. Mai. Inzwischen hatten die Winters zwei Kinder: einen Sohn von über einundzwanzig und eine Tochter von vierzehn Jahren. Winters Frau und seine Kinder waren Franzosen, während er selbst als Bürger einer neutralen Nation glaubte, er habe nichts zu befürchten. Es gab keinen Grund zu fliehen.

Julius Winter führte ein französisches Leben; er kannte keinen anderen Amerikaner ohne offizielle Funktion, der in Paris wohnte. (Später bezeichnete er es als Fehler, daß sie geblieben waren, denn sein Sohn versteckte sich, um der

Zwangsarbeit in Deutschland zu entgehen, und starb an Unterernährung.) Als die Deutschen auf Paris vorrückten, fuhr Winter nach Bordeaux, um das Barvermögen seiner Firma in einem Schließfach zu verwahren. Sein Fahrer weigerte sich, ihn nach Paris zurückzubringen, da die Deutschen so nahe seien, und Winter suchte sich einen mutigeren Chauffeur, der gegen den Strom des Flüchtlingsverkehrs ankämpfte. In Paris konnte er sich bei der amerikanischen Botschaft eine Bescheinigung besorgen, die er an die Haustür hängte: Sie bestätigte, daß die Wohnung und das Mobilar einem Amerikaner gehörten. Später sollte der Tag kommen, an dem eine solche Bescheinigung ein Nachteil war, weil es gefährlich wurde, ein Amerikaner in Paris zu sein; doch französische Freunde halfen Julius Winter, diese Zeit zu überstehen.

Und es gab die Familie Rogivue, alte Burgunder mit Schweizer Verwandtschaft. Der Krieg überraschte die Kinder – Mädchen von sechzehn und zwanzig und einen Jungen von elf Jahren – während eines Besuchs in der Schweiz, doch im Mai war auch die Schweiz kein sicherer Zufluchtsort mehr, und die jungen Leute kehrten nach Paris zurück. Ihr Vater Henri war Bauingenieur und hatte den Bau einer Start- und Landebahn bei Evreux geleitet. Dort hatte er den Exodus aus der Nähe beobachten können, und dies bestärkte ihn in seinem Entschluß, nicht zu fliehen. Immerhin legte er sich einen Revolver zu, um seine Familie zu verteidigen.
   Die damals sechzehnjährige Michèle erinnerte sich an den Tag, an dem ihr Vater die Familie im Wohnzimmer zusammenrief. Natürlich leere sich Paris, natürlich würden die Deutschen die Stadt bald erreichen. Niemand wisse, was zu tun sei, sagte Henri Rogivue, aber habe es Sinn, auf den Straßen ein Risiko einzugehen? Straßen würden bombardiert, und außerdem gebe es keinen Ort in Frankreich, den die Familie aufsuchen könne. Alle waren dafür, zu bleiben. »Unter einer einzigen Bedingung: daß wir zusammenhalten«, sagte Michèles Vater.
   Schließlich waren sie fast allein mit ihrer Concièrge in ihrer Straße, der Rue Albert-Samain unweit der Porte de Champerret. Sämtliche Fensterläden waren geschlossen; damit kein Ein-

dringling hineinkam, benutzten sie ein Signal, wenn sie das Gebäude betreten wollten.

Niemand hat die Menschen gezählt, die Paris während der Schlacht um Frankreich verließen, doch die vorliegenden Statistiken ermöglichen eine plausible Schätzung. Die letzte offizielle Volkszählung wurde 1936 durchgeführt. Aber im Mai 1940 mußte man sich registrieren lassen, um eine Lebensmittelkarte zu erhalten, was die meisten ehrlichen Leute – also die überwältigende Mehrheit – taten. Zu Beginn der deutschen Besatzung nahmen die Zivilschutzwarte eine informelle Zählung vor, und in der Nacht vom 26. zum 27. Juni wurde von der Polizei im deutschen Paris ein gründlicherer Zensus durchgeführt, den man im Juli zu Rationierungszwecken auf den laufenden Stand brachte. Ein Rathausbeamter, Eugène Depigny, verglich die Resultate später miteinander.

Zensus	Paris	Vororte	Gesamt
1936	2 830 000	2 130 000	4 960 000
Ende Mai 1940	1 860 000	1 640 000	3 500 000
16.-20. Juni	807 000	737 000	1 544 000
26.-27. Juni	983 718	753 396	1 737 114
7. Juli	1 051 506	887 326	1 938 832
14. Juli	1 101 030	967 433	2 068 463

Am meisten Bürger verloren die wohlhabenderen Stadtbereiche, etwa das siebte Arrondissement, in dem siebenundachtzig Prozent der Bewohner verschwanden, und das sechzehnte (aber auch das dreizehnte und das fünfzehnte, obwohl ein höherer Bevölkerungsprozentsatz dieser Bezirke aus Arbeitern und Angestellten bestand). Am wenigsten Einwohner verloren die ärmeren Bezirke, nämlich das neunzehnte (vierundfünfzig

Prozent), das erste, zweite, dritte und vierte Arrondissement (mit seinen Läden und Kleinbetrieben). Durchschnittlich brachen 130 000 Menschen täglich auf; am 11., 12. und 13. Juli waren es vielleicht sogar 300 000 am Tag.

Die Entvölkerung schien am umfassendsten in den Wohnbezirken der Oberschicht. »Denn die Ehre der französischen Bourgeoisie ging unter – verschwand – in der von ihren Führern organisierten häßlichen Panik«, schrieb verärgert der Kriegskorrespondent Jacques-Henri Lefebvre, während er im besetzten Paris über den Zusammenbruch nachsann.

Der spanisch-republikanische Emigrant Wilebaldo Solano befand sich im Zwangsexil in Chartres und beobachtete den Exodus aus Paris an der vielbefahrenen Route in den weniger gefährdeten Südwesten. Ein Flüchtling hielt lange genug an, um ihm zu erklären: »Paris zieht aus.«

23

Donnerstag, 30. Mai

Damals wurde der Heldengedenktag in den Vereinigten Staaten alljährlich am 30. Mai gefeiert. Ursprünglich als Gedenktag für die Toten des Bürgerkriegs gedacht, wurden inzwischen bei dieser Gelegenheit die Gefallenen aller amerikanischen Kriege geehrt. In diesem Jahr zeigte sich Ministerpräsident Paul Reynaud bei der Feier absichtlich in der ersten Reihe, und die Pariser Zeitungen berichteten auf den Titelseiten von seinem Erscheinen an der Seite des Botschafters William C. Bullitt, der einen Blumenkranz am Grab des Unbekannten Soldaten niederlegte.

Es war ein sehr »amerikanischer Tag« für Reynaud, der einen Teil des Nachmittags damit verbrachte, das Für und Wider eines Telefonanrufs bei Roosevelt zu erwägen. War es klug, den amerikanischen Präsidenten wiederum zu bemühen? Würde es irgendeinen Nutzen haben? War Roosevelt überhaupt in der Lage, Hilfe anzubieten? Besaßen die Vereinigten Staaten das von Frankreich benötigte Material, und konnte es rechtzeitig eintreffen?

In früheren Jahren waren in Paris lebende US-Bürger, die der American Legion angehörten, zu den Schlachtfeldern des Ersten Weltkrieges gereist, um Kränze auf die Gräber von Kameraden zu legen, die dem brutalen Stellungskrieg von 1917 und 1918 zum Opfer gefallen waren. Aber solche Reisen kamen in diesem Jahr natürlich nicht in Frage. Deshalb stellte die Legion neben der American Episcopalian Cathedral an der Avenue George V. eine Reihe von Marmorkreuzen auf; jedes symbolisierte einen der Militärfriedhöfe und jedes war mit einem Blumenkranz der in Paris niedergelassenen amerikanischen Organisationen und Einrichtungen geschmückt. Bei der Zeremonie wurde die Anwesenheit des Militärbefehlshabers

Héring, des Ministers Louis Marin, der die Regierung repräsentierte, und von Achille Villey, dem Präfekten des Départements Seine, besonders zur Kenntnis genommen. Ein Zeichen der Zeit: Der Bericht von *Le Figaro* über die Feier trug Spuren der Zensur. Zehn Zeilen, anscheinend aus der Rede William Bullitts, waren gestrichen.

Wir wissen, was der Botschafter an jenem Tag empfand, denn er schickte Roosevelt eine »persönliche und vertrauliche« Depesche mit seiner bisher finstersten Einschätzung der Lage. Der Text begann mit den dramatischen Worten: »Dies könnte der letzte Brief sein, den ich Ihnen zu schicken vermag, bevor die Verbindungen unterbrochen werden.« Dann fuhr er fort:

Die Moral sowohl der französischen Armee als auch der Zivilbevölkerung gereicht dem Menschengeschlecht zur hohen Ehre. Aber auf jeden französischen Soldaten kommen vier deutsche Gegner, es gibt keine britische oder belgische Armee mehr, und die Materialvorräte werden bereits knapp.

Wenn die Deutschen an der Somme und der Aisne zuschlagen, könnten sie deshalb – trotz des Mutes und der Festigkeit, mit denen man ihnen entgegentreten wird – sehr bald Paris erreichen.

Wieder einmal ließ Bullitt seiner Hauptbefürchtung freien Lauf. »Alle«, darunter auch der »hartgesottene« Innenminister Mandel und der »weichgesottene« Radikalsozialist Edouard Herriot, seien überzeugt, daß »die Kommunisten der Arbeitervorstadt« sofort nach dem Rückzug der französischen Regierung aus Paris »die Stadt in ihre Gewalt bringen und tagelang morden, plündern und brandschatzen werden, bevor die Deutschen einmarschieren«. Der Botschafter glaubte nicht an seinen Einfluß auf die Kommunisten oder die Nazis, aber er versprach, sein Bestes zu tun, um so viele Menschenleben wie möglich zu retten und »die Fahne hochzuhalten«. Er erwartete, daß die deutsche Besetzung »streng, grausam, doch geordnet« sein werde; man werde ihm wahrscheinlich verbieten, eigene Kontakte zu knüpfen und ihn zwingen, seine Arbeit mit Hilfe eines Mittelsmannes, des Botschaftsrats Norbert Murphy, fortzusetzen. In einem solchen Fall meinte Bullitt, in Washington, wo er sich um die französischen Angelegenheiten kümmern wolle, eine nützlichere Rolle spielen zu können.

»Kein amerikanischer Botschafter ist je vor einer Gefahr davongelaufen, und ich glaube, das ist die beste Tradition, die wir im diplomatischen Dienst Amerikas haben. Aber wenn sich die Ruhe des Todes über Paris senkt, möchte ich am liebsten sehr aktiv versuchen, die USA auf Hitlers Angriff auf Nord- und Südamerika, den ich für absolut sicher halte, vorzubereiten.«

Der temperamentvolle Bullitt beendete seine Meldung an den Präsidenten der Vereinigten Staaten mit den Worten: »Für den Fall, daß ich in die Luft gejagt werde, bevor ich Sie wiedersehe, möchte ich Ihnen mitteilen, daß es großartig war, für Sie zu arbeiten, und daß ich Ihnen aus tiefstem Herzen für Ihre Freundschaft danke.«

Am frühen Nachmittag (mittlerweile neigte sich der Tag in Paris dem Ende zu) hielt Roosevelt, begleitet von seinen Zivil- und Militärberatern, in Washington eine Pressekonferenz ab. Die Besprechung galt, wie es die Tradition damals verlangte, als inoffiziell, doch die Korrespondenten des Weißen Hauses durften die Vorgänge zusammenfassen. Dieses Verfahren gestattete dem Präsidenten, sich unverblümt zu äußern. »Jetzt nur ein paar Worte – mein Gott, ich glaube, ich habe schrecklich lange gesprochen –, ein paar Worte über die gegenwärtige Situation«, sagte Roosevelt an einer Stelle (wie wir heute im Protokoll der Pressekonferenz nachlesen können). Er vertraute den Reportern an, daß Hitler und sein Verbündeter Mussolini den Krieg gegen Frankreich und Großbritannien durchaus gewinnen könnten, denn die Deutschen verfügten über besseres Personal und eine überlegenere Ausrüstung. »Es würde ihrer [Frankreichs und Großbritanniens] Moral ungeheuer schaden, wenn wir dies laut sagten, aber es sieht sehr ernst aus.« Wenn die Nazis siegten, fuhr Roosevelt fort, würden sie eine eigene Handelszone, unter Einschluß befreundeter südamerikanischer Nationen wie Argentinien, gründen und die Welt auf diese Weise beherrschen.

Andererseits könnte ein Sieger solcher Art zu Beginn glauben, daß er wohl nicht die ganze Welt erobern wird, aber wenn er schließlich Europa und Afrika erobert und sich mit Japan über Asien geeinigt und irgendeine praktische Regelung mit Rußland getroffen hat, dann könnte es ganz natürlich für einen solchen Sieger sein, daß er sich sagt: »Ich habe zwei Drittel der Welt an mich gebracht, und ich bin gut bewaffnet und einsatzbereit – weshalb sollte ich also nicht Nägel mit Köpfen machen und auch das letzte Drittel der Welt, Nord- und Südamerika, militärisch kontrollieren?«

Er zog das Fazit: »Das also ist die Situation, und darauf müssen wir uns vorbereiten.«

Das State Department erschien an jenem Tag optimistischer als Bullitt oder Roosevelt. In einer aus Washington abgeschickten, von Außenminister Cordell Hull unterzeichneten Nachricht informierte man den amerikanischen Botschafter, daß ein Weg gefunden worden sei, den Briten und Franzosen durch das Kriegs- und das Marineministerium Waffen zukommen zu lassen, indem man private Hersteller als Mittelsmänner benutze. Unter den Geräten würden auch fünfhundert der 75-mm-Geschütze sein, welche die Franzosen so dringend benötigten.

Im selben Moment, da die verschlüsselte Botschaft nach Paris telegrafiert wurde (um 22.00 Uhr), schrieb Bullitt an Hull und Roosevelt, um ihnen eine weniger düstere Einschätzung als die vom Morgen zu übermitteln. Die Briten und Franzosen vollbrächten Heldentaten in Dünkirchen, wo sie die eingeschlossenen nördlichen Armeen unter Beschuß evakuierten. Ihre Piloten seien besser und in der Luft überlegen, wenn sie es mit gleich starken Gegnern zu tun hätten. Die Deutschen wagten nicht, es im Einzelkampf mit ihnen aufzunehmen. Der unberechenbare Diplomat folgerte: »Dieser Krieg ist nicht verloren, und jedes Flugzeug, das heute entsandt werden kann, wird nächstes Jahr hundert Maschinen wert sein.«

Dem italienischen Botschafter Raffaele Guariglia kamen an jenem Morgen Gerüchte zu Ohren, wonach Frankreich einen letzten Versuch machen wolle, Italien aus dem Krieg herauszuhalten. Jean Ybarnégaray, eines der neuen, rechtsgerichteten Mitglieder von Reynauds Kabinett, suchte das elegante Stadthaus an der Rue de Varenne auf, in dem die italienische Botschaft untergebracht war. Er beabsichtigte, den Botschafter zur Vernunft zu bringen, doch Guariglia fand seinen Wortschwall etwas lächerlich. Anatole de Monzie, der, wie es hieß, beste Freund Italiens in der Regierung, rief an und bat Guariglia, sich am Abend zur Verfügung zu halten. Dann, um 20.00 Uhr, meldete sich Außenminister Daladier: Ob Guariglia ins Außenministerium herüberkommen könne?

Daladier ließ den italienischen Botschafter den Text lesen, den die Franzosen nach Rom schicken wollten. Guariglia steckte sich das Blatt in die Tasche und sagte, er werde es weiterleiten. Aber Daladier wünschte, daß der Italiener sofort einen vertraulichen Kommentar zu der Note abgab. Guariglia erwiderte, die Vorschläge seien im Prinzip akzeptabel, aber sie könnten nicht als ernstzunehmende Verhandlungsbasis dienen.

Guariglia kehrte in seine Botschaft zurück und erhielt einen weiteren Anruf von Monzie. »Wie ich von Daladier höre, waren Sie mit unserer Note nicht zufrieden«, sagte der Minister und begann, die französische Position in allen Einzelheiten darzulegen. Guariglia unterbrach ihn mit der Bemerkung, es sei vernünftiger, sich persönlich zu treffen, und ging die kurze Strecke von der Rue de Varenne zum Ministerium für öffentliche Bauten am Boulevard Saint-Germain. Während er mit Monzie zusammensaß, rief dieser bei Daladier an und redete ihm zu: Guariglia solle nicht nur die formelle Note der Franzosen, sondern auch die Zusicherung nach Rom weiterleiten, daß konkretere Verhandlungen auf rein mündlicher Basis stattfinden würden. Aber Daladier weigerte sich. Während des Telefonats, das über eine halbe Stunde dauerte, wartete Guariglia in Monzies Büro. Am Ende hob Monzie die Augen zur Decke – dies war sein Kommentar zu Daladiers Mangel an Willensstärke. Dem Bautenminister schien es selbstverständlich, daß Guariglia seinen Standpunkt teilte.

Aber bevor weitere vierundzwanzig Stunden verstrichen waren, rief Daladier den italienischen Botschafter von neuem an und teilte ihm mit, er dürfe Rom informieren, daß die Franzosen verläßlichen Quellen zufolge zu konkreten Vorschlägen bereit seien; Daladiers Name sei dabei nicht zu erwähnen.

Mussolini erhielt die Nachricht, warf einen Blick darauf und ließ sie von seinem Sekretär zu den Akten legen – so wie Guariglias Telegramme, in denen dieser die Redlichkeit der Franzosen betont hatte, zu den Akten gelegt worden waren.

Aus seinem Exil in Frankreich richtete Graf Carlo Sforza, der vor dem Faschismus italienischer Außenminister gewesen war, einen vorausschauenden Appell an König Viktor Emanuel. Sforza räumte ein, daß Frankreich den Krieg aus eigener Unfähigkeit verliere, doch er warnte: Großbritannien werde nie kapitulieren, und die Vereinigten Staaten würden früher oder später in den Krieg eintreten. Erzähle man sich, daß die Vereinigten Staaten gespalten und antimilitaristisch seien? »Glauben Sie diesen Märchen nicht, Majestät … Amerika wird die Welt mit einer militärischen und wirtschaftlichen Entwicklung überraschen, der sich alles beugen wird.« Wenn der König Mussolinis geplante Kriegserklärung bestätige, werde dies »mit dem schrecklichsten Ruin für Italien« enden.

Viktor Emanuel indessen billigte die Kriegserklärung. Mehr noch, er war entzückt, als er hörte, daß die Erklärung am 11. Juni (Mussolinis ursprünglichem Datum) bekanntgegeben werden solle, denn dies war sein Namenstag, und seine Kennziffer in der Armee hatte 1111 gelautet.

An diesem Tag stellten die für die Verteidigung von Paris zuständigen Militärbehörden ein Verzeichnis der Straßensperren auf, die den Zugang zur Stadt von Norden her blockierten; jede Sperre bestand aus Betonblöcken mit Feuerstellungen für schwere Artillerie oder Maschinengewehre. Der Verkehr sollte unbehindert passieren können, bis es Zeit wurde, die Sperren zu schließen und zu verteidigen. Sie befanden sich an strategisch wichtigen Kreuzungen, zum Beispiel an der Route Nationale 1 in Saint-Denis und an den Seine-Brücken. Insgesamt gab es dreiundfünfzig Sperren entlang einer Linie durch die Orte Cormeilles, Argenteuil, Saint-Denis, Noisy-le-Sec, Neuilly-sur-Marne und Joinville.

Kurz darauf entdeckten Pioniere, daß die hölzernen Eisen-

bahnschwellen für die Schließung der Sperren durch Panzer-
feuer zerstört werden konnten. Damit wurden Tarnmaßnahmen
erforderlich; zum Beispiel konnte man die Schwellen hinter
Lastwagen verbergen, die vor den Öffnungen in den Betonblök-
ken geparkt wurden.

24

Freitag, 31. Mai

William Bullitt blieb unberechenbar. Seine Berichte nach Washington schwankten zwischen finsterem Pessimismus und naiver Hoffnung. Nun, am Morgen des letzten Maitages, wahrscheinlich nach einem erfrischenden Spaziergang von seiner Dienstwohnung an der Place d'Iéna zur amerikanischen Botschaft, verspürte er den Drang, die Poesie des frühlingshaften Paris in seinem Geheimtelegramm ans Department of State zum Ausdruck zu bringen:

> Die Ruhe der Menschen von Paris, die sehr gut wissen, daß sie binnen weniger Tage tot sein können, ist außergewöhnlich und erhaben. Ich glaube, der Präsident und der Postminister werden besonders interessiert an der Tatsache sein, daß der Freiluft-Briefmarkenhandel an den Champs-Elysées ungestört weitergeht. Kinder reiten immer noch auf denselben acht alten Eseln auf den Champs-Elysées, und andere sitzen täglich in der Sonne und schauen sich das Kasperltheater an.

Er fügte hinzu: »In diesem Moment machen die Franzosen der Menschheit Ehre.«

Als sei dies noch nicht genug, setzte er ein weiteres Telegramm auf, diesmal »streng vertraulich für den Präsidenten und den Außenminister«; darin berichtete er von »dem großartigen Widerstand der französischen und britischen Armee bei Dünkirchen«, dem er »eine Qualität« zumaß, »die sogar die führenden Mitglieder der französischen Regierung verblüffte«. Die alliierte Luftmacht biete ausreichenden Schutz, und die Deutschen hätten (den Franzosen zufolge) ihre dreitausend besten Piloten verloren. Die deutsche Infanterie habe einen »äußerst primitiven, massierten Angriff« eingeleitet; die französischen 75-mm-Geschütze richteten ungeheure Verluste an.

Die Pariser konnten ungefähr das gleiche in ihren Morgenzeitungen lesen. Das offizielle Kommuniqué besagte, daß die alliierten Streitkräfte »voller Energie, inmitten unaufhörlicher Gefechte und in guter Ordnung, die vom Oberkommando festgelegten Bewegungen durchführen«. Es erwähnte allerdings nicht, in welche Richtung sich die alliierten Truppen bewegten. ein britisches Kommuniqué war etwas aufschlußreicher:

> Infolge verstärkten deutschen Drucks an ihrer nördlichen und südlichen Flanke waren im Norden operierende britische und französische Truppen gezwungen, sich unter schweren Kämpfen zur Küste zurückzuziehen.

Clare Boothe hatte sich seit einiger Zeit bemüht, eine Rückreisemöglichkeit nach New York zu finden. Der Flug des Pan-American-Clipper aus Lissabon bot die schnellste Möglichkeit, aber es war nicht leicht, spanische und portugiesische Transitvisa zu erhalten. Botschafter Bullitt schlug ihr vor, sich nach Bordeaux zu begeben und auf die *SS Washington* zu warten, die speziell zur Evakuierung amerikanischer Staatsbürger eingesetzt werden sollte, doch Clare fürchtete, daß sie vielleicht immer noch in Bordeaux auf das Schiff warten würde, wenn die Deutschen eintrafen. Sie beschloß, nach London zu fliegen, was ebenfalls mit erheblichen bürokratischen Anstrengungen verbunden war, und verbrachte den Tag am Flughafen Le Bourget, um mit der nächsten verfügbaren Maschine auszureisen. Dort begegnete sie einem französischen Diplomaten, der zu seinem Posten an der französischen Botschaft in London zurückkehrte. »Irgend etwas Gutes muß bei alldem herauskommen«, sagte er. »Dies ist eine Weltrevolution, und wenn wir Menschen aus den demokratischen Ländern begreifen, was wir durch unsere mangelnde Zusammenarbeit an Geld und Leben und menschlicher Würde verloren haben, werden wir unsere eigene Konterrevolution starten« um die Welt zu vereinen ...« Er fuhr fort: »Es gibt keine verzweifelten Situationen, es gibt nur verzweifelte Menschen.«

Das letzte Telegramm, das Clare Boothe aus Paris schickte, erschien kurz darauf in der New Yorker Zeitschrift *Life*. Sie berichtete, sie habe den Text an einem ungewöhnlich ruhigen Tag geschrieben; allerdings sei kein Pariser wirklich glücklich gewesen, denn alle hätten sich gefragt, wieso sie nicht von feindlichen Flugzeugen angegriffen worden seien. »Jeder in Paris und London weiß, daß schwere Bombardierungen nicht deshalb ausgeblieben sind, weil Hitler die Exponate des Louvre bewundert oder eine sentimentale Beziehung zur Downing Street 10 hat – jedenfalls nicht, seit Chamberlain abgetreten ist.« Deshalb habe niemand auf den Straßen getanzt.

Während die Briten ihre Soldaten am Strand von Dünkirchen auflasen, besuchte General Weygand den Quai d'Orsay, um den Diplomaten Charles-Roux über die Absichten der Italiener zu befragen. Beide Männer rechneten damit, daß Italien bald in den Krieg eintreten werde. »Wir werden Widerstand leisten«, versicherte der General dem Diplomaten, »aber ich muß immer noch Männer von der Alpenarmee an die Nordfront versetzen.« Charles-Roux erkundigte sich mit verständlicher Neugier, welche realen Hoffnungen Frankreich im Norden habe. Der Oberbefehlshaber erklärte, er sei genötigt gewesen, die Front zu verkürzen, damit sie von den verbliebenen fünfzig Divisionen geschützt werden könne. Dies bedeute, daß man die Linie an der Somme halten müsse. »Es ist nicht unmöglich, die Deutschen dort zu stoppen, aber garantieren kann ich es nicht.«

Am selben Morgen wurde Charles-Roux zu einem Gespräch mit Paul Reynaud in die Rue Saint-Dominique gebeten. Pétain, Weygand und Admiral François Darlan waren ebenfalls anwesend, und bald kam Außenminister Daladier hinzu. Wieder einmal wurde über eine Nachricht an Mussolini diskutiert: Frankreich wollte eine Nachkriegsregelung versprechen, die den italienischen Beschwerden über die Kontrolle der Alliierten im Mittelmeer Rechnung trüge. Man einigte sich, die Note vor der Absendung mit den Briten abzusprechen.

Während Charles-Roux zusammen mit Marschall Pétain hinausging, nutzte er die Gelegenheit, einen weiteren Experten über die Kriegsentwicklung auszuhorchen. Alles hänge von der

Somme-Linie ab, erklärte Pétain – und darin gebe es bereits kleine Lücken. »Die Deutschen haben es auf die untere Seine und die Marne abgesehen, von wo aus sie Paris mit einer Zangenbewegung umfassen können.«

Die von London modifizierte Note an Italien lag endlich vor, und man übergab sie dem Botschafter Guariglia zur Weiterleitung nach Rom. Gleichzeitig wurde der Text an den dortigen französischen Botschafter telegrafiert. In Paris rief Anatole de Monzie den Presseattaché der italienischen Botschaft an. »Sie haben nachgegeben!« rief er triumphierend. »Sie« waren seine eigenen Kabinettskollegen. Monzie hätte sich denken können, daß die Franzosen die Leitungen der italienischen Botschaft abhörten.

Daladier erläuterte seinem Freund William Bullitt, weshalb er mit dem französischen Angebot, über die italienischen Beschwerden zu verhandeln, einverstanden sei. Denn entweder werde Mussolini so unverschämte Ansprüche stellen, daß eine Welle des Patriotismus im gesamten französischen Reich zu erwarten sei, oder er werde sich weigern zu antworten, in welchem Fall die Franzosen einsehen würden, daß ihre Regierung alles Menschenmögliche getan habe, um die Intervention Italiens abzuwenden. In der Endfassung der französischen Note kam Erstaunen darüber zum Ausdruck, wie Italien einen Krieg gegen Frankreich erwägen könne, denn habe der Duce nicht stets behauptet, daß Italien nur seinen eigenen Interessen diene? Die Franzosen sähen trotz der unterschiedlichen Regierungsformen keine unüberbrückbaren Gegensätze im Verhältnis zu Italien. Damit nicht genug: die Franzosen seien durchaus bereit, über die italienischen Wünsche hinsichtlich des Mittelmeerbeckens zu verhandeln. »Es ist immer noch Zeit, das Schlimmste zwischen uns zu vermeiden«, hieß es am Ende der französischen Mitteilung. »Unsere Geste sollte nicht als Zeichen von Schwäche gesehen werden ... Sie soll nur zeigen, daß wir alles versucht haben, was die Interessen unserer beiden Nationen in Einklang bringen und schützen kann.«

Botschafter François-Poncet machte sich von neuem auf den Weg zum italienischen Außenministerium, um die französische

Position darzulegen. Ciano entgegnete, man solle keine Antwort vom Duce erwarten. Italien sei entschlossen, Frankreich den Krieg zu erklären; lediglich der Zeitpunkt sei noch offen.

Ciano fuhr den französischen Botschafter an: »Selbst wenn Frankreich uns Nizza, Korsika und Tunesien anböte, würden wir den Krieg erklären.«

Als William Bullitt die italienische Antwort – oder, besser gesagt, die Verweigerung einer Antwort auf die französische Note – hörte, fragte er Außenminister Hull: »Ist es dem Präsidenten möglich, in der Öffentlichkeit die Wahrheit über Mussolini zu sagen?«

Auch Adolf Hitler hatte Mussolini etwas mitzuteilen. Am Donnerstag hatte sich der Duce beim Führer erkundigt, zu welchem Zeitpunkt dieser den Kriegseintritt Italiens für richtig halte. Mussolini habe an den 5. Juni gedacht, aber er sei bereit, eine Kriegserklärung hinauszuzögern, um sich auf Hitlers Pläne einzustellen. Das italienische Volk brenne darauf, sich den Deutschen im Kampf gegen den gemeinsamen Feind anzuschließen.

In seiner Erwiderung faßte Hitler zunächst die militärische Situation zusammen. Der Krieg gegen die britische und französische Armee im Norden werde an diesem Tag, dem 31. Mai, dem nächsten oder allerspätestens dem übernächsten Tag mit der weitgehenden Auslöschung der Alliierten enden. Die Deutschen hätten eine enorme Anzahl feindlicher Soldaten gefangengenommen und eine enorme Menge Kriegsgerät erbeutet. Allein zum Transport der Gefangenen habe man fünf deutsche Infanteriedivisionen benötigt. Der Duce könne sicher sein, daß der Angriff weitergehen werde, sobald die deutschen Streitkräfte neu organisiert seien.

Hitler sah einige Vorteile in einem Aufschub der italienischen Kriegserklärung um wenigstens drei Tage. Die deutsche Luftwaffe habe neue französische Flugplätze ausfindig gemacht und sei im Begriff, sie zu zerstören. Wenn Italien nun den Krieg erkläre oder Frankreich sich bedroht fühle, könnten die Franzosen ihre Maschinen fortschaffen und dadurch einen deutschen

Angriff auf die Flugplätze sinnlos werden lassen. Hitler hoffte, die gesamte französische Luftwaffe innerhalb einer Woche unschädlich zu machen.

Aus diesem Grund, sagte Hitler, sei er dafür, daß Mussolini bis zum Ende der folgenden Woche, vielleicht bis zum 6. oder 8. Juni, warte. Denkbar sei auch der 7. Juni, aber das sei ein Freitag – ein Tag also, den die Deutschen als ungünstig für den Beginn einer neuen Unternehmung ansähen. Es fragt sich, wie sehr Hitler wirklich an Mussolinis Kriegseintritt interessiert war. Denn die Offensive im Norden war für den 10. Mai, einen Freitag, angeordnet worden. Und deutsche Truppen zogen am 14. Juni, einem Freitag, in Paris ein.

Paul Reynaud wartete zwei Tage, bevor er auf General Weygands Warnung antwortete, Frankreich müsse vielleicht die Waffen strecken. Der Ministerpräsident schrieb, er wolle dem britischen Botschafter noch am selben Tag mitteilen, was Weygand über die Entscheidungsschlacht an der Somme gesagt habe. Aber selbst wenn die Franzosen ihr gesamtes Territorium nun nicht mehr zu verteidigen in der Lage seien, hoffe er, daß sich die verbliebenen Streitkräfte in eine leichter zu schützende Region, in eine Redoute mit einem Militärhafen, zurückziehen könnten. Er empfehle die Bretagne.

Weygand wies Reynauds Plan als unrealistisch zurück; er sei militärisch undurchführbar, da er Männer und Gerät – zum Beispiel Panzerabwehr- und Flakgeschütze – erfordere, die nicht existierten. Bereits jetzt habe man nicht genug Material, um die Front zu verteidigen.

Die Franzosen hofften, den Briten leicht klarmachen zu können, was sie im Sinn hatten: Churchill erschien zu einer Sitzung des Obersten Kriegsrates, der aus den beiden Regierungschefs und ihren Militärberatern bestand. Der britische Premier wurde von Clement Attlee begleitet, dem Chef der oppositionellen Labour Party und Mitglied des Kriegskabinetts (demselben Attlee, der nach dem Krieg die Wahl gegen Churchill gewann). Dann trat William Bullitt ein, der mit Reynaud verabredet war, doch der Ministerpräsident konferierte noch mit seinen britischen Besuchern. Churchill wünschte mit Bullitt zu sprechen, und man bat den Botschafter in das Konferenzzimmer. »Die Nachrichten sind ermutigend«, meldete Bullitt dem amerikanischen Präsidenten zwei Stunden später in einem eiligen Telegramm. »Infolge des hervorragenden Mutes der Truppen um Dünkirchen ist es möglich gewesen, bereits 150 000 britische und 15 000 französische Soldaten zu retten. Die Franzosen halten mit ihrem gewohnten Elan die Verteidigungslinien, damit sich die Briten als erste einschiffen können.«

Churchill hatte Bullitt gebeten, eine dringende Mitteilung an Roosevelt weiterzuleiten: »Da es nun fast sicher sei, daß Italien Frankreich den Krieg erklären wird – es sei denn, Sie können Mussolini einschüchtern –, habe Frankreich einen enormen und lebenswichtigen Bedarf an Zerstörern.«

Im Laufe des Tages hatte Bullitt den Präsidenten bereits gebeten, den Franzosen so rasch wie möglich vierundzwanzig alte Zerstörer zur Verfügung zu stellen. Als der Botschafter vorschlug, die Vereinigten Staaten sollten ihre Atlantikflotte ins Mittelmeer verlagern, um Mussolini unter Druck zu setzen, mußte Roosevelt entgegnen, daß es keine nennenswerte Atlantikflotte gebe. Bullitt befürchtete, die USA könnten einen Modus operandi mit Italien anstreben. »Zu glauben, daß die Regierung der Vereinigten Staaten je fähig sein wird, mit Mussolini zu kooperieren, ist so gefährlich für die Zukunft Amerikas, wie zu glauben, unsere Regierung hätte mit Al Capone kooperieren können.«

Nun, nachdem Bullitt an der Sitzung des Alliierten Obersten Kriegsrates teilgenommen hatte, versicherte er Roosevelt: »Alle bei dem Treffen Anwesenden waren voller Kampfgeist und Entschlossenheit. Ich werde nicht mehr darüber sagen, sondern nur wiederholen, daß dieser Krieg nicht (ich wiederhole: nicht) verloren ist.«

Ein solcher Optimismus war an diesem Abend auch beim Diner in der britischen Botschaft zu hören. Reynaud nahm mit Georges Mandel und anderen Kabinettsmitgliedern daran teil. Später ging Churchill unruhig im Zimmer auf und ab, und Rüstungsminister Raoul Dautry erinnerte sich an seine Worte: »Wir werden in den Hügeln kämpfen, wir werden in den Feldern kämpfen. Wir werden den Schwarzwald mit unseren Brandbomben verbrennen, wir werden die Rheinbrücken mit unseren Treibminen zerstören ...« Dautry bemerkte, daß man vorsichtshalber sämtliche Möbel und Teppiche aus dem großen Salon der Botschaft entfernt hatte.

25

Samstag, 1. Juni

Inzwischen konnten Franzosen, die ihre Augen offenhielten, die Schrift an der Wand erkennen. Aber das galt nicht für alle, Roger Peyrefitte, damals ein junger Mitarbeiter im Diplomatischen Korps, schrieb nach dem Krieg einen satirischen Roman über diese Zeit; darin porträtierte er so realitätsgetreu wie möglich einen seiner Vorgesetzten im Informationsministerium, den »ewigen Optimisten«. Fliegeralarm munterte den Mann sichtlich auf, denn er dachte dann immer daran, wieviel Hilfe Frankreich von der britischen Luftwaffe bekam. Peyrefittes Vorgesetzter hatte sich durch die feierliche Messe in Notre-Dame trösten lassen: Der Glaube werde die abendländische Zivilisation retten. Dieser etwas lächerliche Beamte schien die Propaganda seines eigenen Ministeriums für bare Münze zu nehmen; zum Beispiel glaubte er, die französische Armee benutze spezielle Decken, die, über feindliche Panzer geworfen, die Fahrzeuge bewegungsunfähig machten; und Johannisbrotöl auf den Straßen bringe Panzerketten zum Stillstand. Paris brauche keine Angst vor feindlichen Fallschirmspringern zu haben, erklärte der Optimist, da die Polizei nun mit Gewehren ausgerüstet sei und öffentliche Plätze nachts mit Gartenbänken und Müllwagen verbarrikadiert würden. Außerdem habe der Militärgouverneur regelmäßige Untersuchungen des Kanalisationssystems angeordnet, um Spione zu fangen.

Andererseits gab es eingefleischte Pessimisten, zu denen auch der ehrwürdige Marschall Pétain zählte. Er vertraute François Charles-Roux im Außenministerium an, er sei sich der französischen Unterlegenheit bewußt, was Männer, Material und Luftmacht angehe. Pétains Reaktion auf die Krise beschränkte sich anscheinend auf den Versuch, seine alten politischen Feinde, darunter auch Daladier, unschädlich zu machen. Ein anderer alter Soldat, Maxime Weygand, teilte Paul Baudouin am selben Tag mit, daß er sich nicht als einen Verbündeten von Pétain betrachte; er, Weygand, sei ein Einzelgänger.

Die Umstände würden die beiden bald enger zusammenschmieden.

Vielleicht wollte Weygand mit einem Mann reden, der positiver dachte, und rief deshalb Charles de Gaulle zu sich. Der Brigadegeneral hatte kürzlich die Chance erhalten, seine Theorien im Gefecht anzuwenden, und er hatte tatsächlich demonstriert, daß man den Feind aufhalten und sogar zurückdrängen konnte, wenn man sich der gleichen Panzerstrategie bediente, mit der die Deutschen im Kampf gegen die Franzosen so erfolgreich gewesen waren. Auf dieser Reise würde de Gaulle auch bei Ministerpräsident Paul Reynaud vorsprechen; hatte de Gaulle um das Treffen gebeten oder hatte Reynaud ihn zu sich bestellt? Jedenfalls wissen wir, daß de Gaulle am Freitag abend seinen Adjutanten, Hauptmann Paul Nérot, unterrichtete: »Morgen früh um fünf fahren wir nach Paris!«

Die Fahrt von der Front nahm einen großen Teil des Morgens in Anspruch. Nachdem sie die Hauptstadt erreicht hatten, befahl de Gaulle seinem Chauffeur, an der Avenue de La Motte-Picquet haltzumachen; er wollte Petitdemange, einer der damals besten Militärschneidereien der Stadt, einen raschen Besuch abstatten. De Gaulle ging als Oberst hinauf und kam als General – mit einem nagelneuen Uniformrock, den beiden Sternen eines Brigadiers und einer eleganten Kappe, die mit Eichenlaubbrokat verziert war – wieder herunter. Nérot vermutete, daß der frischgebackene General die Uniform im voraus bestellt hatte. Er sagte zu de Gaulle: »Ich werde in die Geschichtsbücher eingehen, denn ich bin die erste Person, die Sie als General gesehen hat.« Dann fügte er kühn hinzu: »Und wenn ich nun die Treppe hinaufsteige, könnte ich als Major wieder herunterkommen.«

»Nicht, daß Sie die Beförderung nicht verdient hätten«, erwiderte de Gaulle streng, »aber es ist wohl kaum der richtige Moment.«

Sie fuhren zum Kriegsministerium in der Rue Saint-Dominique, wo de Gaulle mit Reynaud sprechen sollte. »Warten Sie auf mich. Ich werde eine Stunde brauchen.« Nérot nutzte die Stunde, um nach Versailles zu rasen und seine Familie wissen zu lassen, daß er noch am Leben war. Bei seiner Rückkehr zum Ministerium war das Gespräch zwischen dem General und dem Ministerpräsidenten noch nicht beendet. Als de Gaulle schließlich erschien, geizte er nicht mit Informationen. Reynaud habe ihm die Wahl gelassen: Er könne den Befehl über sämtliche französischen Panzerdivisionen übernehmen oder sich der Regierung als Unterstaatssekretär für Verteidigung anschließen. Laut Nérots Erinnerung gab de Gaulle dem Regierungsposten den Vorzug. (Während sich die Historiker über das Datum streiten, an dem Reynaud den General mit dem Regierungsamt betraute, bestätigte de Gaulle Nérots Version des Ereignisses.)

»Herr Minister«, erklärte Hauptmann Nérot mit ironischer Feierlichkeit, »ich gratuliere Ihnen.«

Danach begaben sie sich zu dem Treffen mit Weygand. Diesmal lud General de Gaulle seinen Adjutanten zur Teilnahme am Gespräch ein. So wurde Nérot Zeuge, wie der winzige Weygand den riesigen de Gaulle bei den Schultern packte, um ihn zu umarmen – und dies trotz der Distanz, die zwischen den beiden herrschte. »De Gaulle, Sie haben unsere Ehre gerettet«, sagte der Generalissimus. Er fragte den jüngeren General, was man dessen Meinung nach mit den zwölfhundert neuen Panzern anfangen solle, die auf französischer Seite nun zur Verfügung standen. De Gaulle hielt eine Gefechtsfeldstrategie bereit: Die Panzer sollten in zwei Gruppen, die eine nördlich von Paris und die andere im Osten, unterhalb von Reims, stationiert werden. Beide Gruppen müßten eine eigene motorisierte Infanterie und eigene Artilleriegeschütze besitzen und bereit sein, die Flanken der deutschen Panzerdivisionen anzugreifen, wenn diese ihren Vorstoß verlangsamten.

Der kluge Maxime Weygand gab zu bedenken: »Man wird mich am 6. Juni an der Somme und an der Aisne angreifen. Mir werden zweimal mehr deutsche Divisionen auf den Leib rücken, als wir selber haben. Sie begreifen also, daß unsere Aussichten düster sind.« Aber *wenn* sich die Dinge nicht zu schnell entwickelten, *wenn* er die bei Dünkirchen evakuierten französischen Truppen wieder einsetzen könne, *wenn* er genug Waffen für sie bekomme, *wenn* eine neuausgerüstete britische Armee ebenfalls aufs Schlachtfeld zurückkehre und *wenn* die Royal Air Force in Frankreich eingreife, »dann haben wir eine Chance«. Andernfalls …

De Gaulle empfand Sympathie für diesen alten Soldaten, dem man eine nicht zu bewältigende Aufgabe übertragen hatte, denn als er am 20. Mai effektiv den Oberbefehl übernahm, war es bereits zu spät. Weygand war auf eine moderne Panzerkriegsführung nicht eingestellt und zu alt, um sie zu lernen.

Nach seinem Treffen mit Reynaud brachte de Gaulle einige seiner allgemeinen Gedanken zu Papier und legte sie dem Ministerpräsidenten vor. Er bat um die kombinierte Panzer- und Luftwaffenoffensive, die Frankreich vielleicht noch retten könne. »Vor allem müssen wir alle defensiven Vorstellungen aufgeben … Wir müssen einen starken Willen haben und ihn dem Feind aufzwingen. Es ist nicht zu spät. Aber morgen wird es zu spät sein.« Denn in diesem Moment wirkten sowohl die motorisierten Bodentruppen als auch die Luftwaffe des Feindes erschöpft.

De Gaulle blieb in Paris. Er befahl Hauptmann Nérot, zur Division zurückzukehren, und gab ihm Anweisungen für den Stab mit. Sie trennten sich für die Dauer des Krieges, denn Nérot folgte seinem Vorgesetzten nicht nach London, sondern leitete eine Widerstandsbewegung im besetzten Nordostfrankreich.

General Héring unterzeichnete einen Befehl, durch den ein neuer Verteidigungsring um die Stadt festgelegt wurde. Er würde im wesentlichen aus gefällten Bäumen bestehen, deren ineinander verkeilte Äste dem Feind entgegenragten. Das Material für diese Baumverhaue sei in den Wäldern am linken Ufer der Seine und der Oise zu beschaffen; der Aufbau von Hindernissen auf den Hauptstraßen habe Priorität. Zum Fällen der Bäume sollten in der unmittelbaren Nachbarschaft stationierte Soldaten sowie Zivilarbeiter und, soweit verfügbar, ausgebildete Holzfäller eingesetzt werden.

In Rom ließ Außenminister Ciano den amerikanischen Botschafter Wendell Phillips zu sich kommen, um ihm Mussolinis mündliche Antwort auf Präsident Roosevelts Note zu übermitteln. Italien habe bereits beschlossen, in den Krieg einzutreten, erklärte Mussolini trotzig. Er könne nicht akzeptieren, daß die Vereinigten Staaten Interessen im Mittelmeer hätten, genausowenig wie Italien zum Beispiel im Karibischen Meer Interessen anmelden könne. Wenn die Vereinigten Staaten ihre Hilfe für die Alliierten verstärken wollten, nachdem die Italiener Frankreich angegriffen hätten, so sei das ihr Problem. Immerhin sei deutlich geworden, daß sich die Vereinigten Staaten für die Alliierten entschieden hätten; Mussolini seinerseits beabsichtige jedoch, seine eigene Verpflichtungen gegenüber Deutschland zu erfüllen.

Der italienische Diktator ließ keinen Zweifel daran, daß er keinen weiteren »Druck« von seiten der Vereinigten Staaten wünsche. Ciano warnte Phillips, daß jede Art von Druck den Duce nur in seiner Haltung bestärken werde.

26

Sonntag, 2. Juni

Es war ein herrlicher Sonntag – fast wie in Friedenszeiten. »Ein glänzender Sommertag, der die Kriegswolken für eine Weile vertreibt«, hielt Peter Fontaine, ein in Frankreich lebender Engländer, in seinem Tagebuch fest. Er saß mit seinem Freund, einem Grafen, am Rond-Point der Champs-Elysées, direkt vor dem Jockey Club, im Schatten der Laubbäume. Dann schlenderten der Graf und er die Avénue des Champs-Elysées hinunter, vorbei an Straßencafés, in denen »trinkende und plaudernde« Pariser saßen. Nur an der Place de l'Etoile störte etwas die Idylle: Auf dem Triumphbogen stand eine Flugabwehrkanone, und François Rudes berühmte Statue *La Marseillaise* verbarg sich unter Sandsäcken. Nur diese beiden Dinge und die Männer in Uniform, die sich in den sonntäglichen Trubel gemischt hatten, erinnerten an diesem prächtigen Tag an den Krieg.

Der Juni des Jahres 1940 sollte der achtheißeste Juni seit 1874 und der sechsttrockenste werden. 288 Stunden schien die Sonne – länger als in jedem anderen verzeichneten Juni außer dem der Jahre 1887 und 1893 (Wetteramtsstatistiken lügen nicht). »Nie war die Stadt schöner oder ruhiger«, schrieb der Diplomat Jean Chauvel, bevor er zu praktischeren Gesichtspunkten zurückkehrte. »Das Wetter war in diesen Tagen beständig gut, dabei hätte es in Strömen gießen müssen, damit die deutschen Panzer im Schlamm versinken.«

Das wundervolle Wetter, schrieb Chauvel, wirkte wie ein Hohn auf das Elend so vieler Menschen in Paris. Er verließ das Außenministerium nach seinen sonntäglichen Pflichten, überquerte die Seine, schlug den Heimweg über den Cours-la-Reine und die Champs-Elysées ein und kam an dem legendären Eispalast vorbei, der nun belgischen Flüchtlingen als Obdach diente. Es waren Menschen ohne persönlichen Besitz, ohne Zuhause und ohne Heimat. »Einige saßen auf Bänken an der Straße: geschwächt, in verschmutzter Kleidung, zusammengesackt, mit leeren Augen. Vor ihnen, unter den Bäumen, flanierten die wohlhabenden Sonntagsspaziergänger: manch eitler Herr und manche Dame, die mit ihrem unnötigen Fuchspelz prunkte. Zwischen diesen menschlichen Wracks und den Spaziergängern gab es keinen Austausch, keinen Kontakt.«

Die Pariser verbrachten die Sonntage immer noch auf dem Lande, das sie weiterhin auf recht bequemem Weg erreichen konnten. Aber man sah auch eine eindrucksvolle Versammlung in Montmartre, wo nun schon den dritten Tag für die Rettung Frankreichs gebetet wurde. Die Bürger strömten in die Basilika Sacré-Cœur und drängten sich auf der monumentalen Treppenanlage, der Terrasse, die den Horizont von Paris beherrscht. In der Kirche hielt Emmanuel Kardinal Suhard, der erst in der Woche zuvor seine Pflichten als Erzbischof übernommen hatte, das Hochamt ab; dann erklärte er den Gläubigen, daß ihre Gebete für den französischen Sieg so wichtig wie die Militärmacht seien. Der Kardinal führte eine Prozession die Stufen hinunter und segnete von der Terrasse aus ganz Paris.

Aus den Sonntagszeitungen erfuhren die Pariser, was es bedeutete, in einer Gefechtszone zu leben. Fortan würden sie an keinem öffentlichen Ort mehr telefonieren können – und dazu gehörten auch Postämter und Cafés. Der Strom für die Telefonverbindungen war unterbrochen worden. Man konnte immer noch von zu Hause aus anrufen, doch nur innerhalb der Pariser Region. Für Ferngespräche war eine Genehmigung erforderlich.

Natürlich konnte man weiterhin Rundfunk hören: Dank der Deutschen war die Auswahl größer als je zuvor. Einer der deutschen Piratensender, der sich Réveil de la France nannte und angeblich von patriotischen Franzosen betrieben wurde, strahlte eine unzweideutige Botschaft aus:

Den alliierten Armeen ist gerade eine große Niederlage zugefügt worden. In dieser Schlacht verlor Frankreich Tausende von Menschen, die junge Hoffnung der Nation. Die Regierung, deren Inkompetenz dramatische Ausmaße angenommen hat, enthält dem Land die traurige Wahrheit vor.

Der Sender hatte eine eigene Liste hassenswerter Personen zu
bieten:

> Wir klagen die Daladiers, die Reynauds und den ganzen
> Abschaum des politischen Schlangengezüchts an, denn sie
> sind verantwortlich für das Unglück, das uns ereilt hat.

Auf Goebbels' täglicher Besprechung mit seinen Mitarbeitern
wurde eine neue Strategie erörtert (Sonntag war für das Propa-
gandaministerium kein Feiertag). Es ging um den von den Deutschen betriebenen Sender ›Radio Humanité‹, der sich als die
Stimme der in den Untergrund verbannten französischen
Kommunisten ausgab. Bis dahin hatten französische Kommunisten in deutschem Sold Goebbels' »kommunistischen« Sender
geleitet. Aber Goebbels hielt sie für zu intellektuell, für unfähig,
die Arbeiter in deren eigener Sprache zu beeinflussen. Deshalb
zog er einen der berühmtesten Exkommunisten Deutschlands
heran: Ernst Torgler, der dem deutschen Parlament 1933 als
kommunistischer Abgeordneter angehört hatte und bezichtigt
worden war, er habe versucht, das Reichstagsgebäude niederzubrennen. Torgler war nun ein Aktivposten der Nazis. Mit seiner
Hilfe sollte Radio Humanié zu einer wirksamen Waffe im Klas-
senkampf werden.

Den vielleicht bemerkenswertesten Anblick an jenem Sonntag
bot die Limousinenkolonne, die Ministerpräsident Reynaud,
General Weygand, Marschall Pétain und ihre Mitarbeiter zu
einer Frontbesichtigung brachte. Dazu war mittlerweile keine
sehr lange Fahrt mehr erforderlich; jeder Franzose, der ein Auto
besaß, hätte sich in Friedenszeiten zu einem sonntäglichen Picknick dorthin begeben können. Es war immer noch eine sehr
ruhige Front, denn die Deutschen machten keinen Versuch, sich
an die französische Hauptstadt heranzuarbeiten; ihre ganze
Energie galt nun der Schlacht um Dünkirchen. Das Hauptziel
der »Ausflügler« war Pierrefonds, ein Dorf am Ostrand des
Waldes von Compiègne, etwa achtzig Kilometer nordöstlich von
Paris. Pierrefonds, das von Touristen seiner restaurierten mittelalterlichen Festung wegen geschätzt wurde, diente nun als

Gefechtsstand für General Aubert Frère, der diesen exponierten Abschnitt befehligte. Von dort fuhr die Gesellschaft weiter nach Compiègne, wo der Kommandeur der Divisionen, die den Abschnitt besetzten, wenig Zuversicht erkennen ließ: »Wie sollen wir mit Lehmwänden gebaute Dörfer gegen Panzer verteidigen, wenn wir nicht einmal Material für stabile Barrikaden haben?« Reynaud und der Rüstungsminister Raoul Dautry versprachen, alles Nötige bereitstellen zu lassen. Bereits am nächsten Tag schickte Dautry eine Zugladung Steine. Aber das Problem, Personal für die Schwerarbeit zu finden, blieb bestehen. Und selbst wenn man Arbeiter rekrutierte, konnte man sie weder ernähren noch unterbringen.

Wer heute die geheime Anweisung des Verteidigungsministeriums liest, die General Louis Antoine Colson an diesem Tag unterzeichnete, wird sich der damals herrschenden Atmosphäre bewußt. Den Soldaten wurde befohlen, jede verfügbare Waffe gegen feindliche Flugzeuge einzusetzen. Sie mußten bereit sein, von einem Graben oder von einem Lastwagen aus oder während einer Ruhepause an der Straße auf den Feind zu schießen; es kam darauf an, rasch zu reagieren. »Das Gewehr ist in der Tat eine gefährliche Waffe zur Bekämpfung niedrig fliegender Maschinen«, erklärte General Colson. Allerdings müßten so viele Männer wie möglich gleichzeitig ihre Gewehre auf die angreifenden Flugzeuge abfeuern, um einen Kugelhagel hervorzubringen.

Am Abend hatte der erschöpfte Marschall einen englischen Besucher. Edward Spears glaubte, Pétain zu kennen, doch heute traf er den Marschall nicht nur von der Exkursion ermüdet, sondern auch sehr ärgerlich an. Offensichtlich wußte er das, was er in Compiègne vorgefunden hatte, nicht zu schätzen. Pétain kritisierte Weygand – aus Groll? Er hätte die Verteidigung von Paris ganz anders vorbereitet als der Oberbefehlshaber. Aber Pétain warnte auch, daß die Briten Weygand eine Entschuldigung für einen möglichen Fehlschlag liefern würden, wenn sie ihre Unterstützung nicht verstärkten. Mit anderen Worten, die Briten seien dabei, sich zum Sündenbock zu machen. Pétain fügte hinzu, daß Weygand sich zu Recht über die Art und Weise beschwere, wie Großbritannien die Franzosen hinhalte. Churchill habe nicht alle verfügbaren Streitkräfte für diese Schlacht aufgeboten.

Die Regierung Seiner Majestät zögere, weitere Truppen einzusetzen, solange sie nicht wisse, was wirklich vor sich gehe; sie mache ungern Versprechungen, die sie nicht halten könne, entgegnete Churchills Abgesandter. »Unsere Schwierigkeiten im Norden sind hauptsächlich auf die Fehler des französischen Oberkommandos zurückzuführen. Das ist uns allen mittlerweile bekannt, aber ich habe von General Weygand nichts als Lob für die französischen Befehlshaber gehört.«

Spears' angestauter Zorn brach sich schließlich Bahn: »Die Franzosen kämpfen zweifellos tapfer, aber wenn ich noch mehr höhnische Bemerkungen von Weygand über unser Volk höre, werde ich ihm ins Gesicht sagen, was ich von ihm halte, und dann nach England zurückkehren ... Dieser Angriff auf den Premierminister, den besten Freund, den die Franzosen je hatten, ist unverzeihlich.«

Am späten Abend erfuhr Spears durch einen Anruf aus London, Weygand habe ein Telegramm an den französischen Militärattaché in London geschickt und diesem die Forderung aufgetragen, die weiterzuleiten sei: Die französische Nachhut bei Dünkirchen dürfe nicht geopfert werden – sie sei zusammen mit den Briten zu evakuieren.

Noch am selben Tag hatte Benito Mussolini eine Botschaft an Adolf Hitler diktiert und unterzeichnet: Italien werde am 10. Juni in den Krieg eintreten.

A. J. Liebling, der einen wahrhaft friedlichen Sonntag auf einem Landgut bei Melun, fünfundvierzig Kilometer südlich von Paris verbracht hatte, hörte an diesem Abend während der Zugfahrt zurück in die Stadt etwas Bedrohliches. Einige Frauen in seinem Abteil unterhielten sich über Flugblätter, die die Deutschen abgeworfen hatten und in denen es hieß, daß Paris am nächsten Tag bombardiert werden solle. Das Wort »Bombardierung« beschwor natürlich die bisher schlimmsten Erinnerungen des Krieges herauf: an die verheerenden deutschen Luftangriffe auf Warschau, dann auf Rotterdam.

Als Liebling am Pariser Bahnhof eintraf, waren keine Taxis zu sehen; die Fahrer hielten es für zu gefährlich, die verdunkelte Stadt zu durchqueren. Er brauchte fast eine Stunde, um sein Hotel am Square Louvois zu erreichen.

27

Montag, 3. Juni

Beschwerten sich die Franzosen zu Recht darüber, daß die Briten sie am Strand von Dünkirchen ihrem Schicksal überließen? Winston Churchill diktierte eine Nachricht an Paul Reynaud, während die Evakuierung an diesem Morgen ihrem Ende entgegenging. Er versprach, daß man weitere Schiffe einsetzen werde, um die im Kessel eingeschlossenen französischen Soldaten abzuholen. Aber er bat darum, die Operation rasch durchzuführen. Am Vorabend seien britische Schiffe gelandet und hätten vergeblich gewartet; dabei hätten sie schwere Schäden und sogar das Risiko, gekapert zu werden, hinnehmen müssen.

Churchills Botschaft wurde auch Admiral Maurice Le Luc, Admiral Darlans Stabschef, übergeben. Er brauste auf: »Man kann nicht gleichzeitig Krieg führen und in See stechen.«

Am Ende entkamen sämtliche umzingelten Truppen der Falle. Kein einziger Soldat blieb in Dünkirchen und fiel den Deutschen in die Hände.

Eine seltsame Nachricht ging an diesem Tag durch die verschlüsselten Kanäle der deutschen Diplomatie. Die deutsche Botschaft in Madrid schickte ein Telegramm nach Berlin, das auf Informationen von »Wilhelm« – das war der Codename des spanischen Außenministers, Oberst Juan Beigbeder Atienza – beruhte. Beigbeder leitete einen Bericht des spanischen Botschafters in Paris, José Felix Lequerica, weiter, nachdem dieser »noch ein langes Gespräch« mit Pétain geführt habe. Laut Lequerica war Pétain der Meinung, daß er nur durch einen Staatsstreich an die Macht gelangen könne. Der französische Präsident der Republik sei ein Geschöpf der politischen Parteien, und Pétain könne nicht erwarten, daß Lebrun ihm einfach sein Amt übergebe. »Deshalb müssen sie warten.« Die militärische Situation Frankreichs, sagte Pétain, sei verzweifelt. Er zeigte dem spanischen Botschafter auf einer Karte die von der Somme bis zur Maginotlinie verlaufende Front, an der französischer Widerstand möglich sei. Es war, als habe Pétain in diesem Moment direkten Kontakt zum Feind; »Wilhelm« sorgte dafür, daß dies tatsächlich der Fall war.

Auch Charles de Gaulle schien zu träumen. Er verfaßte eine Nachricht an Paul Reynaud, konnte sich später aber nicht erinnern, ob er sie dem Ministerpräsidenten wirklich übermittelt hatte. »Wir sind am Rande des Abgrundes, und Sie tragen Frankreich auf Ihren Schultern«, erklärte er seinem Gönner freimütig. Der Feind sei siegreich, weil er de Gaulles Methoden anwende, die Franzosen jedoch nicht. Er hielt Reynaud vor: »Sie liefern uns Männern einer anderen Zeit aus. Ich verkenne weder ihren vergangenen Ruhm noch ihre vergangenen Verdienste, aber ich muß Ihnen sagen, daß diese Männer von früher – wenn wir es zulassen – diesen neuen Krieg verlieren werden.« (Die Anspielung galt Pétain und Weygand, ohne daß de Gaulle ihre Namen erwähnt hätte.)

Wenn diese Überlegungen Reynaud erreichten, konnten sie die Gedanken des bedrängten Regierungschefs nur bestätigen. Ein britischer Besucher sprach bei Reynaud in dessen Privatquartier (einer kleinen, am Ende einer schmalen Treppe gelegenen Junggesellenwohnung, die dem Ministerpräsidenten offensichtlich mehr zusagte als seine offizielle Residenz) gegenüber der Deputiertenkammer vor. Reynaud sei bleich gewesen, »sein Gesicht vor Erschöpfung aufgeschwemmt«, doch er habe trotzdem »eine ruhige Unnachgiebigkeit ausgestrahlt«. Die graue Eminenz des Ministerpräsidenten, Gräfin Hélène de Portes, stand neben ihm, und dies war das Problem für den britischen Besucher ebenso wie für viele andere Beobachter von Reynauds Privatleben. Sie »trug teure Kleidung, hatte eine ungewöhnlich athletische Gestalt für eine Pariserin, ihr dunkles Haar war in Locken gelegt, und sie machte den Eindruck ungeordneter, rastloser Energie«. Für ihre Gegner repräsentierte sie – »eine Art Umkehrung der Lady Macbeth, da sie ständig zur

Kapitulation drängt« – die dunklere Seite sowohl Reynauds als auch Frankreichs.

So stellte sich die Situation vielen dar: de Gaulle (der gute Engel) auf der einen Seite und all die alten Männer sowie diese athletische Frau auf der anderen.

✳

Es schien an der Zeit, die Konsequenzen der Einbeziehung von Paris in die Kriegszone zu akzeptieren. Deshalb teilte General Weygand dem Militärbefehlshaber, General Héring, mit, daß die unter Hérings Befehl stehenden Verteidigungskräfte an der Schlacht teilzunehmen hätten, falls die französischen Armeen im Norden bis zur Stadtgrenze zurückweichen müßten. Héring hatte die Verteidigung der Hauptstadt natürlich seit vielen Monaten vorbereitet, und war nun so gut gewappnet, wie es die Umstände zuließen. Er glaubte, die Stadt mit seinen drei Divisionen halten zu können, denn schließlich hatte er eine solide erste Verteidigungslinie in Form von Panzergruben aus Beton und, weniger weit entfernt, eine zweite Linie, die sämtliche Zufahrtsstraßen zur Stadt schützte. Dazwischen hatte er eine gestaffelte Reihe von Hindernissen an strategisch wichtigen Straßenkreuzungen aufbauen lassen. An diesem Tag konnte er melden, daß das Arbeitsministerium ihm zehntausend Männer zum Fällen der für Panzersperren benötigten Bäume sowie andere Verteidigungsarbeiten zur Verfügung stellen werde.

Außerdem plante er, die Seine-Brücken zerstören zu lassen, wenn der Feind so nahe rücken sollte – eine umstrittene Operation, vor der das Pionierkorps ihn warnte. Zum einen brauchte man ohne vorherige Aushebungsarbeiten für jede Brücke eine gewaltige Sprengladung, was zur Beschädigung benachbarter Gebäude und zum Tod von Zivilisten führen werde. Zum anderen werde die hastige Zerstörung solcher Bauwerke wie der Saint-Cloud-Brücke, des Pont de Neuilly, des Viaduktes von Auteuil und des neuen Pont de Saints-Pères beträchtliche technische Probleme aufwerfen. Denn der Feind könne die Brückentrümmer benutzen, um den Fluß gleichwohl zu überqueren, die

Schiffahrt auf der Seine aber werde blockiert sein, falls die Franzosen später in die Offensive gingen.

Weygand ordnete Generalleutnant Henri Fernand Dentz, der damals an der elsässischen Front stand, dazu ab, Héring bei dessen rasch größer werdenden Aufgaben zu helfen. Der Achtundfünfzigjährige hatte die Militärakademie Saint-Cyr als Lehrgangsbester absolviert und war einer der jüngsten Stabsoffiziere gewesen, bevor er sich im Ersten Weltkrieg auszeichnete. Solange er keinen spezifischeren Auftrag erhielt, hatte er als Stellvertreter von General Héring zu fungieren.

Der französische Sprecher eines deutschen Senders gab einen ironischen Kommentar zu dem so friedlich wirkenden Sonntag, den man in Paris erlebt hatte: »Sie haben gut daran getan, Ihren letzten Sonntag zu nutzen.«

Es war fast 13.30 Uhr, als die deutschen Bomber die Pariser Region erreichten; die über zweihundert Maschinen hatten spezifische Ziele wie die Renault- und die Citroën-Werke, mittlerweile völlig auf Kriegsproduktion umgestellt, die sich innerhalb der Stadt oder am Stadtrand befanden. Mehr als tausend Bomben wurden während eines fast einstündigen Angriffs abgeworfen; sie trafen – oder verfehlten – Ziele im 15. und 16. Arrondissement (im Westen und Südwesten von Paris), im Vorort Billancourt und in Maisons-Lafitte. Die Sicht war schlecht, als die Bomber den Stadtrand erreichten, und da sie in großer Höhe flogen, wurden sie erst zu Beginn des Bombenhagels entdeckt.

Erklärungen und Entschuldigungen würden später zu hören sein. Zunächst galt es, sich vom Ausmaß des Schadens zu überzeugen. Eine halbe Stunde nach dem Angriff war Rüstungsminister Raoul Dautry im Citroën-Werk am Quai de Javel und brachte fast das gesamte Kriegskabinett mit. Man hatte am Quai d'Orsay gerade die tägliche Sitzung abgehalten. Pétain war in Uniform, denn Dautry und er hätten am Nachmittag Panzerproduktionsstätten besuchen sollen. Statt dessen inspizierten sie nun eine teilweise zerstörte, immer noch rauchende Fabrik. Bereits vor ihrer Ankunft waren die Toten und Verletzten fortgebracht worden, und die Arbeiter kehrten zu ihren Pflichten in verschont gebliebenen Gebäuden zurück. Bei Citroën war die

Produktion von Granaten für die 75-mm-Geschütze am stärksten in Mitleidenschaft gezogen worden, und Dautry veranlaßte, daß alles Menschenmögliche getan wurde, um die Fließbänder wieder in Gang zu setzen.

Der Stadtkern mit den Operationszentren, den Ministerien, war unberührt geblieben. Die einzige Ausnahme war das Luftfahrtministerium, das allerdings am Südrand der Stadt, am Boulevard Victor, lag. Botschafter William Bullitt war zufällig in dem Gebäude, da er an einem Essen zu Ehren der amerikanischen Delegation teilnehmen wollte, die in der Stadt weilte, um über eine mögliche Unterstützung der französischen Luftfahrtindustrie zu sprechen. Das Speise- und das Empfangszimmer des Ministeriums befanden sich in der obersten Etage, und Bullitt sowie die anderen Gäste tranken Sherry zum Aperitif, als die Sirenen ertönten. Die amerikanischen Besucher konnten nicht glauben, daß Paris selbst das Ziel war, und traten hinaus auf den Balkon, um sich das Schauspiel anzusehen.

Die erste Bombe traf ein nur hundert Meter vom Luftfahrtministerium entferntes Feld. Eine zweite schlug durch das Dach des Empfangszimmers, das Bullitt und die anderen Gäste soeben verlassen hatten (sie explodierte jedoch nicht). Weitere Bomben fielen auf das Ministerium, und die Tischgäste begaben sich eilends nach unten in den Luftschutzkeller. Eine Wolke von Glassplittern und Gipsbrocken wirbelte auf. Eine Stunde später kamen die Amerikaner und ihr Gastgeber, Luftfahrtminister Laurent-Eynac, wieder aus dem Keller und stellten fest, daß zwei Dienstfahrzeuge auf dem Hof zerstört waren, nicht jedoch Bullitts Limousine. Kurz nachdem er in die amerikanische Botschaft zurückgekehrt war, versicherte er Washington: »Ich bin völlig unverletzt und habe nur meinen Hut und meine Handschuhe verloren, die in diesem Moment dicht neben dem Blindgänger liegen.«

Die Tatsache, daß er dem Tod knapp entgangen war, verdiente eine Schlagzeile:

EINE BOMBE FÄLLT MR. BULLITT ZU FÜSSEN,
OHNE ZU EXPLODIEREN

Die Presse zitierte den Botschafter, der von einer »göttlichen Fügung« sprach, und ging ausführlich auf Bullitts Anruf bei Roosevelt, auf die Rührung des Präsidenten, den Zorn und die Erleichterung des amerikanischen Volkes ein. In sein Privattagebuch schrieb der Korrespondent Alexander Werth allerdings mürrisch: »Man hätte das verdammte Ding eben nicht aus Glas bauen sollen.«

Nicht jeder schaffte es, dem Geschehen so nahe zu sein. Aber der Alarm, das Dröhnen feindlicher Flugzeuge und sogar der ferne Donner sorgten für Menschenaufläufe überall in der Stadt. Es war das erste Ereignis, an das sich alle später erinnerten. André Maurois wohnte in einem der besten Stadtviertel, gegenüber dem Bois de Boulogne. Der berühmte Autor und seine Familie saßen in ihrem Garten gleichsam in der ersten Reihe, während das Drama ablief. »Seht mal, ein Bienenschwarm!« rief eines seiner Kinder, als es die gewaltige Formation feindlicher Flugzeuge vor der strahlenden Sonne erspähte. Maurois und seine Frau dachten, daß die Deutschen den Parisern nur einen Schrecken einjagen wollten (niemand in der Familie hörte Bombenexplosionen). Später, als sie die Nachrichten gehört hatten, besuchten sie die Bombenkrater, die beschädigten und zerstörten Gebäude, die immer noch schwelenden Fabriken.

Als Alexander Werth, der Reporter der *Manchester Guardian*, endlich begriff, was geschehen war, sprang er in ein Taxi, um den Schauplatz zu erreichen, doch er blieb in einem Verkehrsstau am Pont Mirabeau stecken, denn ganz Paris hatte denselben Wunsch wie er. Schaulustige versammelten sich und sahen der Feuerwehr zu, die einen Brand löschte. »Die Schweine, denen werden wir's zeigen!« rief eine alte Frau und schüttelte die Fäuste. Werth bemerkte, daß die Bomben ein Wohnhaus in der Nähe der Avenue de Versailles stark beschädigt und sämtliche Fenster zerschmettert hatten; die Straße war von Glas übersät. Werth entdeckte braune Papierfetzen im Schutt; sie stammten offensichtlich von den Papierstreifen, durch die Fenster vor Explosionen geschützt werden sollten. Aber sie schienen nicht viel zu taugen, wenn die Bomben in der Nähe einschlugen. Vor dem Café Mirabeau, dessen Fenster ebenfalls zertrümmert waren, schütteten Arbeiter einen Bombenkrater zu.

Werth ging weiter zur Rue Poussin. »Ein großes Haus ist völlig
zerbombt«, notierte er. »Die Fassade der drei Obergeschosse ist
verschwunden; das Ganze sieht aus wie ein schlecht geschnitte-
nes Stück Cheddarkäse.« Vor dem Gebäude lag ein Geröllhau-
fen, Bettlaken hingen durch eingestürzte Zimmerdecken, Bilder
hatten keine Wände mehr. Werth mußte an Madrid denken, das
nicht lange zuvor im Belagerungszustand gewesen war.
»Bombenkrater zogen sich durch den eleganten Boulevard
Suchet, wo der Herzog und die Herzogin von Windsor ein Haus
gehabt hatten«, entsann sich der Korrespondent Geoffrey Fox,
»und Hausmädchen in Uniform und Lakaien in Livree kamen
aus teuren Wohnungen, um Kehrschaufeln voll zerbrochenem
Glas und Porzellan in die Gosse zu leeren.«
Fernande Alphandery arbeitete in ihrem Büro in Neuilly, als
der Angriff stattfand. Der britische Eigentümer einer pharmazeutischen Firma, deren Geschäftsführerin sie war, hatte sich
hastig abgesetzt, und sie mußte den sechzig Angestellten helfen,
die Vermögenswerte aufzuteilen, die der Mann für sie hinterlassen hatte. Ihr Hausmädchen rief an und berichtete, eine Bombe
sei neben der Bäckerei an der Ecke gelandet, die zwar nicht
explodiert sei, aber mitten auf der Straße einen Krater aufgeris-
sen habe. Später wurden die benachbarten Wohnhäuser evakuiert, als die Polizei begann, die Bombe zu entschärfen. Fernande
Alphanderys Haus lag dem Citroën-Werk am anderen Seine-
ufer direkt gegenüber, und kein hohes Gebäude verstellte den
Blick auf die Rauchsäule, als Fernande zu ihrer Wohnung zurückkehrte.
Sie war also im Kriegsgebiet, aber das war einfach nur Pech,
wie sie bald feststellte; sie konnte die Grenzen des deutschen
Angriffs mühelos ausmachen, wodurch ihr klar wurde, daß
neunundneunzig von hundert Parisern nichts von dem mittägli-
chen Bombenangriff auf die Stadt ahnten. Sie beschloß, einen
Spaziergang durch die Gegend zu machen und sich die Szene
einzuprägen. An der Rue de Ranelagh stieß sie auf das alte Lycée
Molière. »Gymnasium verwüstet, Räume gesprengt, zusammen-
gebrochene Treppen, klaffende Krater«, schrieb sie in ihr Tagebuch. Das Schuljahr war noch nicht zu Ende, aber das Gebäude
war im Moment des Angriffs offensichtlich leer gewesen.

Eines der deutschen Ziele, ob geplant oder nicht, war das Saint-Denis-Krankenhaus. Dort hatte der oberste Militärchirurg, Professor Louis Digonnet, assistiert von Dr. Pierre Daunois, soeben eine Operation abgeschlossen. Sie hatten sich gewaschen und waren unterwegs zur Offiziersmesse, als die Sirenen aufheulten. Da weit und breit kein Luftschutzkeller zu sehen war, sprangen die beiden Militärärzte in einen Graben neben dem Wachhäuschen am Krankenhauseingang. Hauptmann Digonnet bot Daunois eine Zigarette an; da explodierten zwei Bomben. Die eine neben dem Tor tötete eine Krankenschwester, die ihren Dienst antreten wollte. Die andere Bombe landete vor dem Operationssaal, den die beiden Mediziner ein paar Minuten zuvor verlassen hatten, und zerstörte ihn. Die Druckwelle traf Daunois mitten ins Gesicht, so daß er fast seine Zigarette verschluckt hätte.

Auch General Spears erinnerte sich an den Tag. Er saß hoch über den Champs-Elysées beim Mittagessen mit einem polnischen Grafen, einem langjährigen Mitarbeiter des britischen Geheimdienstes. Die beiden waren über ihre vorzüglichen Gerichte gebeugt, als der Himmel zu grollen begann. Während die anderen Besucher vom Tisch aufstanden, beendeten der Graf und Sir Edward ihr Dessert und traten dann auf den Balkon, beide mit einem Glas hervorragenden Cognac in der Hand. Spears sah keine Bomben, doch am Quai de Javel loderten Flammen, und eine Rauchsäule stieg in den Himmel. Auf den Straßen unter ihnen war kein Zeichen von Panik zu erkennen. Er erinnerte sich an den Ersten Weltkrieg in Paris; damals waren die Bomben eines Tages, während er ebenfalls beim Mittagessen saß, viel näher gelandet.

Wer sich auf der Straße aufhielt, konnte bestätigen, daß an diesem Tag keine Panik ausbrach, jedenfalls nicht im Stadtzentrum. Der junge Professor Henri Quéffelec saß allein beim Essen im Restaurant Mediterranée an der Place de l'Odéon, als die Sirenen ertönten. Niemand verließ seinen Tisch oder wurde dazu aufgefordert. Paul Léautaud hörte sowohl Sirenen als auch Flak und suchte in einem Eingang der Passage Dauphine unweit der Seine Zuflucht. Bald schloß sich ihm ein gutgekleideter Mann an, der wie Léautaud keine Neigung verspürte, sich in einen Keller zurückzuziehen; wie sich herausstellte, war er ein in Frankreich lebender Amerikaner. Léautaud beklagte sich über den Krieg, und der Amerikaner gab zurück: »Was haben Sie und die Briten seit September getan? Nichts. Nur Reden gehalten. Sie hätten Berlin am ersten Tag zerstören sollen.«

Sie hörten eine Explosion, die dem Amerikaner zufolge von einer Bombe ausgegangen war. Eine Stunde verstrich; Léautaud merkte, daß er im Stehen einschlief. Irgendwann beschloß er, sein Büro aufzusuchen. Er beschwerte sich in seinem Tagebuch: »Da all diese Dinge geschehen – meine Katze Poupou ist krank, man führt Krieg, und ich bin gezwungen, mir alles mögliche zu dem Thema anzuhören –, habe ich so wenig Zeit, über meine Literatur und über die Tatsache nachzudenken, daß ich ein französischer Schriftsteller bin, der das Tagebuch seines literarischen Lebens in einer literarischen Zeitschrift veröffentlicht.« Später, als ihm eine frühere Gefährtin, die nun in Sicherheit in der Bretagne war, brieflich mitteilte, sie mache sich Sorgen um ihn, sinnierte er: »Ich glaube, die Dinge sind erschreckender, wenn man sie aus der Ferne sieht, wenn man in der Presse darüber liest. Wer selbst am Schauplatz ist, wartet einfach nur, bis alles vorbei ist.«

Pietro Nenni, der im Exil lebende italienische Sozialistenführer, der im Spanischen Bürgerkrieg gekämpft hatte, beobachtete die deutschen Jagdbomber durch einen Feldstecher, aber er war zu weit von den Zielen entfernt, um zu erkennen, wie schwer der Angriff war. Darüber erhielt er erst am Abend durch die Rundfunknachrichten Aufschluß. Er vertraute seinem Tagebuch an, daß die Zahl – man meldete den Abwurf von tausend Bomben – die Menschen stärker beeindruckt habe als das Ergebnis selbst. Alle hatten das Gefühl, einer tödlichen Gefahr entronnen zu sein. Dadurch beschleunigte sich der Exodus. Es gab keine Panik, doch die Straßen nach Süden – fort von der deutschen Bedrohung – füllten sich nun mit Parisern, die sich den Flüchtlingskolonnen aus dem fernen Norden anschlossen.

Ein anderer Emigrant, der antistalinistische Revolutionär Victor Serge, stand mit seiner Gefährtin auf einem Balkon, während die Flak auf die deutschen Angreifer einhämmerte.

»Bei der Vorstellung, daß in diesem Moment neben uns unschuldiges Blut vergossen wird, wird man von solcher Abscheu erfaßt, daß man an nichts anderes denken kann«, vermerkte er. Später entdeckte er zu seiner Erleichterung, daß die Pariser Bürger ihre Moral nicht verloren hatten. Dank der Sonne hatte die Stadt sogar ihre »Feiertagsstimmung« behalten.

Doch nun stand fest, daß der Exodus immer stärker zunehmen würde. Das offizielle französische Kommuniqué über das Bombardement vom 3. Juni meldete zweihundert Opfer – davon fünfundvierzig Tote – unter der Zivilbevölkerung. Aber die Pariser konnten verschiedene Indizien zusammenfügen, die sie der Wahrheit näherbrachten, und die Wahrheit lautete, daß es 906 Opfer – davon 254 Tote und unter ihnen zwanzig Kinder – gegeben hatte. Diese Tatsache mußte allen Eltern zu denken geben. Der Staat übernahm die Evakuierung von Schulkindern, und die Schulen sollten in Kürze geschlossen werden. Die Zeitungen betonten, daß die Behauptung der Deutschen, sie hätten nur Militärziele angegriffen, nicht der Wahrheit entsprach, denn auch Schulen und Krankenhäuser waren getroffen worden. Die meisten Opfer gab es nicht in Paris selbst, sondern in den nördlichen und nordwestlichen Vororten. Die offiziellen deutschen Kommuniqués sprachen von Flugplätzen und Flugzeugfabriken in der Pariser Region. Die Deutschen behaupteten, 104 französische Maschinen im Gefecht und drei- bis vierhundert weitere auf dem Boden zerstört zu haben. Die deutsche Luftwaffe habe nur neun Flugzeuge verloren.

Der Redakteur Pierre Lazareff, dessen Aufgabe darin bestand, den Mann auf der Straße zu verstehen, war überzeugt, daß der deutsche Luftangriff keineswegs Panik ausgelöst, sondern im Gegenteil die Moral gestärkt habe. Der marxistische Soziologe Georges Friedmann, der damals in einem Militärlazarett außerhalb der Stadt arbeitete, kam zu einem Besuch in die Stadt und notierte ebenfalls in seinem Tagebuch:»Paris scheint nicht demoralisiert zu sein, es ist vielmehr aufgebracht, angeekelt, empört (je nach der Mentalität des einzelnen) ... Die Zerstörung habe die Moral gehoben.«

Um 17.00 Uhr kabelte William Bullitt dem Präsidenten der Vereinigten Staaten, er habe vom Luftfahrtminister erfahren, die französische Regierung glaube, daß der Luftangriff »den Beginn eines systematischen Versuchs kennzeichnet, Paris zu zerstören, und daß wir heute nacht weitere Angriffe erleben werden«. Eine Vorhersage – oder zwei Vorhersagen –, die sich als falsch erwiesen.

Bullitt meldete auch nach Washington, die außerordentliche Präzision der Bombardierung, insbesondere der Punktzielangriff auf das Luftfahrtministerium, scheine anzuzeigen, daß der Feind »auf die eine oder andere Weise« in den Besitz des geheimen, für die U.S. Air Force entwickelten Bombenzielgeräts gelangt sei.

Paul Reynauds Kabinettsekretär Dominique Leca erinnerte sich, daß der Ministerpräsident den Wortlaut des um 18.00 Uhr vom Oberkommando herausgegebenen Kommuniqués bedauert habe, denn darin hieß es, die Deutschen hätten sich auf Militärziele konzentriert. Dadurch würden die Gegner als anständige Soldaten dargestellt, die Opfer unter der Zivilbevölkerung zu vermeiden suchten. (In Wirklichkeit war in dem Kommuniqué des Oberkommandos klar gesagt worden, daß die Deutschen »Paris und die Bevölkerung von Paris« angegriffen hätten. Vielmehr hatte das Kommuniqué des Ministerpräsidenten die Bemerkung enthalten, daß der deutsche Angriff sich »wahrscheinlich auf Militärziele gerichtet« habe.)

Und als der nicht einzuschüchternde Ministerpräsident bereit war, seinen britischen Partner über die Ereignisse des Tages zu informieren, hieß es in seiner Botschaft an Churchill, die bisher geheim war: »Paris, die Pariser Region und ihre Industrieanlagen sind gerade von dreihundert deutschen Flugzeugen bombardiert worden. Eine ähnliche Behandlung der Berliner Region wäre ›sehr zu begrüßen‹.« (Reynaud benutzte die englische Formulierung *greatly appreciated* für den letzten Teil des Satzes.)

Heute können wir auch feststellen, daß die französischen Militärbehörden im voraus über die Bombardierung von Paris unterrichtet waren. Ihre Quelle waren die eigenen Anweisungen des Feindes, die der französische Nachrichtendienst – dank seiner

Fähigkeit, die geheimste aller Chiffriermaschinen, Enigma, zu überlisten – abfangen konnte. Am 27. Mai entschlüsselte die französische Abwehr eine Botschaft der deutschen Luftwaffe über einen umfassenden Luftangriff unter dem Decknamen »Paula«. In den folgenden Tagen gab es weitere Hinweise auf Paula; am 30. Mai wurde deutlich, daß Paula für Paris stand. Ein französischer Abwehroffizier warnte den Luftwaffengeneral Joseph Vuillemin am 1. Juni persönlich vor dem kommenden Angriff, wobei er den Versammlungszeitpunkt und den Versammlungsort der deutschen Luftflotte spezifizierte. Ihm wurde geantwortet, daß sämtliche französischen Jäger unwiderruflich an der Front im Einsatz seien.

Es hätte schlimmer sein können, und heute ist nicht einzusehen, weshalb es nicht schlimmer war. Joseph Goebbels selbst machte sich in seinem Tagebuch hauptsächlich Gedanken über alliierte Vergeltungsangriffe auf Deutschland. »Propagandistisch wollen wir beim ersten Schlag gar nichts machen. Wir wollen sehen, was der Feind macht ...« Man werde auf einen zweiten deutschen Angriff warten und erst dann »eventuell ... mit Mitteln der Panikmache eingreifen«.

Die Aufräumarbeiten nach dem Angriff brauchten Zeit. Die deutschen Bomben hatten sogar die vorzügliche Pariser Métro beeinträchtigt, denn ein Tunnel zwischen den Stationen Chardon-Lagache und Mirabeau war beschädigt worden. Aber Raoul Dautry konnte voller Stolz melden, daß die nahegelegene Citroën-Fabrik vierundzwanzig Stunden nach dem Angriff ihre Produktion wieder aufgenommen habe.

Am nächsten Morgen enthielt der Bericht von *Le Figaro* über die Bombardierung zwei weiße Blöcke, die anzeigten, daß die Militärzensur nicht alles durchgehen ließ. In der Wirtschaftsspalte hieß es, der Arbeitstag der Pariser Börse sei durch den deutschen Angriff »merklich verkürzt« worden. »Der Markt war träge, und nur wenige Aktien bildeten Ausnahmen von der Regel.« Die Notierungen von Goldbergwerken waren eine der Ausnahmen, denn sie stiegen am 3. Juni.

Dieselbe Zeitung hatte einige aus der Erfahrung gewonnene Lektionen zu bieten. Der Mut der Pariser sei bewundernswert gewesen, schrieb ein Redakteur, doch sie seien zu oft bereit, ein Risiko einzugehen. Zu viele Menschen hätten an den Fenstern gestanden und zu viele – gerade jene, von denen ein Beispiel an Disziplin zu erwarten sei – auf ihren Balkons. Es habe zu viele Menschen auf den Straßen gegeben und zu viele, die meinten, in einem Hauseingang Schutz finden zu können. Kluge Pariser, erklärte *Le Figaro*, verließen die Straßen, zögen ihre Jalousien zu und säßen in ihren Kellern. Zudem seien viele Pariser nach dem Angriff zum Schauplatz der Bombardierung geeilt und hätten die Polizei und die Feuerwehr behindert. Nicht alle Bomben explodierten sofort; man dürfte sich nicht zusammen-scharen, wenn man nicht sicher sei, ob die Explosion stattgefunden habe.

Kurz darauf wiederholte *Le Figaro* die Warnung: »Schließen Sie die Jalousien und öffnen Sie die Fenster. Stellen Sie Gas- und Elektrizitätszähler ab. Tragen Sie eine Gasmaske und einen Ausweis bei sich. Ziehen Sie nachts einen Mantel an und nehmen Sie eine Decke mit.« Das war noch längst nicht alles: Man solle auf der Treppe in den Schutzkeller keine Taschen-lampe anknipsen; wenn man auf der Straße überrascht werde, solle man sich, mit dem Gesicht nach unten, flach auf den Boden legen, zur Not auch in der Gosse. Für das Verhalten im Luft-schutzkeller habe zu gelten: »Gehen Sie nicht herum, sprechen Sie nicht unnötig, rauchen Sie nicht, nehmen Sie keine Haustiere mit in den Keller.«

Einer derjenigen, die den verstärkten Exodus der Pariser beob-achteten, war Ilja Ehrenburg. Man gestattete ihm immer noch nicht, nach Moskau zurückzukehren. Schließlich kam der Tag, an dem seine Frau und er allein in ihrem Etagenhaus an der Rue de Cotentin waren. Mittlerweile hatte sich in Moskau das Gerücht verbreitet, Ehrenburg habe eine Rückkehr abgelehnt. Er konnte dieses Gerücht nicht ausräumen, da die Verbindun-gen zur sowjetischen Hauptstadt seit langem unterbrochen waren.

»Lange Autoschlangen – mit Matratzen auf den Dächern – erstreckten sich bis zur Porte d'Italie und zur Porte d'Orléans«, notierte der Russe. »Alle sagten, die Deutschen kämen näher.«

Später stellten Wissenschafter sich die Frage, was die plötzliche Flucht der Pariser ausgelöst hatte. Kein Befehl oder Erlaß war veröffentlicht worden. Und während es den Anschein hatte, daß die Zahl der ersten Abreisenden durch die Ankunft von Verwandten und Freunden aus dem ungeschützten Nordostfrankreich aufgewogen wurde, waren die Straßen nach dem 3. Juni deutlich leerer. Sogar Bewohner der Vororte knapp außerhalb der nördlichen Stadttore strömten in die Innenstadt. »Alles kommt durch Paris«, berichtete der Rathausbeamte Eugène Depigny. »Die Bewegung verstärkt sich von Stunde zu Stunde, die Menge erregt sich, läßt eine Art krankhafter Angst, Irrationalität, Panik erkennen; eine Fluchtpsychose entwickelt sich.« Dieser pedantische Mann verzeichnete sämtliche Fahrzeugtypen, die von den fliehenden Parisern benutzt wurden: Automobile, Lastwagen aller Art, Pferdekutschen, Karren, Taxis, Lieferwagen, Handwägelchen, Rollwagen, Gefährte von Kaffeeverkäufern, Heuwagen.

Unterdessen ging der Exodus aus dem Norden weiter: in die Stadt und durch sie hindurch. Sylvia Beach, die amerikanische Buchhändlerin, die eine »verlorene Generation« von Amerikanern und Briten ermutigt hatte, hielt ihren Buchladen Shakespeare & Company an der Rue de l'Odéon geöffnet. Das Geschäft war nur ein paar Minuten vom Boulevard Saint-Michel entfernt, der Hauptflüchtlingsroute nach Süden. Miß Beach und ihre Kollegin Adrienne Monnier betrachteten die traurige Prozession durch einen Tränenschleier; am heftigsten rührte sie der Anblick von Viehwagen, die mit Haushaltsgegenständen, mit Kindern, Alten und Kranken, mit schwangeren Frauen und Müttern mit Säuglingen, mit Hühnern in Käfigen, mit Katzen und Hunden vollgeladen waren. Manchmal machten Bauern am Jardin du Luxembourg halt, um ihre Kühe grasen zu lassen.

Marcel Duhamel, damals ein junger Filmschauspieler, schloß sich Freunden auf dem Weg in weniger unsichere Gefilde an und stellte fest, daß sich alle, die Paris verließen, für die Hauptverkehrsstraße, die Route Nationale 6, entschieden – entweder weil sie ihrem Herdentrieb folgten oder weil sie vor Angst nicht klar denken konnten.

Raymond Martin arbeitete als Ingenieur in einer Forschungsabteilung der französischen Eisenbahn, als man ihn Anfang Juni
in die regionale Verwaltungszentrale für Südwestfrankreich
versetzte, die in der Gare d'Austerlitz – an der Seine im östlichen
Paris – untergebracht war. Von hier aus fuhren die Züge nach
Tours, Limoges, Bordeaux, Toulouse, Montluçon und Béziers,
also in eine weit von Deutschland und Italien entfernte Gegend.
Das französische Eisenbahnsystem war in fünf Regionalnetze
unterteilt, die man 1938 zu einer einzigen öffentlich-rechtlichen
Körperschaft zusammengefaßt hatte. Jede Region wurde von
einem der Pariser Hauptbahnhöfe aus verwaltet. Raymond
Martin sollte eine der beiden Einsatzgruppen in der regionalen
Verwaltungszentrale an der Gare d'Austerlitz leiten, die wegen
der Massenflucht der Pariser Bevölkerung eingerichtet worden
waren. Ein reibungsloser Zugverkehr mußte aufrechterhalten
werden – es fuhren mehr Züge als je zuvor. Dies war die
Aufgabe der Einsatzgruppen, die einen zwölfstündigen Arbeitstag absolvierten. Sobald ein Zug voller Flüchtlinge sein Ziel in
der Provinz erreicht hatte, kehrte er leer zur Gare d'Austerlitz
zurück; Fahrpläne galten nicht mehr. Martin und seine Inspektoren wurden ständig an die Dringlichkeit ihrer Aufgabe erinnert, die abreisewilligen Pariser standen in einer vier oder fünf
Menschen breiten Schlange vom Warteraum bis hinaus auf den
Boulevard de l'Hôpital.

Martin teilte sich ein Feldbett und ein Waschbecken mit einem
anderen Teamchef. Das Personal durfte nach Hause gehen,
doch die beiden Chefs mußten Tag und Nacht im Bahnhof bleiben, damit der eine den anderen im Notfall ablösen oder unterstützen konnte (und es gab etliche Notfälle). Sie konnten in einer
Kantine zu Mittag essen, die von Nonnen aus einem in der Nähe
liegenden Kloster betrieben wurde (und deshalb Vatican Palace
hieß). Zum Abendessen besuchten sie gewöhnlich eines der
Bistros in der Nähe, die freilich im Laufe der Tage immer weniger wurden. In den letzten Stunden des Exodus mußte Martin
sogar bis zur Rue Mouffetard gehen, um ein Restaurant zu
finden.

An dem Tag, an dem die Einsatzgruppen ihren Auftrag erhielten, mußten sie feststellen, daß weder die Regierung noch die

Eisenbahn über einen Evakuierungsplan verfügte, jedenfalls nicht für die Zivilbevölkerung, denn damit hätte man ja die Möglichkeit einer militärischen Niederlage zugegeben. Martin erhielt je nach den Umständen neue Anweisungen, zum Beispiel, wenn ein Zug für die Verlegung einer Behörde, wozu man eine gewisse Zahl von Passagier- und Güterwaggons benötigte, bereitgestellt werden mußte. Um den gewöhnlichen Reiseverkehr von den Regierungsfahrten zu trennen, benutzte man für letztere in der Regel Güterbahnhöfe.

Bald merkten die Männer an der Gare d'Austerlitz, daß jede Behörde eigene Pläne hatte, die nicht unbedingt mit denen der anderen abgestimmt waren. Deshalb stellte man in der Zentrale eigene Evakuierungspläne für wichtige Ziele wie Tours (oder – jenseits davon – Bordeaux und La Rochelle), Limoges (mit Toulouse und Périgueux), Bourges und das Zentralmassiv auf. Von den Hauptbahnhöfen an jeder Strecke erfuhr man, wieviele Flüchtlinge die jeweiligen Orte noch aufnehmen konnten.

Jedenfalls versuchte niemand, die Pariser in der Stadt festzuhalten. Selbst als sich herausgestellt hatte, daß die Hauptstadt nicht verteidigt und folglich nicht zum Schauplatz heftiger Gefechte werden würde, bleib die Zahl der Reisewilligen unverändert. Gegen Ende ließ die Einsatzgruppe die Züge immer kürzere Strecken fahren, so daß sie schneller wieder zurück waren und mehr Menschen aus der Hauptstadt fortbringen konnten. Zwar kamen die Passagiere nicht mehr so weit, wie sie gehofft hatten, doch schien das den meisten nichts auszumachen – ohnehin wußten sie nicht, wohin sie wollten, nur fort, Richtung Südwesten.

Raymound Martin und seine Männer lebten wie Mönche: Paris war für sie nur noch der Blick aus dem Bürofenster auf die Bahnsteige.

Das Schulsystem hatte offensichtlich seine eigene Tagesordnung, was vielleicht zur Wahrung der öffentlichen Ruhe beitrug. Die Gymnasiallehrerin Simone de Beauvoir zum Beispiel wäre sehr gern nach Süden gefahren, um ihrem Gefährten Jean-Paul Sartre näher zu sein, als seine Einheit den Befehl zum Rückzug erhielt. Aber sie war in erster Linie Lehrerin. Nach dem Luftangriff vom 3. Juni verließen ihre engsten Freunde die Stadt, aber sie mußte mindestens noch eine Woche in Paris ausharren, denn am 10. Juni sollte sie das *baccalauréat*, die Reifeprüfung nach dem letzten Schuljahr, beaufsichtigen. Und so saß sie im Café du Dôme am Boulevard de Montparnasse und dachte über ihre Lage nach: Wenn die Deutschen kamen, würde sie in der Hauptstadt gefangen sein. Aber finanziell wie moralisch blieb ihr nichts anderes übrig als abzuwarten.

Am 3. Juni – nur Stunden bevor die deutschen Bomber am Himmel von Paris auftauchten – öffnete die Sorbonne ihre Tore zu einer außerplanmäßigen Prüfung für junge Männer, die zum Militärdienst einrücken mußten. Rund zweihundertfünfzig Kandidaten traten zur *licence* an, dem niedrigsten akademischen Grad, und fünfunddreißig zum *diplôme*, dem höheren Studienabschluß, in klassischer Philologie (Französisch, Griechisch, Latein).

»Ein Spionagewahn ist ausgebrochen«, begann Peter Fontaines Tagebucheintrag. »Polizisten halten Passanten auf den Straßen an, um ihre Papiere zu kontrollieren.« Der belgisch-russisch-internationale Revolutionär Victor Serge machte den aggressiven Innenminister Mandel für die strengen Maßnahmen verantwortlich; Serge sprach von der »Säuberung von Paris«. Er beschrieb eine regelrechte Aushebung, bei der Gendarmen mit Helm und Karabiner Studentencafés am Boulevard Saint-Michel umringten; Ausländer ohne ordnungsgemäße Papiere wurden in Lastwagen abtransportiert. Viele seien Flüchtlinge vor den Nazis gewesen, notierte Serge, »denn die anderen Ausländer haben natürlich vorschriftsmäßige Dokumente«. Er fürchtete, daß es neue Gefängnisse für Antifaschisten in dieser Französischen Republik geben werde, der letzten Hoffnung auf dem europäischen Kontinent, die »jetzt zugrunde geht und den Kopf verliert«.

Arthur Koestler war eines der Opfer: in den Augen der Nazis behaftet mit allen denkbaren Fehlern – er war Osteuropäer, Jude und ehemaliger kommunistischer Propagandist. Zu Beginn des Krieges wurde er festgenommen und interniert. Man ließ ihn im Januar 1940 frei, doch er mußte sich regelmäßig bei der französischen Polizei melden. Währenddessen schrieb er den Roman *Sonnenfinsternis*, eines der wirkungsvollsten antistalinistischen Bücher, die je veröffentlicht wurden. Während die Deutschen auf Paris vorrückten, wurde er wiederum festgenommen, doch es gelang ihm durch ein Täuschungsmanöver, aus dem Internierungslager zu entkommen. Er versteckte sich in der Pariser Wohnung von Sylvia Beachs Freundin Adrienne Monnier und dann im örtlichen PEN-Zentrum, bevor er nach Süden flüchtete. Diesmal trat er in die Fremdenlegion ein, wodurch er eine Fahrkarte nach Nordafrika und in die Freiheit erhielt.

Im weiteren Tagesverlauf besuchte der Journalist Alexander Werth das feudale Hotel Meurice an der Rue de Rivoli, wo ein Empfang für Alfred Duff Cooper, Churchills Informationsminister, gegeben wurde. Werth kam auf das Thema der Fünften Kolonne zu sprechen: Ob es etwas Derartiges in Großbritannien gebe? Auch England habe seine Nazis, erwiderte Duff Cooper, doch die britische Moral sei gesünder als die Einstellung, die er in Paris beobachten könne.

28

Dienstag, 4. Juni

Auf einer inoffiziellen Pressekonferenz wurde Präsident Roosevelt von einem Korrespondenten des Weißen Hauses gefragt, ob er einen Kommentar zur Bombardierung von Paris abzugeben habe.

Der Präsident schüttelte den Kopf, sagte aber immerhin: »Außer, daß ich mich sehr freue, weil der Herr seine Hand über Bill Bullitt hält.«

Paris hatte sich in einer Hinsicht verändert: Es war ruhiger geworden. »Man bewegt sich nur noch zu Fuß fort, und jeder bleibt in seinem Viertel«, bemerkte der junge Verleger Maurice Kahane. Die Stadt sei ein Venedig auf trockenem Boden, ein Venedig ohne lärmende Motorboote. Von seinem Dachfenster aus konnte er die leeren Straßen sehen, auf denen nur hin und wieder eine unerschrockene Hausfrau einen Einkaufskorb in der Hand, den Kampf gegen das Schweigen aufnahm. Man könne nur die »Stille hören und die Schwalben, die in der reinen Luft ihre Kreise ziehen«.

Kahane, der einen britischen Vater hatte, fiel noch etwas anderes auf: Englisch, allgemeine Umgangssprache in den Cafés nur einen Monat zuvor, war wieder eine fremde, ja eine unbekannte Sprache geworden.

Sogar an der Börse herrschte Ruhe. Der Tag nach dem Luftangriff war so normal, wie man es sich nur wünschen konnte. Dem Wirtschaftsredakteur von *Le Matin* zufolge gab es kaum etwas über die Pariser Börsensitzung zu berichten, denn sie habe unter »völlig banalen Bedingungen« stattgefunden. Nicht einmal Aktien, die ein Mittelmeerkrieg durchaus beeinträchtigen konnte, fielen; einige stiegen sogar.

Die Zeitung enthielt dieselben Anzeigen wie immer, obwohl

manche Formulierung sich auf das aktuelle Geschehen bezog. In einem Inserat hieß es: DER OPTIMIST TRINKT CINZANO. In kleinerer Schrift wurde den Lesern versichert, daß die zur Herstellung des Apéritifs verwendeten Weine ausschließlich aus Frankreich stammten.

SIE SIND VERBITTERT UND NIEDERGESCHLAGEN, stand in einer anderen Anzeige. SIE SEHEN ALLES NUR SCHWARZ! CARTERS KLEINE LEBERPILLEN SCHAFFEN ABHILFE. Ein drittes Inserat warb für Diättabletten – anscheinend gab es im Juni immer noch übergewichtige Frauen.

Der Journalist Alexander Werth recherchierte über den Angriff am Vortag. Auf der üblichen Pressekonferenz im Kriegsministerium hörten Reporter die offizielle Version der Ereignisse, aber sie tauschten auch inoffiziellen Klatsch miteinander aus. Die ausländische Presse war offensichtlich beeindruckt von der deutschen Luftmacht und der Schnelligkeit des Angriffs. Der offizielle Sprecher bestätigte die früheren Berichte, daß der Feind »hauptsächlich« Militärziele in und um Paris attackiert habe, doch bei seiner Flughöhe habe nicht ausbleiben können, daß auch nichtmilitärische Ziele beschädigt wurden. Die Zahl der Opfer belief sich nun auf 254 Tote, davon 195 Zivilisten, sowie auf 652 Verletzte, davon 545 Zivilisten. Zwei Wochen zuvor waren die deutschen Stützpunkte fast vierhundert Kilometer von der Stadt entfernt gewesen. Nun waren sie sehr nahe, »nicht weiter von Paris entfernt als Calais von London«, dachte Werth. Außerdem war er der Meinung, daß die Art und Weise, wie die Angreifer ihren Bombenflugzeugen Jagdschutz gegeben hätten, den Briten als Lektion dienen könne.

Joseph Goebbels hatte seine eigene Einschätzung des Angriffs vom 3. Juni. Er freute sich, weil Paris anerkannte, daß die Deutschen nur militärische Ziele bombardiert hatten. Doch die Briten hätten anders reagiert, fügte er hinzu, hätten von barbarischen Methoden gesprochen und Vergeltungsmaßnahmen verlangt (weil, wie Goebbels spottete, London für deutsche Bomber weniger leicht zu erreichen sei). In seinem Tagebuch steht:

In Amerika zwar einige Empörungsausbrüche, aber nicht so stark, wie ich sie erwartet hatte. In diesem Krieg ist alles umgekehrt. Botschafter Bullitt, der beinahe getroffen worden wäre, läßt sich als Held feiern, und Duff Cooper, der gerade in Paris frühstückte, erzählt am Rundfunk, wie lange er auf das Essen warten mußte. Die sind alle geradezu polizeiwidrig dumm.

Die Pariser zogen ebenfalls ihre eigenen Schlüsse: »Beim nächsten Mal werde ich in den Keller gehen«, lautete die Überschrift eines Presseberichts; die Sprecherin war eine Frau, die sich nicht rasch genug in den Keller begeben und deshalb Verletzungen davongetragen hatte. Man begann in Paris, die Zivilschutzmaßnahmen zu überprüfen. Zum Beispiel hatte eine Zivilschutzeinheit, die für die Gegend um den Militärkomplex Hôtel des Invalides verantwortlich war, Inspektoren auf das Dach eines elfstöckigen Gebäudes geschickt, damit sie sich überzeugen konnten, welchen Anblick die Stadt aus der Sicht feindlicher Maschinen bot. Die Inspektoren entdeckten, daß überall im Hauptquartier im Hôtel des Invalides Lichter brannten. Militärbefehlshaber Héring wurde alarmiert und gewarnt, daß man die Schuldigen in solchen Fällen finden und bestrafen werde.

Auch die Metro-Stationen, die als Luftschutzkeller dienten, wurden inspiziert. Bereits im Dezember 1939 war bei einer vertraulichen Untersuchung festgestellt worden, daß zwei Stationen genau im Stadtzentrum, Place Saint-Michel und Ile de la Cité, im Fall eines Luftangriffs gefährdet wären; man hatte Maßnahmen getroffen, um die Eingänge nach einem Alarm rasch schließen zu lassen. Einen Monat später wurde der Liste eine Reihe anderer U-Bahn-Stationen hinzugefügt. Noch am 2. Juni zeigte die Überprüfung von fünf Stationen, daß nur eine genug Personal hatte, um eine große Anzahl von schutzsuchenden Menschen unterzubringen: Porte-de-Vanves konnte 3500 Personen aufnehmen. Aber in der Metro-Station unter der Gare d'Austerlitz, die, wenn vollbesetzte Vorortzüge eintrafen, vielleicht zehntausend und mehr Pendlern Unterschlupf bieten mußte, gab es keine sanitären Anlagen und nur zehn Polizisten und fünf Soldaten, um die Ordnung aufrechtzuerhalten.

»Wir führen hier ein recht sorgenvolles und aktives Leben«
schrieb Philippe Pétain seiner Frau (die damals noch an der
Botschaft in Madrid arbeitete). Er wohnte in Paris bei Freunden, pflegte ein Junggesellendasein und ging zum Essen in ein
bescheidenes Restaurant in der Nachbarschaft – »aber die Preise
haben sich verdoppelt«.

Am 4. Juni sparte er das Geld für das Mittagessen, denn er war
beim amerikanischen Botschafter in dessen offizieller Residenz
an der Place d'Iéna zu Gast. Sie tranken ihren Kaffee im Garten.
Plötzlich fragte Pétain den Botschafter, ob die französische
Regierung Roosevelt je mitgeteilt habe, wie schlimm die Situation wirklich sei. Bullitt erwiderte, er sei der Ansicht, daß
Reynaud und Daladier sich stets freimütig äußerten.

Aber Roosevelt, meinte der Marschall, solle doch wissen, was
er, Pétain, denke. Die Deutschen seien den Franzosen nicht nur
hinsichtlich der Truppenstärke drei zu eins, sondern auch in der
Luft hoffnungslos überlegen – und die Luftmacht werde über
den Ausgang des Krieges entscheiden. Bald würden die Deutschen an der Somme und bei Laon und Reims angreifen, doch
die Franzosen hätten ihnen nichts als ihren Mut entgegenzuset-
zen. Der Marschall erwarte – und dies müsse Roosevelt mitgeteilt werden –, daß der Feind die Somme und den Unterlauf der
Seine überqueren und Paris einkreisen werde. Eine weitere
Komplikation bestehe darin, daß Italien demnächst den Krieg
erklären werde und daß Frankreich einfach keine Flugzeuge
habe, um sich gegen italienische Angriffe zu verteidigen. Italien
könne die französischen Alpen mühelos einnehmen. Schlimmer
noch, die Briten hielten sich mit der Unterstützung Frankreichs
zurück und beharrten darauf, zuerst ihre Truppen bei Dünkirchen einzuschiffen; und da sie nun weniger Soldaten auf französischem Boden hätten, brächten sie weniger Flugzeuge als
früher zum Einsatz.

In seinem Bericht an Roosevelt faßte Bullitt Pétains Haltung
den Briten gegenüber zusammen:

Unter diesen Umständen sehe er sich zu der Auffassung genötigt, daß es die Absicht der Briten gewesen sei, die Franzosen
ohne Hilfe bis zum letzten Tropfen französischen Blutes

kämpfen zu lassen ... und daß die Briten mit großen Truppen-
kontingenten auf britischem Boden, sehr vielen Flugzeugen
und einer beherrschenden Flotte nach sehr kurzem Widerstand oder sogar ohne jeden Widerstand einen Kompromiß-
frieden mit Hitler schließen würden, der sogar eine britische
Regierung unter einem britischen Faschistenführer zur Folge
haben könnte.

Zweifellos hatte Pétain für die Alliierten jenseits des Kanals
wenig übrig. Der Marschall erklärte, er werde diese Gedanken
am nächsten Tag vor dem Obersten Kriegsrat wiederholen.
Wenn die Briten keine Flugzeuge und keine angemessenen
Truppenverstärkungen entsandten, warnte Pétain, würden sich
die Franzosen selbst – ohne Rücksicht auf Großbritannien – mit
Deutschland einigen. Bullitt meldete Roosevelt: »Er fügte
hinzu, es sei vom Standpunkt irgendeiner französischen Regierung aus nicht fair, wenn sie den Briten gestatte, sich völlig
gefühllos und egoistisch zu verhalten, während sie gleichzeitig
die Opferung jedes kampffähigen Franzosen fordere.«
    Pétain traf sich an diesem Tag auch mit Reynaud, sagte
aber kein Wort über einen Waffenstillstand. »Er hat es nicht
gewagt!«, vertraute Reynaud seinem Berater Dominique Leca
an. »Entweder hat der Alte doch noch einen Funken patrioti-
scher Scham, oder die Fernsteuerung seiner Drahtzieher
versagt.«
    In London stand Winston Churchill vor dem Parlament, um
Bericht über die Evakuierung von Dünkirchen zu erstatten.
»Ein armseliger Sieg«, sagte er, denn »Kriege werden nicht
durch Evakuierung gewonnen«. Er wandte sich der Möglichkeit
einer Invasion der Britischen Inseln zu. Die Briten seien bereit
und würden »ihren Heimatboden bis zum letzten Mann verteidigen«.

... wir werden in Frankreich kämpfen, wir werden auf den
Meeren und Ozeanen kämpfen, wir werden mit wachsender
Zuversicht und zunehmender Stärke in der Luft kämpfen, wir
werden unsere Insel verteidigen, was immer es uns auch
kosten möge, wir werden auf den Dünen kämpfen, wir werden

230

auf den Landungsplätzen kämpfen, wir werden auf den Feldern und in den Straßen kämpfen, wir werden auf den Hügeln kämpfen; wir werden uns niemals ergeben ...

Und sollte der Feind dennoch siegreich sein, so versprach er:

... dann würde unser Weltreich jenseits der Meere, bewaffnet und beschützt von der britischen Flotte, den Kampf fortführen, bis – soweit es Gott gefällt – die Neue Welt, mit all ihrer Kraft und Macht, vortritt zur Rettung und Befreiung der Alten Welt.

Peter Fontaine, der Engländer in Paris, der einen letzten Blick auf die Stadt warf, spürte den Groll darüber, daß die französischen Soldaten am Strand warten mußten, während britische Truppen in Dünkirchen eingeschifft wurden. »Ich habe allmähliche Risse in der Entente bemerkt«, schrieb er in sein Tagebuch. »Kleine Nadelstiche zuerst.« Man verglich auch den Sold der französischen Soldaten mit dem der Tommys.

Ähnliches hörte Alexander Werth von seiner Zimmerwirtin, einer ansonsten fröhlichen Seele. Frankreich werde von den Briten im Stich gelassen, meinte die Frau. »Nachdem sie die Kanalhäfen verloren hätten, seien sie nicht mehr so interessiert an Frankreich, sagt sie. Daran ist etwas Wahres; und das französische Volk spürt es instinktiv – auch ohne Andeutungen des *Paris Soir*.«

29

Mittwoch, 5. Juni

Bei Sonnenaufgang begann die entscheidende Phase der
Schlacht um Paris und um das französische Kernland. Nach
mehreren fehlgeschlagenen Gegenangriffen durch die vereinten
französischen und britischen Streitkräfte – das letzte Unternehmen war ein verzweifelter Vorstoß gegen einen deutschen Brük-
kenkopf bei Abbeville – waren nun die Deutschen an der Reihe.
Sie rückten mit sechs Panzerdivisionen bei Amiens und Péronne
gegen die Verteidigungsstellung an der Somme vor, und die
erste Welle der Angreifer erreichte das Oise-Tal und den Unterlauf der Seine, von wo aus der Ansturm auf Paris eingeleitet
werden konnte.

General Weygand teilte Reynaud die schlechte Nachricht
telefonisch um sieben Uhr morgens mit und setzte dann einen
Tagesbefehl auf, der seinen Pessimismus verbarg:

Die Schlacht um Frankreich hat begonnen.
   Der Befehl lautet, unsere Positionen ohne einen Gedanken
an Rückzug zu verteidigen.
   Offiziere, Unteroffiziere, Soldaten der französischen
Armee, möge der Gedanke an unsere verwundete Heimat den
unerschütterlichen Entschluß in euch wecken, dem Feind
standzuhalten ...

Nachdem Weygand die letzten Informationen erhalten hatte, tat
er, was nötig war, um mit dem Feld Verbindung aufzunehmen: Er
fuhr zu General Georges' Gefechtsstand in La Ferté-sous-Jouarre.
Der Oberbefehlshaber war sich über die Bedürfnisse seiner Truppen im klaren, und er drängte Georges, »nichts zu unterlassen:
Appelle, Ermutigung, Belohnungen«, was »Entschlossenheit,
Wetteifer und Hartnäckigkeit« aufrechterhalten könne.

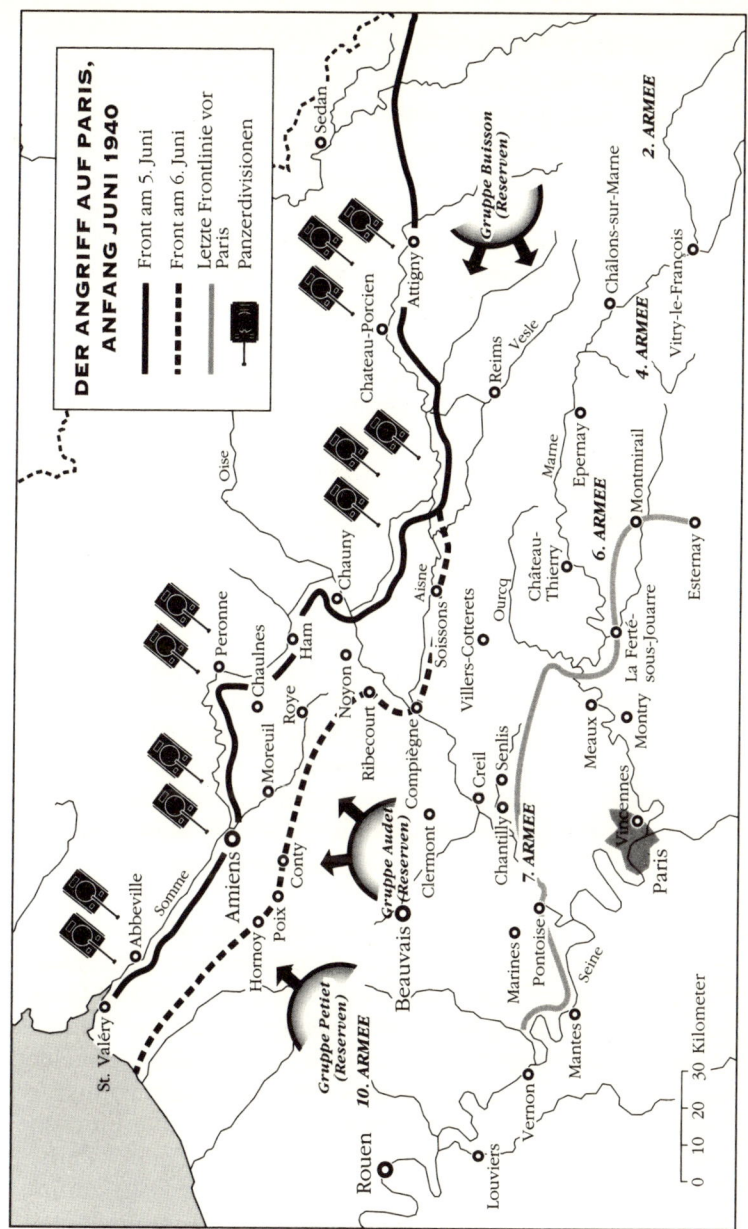

Karte: »Die Schlacht um Frankreich …«

Auf der einen Seite: ein Feind, den nichts aufzuhalten schien, der bereits rund vierzig alliierte Divisionen so gut wie ausgelöscht und sich nun nach Süden gewandt hatte, um die restlichen Divisionen niederzuwerfen. Hinter der Front wartete eine deutsche Reservearmee darauf, den Erfolg zu nutzen. Auf der anderen, der französischen Seite: eine hastig improvisierte Verteidigungslinie, bemannt mit schwachen, erschütterten Einheiten. Das Wunder war, daß die Franzosen trotzdem so gut kämpften. Die Blitzkriegtaktik – unter Einsatz von Panzern und Flugzeugen – schien die Männer nun weniger leicht aus der Fassung zu bringen. Infanteristen und ihre guten Geschütze, vor allem die berühmten 75-mm-Kanonen, sorgten dafür, daß sich die besten deutschen Truppen jeden Kilometer an der Somme zwischen Amiens und Péronne teuer erkaufen mußten.

Alles deutete darauf hin, daß die schlimmsten Befürchtungen berechtigt waren. Zum Beispiel erschien an den Pariser Mauern folgendes Plakat:

Der Militärbefehlshaber von Paris appelliert an die Wachsamkeit der Bevölkerung. Sie wird angehalten, die Militärbehörden, die Gendarmerie und die Polizei unverzüglich über die Anwesenheit von Fallschirmspringern oder die Landung feindlicher Flugzeuge vor der Stadt sowie über das Auftauchen verdächtiger Personen in der Nähe von Militäranlagen, Fabriken, Brücken und Tunnels zu unterrichten.

»Alles riecht nach Niederlage«, bemerkte ein aktiver Offizier, der an diesem Tag aus dem Elsaß zurückbeordert worden war, um die Funktion des Stabschefs der Pariser Region unter General Dentz zu übernehmen. Nachdem sich Oberst Georges Groussard im Hauptquartier im Hôtel des Invalides gemeldet hatte, benutzte er den Nachmittag zu einer Besichtigung der großen Boulevards. Natürlich entging ihm die ununterbrochene Kolonne von Privatwagen nicht, die nach Süden rollte – Pariser Bürger, die aus der Stadt flohen. Und diejenigen, die zurückblieben – entweder aus Pflichtgefühl oder weil sie fürchteten, zuviel zu verlieren –, hatten ernste Mienen.

Groussard wurde erst am selben Abend von General Dentz empfangen. Er kannte seinen Vorgesetzten gut und war überrascht über dessen verändertes Äußeres: Dentz war sichtlich erschöpft und entmutigt. »Ich rechne mit dem Schlimmsten«, gestand der General. Dentz hatte die Aufgabe, die Ordnung innerhalb der Stadt aufrechtzuerhalten, doch Groussard war beunruhigt über die absurde Organisation in der Pariser Region. Das Militärkommando, in Friedenszeiten eine weitgehend symbolische Einrichtung, hatte durch den Krieg konkrete Aufgaben erhalten. Als Kommandeur der Region Paris würde sich Dentz zwar die Verantwortung für die Stadt mit dem Militärbefehlshaber teilen, doch diesem unterstellt sein. Zudem erschien Groussard der Verteidigungsplan für die Hauptstadt als »ein Meisterwerk der Unlogik«. Für die Außenverteidigung war ein General zuständig, dem die Region, das heißt General Dentz, vorgesetzt war, doch die Innenverteidigung oblag dem Militärbefehlshaber, der nicht einmal einen eigenen Offiziersstab hatte.

Während Groussard die Akten sichtete, stieß er auf einen weiteren Grund zur Unruhe: Befestigungen, die seit langem hätten gebaut werden müssen – nämlich während der durch den Sitzkrieg gebotenen Atempause –, wurden erst jetzt errichtet. Natürlich war es dafür zu spät. Zwar hatte man Arbeitskräfte, aber sie konnten nicht rasch genug zu den Verteidigungslinien transportiert und dort auch nicht ernährt werden; außerdem fehlte es an Aufsichtspersonal. Diese Armee aus nicht einsetzbaren Arbeitern trug nur dazu bei, die Aufgabe der eigentlichen Armee zu erschweren.

Die Tagespresse informierte die Pariser über das Unterhaltungsprogramm des Abends. Die Oper zum Beispiel gab *Thaïs*, Massenets Werk nach einer Erzählung von Anatole France über eine fromm gewordene ägyptische Kurtisane. Die Comédie-Française hatte Ruhetag, doch für den 6. Juni war *Le Cid* angekündigt; das Odéon am gegenüberliegenden Seine-Ufer hatte *Andromaque* und *Le Médecin malgré lui* auf dem Plan. Zwei private Bühnen, das George VI und L'Œuvre, sowie die Kabaretts Le Bœuf sur le Toit und Ciro waren ebenfalls geöffnet. Im

235

Kino konnte man sich Leslie Howard in *Pygmalion* und Greta Garbo in *Ninotschka ansehen*. Insgesamt gab es noch dreizehn Filme in der englischen Originalfassung, darunter *Stürmische Höhen* und *Der Glöckner von Notre Dame*. (*Goodbye, Mr. Chips* lief in synchronisierter Fassung.)

EDELSTEINE UND SCHMUCK BLEIBEN IN FRANKREICH! Diese Schlagzeile in *Le Matin* schien für eine gute Nachricht zu stehen, doch in Wirklichkeit war sie als Warnung gedacht, denn ein neues Gesetz verbot die Ausfuhr von Gold, Platin, Silber, vergoldetem Silber und Schmuckstücken aus Frankreich.

Nachdem Weygand General Georges verlassen und im Hauptquartier haltgemacht hatte, um sich die jüngsten Nachrichten geben zu lassen, befahl er seinem Chauffeur, ihn zur täglichen Besprechung unter Vorsitz des Ministerpräsidenten Reynaud in seiner Zweitfunktion als Kriegsminister in die Rue Saint-Dominique zu fahren. Den dort Versammelten teilte der Oberbefehlshaber mit: Seiner Meinung nach beabsichtigten die Deutschen, die noch verbliebenen französischen Reserven ins Oise-Tal zu locken und dann gleichzeitig am Unterlauf der Somme, in Richtung Le Havre und Rouen sowie im Gebiet von Rethel, in Richtung Marne anzugreifen. Er wäre nicht überrascht, sagte er, wenn der Feind einen Frontalangriff auf Paris vermeide, es im Osten und Westen umgehe und auf einen Sammelpunkt in Orléans – ungefähr hundert Kilometer südlich der Hauptstadt – zusteuere.

Man habe sich auf den schlimmsten Fall vorzubereiten, erklärte Reynaud. Die Regierung müsse sich weigern, mit dem Feind zu verhandeln und Paris verlassen, um nicht den Deutschen in die Hände zu fallen. Aber wohin? Nicht in die Bretagne warnte Weygand, um dort Stellung zu einem letzten Gefecht zu beziehen, denn das sei militärisch sinnlos. Wenn der schlimmste Fall wirklich eintrete, verkündete der Oberbefehlshaber feierlich, wenn die Schlacht verlorengehe und die Deutschen sich anschickten, die gesamte Nation zu überrollen, dann werde sich der wahre Mut auf Verhandlungen über einen Waffenstillstand richten müssen. Pétain stimmte ihm zu.

Aber Reynaud war anderer Ansicht, denn er konnte nicht glauben, daß die Deutschen Frankreich einen annehmbaren Frieden bieten würden. Die französische Armee werde so lange wie möglich Widerstand leisten, und dann werde die Regierung den Krieg von Stützpunkten außerhalb Frankreichs fortsetzen. Es sei Zeit für ein neues Kabinett, für eine »Regierung zum Wohl der Allgemeinheit«. Er habe Pétain anstelle von Daladier zum Außenminister ernennen wollen, doch Pétain sei auf den Vorschlag nicht eingegangen. Weygand billigte Pétains Verhalten, denn die Armee werde kein Verständnis dafür haben, wenn sich ihr Marschall aus dem Krieg zurückziehe.

Kurz darauf stand Reynaud dem britischen Botschafter, Ronald Hugh Campbell, gegenüber. Er berichtete dem Besucher von Pétains Kommentar, als dieser erfahren habe, daß die Briten keine nennenswerte Zahl von Flugzeugen schicken würden: »Dann bleibt uns nichts anderes übrig, als Frieden zu schließen. Wenn Sie es nicht tun wollen, können Sie mir die Regierung übergeben.« Campbell meldete Churchill, daß Reynaud den Vorschlag abgelehnt habe.

Die Minister erhielten ihre offiziellen Telegramme beim Abendessen: Um 23.15 Uhr sei eine Sitzung aller Kabinettsmitglieder anberaumt, ein spezieller Grund wurde nicht genannt. Das Gespräch zwischen Daladier und Reynaud vor der Sitzung war so schmerzlich wie erwartet. Der alte Radikalsozialist bat nur darum, in Ehren aus seinem Amt scheiden zu dürfen. Es genüge ihm, erklärte Daladier den versammelten Ministern, daß er die Achtung seiner Kinder genieße. Reynaud lobte seinen Patriotismus und seine vierjährige Arbeit als Kriegsminister vor der Berufung an den Quai d'Orsay.

Reynauds wichtigste Neuernennung galt einem Mann, der nicht anwesend, ja nicht einmal in Paris war: Charles de Gaulle wurde Staatsuntersekretär für Nationale Verteidigung; Reynaud selbst war nun Ministerpräsident, Verteidigungs- und Außenminister zugleich, was de Gaulles Amt erhebliche Macht verlieh. Er teilte sich die Verantwortung mit einem weiteren

Untersekretär, Paul Baudouin, aber anders als Baudouin war de Gaulle Soldat an der Front.

Als habe die Auseinandersetzung im Kabinett an diesem Abend noch nicht für genug Dramatik gesorgt, hatte Reynaud nun ein wichtiges Telefonat zu führen. William Bullitt stand ihm zur Seite, ebenso wie Eve Curie, die sich häufig in den Vereinigten Staaten aufhielt. Ein Anruf in Washington – selbst wenn ein Ministerpräsident mit einem Präsidenten sprechen wollte – war immer noch eine technische Großtat, bei der es zu frustrierenden Verzögerungen kommen konnte. Reynaud hoffte, »von Mann zu Mann« mit Roosevelt reden zu können, und als die Verbindung endlich zustande kam, versprach er, daß Frankreich bis zum letzten Soldaten kämpfen werde. Nicht nur das Schicksal Frankreichs, sondern Freiheit und Demokratie auf der ganzen Welt stünden in dieser Schlacht auf dem Spiel. Am Ende bat er den Präsidenten um Flugzeuge und Zerstörer; Roosevelt erwiderte, man werde den Franzosen Geschütze und Munition liefern.

»Reynaud war außerordentlich erfreut über das Gespräch, das er heute abend telefonisch mit Ihnen geführt hat«, telegrafierte Bullitt um Mitternacht an Roosevelt. Die Kämpfe entwickkelten sich so günstig, wie Reynaud dem Präsidenten versichert habe, und dies trotz der deutschen Materialüberlegenheit, besonders was Flugzeuge betreffe. Reynaud habe Churchill am Morgen wegen des Abzugs der britischen Jagdflugzeuge aus Frankreich »die schärfste denkbare Note« geschickt und diese Maßnahme als »zutiefst empörend« beschrieben, woraufhin Churchill sich entschuldigt habe: Die britischen Maschinen müßten in Großbritannien stationiert sein, weil es nun unklug wäre, französische Flugplätze zu benutzen. Da aber die Maschinen der Royal Air Force im gegenwärtigen Stadium der Schlacht nur von französischen Flugplätzen aus effektiv in den Kampf eingreifen könnten, seien sie überhaupt nicht mehr einsatzfähig.

Wenn Churchill die britische Luftflotte weiterhin zurückhalte, dann – so Reynaud – werde die französische Regierung sehr heftig reagieren. Großbritannien könne seine Flugzeuge genausowenig ehrenvoll abziehen, wie König Leopold die belgischen Truppen abgezogen habe. Und wenn Italien in den Krieg eintrete, fuhr Bullitt fort, würden die Franzosen dringend weitere Maschinen benötigen.

Ich persönlich bin der Meinung, daß die Frage der Entsendung von britischen Jagdflugzeugen zur Teilnahme an der gegenwärtigen Schlacht den Prüfstein für die künftige britische Politik bildet. Wenn sich die Briten weiterhin weigern, ihre Flugzeuge zu entsenden, dann zeigt dies meiner Überzeugung nach, daß sie beschlossen haben, Frankreich in dessen schrecklichem Kampf gegen Deutschland und möglicherweise gegen Italien keine weitere ernsthafte Unterstützung zu leisten, sondern nur in dem Maße zu helfen, daß Frankreich bis zum bitteren Ende kämpfen kann.

Dies bedeute, so Bullitts vorschnelles Urteil, daß die Briten beabsichtigten, entweder vor dem deutschen Angriff auf England oder kurz danach eine faschistische Regierung einzusetzen »und sich zu Hitlers Vasallen machen zu lassen«.

30

Donnerstag, 6. Juni

BEKANNTMACHUNG!

An die Bevölkerung von Paris

Das Ministerium für Nationale Verteidigung und Krieg teilt mit:
Mehrere Maßnahmen, insbesondere hinsichtlich des Verkehrs, sind heute morgen in Paris und an anderen Orten des Landes ergriffen worden. Für die Bevölkerung besteht kein Grund zur Besorgnis.

Es ist üblich, daß Vorkehrungen gegen die etwaige Landung von Fallschirmspringern und feindlichen Transportflugzeugen getroffen werden.

Es wäre ein Fehler, diesen Maßnahmen irgendeine andere Bedeutung zuzumessen.

Eine Bekanntmachung, nahm der Journalist Walter Kerr an, die ermutigend auf die Pariser wirken sollte, doch der Text hatte die gegenteilige Wirkung. Kerr ging an Stahlbalken vorbei, die quer auf der Avénue des Champs-Elysées und anderen Straßen lagen – anscheinend, um die Landung von Truppentransportern zu verhindern; und Kerr vermutete, daß die Regierung, die über die Vorgänge unterrichtet war, größere Angst hatte als die Bürger, denen es an Informationen fehlte.

Nun sah man also der Stadt allmählich an, daß sie Kriegsgebiet war. Robert de Saint-Jean, der sich an diesem Tag den Mitarbeitern des neuen Informationsministers Jean Prouvost anschloß und die Zuständigkeit für außenpolitische Angelegenheiten übernahm, entdeckte die Reihen von Stahlbalken auf der riesigen Fläche der Place de la Concorde, während er zu seinem Büro im beschlagnahmten Hotel Continental an der Rue de Rivoli unterwegs war. Auch der dichte Verkehr fiel Saint-Jean auf: jedes vorbeifahrende Auto war mit Koffern, Kisten und sogar Möbeln beladen.

Die so auffälligen Maßnahmen gingen, wie Peter Fontaine bemerkte, mit einer neuen Verhaftungswelle gegen Kommunisten einher. »Um so besser«, kommentierte ein mit ihm bekannter französischer Graf. »Wir werden von innen genauso bedroht wie von außen. Der Stalin-Hitler-Pakt hat die Bevölkerung nervös gemacht. Wenn sie je die Oberhand gewinnen, werden Ströme von Blut durch die Straßen von Paris fließen.«

Fontaine selbst hatte den Eindruck, daß die Unzufriedenheit der Arbeiter hauptsächlich daher rührte, daß man ihnen befohlen hatte, die Stellung zu halten, während die glücklicheren Eigentümer von Privatwagen ihr Bettzeug auf das Autodach packten und die Stadt verließen.

In *Le Temps* lautete eine Schlagzeile des Nachmittags: Scharfes Vorgehen gegen antinationale Umtriebe. 101 kommunistische Aktivisten seien in Internierungszentren gebracht worden, seit Georges Mandel das Amt des Innenministers übernommen hatte.

Réveil de la France, der deutsche Rundfunksender, der sich als französisch ausgab, verkündete aus Brüssel:

Lang lebe die nationale Revolution! Franzosen, in dem dramatischen Moment, da Hitlers Scharen sich zum Marsch auf Paris anschicken, in dem Moment, da all die Kriegstreiber – die Daladiers, die Reynauds, all die Nichtskönner – Frankreich über den Rand des Abgrunds gestoßen haben, appellieren wir an die ganze Bevölkerung, mit uns zusammen eine nationale Revolution auszulösen.

Das bedeute die Vernichtung Reynauds, Mandels und »dieses ganzen jüdischen Gesindels, das sich in Frankreich eingeschlichen hat und sein Blut saugt«. Die »Boches« (der deutsche Sender benutzte tatsächlich diesen Begriff) seien dabei, den Krieg zu gewinnen.

241

Franzosen, um die Fehler unserer Regierung wiedergutzumachen, um alle Anstalten zu weiterem Blutvergießen zu unterbinden, erhebt euch gegen diesen Krieg, der von den Juden verursacht wurde und von den Juden geführt wird.

✳

Der Historiker Jérôme Carcopino, ein Experte für das antike Rom, war drei Jahre lang Direktor der Französischen Schule in Rom gewesen und wußte, daß die Zeit dieser angesehenen Institution um war. Das Problem bestand darin, daß es recht lange dauerte, italienische Ausreisevisa für das französische Personal zu erhalten.

Aber Carcopino traf am 6. Juni zu Hause in Paris ein und stellte zu seiner Überraschung fest, daß die Hauptstadt so weit vom Schlachtfeld entfernt zu sein schien wie je. Carcopino besuchte seinen Freund François Charles-Roux im Außenministerium und sah sich sofort in seiner Meinung bestätigt: Paris lebte in einem Kokon. Tatsächlich äußerte Charles-Roux sich voller Bewunderung über General Weygand und dessen Entschlossenheit. Glaubte der Beamte etwa immer noch, daß Frankreich eine Chance hatte?

Das Leben schien weiterzugehen wie immer, zum Beispiel in der Schule. Nur für die jüngsten Kinder waren besondere Vorkehrungen eingeleitet worden. Nach dem Bombenangriff auf Paris, bei dem mehrere Schulen getroffen und einige Kinder getötet worden waren, entschied sich die Regierung endlich, die Grundschulen in Paris und in den Vororten mit Wirkung vom 8. Juni zu schließen. Abschlußprüfungen für Berufsschüler wurden für den 8. und 9. Juni angesetzt. Die Schulverwaltung hatte die Möglichkeit, Prüfungstermine vorzuziehen, wenn dies durch die örtlichen Umstände gerechtfertigt schien. Außerdem konnten Schüler, die die Prüfungsreife erreicht hatten, das Examen an ihrem jeweiligen Aufenthaltsort ablegen.

Am 6. Juni begann die Evakuierung von Kindern mit städtischen Bussen. Wenn Eltern dazu in der Lage waren, konnten sie selbst ihre Kinder fortbringen. Die Stadt leerte sich immer rascher.

Als General Weygand an diesem Morgen erwachte, wurde ihm gemeldet, daß die französischen Verteidigungsstellungen bisher standgehalten hätten. Jetzt konnte er nichts anderes mehr tun, als den Verteidigungsplan zu vervollkommnen und die Verteidiger zu ermuntern. Um acht Uhr war er bereit, General Georges zu dessen Gefechtsstand zu begleiten; um 10.30 Uhr kehrte er zur morgendlichen Kriegskonferenz nach Paris zurück.

Der Meldung zum Trotz konnte die Armee ihre Positionen nicht halten. Ein Angehöriger des Hauptquartierstabes beschwerte sich später, daß Weygands Generale nicht alle verfügbaren Truppen an die Front geschickt hätten. Und die Männer, denen man eingeschärft hatte, nicht zurückzuweichen, wußten sehr gut, daß mit einem Rückzug zu rechnen war.

Churchills Verbindungsoffizier General Spears erschien zur Konferenz im Kriegsministerium mit der Antwort Londons auf die französische Bitte um zusätzliche Unterstützung. Die Engländer versprachen Truppen, doch Churchill mußte zugeben, daß die Evakuierung bei Dünkirchen eine Unterbrechung der Luftoperationen für die nächsten vier oder fünf Tage notwendig machte. Im besten Fall könne man zwei Jägerstaffeln – mit insgesamt vierundzwanzig Maschinen – entsenden. »Die menschlichen Bemühungen dürften keine Grenze kennen, wenn es um die Frage des Überlebens geht«, erwiderte Reynaud pathetisch. »Und genau darum geht es, denn die Entscheidungsschlacht hat bereits gestern begonnen.«

Weygand ließ dem britischen Premierminister durch Spears ausrichten, daß Churchill nicht zögern würde, seine Jägerstaffeln – mochten sie noch so unvorbereitet sein – einzusetzen, könnte er den Zustand der französischen Truppen sehen, die nun in die Schlacht geschickt würden. Nachdem sich der Engländer empfohlen hatte, informierte Weygand den Ministerpräsidenten über die militärische Situation. Sie sei im allgemeinen zufriedenstellend, obwohl die Briten sich wieder einmal enttäuschend verhielten. Am äußersten linken Ende der Linie entlang dem Kanal sei die einzige britische Division, die an der Schlacht teilnahm, zurückgewichen. Auf Befehl aus London? Es hatte den Anschein. Wieder erhob sich die Frage, was zu tun sei, wenn die Linien an der Somme und der Aisne durchbrochen würden.

Der Oberbefehlshaber wollte wissen, ob man den Krieg fortsetzen könne, wenn die Pariser Region und mit ihr siebzig Prozent der französischen Kriegsproduktion erobert würde? Reynaud entgegnete, man werde Waffen aus dem Vereinigten Königreich und aus den Vereinigten Staaten bekommen, doch dazu müsse der Widerstand irgendwo in Frankreich aufrechterhalten werden. Weygand konnte ihm nicht zustimmen; jeglicher Gedanke an ein französisches Bollwerk sei unrealistisch. »Wenn man uns einen Friedensvertrag verweigert, in dem die Ehre und die vitalen Interessen Frankreichs respektiert werden«, erklärte der kämpferische Ministerpräsident, »dann werden wir den Krieg eben in Nordafrika fortsetzen.«

Auch dieser Gedanke gefiel Weygand nicht, und Pétain stimmte ihm zu. Wenn die gegenwärtige Schlacht verloren sei, sagte der Oberbefehlshaber, werde nichts anderes übrigbleiben, als unter geeigneten Bedingungen mit dem Feind zu verhandeln.

Botschafter Bullitt und sein britischer Kollege Sir Ronald Campbell aßen gemeinsam zu Mittag. Campbell sagte, daß Churchill die verbleibenden Jagdflugzeuge seines Landes deshalb nicht nach Frankreich schicke, weil bei der derzeitigen Verlustquote nach vierzehn Tagen Schlacht keine einzige Maschine mehr in der Luft sein werde. Laut Weygands Aussagen gebe es keine Hoffnung, die Deutschen an der Besetzung von Paris und der Vernichtung der französischen Armee zu hindern; deshalb müsse Großbritannien alles tun, um seine Luftwaffe zu behalten. Bullitt warnte Campbell: Die Franzosen würden dies als Verrat empfinden. Daraus könnten sich ein früher Frieden mit Deutschland und eine Feindseligkeit der Franzosen gegenüber Großbritannien ergeben. Campbell war sich der Gefahr bewußt. Er behauptete, Churchill sei bereit, bei der Unterstützung Frankreichs weiterzugehen als jeder seiner Berater, doch es gebe einfach nicht genug Flugzeuge, und die Deutschen könnten ohnehin nicht aufgehalten werden.

Der hoffnungslos frankophile Bullitt war anderer Meinung: Die Franzosen könnten sehr wohl die Deutschen stoppen, aber wenn die Briten ihnen dabei nicht hülfen, dann werde auch Großbritannien verloren sein.

Nach dem Essen rief Bullitt bei Reynaud an, um sich zu vergewissern, ob Sir Ronald die Wahrheit gesagt hatte. Sei Weygand wirklich pessimistisch, was den Ausgang der gegenwärtigen Schlacht betreffe? Das, erklärte Reynaud, sei eine Lüge. Die Franzosen hielten sich prächtig; die einzige Bresche in der Front sei dadurch entstanden, daß die Briten ihre an der Schlacht beteiligte Division zurückgezogen hätten. Reynaud sagte, er sei empört, daß die Briten die Entsendung ihrer Jagdflugzeuge verweigerten.

Oberst Paul de Villelume, der Militärberater des Ministerpräsidenten, machte Reynaud – nicht zum ersten Mal – einen Vorschlag: Es sei an der Zeit, die Spitzenbeamten der Ministerien zu evakuieren und den allgemeinen Rückzug des gesamten Kabinetts aus Paris vorzubereiten. Villelume erinnerte Reynaud daran, daß die Deutschen in Polen und Norwegen mit allen Mitteln versucht hätten, die jeweilige Landesregierung gefangenzunehmen.

Aber Reynaud blieb hart: Das Kabinett werde Paris nicht verlassen. Immerhin autorisierte er Villelume, über eine Verlegung des Ministerpräsidentenamtes und des Verteidigungsministeriums ins Palais de Chaillot, das im Fall weiterer Luftangriffe mehr Sicherheit biete, zu verhandeln. »Aha, Luftangriffe!« murmelte der frustrierte Offizier vor sich hin.

Um 20.45 Uhr wandte sich Reynaud über den Rundfunk an Frankreich. Er räumte ein, daß er in seinen beiden letzten Reden schlechte Nachrichten habe bekanntgeben müssen: die Eroberung von Amiens am 21. Mai und den Verrat des belgischen Königs am 28. Mai. Doch heute gebe es Gründe zur Hoffnung. Zum ersten: Die Nordarmeen seien nicht vernichtet worden, wie die Deutschen gedroht hätten, sondern man habe sie bei Dünkirchen evakuiert und damit gezeigt, wie wichtig die Seeherrschaft sei. Zum zweiten: Die Moral der Pariser Bürger sei durch den Bombenangriff vom 3. Juni nicht beeinträchtigt worden. Die Bombardierung sei nicht präzise gewesen, weshalb man Frauen und Kinder und alte Menschen unter den Opfern gefunden habe, doch die Pariser hätten weiterhin ein normales Leben geführt. »Wir wissen jetzt, was ein massiver Angriff bedeutet: für die Seele von Paris gar nichts.« Auch sei die Rache für den Überfall nicht ausgeblieben, denn Großbritannien habe seither Fabriken im Ruhrgebiet, in Frankfurt, Düsseldorf, Köln und Essen bombardiert. »Das gleiche geschieht auch in Zukunft jedesmal, wenn eine französische Stadt angegriffen wird.«

Und nun zur Schlacht um Frankreich. »Die ganze Welt verfolgt die Wechselfälle dieser Schlacht mit angehaltenem Atem, denn die Gefechte vom Juni 1940 werden ihr Schicksal, wie Hitler es ausdrückt, vielleicht für Hunderte von Jahren bestimmen.«

Immerhin für die nächsten fünf Jahre.

Da Reynaud nicht pessimistisch war, konnte William Bullitt ihm nur nacheifern. In einer neuerlichen Mitteilung an Roosevelt drückte er seine Freude darüber aus, daß der Präsident die Rede gebilligt habe, die Bullitt in dem Dorf Domrémy-la-Pucelle, dem Geburtsort Johannas von Orléans, halten würde. »Ich werde die Rede am Sonntag halten, so Gott will, und sie wird helfen.« Davon war der Botschafter fest überzeugt. »Die französischen Truppen haben sich heute wieder großartig geschlagen«, berichtete er Roosevelt, wobei er den Wortlaut des offiziellen Kommuniqués praktisch wiederholte. »Alle sind voller Kampfgeist und Hoffnung.«

Trotzdem schien es Bullitt ratsam, den Präsidenten über eine delikate Angelegenheit zu informieren, von der man in Washington vielleicht nichts wisse, die indessen jeden denkenden Menschen in Paris beschäftige: »Während die französischen Soldaten und Zivilisten Tapferkeit und Charakterstärke an den Tag legen, die alles Lob übersteigt, geschehen an der Spitze seltsame Dinge. Paul Reynaud, der große persönliche Qualitäten besitzt, wird völlig von seiner Mätresse, der Comtesse Hélène de Portes, beherrscht, die den Vorzug hat, daß sie ihm aufrichtig zugeneigt ist.«

Dann enthüllte Bullitt in diesem undiplomatischen Diplomatentelegramm, das angemessen verschlüsselt war und den Vermerk »Persönlich und vertraulich« trug, die jüngsten Entwicklungen: Die französische Kabinettsumbildung sei von Hélène de Portes diktiert worden. Sie hasse Daladier, weshalb dieser habe abtreten müssen; sie schätze Paul Baudouin, und er sei befördert worden. »Das Volk von Frankreich, das mit absoluter Selbstlosigkeit kämpft«, schrieb der hitzige Botschafter, »hat in diesem Moment Besseres verdient, als von der Mätresse eines Ministerpräsidenten – nicht einmal eines Königs – regiert zu werden! Am Ende wird man sie erschießen. Bis dahin wird sie das Regiment führen.«

Damit nicht genug: Während Reynaud auf das Telefonat mit Roosevelt wartete, habe er seiner Geliebten verboten, das Zimmer zu betreten, doch sie sei trotzdem hereingekommen und habe sich geweigert, das Zimmer zu verlassen. Bullitt riet dem Präsidenten, nicht mehr mit Reynaud zu telefonieren, »da die betreffende Dame [die Telefonate] überall in der Stadt in übertriebener Form wiederholen wird«. Er schloß:

Ich hoffe, daß diese Sorte Klatsch Ihnen nicht unpassend für die tragischen Tage erscheint, die wir jetzt durchleben. Ich dachte, es würde Sie interessieren zu erfahren, daß es noch eine gewisse Kontinuität im französischen Leben gibt und daß die Mätresse des Herrschers wiederum, wie seit undenklichen Zeiten, den Staat regiert.

Wir hatten heute morgen um fünf einen weiteren Luftangriff, und ich entdeckte zu meiner Freude, daß ich in meinem herrlichen Weinkeller friedlich schlafen kann.

Viel Glück und allen herzliche Grüße.

Vielleicht traf Bullitt zu oft mit seinem Freund Daladier zusammen; vielleicht wurde er nur von privatem Ärger geplagt. Einer Geschichte zufolge wollte Bullitt dem Ministerpräsidenten eines Tages im Namen Roosevelts mündlich übermitteln, daß die USA Frankreich hundert Flugzeuge zur Verfügung stellen würde, wenn die Maschinen von einem Flugzeugträger abgeholt werden könnten. Bullitt habe bei Reynaud angerufen, doch die Gräfin habe sich gemeldet und erklärt, Reynaud sei krank. Als Bullitt trotzdem in Reynauds Wohnung aufgetaucht sei, habe sie darauf bestanden, dem Gespräch beizuwohnen, und sich gegen die Entsendung eines französischen Schiffes ausgesprochen; Reynaud habe alle Mühe gehabt, ihre Meinung zurückzuweisen.

(Wie François Charles-Roux in seinen Memoiren enthüllt, blieben die Flugzeuge während des Krieges in Martinique.)

War die Gräfin wirklich so schlimm? Später zeichnete Reynauds Tochter Evelyne, die den Ruf ihres Vaters retten wollte, ein ganz anderes Bild der Comtesse de Portes: Sie sei gewiß neutralistisch und gewiß rechthaberisch gewesen, doch auf Reynauds Entscheidungen habe sie nicht den geringsten Einfluß ausgeübt.

31

Freitag, 7. Juni

Am folgenden Tag hatte William Bullitt noch mehr über Ministerpräsident Reynaud und dessen aufdringliche Freundin zu sagen. Er erklärte, er denke noch immer daran, früher oder später in die Vereinigten Staaten zurückzukehren und Anthony Drexel Biddle jun. die Leitung der Pariser Botschaft zu übergeben.

»Tony ist genauso versessen darauf, mit der Arbeit in Paris anzufangen, wie ich es bin, mich in den Vereinigten Staaten an die Arbeit zu machen«, kabelte Bullitt dem Präsidenten in einer weiteren »persönlichen und vertraulichen« Nachricht, »und ich kann Ihnen mit meiner gewohnten Bescheidenheit versprechen, daß ich durch meine hiesige Erfahrung nun mehr als jeder andere außer Ihnen selbst darüber weiß, wie man sich für den Krieg bereit macht.«

Er versicherte Roosevelt, daß Biddle, bis dahin Botschafter in Polen und wie Bullitt ein Angehöriger der amerikanischen High Society, ebenso gesellig sein werde wie sein Vorgänger. »Die Comtesse de Portes hat bereits ein Auge auf ihn geworfen und sich alle Mühe gegeben, ihn und Margaret [Biddle] in den ausgesuchten Zirkel einzuführen, der allabendlich in ihrer Wohnung zusammenkommt.« Er setzte hinzu: »Im Ernst, die Aufgabe, die hier erfüllt werden muß, besteht nun teilweise darin, sich bei der Mätresse des Königs einzuschmeicheln.«

Aber Madame de Portes war nicht die einzige Persönlichkeit, die sich in den Mittelpunkt schob und den Krieg nahezu in den Hintergrund rücken ließ. Paul Baudouin erinnert sich, wie Marschall Pétain an jenem Morgen in seinem Büro erschien. Pétain war frühzeitig zu der täglichen Besprechung im Kriegsministerium gekommen, um seinen Gefühlen über Charles de Gaulle Luft zu machen. Baudouin solle unbedingt von Reynaud verlangen, daß der neue Unterstaatssekretär für Nationale Verteidigung und Krieg nicht an der Konferenz teilnehme. Mittlerweile wußten sämtliche Regierungsmitglieder, daß Pétain wegen eines alten Streites immer noch verärgert über de Gaulle war: De Gaulle hatte früher Pétains Stab angehört und ein Buch über die Armee geschrieben, das der Marschall unter seinem eigenen Namen veröffentlichen sollte. Doch Pétain hatte sich nicht um das Manuskript gekümmert, und deshalb veröffentlichte es de Gaulle unter seinem eigenen Namen. »Er ist eitel, undankbar und bitter«, sagte Pétain zu Baudouin.

Später am selben Tag, als Reynaud über den Plan zu einem allerletzten Verteidigungsversuch in der Bretagne nachsann, sprach sich de Gaulle für das Vorhaben aus, das die Kontakte sowohl zu Großbritannien als auch zu den Vereinigten Staaten erleichtern würde. Oberst Villelume lehnte den Plan ab, was er Reynaud, nicht jedoch de Gaulle gegenüber deutlich machte. Denn er weigerte sich, mit dem General zu sprechen.

Die Kriegskonferenz begann an diesem Morgen um 10.30 Uhr – ohne de Gaulle, aber mit Weygand, der über den Fortgang der Schlacht offensichtlich erfreut war. Die französischen Truppen leisteten gute Arbeit, und nur das schwache britische Element am linken Ende der Front habe Kritik verdient. Der britische General Fortune (Generalmajor V. M. Fortune, Kommandeur der 51. Highland Division) solle besser General Misfortune genannt werden, scherzte Weygand.* Die Briten wollten an der Front von Verstärkungen abgelöst werden – als ob Verstärkungen existierten!

Dominique Leca, Reynauds Kabinettsekretär, glaubte, ein Geheimnis der »Clique« (Weygand und Pétain gehörten dazu) aufgedeckt zu haben, die sich für einen Waffenstillstand einsetzte. Es waren dieselben Männer, die wünschten, daß die Regierung in Paris blieb. Dies war, meinte Leca, nur der erste Schritt: Später würden sie darauf bestehen, in Bordeaux zu bleiben, statt die Regierung nach Nordafrika zu verlegen und den Krieg von dort fortzuführen. Wer dafür sei, daß die Regierung in

---

* *fortune*: Glück; *misfortune*: Unglück. – A. d. Ü.

Paris – und später überhaupt in Frankreich – ausharre, wolle in Wirklichkeit auf die Gefangennahme warten.

Der Tag endete mit einer Katastrophe. Ein Mitglied von Weygands Stab rief an, um ein »technisches« Problem an der Front zu melden. Zwei deutsche Panzerdivisionen seien durchgebrochen und hätten Forges-les-Eaux erreicht, wodurch das Seine-Tal und die Straße nach Rouen geöffnet worden seien.

Baudouin unterrichtete Reynaud in dessen Wohnung. »Ist es möglich, daß unsere Hoffnungen so zusammenbrechen?«, stöhnte der Ministerpräsident. Jeder kannte Forges-les-Eaux, einen bezaubernden kleinen Kurort, von Wäldern umringt, ein paar Meilen nördlich von Paris, und jeder, der zu seinem Lieblingsstrand unterwegs war, fuhr zunächst durch das Städtchen. Seine Einnahme würde mehr als militärische Bedeutung haben.

Jeden Nachmittag marschierten amerikanische und britische Korrespondenten in einen Instruktionsraum im Kriegsministerium, wo ein Oberst in englischer Sprache über die militärische Situation referierte.

Als der Offizier Forges-les-Eaux erwähnte, merkte Walter Kerr, daß keiner der Amerikaner den Ort kannte. Und nachdem man den Obersten um genauere Angaben gebeten hatte, konnte er ihn nicht auf der Karte finden.

An jenem Tag fuhr der Soziologe und Leutnant Georges Friedmann, der in einem Lazarett außerhalb der Stadt arbeitete, nach Paris, um Besorgungen zu machen. Er hielt in seinem Tagebuch fest, was er vorfand: »Liebe und Tod schweben über dieser unbekümmerten Pariser Menge, über den Frauen in Sommerkleidern, über diesen Körpern, die ihrer Liebhaber beraubt sind, und über uns, die wir sie beobachten ...«

32

Samstag, 8. Juni

Wer Radio hörte, erfuhr es aus den Morgennachrichten; alle anderen lasen es am Nachmittag in *Le Temps* oder *Paris-Soir* oder am nächsten Morgen in *Le Matin*:

MASSIVER VORSTOSS DES FEINDES
ZWISCHEN AUMALE UND DER AISNE
Eine feindliche Panzergruppe
greift Forges-les-Eaux an.
Der schlimmste Tag des Krieges

Mit dem Pkw zwei Stunden von Paris entfernt ... Plötzlich wurde der Grund für die Unruhe auf den äußeren Boulevards von Paris deutlich. Ein Engländer, der in der Stadt wohnte, glaubte, den Lärm von Kanonen auf dem Schlachtfeld zu hören (in Wirklichkeit hörte er die Flak, die auf feindliche Flugzeuge über dem Pariser Gebiet schoß).

»Nacht der Angst«, schrieb Marcel Jouhandeau in sein Tagebuch. »Ununterbrochen fahren Lastwagen unter unseren Fenstern vorbei.« Denn der stille Boulevard vor seinem Haus am Bois de Boulogne war nun natürlich zu einer Hauptverkehrsstraße zwischen Norden und Süden geworden. Als Jouhandeau an diesem Morgen die Jalousien öffnete, entdeckte er einen quer zur Fahrbahn abgestellten Lastwagen, der dem Feind den Weg versperren sollte. Die Frau des Schriftstellers trat ebenfalls ans Fenster, und ein Wachposten, der neben dieser armseligen Barrikade stationiert war, rief hinauf: »Oh, Madame, bitte entschuldigen Sie den Lärm ... Wir sind Ihre Beschützer.«

Am Abend wagte sich das einsiedlerische Paar hinaus, um eine Nachbarin zur Gare d'Austerlitz zu begleiten. »Ihr Zug, in den sich arm und reich wohl oder übel hineindrängt, hat kein offizielles Ziel«, berichtet Jouhandeau in seinem Tagebuch. Oben in der Kommandozentrale des Bahnhofs hatten Raymond Martin und seine Einsatzgruppe die neue Spannung gespürt und gesehen, wie die Menge zunahm, nachdem die Schreckensbotschaft »Forges-les-Eaux« am Morgen verbreitet worden war.

»Paris ist allmählich wie eine Stadt im Belagerungszustand«, notierte Alfred Fabre-Luce, ein Verfasser von Flugschriften. »Das Kanonenfeuer bricht fast nie ab.« Die Restaurants leerten sich rasch. Das Ritz mit seinen Gästen glich einem Kurhotel am letzten Tag der Saison. Fabre-Luce besuchte eines der wenigen noch offenen Theater, das Œuvre, wo eine Komödie vor einem Dutzend Zuschauern gegeben wurde, denen der Sinn nach Unterhaltung stand. Der Titel des Stücks: *Keine Freunde, keine Probleme*. Fabre-Luce hörte, wie ein Witzbold es »Kein Publikum, keine Kritiker« nannte. Die Vorstellung kam ihm vor wie eine stille Messe, zelebriert von einem geistesabwesenden Priester. Die wenigen Zuschauer schienen nicht dem Stück, sondern der Tragödie des Krieges zuzusehen.

Da widersprüchliche Gerüchte umgingen, wurde die Tagespresse aufgefordert, ihren Lesern mitzuteilen, daß die Regierung empfehle, nur Kinder unter vierzehn Jahren sowie schwangere Frauen zu evakuieren. In diesen Fällen werde für eine kostenlose Beförderung gesorgt; dies gelte auch für eine Mutter oder einen Vormund, die ein Kind unter vierzehn Jahren begleiteten, sowie für Kinder zwischen vierzehn und achtzehn Jahren, die mit Brüdern oder Schwestern unter vierzehn Jahren reisten.

Um 11.15 Uhr verlas ein Rundfunkansager eine Warnung: Die Deutschen benutzten den von ihnen erbeuteten Sender in Brüssel, um vorgeblich nazifeindliche Programme in französischer Sprache auszustrahlen. Doch unter dieser Tarnung würden Falschinformationen und subversive Kommentare verbreitet. Die Franzosen besäßen ihren eigenen Nachrichtensender, betonte der Ansager.

Die Presse bestätigte die Anwesenheit des Feindes innerhalb der Stadttore. ZEHN JAHRE GEFÄNGNIS FÜR VERBREITUNG VON FALSCHINFORMATIONEN, lautete eine Schlagzeile. (Der Angeklagte hatte Geschichten erzählt, die der Moral der Pariser Bürger schaden könnten.) Ein weiterer Angeklagter wurde wegen kommunistischer Propaganda zu zwei Jahren und ein dritter wegen antifranzösischer Bemerkungen zu achtzehn Monaten Gefängnis verurteilt. GNADENGESUCH FÜR VIER SPIONE WIRD ABGEWIESEN, hieß es in einer anderen Schlagzeile. (Zwei der Angeklagten hatten deutsch klingende Namen.) DER DEUTSCHE SPION FRITZ ERLER IST ERSCHOSSEN WORDEN. (Seine Komplizin, eine Schweizer Journalistin, wurde begnadigt.)

Man appellierte an Kriegsveteranen, sich freiwillig zur Nationalgarde zu melden und »einem Feind, der keine Skrupel kennt, entgegenzutreten«. In den Vororten hatten etliche Mitglieder von Zivilschutzeinheiten ihren Posten verlassen (vermutlich, um sich dem Exodus anzuschließen). Der Polizeipräsident verkündete, sie müßten mit Strafmaßnahmen rechnen.

Der Journalist Alexander Werth schrieb nach dem Nachmittagstee unweit der Oper (»Es gibt immer noch jede Menge Kuchen, aber sehr wenig Gäste«) in sein Tagebuch:

Wie ich höre, herrscht unter der Pariser Arbeiterklasse äußerste Unzufriedenheit. Die Arbeiter haben den strikten Befehl erhalten, an Ort und Stelle zu bleiben; wenn sie Paris verlassen, wird man sie als Deserteure behandeln. Natürlich gefällt es ihnen nicht, daß die anderen einfach weglaufen.

Die aus Polen stammende Perla Epstein war neunundzwanzig Jahre alt. Ihr Mann Joseph, ebenfalls in Polen geboren, befand sich an der Front. Er drängte seine Frau, Paris zu verlassen: »Du kennst die Deutschen nicht!« Joseph hingegen kannte sie, denn er hatte 1936 in Spanien als Freiwilliger in der Internationalen Brigade auf seiten der republikanischen Regierung gegen Franco gekämpft; nach einer Verletzung war er nach Frankreich evakuiert worden und dann nach Spanien zurückgekehrt, um weiterzukämpfen. Bei Ausbruch des Krieges hatte er versucht, in die französische Armee einzutreten, doch als Ausländer durfte er sich nur der Fremdenlegion anschließen – und genau das tat er. Jetzt war er an der Front, aber er wußte, daß in Paris auch Zivilisten in Gefahr schwebten und daß Perla Epstein als jüdische Emigrantin stärker gefährdet war als die meisten anderen Zivilisten.

Joseph selbst schien sich vor gefährlichen Situationen nicht zu fürchten: nach der Gefangennahme durch die Deutschen an der Front entkam er in die Schweiz, besorgte sich französische Papiere und kehrte nach Paris zurück, um Sabotageakte gegen die deutschen Besatzungsbehörden durchzuführen. Er leitete Operationen der militanten kommunistischen Widerstandsbewegung *Francs-Tireurs et Partisans*. Als die Gestapo ihn schließlich faßte, wurde er gefoltert und ermordet.

Da im Paris der Kriegszeit keine kommunistischen Zeitungen publiziert wurden, hörte Perla Radio Moskau, doch hier erfuhr sie mehr über die sowjetischen Ernteergebnisse als über ihre Alltagssorgen. Der offiziellen französischen Propaganda jedenfalls glaubte sie kein Wort, die verkündete, daß Frankreich siegen werde, weil es stärker als Deutschland sei.

Perla führte eine Apotheke an der Rue Cambronne, dessen korsischer Eigentümer sich auf seine Insel zurückgezogen hatte. Perla kam gut mit den Angestellten zurecht, obwohl sie Ausländerin war, denn schließlich waren alle gleichermaßen bedroht. Sie konnte immer noch lachen und ging gelegentlich sogar ins Kino oder ins Theater, solange noch Vorstellungen stattfanden.

Nach Dünkirchen änderte sich ihre Einstellung – ganz sicher nach dem 3. Juni und dem Bombenangriff auf Paris. Aber sogar danach lebte sie so weiter wie früher. Das Lebensmittelgeschäft und der Milchladen, die Obst- und Gemüsehandlung und die Fleischerei blieben geöffnet und einladend. Natürlich horteten manche Zucker, Sardinen und andere Grundnahrungsmittel, doch da Perla Epstein keine Erinnerung an den früheren Krieg und keine Kinder zu ernähren hatte, hielt sie es nicht für nötig, Vorräte anzulegen.

Nach und nach jedoch wurde es in diesen letzten Tagen des freien Paris immer mühsamer, Lebensmittel aufzutreiben, denn auch Ladeninhaber waren versucht, aus der Stadt zu fliehen (was ihnen nicht allzu schwerfiel, da sie in der Regel irgendein Motorfahrzeug besaßen). Sogar Medikamente wurden knapp – aber das gleiche galt für die Kunden der Apotheke. Im Stadtviertel schloß ein Geschäft nach dem anderen, und die meisten Läden der traditionellen Einkaufsstraße waren bereits mit Brettern vernagelt, als auch Perla ihre Apotheke schloß und der

Concièrge den Schlüssel übergab. Sie traf diese Entscheidung, nachdem auch der örtliche Arzt abgefahren war.

Aus Angst vor den Judenerlassen der Nazis und der Vichy-Regierung kehrte Perla während der deutschen Besatzungszeit nie wieder in ihre Apotheke zurück. Sie ließ sich nicht auf der Polizeiwache als Jüdin registrieren, wie es Vorschrift war. Auch davor hatte ihr Mann sie gewarnt.

Während der morgendlichen Kriegskonferenz erklärte General Weygand, was in Forges-les-Eaux geschehen war. Die Deutschen, sagte er, hätten den Durchbruch mit zwei Panzerdivisionen, gefolgt von Infanteristen in Mannschaftswagen, geschafft; die Soldaten hätten bei dem Panzervorstoß Flankenschutz gegeben und dadurch alle französischen Versuche durchkreuzt, den Deutschen von hinten den Weg abzuschneiden. Weygand hatte sich im Hauptquartier der Verteidiger aufgehalten, als deutsche Flugzeuge zur Unterstützung der Bodenoffensive angriffen. »Die Kraft der deutschen Luftwaffe ist erschreckend«, teilte er Reynaud und Pétain mit. Sämtliche Nachrichtenverbindungen waren unterbrochen; die Franzosen konnten weder Botschaften empfangen noch Befehle weiterleiten.

Nun würden sie ihre Verteidigung weiter im Süden, an der Seine, neu aufbauen müssen, wobei es gleichzeitig galt, den Vormarsch des Feindes zu stören. Reynaud setzte eine neue Note an Churchill auf, in der er die neuen Verteidigungspositionen um Paris beschrieb, und bat wiederum um Flugzeuge.

Oberst de Villelume, der sich erinnerte, seinem Ministerpräsidenten »einen Tonfall von erheblicher Brutalität« empfohlen zu haben, da mildere Formulierungen auf taube Ohren gestoßen seien, bewahrte eine Kopie auf:

Rouen und Le Havre stehen unter direkter Bedrohung und mit ihnen die Lebensmittelversorgung von Paris und der halben Armee. Ich bin Ihnen für Ihre Bemühungen dankbar, doch die Situation verlangt noch größere Anstrengungen sowie die Stationierung der Jägerstaffeln in Frankreich, damit sie mit maximaler Wirksamkeit eingesetzt werden können ... Es ist meine Pflicht, Sie zu ersuchen, alle Ihre Streitkräfte in

die Schlacht zu schicken, genau wie wir es tun. In freund-
schaftlicher Verbundenheit ...

Und in Reynauds Archiv findet sich eine Kopie von Churchills
Antwort:

> Wir leisten Ihnen in dieser großen Schlacht so viel Hilfe wie
> wir können, ohne die Fähigkeit dieses Landes zur Fortsetzung
> des Krieges zu zerstören. Wir haben heute sehr schwere,
> unverhältnismäßig hohe Verluste in der Luft erlitten, aber wir
> werden morgen weiterkämpfen.

Mittlerweile bereitete Weygand die Verlegung des Oberkommandos in eine sicherere Gegend südlich von Paris, an der Loire,
vor. Er wolle versuchen, die Deutschen an der Seine aufzuhalten, selbst wenn er sich dabei auf erschöpfte Truppen verlassen
müsse. Die Deutschen seien nicht erschöpft, und sie besäßen
Reserven.

Die Frage blieb: Sollte die Regierung Paris verlassen?
Rüstungsminister Raoul Dautry verneinte lautstark. Paris sei
der industrielle Mittelpunkt Frankreichs, Paris habe die zur
Waffenproduktion nötigen Fabriken und die Facharbeiter, und
es gebe keine Möglichkeit, Männer und Maschinen in ein Territorium zu verlagern, das mehr Sicherheit biete. Die Regierung
solle bekanntgeben, daß sie in der Hauptstadt bleiben und die
Fabriken in der Region weiterhin ihren Betrieb aufrechterhalten
würden.

Dominique Leca erinnerte sich an diesen Tag. Offensichtlich
bereitete sich die Regierung auf den Rückzug aus Paris vor,
jedoch ohne dies zuzugeben – nicht einmal sich selbst gegenüber. Auf keinen Fall würde man versuchen, die Bevölkerung
der Stadt zu evakuieren; derlei war einfach unrealistisch. Man
würde die Stadt auch nicht verteidigen (was ebenfalls unausge-
sprochen blieb).

Auch Léon Blum erinnerte sich an jenen Samstag. Sobald seine
Freunde von dem neuesten deutschen Vorstoß erfuhren, begannen sie ihn pausenlos anzurufen. Sie teilten ihm – fälschlich –

mit, daß der Feind Magny, Pontoise und Senlis erreicht habe und die Regierung Paris noch am selben Abend verlassen werde. Blum war nicht naiv, was die militärische Lage anging; er wußte, daß sich Le Havre und Rouen in Gefahr befanden, daß auch Paris bedroht war. Aber er glaubte der Regierung, als sie behauptete, daß man Paris verteidigen werde. Weshalb also sollten die Regierungsbehörden evakuiert werden?

Blum begab sich an die Quelle – einige seiner politischen Freunde gehörten dem Kabinett an, denn der Patriot Reynaud hatte Wert darauf gelegt, Vertreter aller demokratischen Parteien ins Kriegskabinett aufzunehmen, darunter natürlich auch Sozialisten. Blum erfuhr, daß die Minister in Paris zu bleiben gedachten, jedoch Anstalten zur Ausquartierung ihrer Mitarbeiter trafen. Jedem Ministerium war ein eigenes Schloß in der Touraine, dem Loire-Tal um Tours, zugeteilt. Aber Blum entsann sich auch, daß Reynaud ihm einmal erklärt hatte, Tours werde nicht weit genug entfernt sein, wenn die Deutschen sich Paris näherten; es sei sinnvoll, die Distanz zwischen dem Feind und der Regierung zu vergrößern. Vichy zum Beispiel sei weniger gefährdet. Im Laufe des Tages sprach Blum mit Polizeipräsident Roger Langeron, der seine Bedenken über das Fehlen eines brauchbaren Verteidigungsplans für Paris teilte – schließlich habe die Regierung versprochen, Paris zu schützen!

Während Robert de Saint-Jean den neuen Informationsminister Jean Prouvost zu einem Besuch bei General Weygand begleitete, konnte er nicht umhin, über die gelöste Haltung des Generalissimus und die klösterliche Beschaulichkeit der Umgebung zu staunen. Der Oberbefehlshaber hatte ein Büro wie ein bescheidener Beamter; auf dem Betonfußboden lag eine Strohmatte, kein Telefonklingeln durchbrach die Stille, Offiziere kamen und gingen wie in Friedenszeiten.

Weygands Gelassenheit war beruhigend – im Gegensatz zu dem, was er Prouvost mitteilte: Paris werde bald evakuiert werden, und er halte es für leichtsinnig, daß die Regierung sich nicht darauf vorbereitete.

General de Gaulle, der sich anschickte, als Reynauds Emissär nach London zu reisen, sprach ebenfalls an jenem Tag bei

Weygand vor und charakterisierte ihn als »gelassen und beherrscht«. Aber der Besucher begriff rasch, daß Weygand eine Niederlage erwartete und sich auf Friedensgespräche mit den Deutschen einstellte. Als de Gaulle vorschlug, die Franzosen könnten den Krieg ja anderswo – zum Beispiel in den Kolonien – fortsetzen, fuhr Weygand ihn an: »Das ist doch albern! Und was die übrige Welt betrifft: wenn ich diese Schlacht verloren habe, wird England vor Ablauf einer Woche mit den Deutschen verhandeln.« Er fuhr fort: »Ah, wenn ich nur sicher sein könnte, daß mir die Deutschen genug Truppen übriglassen, um die Ordnung aufrechtzuerhalten ...«

Das Kabinett wurde um 17.00 Uhr zusammengerufen. Nun erklärte Reynaud endlich, wie die Regierung auf einen deutschen Vormarsch gegen Paris reagieren werde. Zwar sei es die Pflicht des Kabinetts, auch unter Bombenhagel in der Hauptstadt zu bleiben, doch die Regierung dürfe sich auf keinen Fall gefangennehmen lassen. Deshalb lägen Pläne vor, den Präsidenten der Republik und die meisten Kabinettsangehörigen nach Tours zu schicken. Reynaud selbst werde mit dem Innen-, dem Luftfahrt- und dem Marineminister so lange, wie es die Situation gestatte, in Paris ausharren.

Die Informationen sickerten rasch durch. Um 21.30 Uhr schickte der italienische Botschafter eine verschlüsselte Nachricht an Graf Ciano. Reynauds Mitarbeiter Baudouin habe ihm »mit einiger Bitterkeit« anvertraut, daß Frankreich nun allein kämpfe, da nur noch eine einzige britische Division im Land sei. Trotzdem würden die Franzosen den Krieg bis zum letzten Bataillon, bis zur letzten Kanone fortsetzen. Dies sei nicht Halsstarrigkeit, sondern eine Frage der Ehre.

Botschafter Guariglia meldete außerdem nach Rom, man habe bisher keinen Beschluß über die Evakuierung der Regierung oder über die Verteidigung von Paris gefaßt.

Der Schriftsteller Fernand Gregh erinnert sich, daß seine Frau und er um zweiundzwanzig Uhr zu Hause von einem Freund, der in einem Ministerium arbeitete, angerufen wurde.

»Freunde, wenn ihr die Deutschen nicht in Paris sehen wollt, ist es Zeit abzureisen.«

259

»Wir fahren morgen los.«

»Fahrt lieber sofort.«

Der siebenundsechzigjährige Autor bat seine Frau, ihre Sachen zu packen. Um Mitternacht rief ein anderer gutinformierter Freund an und gab denselben Rat. Um zwei Uhr morgens brachen die Greghs mit ihrem Gepäck, zwei Bediensteten und ihrem Cockerspaniel in ihrem alten Ford auf.

An diesem Abend besuchte Simone de Beauvoir zusammen mit ihrer Freundin Bianca die Oper, um sich *Ariane et Barbe-Bleue* anzusehen, ein zu Beginn des Jahrhunderts entstandenes Werk von Paul Dukas und Maurice Maeterlinck: Die Heldin Ariane heiratet den Ritter Blaubart, um dessen fünf frühere Frauen aus der Gefangenschaft zu retten, obwohl diese ihr Schicksal recht gleichgültig hinnehmen. Ein nicht gerade beflügelndes Schauspiel, doch Simone de Beauvoir betrachtete es als eine letzte »prahlerische und symbolische Demonstration im Angesicht des Feindes«. Das Wetter war stürmisch, und die beiden Frauen waren nervös. Bianca, die in flammendrotem Kleid auf der Galatreppe des Theaters stand, bot ein eindrucksvolles Bild. Während sie zu Fuß zum linken Seine-Ufer zurückkehrten, sprachen sie über die bevorstehende Niederlage. Bianca sagte, man habe ja immer die Möglichkeit zum Selbstmord, woraufhin Simone erwiderte: »Normalerweise bringt man sich nicht um.«

Spät abends kritzelte Botschafter Bullitt eine weitere »persönliche und geheime« Nachricht, die verschlüsselt an den Präsidenten telegrafiert wurde.

> Würden Sie bitte dafür sorgen, daß der nächste Clipper zwölf Thompson-Maschinenpistolen mit Munition, adressiert an mich, zum Gebrauch der Botschaft, mitnimmt? Ich bin durchaus bereit, die Kosten selbst zu tragen.
>
> Es gibt allen Grund zu der Erwartung, daß ein kommunistischer Mob die französische Regierung ablösen wird, falls sie gezwungen ist, Paris zu verlassen.

Wie sollte man mit einem so undiplomatischen Botschafter

umgehen? Wie sollte man ihm widersprechen, wo er doch an Ort und Stelle war? Wie sollte man ihm die Bitte abschlagen, nachdem er sie dem Präsidenten der Vereinigten Staaten nicht nur schriftlich, sondern danach auch telefonisch übermittelt hatte?

Außenminister Cordell Hull schickte dem Botschafter eine »streng vertrauliche« Antwort: Der Kapitän eines in Lissabon liegenden amerikanischen Kriegsschiffes sei mit der Lieferung des »Materials, das Sie benötigen« betraut worden. Bullitt wurde aufgefordert, die Maschinenpistolen, die man als offizielle Lieferung an die Botschaft ausweisen werde, durch einen vertrauenswürdigen Vertreter in Lissabon abholen zu lassen.

»Alle erdenklichen Vorkehrungen sollten getroffen werden, um Publizität zu vermeiden«, riet Hull.

33

Sonntag, 9. Juni

William Christian Bullitt verließ Paris am frühen Morgen und begann die lange Fahrt zu dem Dörfchen Domrémy-la-Pucelle (Domrémy-die-Jungfrau: der Geburtsort der Jeanne d'Arc). Das Dorf in den Vogesen, im östlichen Frankreich, war nun fast in Sichtweite der Angreifer. Den Anlaß zu Bullitts Fahrt bot eine Zeremonie in der Dorfkirche, wo Johanna getauft worden war. Nach einer von Monsignore Roger Beaussart, der die Fahrt aus Paris zusammen mit dem Botschafter gemacht hatte, abgehaltenen Messe stiftete Bullitt eine Statue der heiligen Johanna für Frankreich – und Gott. Es war das Werk von Maxime Real del Sarte, einem Spezialisten für Johanna-Darstellungen. Wie Bullitt erklärte, hatte man sie dank der Spenden amerikanischer Katholiken wie Protestanten erworben: »Die Amerikaner wissen, welche Seite Unrecht, Grausamkeit und Bestialität verkörpert. Von einem Ende dieser Erde zum anderen betet jeder zivilisierte Mensch auf seine Weise für den Sieg Frankreichs.«

Danach trug der Botschafter eine Beschwörung vor:

»Heilige Johanna, Frankreich bleibt deiner würdig!

Würdig sind seine Soldaten, die sich weder dem Feuer noch gar dem Verrat beugen!

Würdig sind die Piloten, die sich in den Himmel erheben, wie du dich auf die Wälle von Orléans erhobst...«

Dann legte er im Namen des amerikanischen Präsidenten eine Rose zu Füßen der Heiligen nieder.

Am nächsten Tag war Domrémy in deutscher Hand.

Es war ein wirklich glanzvoller Junisonntag in Paris. »Schön, wolkenlos«, notierte man im Wetteramt (die Information wurde jedoch nicht veröffentlicht, um dem Feind die Arbeit nicht zu erleichtern). »Der Himmel war klar«, erinnerte sich ein Beobachter. »Die meisten Pariser waren überzeugt, daß die Deutschen die Stadt niemals erreichen würden, denn zuvor würde man eine Friedensvereinbarung treffen.« Das Schlachtfeld schien weit entfernt, die Angriffe feindlicher Flugzeuge waren seltener geworden. Die Gäste drängten sich in Straßencafés an den Champs-Elysées und an anderen beliebten Promenaden; die zahlreichen Uniformen waren freilich nicht zu übersehen. Ist es wirklich wahr, fragte sich André Maurois, daß die Deutschen nur eine halbe Autostunde entfernt sind?

Er aß zu Mittag auf der Gartenterrasse des Hotel Ritz an der Place Vendôme; sämtliche Tische waren besetzt. Nur auf der Place de la Concorde gab es ein Anzeichen dafür, daß ein Aufbruch bevorstand: vor dem Marineministerium wartete eine lange Reihe Lastwagen. Später begegnete Maurois dem Chefredakteur einer Pariser Tageszeitung und fragte ihn, ob die Anwesenheit der Lastwagen auf eine Evakuierung hindeute. Der Journalist antwortete, die Ansichten innerhalb der Regierung seien immer noch geteilt. Dann ging Maurois ins Kino; der Zuschauerraum war fast voll. Die Wochenschau zeigte sowohl die Schlacht von Narvik in Norwegen wie den Bombenangriff auf Paris, und Maurois dachte: Die Tragödie der letzten Wochen ist schon zum Spektakel geworden.

Vielleicht kam es auf die Gegend an. In den weniger wohlhabenden Vierteln am linken Seine-Ufer ging der grübelnde Ilja Ehrenburg an jenem Sonntag ebenfalls spazieren. Er entdeckte hauptsächlich »bis auf weiteres« geschlossene Restaurants und Cafés und schnappte einen Gesprächsfetzen auf: »Wir haben uns ein Auto gekauft, aber wir kriegen kein Benzin. Wenn wir nur irgendwo ein Pferd finden könnten…«

Die Tageszeitung *Petit Journal* zog später das Fazit dieses allzu friedlichen Sonntags und teilte ihren Lesern mit:

Der gestrige Tag war ähnlich wie alle schönen Sonntage. Die Luft war mild, der Himmel klar, die Sonne strahlte.

Und doch, es herrschte Krieg. Bei Einbruch der Dunkelheit wurden Lastwagen und Busse zu Barrikaden aufgereiht, Wachtposten zogen auf, Verschanzungen aus Sandsäcken wurden errichtet …

Der seit 1926 im Exil lebende Italiener Pietro Nenni hatte andere Krisen, andere Kriege durchgemacht, hatte in Spanien auf seiten der Republikaner gekämpft. Nun mußte er zusehen, wie eine weitere Hauptstadt von den Mächten der Finsternis bedroht war. »Man wartet immer auf ein Wunder«, schrieb er in sein Tagebuch. Er gab zu, daß er eine gewisse Erleichterung verspürte, als ihm Freunde versicherten, Weygand versteht sich auf den Umgang mit den Deutschen, aber seine Skepsis blieb. Der Zusammenbruch der Lebensmittelverteilung, das Erscheinen zurückweichender Truppen unmittelbar vor der Stadt und besonders die Verstopfung der Straßen nach Süden – dies alles deutete auf eine Niederlage hin. Außerdem bemerkte er, daß sich Soldaten, die den Kontakt zu ihrer Einheit verloren hatten, unter die fliehenden Zivilisten mischten. Die Versprengten behaupteten, sie hätten ihre Waffen verloren; an der Front seien keine französischen Flugzeuge oder Panzer mehr zu sehen, und ihre Offiziere hätten sie im Stich gelassen. Das Wort *Verrat* wurde laut.

Victor Serge, ein anderer Zwangsemigrant, sprach in einem Schreiben an einen Freund davon, daß ihn die verlassene Stadt an das belagerte St. Petersburg von 1919 erinnere. Doch während die Menschen von St. Petersburg »stark miteinander und mit erhabenen Prinzipien verbunden« gewesen seien, »haben die Menschen hier keine Werte, leben ohne Glauben dahin…« Der Leitsatz »Jeder ist sich selbst der Nächste« könne nur zu Unheil führen.

Ein Freund Jean Cocteaus sah zu, wie der extravagante Künstler und Dichter seine komplizierten Vorbereitungen für die Abreise in sichere und wärmere Gefilde vornahm. Offenbar hatte Cocteau vergesssen, sich genug Behälter für sein Opium zu besorgen, und ohne Opium konnte er nicht leben. »Also gut«, sagte Cocteau, »ich bleibe. Die Deutschen werden mich erschießen, denn sie verabscheuen Dichter.«

Daraufhin zog der gefällige Freund durch die verlassene Stadt, um Gläser für Opium aufzutreiben. Ein Geschäft nach dem anderen, das solche Behälter hätte verkaufen können, war geschlossen, doch am Ende hatte er Glück. Die Gläser wurden eingepackt und zur Wohnung des Künstlers gegenüber den

Gärten des Palais-Royal gebracht. Der Freund fand Cocteau »niedergeschmettert« vor, doch er rappelte sich auf, beschleunigte seine Vorbereitungen und reiste ab.

Paul Léautaud war noch umständlicher. Seine beste Freundin, Marie Dormoy, packte bereits, um ihrer Bibliothek in den sicheren Süden zu folgen, doch er weigerte sich, mit ihr zu fahren: wie könnte er – mit seinen Katzen, seinen kostbaren Besitztümern, seiner Arbeit beim *Mercure de France*?

Präzise wie immer verzeichnet Simone de Beauvoir, was sie an diesem Sonntag tat: vormittags las sie, später hörte sie Musik in einem Schallplattengeschäft gegenüber dem Jardin du Luxembourg, dann war sie im Kino und sah zwei Filme nacheinander. Und schließlich setzte sie sich ins Café Mahieu am Boulevard Saint-Michel – einem Lieblingsort der Linksintellektuellen seit Lenin –, um ihrem Gefährten an der Front einen Brief zu schreiben.

Sie hörte Flakfeuer, blickte auf und sah weiße Rauchwölkchen. Die Terrasse des Cafés leerte sich rasch. Simone empfand das Vorrücken des Feindes als »eine persönliche Bedrohung«, denn sie fürchtete, von Sartre abgeschnitten zu sein; wie eine Ratte in der Falle würde sie im besetzten Paris festsitzen.

Nun kehrte sie ins Schallplattengeschäft zurück, um noch mehr Musik zu hören, und ging dann in ihr Hotel, wo sie einen Zettel von einer Freundin vorfand mit der Nachricht, sie warte im Café de Flore am Boulevard Saint-Germain und habe wichtige Neuigkeiten. Es gab keine Taxis, deshalb nahm Simone die Métro. Ihre Freundin erklärte, ein gutunterrichteter Offizier habe ihren Vater wissen lassen, daß ein Rückzug für den folgenden Tag geplant sei. Man werde die Schulprüfungen verschieben, und sämtliche Lehrer dürften nun abreisen. Also werden die Deutschen in ein paar Tagen in Paris sein, dachte Simone de Beauvoir. Und sie würden die Maginotlinie von hinten her aufrollen, was bedeutete, daß Sartre in Gefangenschaft geraten, schlecht behandelt werde und ihr keine Nachricht zukommen lassen würde. Zum erstenmal in ihrem Leben hatte sie einen Nervenzusammenbruch. Es war der schlimmste Moment des gesamten Kriegs für sie. Jetzt war sie bereit, Paris zu verlassen.

Ein Blick auf die Morgenzeitung jenes Tages gibt Aufschluß darüber, daß sich Simone de Beauvoir ihr Doppelprogramm in den »Ursulines«, einem beliebten Studentenkino, ansah. Es war eines von vierzehn Kinos, die immer noch Reklame für englischsprachige Filme machten. Dreizehn andere zeigten französische oder französisch synchronisierte Filme.

Fast alle Theater, die ihre Arbeit noch nicht eingestellt hatten, waren in staatlicher Hand: die Oper mit der *Zauberflöte*, die Opéra-Comique mit *Carmen* um 14.00 und *Mignon* um 19.00 Uhr; die Comédie-Française gab *L'Avare* und *On ne saurait penser à tout* um 14.00 Uhr, das Odéon *Le Cid* und *Les précieuses ridicules* um 14.30 Uhr sowie *L'Ami Fritz* (einen sentimentalen Sketch über das Elsaß) um 19.30 Uhr.

An jenem Morgen war *Le Matin* noch zuversichtlich genug, das Programm der staatlichen Theater für den Rest der Woche zu veröffentlichen: Beethovens *Fidelio* in der Oper für den folgenden Samstag, dem 15. Juni; Massenets *Werther* für Sonntag, dem 16. Juni, in der Opéra-Comique. Die Comedie-Française würde *Polyeucte*, das Odéon wiederum *Le Cid* und *Tartuffe* zeigen. Doch am 9. Juni, nachdem die Zeitungen bereits in Druck gegangen waren, erhielten die subventionierten Theater ihren Marschbefehl. Dieser Sonntag würde ihr letzter Tag sein.

In Roger Peyrefittes Roman *La Fin des ambassades* (dt. *Diplomaten*) geht der unbekümmerte junge Diplomat, mit dem der Autor ein Selbstporträt zeichnet, an jenem Nachmittag in die Comédie-Française. »Man hatte ihn gewarnt, daß dies die letzte Vorstellung sein werde; die vor einem karg besetzten Auditorium aufgeführte Komödie nahm tragische Züge an.« Der Sketch von Marivaux, »Man kann nicht an alles denken«, der Molières Stück folgte, hatte nie weniger angemessen – oder ironischer – gewirkt.

»Der Vorhang fällt langsam, schwer wie ein feierlicher Abschied«, erinnerte sich ein Beobachter – nicht Roger Peyrefitte, sondern ein Funktionär des Ensembles, der in den Seitenkulissen stand. Alle waren betroffen; das Publikum verließ schweigend das Theater. Draußen musterten kleine Gruppen von Bürgern den Himmel. Einige glaubten, deutsche Fallschirmspringer sehen zu können.

KINDER MÜSSSEN PARIS VERLASSEN
Da die Schulen nun geschlossen sind,
kann die Abreise nicht aufgeschoben werden

Die Mahnung erschien in der Morgenzeitung *Le Jour* – als ob
Pariser, die Kinder hatten, noch angetrieben werden müßten.

> Die Schulen von Paris haben gestern ihre Tore geschlossen.
> Am Morgen legten die unteren Klassen ihre Grundschulprü-
> fungen ab – einen Monat früher als sonst. Man schätzt, daß
> noch rund 200 000 Kinder in der Stadt sind.
> Da das Schuljahr beendet ist, sollten die Kinder auf keinen
> Fall an einem Ort bleiben, wo sie unnötigen Risiken ausge-
> setzt sind.

Für eine Frau, die gerade einen Krieg durchlebt und die Explosion der Geschosse gehörte hatte, hatte die Schlacht um Frankreich, wie sie sich von Paris aus darstellte, nichts Schrecken-
erregendes. Marguerite Orlianges, in den Bergen von Zentralfrankreich geboren, hatte einen aktiven Sozialisten zum Vater
und war mit der Politik aufgewachsen. Im Alter von achtzehn
begegnete sie ihrem künftigen Mann; er war spanischer Reserveoffizier, und als in seinem Land im Juli 1936 die Rebellion
aufflammte, kehrte er nach Spanien zurück – nicht, um für
die aufständische Armee unter Francisco Franco, sondern um
für die bedrängte Regierung zu kämpfen. Marguerite folgte ihm
nach Madrid, und nachdem Franco die Hauptstadt erobert
hatte, wurde sie, schwanger mit Juan Moninos Kind, nach
Frankreich repatriiert.

Als das Baby im Dezember 1939 geboren wurde, lebte sie in
Melun, unweit von Paris, bei ihrer Mutter; sie fuhr jeden Tag mit
einem Vorortzug zu ihrer Arbeit im Rathaus. Im Mai 1940 nahm
ihre Mutter das Kleinkind mit nach Süden in die Gegend von
Nevers, und kurz darauf zog Marguerite bei Freunden an der
Place Saint-Michel ein. Die Straße war zur Hauptverbindungs-
route zwischen Nord- und Südfrankreich geworden, und Mar-
guerites Wohnung bot einen für eine Zivilistin ungewöhnlichen
Ausblick auf den Krieg. Davon abgesehen war der Krieg nicht

allzu bemerkenswert für eine Frau, die gelernt hatte, mit einem Gewehr umzugehen und Madrid Straße um Straße zu verteidigen.

Marguerite und ihre Freunde, engagierte Antifaschisten, durchlebten diese Junitage in individueller Abgeschiedenheit. Man praktizierte eine Art Selbstzensur und sprach nicht vom Krieg. In ihrem Fall war das Schweigen qualvoll, denn sie ahnte nicht, was aus ihrem Mann nach seiner Gefangennahme durch italienische Truppen, die Franco unterstützten, geworden war.

Marguerite Monino glaubte kein Wort von den politischen Reden oder den beruhigenden französischen Kriegsberichten, denn sie wußte, daß die Deutschen bereits zu nahe waren, um nicht in Paris einzumarschieren.

Schließlich kam der Tag, an dem sie erfuhr, daß ein städtischer Autobus voller Kinder in das Gebiet südlich der Loire fahren würde. Man hatte noch Platz für sie und ihre Schwester; nun würde sie ihr eigenes Kind wiedersehen können. Der Bus verließ die Hauptstadt ohne Schwierigkeiten, doch im Loire-Tal geriet er ins Kreuzfeuer. Dann hielt die französische Armee sämtliche Zivilfahrzeuge an, um die Straßen für den Rückzug der Truppen freizumachen. Marguerite und ihre Schwester ließen den Bus hinter sich, und es gelang ihnen, die Loire-Brücke bei Gien zu Fuß zu überqueren. Sie erinnerte sich, daß sie über die Leichen französisch-afrikanischer Soldaten hinwegsteigen mußte.

Die schlechte Nachricht, mit der Maxime Weygand an jedem Morgen geweckt wurde, war nicht unerwartet: Die Deutschen fächerten nach Osten aus, so daß die Front fast vierhundert Kilometer lang wurde; gleichzeitig stieß der Feind im Westen zur Seine und im Osten in die Champagne vor. Weygand konnte nur hoffen, daß seine Linien standhalten würden. Während Berichte über den mutigen Kampf der 14. französischen Infanteriedivision – sie wurde von Jean de Lattre de Tassigny, einem der besten jungen Generale Frankreichs, kommandiert – eingingen, schrieb Weygand die Parole des Tages nieder:

Der Befehl lautet weiterhin, daß jeder Soldat dort, wohin sein Kommandeur ihn gestellt hat, vorwärtsgewandt und ohne einen Gedanken an Rückzug kämpft.

Dann der dramatische Aufruf:

Offiziere, Unteroffiziere und Soldaten, die Sicherheit der
Nation verlangt von euch nicht nur euren Mut, sondern all die
Beharrlichkeit, all die Initiative, all den Kampfgeist, zu denen
ihr, wie ich weiß, fähig seid.
Der Feind hat schwere Verluste erlitten. Er wird bald an die
Grenzen seiner Kraft stoßen.
Wir haben die letzte Viertelstunde erreicht. Haltet stand.

Fortan übernahm die sogenannte Armee von Paris, bestehend
aus den früher der hauptstädtischen Militärregierung unterstellten Truppen, die Verantwortung für den Zentralabschnitt der
Front von Vernon an der Seine bis nach Boran an der Oise. Nach
einem Besuch des Feldhauptquartiers fuhr der Oberbefehlshaber zurück in die Rue Saint-Dominique, um Paul Reynaud
zu melden, daß die französische Armee, die bei Tag unter Luft-
angriffen kämpfe und bei Nacht marschiere, seiner Ansicht nach
die Grenzen ihrer Möglichkeiten erreicht habe. Er zeichnete
ein Bild erschöpfter Offiziere, »die wie in Trance vorrückten,
manchmal unfähig, einen Befehl zu hören, und nur die Kraft
hatten, vorwärts zu marschieren und den Vormarsch ihrer
Männer zu begleiten, die buchstäblich auf die andere Seite des
Stacheldrahtes der neuen Verteidigungspositionen geworfen
wurden, die auf dem Schlachtfeld einschliefen und geweckt
werden mußten, um Schüsse abzufeuern«.
    Weygand hatte das Gefühl – jedenfalls sagte er dies später, als
alles vorbei war –, daß Reynaud ihm nicht zuhörte.
    Natürlich marschierte Reynaud zu einem anderen Trommel-
schlag.

Pietro Nenni machte sich Sorgen wegen Weygands Erklärung,
Frankreich habe seine letzte Viertelstunde erreicht. Dies sei
eher dazu angetan, sagte er, Furcht auszulösen, als die Soldaten
zu ermuntern.
    In der Region von Paris zirkulierte ein Plan zur Vernichtung
sämtlicher Treibstofflager in der Hauptstadt und in den Vororten; sie seien – sobald die Armee den Befehl dazu erteile –

einfach dadurch zu zerstören, daß man den Inhalt der Tanks in Brand stecke.

KRIEGSSTIMMUNG IN ITALIEN: *Le Matin* schilderte, wie die italienischen Städte sich auf die nächtliche Verdunkelung vorbereiteten. Museen würden geschlossen. In Mailand seien für den Fall von Bombenangriffen Luftschutzkeller eingerichtet worden.

Nur in Paris klang der Kriegslärm in Italien weit entfernt; man mußte in Staatsgeheimnisse eingeweiht sein, um etwas von der fieberhaften diplomatischen Aktivität zu ahnen, von den Spekulationen, wann und wie (nicht ob) das faschistische Italien in den Krieg eintreten werde. Bereits am 26. Mai hatte Raffaele Guariglia, der italienische Botschafter in Frankreich, Verhandlungen mit dem französischen Außenministerium über die Repatriierung der italienischen Diplomatengemeinde geführt. Eine Möglichkeit bestand in einem simplen Austausch: für jeden italienischen Diplomaten, der Frankreich verlassen dürfe, solle ein französischer Diplomat aus Italien zurückkehren. Aber sollte man sämtliche Franzosen gegen sämtliche Italiener austauschen? Denn man mußte nicht nur Botschaftspersonal berücksichtigen, sondern auch Lehrer sowie Angestellte von Reisebüros, Handelskammern und Reedereien. Wie es der Zufall wollte, gab es mehr Italiener in Frankreich als Franzosen in Italien.

An diesem Morgen um 10.30 Uhr, während der Kriegskonferenz, verlas Marschall Pétain ein Memorandum, in dem er erklärte, weshalb die Führer der Nation Paris nicht gerade in dem Moment verlassen sollten, da es in erster Linie darauf ankomme, das moralische und geistige Erbe der Nation zu wahren. Der alte Soldat äußerte seine Besorgnis über die schwierige Lage, in der sich die Armee befinde, über ihren Mangel an Mobilität. Sie werde dadurch behindert, daß sich die Kämpfe zu dicht vor Paris abspielten, und ihr fehlten die Reserven, die immer noch an der nun nutzlosen Maginotlinie eingegraben seien. Er hoffte, die Regierung werde mit Weygand besprechen, was nach der Eroberung von Paris zu tun sei – ein Ereignis, das er für unvermeidlich hielt.

Pétain wußte, was er tun würde: Er würde um einen Waffenstillstand bitten.

Reynaud entgegnete, man könne keine ehrenvollen Bedingungen von den Deutschen erwarten. Hitler wünsche, Frankreich zu vernichten – nichts anderes. Und es wäre falsch, mit den Verbündeten Frankreichs zu brechen. Pétain hatte darauf eine Antwort: Die französischen Interessen hätten Vorrang; an der gegenwärtigen Situation Frankreichs sei Großbritannien schuld.

In diesem Moment traf Weygand mit seinen schlechten Nachrichten ein. Er verlas den Tagesbefehl mit der dramatischen »letzten Viertelstunde« und zeigte den Versammelten den noch nicht ganz abgeschlossenen Entwurf eines Memorandums, in dem er unterstrich, daß die Franzosen nun ihre letzte Position bezogen hätten und die letzte mögliche Verteidigungsschlacht bestritten; falls diese Aktion scheitere, würden die französischen Armeen unweigerlich auseinanderbrechen. Der entmutigte Reynaud fragte, ob man nicht einige der überlebenden Divisionen in die Bretagne verlegen könne, denn dort könnten sie sich mit britischen Verstärkungen von der anderen Seite des Kanals zusammenschließen. Wer diese Schlacht überlebe, erwiderte Weygand, werde nicht fähig sein, in die Bretagne zu marschieren.

Reynaud schlug vor, den alten General Héring als Militärbefehlshaber ablösen zu lassen, doch Weygand hielt den Zeitpunkt für schlecht gewählt, da die Schlacht gerade in den von Héring vorbereiteten Positionen beginne. Zudem habe Héring mit Dentz nun einen fähigen Stellvertreter. Die Diskussion wandte sich den Einzelheiten der Verteidigung von Paris zu. Reynaud regte wiederum an, Präsident Lebrun und die nicht am Krieg beteiligten Ministerien ins Loire-Tal zu evakuieren; was Weygand für eine gute Idee hielt. Rüstungsminister Dautry erkundigte sich nach den wehrfähigen Männern – ungefähr 100 000 –, die für Sonderaufgaben in Fabriken in und um Paris abgestellt waren. Zumindest wer unter Dreißig sei, könnte nun in Sicherheit gebracht werden. Man stimmte zu. Dautry lobte die Moral der Arbeiter und Fabrikleiter. Die Produktion laufe auf Hochtouren; niemand spreche von Flucht.

*

Laut Gesetz mußten bei jeder Verlagerung der Regierungs-
gewalt aus Paris in die Provinz die Präsidenten beider Häuser des
Parlaments konsultiert werden. Mithin schickte Reynaud den
erforderlichen Brief an die Präsidenten der beiden Kammern:

> Ich habe die Ehre, Ihnen mitzuteilen, daß der Oberbefehls-
> haber es angesichts der militärischen Situation für ratsam hält,
> die Evakuierung von Paris durch die Behörden vorzunehmen.

Paul Baudouin betrat Reynauds Büro um 18.00 Uhr und hörte,
daß die Lage im Feld sich weiterhin verschlechtert habe; die
Vorhut des Feindes befinde sich nun bereits in L'Isle-Adam,
weniger als vierzig Kilometer nördlich von Paris. Die Evakuierung müsse schneller abgewickelt werden. Baudouin rief am
Quai d'Orsay an, wo man bereits im Laufe des Tages begonnen
hatte, Mitarbeiter fortzuschicken, und meldete, daß nun die
totale Evakuierung einzuleiten sei. Dann fuhr er nach Hause,
um seine eigenen Sachen zu packen.

Um 18.00 Uhr hatte Georges Mandel mit dem Senatspräsidenten Jean Jeanneney telefoniert: Die Deutschen näherten sich
dem kaum dreißig Kilometer entfernten Pontoise, vielleicht
seien sie auch bereits in den Ort einmarschiert. Die für den nächsten Tag geplante Kabinettssitzung, bei der eine endgültige
Entscheidung über die Abreise der Regierung getroffen werden
sollte, sei nun für 21.00 Uhr am selben Abend anberaumt.

Die Minister lauschten Weygands Empfehlungen und Pétains
Verweigerung irgendwelcher Empfehlungen. Präsident Lebrun
erinnerte sich, daß er den müden alten Mann ansprach: »Wollen
Sie nicht Ihre Meinung vortragen, Marschall?« – »Ich habe nichts
zu sagen.« Man habe Pétain in die Regierung berufen, um sie zu
stärken, sinnierte Lebrun, aber das Gegenteil sei eingetreten.

Gegen den Widerstand mehrerer Minister kam das Kabinett
schließlich überein, die Hauptstadt zu verlassen; die Minister,
ihr Stab und die Mitarbeiter anderer Behörden sollten die ihnen
zugewiesenen Unterkünfte in Schlössern und Villen an der Loire
beziehen. Eine Abreise ohne Kampf, dachte Dominique Leca.
Damit wurde Paris zur offenen Stadt, doch es gab immer noch
niemanden, der bereit war, es auszusprechen.

Raoul Dautry dachte an sein nur zwei Tage altes Versprechen, daß die Regierung in der Hauptstadt bleiben und daß die Fabriken in und um Paris weiterarbeiten würden. Nun mußte er der Leitung derselben Fabriken befehlen, die Evakuierung mit soviel Personal, Geräten, Rohstoffen und Fertigteilen wie möglich vorzunehmen.

Um 22.30 Uhr rief Senatspräsident Jeanneney – er war allein im Gebäude und hatte von niemandem etwas gehört – den Präsidenten der Deputiertenkammer, Edouard Herriot, an, der ebenfalls nichts von der Entscheidung des Kabinetts wußte. Daraufhin nahmen sie mit dem Elysée-Palast Verbindung auf und erfuhren, daß die Kabinettssitzung schon seit geraumer Weile zu Ende war und Präsident Lebrun sich früh am nächsten Morgen nach Tours aufmachen werde. Jeanneney traf Vorkehrungen für seine eigene Abreise kurz vor Sonnenaufgang.

Reynaud erfuhr nach der Kabinettssitzung, daß sich die Gefechtssituation nicht geändert hatte. Dies bedeutete, daß er vor dem nächsten Morgen keine weitere Entscheidung über seine eigene Abreise zu treffen brauchte.

Der amerikanische Botschafter wartete auf den Ministerpräsidenten. Reynaud erklärte, er werde zusammen mit dem Marine-, dem Luftfahrt- und dem Rüstungsminister bis zum letztmöglichen Zeitpunkt in Paris bleiben. Bullitt solle Roosevelt mitteilen, daß man sich nicht auf eine Kapitulation vorbereite, sondern vielmehr den Kampf bis zum bitteren Ende ermöglichen wolle. Reynaud wußte jedoch, daß die verbliebenen Minister und er Paris demnächst verlassen mußten; er hoffte, daß Bullitt sich ihnen anschließen werden. Dann fügte er ein paar für den amerikanischen Botschafter schmeichelhafte Bemerkungen hinzu – sie waren so schmeichelhaft, daß Bullitt beschloß, sie in seinem telegrafischen Gesprächsbericht nicht zu erwähnen.

Bullitt gab zurück, daß kein amerikanischer Botschafter der Geschichte Paris je im Stich gelassen habe. Auch er selbst werde in der Stadt bleiben, so lange er glaube, ihr irgendwie von Nutzen sein zu können. Reynaud fürchtete, daß er ohne Bullitt keine Möglichkeit mehr haben werde, sich mit Roosevelt zu verständigen. Daraufhin ließ Bullitt ihn – streng vertraulich – wissen, daß Botschafter Anthony Drexel Biddle mit der Regierung nach Tours fahren und Bullitt vertreten werde, falls dieser nach der Eroberung von Paris keinen Kontakt mit Reynaud mehr halten könne.

Die beiden Männer erörterten die neuesten Berichte von der Front. Reynaud sagte, er habe Churchill elf Telegramme geschickt und ihn siebenmal angerufen, doch den Premierminister nicht überreden können, mehr als ein Viertel der verfügbaren britischen Jagdflugzeuge in die Schlacht zu schicken. Der Ministerpräsident hoffte, Roosevelt werde dem britischen Botschafter in Washington sein Erstaunen deutlich machen, daß die Briten nicht mehr Maschinen angeboten hätten, während die Franzosen ihr Blut für die Rettung der Zivilisation vergössen. Reynaud wollte den Präsidenten vor der Abreise aus Paris noch einmal anrufen, um ihm zu versichern, daß die Franzosen bis zum Ende kämpfen würden. In seiner Meldung an Roosevelt kommentierte Bullit: »Ob Sie einen solchen Anruf entgegennehmen oder nicht, ist allein Ihnen überlassen.«

Charles de Gaulle hatte den Tag in London verbracht und Unterredungen mit Churchill geführt; es war ihr erstes Treffen. War es eine Liebe auf den ersten Blick? Wie auch immer, de Gaulle merkte sofort, daß sein Gesprächspartner ein Kämpfer war, und er ließ Churchill wissen, daß das französische Kabinett entschlossen sei, den Krieg fortzusetzen, selbst wenn es sich dazu in die französischen Kolonien zurückziehen müsse. Der Engländer war von diesen Worten nicht völlig überzeugt. Auch glaubte er nicht, daß das französische Mutterland zu retten war, weshalb er sich außerstande sah, eine größere Zahl von Flugzeugen für die verlorene Schlacht aufs Spiel zu setzen.

Eine Geschichte illustriert recht anschaulich die im Kabinett herrschende Verwirrung; sie war zu schön, um geheim zu bleiben, und sie wurde häufig und nicht immer in derselben Version erzählt. Jean Prouvost, der Zeitungs- und Zeitschriftenverleger, fühlte sich auf seinem zeitweiligen Posten als Informationsminister nicht sehr wohl; sein Büro befand sich in einem ganz und gar nicht regierungswürdigen Gebäude, dem international berühmten Hotel Continental neben den Tuilerien. Seinem Chefredakteur Pierre Lazareff zufolge führte Prouvost an jenem Nachmittag ein beschwichtigendes Gespräch mit amerikanischen Korrespondenten. »Was immer geschieht, die Regierung wird Paris nicht verlassen«, versprach er ihnen. »Bleiben Sie bei uns. Wenn Sie mir eine Frage stellen möchten, dann kommen Sie bitte zu mir – morgen, übermorgen, wann Sie wollen. Sie werden mich immer antreffen.« An dieser Stelle lud John Lloyd, Korrespondent der Associated Press und Vorsitzender des Angloamerikanischen Presseverbandes, den Minister ein, am folgenden Mittwoch als Ehrengast an einem Essen der Organisation teilzunehmen. Prouvost nahm die Einladung an.

Minuten später klingelte das Telefon auf Prouvosts Schreibtisch. Man teilte ihm mit, daß die Regierung Paris am selben Abend verlassen werde. In diesem Moment trat Chefredakteur Lazareff ein, und der bekümmerte Verleger beklagte sich: »Man hat mich gezwungen, einen fürchterlichen Schnitzer zu begehen. Ich sollte sagen, daß wir hierbleiben, obwohl man wußte, daß wir abreisen … Wir reisen nicht ab, wir flüchten!«

Ein britischer Zeuge fügt dem Vorfall noch einige Würze hinzu: Gerade als Prouvost einer Gruppe britischer Reporter versichert habe, daß die Regierung Paris auf keinen Fall verlassen werde, seien zwei stämmige Portiers hereingekommen, um einen Aktenschrank hochzuheben und hinauszutragen. »Was machen Sie denn da?« habe der Minister gefragt, und er sei von einem der Portiers beschieden worden: »Wir fahren nach Tours. Wir haben Befehle.«

Der Journalist und Kritiker Maurice Martin du Gard, der zum Personal des Informationsministeriums gehörte, ging an jenem Kriegssonntag wie gewöhnlich zur Arbeit. Er überquerte die still gewordene Place de la Concorde und blieb stehen, als etliche Pariser von den Champs-Elysées her auf den Platz kamen, die neben dem Marineministerium aufgereihten Lastwagen (die wahrscheinlich mit Militärgeheimnissen vollgestopft waren) zu bestaunen. An der Ecke der Rue Saint-Florentin schritt er an den verschlossenen Fensterläden des Hôtel Talleyrand vorbei, des Stadthauses von Baron Edouard de Rothschild. Dort wartete ein Polizist mit einem Karabiner auf dem Rücken auf seinen Fallschirmspringer …

Während Alexander Werth seine Tagebuchnotizen auf den neuesten Stand brachte, merkte er, daß er über den 9. Juni wenig zu sagen hatte. Auf einer Pressekonferenz am Morgen hatte ein Offizier gemurmelt, dies sei ein entscheidender Tag, und Werth konnte nun deutlich Geschützfeuer hören. Er gab dem Artikel des Tages den letzten Schliff und telegrafierte ihn seiner Zeitung:

PARIS IN DIESEN TAGEN BEI ALLER ANGST RUHIG UND SCHÖN STOP TAGSÜBER ZAHLREICHE AUTOS VOLLER GEPÄCK BEIM VERLASSEN DER STADT ZU SEHEN STOP PASSAGIERE HABEN TRÄNEN IN DEN AUGEN ... REGIERUNGSENTSCHEIDUNG FÜR DEN FALL UNMITTELBARER BEDROHUNG VON PARIS WIRD ERWARTET STOP ABER ZU FRÜH ÜBER FINSTERERE MÖGLICHKEITEN KOMMENDER WOCHE NACHZUDENKEN ...

Der Sprecher auf der Pressekonferenz am Quai d'Orsay wurde gefragt, ob die Regierung nun beschlossen habe, Paris zu verlassen, und er antwortete: »Davon weiß ich nichts.« Aber jeder andere wußte Bescheid. Man hatte Werth und weitere britische Korrespondenten an diesem Nachmittag zu einem Gespräch mit dem Informationsminister Prouvost eingeladen, doch er hielt es für sinnlos, dort zu erscheinen.

Der erste Minister, der die Stadt verließ, war Philippe Pétain; er fuhr kurz vor Mitternacht ab, eskortiert von zwei Polizisten auf Motorrädern. Seinem Adjutanten fiel auf, daß der Verkehr in der Nähe von Fontainebleau sehr dicht war; dies liege wohl daran, meinte er, daß die Pariser von ihren Sonntagsausflügen zurückkehrten (Hauptmann Léon Bonhomme trug diese Vermutung allen Ernstes am selben Abend in sein Tagebuch ein). Der Marschall und seine Begleitung sollten sich nach Briare, dem Hauptquartier des verlegten Oberkommandos, begeben. Doch dort gab es keine Unterkünfte mehr, und Pétain verbrachte den Rest der Nacht im Bett eines Eisenbahninspektors am Bahnhof Gien.

Pétain leitete kein Ministerium, weshalb er vergleichsweise mobil war. Oberst Georges Groussard im Amt des Militärbefehlshabers dagegen fand den plötzlichen Evakuierungsbeschluß der Regierung unklug und sogar gefährlich. Mit einem Schlag verschwanden alle noch vorhandenen Transportmittel, ohne daß militärische Erfordernisse berücksichtigt wurden. Im Ersten Weltkrieg hatte man die Taxis von Paris requiriert, doch zu dem Zweck, Soldaten nach vorn an die Front zu bringen. Schlimmer noch, gewöhnliche Pariser Bürger, die die Pläne der Regierung durchschauten, begannen ihrerseits, sich mit jedem verfügbaren Transportmittel dem Exodus anzuschließen.

Die Verwaltung der Region Paris, die mit der Verteidigung der Hauptstadt beauftragt war, vertrat dagegen den Standpunkt, daß sämtliche Fahrzeuge in erster Linie dazu dienen müßten, die mit dem Schutz der Hauptstadt betrauten Soldaten und anschließend die Zivilbevölkerung mit Nahrungsmitteln zu versorgen. Dann erst könne man sie dazu benutzen, Regierungsakten und -gerät fortzuschaffen. Ungeachtet dieser logischen Prioritäten übten die Behörden unablässigen Druck auf das Militär aus; alle schienen das Recht zu haben, Transportmittel zu beschlagnahmen. Das Ergebnis war Chaos. Bald würde es kein einziges Fahrzeug mehr geben, das den Kampfeinheiten Waffen und Munition bringen, das die Städtchen und Dörfer um Paris mit Lebensmitteln versorgen oder verwundete Soldaten abtransportieren konnte. Neues Kriegsmaterial würde liegenbleiben, weil man keine Lastwagen zur Beförderung hatte.

Hätte ein Plan existiert, wäre es der Regierung möglich gewesen, ihre Abreise methodisch durchzuführen. Doch die jähe Flucht war, wie Oberst Groussard meinte, eine Katastrophe für die Bevölkerung von Paris, die ohne Anweisungen oder auch nur Empfehlungen zurückblieb. Nun konnte eine echte Panik ausbrechen.

Groussard beobachtete ein Beispiel unzureichender Planung im Luftfahrtministerium, dessen Stab schon in den ersten Junitagen mit Zügen und Lastwagen abgereist war. Aber die Bürokraten hatten ihre Akten vergessen, und als ihnen das Versäumnis auffiel, war es bereits zu spät – die Deutschen gerieten in den Besitz der Akten. Die gleiche Nachlässigkeit betraf junge Männer im wehrfähigen Alter, die zur Arbeit in wichtige Kriegsindustrien abgeordnet worden waren. Sie erhielten eine lange Reihe von Befehlen und Gegenbefehlen; manche wurden zu

Fuß und ohne Anweisungen aus Paris fortgeschickt, während man andere in den Fabriken sich selbst überließ und ihnen nicht einmal befahl, die Maschinen zu zerstören, die für den Feind nützlich sein konnten.

Ein Alptraum. Für Groussard war es der schlimmste aller Alpträume, als er herausfand, daß seine besten Bemühungen – und die besten Bemühungen so vieler anderer – völlig sinnlos waren, und dies, nachdem er sich seine ganze Karriere hindurch auf einen zunehmend unvermeidlichen Krieg vorbereitet hatte. Manche sprachen von Verrat, wenn sie sich an diese Stunden zurückerinnerten. Aber nicht Verrat, sondern Inkompetenz war an allem schuld.

Tag und Nacht wurde Groussard in seinem Büro von Anrufern und unangekündigten Besuchern geplagt, deren Vorgesetzte ohne ein Wort verschwunden waren. Sein Rat lautete stets: »Bleiben Sie auf Ihrem Posten und tun Sie Ihre Arbeit.« Nur wenige hielten sich daran, und wer konnte ihnen nach dem Beispiel, das ihre Vorgesetzten gegeben hatten, Vorwürfe machen?

Als Jean Chauvel an diesem Morgen im Außenministerium eintraf, hörte er von seinem Chef, daß sie alle um 19.00 Uhr Paris verlassen würden. Nachdem er sein Büro ausgeräumt hatte, blieb ihm noch genug Zeit, um an der Seine entlangzuspazieren, vorbei an den Bücherständen am Quai Malaquais, die noch geöffnet waren. Er kaufte ein Buch über Vermeer und setzte sich in ein Café gegenüber dem Louvre. Dann kehrte er zum Quai d'Orsay zurück und traf sich mit dem Kollegen, der mit Chauvel und dessen Frau aus Paris abreisen sollte. Sie holten Madame Chauvel in ihrer Wohnung an der Rue Mignard ab, und er sah sich zum letztenmal um. In jenem Moment glaubten sie noch, daß Paris verteidigt werde und daß sie ihr Haus nie wiedersehen würden.

Beim Abschied gingen sie an Nachbarn und Concièrges vorbei, die die Abreise der Diplomaten »ein wenig überrascht, ein wenig mißtrauisch« beobachteten. »Sie fühlten sich verlassen. Und auch wir spürten diese Verlassenheit – ein schmerzliches Gefühl.«

Jérôme Carcopino, der die Zeit seit seiner Rückkehr aus Rom

damit verbracht hatte, alte Freunde aufzusuchen – sie waren überwiegend optimistisch –, erlitt an jenem Tag einen Schock. Ein mit ihm befreundetes Ehepaar sollte ihn aufs Land zu seiner Mutter hinausfahren. Als er die Wohnung der beiden an der Rue Bonaparte um neun Uhr erreichte, erfuhr er von der Concièrge, daß sich seine Freunde im Morgengrauen mit großem Gepäck zu einem Schloß an der Loire aufgemacht hätten. Der Freund war Generalinspektor für historische Monumente; Carcopino vermutete, daß ihm ein dringender Auftrag erteilt worden war, der mit der Entfernung kostbarer Kunstwerke zu tun hatte.

Léon Blum, mit achtundsechzig Jahren der große alte Mann der Volksfront und das Gewissen der Sozialistischen Partei, war noch in Paris, als die Stadt sich leerte. Der vielseitig begabte Blum – Journalist und Literaturkritiker vor seiner Bekehrung zum Sozialismus und 1936 Ministerpräsident der ersten Volksfrontregierung – spielte keine aktive Rolle im Krieg oder überhaupt im politischen Leben mehr; das hätte auch niemand von dem gebrechlichen, vorsichtigen Intellektuellen erwartet – am wenigsten der kämpferische Paul Reynaud. Im Laufe des Tages hatten sich mehrere Freunde aus dem Kabinett mit ihm in Verbindung gesetzt. Man riet ihm zu packen, denn seine politischen Gefährten wollten Paris nicht ohne ihn verlassen. Sei man denn bereits im Aufbruch? »Nein, noch nicht, die Entscheidung ist noch nicht gefallen, aber das kann von einer Minute zur anderen geschehen.« – »Dann werde ich warten«, sagte Blum. »Vielleicht wiederholt sich der 16. Mai« (der »Tag des großen Schreckens«). Auf jeden Fall, so hörte er, sollte er einen vollgetankten Wagen und einen Fahrer bereithalten. Und Paris? »Unsere Abreise ändert nichts; Paris wird bis zum Ende verteidigt.« Davon waren die Kabinettsmitglieder immer noch überzeugt.

Blum selbst wurde angerufen und um Rat gebeten: »Sollen wir fahren? Was meinen Sie?« Er meinte, daß jeder, der die Frage stellte, bereits eine Antwort hatte und nur eine Bestätigung wollte.

Gegen 19.00 Uhr besuchte Blum eine Freundin, deren Mann dem Staatsrat, also dem höchsten Verwaltungsgericht, angehörte. Von ihr erfuhr er, daß die Ratsmitglieder am nächsten Morgen nach Angers aufbrechen würden. Er war immer noch im

Haus der Freundin, als ihn Georges Monnet, Landwirtschaftsminister in Blums Kabinett von 1936 und nun Blockademinister, telefonisch ausfindig machte. »Fahren Sie ab«, bat Monnet, »fahren Sie sofort ab. Sie können nicht in Paris bleiben.« Blum protestierte: »Aber nichts ist bisher entschieden; das Kabinett kommt erst heute abend zusammen.« »Ganz richtig«, erwiderte Monnet, »aber die Sache steht bereits fest. Fahren Sie ab, ich flehe Sie an. Je mehr Zeit vergeht, desto schlimmer staut sich der Verkehr. Wir von der Regierung werden mühelos durchkommen, aber Sie sollten jetzt besser abreisen.« Auch die Freunde, die er besuchte, versuchten ihn zur Abreise zu bewegen; denn er, ein prominenter Sozialist und Jude, repräsentiere den Antifaschismus in seinem Land. Er werde sowohl den nationalsozialistischen Invasoren als auch ihren französischen Sympathisanten zum Opfer fallen, wenn der Feind die Stadt erobere.

Als Blum nach Hause zurückkehrte, sah er, daß seine Hausmädchen – auf Geheiß von Minister Monnet – seine Sachen gepackt und seinen Chauffeur herbeigerufen hatten; das Auto wartete vor der Tür. Freunde hatten sich eingestellt; er setzte sich mit ihnen zusammen, umringt von vertrauten Gegenständen in diesem immer noch friedlichen Haus. Wenn er abreiste, würde er dann je zurückkommen? »Das stimmt schon«, erwiderte ein Freund, »aber Sie dürfen den Deutschen nicht in die Hände fallen. Sie haben nicht das Recht dazu!« Um 23.00 Uhr rief Georges Monnet von neuem an: »Die Kabinettssitzung ist beendet. Wir fahren sofort nach Tours – mit Ausnahme von Paul Reynaud und Mandel. Mein Wagen ist draußen. Aber wir können und werden nicht aufbrechen, solange Sie noch in Paris sind.« Reynaud sei derselben Meinung, fügte er hinzu. Monnets Frau nahm schluchzend den Hörer und rang Blum ein Versprechen ab. Er verabschiedete sich von seinen Freunden und stieg in das wartende Auto. Überraschenderweise war die Straße leer. Die einzigen Verzögerungen verursachten die Kontrollen der Polizei.

Präsident Lebrun konnte in jener Nacht nicht schlafen. In der Morgendämmerung stand er bereit für die Fahrt zum Schloß Cangé bei Tours; er erinnerte sich später, daß er dachte, wie schön es wäre, unter anderen Umständen dort zu leben. Durch seine Abfahrt aus Paris wurde die französische Staatsgewalt aus der uralten Hauptstadt de facto abgezogen. Und kein Franzose, kein Pariser, der nicht in Staatsgeheimnisse eingeweiht war, wußte davon.

Alle erschienen in Tours oder in einem der nahegelegenen Dörfer und Städtchen. Dort schien es für jeden Rang und jede Stellung ein geeignetes Schloß oder Landhaus zu geben. Zum Beispiel traf Edouard Herriot, der Präsident der Deputierten-kammer, der schließlich um vier Uhr morgens von Paris abge-fahren war, um acht Uhr in dem bezaubernden Weindörfchen Vouvray ein und bezog bald Quartier in dem spätmittelalterli-chen Schloß Moncontour.

Der amerikanische Botschafter wurde natürlich frühzeitig über die Abreise des Diplomatischen Korps unterrichtet. Henri Hoppenot rief vom Quai d'Orsay an und teilte ihm mit, das Außenministerium verschicke Briefe an sämtliche Botschaften, um den bevorstehenden Aufbruch der Regierung anzukündi-gen. Bullitt informierte das State Department um 19.00 Uhr durch ein Eiltelegramm über diese neue Entwicklung und setzte hinzu, daß die Deutschen seines Wissens nur noch vierzig Kilo-meter von der Stadt entfernt seien.

Roosevelt las das Telegramm am 9. Juni um 16.00 Uhr Washingtoner Zeit. Er ließ eine Antwort in seinem Namen aufsetzen, wahrscheinlich vom Außenminister. Da alle in Paris akkreditierten ausländischen Diplomaten der Regierung nach Tours folgen würden, schrieb Roosevelt, habe er beschlossen, daß Bullitt – im Gegensatz zu den früheren Abmachungen – Paris ebenfalls verlassen solle. Zum einen würden die Deutschen wahrscheinlich nicht mit dem amerikanischen Botschafter kooperieren, um die Lage für die in der Stadt zurückgebliebenen Pariser zu erleichtern. Vor allem aber müsse Bullitt »für den Fall gewisser Eventualitäten« in direktem Kontakt mit der französi-schen Regierung stehen (zweifellos war die Kapitulation eine dieser Eventualitäten).

Roosevelt mag die Mitteilung verfaßt haben oder nicht, jeden-falls nahm er sie schließlich zurück. Sie wurde nicht abgeschickt und von Bullitt nicht gelesen.

An diesem Morgen legte die *SS Washington* in Bordeaux ab und nahm Kurs auf die Vereinigten Staaten. Rund fünfzehnhundert Amerikaner, die zeitweilig oder ständig in Frankreich gelebt hatten, waren an Bord. Bullitt und das State Department hatten dafür gesorgt, daß US-Bürger bei den Buchungen bevorzugt wurden.

Peter Fontaine fand an jenem Tag in der britischen Botschaft nur »geschäftiges Treiben und Verwirrung« vor; die Büros wurden geleert, und man belud die an der Rue du Faubourg Saint-Honoré wartenden Lastwagen mit Aktenschränken. Zuweilen war an dieser friedlichen Stätte mitten im Pariser Zentrum das Donnern von Kanonen deutlich zu hören. »Ein gespenstisches Gefühl der drohenden Katastrophe hat uns alle gepackt«, schrieb der Engländer in sein Tagebuch. »Aber Paris befindet sich angeblich immer noch im Verteidigungszustand. Werden wir Zeugen seines Todeskampfes werden, oder gibt es noch Hoffnung?«

Der italienische Korrespondent Sergio Bernacconi, der für die Tageszeitung *Il Giornale d'Italia* arbeitete, beobachtete die Stadt am 9. Juni und an den folgenden Tagen sehr aufmerksam. Allerdings wurde sein Bericht aufgrund der bevorstehenden Ereignisse zwischen seinem Land und Frankreich nicht sofort abgeschickt. Seiner Erinnerung nach war der 9. Juni der letzte Tag, an dem französische Truppen eine echte Verteidigungslinie aufrechterhalten konnten; unmittelbar danach schrieb er, würde es zu einer ungeordneten und verzweifelten Flucht kommen. Einige Soldaten hätten ihre Waffen fortgeworfen, um in ihre Heimatorte und -dörfer zurückzukehren, andere sich auf die Suche nach ihren zurückweichenden Führern gemacht, die tausendmal schuldig an der Niederlage Frankreichs seien. Der faschistische Reporter nannte Léon Blum an erster Stelle, dann Daladier, Chautemps, Herriot, Reynaud und Mandel – Männer, die ihr Land ausgebeutet und zerstört hätten. Keiner von ihnen habe die Vorzüge des Faschismus durchschaut oder begriffen, daß er das Schicksal der Demokratie besiegelte.

An diesem letzten Sonntag des demokratischen Paris sah der italienische Journalist zu, wie endlose Fahrzeugkolonnen nach Süden, Westen und Südwesten rollten. An den Champs-Elysées spazierten alte Männer und Frauen matt unter einer lauwarmen Sonne dahin; in Straßencafés tranken britische Offiziere und Piloten in Gesellschaft frivoler Frauen Whisky. Einmal fuhr eine lange Reihe Pariser Stadtbusse, in Tarnfarben gestrichen, vorbei, um Soldaten an die Front zu bringen. Die sonntägliche Menge sah mit einer gewissen Gleichgültigkeit zu; kaum jemand auf den Champs-Elysées winkte den Soldaten zum Abschied, es gab keine Banner und keine Lieder. Und die Engländer an ihren Tischen bemerkten diesen letzten Akt der Tragödie anscheinend nicht. Dabei, meinte Bernacconi, seien diese Soldaten dem Tod geweiht, weil die Briten es gewünscht hätten und weiterhin wünschten.

Bei Sonnenuntergang hörte Bernacconi fernes, doch hartnäckiges Geschützfeuer. Um 22.00 Uhr überflogen deutsche Maschinen die Stadt, und die Franzosen eröffneten zum letzten Mal stürmisches Flakfeuer; ein Schwanengesang – am nächsten Tag würde man diese Kanonen aus Paris abziehen, um die Regierung in ihrem neuen Quartier zu beschützen.

Es gab einen deutschen Zeugen, der sich gleichermaßen wortreich über die Ereignisse des Tages äußerte. Wilhelm Ritter von Schramm war Adjutant im Stab von General Georg von Küchler, dem Befehlshaber der 18. Armee, die sich Paris von Norden her näherte. An diesem Tag lag der Gefechtsstand der Armee in Clermont, rund sechzig Kilometer nördlich der Hauptstadt im Departement Oise an den bewaldeten Rändern der Ile de France.

Von Küchlers Hauptquartier aus betrachtet, war der Krieg so gut wie vorbei. Die französischen Soldaten, auf die man nun stieß, waren harmlos; sobald sie die Angreifer erblickten, salutierten sie, berichtete Schramm, und baten um Gefangennahme. Eine Wiederholung des Ersten Weltkriegs sei unzweifelhaft ausgeblieben; diesmal hätten die Deutschen das Wunder auf ihrer Seite gehabt. (Vielleicht brachte Schramm seine Beobachtungen in der Villa in Clermont zu Papier, die General John J. Pershing, der Befehlshaber der amerikanischen Streitkräfte, im letzten Krieg bewohnt hatte; in dieser Villa hatte er Clemenceau, Foch und Pétain empfangen, um die amerikanische Teilnahme an der letzten und siegreichen Offensive zu planen.)

An diesem Morgen hatten die Deutschen einen französischen Obersten gefangengenommen, der trotzig erklärte, daß die Deutschen Paris niemals erobern würden, selbst wenn es ihnen gelänge, das ganze übrige Frankreich zu besetzen. Man werde Paris bis zum letzten Mann verteidigen. Gegen Abend schien sich der Schwur des Obersten zu bestätigen, denn abgefangene Funksprüche deuteten darauf hin, daß die Franzosen sich neu gruppierten, um heftigen Widerstand zu leisten. Von der Terrasse seines zeitweiligen Hauptquartiers konnte der Generalstab der Division eine ununterbrochene Serie von Blitzen beobachten, die von den feindlichen Artilleriepositionen ausgingen. Die Franzosen hatten in Betonbunkern und hinter Schützengräben, die mit Stacheldraht befestigt waren, Stellung bezogen. Auch die Oise bildete an diesem Punkt eine ernstzunehmende Barriere, und weiter südlich lag die Nonette mit ihrem sumpfigen Untergrund. Von nun an war es kein Kinderspiel mehr; die Franzosen gaben nicht auf, und es schien, als sei der deutsche Vormarsch gebremst worden.

Wenn man die militärischen Dokumente der französischen Seite einsieht, zeigt sich, daß die Sümpfe der Nonette keine natürliche Barriere bildeten, sondern durch eine seit langem geplante Taktik der für die Verteidigung von Paris verantwortlichen Armee geschaffen worden waren. Das erste Stadium der Überflutung des Nonette-Beckens war bereits am 17. Mai angeordnet worden, das zweite folgte am 1. Juni, und achtundvierzig Stunden später wurde das dritte Stadium – die totale Überflutung – von Heerespionieren eingeleitet.

Jedenfalls schienen die französischen Linien in diesem Moment standhalten zu können, denn die Franzosen verfügten (zusätzlich zu dem, was Wilhelm von Schramm beobachtet hatte) über Betonbunker für große Geschütze, Panzergruben, die über ein viele Quadratkilometer großes Terrain verstreut waren, sowie Panzersperren, die über die Straßen gezogen werden konnten. Am 9. Juni war – trotz allem, was die Menschen meinten gehört zu haben – noch nichts entschieden; offiziell war keine Rede davon, daß Paris aufgegeben oder zur offenen Stadt erklärt werden sollte. Wenn die französischen

Linien hielten, konnte Paris vielleicht doch noch gerettet werden.

Bevor Maxime Weygand sich ins Bett legte, verfaßte er ein weiteres Memorandum für die Regierung. Er wollte es am folgenden Morgen unterzeichnen oder auch nicht – je nachdem, was er über die Frontlinien erfuhr. In seinem Text erinnerte er das Kabinett daran, daß die Entscheidungsschlacht am 5. Juni begonnen habe und die Franzosen heldenhaft kämpften; der Feind habe schwere Verluste erlitten. Aber es gebe einfach nicht genug französische Soldaten, um die Frontkämpfer durch Reserven ablösen zu lassen; die Erschöpfung werde ihren Tribut fordern. Am Morgen des sechsten Tages der Schlacht – also am Montag, den 10. Juni – habe er einsehen müssen, daß die Franzosen durch die Angriffe des Feindes zurückgetrieben würden, wodurch sich die Front nach Osten verlängere; und die Deutschen könnten noch frische Truppen zum Einsatz bringen. An einer Stelle seien die deutschen Panzer keilförmig vorgestoßen und bedrohten nun den Unterlauf der Seine. Die Franzosen hielten sich immer noch entlang dem Fluß, nördlich von Paris und auch an der Marne, der letzten Widerstandslinie.

Weygand kam auf sein früheres Memorandum vom 29. Mai zurück, in dem er gewarnt hatte, daß die Franzosen irgendwann nicht mehr würden standhalten können. Dieser Zeitpunkt, schrieb er, werde eintreten, falls die Deutschen die Linien durchbrachen, an denen die Franzosen ohne Rückzugsgedanken kämpfen sollten. Das könne »von einem Moment zum anderen« geschehen. Der Feind könne nun das Pariser Gebiet erreichen, indem er den Unterlauf der Seine überquere oder in der Champagne mit Panzern durchbreche oder die französischen Linien von der Seine zur Marne durchbohre:

Sollte ein solcher Fall eintreten, würden unsere Armeen bis zur Erschöpfung ihrer Kräfte und ihrer Mittel weiterkämpfen. Aber ihre Auflösung wäre nur eine Frage der Zeit.

34

Montag, 10. Juni

Pariser Bürger, die den Text von Weygands aufrüttelndem Tagesbefehl nicht im Rundfunk gehört hatten, konnten ihn nun in den Morgenzeitungen lesen. »Wir haben die letzte Viertelstunde erreicht« prangte auf den Titelseiten. In den doppelseitig bedruckten Einzelblättern hatte nur noch das Wesentliche Platz. Kriegsnachrichten standen neben Aufrufen zur Kriegsteilnahme. An diesem Morgen zum Beispiel appellierte das Ministerium für Kriegsveteranen an die Soldaten des Ersten Weltkriegs, sich entweder freiwillig zur Landwehr zu melden oder verschiedene Posten in ihren örtlichen Präfekturen zu besetzen. Vorübergehend unbeschäftigte Arbeiter, die bereit waren, sich an der Verteidigung der Pariser Region zu beteiligen, wurden aufgefordert, sich zu melden.

Auch eine Warnung war zu lesen: Mit Ausnahme bestimmter Flugzeugwerke, die in sichere Gebiete verlegt werden müßten, dürfe keine Rüstungsfabrik ohne schriftlichen Befehl evakuiert werden. Das Bautenministerium forderte die Bevölkerung auf, Strom zu sparen, in Geschäftsräumen wie in Privathaushalten.

Es war der letzte Tag der Börse. Sie wurde um 13.15 Uhr geschlossen; die Makler, hieß es, würden über den Zeitpunkt der Wiedereröffnung unterrichtet. Dieser letzte Börsentag der Dritten Republik verlief ruhig. Immerhin zeichnete sich eine gewisse Stabilität ab, etwa bei den Aktien der Bank von Frankreich und der Compagnie de Suez. Elektrizität, Kohle, Gummi, Goldbergwerke erwiesen sich als »widerstandsfähig«, um die nüchterne Sprache von *Le Temps*, der in Geschäftskreisen bevorzugten Zeitung, zu verwenden. Mit Überraschung stellt man heute fest, daß die Notierungen vom Montag, dem 10. Juni, gegenüber dem 7. Juni bei manchen Aktien sogar stiegen.

Die Presse berichtete über weitere Verhandlungen gegen

französische Kommunisten; dreiunddreißig von ihnen, darunter Robert Blache, der Chefredakteur von *L'Humanité*, wurden an diesem Tag vom Pariser Militärtribunal abgeurteilt. Blache gehörte zu elf Personen, die des Verrats angeklagt waren und dafür die Todesstrafe riskierten; sie hatten verbotene Traktate und Flugblätter verteilt, in denen Arbeiter von Rüstungsbetrieben zur systematischen Sabotage aufgefordert wurden. Die zweiundzwanzig anderen Angeklagten wurden bezichtigt, gegen das Verbot der Kommunistischen Partei vom September 1939 verstoßen zu haben, denn sie hatten weiterhin Parteipropaganda verbreitet.

Vier Angeklagte, darunter ein früherer Pilot und ein deutscher Staatsbürger, die man bereits des Verrats und der Spionage für schuldig befunden hatte, blieben in der Berufung ohne Erfolg und sollten hingerichtet werden. Ein Mann, der wegen der Verbreitung falscher Gerüchte zum Schaden der Moral unter der Zivilbevölkerung verurteilt wurde, erhielt eine zehnjährige Gefängnisstrafe. Ein anderer Angeklagter bekam zwei Jahre wegen Ausstreuung kommunistischer Propaganda und ein dritter achtzehn Monate wegen defätistischer Bemerkungen.

In diesen Tagen, da sich die bezahlte Werbung auf wenige Zentimeter einer Spalte am Ende der zweiten (und letzten) Seite beschränkte, enthielt *Le Figaro* eine Anzeige für Creed, eine Herrenschneiderei an der Rue Royale:

OFFIZIERE
Innerhalb von drei Tagen wird Ihre Uniform
vom berühmtesten Schneider in Paris gefertigt …
Sonderpreise für Militärangehörige.

Länger als drei Tage hätte ohnehin niemand mehr warten können.

Der lettische Korrespondent Arved Arenstam wurde von einer Engländerin aus guten Gründen gewarnt, daß er Paris sofort verlassen müsse. (Sie wußte zum Beispiel, daß die Regierung bereits verschwunden war.) Arenstams Köchin berichtete ihm von der panischen Stimmung auf dem Morgenmarkt und den steigenden Preisen. Seine englische Bekannte wollte unbedingt, daß er sie noch am selben Tag nach Bordeaux begleite, doch er lehnte ab: Er müsse um 15.00 Uhr die tägliche Pressekonferenz im Informationsministerium besuchen.

Natürlich fand keine Konferenz statt. Arenstam war ein weiterer Zeuge der Unordnung in den leeren Büros, der verstreuten Papiere, er sah die Verstörung in den Gesichtern der Auslandskorrespondenten, die man im Stich gelassen hatte. Einige, die für Frankreich eingetreten waren, befürchteten deutsche Vergeltungsmaßnahmen.

Arenstam hatte Mühe, nach Hause zurückzukehren: es gab keine Taxis oder Busse. Als er schließlich zu Hause eintraf, erfuhr er, daß seine englische Freundin für den Abend Schlafwagenplätze im Zug nach Bordeaux, der von der Gare d'Austerlitz abfuhr, reserviert hatte. Er schrieb in sein Tagebuch:

Der Zug fährt in vier Stunden. Ungefähr zwanzigtausend Menschen warten in einer dichten Menge vor dem Bahnhof; die meisten sitzen auf ihren Habseligkeiten. Man kann sich nicht bewegen, und die Hitze ist unerträglich. In ihrer gegenwärtigen nervösen Spannung hat die Menge ihren ganzen Charme eingebüßt und hat nichts mehr von der freundschaftlichen Fröhlichkeit, die Franzosen en masse gewöhnlich kennzeichnet …

Der menschliche Körper kann anscheinend viel mehr aushalten, als man in normalen Zeiten vermutet. Ich stehe nun seit mehr als drei Stunden eingekeilt in dieser brodelnden Masse… Eine Frau neben uns ist ohnmächtig geworden. Zwei *agents* drängen sich durch und tragen sie über die Köpfe der Menge hinweg. Überall weinen Kinder, und die vielen Babys sehen aus, als würden sie bald zu Tode gequetscht. Der verantwortliche Polizeioffizier vor den Eingangstoren befiehlt, sämtliche Babys an die Polizei im Inneren zu übergeben. Dieses menschliche Gepäck wird von ausgestreckten Armen nach und nach über die Köpfe der Menge hinweg gereicht, man legt die Babys so lange auf einen Tisch im Bahnhofsinneren, bis ihre Mütter hindurchkommen und sie abholen können …

Währenddessen wurde der Menge über Lautsprecher versichert: »Bewahren Sie die Ruhe, drängen Sie nicht, jeder kann abreisen, es werden zusätzliche Züge bereitgestellt ...«

A. J. Liebling fand tatsächlich ein Taxi – oder, besser gesagt, sein Hotelportier fand es nach zweistündiger Suche für ihn –, so daß er zum spanischen Konsulat fahren und ein Transitvisum beantragen konnte, um nach Portugal und dann in seine Heimat zu gelangen. Danach fuhr er zum Polizeipräsidium, um sich ein französisches Ausreisevisum geben zu lassen. Eine Angestellte forderte ihn auf, seinen Paß zurückzulassen und ihn nach vier Tagen abzuholen. »Bis dahin, Madame«, sagte Liebling, »könnten die Deutschen hier sein, und das Präsidium existiert vielleicht nicht mehr.« Er gab ihr seinen Paß nicht.

An der Bar des Hotel Crillon hörte Liebling von einem kanadischen General: »Die Franzosen haben immer noch eine gute Chance. Ich fahre nach Tours, sobald ich dieses Sandwich gegessen habe.« Der Reporter des *New Yorker* begab sich nun ins Continental, wo er einem Kollegen begegnete, der gerade aus dem Hotel kam. Der Mann sagte: »Falls du zum Ministerium willst – das kannst du dir sparen. Die Regierung hat Paris heute morgen verlassen.« Er fuhr fort: »Du erinnerst dich, daß John Lloyd den Minister Prouvost gestern abend zu dem Mittagessen am Mittwoch eingeladen hat? Tja, Prouvost hatte es eilig, weil er ein paar Minuten später nach Tours aufbrechen mußte.« Liebling erwiderte, es sei vielleicht ratsam, ebenfalls abzufahren. Genau das taten sie.

»Die Regierung verläßt Paris in aller Eile, ohne zu sagen, wohin sie fährt oder weshalb«, grübelte Walter Kerr vom *Herald Tribune*. Also geschehe das Unvermeidliche: Die Pariser eilten ebenfalls aus der Stadt. »Wo ist der Feind?« fragte Kerr weiter. »Leistet irgend jemand Widerstand? Niemand scheint es zu wissen oder wissen zu wollen.« Zwei Plakate an den Champs-Elysées, Reklame für amerikanische Filme, waren nicht zu übersehen. Der eine Film hieß *Going Places* (»Unterwegs«), der andere *You Can't Take It With You* (»Man kann es nicht mitnehmen«; dt. Titel *Lebenskünstler*).

Kerr war nirgendwohin unterwegs. Die Anordnung lautete, daß nur der Chef der jeweiligen Nachrichtenbüros im Gefolge

der Regierung nach Tours reiste; Kerr war in seinem Büro der
zweite Mann.

Es war ein Tag, den Simone de Beauvoir sich einprägen würde.
Sie stand um sieben Uhr auf und schaffte es, ein Taxi heranzu-
winken, das sie zum Gymnasium Camille Sée im Südwesten der
Stadt brachte. Dort fand sie eine Handvoll Schüler vor, die
erschienen waren, um sich zu erkundigen, ob die Abschlußprüfungen vielleicht doch stattfanden. Natürlich fanden sie nicht
statt. Man überreichte Mademoiselle de Beauvoir einen Evaku-
ierungsbefehl: Ihr Gymnasium wurde nach Nantes in der südlichen Bretagne verlegt. Sie kehrte ins Quartier Latin zurück und
traf dort Schüler aus der Umgebung, die ihre Freude nicht unterdrücken konnten, denn der 10. Juni, »der Prüfungstag ohne
Prüfungen«, war zu einem unverhofften Ferientag geworden.
Junge Leute, die sich auf das schwerste Examen ihrer schuli-
schen Laufbahn eingestellt hatten, waren plötzlich frei, wenn
auch in einer sterbenden Stadt. Die Straßencafés waren nun so
gut wie leer; über den Boulevard Saint-Michel strömten flüchtende Pariser Bürger. In einem ihrer Lieblingsbistros vertraute
ihr der Besitzer an, daß er noch am selben Abend abreisen
werde. Auch die Toilettenfrau im Café Mahieu und der Krämer
an der Rue Claude-Bernard wollten aufbrechen. Das Quartier
Latin würde bald verlassen sein.
   Simone de Beauvoir wollte zusammen mit einer Freundin
reisen. Sie warteten am Café Mahieu auf das Auto, das sie abholen sollte, und fragten sich, ob es bereits zu spät sei. Dieser
»endlose Abschied« von Paris war Simone unerträglich. Die
vorbeifahrenden Autos, unter die sich auch Pferdewagen und
Fahrräder mischten, nahmen kein Ende. Es war heiß und
schwül, und beide Frauen hatten schlecht geschlafen. Simone
bemerkte, daß ein Mann die Straßenlaternen auf dem gegenüberliegenden Bürgersteig sorgfältig säuberte: »Seine Gesten
schufen eine Zukunft, an die man unmöglich glauben konnte.«
Schließlich traf ihr Fahrer ein, und sie stiegen ins Auto. Doch
zuvor hörten sie noch das letzte Straßengerücht: »Die Russen
und Briten sind gerade in Hamburg gelandet.« Der Mann, der
diese Geschichte verbreitete, war ein Soldat aus den nahe-

gelegenen Lazarett Val-de-Grâce; seine Worte gaben ihnen das Gefühl, daß noch nicht alles verloren sei, während sie sich ihren Weg durch die Porte d'Orléans aus der Stadt hinaus bahnten.

André Maurois war ein Autor von erheblichem Ansehen, eine der Stützen der Pariser Gesellschaft – und er war französischer Jude. Drei gutinformierte Freunde hatten ihn frühmorgens angerufen und ihm mitgeteilt, daß die Regierung dabei sei, die Stadt zu verlassen. Man empfahl Maurois' Frau, sofort abzureisen, während Maurois selbst auf eine Mission nach London geschickt werden sollte.

Seine Frau wollte einen letzten Blick auf ihre geliebte Stadt werfen. Sie gingen um acht Uhr auf die Straße. Während sie an der vergoldeten Kuppel des Invalidendoms vorbeikamen und an der Seine entlang zum Louvre und zur Notre-Dame schlenderten, merkten sie, daß andere Pariser ebenfalls »einen letzten Blick auf ihre Stadt« warfen. Gewiß, es gab Tränen, aber man hörte kein Wort der Verzweiflung. Das Ehepaar war überzeugt, daß eine Zivilisation, die soviel Schönheit hervorgebracht hatte, nicht sterben könnte.

Nach Hause zurückgekehrt, überlegten sie, was sie mitnehmen sollten – jedenfalls nur so viel, wie in ein Auto hineinpaßte. Als Marois am Nachmittag zum Flugplatz fuhr, wirkte die Stadt leer. Aber die Straßen, die aus Paris hinausführten, waren es nicht.

Fernande Alphandery, die Frau, deren Wohnung nicht weit von den Bombeneinschlägen der Vorwoche entfernt war, hatte keine Arbeit mehr; pharmazeutische Produkte wurden nicht mehr hergestellt, und sogar ihre Rotkreuzgruppe zur Unterstützung von Flüchtlingen hatte sich aufgelöst. Deshalb beschloß sie, die Stadt zu verlassen, wie alle anderen es taten, doch sie wußte (wie aus ihrem Tagebuch hervorgeht), daß es das Schlußkapitel eines Lebens sein würde. Vorher brachte sie ihr Gefühl »tiefen Abscheus« und »völliger Hilflosigkeit« zu Papier.

Sie hatte so viele Flüchtlinge und deren Not gesehen; nun war jeder ein Flüchtling. Wie konnte man bleiben, nachdem die Regierung aus Paris verschwunden war, besonders wenn man eine Abreisemöglichkeit hatte? Sie gehörte zu den Privilegierten, die einen Privatwagen besaßen, und lud Freunde zur Mitfahrt ein: eine Lehrerin, einen deutsch-jüdischen Journalisten und dessen Frau. Sie selbst reiste nicht ihrer Religion wegen ab – sie hatte sogar den Eindruck, daß nun ein höherer Prozentsatz der Juden als der Nichtjuden in Paris zurückblieb – einfach deshalb, weil viele Juden erst vor kurzem eingetroffen waren und keine Angehörigen oder Freunde auf dem Land hatten. Diese Flüchtlinge waren lange unterwegs gewesen, und nun wollten sie ausharren und mit dem vorliebnehmen, was sie hatten.

Fernande selbst kehrte im Oktober nach Paris zurück.

Die Familie Gurewicz blieb in Paris. Mirra Gurewicz war achtzehn Jahre alt und besuchte das Gymnasium La Fontaine an der Porte de Saint-Cloud am westlichen Stadtrand; sie wohnte mit ihren aus Rußland stammenden Eltern in der Nähe der Schule. Mirra selbst war 1922 in Warschau zur Welt gekommen. In Paris hatte die Familie ein freundliches Milieu russischer Juden und deutsch-jüdischer Flüchtlinge vorgefunden. Untereinander sprachen die Familienmitglieder Deutsch – jedenfalls bis September 1939. Danach war es nicht ratsam, für einen Deutschen gehalten zu werden.

Bei der Verleihung von Gasmasken an die Pariser Bürger wurden die Gurewiczs übergangen – sie waren keine Franzosen.

Mirra war im letzten Monat ihres letzten Schuljahres, als im Mai die deutsche Offensive begann. Bald arbeitete sie in einer freiwilligen Schülergruppe mit, die Flüchtlingen an der Gare du Nord half; die Schüler versorgten die Flüchtlinge mit Kaffee, gaben ihnen praktische Informationen und kümmerten sich um alte Menschen und Eltern mit Kindern. Einmal zog sie mit ihrer Klasse in ein Jungengymnasium ein und half Tische hinauszutragen, damit die Klassenzimmer als Flüchtlingsunterkünfte benutzt werden konnten.

Die Gerüchte über die Abschlußprüfungen waren widersprüchlich; manchmal hieß es, sie fänden statt, manchmal nicht. Am Ende wurden sie verschoben. Mirra beklagte sich nicht. Sie genoß die Aufregung jener Tage. Wenn ein Kind in einen Luftschutzkeller geschickt wurde und dadurch die Blitze und das Donnern eines Fliegerangriffs verpaßte, fühlte es sich um sein

292

Vergnügen gebracht. Nicht einmal die Bombenabwürfe vom 3. Juni, so nahe an ihrem Haus, konnten Mirra erschüttern.

Aber der Tag kam, an dem der Krieg kein Vergnügen mehr war. Zu viele Jalousien waren geschlossen, zu viele Gebäude in der Umgebung standen leer. In ihrem eigenen achtstöckigen Haus mit seinen vier Treppen und vierundsechzig Wohnungen blieben nur noch wenige Mieter zurück. Die Juden fürchteten sich nicht vor dem, was die Deutschen ihnen antun könnten, sondern sie hatten Angst, daß aus Paris ein Schlachtfeld würde. Als ihre engsten Freunde aufbrachen, begannen Mirra und ihre Mutter, ihre eigenen Koffer zu packen, doch der Vater war nicht bereit, sich von der Stelle zu rühren. »Hier weiß ich, was auf uns zukommt«, erklärte er. »Aber wir wissen nicht, was anderswo geschieht.« Also blieben Mutter und Tochter bei ihm.

Denise Khaitman war ein Teenager; sie wohnte mit ihrem russisch-stämmigen Vater und ihrer in Litauen geborenen Mutter in einer überwiegend jüdischen Gegend unweit des Rathauses. Ihre Eltern betrieben zwei Schuhgeschäfte, und zur Zeit des deutschen Angriffs war die junge Denise für einen der Läden verantwortlich. Was im Norden geschah, schien ihren Alltag nicht zu berühren – sogar als man von dem deutschen Vormarsch auf Paris erfuhr –, und auch ihre Nachbarn blieben gelassen. Niemand glaubte, daß die Deutschen die Stadt wirklich besetzen würden, und nur wer irgendwo anders eine Zuflucht hatte, reiste ab.

Die Deutschen waren – wenn sie ihr Tempo beibehielten – nur noch zwei Tage von Paris entfernt, als Denises Vater den alten Citroën der Familie endlich zur Abfahrt fertig machte. Insgesamt zwängten sich dreizehn Personen in das Auto: darunter Denises Eltern, ihre Großmutter, ihre Schwester, ein Tante, ein Onkel, ein Cousin und eine Freundin mit zwei kleinen Jungen. Sie fuhren achtundvierzig Stunden lang fast ohne Pause und bezahlten hin und wieder für das Wasser, das sie verbrauchten. Schließlich erreichten sie einen Hügel im Bergland des Départements Corrèze, wo sie in der Scheune eines Bauern übernachten durften.

Freunde folgten ihnen in einem Lastwagen, der mit Schuhen aus den beiden Geschäften der Khaitmans gefüllt war. An jedem

Samstagmorgen verließen sie ihre Scheune und fuhren in einem mit Schuhen beladenen Pferdewagen zu einem Wochenmarkt in Bortles-Orgues. Noch vor dem Ende des Sommers kehrte Denise nach Paris zurück; ihre Eltern kamen einen Monat später nach. Sie dachten nicht daran, daß Juden unwillkommen sein würden; später konnten sie sich davon übrzeugen. Während der Besatzungszeit schloß Denise sich einer Untergrundbewegung an, die Juden und andere, die auf der schwarzen Liste der Nazis standen, mit falschen Papieren versorgte und in Verstecken unterbrachte.

Warum sollte für einen normalen Bürger, der sich nur um seine eigenen Angelegenheiten kümmerte, nicht alles beim alten bleiben? So dachte die damals dreiunddreißigjährige Marguerite Bouchardeau. Vor dem Krieg wohnten die Bouchardeaus an der Rue d'Arsenal und betrieben eine kleine Werkstatt, die Lampenschirme nach Maß anfertigte. Nun, da ihr Mann Jacques bei der Armee war, führte Marguerite die Werkstatt weiter. Und das Geschäft war rege, denn Firmen bestellten dunkelblaue Lampenschirme, die sie während der Verdunkelung in ihren Büros benutzen konnten (die Farbe hieß »zivilschutzblau«).

Marguerite Bouchardeau hatte so viel zu tun, daß sie auf einem Feldbett in der Werkstatt schlief. Ihr einziges Kind hatte sie zu ihren Eltern in ein Dorf knapp südlich von Paris geschickt. Im Frieden hatte Jacques die Lampenschirme mit einer Peugeot-Limousine ohne Rücksitze ausgefahren. Aber seine Frau besaß keinen Führerschein und konnte das Auto nicht benutzen (obwohl er ihr beigebracht hatte, zu fahren). Deshalb lieferte sie ihre Lampenschirme mit der Métro ab, obgleich manche einen Durchmesser von einem Meter und mehr hatten. Sie brauchte unbedingt einen Führerschein! Marguerite ließ sich einen Prüfungstermin geben: den 10. Juni. Aber als sie zur Abnahme erschien, war weit und breit kein Prüfer zu sehen – das offizielle Paris existierte nicht mehr.

Daraufhin schleppte sie ihre übergroßen Pakete weiterhin die Métro-Stufen hinunter und benutzte die U-Bahn, um ihre Kunden aufzusuchen und die Rechnungen begleichen zu lassen. Aber nun stieß sie immer häufiger auf verschlossene Türen, es wurde nun auch für sie Zeit, an die Abreise zu denken. Sie sperrte ihre Werkstatt zu, kümmerte sich nicht mehr um den Führerschein, sondern fuhr mit dem Peugeot davon; unterwegs holte sie ihr Kind und ihre Eltern ab und steuerte einen Ort an, der sicherer war: Saumur an der Loire. Nach dem Waffenstillstand brachte sie die Familie zurück in ihr Dorf südlich von Paris, wobei sie fürchtete, daß man sie anhalten und nach ihrem Führerschein fragen könne. Die Deutschen hielten sie tatsächlich an, ließen sie jedoch weiterfahren, nachdem ihr Vater seinen Veteranenausweis aus dem Ersten Weltkrieg vorgezeigt hatte.

Und da war die Frau mit hundert Kindern – Waisen aus einer Mädchenschule. Die Lehrerin Anne Jacques war dafür verantwortlich, die Kinder fort aus Paris und in Sicherheit zu bringen. An diesem Morgen ging sie mit klopfendem Herzen zur Gare d'Austerlitz und mußte feststellen, daß viele andere den gleichen Gedanken gehabt hatten. Die Schlange war so lang, daß sie ihrer Schätzung nach zwei Stunden brauchen würde, nur um den Schalter zu erreichen. Schließlich wies man ihr den Weg zum Büro eines Bahnhofsvorstehers; der Mann schien überwältigt von der schieren Größe des Problems: »Ich muß hundert Kinder evakuieren«, begann sie, »ich brauche einen ganzen Eisenbahnwaggon.« — »Nein«, antwortete er. »Einige Kinder sind krank, einige behindert.« – »Es ist unmöglich.« – »Ich habe niemanden, der mir helfen kann.« – »Wir können keine Züge mehr reservieren.« Er gab ihr die Liste zurück, die sie ihm gereicht hatte. Plötzlich zitterte ihre Hand so heftig, daß das Papier knisterte. »Sie bekommen den letzten verfügbaren Zug«, sagte der Bahnhofsvorsteher schließlich. Nach einer Pause setzte er hinzu: »Sie haben eine schreckliche Verantwortung.« Anne Jacques erwiderte: »Sie auch.« Er nahm ihre zitternde Hand und drückte sie.

Dann mußte Mademoiselle Jacques sich zum Fahrkartenverkäufer durchschlagen. Sie brauchte nur eine Stunde, um den Schalter zu erreichen, doch dort wurde sie aufgefordert, das Geburtsdatum jeder ihrer Schutzbefohlenen anzugeben. Sie versuchte zu schreiben, indem sie sich zuerst auf einen Koffer, dann auf eine Bank lehnte, doch die sie umgebende Menge war zu dicht. Sie verließ den Bahnhof, ging über die Straße in ein

Café, bestellte sich ein Getränk, das sie nicht anrühren konnte, und begann, Namen zu schreiben und Geburtsdaten zu erfinden. Ein an einem Nachbartisch sitzender Mann sah, was sie tat, und bot seine Hilfe an; er diktierte fiktive Daten, und sie überließ ihm ihr Getränk. Dann mußte sie in ihren Vorort zurückkehren, um die Kinder abzuholen und in zwei gemieteten Bussen zur Gare d'Austerlitz zu befördern. Der Verkehr staute sich so sehr, daß sie eine Stunde für die letzten Kilometer benötigten. Bis zur Abfahrt des Zuges blieben nur noch zwei Stunden. Mit Hilfe eines Polizisten und eines Stationsangestellten wurden die Busse in den benachbarten Güterbahnhof dirigiert. Dort tranken die Kinder und ihre Lehrerin Wasser aus einem Faß; alle benutzten dasselbe Glas, aus dem jeder abfahrende Pariser an diesem Tag trank.

Der Zug wartete schon am Bahnsteig. Mademoiselle Jacques sammelte ihre Gruppe und die beiden Nonnen, die die Kinder begleiten sollten. Aber ihr Waggon war bereits besetzt; die Leute hatten einfach die Siegel aufgebrochen und alle Sitze belegt. Der Bahnhofsvorsteher mußte gerufen werden, um sie zu vertreiben. Anne Jacques verabschiedete sich von ihren Kindern und hatte dann alle Mühe, den Bahnhof zu verlassen, denn die Menschen stemmten sich gegen die Eisentore. Der Bahnhofsvorsteher riet ihr, durch die Métro hinauszugehen, aber auch hier drängte sich die Menge. Nachdem sie sich endlich zum Boulevard de l'Hôpital durchgekämpft hatte, machte sie sich auf den Heimweg – an einem Sommerabend, der mit dem hinter ihr liegenden Inferno nichts zu tun zu haben schien.

Der junge Mitarbeiter des Informationsministeriums, Roger Peyrefitte, war vom ehemaligen albanischen König, den er durch seine frühere diplomatische Tätigkeit kennengelernt hatte, zum Mittagessen eingeladen worden. Der unwahrscheinliche Schauplatz dieses unwahrscheinlichen Essens war das elegante Maxim's. Während sich Peyrefitte dem berühmten Restaurant näherte, kam es ihm vor, als habe sich dort kaum etwas geändert. Doch er wurde rasch eines Besseren belehrt: Die draußen geparkten teuren Automobile waren voller Koffer; offensichtlich gehörten sie Parisern, die sich ein letztes Festmahl gönnten, bevor sie sich dem Exodus anschlossen. Der Portier stand an der üblichen Stelle und begrüßte eintreffende Gäste mit dem üblichen »Bon appétit!« Und Peyrefitte mußte zugeben, daß die Speisen köstlich dufteten. Kurz darauf bestellte der königliche Gastgeber ein schmackhaftes Essen für seine Gäste. Peyrefitte, der für den Informationsminister arbeitete, aber nicht in alle Geheimnisse seines eigenen Landes eingeweiht war, erfuhr von den Albanern an seinem Tisch, daß man das diplomatische Korps eingeladen habe, dem französischen Staatspräsidenten nach Tours zu folgen; in der Nähe des Ortes sei eine Villa für die albanische Gesandtschaft reserviert.

Doch während die meisten Speisenden im Maxim's an diesem Tag in Eile zu sein schienen, ließen sich König Zog und seine Gäste viel Zeit. Peyrefitte wußte nicht, was er ihnen raten sollte, und König Zog beschloß letzten Endes, in Paris zu bleiben.

Peyrefitte ging zum Hotel Continental zurück und fand eine seltsame Stille vor: leere Korridore, weit geöffnete Türen. War es die Wirkung eines rätselhaften Zaubers, der sich über das Gebäude gelegt hatte? (Diese Frage stellt sich der Held des Romans, den Peyrefitte über die Episode schreiben würde.) Oder hatte es einen Fliegeralarm gegeben? Ein Vorgesetzter brachte ihn auf den Boden der Wirklichkeit zurück. »Packen Sie Ihre Sachen«, sagte er. »Der letzte Sonderzug für Regierungsbehörden fährt um sechs Uhr abends von der Gare d'Austerlitz nach Tours.«

Maxime Weygand stand bei Tagesanbruch auf. An der Tür wartete bereits ein Besucher: Weygands Stabschef, der eine Erkundungsfahrt zum unteren Seine-Tal gemacht hatte. Es gab gute und schlechte Nachrichten: Die Deutschen hätten den Fluß zwar noch nicht überquert, aber sie würden es bald tun, denn die französische Verteidigung sei ihnen nicht gewachsen. Daraufhin nahm Weygand das für Reynaud aufgesetzte Memorandum, unterzeichnete und datierte es; er würde es dem Ministerpräsidenten bei der morgendlichen Sitzung aushändigen. Dort fand er auch Charles de Gaulle vor, der zum erstenmal an der Kriegskonferenz teilnahm (Pétain befand sich mittlerweile irgendwo an der Loire).

Reynaud war weiterhin bereit, den Krieg fortzusetzen. Falls die Deutschen nicht vor Paris aufgehalten und daran gehindert werden könnten, in das französische Kernland einzufallen, wollte er noch immer die Überreste der Armee in der Bretagne konzentrieren, wo der Kontakt zu Großbritannien weiterbestehen werde – und man müsse von neuem versuchen, die Vereinigten Staaten in den Krieg einzubeziehen. Weygand hatte sich dem hartnäckigen Reynaud wenigstens so weit gebeugt, daß er an die Bretagne als mögliches Bollwerk dachte. Aber um die bretonische Halbinsel zu isolieren, mußte man eine fast zweihundert Kilometer lange Linie von der Kanalküste zum Atlantik verteidigen, und dazu fehlten den Franzosen die Mittel. Laut Weygand würden die Deutschen, sobald sie nur den Versuch machten, die Linie innerhalb eines Tages durchbrechen.

Paul Baudouin, der Sekretär des Kriegskabinetts, murrte leise über seinen lästigen Rivalen Charles de Gaulle. Er war sicher, daß de Gaulle den Ministerpräsidenten in dessen bretonischem »Hirngespinst« bestärkte. Unterdessen erstattete der General dem Komitee Bericht über seine Reise nach London vom Vortag: Churchill wolle Großbritannien nicht seiner eigenen Luftwaffe berauben, aber er werde tun, was er könne; das heißt, er werde acht Staffeln – fast hundert Flugzeuge – schicken. Sie würden den Kanal täglich überqueren, um Einsätze in Frankreich zu fliegen, und abends zu ihren britischen Stützpunkten zurückkehren. Churchill sehe für die Schlacht um Frankreich keine Hoffnung mehr. Reynaud warf ein, daß die Briten ihren Respekt vor den militärischen Fähigkeiten der Franzosen nach der deutschen Überwindung der Maas verloren hätten.

Bevor General Weygand dem Ministerpräsidenten seine Note übergab, unterrichtete er die Anwesenden über die militärische Situation. Frankreich habe nun die Grenze seiner Widerstandskraft erreicht; manche Soldaten hätten den Kampf vor Erschöpfung einfach aufgegeben. Dies sei die Folge einer achttägigen, pausenlosen Schlacht. Die deutsche Luftüberlegenheit habe ihren Tribut gefordert, und die Telefonverbindungen zwischen Paris und den Städten Evreux und Caen seien gekappt worden, obwohl die Orte an der noch französischen Seite der Seine lägen. Sogar der Rückzug der französischen Truppen sei blockiert, da Brücken hinter der Front zerstört seien. Die britischen Verteidiger von Rouen hätten aufgegeben; die Deutschen rückten in Richtung Reims vor ... Der Oberbefehlshaber erklärte, er sei nicht überrascht von den Geschehnissen. Der Feind habe zu Beginn der Schlacht achtzig Divisionen in Reserve gehabt, während die französische Gesamtstärke nur fünfundsechzig Divisionen betragen habe. »Man muß sagen«, fuhr Weygand fort, »daß es in vielen Fällen an Disziplin und Hingabe fehlte. Wir bezahlen für zwanzig Jahre Lügen und Demagogie.«

Nachdem der Ministerpräsident Weygands Memorandum gelesen hatte, gab er zu bedenken, daß das Papier keine positiven Empfehlungen enthalte. Baudouin wies darauf hin, daß Pétain, wäre er anwesend, nun dringend dazu geraten hätte, mit den Briten – und dann mit den Deutschen – über einen möglichen Waffenstillstand zu reden. »Die Lage verschlimmert sich von Tag zu Tag.« De Gaulle, sichtlich verärgert über Weygands Papier, konterte: »Wenn sich die Lage verschlimmert, dann deshalb, weil wir es zulassen.« – »Was schlagen Sie vor?« fragte Weygand. De Gaulle gab zurück, es sei nicht seine Aufgabe, Vorschläge zu machen.

So weit Baudouin. De Gaulles eigene Erinnerung an den Vorfall ist handfester. Er fuhr den Oberbefehlshaber an: »Die Regierung hat keine Vorschläge zu machen, sondern Befehle zu erteilen. Ich erwarte, daß sie diese Befehle erteilt.«

Reynaud erkundigte sich bei Weygand, wann die Deutschen Paris erreichen würden. »Wenn sie wüßten, wie schwach wir wirklich sind, in vierundzwanzig Stunden«, antwortete Weygand. »Aber es könnte ein bißchen länger dauern, und wahrscheinlich werden die Deutschen Paris nicht frontal angreifen. Sie werden die Stadt zunächst einkreisen.«

Sogar der tapfere Reynaud war jetzt entmutigt. Noch am selben Morgen ordnete er an, daß sich alle von einer Sekunde zur anderen zur Abfahrt bereithalten müßten. Plötzlich war William Bullitt neben ihm. Der amerikanische Botschafter ließ keinen Zweifel daran, daß er bleiben und das Schicksal der gewöhnlichen Pariser Bevölkerung teilen wolle. Dramatisch setzte er hinzu: »Ein amerikanischer Botschafter kann tot nützlicher sein als lebendig.«

Nun stellte Reynaud die peinliche Frage, ob er mit Roosevelt telefonieren könne. Nicht am heutigen Tag, erwiderte der Botschafter, denn der amerikanische Präsident sei auf dem Weg nach Charlottesville, Virginia, um dort eine Rede zu halten. Daraufhin schlug der Ministerpräsident vor, Roosevelt mit Bullitts Hilfe eine persönliche Nachricht zu übermitteln. Reynaud schrieb den Text nieder, Bullitt blickte ihm über die Schulter.

Mr. President,
zuerst möchte ich Ihnen meine Dankbarkeit für die großzügige Hilfe ausdrücken, die Sie beschlossen haben, uns im Flugwesen und in der Rüstung zu leisten.

Seit sechs Tagen und sechs Nächten kämpfen unsere Divisionen ohne eine einzige Stunde der Ruhe gegen eine Armee, die ihnen an Zahl und Material vernichtend überlegen ist. Der Feind steht heute fast vor den Toren von Paris.

Wir werden vor Paris kämpfen; wir werden hinter Paris kämpfen; wir werden uns in eine unserer Provinzen einschließen, um zu kämpfen, und sollten wir aus ihr hinausgetrieben werden, so werden wir von Nordafrika aus weiterkämpfen und, wenn notwendig, von unseren amerikanischen Besitzungen aus.

»Sie wissen, wer diese Worte diktiert hat«, setzte Bullitt verstohlen hinzu, während er Roosevelt die Nachricht übermittelte – das handschriftliche Original, um dessen Unterzeichnung Bullitt den Ministerpräsidenten gebeten hatte. »Bitte, bewahren Sie dies für mich auf – oder für sich selbst, falls ich nicht mehr auftauche.« Aus den Archiven des Quai d'Orsay geht hervor, daß die Amerikafreundin Eve Curie den ersten Entwurf von Reynauds Brief zusammen mit Roland de Margerie, Reynauds Verbindungsmann im Außenministerium, geschrieben hatte.

Reynaud schloß damit, daß er die Vereinigten Staaten um noch größere Hilfe ersuchte. Roosevelt reagierte, indem er den aufwühlenden Appell des Ministerpräsidenten an die Presse weitergab.

Die Ereignisse überstürzten sich. Am Mittag rief Botschafter André François-Poncet aus Rom an, um zu melden, daß Graf Ciano ihn für 16.30 Uhr ins Außenministerium bestellt habe – höchstwahrscheinlich, um ihn über die Kriegserklärung Italiens an Frankreich zu unterrichten. Reynaud wandte sich an Bullitt: »Was für ein wirklich vornehmes, nobles und hervorragendes Volk die Italiener doch sind, daß sie uns in diesem Augenblick den Dolch in den Rücken stoßen!« Diese Äußerung ging bald darauf um die Welt. Reynaud bat seinen Sekretär, für den Abend eine Rundfunkansprache des Ministerpräsidenten an die Nation zu arrangieren. Bullitt gegenüber gestand er, daß man ihm von allen Seiten zurede, nun Paris zu verlassen. Er beabsichtige jedoch, bis zum letztmöglichen Moment zu bleiben; allerdings wisse er selbst nicht, wann dieser Moment eintreten könne.

Mittlerweile überquerten die Deutschen die Seine an zwei Stellen; außerdem eroberten sie Fère-en-Tardenois, etwa hundert Kilometer östlich von Paris.

Bullitt kehrte in die Botschaft zurück und bekam Besuch vom Rüstungsminister Raoul Dautry. Der Minister hatte seinen Stab bereits nach Mont-Doré entsandt und sich zum letztenmal mit Fabrikbesitzern und Werksleitern getroffen, die versuchen würden, die Panzerproduktion in den Provinzen fortzusetzen. Nun meinte Dautry, noch eine letzte Pflicht erfüllen zu müssen. Er wisse, daß Bullitt zwar alles in seinen Kräften Stehende getan habe, um zu helfen, Amerika jedoch nicht mehr Gewehre und Maschinengewehre liefern könne, da seine Bestände erschöpft seien. Auch wisse er, daß Bullitt versuche, 75-mm-Geschütze zu besorgen, die das amerikanische Kriegsministerium als »Altmetall« verkaufen werde.

Nun wolle er seine Dankbarkeit beweisen, sagte Dautry. Deshalb händigte er dem Botschafter die Geheimpläne für den besten französischen Panzer, den B.I. *bis*, sowie für das beste französische Panzerabwehrgeschütz, die 47, aus. »Wenn Sie auf unserer Seite in den Krieg eintreten, was Sie mit Sicherheit tun werden«, erklärte der Rüstungsminister, »werden diese Waffen sehr nützlich für Sie sein.« Der sichtlich gerührte Bullitt umarmte den Franzosen. Erst nachdem der Minister die amerikanische Botschaft verlassen hatte, sprach er bei Reynaud in der Rue Saint-Dominique vor, um diesen über die soeben getroffene Maßnahme zu informieren. Reynaud, der damit beschäftigt war, Dokumente zu zerreißen, billigte Dautrys Geste zutiefst.

Bullitt ernannte ein Team, das der französischen Regierung überallhin folgen sollte. Es wurde von Botschafter Anthony Drexel Biddle jun. geleitet, dem ein hochrangiger Diplomat, H. Freeman Matthews, zur Seite stand. Robert Murphy sowie mehrere diplomatische Berater, der Militär- und der Marineattaché, würden mit Bullitt in Paris bleiben.

Das Verhalten des Botschafters löste Kritik aus, sogar bei einigen Franzosen. »Die Tatsache, daß der Vertreter der Vereinigten Staaten Paul Reynaud abreisen ließ, ohne ihn zu begleiten, war das Gegenteil einer ermutigenden Geste«, sagte Reynauds Kabinettsekretär Dominique Leca später. Außenminister Cordell Hull, dem Bullitt offiziell unterstellt war, rügte den Botschafter im nachhinein, weil er der Regierung nicht gefolgt sei. Wäre er mit dem Kabinett abgereist, hätte er vielleicht dafür sorgen können, daß Frankreich den Krieg fortsetzte und seine Flotte von nordafrikanischen Stützpunkten aus operieren ließ. Robert Murphy meint jedoch, daß Bullitt wenigstens ein Teil des Verdienstes für die Rettung von Paris gebühre.

Um 16.55 Uhr rief Botschafter François-Poncet wiederum aus Rom an: Graf Ciano habe ihm in der Tat mitgeteilt, daß Italien sowohl Frankreich als auch dem Vereinigten Königreich, wirksam ab Mitternacht, den Krieg erkläre. Reynaud befahl, die Luftwaffe und die Marine in den Alarmzustand zu versetzen. Alle hörten sich Mussolinis aggressive Rede im Rundfunk an.

Er begann recht zurückhaltend. Das Gewissen Italiens sei rein, behauptete der Duce. Die ganze Welt sei Zeuge, daß sein Land alles Menschenmögliche getan habe, um den Krieg zu vermeiden. Aber nun sei Italien bereit, die Risiken und Opfer des Krieges für die hohen Ziele auf sich zu nehmen, die der Nation von der Geschichte zugewiesen worden seien.

Nicht weit von dem Gebäude entfernt, in dem Reynauds Gruppe der Übertragung lauschte, begannen sich wütende Pariser zu versammeln: vor der italienischen Botschaft in ihrem historischen Stadthaus an der Rue de Varenne. Reynauds Mitarbeiter Maurice Dejean, der die Menge beobachtete, glaubte in den Gesichtern eher Verachtung als Haß zu erkennen. Er erinnerte sich zudem an das, was Frankreich und Großbritannien für den Tag der italienischen Kriegserklärung vereinbart hatten: In Südostfrankreich stationierte britische Bomber sowie französische und britische Kriegsschiffe sollten den industrialisierten Norden Italiens angreifen. Doch der französische Luftwaffengeneral Joseph Vuillemin lehnte den Plan ab, da er Vergeltungsmaßnahmen befürchtete. Vorläufig wurde nur ein Bombenangriff auf Genua genehmigt.

Der faschistische Reporter Sergio Bernacconi hatte am Morgen das Informationsministerium aufgesucht, wo ausländische Journalisten gemeinhin mit Neuigkeiten versorgt wurden. Er stellte fest – was ihn nicht überrascht haben dürfte –, daß das Ministerium nun so gut wie leer war. Durch halbgeöffnete Türen bemerkte er verlassene Schreibtische und verstreute Papiere. Niemand machte sich die Mühe, ihn nach seiner Identität zu fragen. Telefone klingelten, doch die Hörer wurde nicht abgenommen.

Schließlich fand er einen jungen Zensurbeamten und sogar eine Telefonistin, und es gelang ihm, sich mit Rom verbinden zu lassen. Dann kam ein Anruf für den Zensurbeamten, der Bernacconi daraufhin mit resignierter Miene erklärte, die Regierung sei im Begriff, Paris zu verlassen, und man müsse das Telefon abschalten. Der Italiener fragte, ob er wenigstens *diese* Information nach Rom weitermelden dürfe. »Unmöglich«, entgegnete der Beamte schroff. Nach einer Weile sagte er in milderem Ton: »Es hat keine Eile, solche Nachrichten zu verbreiten. Wenigstens haben die paar Franzosen in der Welt, die immer noch an Frankreich glauben, eine weitere Stunde der Hoffnung und der Seelenruhe.« Einige Minuten später wurden die Büros im Hotel Continental für immer geschlossen.

Bernacconi beobachtete Paris, während die Stadt Mussolini im Radio zuhörte; er sprach von seinem Balkon an der Piazza

Venezia zu seinen Streitkräften und den Schwarzhemden. Die Stunde des Schicksals habe geschlagen. Dies sei ein gerechter Krieg gegen plutokratische Demokratien und westliche Reaktionäre, die den Wohlstand Italiens beeinträchtigten. Nach Bernacconis Ansicht waren Mussolinis Worte natürlich wohlfundiert. Ihm fiel auf, daß die meisten Franzosen, die die Rede hörten, überhaupt nicht reagierten, daß sie Italien nicht verfluchten oder beschimpften. Sie lauschten mit gesenktem Kopf und machten nur sich selbst verantwortlich. Viele Italiener in Paris verbargen ihren Enthusiasmus nicht, sondern hörten dem Duce unter Tränen der Freude und des Stolzes zu. Führende Persönlichkeiten der italienischen Gemeinschaft machten sich zu ihrer Botschaft auf, um eine improvisierte Feier abzuhalten. Zuvor, als der italienische Botschafter Guariglia mit einem Exemplar der Kriegserklärung zum französischen Außenministerium gefahren war, hatte er dort keinen Gesprächspartner gefunden. Dann hatte er sich zur brasilianischen Botschaft begeben, die bereit war, die Italiener und deren Interessen nach Abbruch der diplomatischen Beziehungen zu schützen. Danach wurde es Zeit, in die italienische Botschaft zurückzukehren und »den historischen Worten des Duce« (wie Guariglia in seinem Bericht an Ciano schrieb) zu lauschen.

Sobald Mussolini seine Rede beendet hatte, hörte Guariglia Schreie von der Straße her. Er eilte ans Fenster und sah, daß französische Polizisten seine Botschaft umzingelt hatten und niemanden mehr hereinließen. »Der Jude Mandel«, wie Sergio Bernacconi ihn bezeichnete, erklärte Guariglia, daß er den italienischen Botschafter und dessen Mitarbeiter unter Arrest stellen lasse. Ein Botschaftssekretär wurde von einem Polizisten mit dem Revolver bedroht. Fortan war die Botschaft an der Rue de Varenne ein Gefängnis.

Der russische »Störenfried« Ilja Ehrenburg hatte einen besonders günstigen Beobachtungsposten: die sowjetische Botschaft an der Rue de Grenelle, ganz in der Nähe der italienischen Botschaft. Während er im Garten spazierenging, konnte er Jubelrufe und Gesang vom italienischen Gelände hören. Er war sogar in der Lage, das Lied zu identifizieren: die faschistische Hymne *Giovinezza* (»Jugend«).

Um 19.00 Uhr informierte Maurice Dejean den Ministerpräsidenten, daß die Deutschen im Zentrum von Dreux seien und motorisierte Einheiten nach Houdan – fünfundvierzig Kilometer südwestlich von Paris – ausgeschickt hätten. Die Hauptstadt war nun von drei Seiten umzingelt, und die Abreise Reynauds und seiner Leute ließ sich nicht viel länger aufschieben.

Aber Reynaud war nicht leicht von seiner Meinung abzubringen. Überaus vernünftige Berater hatten ihm seit achtundvierzig Stunden zugeredet, die Stadt zu verlassen. Reynaud versprach abzureisen, aber erst dann, wenn er den Krieg vom Hauptquartier aus – es war von Vincennes nach Briare an der Loire, etwa achtzehn Kilometer stromaufwärts von Gien, verlegt worden – fortsetzen könne. Seine Mitarbeiter an der Rue Saint-Dominique packten oder verbrannten Dokumente und sorgten dafür, daß nichts in den Schreibtischen und Safes zurückblieb, das für den Feind von Wert sein konnte.

Draußen auf dem Boulevard Saint-Germain kam es Maurice Dejean vor, als sei Paris in Trauer. Der Himmel hatte eine gelbliche Tönung angenommen, die Sonne war verdeckt. Alles – auch die Gesichter der Menschen – schien unwirklich.

Er stattete dem Außenministerium einen letzten Besuch ab. Dieses Gebäude, das bis zu diesem Morgen Frankreich mit dem Rest der Welt verbunden hatte, bot »einen Anblick der Verwüstung«, wie er notierte. Im Garten hatten einige Rosen die Verbrennung von Geheimdokumenten auf dem Rasen überlebt. Jemand war dabei, die Blumen zu pflücken – die Deutschen sollten sie nicht bekommen.

Reynauds Rundfunkansprache, der die ersten Takte der Marseillaise vorangingen, war düster. »Wir erleben den sechsten Tag der größten Schlacht der Geschichte«, begann er. Immer noch sah er überall Anlaß zur Hoffnung:

»Der Boden, den der Feind gewonnen hat, ist mit zerstörten Panzern und abgeschossenen Flugzeugen übersät. Schwere Prüfungen erwarten uns. Wir sind für sie gerüstet. Wir lassen den Kopf nicht sinken.

In genau diesem Moment – während Frankreich, verwundet, doch tapfer und aufrecht, gegen die deutsche Eroberung und für seine eigene Unabhängigkeit wie die aller Völker kämpft – hat sich Mussolini entschlossen, den Krieg zu erklären. Wie ist dieser Akt zu beurteilen? Frankreich hat nichts zu sagen. Die beobachtende Welt wird ihr Urteil fällen.«

Frankreich habe sich im Laufe seiner Geschichte härteren Herausforderungen stellen müssen. »Immer dann hat es die Welt in Erstaunen versetzt. Frankreich kann nicht sterben.«

Der italienische Exilant Pietro Nenni fand, die Franzosen hielten ihre Emotionen im Zaum. Nur ein paar italienische Läden und Restaurants dienten als frühe und leicht zu treffende Zielscheiben des französischen Zorns; Einrichtungen und Waren wurden beschädigt. Was die italienische Kolonie in Paris betraf, so hatte sie gemischte Gefühle.

Im französischen Rundfunk wurden sämtliche Männer zwischen achtzehn und fünfzig Jahren aufgefordert, Paris sofort zu verlassen. Arbeiter zwischen achtzehn und fünfundvierzig Jahren sollten selbst dann aufbrechen, wenn sie zu Fuß gehen mußten.

Eine einzelne Wagenkolonne verließ Paris an diesem Tag in Richtung Süden, auf Vincennes zu. Sie bestand aus einem städtischen Omnibus, einem Lastwagen und einem Dutzend Autos, die Akten und Geräte beförderten. Zu ihrer Fracht gehörte das größte Geheimnis des Zweiten Weltkriegs, eskortiert von den zuständigen Spionagechefs. Wäre die Kolonne damals oder später abgefangen und das Geheimnis zu irgendeinem Zeitpunkt der deutschen Besatzung Frankreichs enthüllt worden, so wäre der Sieg der Angloamerikaner und ihrer Verbündeten keineswegs sicher gewesen. Französische Nachrichtendienstoffiziere transportierten fachmännisch hergestellte Nachbildungen der deutschen Enigma-Chiffriermaschine. Die Operation zur Entschlüsselung von Botschaften des deutschen Oberkommandos sowie der deutschen Luftwaffe wurde »Ultra« genannt. Auch die Briten auf ihrer Inselfestung besaßen die Enigma-Maschine und die Techniken, mit deren Hilfe die Codes gelesen werden konnten. Aber man konnte sie nur benutzen, solange die Deutschen nicht ahnten, daß ihre Enigma-Botschaften lesbar geworden waren. Eine Gefangennahme der französischen Nachrichtendienstoffiziere mit ihren Materialien und Dokumenten hätte auch das Ende der britischen Operation bedeutet.

Die Geschichte des Unternehmens Ultra hatte fast zwei Jahrzehnte zuvor, kurz nach dem Ersten Weltkrieg, begonnen, als ein Deutscher, der für die Chiffrierabteilung seines Landes arbeitete, dem französischen Nachrichtendienst gegen Bezahlung seine Dienste anbot. Heinz Thilo Schmidt, damals dreiunddreißig Jahre alt, erhielt den Tarnnamen H. E. oder »Asche«. Zufällig hatte er einen Bruder, der beim Militär Karriere machte und später einer von Hitlers Panzergeneralen war; außerdem wurde der General durch unbedachte Äußerungen gegenüber seinem Bruder zu einer wichtigen Nachrichtenquelle. Nach Ansicht der Franzosen war H. E. der bedeutendste Spion des Zweiten Weltkriegs (sogar bedeutender als Richard Sorge in Tokio, denn Sorge sammelte im fernen Japan Einzelheiten des Gesamtbilds für seine sowjetischen Spionagechefs, während H. E. sich in Berlin aufhielt und durch seinen Bruder – wenigstens einmal – Zugang zu Hitler persönlich hatte). Der Hauptbeitrag von H. E. zum Sieg der Alliierten bestand darin, daß er den Dechiffrierern frühe Unterlagen über die Funktionsweise der Enigma-Maschine und später Informationen über die regelmäßigen Änderungen in der Verfahrensweise des Codiergeräts lieferte.

Doch zuvor war eine andere Operation erforderlich, die auf polnische Initiative zurückging. Polen hatte sich seit dem Ende des letzten Krieges auf den nächsten vorbereitet; die militärischen Dechiffrierexperten des Landes kamen zu dem Schluß, daß die Deutschen eine Codiermaschine benutzten, und zwar eine modifizierte Version eines auf dem Markt vorhandenen Gerätes, mit dem Geschäftsgeheimnisse übermittelt werden konnten. Erstklassige Experten im polnischen Nachrichtendienst schafften es, den für den Militärgebrauch umgewandelten Enigma-Apparat nachzubauen, und als Hitler 1933 an die Macht kam, knackten sie bereits die Codes ihres künftigen Feindes – dank der Hilfe der Franzosen und ihres Agenten H. E. (die Franzosen boten das Beutegut von H. E. auch den Briten an, aber diese blätterten die Papiere damals nur durch und legten sie zu den Akten; die Briten waren noch nicht bereit für die Rolle der überragenden Entschlüsselungsexperten, die sie im Zweiten Weltkrieg spielen sollten).

Bis 1939, als der Krieg unvermeidlich schien, hatte das fleißige polnische Team siebzehn Enigma-Maschinen hergestellt. Im Juli 1939, wenige Wochen vor Hitlers Überfall auf Polen, luden die Polen französische und britische Code-Spezialisten nach Warschau ein und zeigten ihnen die rekonstruierten Maschinen. Zwei der Geräte übergaben sie dem französischen Hauptmann Gustave Bertrand, von Anfang an H. E.'s Führungsoffizier. Bertrand behielt eine Maschine für den französischen Nachrichtendienst und überbrachte die zweite Oberst Stewart Menzies, dem damaligen stellvertretenden Chef von MI 6, dem britischen Geheimdienst. Als die Nazis im September in Polen einmarschierten, zerstörten die Polen fast alle übrigen Enigmas, um das Geheimnis nicht preiszugeben. Führenden Mitgliedern des Warschauer Dechiffrierteams gelang es außerdem, mit zwei Nachbildungen der Maschine ins Ausland zu entkommen. Dank Hauptmann Bertrand konnten die Männer an der Seite ihrer französischen Kollegen weiterarbeiten.

Dies war die Situation kurz vor der deutschen Offensive im Mai 1940. Mittlerweile entschlüsselten die Franzosen – genau wie die Briten in ihrer geheimen Dechiffrieranlage in Bletchley Park, zwischen Oxford und Cambridge – deutsche Nachrichten. Allerdings wurden die Codes am 2. Mai durch die neuesten Chiffremodifizierungen der Deutschen zeitweilig unangreifbar. Das Schweigen setzte sich in den ersten zwölf Tagen des Blitzkriegs fort, bis man den Code am 22. Mai in Bletchley Park wiederum entschlüsseln konnte.

Die Tatsache, daß man wußte, wo die Deutschen sich aufhielten und welche Schritte sie planten, hätte eine entscheidende Rolle spielen können, wenn die französische Befehlsstruktur nicht desorganisiert, aufgeweicht und demoralisiert gewesen wäre.

Die Franzosen betrieben die Enigma-Operation nicht in ihrem Geheimdiensthauptquartier an der Avenue de Tourville 2 im Militärkomplex »Invalides«, sondern auf einem Landgut, im Schloß

Vignolles (Deckname »P. C. Bruno«), einem Rokokogebäude der Jahrhundertwende, in einem großen Park gelegen, fünfundvierzig Kilometer südöstlich von Paris. Das Personal umfaßte siebzig Spezialisten, darunter fünfzehn polnische Dechiffrierexperten und sieben spanisch-republikanische Flüchtlinge sowie einen britischen Verbindungsoffizier. Bertrand hatte es geschafft, sein spanisches Kontingent in die Fremdenlegion einzuschleusen, während die polnische Exilarmee in Frankreich das polnische Team in seine Obhut nahm, wodurch sichergestellt war, daß es in Vignolles keine Zivilisten gab. Dank Enigma war Frankreich in der Lage, über die Veränderungen der deutschen Schlachtordnung auf dem laufenden zu bleiben – wertvolle Informationen für eine Armee, falls sie fähig war, daraus Nutzen zu ziehen. Keine Armee der Geschichte hatte je einen besseren Nachrichtendienst besessen, wie Bertrand später voll Bitterkeit konstatierte.

Anfang Juni begann man, die Gerätschaften im Gefechtsstand Vignolles einzupacken. Bertrand fand niemanden, der eine Evakuierung angeordnet hätte, deshalb setzte er selbst den Befehl auf und legte ihn General Weygand vor. Doch in Weygands Büro erfuhr er von einem der Stabsoffiziere: »Der General hat beschlossen, lieber hier zu sterben als zurückzuweichen. Sie sollten dasselbe tun.« Bertrand wußte, daß er dies weder seinen eigenen Männern noch den Polen und Spaniern und dem britischen Verbindungsoffizier noch seinem Geheimnis gegenüber verantworten konnte. Deshalb begab er sich zum Armeefahrzeugpark in Vincennes und setzte sich ans Lenkrad eines nagelneuen städtischen Busses. Sein Chauffeur beschlagnahmte einen Fünftonnenlastwagen voller Benzinkanister. Sie fuhren mit ihren beiden gestohlenen Fahrzeugen nach Vignolles und begannen sie zu beladen. Mit dem Bus und dem Lastwagen bildeten sie einen Konvoi von insgesamt zwölf Fahrzeugen, und an diesem 10. Juni gelangten sie bis La Ferté-Saint-Aubin im Département Loiret. Dort stellten sie ihre Geräte rasch auf, um wiederum deutsche Geheimnisse abzufangen und zu entschlüsseln – bis zum 14. Juni, dem Tag der Einnahme von Paris. Am folgenden Tag fuhren sie weiter nach Süden und erreichten am 19. Juni Agen. Sie installierten einen neuen Gefechtsstand im Grand Séminaire de Bon-Encontre.

Bertrand schickte den britischen Offizier von einem Militär-flugplatz bei Bordeaux zurück nach London und ließ die polnischen und spanischen Teams nach Algier evakuieren. Als das französische Kabinett in Bordeaux eine zeitweilige Hauptstadt einrichtete, traf der französische Nachrichtenoffizier Major Henri Navarre auf den Geheimagenten, der H. E. ursprünglich rekrutiert hatte: einen extrovertierten, überspannten Mann, dessen Existenz besser im dunkeln bleiben sollte, weshalb Navarre ihn bat, Frankreich sofort zu verlassen (zudem war der Mann auch noch deutscher Herkunft). Der Agent – bekannt als »Rex« – ignorierte die Empfehlung und kam nach Agen. Nach dem Waffenstillstand befahl man Rex, an der Französischen Riviera unterzutauchen.

Angesichts der Kollaborationsregierung in Vichy und der Festigung der deutschen Herrschaft in Frankreich war eine außergewöhnliche Leistung erforderlich, um die Enigma-Dechiffrieroperation geheimzuhalten. Erstaunlicherweise wurde die Arbeit während der gesamten Zeit der deutschen Besatzung fortgesetzt, nicht nur in der Abgeschiedenheit des britischen Bletchley Park, sondern auch in Frankreich. Kein deutscher und kein französischer Kollaborateur erhielten je einen Fingerzeig. Im Oktober 1940 zog Bertrands Gruppe in das Schloß Fouzes bei Uzès, ein mit falschen Papieren gekauftes Anwesen, das groß genug war, um darin eine bedeutende Dechiffrieranlage unterzubringen. Zweiunddreißig Personen wohnten darin; sieben Spanier und fünfzehn Polen, sieben französische Hilfskräfte, Bertrand, seine Frau und sein Stellvertreter; sie wurden durch einen Helfer im örtlichen Rathaus mit Lebensmitteln versorgt (ohne daß der von der Vichy-Regierung ernannte Bürgermeister etwas davon ahnte). Obwohl Weygand, Verteidigungsminister in Pétains erstem Vichy-Kabinett, Geheimoperationen des französischen Nachrichtendienstes genehmigt hatte, wurden weder er noch irgendein anderer Vichy-Amtsträger speziell über die Enigma-Dechiffrierung unterrichtet. Nur drei Armeeoffiziere wußten, was Bertrand tat: der Chef des Nachrichtendienstes (des »Deuxieme Bureau«, dessen Fortbestehen die Deutschen gestattet hatten), der Chef eines sogenannten Büros zur Abwehr subversiver Tätigkeit, das vorgeblich für den Pétainismus arbeitete, doch in Wirklichkeit eine Tarnung für den antideutschen Geheimdienst darstellte, und Bertrands Stellvertreter.

Währenddessen wurden in Hauptmann Bertrands Gefechtsstand in Uzès deutsche Geheimnisse entschlüsselt und die Ergebnisse nach London übermittelt; gleichzeitig hielt das polnische Team die polnische Exilregierung in London auf dem laufenden. Einige Informationen (ohne irgendeinen Hinweis auf ihre Herkunft) gingen an die französische Armee in Vichy. Sogar als man die Polen bei dem Versuch verhaftete, Frankreich durch die Pyrenäen zu verlassen, wurden sie von der Gestapo nicht nach Enigma befragt. Und auch als der »überspannte« Agent mit dem Codenamen Rex schließlich von den Deutschen gefaßt wurde und nach langen Vernehmungen die Aktivitäten des Superagenten H. E. enthüllte, gab er die Enigma-Operation nicht preis. H. E. wurde verhaftet und starb in der Gefangenschaft; sein Bruder, General Schmidt, fiel in Ungnade. Die Deutschen konnten offensichtlich nicht glauben, daß ihre Codes lesbar waren, und der Mangel an Koordination zwischen der Gestapo und dem deutschen Nachrichtendienst tat ein übriges.

Als sich der Abwehroffizier Paul Paillole während der Vorbereitungen für die Normandielandung vom 6. Juni 1944 in Großbritannien aufhielt, führte er Gespräche mit Stewart Menzies, der inzwischen zum Leiter von MI 6 aufgestiegen war. Wie der britische Nachrichtendienstchef Paillole mitteilte, führten die Alliierten umfassende Operationen durch, um die Deutschen hinsichtlich des Landungsortes zu täuschen und sie zu zwingen, ihre Verteidigungskräfte an der ganzen Küste entlang, von Belgien bis zur Spitze der Bretagne, zu verteilen. Dank »Ultra« könnten die Alliierten herausfinden, ob sie die Deutschen tatsächlich irreführten. Wenn die Deutschen andererseits jedoch *wüßten*, daß man ihre Codes geknackt hatte, wären sie ihrerseits in der Lage, die Alliierten irrezuführen – um den Preis zahlloser Menschenleben und des Scheiterns der Operation »Overlord«. Paillolle tat sein Bestes, um die Alliierten zu beruhigen. Daraufhin blieb »Ultra« – ihre wirksamste Geheimwaffe, die die Eroberung von Paris und die Besetzung Frankreichs überlebt hatte – weiterhin unangetastet.

Da die Regierung Paris verlassen hatte, wurde es nun Zeit für die Presse, sich ebenfalls in Bewegung zu setzen. Die Tageszeitungen der Stadt hatten ihre Evakuierung mindestens so gründlich vorbereitet wie die Regierung. Man hatte Vorausabteilungen nach Süd- und Zentralfrankreich ausgeschickt; sie sollten Orte mit Druckereien und genügend Hotelzimmern für die Journalisten und die Setzer ausfindig machen. Einige Tageszeitungen stellten ihre Veröffentlichungen in Paris am 10. Juni ein, andere am folgenden Tag. Manche wurden einfach geschlossen, darunter das sozialistische Organ *Le Populaire*.

Auch Jean Prouvost, der Informationsminister, der so unbeirrbar an Paris festzuhalten schien, gehörte zu den frühen Planern. Er hatte einige Redaktionsmitglieder seiner Tageszeitung *Paris-Soir* Wochen zuvor – am 10. Mai – aus Paris abreisen lassen, damit sie nach einer geeigneten Unterkunft Ausschau hielten. Die besten Möglichkeiten schienen in Clermont-Ferrand gegeben zu sein, wo Pierre Laval die Gastfreundschaft seines eigenen Zeitungsverlags anbot. Später zog der *Paris-Soir* in die weitläufigere Stadt Lyon.

In den letzten Tagen von Paris, als die meisten der achthundert Angestellten bereits in Sicherheit waren, arbeitete Pierre Lazareff, der Chefredakteur des *Paris-Soir*, mit einem kleinen Stammpersonal und ein paar Straßenverkäufern weiter. Die verbliebenen Redakteure nahmen ihre Mahlzeiten in Lazareffs Wohnung im Palais-Royal ein. Autos und Chauffeure waren nie weit entfernt. Die letzte Ausgabe der Zeitung erschien am 10. Juni um 14.00 Uhr (wie gewöhnlich auf den nächsten Tag, den 11. Juni, datiert). Vor dem Gebäude an der Rue du Louvre standen bereits Pariser Bürger, die auf die Zeitung warteten. Um 15.00 Uhr tauchte ein Offizier der Militärregierung auf und redete dem Restpersonal zu, Paris zu verlassen. Einer der Redakteure, die an diesem Tag abfuhren, war der junge, noch unbekannte Autor Albert Camus; das Manuskript seines Romans *Der Fremde*, mit dem er berühmt wurde, befand sich im Kofferraum des Wagens.

Die letzte Ausgabe des *Paris-Soir* trug die Schlagzeile:

Unsere Truppen widerstehen
mit Leidenschaft und Heldenmut und
MIT ZUNEHMENDER GEWALT
Die Schlacht setzt sich fort
vom Meer bis zu den Argonnen

Wie immer enthielt die zweite (und letzte) Seite Informationen über das Pariser Unterhaltungsprogramm der Woche: Am Mittwoch, dem 12. Juni, würde man *Medée* in der Opéra und am Donnerstag *La Bohème* in der Opéra-Comique und *Le Misanthrope* im Odéon sehen können. Das Theatre de l'Œuvre war immer noch geöffnet, ebenso das Theater Humour und das Varieté Eve. Einundzwanzig Kinos zeigten englischsprachige, dreiunddreißig kündigten französische Filme an.

Beim *Paris-Soir* gab es einen etwas merkwürdigen Burschen; er war Aufzugführer und hieß Joseph Schleiss. Nach dem Eintreffen der Deutschen trat er in der Uniform eines deutschen Offiziers auf und wurde Verleger der Nazi-Ausgabe des Blattes.

»Ein großer Exodus aus Paris hat heute morgen eingesetzt«, begann der Tagebucheintrag des Engländers Peter Fontaine – als hätte der Exodus erst an jenem Tag angefangen. Aber er sprach auch von einer panischen Flucht. Fontaine sah zu, wie Privatwagen und Taxis schwerbeladen mit Gepäck und Matratzen durch die Straßen von Paris »sausten«. Geschäfte, Restaurants und Banken wurden geschlossen.

Es kam sogar soweit, wie der Beobachter Pierre Audiat feststellte, daß alle, die freiwillig in Paris blieben, den Abreisenden verdächtig erschienen. War es möglich, daß die Zurückbleibenden der Fünften Kolonne angehörten? Die abendlichen Spaziergänger, schrieb Audiat, die sich auf Bänken oder in Straßencafés ausruhten, sahen der Flucht ihrer Pariser Mitbürger »mit Gefühlen« zu, »in denen Mitleid immer seltener einen Platz hatte«. Eine Kolonne von fünfundzwanzig Bussen mit verhängten Fenstern erregte besondere Neugier; Polizisten standen auf den hinteren Plattformen. Die Passagiere waren, wie Audiat wußte, Häftlinge des Gefängnisses Santé.

»Oh, diese Parade von Vagabunden und Märtyrern die ganze Nacht hindurch!« rief Marcel Jouhandeau aus und meinte damit die französischen Soldaten auf dem Rückzug, die er von seinem Fenster aus sehen konnte. Manche schienen sich des Anblicks zu schämen, den sie boten; andere waren so erschöpft, daß sie sich einfach auf den Bürgersteig setzten und den Kopf auf die Knie legten.

Aber die Jouhandeaus blieben in Paris – wegen der Hartnäckigkeit seiner Frau Elise, schrieb Marcel, ihres Besitzerinstinktes, der nicht zuließ, daß sie ihre Wohnung preisgab. Sie war die einzige in Jouhandeaus Umgebung, die sich weigerte abzureisen – dabei konnte er sich nicht vorstellen, wie sie weiterleben sollten, da die Schule, an der er unterrichtete, geschlossen war und sein Verleger nicht mehr in Paris. »Anscheinend macht alle Welt sich auf eine lange Reise und wir sind allein inmitten eines verlassenen Häusermeers.« Diesen Anschein hatte es in Jouhandeaus wohlhabender Gegend tatsächlich.

In Paris war es bereits Nacht geworden, als Franklin Delano Roosevelt vor den Absolventen der University of Virginia in Charlottesville erschien, um über die Weltlage zu sprechen. Seine Rede war natürlich längst geschrieben, aber nun sah Roosevelt eine Gelegenheit, auf Mussolinis Kriegseintritt zu reagieren. Er schrieb seine Kommentare in den Text, doch der stellvertretende Außenminister Sumner Welles hielt die Formulierungen des Präsidenten für undiplomatisch und strich sie aus; Roosevelt fügte sie wieder ein.

An diesem zehnten Tag im Juni 1940 hat die Hand, die den Dolch hielt, ihn dem Nachbarn in den Rücken gestoßen.

An diesem zehnten Tag im Juni 1940, an dieser von dem ersten großen amerikanischen Lehrer der Demokratie (Thomas Jefferson) begründeten Universität, senden wir unsere Gebete und unsere Hoffnungen den Menschen jenseits des Meeres, die ihre Schlacht um die Freiheit mit großartigem Heldenmut fortführen.

Vor dem Abendessen sprach Polizeipräsident Roger Langeron bei Georges Mandel im Innenministerium an der Place Beauveau vor. »Bis heute abend werde ich dafür gesorgt haben, daß keiner meiner Kabinettskollegen mehr in der Stadt ist«, sagte Mandel. »Dann fahre ich selbst ab, als letzter.« Sie waren allein im Büro des Ministers –, es war ein Büro, das Langeron über einen Zeitraum von dreißig Jahren – in den letzten sieben Jahren als Polizeichef – immer wieder aufgesucht hatte. Mandel war einer seiner ältesten Freunde, denn sie waren als junge Männer beide Mitglieder in Clemenceaus Kabinett gewesen. Nun erklärte der Minister dem Polizisten: »Zusammen mit dem Präfekten des Seine-Départements werden Sie die Regierung und Frankreich gegenüber den Invasoren vertreten. Mehr brauche ich nicht zu sagen. Ich kenne Sie gut genug, um sicher zu sein, daß Sie den Auftrag vortrefflich ausführen werden.« Langeron erwiderte, die Aufgabe sei nur zu bewältigen – und auch dann nicht mühelos –, wenn Mandel im Kabinett bliebe. Er werde gewiß bleiben, versicherte Mandel.

Langeron fand Paris an diesem Tag ruhig – beklommen, aber ruhig. Kein Zwischenfall störte die öffentliche Ordnung. Das einzige Problem der Polizei waren die Flüchtlingsströme vom Land, die aus dem Norden und Osten kamen und die Stadt durchquerten. Im Rathaus hatte Langeron ein Gespräch mit dem Seine-Präfekten Achille Villey geführt und erfahren, daß die Verwaltungsstrukturen intakt und die Lebensmittelvorräte ausreichend waren. Danach fuhr er zum Hauptquartier der Garde Républicaine und der motorisierten Gendarmerieeinheiten, um den Kommandeuren mitzuteilen, daß ihre Männer nun einen Teil der Armee von Paris bildeten und in der Stadt zu bleiben hätten. Die Moral dieser Beamten – und der Pariser Polizei insgesamt – hätte nicht besser sein können.

Den ganzen Nachmittag hindurch hatte Mandel mit Paul Reynaud telefoniert. Er benötige zwei Stunden, sagte er, um die Straßen für die Fahrt des Ministerpräsidenten nach Süden an die Loire zu räumen und müsse daher rechtzeitig informiert werden; besondere Vorsichtsmaßnahmen seien zu treffen, damit der Regierungschef nicht feindlichen Fallschirmjägern in die Hände

315

gerate. De Gaulle redete gemeinsam mit Reynauds Beratern auf ihn ein, eine Abreisezeit festzulegen. Reynaud versprach, daß er am Abend um 22.00 Uhr – nach seiner Rundfunkansprache als Antwort auf Mussolinis Kriegserklärung – bereit sein werde.

Für de Gaulle war der 10. Juni »ein qualvoller Tag«. Er hatte gehofft, daß man einen entschlossenen Militärbefehlshaber ernennen und Paris verteidigen werde. Auch hielt er wenig von Botschafter Bullitts Entscheidung, in Paris zu bleiben: Nachdem der Botschafter keine Ermutigung, sondern nur Abschiedsgrüße zu bieten habe, müßten die Franzosen den Eindruck erhalten, daß die Vereinigten Staaten Frankreich praktisch keine Chance mehr gaben.

Es war bereits 22.30 Uhr, als Reynaud und de Gaulle endlich in die Limousine stiegen, die so lange gewartet hatte. Der Konvoi bestand aus einem Dutzend Wagen mit je einer Motorrad-Eskorte an der Spitze und am Ende. Bald fädelten sie sich in den Verkehr nach Süden ein. »Dieser ungeheure Strom von Menschen und Maschinen fließt langsam … in nahezu völliger Dunkelheit«, erinnerte sich Reynauds Kabinettsekretär Maurice Dejean. »Schon das geringste Scheinwerferlicht löst laute und empörte Proteste von Leuten aus, die auf ihrer Flucht bereits von feindlichen Flugzeugen mit Bomben oder Maschinengewehren angegriffen worden sind.« Die Regierungskolonne gelangte in jener Nacht nur bis Orléans. Reynaud wurde in der Präfektur untergebracht und schlief im Bett des Präfekten.

Bei den Schauspielern und Schauspielerinnen der Comédie-Française bestanden Zweifel, ob sie als Angestellte einer staatlichen Einrichtung zu betrachten seien, die evakuiert werden mußten, oder als Zivilisten, die daheim zu bleiben hatten. Nach der letzten Matinee am Sonntag riet Regisseur Jacques Copeau dem Ensemble zum Aufbruch. Für den Fall, daß die Truppe sich wieder zusammenschließen konnte, sollten die Mitglieder mit einer Außenstelle in Toulouse in Kontakt bleiben. Auch die Kostüme sollten nach Toulouse geschickt werden, doch dies erwies sich bei den verstopften Straßen als undurchführbar. Der Verwaltungsdirektor des Theaters, der Dramatiker Edouard

Bourdet, wurde nach Bordeaux gefahren, auch Jacques Copeau konnte Paris verlassen. Die Kontobücher und die Kasse des Theaters erreichten Bordeaux im Auto von Mrs. Frank Jay Gould, einer reichen amerikanischen Erbin, die durch ihren amerikanischen Paß geschützt war.

Am 10. Juni erschien der Finanzdirektor der Comédie im Theater und wurde sofort von Bühnenarbeitern, Garderobieren und anderen Angestellten umringt. Die Regierung habe das Theater geschlossen, teilte er ihnen mit, doch was aus den Mitarbeitern werden sollte, sagte er nicht. Schließlich bat der Chef der Bühnenarbeiter um einen der Traktoren des Theaters mit dem Anhänger, der zum Transport der Kulissen benutzt wurde. Er wolle so viele Angestellte wie möglich nach Etampes, fünfundvierzig Kilometer südwestlich, fahren, wo es immer noch Züge geben sollte. Der Finanzdirektor erinnerte den Mann an seine Behauptung, der Traktor, der ursprünglich zum Transport von Kostümen eingesetzt werden sollte, würde nicht einmal eine Fahrt von zwanzig Kilometern überstehen. Er wolle es trotzdem versuchen, meinte der Chef der Bühnenarbeiter.

Es gab achtzig Abreisewillige. Da nur die Hälfte in den Anhänger paßte, beschloß man, zweimal zu fahren. Aber der Traktor kam nie mehr nach Paris: Bei der Rückkehr aus Etampes wurde er von einem deutschen Maschinengewehr beschossen. Zwei Anhalter, die der Fahrer mitgenommen hatte, waren sofort tot, der Fahrer erlitt einen Schulterbruch. Der Deutsche, der auf sie gefeuert hatte, bat um Entschuldigung: Als er den Traktor mit Segeltuchbezug sah, habe er angenommen, der Wagen enthalte Kriegsmaterial.

Eine kleine Gruppe von Pariser Parlamentariern, allesamt Mitglieder der rechten Minderheit, hielt es für ihre Pflicht, in Paris auszuharren; die meisten waren auch Mitglieder des Stadtrats. Diese Gruppe suchte am Nachmittag Georges Mandel auf. Die Regierung, versicherte Mandel, befehle den Angehörigen der gesetzgebenden Körperschaften nicht, Paris zu verlassen, sie rate es ihnen nur »dringend« an. Der Sprecher der sieben hartnäckigen Männer war Jean Chiappe, ein früherer Polizeichef; Paul Reynaud sandte ihm ein Schreiben, in dem er die Entschei-

dung der Gruppe billigte. Kurze Zeit später stellten die Männer
– inzwischen nur noch vier – im Rathaus Feldbetten auf.

Was immer man bis dahin erklärt (oder gedacht) hatte – mit
jeder Stunde wurde deutlicher, daß Paris nicht verteidigt werden
würde. Aber niemand machte sich die Mühe, die Männer, deren
Aufgabe es gewesen wäre, um die Hauptstadt zu kämpfen, in
Kenntnis zu setzen. Geradezu beiläufig teilte der Oberbefehlshaber, General Maxime Weygand, dem Ministerpräsidenten
mit, die Hauptstadt sei de facto eine offene Stadt, oder, wie er es
in seinen Memoiren ausdrückte: »Paris war offene Stadt in dem
Sinne, daß es keine eigene Verteidigung besaß, jedoch in einer
Entfernung von etwa dreißig Kilometern durch eine vorgescho-
bene Sicherheitszone geschützt wurde...«

Aber in dem Brief, den Weygand dem Ministerpräsidenten an
diesem Tag schickte, war von »Schutz« keine Rede. Vielmehr
hieß es am Ende des Textes: »Um Paris den Status der offenen
Stadt zu bewahren, habe ich die Absicht, auf alle Verteidigungspositionen rund um die Stadt entlang dem alten Befestigungs-
gürtel zu verzichten.«

Damit war der Status der Stadt freilich nur unvollständig
erklärt – woher sollte der Feind Bescheid wissen? Woher sollten
es die eigenen Truppen wissen? Denn bis dahin hatten weder
Reynaud noch Weygand den offiziellen Verteidigern von Paris,
den Generalen Héring und Dentz, mitgeteilt, daß sie nicht in den
nördlichen Außenbezirken, dann an den Toren, dann Straße um
Straße um die Stadt zu kämpfen brauchten. Zwar ließ der Ministerpräsident Weygands Schreiben an den Präfekten und den
Polizeipräsidenten weitergeben, und sie zeigten es dem Vorsit-
zenden des Stadtrates, aber die Militärbefehlshaber wurden im
Zweifel gelassen – ein Versäumnis, das mit den Verwirrungen
des Tages zusammenhängen mochte. Es wäre Weygands – nicht
Reynauds – Aufgabe gewesen, die Generale zu unterrichten;
andererseits hätte die Entscheidung, Paris zur offenen Stadt zu
erklären, von Reynaud getroffen werden müssen.

Teil IV
Hitlers Paris

»Schlagzeilen über den Fall von Paris!«

JOSEPH GOEBBELS

35

Dienstag, 11. Juni

Dunkelheit am Mittag, seltsame Rauchwolken, die die Sonne einhüllten, eine von Ruß gesättigte Atmosphäre: Bilder, an die sich alle erinnerten, die zurückblieben und die letzten Tage des freien Paris miterlebten. Die absonderliche Verzerrung des normalen Juniwetters, der zur Nacht gewordene Tag, erhöhte die Angst, die Vorahnung der kommenden Katastrophe; wer philosophisch gestimmt war, sah darin ein passendes Symbol für das Verblassen der glanzvollsten Stadt der Welt, für ihre Kapitulation vor dem Reich des Bösen – mit den Worten des Museumsdirektors Yvon Bizardel »die unmißverständliche Ankündigung einer Apokalypse«.

Zuerst kannte niemand die Ursache. Sogar als noch Tageszeitungen erschienen, wurden keine Wetterberichte veröffentlicht: Sie hätten dem Feind nützlich sein können. *Paris-Soir* war bereits geschlossen, als Chefredakteur Pierre Lazareff aus dem Fenster blickte und sah, daß die Sonne nicht aufgegangen war. »Tief am Himmel hing, soweit das Auge reichte, eine dichte schwarze Wolkendecke über der tragischen Stadt. Und das verstärkte unsere Angst.« Leser riefen bei der Zeitung an, um ihre Beobachtungen zu melden, und boten widersprüchliche Erklärungen für den rußgeschwängerten Himmel. Einige sagten, die Treibstoffdepots knapp nördlich der Stadt seien in Brand gesteckt worden seien; andere meinten, Granaten hätten die Gasreservoirs in Saint-Cloud im Westen von Paris getroffen. Lazareff selbst glaubte, die Deutschen hätten Rauchschleier verbreitet, um ihre Offensive zu tarnen. Ein paar Anrufer vermuteten, daß die Franzosen selbst die Rauchschleier ausgelöst hätten, um ihren Rückzug zu schützen.

Einiges Unbehagen verursachte Lazareff eine Anruferin, die »mit Grabesstimme verkündete, es sei der Beginn des

Weltunterganges; Gott habe das natürliche Licht gebannt, um sein Mißfallen über den Wahnsinn der Menschen auszudrücken«.

Der in Paris lebende Engländer Peter Fontaine sprach von einem »merkwürdigen schwarzen Nebel«. Merkwürdig war er in der Tat, denn aus dem Nebel wurde ein unregelmäßiger Niederschlag. Hélène Azenor, die Malerin vom Montparnasse, stellte fest, daß ihr hellbeigefarbener Trenchcoat »von winzigen schwarzen Punkten übersät« war. Der Literaturwissenschaftler Henri Quéffelec sah eine »schwarze Sonne«. Laut Emmanuel d'Astier war diese neue Sonne »fast unerträglich für die Augen, als sähe man sie durch eine verrußte Brille«.

Ein Mitarbeiter des Rathauses beschrieb die Erscheinung prosaischer als »äußerst feine, weiche Kohlemoleküle, die sich überall niederlassen und alles schwärzen; Hände und Gesicht werden damit beschichtet, Wände und Möbel davon befleckt«.

Die junge Odette Daviet gehorchte den Zivilschutzanweisungen und ließ die Fenster offen (damit sie in der Nähe explodierender Granaten nicht barsten): Als sie am Morgen aufwachte, war sie voller Ruß. Der amerikanische Reporter Quentin Reynolds schrieb von einem Rauchnebel, »der so dicht war, daß man die Hand danach ausstrecken und ein Stück ergreifen konnte«. Auch er meinte, es sei »ein künstlicher Nebel, ein über Paris geworfener Rauchschleier, der die Bahnhöfe vor den Bombern schützen soll«.

Die aufmerksame Florence Gilliam, eine seit langem in Paris ansässige Amerikanerin, hatte das Phänomen bereits am Abend zuvor gegen 19.00 Uhr bemerkt; zu dem Zeitpunkt glich es noch einer Rauchglocke. Am nächsten Morgen wachten sie und ihre Freunde hustend auf, denn »sie hatten die ganze Nacht hindurch schwarzen Ruß eingeatmet; das Gleißen der Sonne war zu einem Schwefelglühen abgeschwächt, wie das unheilverkündende Licht vor einem Hurrikan«.

Sogar Militärs ließen sich täuschen. »Es war ein künstlich verbreiteter Nebel, wie die Marine ihn verwendet«, notierte Major Georges Benoît-Guyod in seinem Tagebuch. »Meine Ordonnanz, ein früherer Seemann, gab mir diese Erklärung, und sie wurde später bestätigt. Der Nebel wurde von uns, nicht vom

Feind erzeugt.« Dann revidierte er sein Urteil: »Es scheint, daß die gestrige Wolke aus Rouen kam, wo enorme Benzinmengen in Brand gesetzt wurden.« Polizeipräsident Roger Langeron hatte keine besseren Informationen erhalten. Nachdem er über verschiedene Möglichkeiten spekuliert hatte, vertraute er seinem Tagebuch an, die Deutschen hätten Benzinvorräte bombardiert; dies sei der Grund.

Während die Pariser aufgrund der Zensur nichts über den Nebel lesen konnten, verdankten die Amerikaner dem Korrespondenten der *New York Herald Tribune*, Walter Kerr, eine sehr präzise Darstellung: »Um neun Uhr war es am Rond-Point der Champs-Elysées so rauchig, daß weder der Obelisk auf der Place de la Concorde noch der Triumphbogen auf der Place de l'Etoile zu sehen waren«, berichtete er. »Der Rauch begann sich gegen elf Uhr zu verziehen, und noch vor dem Mittag hatte ihn ein recht starker Wind fortgeweht. Die Sonne schien, und es war heiß für den Rest des Tages.«

»Wenn ich mich schneuze, ist mein Taschentuch schwarz«, schrieb der Luftwaffenoffizier Pierre Mendès-France, der wußte, daß dieses Detail wichtig war. (Aber auch er glaubte, daß die Deutschen Rauchschleier benutzten, um die Seine leichter überqueren zu können.) Als Innenminister Mandel in Tours eintraf, waren er und seine Begleiter »schwarz wie Köhler«, erinnerte sich einer seiner Sekretäre.

In seinem Bericht für die *New York Herald Tribune* beschrieb Walter Kerr, wie die Rauchwolke von den Champs-Elysées aus zu sehen war. In seinen privaten Aufzeichnungen heißt es, er sei mit dem Geschmack oder »Gefühl« von schwarzem Staub aufgewacht. Später beobachtete er den ununterbrochenen Zug von Flüchtlingen über die Place de la Concorde; er war fasziniert von dieser Parade altmodischer Heuwagen, jeweils gezogen von drei hintereinandergespannten Pferden. Wenn Autos eine Panne hatten, wurden sie einfach auf den breiten Boulevards zurückgelassen, und ihre Besitzer setzten die Reise zu Fuß fort. Kerr sah zwei Frauen in einem Eselskarren, eine andere Frau, die vier Hunde an einer Leine und in jeder Hand einen Koffer hatte, sowie weitere Männer und Frauen mit Schubkarren. Er fragte sich, wohin sie wohl unterwegs waren; vielleicht nach Bordeaux.

Aber konnte man mit vier Hunden an der Leine oder mit einer Schubkarre nach Bordeaux gelangen?

Männer und Frauen in der Métro, die den Tränen nahe waren – ein Bild, das der Schriftsteller Victor Serge an jenem Morgen wahrnahm. Er hörte, was sie flüsterten: »Diese Schweine!« Denn die Zeitungen berichteten vom Kriegseintritt Italiens – es war der Dolchstoß in den Rücken. »Eine Morgenzeitung sprach aus, was alle dachten«, notierte Pierre Mendès-France. »Es ist abscheulich, Verwundete auch noch auszurauben.«

Trotz alledem gab es etliche, die an diesem Tag nach Paris zurückkehrten. Einer von ihnen war Léon Blum, der die Stadt am Sonntag auf Drängen Wohlmeinender verlassen hatte. Aus dem Parteiführer, oft kritisiert wegen seines schwachen Widerstandes gegen die faschistische Aggression, vornehmlich in Spanien (damals war der Pazifismus den französischen Sozialisten teuer gewesen), war ein Kämpfer geworden. Er zeigte sich enttäuscht, daß die Regierung Reynaud Mussolini nicht zuvorgekommen war und Italien zuerst den Krieg erklärt hatte. Seiner Meinung nach hätte Frankreich über die Alpen angreifen und einen entscheidenden Sieg erringen können.

Aber er hatte den »unwiderstehlichen Wunsch« verspürt, nach Paris zurückzukehren. Ein politischer Freund hatte ihm mitgeteilt, daß der Kriegsminister – also Reynaud selbst – sowie der Marine- und der Luftfahrtminister ihre Abreise verzögert hätten. Blum hatte sich als Flüchtling unbehaglich gefühlt und wollte sich nun stärker engagieren. Sein Freund Marx Dormoy, 1938 Innenminister in Blums Kabinett, hatte beschlossen, ihn zu begleiten. Sie fuhren die zweihundertsiebzig Kilometer von ihrer relativ sicheren Zuflucht in Montluçon im südlichen Zentralfrankreich zurück nach Paris. Während sie bei Sully die Loire überquerten, wurde die Brücke von Pionieren vermint; es wimmelte von Soldaten, überall gab es Straßensperren, und im Wald von Fontainebleau war eine Barrikade errichtet. Sie machten einen Umweg über Melun nach Paris, und Blums genaue

Kenntnis der Gegend, in der er gewandert und Rad gefahren war, erwies sich nun als hilfreich. Trotzdem waren die letzten Kilometer, auf denen sie sich gegen den Exodus der Zivilisten vorwärtskämpfen mußten, überaus mühsam. Sie erreichten die Stadt von Osten her und fanden leere Straßen, Rolläden vor den Geschäften und verschlossene Fenster. Die Hauptaktivität beschränkte sich offenbar auf das Beladen von Autos und Motorrädern vor Wohnhäusern.

Blum und Dormoy suchten einen Freund in der Rue de Varenne auf. Hier wurden keine Autos beladen – die Bewohner waren schon lange abgereist. Ein paar Polizisten standen vor der italienischen Botschaft Wache. Blum benutzte das Telefon seines Freundes: keine Antwort aus dem Büro des Ministerpräsidenten, aus dem Kriegs- und Innenministerium oder aus Reynauds Wohnung. Schließlich gelang es Marx Dormoy, den Polizeipräsidenten Roger Langeron zu erreichen; er erfuhr, daß Paris nun der Obhut von Langeron persönlich, dem Seine-Präfekten Achille Villey und dem Militärbefehlshaber anvertraut war. Langeron, gerührt über diesen Anruf von Männern, die er respektierte, lud sie zum Mittagessen in ein Restaurant – Lucas-Carton – nahe der Madeleine ein. (Lucas-Carton hatte damals drei Sterne im Michelin-Führer und war eines der besten Pariser Restaurants.) Auf dem Weg dorthin bot sich Blum und Dormoy ein erschreckend trostloser Anblick, Blum dachte an Straßburg, das offiziell evakuiert worden war; dort hatte er zusammen mit dem kommandierenden General die leere Stadt besichtigt. Aber in Paris waren die Zivilisten nicht zur Abreise aufgefordert worden.

Sie fuhren zu Lucas-Carton; die Rolläden waren herabgelassen, der Eigentümer stand in Offiziersuniform vor dem Lokal. »Können Sie uns etwas zu essen geben?« – »Unmöglich – mein gesamtes Personal ist weg.« Sie wurden in die nahegelegene Rue Boissy d'Anglas geschickt, wo ein in Theaterkreisen beliebtes Bistro immer noch geöffnet war (allerdings nur mit einem einzigen Stern im Michelin). Nun erschien auch Polizeipräsident Langeron. Beim Mittagessen – fleischlos, entsprechend der Dienstagsregelung – fragten die Politiker den Polizisten aus, »als hätten wir Paris viele Wochen zuvor verlassen«, wie sich Blum erinnerte. Nachdem die Regierung nicht mehr in Paris war, hatte Langeron Mühe, über die militärische Situation auf dem laufenden zu bleiben.

Aber er war überzeugt, daß man Paris verteidigen werde, denn die offizielle Position sei unverändert. Andererseits sah es so aus, als hätte man die offizielle Position ohnehin nie für bare Münze nehmen dürfen – denn wo war die Verteidigung? Blum fragte sich, ob die Regierung den Gedanken an militärischen Schutz aufgegeben hatte, um die schöne Stadt zu retten.

Langeron bat Blum, der Regierung das Dilemma klarzumachen – wenn die Zeit noch reichte. Zunächst schlug er vor, General Héring im Hôtel des Invalides aufzusuchen. »Denken Sie an sich selbst«, flehte Langeron den Sozialistenführer an. »Schützen Sie sich. Gehen Sie davon aus, daß Sie in Gefahr sind. Das ist Ihre Pflicht dem Land gegenüber.« Seine Warnung galt beiden Männern. Blum überlebte die Besatzungszeit; Marx Dormoy wurde ein Jahr später von den französischen Faschisten ermordet, gegen die er vor dem Krieg gekämpft hatte.

Auf dem Weg zum Hôtel des Invalides machten Blum und Dormoy bei der amerikanischen Botschaft halt. Bullitt empfing sie sofort. Blum hatte von Anfang an ein enges Verhältnis zu dem amerikanischen Botschafter gehabt. Der Diplomat erklärte seinen Besuchern, er rechne täglich, wenn nicht stündlich, mit der Ankunft der Deutschen in Paris. Und was wollte er unternehmen? »Was für eine Frage! Ich bleibe natürlich. Wie Sie sehen, ist das Haus voll von Amerikanern, denen ich mit Visa, Autos und Benzin helfen muß, Frankreich zu verlassen. Ich werde für alle tun, was ich kann, aber ich selbst bleibe hier.« Er sagte, er habe Präsident Roosevelt gegenüber bezüglich seiner Entscheidung kein Blatt vor den Mund genommen: »Wenn Sie mir telegrafieren, daß ich abreisen soll, werde ich Ihnen keinen Gehorsam leisten«, woraufhin der Präsident geantwortet habe: »In Ordnung, Bill.« Das Außenministerium fordere ihn ständig auf, die Stadt zu verlassen, doch er weigere sich immer wieder. Und er sei sicher, daß Roosevelt weiterhin denke: »In Ordnung, Bill.« Er werde so lange bleiben, wie man ihn benötige. »Es gibt Dinge, die ich durch meine Anwesenheit verhindern kann, und wenn ich sie nicht verhindern kann, muß ich wenigstens Zeuge der Ereignisse werden.«

Blum und Bullitt umarmten einander, als würden sie sich nie wiedersehen.

Zumindest im Hôtel des Invalides herrschte reges Treiben. Blum fand General Héring, »mit seinem Gesicht eines bebrillten Professors, so ruhig und ernst wie immer«, vor. Der Offizier erklärte, er werde Paris verlassen, um das Kommando über die Armee zu übernehmen, die die Stadt im Nordwesten verteidige – und nun an der Seine bei Vernon und an der Oise bei Persan angegriffen werde. Die Reihen lichteten sich, die Männer waren am Ende ihrer Kraft.

Obwohl Blum die Frage nun für überflüssig hielt, erkundigte er sich nach der Verteidigung von Paris. Offiziell habe sich nichts geändert, erwiderte Héring; es gebe keinen Befehl, die Stadt zu evakuieren oder auch nur die Verlegung der Militärgarnison vorzubereiten. Die Verbindung mit dem Hauptquartier an der Loire sei schwierig und komme nur selten zustande. Héring hatte versucht, Weygand telefonisch zu erreichen, und war kaum in der Lage gewesen, dessen Stimme zu hören.

Blum konnte sich die Bemerkung nicht verkneifen, daß Paris – wie 1914 – durchaus verteidigt werden könne und solle. Die nun im Norden stehenden Truppen könnten innerhalb der Stadt und ringsherum Position beziehen; dies könnte der Angelpunkt der französischen Verteidigung sein. Héring schien derselben Meinung zu sein.

Dormoy verabschiedete sich vorübergehend von Blum, um in die Arbeitergegend Belleville zu fahren und die Mutter eines seiner Mitarbeiter im Rathaus von Montluçon (Dormoy war dort Bürgermeister) abzuholen. Nach seiner Rückkehr teilte er Blum mit, das Viertel sei so lebendig wie eh und je. Die weniger wohlhabenden Pariser waren nicht abgereist.

An diesem Tag kam es noch zu anderen Hin- und Rückfahrten. Der Schauspieler Jean-Louis Barrault, der, entsprechend seiner Bühnenerfahrung, in einer Tarneinheit diente, nutzte einen Auftrag in Paris, um sich unter der Plane eines Militärlastwagens zu verstecken und in seine Wohnung zu gelangen. Seine Einheit sollte ohnehin den Rückzug antreten, weshalb er sich nicht als Deserteur betrachtete. Der Lastwagen beförderte ihn durch den rätselhaften schwarzen Rauch, der sich nun als Nebel über die Straße legte. Sie erreichten Paris um sieben Uhr morgens. Dort stellte er fest, daß sich die Schauspielerin Madeleine Renaud, die er heiraten wollte (der Termin war für Freitag, den 14. Juni, angesetzt), auf Befehl der Comédie-Française bereits dem Exodus angeschlossen hatte. Er ging durch die Wohnung und überlegte, was er mitnehmen sollte. Schließlich entschied er sich für ein Notizbuch, in das er eine Blume aus dem Garten legte. Der Lastwagen kehrte zurück, um ihn abzuholen; irgendwann hielt er, Barrault spähte hinaus und sah, daß sie vor dem Tor des Friedhofs Père Lachaise standen, wo seine Mutter im Vorjahr beerdigt worden war. Der Fahrer wartete so lange, bis Barrault die Blume auf das Grab seiner Mutter gelegt hatte.

Jacques Cléret de Langavent, ein rangniederer Offiziere in einem Panzerbataillon – es gehörte zu General de Gaulles 4. Panzerdivision –, war so mutig und tollkühn, wie es sich für einen Sprößling der Oberschicht gehörte. Auf einem Spähtrupp stand er auf einmal fünf deutschen Soldaten auf Motorrädern gegenüber; er schoß drei von ihnen nieder und nahm die beiden Überlebenden gefangen. Aber seine Einheit war auf dem Rückzug, und Clérets Befehlshaber sagte, man könne nichts anderes tun, als die Gefangenen mitzunehmen.

Die Rückzugsroute führte sie nach Paris. Was sollte aus den beiden feindlichen Soldaten werden? Cléret brachte sie zum Haus seiner Tante, wo es, wie er wußte, Lebensmittel und Betten gab. Seine Gefangenen speisten am selben Tisch wie er und übernachteten im Haus. Am nächsten Tag setzte der unbekümmerte Offizier seine Reise nach Süden fort und übergab die Deutschen schließlich in Chambord einem Offizier der Militärpolizei.

Als Cléret einem anderen Soldaten aus seiner Division, Henri Lemarié, begegnete, wies seine Uniformjacke immer noch Blutflecken von dem Scharmützel mit den Motorradfahrern nördlich von Paris auf.

Vom 6. Juni an war das Krankenhaus Saint-Denis im nördlichen Pariser Arbeiterviertel ein Teil der Kriegszone. Für Dr. Pierre Daunois brachte dies eine neue Aufgabe mit sich: fortan mußte er verwundete Soldaten untersuchen, bevor sie zur Behandlung in das zuständige Lazarett weitergeleitet wurden. Mehr hätte das Team von Saint-Denis nicht tun können, selbst wenn es gewollt hätte, denn die beiden Ärzte – Daunois und sein Hauptmann, Louis Digonnet – hatten nur eine einzige Helferin: eine Zivilkrankenschwester, die Narkosen verabreichte. Da es keine Ablösung für sie gab, standen sie rund um die Uhr auf Abruf bereit, schlangen hastig ihre Mahlzeiten hinunter und dösten hin und wieder, wenn jemand von der medizinischen Station für sie einspringen konnte.

Sie verfolgten die Entwicklungen an der Front über ihre Patienten. Am 7. Juni brachte eine charmante Engländerin mit ihrem Krankenwagen acht senegalesische Soldaten nach Saint-Denis, die bei einem Gefecht in Grandvilliers, vierzig Kilometer südlich von Amiens – was bedeutete, daß die Deutschen die Front durchbrochen hatten –, verwundet worden waren. Dann begannen die Verwundeten in größerer Zahl einzutreffen, manchmal mit Krankenwagen, häufiger jedoch in Lastwagen oder beschlagnahmten Privatautos. Die meisten Soldaten waren von Maschinengewehren aus Flugzeugen oder Stuka-Splitterbomben getroffen worden.

Am 10. Juni – der Himmel war rußgeschwärzt – erschien Daunois' Frau, eine Krankenschwester im Beaujou-Clichy-Krankenhaus, zusammen mit einer Kollegin. Die beiden Frauen wollten in die Berge von Corrèze abreisen. Daunois beschwor seine Frau: sie habe nicht das Recht, ihre Arbeit in der Notaufnahme aufzugeben; doch ohne Erfolg. In Paris breitete sich die Panik aus, die schon die Zivilbevölkerung aus ganz Nordfrankreich in die Flucht geschlagen hatte. Dann, am 11. Juni, empfing Digonnets Einheit eine Gruppe von Soldaten, die auf der Straße bei Pont Sainte-Maxence von Kampfflugzeugen verwundet worden waren. Man hatte sie in einen Lastwagen gepfercht, mit dem normalerweise Sand transportiert wurde.

Es waren insgesamt vierzehn Soldaten. Eine rasche Untersuchung zeigte Daunois, daß fünf schwer verwundet waren und nicht in Saint-Denis versorgt werden konnten. Er ließ sie zum Foch-Krankenhaus schicken, was, wie er wußte, ein Rennen gegen die Zeit war. Die neun anderen konnten gerettet werden, wenn sie sofort auf den Operationstisch gelangten und Bluttransfusionen erhielten; wenigstens die Hälfte würde sterben, wenn man sie in ein anderes Krankenhaus verlegte. Daunois schilderte Hauptmann Digonnet den Sachverhalt. Der Offizier erinnerte ihn daran, daß sie den Befehl hätten, keine Operationen durchzuführen, sondern die Patienten nur an Krankenhäuser zu überweisen, die dazu in der Lage waren. Angesichts der Reaktion seines Kollegen fügte Digonnet hinzu, daß es zehn bis zwölf Stunden ununterbrochene Arbeit erfordern werde, neun schwerverwundete Männer, für deren Schrapnellverletzungen detaillierte Röntgenaufnahmen nötig waren, zu operieren. »Das stimmt, Monsieur le Capitaine, aber wenn wir nicht wenigstens die schlimmsten Fälle operieren, werden die Männer sterben.« – »Dann bringen Sie sie her, rufen Sie das Personal zusammen, wir werden operieren.«

Sie begannen an diesem Nachmittag um sechzehn Uhr und beendeten die Arbeit um sechs Uhr am folgenden Morgen; dabei hatten sie Helfer, die ihren eigenen Dienst längst hinter sich hatten. Es gab nicht genug Blut für Transfusionen, weshalb Mitglieder der Operationseinheit ihr eigenes Blut zur Verfügung stellten. Eine Krankenschwester spendete insgesamt 0,8 Liter, ohne ihre Arbeit zu unterbrechen. Daunois erwartete, daß sie ohnmächtig würde, und bat einen Pfleger, sie im Auge zu behalten und ihr einen Stuhl unterzuschieben, falls ihre Kräfte nachließen. Es gelang ihnen, acht Soldaten zu operieren; alle acht wurden gerettet. Der neunte lag noch auf einer Tragbahre im Flur, als Digonnet zusammenbrach. Daunois erklärte dem Verwundeten die Situation, und dieser antwortete: »Ich werde warten. Sie haben schon mehr getan, als menschenmöglich ist.« Zu erschöpft, um seinen blutbefleckten Operationskittel oder auch nur seine Schutzmaske abzulegen, streckte sich Daunois selbst auf einem Feldbett aus. Um neun Uhr wurde er wachgerüttelt und hörte, daß ein General vom Medizinischen Korps zur Inspektion eingetroffen sei. Unrasiert und mit seinem blutigen Kittel bekleidet, bot Daunois einen erschreckenden Anblick;

der General ließ den Hauptmann rufen. Die beiden Ärzte erhielten eine Rüge, weil sie ohne Befehl operiert hatten. »Was werden Sie mit Ihren Patienten machen, wenn die Boches kommen – vielleicht schon morgen?«

Der Hauptmann erwiderte schroff, er rechne nicht damit, daß die Deutschen allen die Kehle durchschneiden würden. Sein Assistent und er seien ihrem Gewissen gefolgt, was nicht weniger wichtig sei, als sich an die Vorschriften zu halten. Er wandte sich an seinen Assistenten: »Daunois, Sie werden die Visite mit dem General fortsetzen. Ich bin sehr müde und werde mich ausruhen, denn vor uns liegt noch mehr schwere Arbeit.«

Der General war sprachlos. Als Digonnet das Zimmer verlassen hatte, sagte der Besucher zu Daunois: »Ihr Hauptmann ist wirklich ein schwieriger Mensch.« Daraufhin erzählte Daunois ihm die ganze Geschichte: wie lange sie am Operationstisch gestanden hätten und daß Digonnet das Bewußtsein verloren habe. Er setzte hinzu: »Mein Hauptmann ist kein gewöhnlicher Offizier.« In der Tat, Digonnets Schwiegervater bekleidete den Posten eines Direktors am Institut Pasteur, er selbst lehrte an der medizinischen Fakultät und war mit dem Chef des Medizinischen Korps der Armee befreundet. Am Ende seiner Inspektion fragte der General: »Würden sie Professor Digonnet bitten, vor meiner Abfahrt mit mir zu sprechen?« Der General entschuldigte sich und räumte ein, daß die beiden Ärzte richtig gehandelt hätten. Danach operierten sie den noch auf der Tragbahre liegenden Mann und drei weitere Verwundete, die am Morgen eintrafen.

William Bullitt hatte wieder einmal einen Einfall. An diesem Morgen um zehn Uhr verfaßte er ein weiteres »persönliches und geheimes« Telegramm an seinen Präsidenten:

Um nach der Besetzung von Paris und nach der möglichen Zerstörung unseres offiziellen Empfangsgeräts in der Kanzlei Nachrichten aus den Vereinigten Staaten erhalten zu können, besteht der Vorschlag, daß kommerzielle Rundfunksender, die Kurzwellenprogramme nach Europa ausstrahlen, solche Nachrichten am Ende ihrer normalen Programme senden.

Damit wir wissen, daß die Nachricht für uns bestimmt ist, soll der Ansager erklären: Die folgende Nachricht ist von Pearl Smith an ihre Mutter, ihren Vater etc. Die Nennung eines beliebigen Mädchennamens bedeutet, daß die Nachricht für Paris gedacht ist, und der gleiche Text sollte natürlich mehrere Male zu unterschiedlichen Zeiten gesendet werden, damit wir ihn mit unseren gewöhnlichen Rundfunkgeräten auf jeden Fall empfangen.

Einiges deutete darauf hin, daß die amerikanische Regierung ihn ernst nahm. Aus einer Notiz im Nationalarchiv erfahren wir, daß das Außenministerium die Federal Communications Commission unterrichtete, die ihrerseits die privaten Rundfunksender informierte. Das System kam jedoch nie zur Anwendung.

Am Mittag hatte der amerikanische Botschafter eine noch gewichtigere Mitteilung für Washington.

Ich habe mit dem provisorischen Gouverneur von Paris gesprochen, das heißt mit dem einzigen noch verbleibenden Regierungsvertreter, und es kann sein, daß ich als letzter Vertreter des Diplomatischen Korps in Paris zum gegebenen Zeitpunkt verpflichtet sein werde, im Interesse der öffentlichen Sicherheit vor der Ankunft der deutschen Armee die Kontrolle über die Stadt zu übernehmen...

Natürlich werde ich auf jedes diesbezügliche Angebot verzichten, es sei denn, daß es sich im Interesse der Rettung von Menschenleben als absolut notwendig erweist. Übrigens haben mich Reynaud und Mandel kurz vor ihrer Abreise gebeten, dies, wenn nötig, zu tun.

Ein Amerikaner übernimmt die Kontrolle über Paris... In diesen letzten Stunden lief der extravagante Botschafter zur Hochform auf. Sein Publikum im offiziellen Washington, das begierig jeder Einzelheit aus Paris lauschte, bekam zu hören:

Die Deutschen nähern sich nun meinem Haus in Chantilly, und mein Garten ist die letzte Verteidigungslinie von Paris. In

dieser Stadt gibt es heute ... herzzerreißende Szenen ... Ich
kann nicht genug betonen, wieviel den Zurückbleibenden das
Wissen bedeutet, daß ich hier bin.

Die Verteidigungslinie, die durch seinen Garten verlief, war das
Flüßchen Nonette.
Bullitt bat um Hilfe für französische und belgische Flücht-
linge. Roosevelt hätte sich die erforderlichen Mittel vom
Kongreß bewilligen lassen sollen, doch dann verschob er sein
Ansuchen, da das Amerikanische Rote Kreuz zu freiwilligen
Spenden aufforderte. Aber Bullitt wußte, daß das Schiff des
Roten Kreuzes noch nicht einmal die Vereinigten Staaten verlassen hatte. (Am 7. Juni meldete *Le Figaro*, daß die *McKeesport*,
das erste Rote-Kreuz-Schiff mit Lebensmitteln, Medikamenten
und Kleidung für Flüchtlinge, erst in der folgenden Woche nach
Bordeaux aufbrechen werde. Bis dahin hatte die Kampagne, mit
der zwanzig Millionen Dollar gesammelt werden sollten, erst
sieben Millionen eingebracht.) »Es gibt nun in Südwestfrankreich sechs Millionen Menschen, die sterben werden, wenn nicht
sofort und mit äußerster Effizienz amerikanische Hilfe für sie
organisiert wird«, kabelte Bullitt. Er hielt die Nachlässigkeit des
Amerikanischen Roten Kreuzes für kriminell und dessen
Vertreter für inkompetent; die Aufgabe sei dem besten verfügbaren Admiral zu übertragen. Wenigstens zwei Schiffe hätten
Bordeaux anzulaufen. »Sie dürfen heute die Unfähigkeit keiner
Einzelperson und keiner Organisation dulden, denn sie verhindert, daß sterbende französische Männer, Frauen und Kinder
Hilfe erhalten.« Es mochte eine ungewöhnliche Ausdrucksweise
für ein Telegramm an den Präsidenten gewesen sein, doch es
weckte wahrscheinlich die Aufmerksamkeit seiner Untergebenen.
  Bullitt konnte Jean Chiappe und anderen Mitgliedern des
Pariser Stadtrates, die an jenem Tag in der Botschaft vorspra-
chen, nicht imponieren. Als eingefleischte Rechte waren sie
nicht geneigt, die Pläne der Dritten Republik gutzuheißen;
deshalb wollten sie – oder ein harter Kern von ihnen – beim Volk
von Paris bleiben. Der Abgeordnete und Ratsherr Noël Pinelli
erinnerte sich an das Treffen mit Bullitt: »Dieser Mann, der sich,

wie wir wußten, alle Mühe gegeben hatte, Frankreich in den Krieg zu treiben, empfing uns fast gutgelaunt.« Bullitt berichtete, daß die Kämpfe das von ihm gemietete Anwesen bei Chantilly erreicht hätten, was er für komisch halte (jedenfalls war dies Pinellis Eindruck). Der Botschafter führte die Delegation an den Porträts seiner Vorgänger vorbei und wiederholte, daß keiner je die Hauptstadt verlassen habe. Auch er werde bleiben.

✳

Polizeipräsident Langeron hatte andere Erinnerungen an jenen Tag. Er war gewarnt worden, daß sein Vorgänger Jean Chiappe (dessen Ruf für alle Zeiten feststand, seit er während der antiparlamentarischen Unruhen vom Februar 1934 mit der extremen Rechten sympathisierte) erwarte, von der deutschen Besatzungsmacht zum Gouverneur von Paris ernannt zu werden. Langeron hatte wenig für Chiappe übrig, dessen Schwiegersohn ihn in seiner faschistischen Wochenzeitung *Gringoire* regelmäßig attackierte, aber er weigerte sich zu glauben, daß Chiappe beabsichtigte, mit deutscher Unterstützung zum »Herrn von Paris« zu werden. Deshalb rief Langeron Chiappe an und versicherte ihm, sie stünden auf derselben Seite. Chiappe schien mit dieser Erklärung einverstanden. Im Laufe des Jahres ernannte das Vichy-Regime ihn zum Hochkommissar in Syrien; auf dem Flug nach Beirut wurde seine Maschine von einem Kampfflugzeug der Royal Air Force abgeschossen.

»Die Hauptstadt bewahrt den Anschein der Gelassenheit«, bemerkte der Journalist Jacques-Henri Lefebvre. »Nur in den Bahnhöfen herrscht Unordnung und Panik.« Ein Reporter der Tageszeitung *Le Temps*, die nun in Angers an der Loire erschien, sprach von einem Paris, »das alle verlassen haben, die nicht für die Bewahrung und Verteidigung der Stadt zuständig sind«. In gewisser Weise hatte man die Stadt »gesäubert«; zum Beispiel war das zügellose Nachtleben verschwunden. Die Pariser nahmen Abstand von dem ihnen angeblich eigenen spöttischen Humor.

Es gibt keine Ausländer mehr. Wer früher wegen der exklusiven und aufregenden Unterhaltung in die Stadt kam, bleibt nun zu Hause. Wer früher nach Paris kam, um zu arbeiten und zu studieren, hat das Quartier Latin verlassen. Wer früher der Geschäfte und der Mode wegen kam, was würde er heute hier unternehmen?... Wir sind mit uns selbst allein ...

Ein Ausländer war immer noch da: der Korrespondent Sergio Bernacconi von der faschistischen Tageszeitung *Giornale d'Italia*. Er beschrieb den von Rauch verdunkelten Tag (seiner Ansicht nach hatten flüchtende französische Soldaten Öltanks in Brand gesteckt). Im Laufe des Tages wurde der Lärm von Geschützfeuer intensiver – der Feind näherte sich. Französische Kampfflugzeuge seien nicht mehr zu sehen, meldete Bernacconi, und seit drei Tagen habe man keine Luftschutzsirenen mehr gehört. Die Stadt gelte nun als verloren; niemand kümmere sich mehr um sie. Das tosende, ungestüme Paris existiere nicht mehr, und das Schweigen sei jetzt sein beeindruckendster, traurigster Aspekt.

Bedeutete dies, daß der Feind nachsichtiger wurde? Davon konnte keine Rede sein, denn Bernacconi schildert danach das Märtyrertum der in Paris und Umgebung wohnenden Italiener, die man ins Stade Buffalo getrieben habe (wohin man im Monat zuvor die deutschen Staatsangehörigen gebracht hatte). Der Chef der italienischen Katholischen Mission war vor der Arena aufgetaucht und hatte verlangt, interniert zu werden; sein Platz sei bei den Gefangenen. Bernacconi notierte, daß man nur wenige Frauen verhaftet habe; die meisten Frauen im Stadion seien deshalb hier, weil sie nicht von ihren Männern getrennt werden wollten. Ihre Tränen, schrieb der Korrespondent, seien ein Zeugnis für die Gesundheit, Solidarität und Tugend »unserer Rasse«.

In der italienischen Botschaft an der Rue de Varenne war die Situation nicht besser geworden. Der zweite Mann der brasilianischen Botschaft hatte es geschafft, in das Gebäude einzudringen, wo hundertzwanzig Italiener – Botschaftspersonal und Gäste – praktisch interniert waren. Die Brasilianer brachten einige Lebensmittel mit (und lehnten jegliche Bezahlung ab, wie der dankbare italienische Botschafter später berichtete). Das Problem für den italienischen Botschafter Raffaele Guariglia bestand darin, daß er sich nicht länger am Quai d'Orsay beschweren konnte. Er mußte feindselige Polizisten überreden, ihm bei der Auffindung von Verwandten der Botschaftsangehörigen zu helfen und sie zur Rue de Varenne zu eskortieren. Auf diese Weise holte er zehn italienische Nonnen aus Vitry-sur-Seine, zehn weitere aus Noisy-le-Grand und andere aus dem Pariser Krankenhaus Saint-Vincent-de-Paul; alle fanden Platz auf dem Botschaftsgelände. Guariglia hoffte, alle dortzubehalten, bis die Deutschen eintrafen, denn dies schien weniger gefährlich, als das Personal und die Familien mit einem Zug zu evakuieren, der Angriffen ausgesetzt sein könnte. Aber die französische Polizei verlangte, daß die Italiener sofort abreisten.

Nachdem Pierre Mendès-France den Befehl erhalten hatte, sich zum Dienst im Luftwaffenstützpunkt Bordeaux zu melden, nahm er sich beim Packen einen Moment lang Zeit, um über die »moralische Scheidung« zwischen den Abreisenden – oder Abreisewilligen – und den Zurückbleibenden nachzudenken. »Die letzteren fühlen sich bereits alleingelassen. Nach der Abreise der staatlichen Behörden, der Regierung und der Presse macht die Hauptstadt den Eindruck, preisgegeben zu sein.«

Für jemanden wie Mendès-France, der in Paris geboren und aufgewachsen war, konnte es nur ein bitterer Abschied sein. Während er sich in seiner Wohnung umsah, sann er über die Fremden nach, die diese Zimmer und die vertrauten Gegenstände entweihen würden; wer waren sie? Und er dachte auch: Was ich jetzt vor mir habe, werde ich nie wiedersehen. Wenn man das, was man geliebt hat, nach mehreren Jahren der Trennung wiederfindet, ist es nicht mehr das gleiche.

Die unstete Peggy Guggenheim gestand später, daß sie in diesen Wochen nicht viel getan habe, worauf sie stolz sein konnte. Sie hatte einen neuen Freund gefunden – einen verheirateten Mann, den sie einfach nur Bill nennt. Die beiden saßen in Cafés, tranken Champagner und unternahmen nichts, um das Elend der Flüchtlinge, von denen sie umgeben waren, zu lindern.

Sie besaß eine der großen Sammlungen zeitgenössischer Kunst und hoffte, sie in einem der Verstecke unterbringen zu können, zu denen der Louvre seine eigenen Kollektionen transportieren ließ. Aber die Museumsdirektoren behaupteten, ihre Kunstwerke seien zu modern und hätten es nicht verdient, gerettet zu werden. Zu den Gemälden, die keine Rettung verdient hatten, gehörten ein Kandinsky, mehrere Klees und Picabias, jeweils ein Gris, Léger, Marcoussis und Mondrian. Außerdem hatte sie surrealistische Werke von Miró, Ernst, Chirico, Taugny, Dalí, Magritte und Brauner. Unter ihren Skulpturen waren Arbeiten von Brancusi, Lipchitz, Giacometti, Moore und Arp. Am Ende erklärte sich ihre Freundin Maria Jolas bereit – sie hatte ein Schloß in Saint-Gérand-le-Puy bei Vichy gemietet (wo sie den geflüchteten James Joyce und seine Familie aufnahm) –, die Guggenheim-Schätze in ihrer Scheune zu verwahren. Die Deutschen machten sich nie die Mühe, einen Blick ins Innere zu werfen. Dann fuhr Miß Guggenheim selbst, mit Zofe und Perserkatzen, in ihrem Talbot in Richtung Megève ab. Als sie Fontainebleau erreichten, konnten sie kaum noch zwei oder drei Kilometer pro Stunde zurücklegen.

Victor Serge, der bis dahin geglaubt hatte, er könne in Paris ausharren und mit Artikeln für die linke Presse genug verdienen, um zu überleben, sah nun ein, daß es keinen Grund mehr gab, noch länger zu warten. Paris war zu einer riesigen Abreisehalle geworden. Als Schriftsteller mußte er natürlich seine letzten Eindrücke von Paris festhalten: den bläulichen Rauch natürlich, verlassene Läden, »Menschen, die auf ihren Türschwellen dem fernen Seufzen von Kanonen lauschten«. Unten in der Métro entdeckte er »animalische Furcht«. Die Züge waren verspätet, deshalb beschlossen seine Gefährtin Laurette, ihr Sohn Vlady, ein spanischer Genosse und er, zu Fuß zu gehen. »Nachts eine äußerst gespannte Atmosphäre um die Gare de Lyon, denn es gibt keine Züge mehr, wie es heißt, und jedenfalls keinen Platz mehr im Bahnhof...«

Während Serge und seine Begleiter noch überlegten, ob sie jemals aus der Stadt hinausgelangen würden, sahen sie plötzlich den offenen Wagenschlag eines Taxis vor sich. Laurette hatte auf den einsamen Boulevards immer wieder nach Taxis gewinkt, und dieser einäugige Chauffeur hatte überraschend angehalten. Wie sich herausstellte, hatte er den ganzen Tag hindurch geschlafen und wußte nicht, was sich abspielte; er war gerade zur Nachtschicht erschienen. Zuerst forderte Serge ihn auf, einen Bahnhof anzusteuern, doch dort gab es nur Menschenmengen, keine Züge. Dann erklärte der Chauffeur sich einverstanden, sie gegen zusätzliche Bezahlung bis Fontainebleau zu fahren. Damit waren sie auf der richtigen Straße. Sie gelangten per Anhalter weiter, kampierten unterwegs und versicherten einander immer wieder, daß sie »einen Weltuntergang, verbunden mit einem unfreiwilligen Urlaub«, durchlebten.

Und aus dem Tagebuch des Engländers Peter Fontaine:

Soldaten lassen sich in die Hauptstadt treiben, Nachzügler ohne Gewehre, abgerissen und entmutigt – viele von ihnen verwundet. Ein geschlagener Pöbel! Einige sind betrunken und plappern wüst und unzusammenhängend über die Niederlage. Man hört Rufe wie »Nieder mit dem Krieg« usw.

Vor dem Amtsgebäude der Südlichen Eisenbahn nahe der Madeleine belagert ein kleines Grüppchen gestrandeter Briten – es sind Männer und Frauen am Rande der Panik – einen einsamen Angestellten, der dabei ist, die Türen abzuschließen.

»Überhaupt keine Züge, wir können keine Pläne machen und keine Reservierungen entgegennehmen, die Behörden haben uns im Stich gelassen, davon können Sie sich auf den Bahnhöfen selbst überzeugen«, wiederholt er etliche Male auf ihre lautstarken Fragen hin.

»Gefangen wie Ratten in der Falle«, sagt einer von ihnen.

Eine ausländische Institution – durch und durch amerikanisch und strikt nichtamtlich – hatte eine einzigartige Stellung in Paris inne: In der Amerikanischen Kirche in Paris, einer protestantischen Einrichtung, verbrachte Pastor Clayton E. Williams Anfang Juni einen großen Teil seiner Zeit damit, Amerikaner, die sich für gefährdet hielten, aus Paris wegzubringen. In seiner

Abwesenheit wurde er von Edmund Pendleton abgelöst, dem Organisten und musikalischen Direktor der Kirche seit 1934; er sollte in den ersten Monaten der deutschen Besatzung in Paris bleiben und die Stadt nicht vor dem Kriegseintritt der Amerikaner verlassen. Nun war die Kirche zu einem Zufluchtsort geworden – in erster Linie für ihr eigenes Personal. Kazar Nergarian, ein Franzose armenischer Herkunft, war seit einem Jahrzehnt ihr Verwalter. Er erfuhr am 11. Juni, daß sein Wohnort, ein Dorf nördlich von Paris, von der Armee geräumt werden sollte. Daraufhin bat er Edmund Pendleton um Hilfe, und sie wurde ihm gewährt – nicht ohne ein gewisses Zögern, wie er sich später erinnerte. Am nächsten Tag, während Nergarian in der Amerikanischen Kirche Dienst hatte, erhielten seine Angehörigen und Nachbarn den Befehl, ihre Wohnungen innerhalb von zwei Stunden zu verlassen; sie schlossen einfach die Türen und wanderten in die Stadt. Nergarian brachte seine Familie im Pfarrhaus unter; sie ließen sich in Klassenzimmern nieder, schliefen auf Stühlen oder auf dem Fußboden, aber sie durften die Küche benutzen. Pendleton zog in die darüberliegende große Wohung des Pastors, die außerdem Platz für eine Britin, Mitglied des Chors, sowie für ihre Mutter und ihre Schwester bot. Die drei Frauen hielten das Quartier des Pastors in Ordnung. Pendleton verwandte die letzten Stunden vor dem Eintreffen der Deutschen darauf, Papiere durchzusehen und alles zu vernichten, was als antideutsch hätte gelten können.

Paul Léautauds Dorf lag zwar nicht im Norden von Paris, aber es leerte sich trotzdem. »Wenn das so weitergeht«, schrieb er in sein Tagebuch, »bin ich in meiner Straße bald allein.« Zuerst verschwand seine linke, dann seine rechte Nachbarin (die Frau mit den »drei gräßlichen, schreienden Gören«), auch der Steuereinnehmer war fort, ebenso ein Ehepaar, das in einem Rüstungswerk arbeitete (die beiden hatten ihrer Fabrik nach Süden folgen müssen). Alle hinterließen eine, zwei, mehrere Katzen, einen Hund, und alle baten Léautaud, die Tiere zu füttern.

Der Gärtner zweier wohlhabender Frauen, die unweit von Léautauds Haus wohnten, war an diesem Morgen zu Fuß mit Frau und Kind aufgebrochen; ihre Habseligkeiten nahmen sie in einer Schubkarre mit, ohne zu wissen, wo ihre Reise enden würde. Und so erkundigten sich seine Arbeitgeberinnen bei Léautaud, ob er nicht auch noch ihren Hund übernehmen könne; er weigerte sich.

Am Morgen fuhr Léautaud mit der Vorstadt-Métro nach Paris, um wie gewöhnlich spazierenzugehen. Über den Boulevard Saint-Michel strömten Fahrzeuge aller Art: Autos, auf denen sich das Gepäck türmte, Lastwagen, Fahrräder, Handkarren, an die Hunde angeleint waren, und Bauernwagen, von denen einer ein halbes Dutzend Kühe hinter sich herzog. Später, auf dem Boulevard Saint-Germain, sah Léautaud einen Mann auf dem Fahrrad, der seinen Besitz sicher hinter den Sattel geschnallt hatte. Vor der Lenkstange saß ein kleiner, zufrieden wirkender Hund auf einer Decke; Léautaud machte dem Mann, einem einfachen Arbeiter, ein Kompliment, weil er sein Tier mitgenommen hatte.

Als Léautaud Milchwagen entdeckte, die den Namen von Dörfern im Département Eure, nordwestlich von Paris, trugen, dachte er: Die Einkesselung hat angefangen. In der Métro begegnete er Evakuierten aus Pontoise, die Paris durchquerten, um von Massy-Palaiseau aus mit dem Zug weiter nach Süden zu fahren. Wo würden sie alle eine Unterkunft finden?

Léautaud selbst wollte bleiben – davon war er nun überzeugter denn je. Er wollte seine Tiere nicht im Stich lassen; ohnehin wußte er nicht, wohin er sich wenden sollte. Er sei ein schwieriger Mensch, meinte er, unfähig, an irgendeinem beliebigen Ort mit irgendwelchen Leuten zusammenzuleben. Er wollte sicher sein, daß sein Haus nicht ausgeplündert wurde. Das war keine Frage des Mutes, sondern vielmehr der Gelassenheit, Vernunft, Apathie und Unbekümmertheit. Immerhin traf er Vorsichtsmaßnahmen und deckte sich mit Tabak ein, nachdem er sich bereits einen Kaffeevorrat zugelegt hatte.

»Man darf nicht schwach werden«, fand Marcel Jouhandeau. »Angesichts der Auswanderung eines ganzen Volkes, das unter unseren Fenstern vorbeimarschierte, rücken wir näher zusammen...«

Plötzlich stoppt ein Wagen und die gesamte Prozession stockt: Eine Frau steht inmitten von Koffern und einem sich bewegenden Bauernhof. Sie schreit, daß sie ihre kleine Louise verloren hat, und alle in der Gruppe drehen sich in Richtung Neuilly um und rufen nach Louise, während Pferde wiehern und Hupen ertönen, streunende Bauernhunde wenden sich gegen die Türen von Häusern an der Straße und stoßen ein Todesgeheul aus.

Ilja Ehrenburg verbrachte nun einen großen Teil seiner Zeit in der relativ sicheren sowjetischen Botschaft an der Rue de Grenelle. Er hatte gerüchteweise gehört, die UdSSR habe Deutschland den Krieg erklärt, was von den Arbeitern draußen mit offenkundiger Begeisterung aufgenommen wurde.

Manchmal verließ er die Botschaft, um den Exodus von seinen Lieblingscafés im Montparnasse aus zu beobachten. »Gegenüber dem Café Rotonde steht die Balzac-Statue von Rodin«, erinnerte er sich. »Ein wütender Balzac scheint von seinem Sockel steigen zu wollen... Plötzlich hatte ich den Eindruck, daß auch Balzac mit den anderen fortging.«

In der Rue de Cotentin, wo Ehrenburg wohnte, verließ der Krämer an der Ecke seinen Laden, ohne auch nur die Tür zu schließen. Bananen und Konserven lagen überall verstreut. Das ist doch keine Abreise, dachte Ehrenburg, sondern eine Flucht. Ihm fiel auf, daß der Rundfunk widersprüchliche Nachrichten und Appelle verbreitete; bald wurde zu einer systematischen Evakuierung von Paris aufgerufen, bald riet man den Menschen, zu Hause zu bleiben und die Ruhe zu bewahren.

Es hing viel davon ab, welchen Sender man hörte. Auf der morgendlichen Konferenz mit seinen Propagandamitarbeitern in Berlin befahl Joseph Goebbels den französischen Geheimsendern, mit allen Mitteln Panik zu verbreiten.

Der *Herald Tribune*, eine Art Pariser Wahrzeichen, war das damalige französische Pendant der berühmten New Yorker Zeitung gleichen Namens. Er hatte einen eigenen Herausgeber in dem patriarchalischen Laurence Hills, der seine eigenen Regeln aufstellte. Zum Beispiel dachte er gar nicht daran zuzusperren, als alle anderen Pariser Tageszeitungen bereits schlossen und ihre Redaktion verlagerten. Zur Bestürzung seines Assistenten plante er, die Zeitung sogar dann noch herauszugeben, wenn die Deutschen die Stadt besetzten. Das würde zweifellos einen Verlust der Unabhängigkeit bedeuten und vielleicht sogar das Überleben der Pariser Ausgabe in Frage stellen, wenn die Deutschen wieder aus der Stadt vertrieben waren.

Deshalb löste der Eigentümer und Verleger der Zeitung, Ogden Reid, das Problem in einem Telegramm, das er Hills am 7. Juni aus New York schickte; es war unmißverständlich:

GLAUBE NICHT, DASS HUNNEN PARIS IN DIESEM JAHRHUNDERT ERREICHEN, ABER WENN SIE ES SCHAFFEN, SOLLTEN SIE UND MRS. HILLS ANDERSWO SEIN. WIR WERDEN KEINE PROPAGANDA DRUKKEN UND KÖNNTEN UNTER BESATZUNGSMACHT KEINE ZEITUNG HERAUSGEBEN.

Dies war für die noch verbliebenen Mitarbeiter das Signal zum Aufbruch. Doch als die französische Regierung die Presse anwies, ihre Arbeit einzustellen, erlangte Botschafter Bullitt eine Sondergenehmigung für den *Herald Tribune*, wenigstens noch einen Tag lang weiterzumachen. Die letzte Ausgabe, die am 11. Juni zum Druck für die Morgenstunden des 12. Juni fertiggestellt wurde, bestand aus einem einzelnen Blatt, und nur die Vorderseite enthielt Nachrichten. In einem von Walter Kerr unterzeichneten Artikel, der eigentlich für die New Yorker Ausgabe bestimmt war, wurde der Exodus geschildert. Kerr bemerkte bei einem seiner letzten Besuche im Pariser Redaktionsgebäude, daß die Militärzensoren immer noch an ihren Schreibtischen saßen – wahrscheinlich, weil ihnen niemand den Befehl erteilt hatte, mit allen anderen abzureisen.

Da die normale Auslieferung nicht mehr mit Lastwagen erfolgen konnte, wurde die Zeitung nicht an die Kioske und andere Verkaufsstellen verteilt. Nun war es auch für die letzten Hartnäckigen Zeit, ihre Zelte abzubrechen. Einige waren zusammen mit etlichen Korrespondenten amerikanischer Zeitungen und Zeitschriften in Bordeaux an Bord der *SS Washington* gegangen.

342

Zu denen, die geblieben waren, gehörten die Korrespondenten der Associated Press, United Press und *Chicago Tribune* sowie Walter Kerr, der eigensinnige Laurence Hills vom Pariser *Herald Tribune*, und ein Sportkolumnist derselben Zeitung, der Sparrow Robinson genannt wurde.

Von deutscher Seite aus betrachtet, ging es bei der Schlacht in Frankreich keineswegs nur um Paris. Die Front war breit genug, um die französische Hauptstadt einzuschließen, aber auch, um sie zu umgehen, während die Deutschen im Osten und Westen der Stadt vorrückten. Wiederum waren es die Panzer, die sich als die beste Waffe der Deutschen erwiesen. Die französische Verteidigung war am wirksamsten in bevölkerten Gebieten, wohingegen die Deutschen auf offenem Gelände keine Hindernisse zu überwinden brauchten. Schlachtaufzeichnungen und Divisionsprotokolle zeigen, daß die deutschen Streitkräfte am 9. und 10. Juni weiterhin auf heftigen Widerstand stießen. Dann, in der Nacht des 10. Juni, erreichten die Deutschen die Aisne, und nachdem der Fluß überquert war, konnten die Franzosen keine nennenswerte Gegenwehr leisten. Am Morgen des 11. Juni hatten die Deutschen auch die Seine bei Elbeuf, Les Andelys und Louviers überschritten. Im Osten hatten sie Reims eingenommen. Nun blieb den Franzosen nichts anderes übrig, als sich methodisch zurückzuziehen und dabei soviel von ihrem Kernland wie möglich zu schützen.

Denn die Franzosen waren nicht mehr in der Lage, zwischen dem Feind und Paris eine erstklassige Armee ins Feld zu führen. Die sogenannte Armee von Paris bestand aus dem 84. Nordafrikanischen Korps, das zwar kampfbereit, aber schwerlich für den Blitzkrieg gerüstet war. Es wurde nun durch ein neu organisiertes 10. Korps von Marokkanern und Senegalesen verstärkt. Ein weiteres Korps, das 25., das die Linie an der Oise halten sollte, setzte sich aus Überlebenden des aufgeriebenen 10. Korps und einer anderen nordafrikanischen Division zusammen, die Franzosen, Algerier und Senegalesen umfaßte. Sie alle kämpften tapfer, doch ohne Hoffnung auf einen Sieg. Unterdessen wies die deutsche Propaganda freudig darauf hin, daß Frankreich von »minderwertigen Rassen« verteidigt werde.

Als General Weygand im Morgengrauen des 11. Juni Briare erreichte, mußte er feststellen, daß der Stab im neuen Hauptquartier unter keineswegs idealen Bedingungen tätig war. (Er selbst wohnte und arbeitete im Schloß Muguet, ein paar Meilen außerhalb der Stadt.) Weygand erhielt bald genug Informationen über die militärische Lage im Norden von Paris, um die Richtigkeit seiner Entscheidung, sich aus Vincennes zurückzuziehen, bestätigt zu sehen. Die Deutschen rückten nördlich, östlich und westlich von Paris langsam, aber stetig vor, und die Franzosen hatten keine Möglichkeit, ihnen Einhalt zu gebieten. Um eine vernichtende Niederlage zu vermeiden, hatte sich Weygand für einen geordneten Rückzug entschieden. Dadurch bewahrte er sich die Hoffnung, die Armee für die Verteidigung dessen zu retten, was er »das Herz des Landes« nannte – und die Hauptstadt nicht mehr einschloß.

Mittlerweile hatten sich die französischen Regierungsbehörden über ein weites Gebiet entlang des Loire-Tals ausgebreitet. Die Entfernung von Georges Mandels Innenministerium in Tours zum Hauptquartier in Briare betrug hundertachtzig Kilometer auf den besten Landstraßen. Paul Reynaud hatte sich in einem musealen Schloß, dem im mittelalterlichen Stil erbauten Chissay östlich von Tours, niedergelassen. Nach seiner Ankunft in Langeais, einem kleinen, hübschen Schloßstädtchen mit großzügigen Räumlichkeiten für das Außenministerium, brauchte Paul Baudouin, der Generalsekretär des Kriegskabinetts, den ganzen Morgen, um herauszufinden, wie er mit dem Rest der Regierung Kontakt aufnehmen konnte. Zum Beispiel waren auch im nahegelegenen Schloß Châtagneraie, das nur eine einzige Telefonleitung (verbunden mit dem Postamt von Langeais) besaß, Büros des Außenministeriums eingerichtet worden. Wenn man andere Regierungsstellen erreichen wollte, war es am besten, sich durch den Verkehr zu kämpfen und persönlich vorzusprechen. Einer von Baudouins ersten Besuchern war Sir Ronald Campbell, der britische Botschafter, der sich nach aktuellen Informationen erkundigte. Baudouin hatte ihm nichts mitzuteilen; wie sich herausstellte, war Campbell, der durch einen Feldtelegrafen in seiner ebenfalls in einem Schloß gelegenen Botschaft direkten Kon-

takt mit London hatte, besser unterrichtet als der Generalsekretär.

Churchill gelang es trotzdem, zu den Franzosen vorzustoßen:
sein Flugzeug, beschützt von einem Dutzend Hurricane-Jägern,
machte einen weiten Umweg um das von den Deutschen
besetzte Territorium. Vor dem Start telegrafierte er Roosevelt:

Alles muß getan werden, damit Frankreich weiterkämpfen
kann und auf keinen Fall der Gedanke aufkommt, daß die
Einnahme von Paris, sollte sie stattfinden, zum Anlaß für
irgendwelche Unterhandlungen wird. Die Hoffnung, die sie
auf Sie setzen, mag ihnen die Kraft zum Ausharren verleihen.
Sie sollten weiterhin jeden Meter ihres Bodens verteidigen...

Auf dem Flug über Frankreich hinweg beobachtete General
Spears, wie Churchill mit finsterer Miene über die bevorstehende Tragödie grübelte und wie sich sein Gesicht dann bei der
Begrüßung durch die Franzosen auf der verlassenen Landebahn
von Briare aufhellte, als hätte er sich sehnlichst gewünscht, zu
genau diesem Zeitpunkt an genau diesem Ort zu sein. Der
Premierminister stellte fest, daß das Schloß, in dem die Chefs
der französischen und der britischen Regierung einen folgen-
schweren Abend verbringen sollten, nur ein einziges Telefon
besaß – in der Toilette. »Es war durch lange Verzögerungen und
endlose laute Wiederholungen ständig in Betrieb«, erinnerte er
sich.

Churchill machte sofort deutlich, daß Großbritannien, was
auch geschehen mochte, den Krieg fortsetzen werde. Er äußerte
sogar die Hoffnung, daß die Deutschen Großbritannien angreifen und Frankreich eine Ruhepause gönnen würden. Und dann
forderte er die Franzosen ohne Umschweife auf, Paris zu verteidigen. Sollten die Deutschen versuchen, die Stadt einzunehmen,
würden sie von Haus zu Haus kämpfen müssen, wodurch erhebliche Streitkräfte gebunden werden könnten. Er rief seinen
Gastgebern Clemenceaus Gelübde in Erinnerung: »Ich werde
vor Paris kämpfen, ich werde in Paris kämpfen, ich werde hinter
Paris kämpfen.« Bei seinen französischen Zuhörern kam er
damit nicht sehr gut an.

Danach beschrieben die Generale Weygand und Georges das Ausmaß der Katastrophe. Churchill lobte die heroischen französischen Bemühungen und erkundigte sich, ob die Front noch etwas länger gehalten werden könne, so daß Großbritannien wieder die Möglichkeit habe, seine eigenen Truppen ins Feld zu führen; er sprach von der dramatischen Wende im Ersten Weltkrieg. Weygand akzeptierte den britischen Standpunkt, doch man habe nicht Tage, sondern nur noch Stunden, und in diesem Krieg könnten sich die Franzosen nicht gegen die kombinierte Luft- und Panzeroffensive des Feindes verteidigen. Als Weygand die Möglichkeit eines Waffenstillstandes erwähnte, fiel Reynaud ihm ins Wort: Dies sei eine politische Entscheidung, für welche die Militärs nicht zuständig seien. Churchill fragte sich, ob man den Krieg mit Guerillamethoden fortsetzen solle – wenigstens in jenen Teilen Frankreichs, wo dies machbar sei. Pétain erwiderte, ein solches Vorgehen könne nur zur Zerstörung des Landes führen.

Kurz vor zwölf Uhr war ein Abgesandter General Hérings, General Emile Barazer de Lannurien, in Weygands Hauptquartier in Briare aufgetaucht, um herauszufinden, was denn von den Pariser Kommandeuren eigentlich erwartet wurde. Sollte Héring an der Spitze einer Armee ausrücken, oder sollte er im Hôtel des Invalides sitzen bleiben? Weygand ließ Lannurien wissen, daß Héring die Armee von Paris kommandiere und »ihrem Schicksal folgen« werde, was immer das bedeutete. Der Oberbefehlshaber übertrug General Dentz den früheren Posten Hérings als Militärbefehlshaber; deshalb sei es Dentz, der im Hôtel des Invalides bleiben müsse, selbst wenn die Deutschen in die Stadt einmarschierten.

Aber würde Paris verteidigt werden? Dies war die Frage, auf die Héring eine Antwort erwartete; aus diesem Grund hatte Lanurien die lange Fahrt aus Paris unternommen. Nun sprach Weygand zum ersten Mal aus, welche Pläne er für Paris hatte: Er beabsichtige, es zur offenen Stadt zu erklären. Dies bedeute, daß die Zufahrtsstraßen nicht verteidigt würden, daß nichts innerhalb der Stadt zu zerstören sei und daß zurückweichende französische Truppen nicht durch Paris marschieren dürften, sondern es umrunden müßten.

Für Weygand hätte Paris nur dann als Brückenkopf militärische Bedeutung gehabt, wenn es den Franzosen gelungen wäre, stromabwärts an der Seine sowie an der Marne standzuhalten. Aber nachdem die Deutschen gezeigt hatten, daß sie die französische Verteidigung durchdringen konnten, und als klargeworden war, daß Weygand nicht über hinreichende Streitkräfte verfügte, um sie zurückzuwerfen, konnte und sollte Paris nicht gehalten werden, weil der Preis an Menschenleben und nationalen Schätzen zu hoch gewesen wäre. 1814 war es an den Toren von Paris zu Gefechten gekommen, und 1870 war die Stadt belagert worden, beide Male mit geringen Schäden. Die moderne Kriegsführung dagegen würde enorme Zerstörungen anrichten.

Bei einem Spaziergang im Schloßgarten setzten Weygand und Lannurien ihr Gespräch fort. An einer anderen Stelle im selben Garten schritten Paul Reynaud und Philippe Pétain ungeduldig auf und ab, denn sie warteten auf Winston Churchill. Weygand ging mit Lanurien zu den beiden hinüber und teilte ihnen mit, welche Entscheidung er über Paris gefällt hatte. Weder Reynaud noch Pétain ließen eine Reaktion erkennen; sie fügten sich einfach ins Unvermeidliche.

General Lannurien kehrte nach Paris zurück und traf um 22.30 Uhr im Hauptquartier im Hôtel des Invalides ein. Er hatte keine schriftlichen Befehle bei sich, aber er konnte Héring mündlich Bericht über Weygands Pläne erstatten. Dies war die erste offizielle Mitteilung, die Héring über den Status von Paris als offene Stadt erhielt, und er hörte ebenfalls zum ersten Mal, daß Dentz ihn als Militärbefehlshaber ablösen sollte. Später erklärte Héring, er habe die ganze Nacht hindurch überlegt, ob er gehorchen solle; der Gedanke, Paris im Stich zu lassen, sei ihm unerträglich gewesen. Aber um ein Uhr morgens wurde ihm gemeldet, daß die Deutschen Evreux – hinter seiner linken Flanke – erreicht hätten. Das war für ihn das Signal zum Aufbruch; er konnte nicht zulassen, daß das Gros der übriggebliebenen französischen Streitkräfte infolge einer Bresche in seiner Front umzingelt wurde.

*

In Washington verfaßte der Präsident – der Zweifel hatte, ob die Absicht seines Botschafters, in Paris zu bleiben, richtig war – eine Nachricht an William C. Bullitt: Er empfahl ihm dringend, den anderen Botschaftern in die provisorische Hauptstadt Frankreichs zu folgen, aber er überließ seinem Freund das letzte Wort: »Ich nehme an, Sie werden ihre Entscheidung im besten Interesse der Vereinigten Staaten und der Menschheit treffen.« Doch Roosevelt hielt nichts von dem Gedanken, daß Bullitt die Franzosen als Gouverneur oder Beschützer ihrer Hauptstadt vertreten könne. »Sie haben keinerlei Befugnis, als Repräsentant der französischen Regierung oder der örtlichen Behörden aufzutreten, doch da Sie an Ort und Stelle sind, werden Sie als ein energischer Amerikaner alles in Ihren Kräften Stehende tun, um Menschenleben zu retten.«

36

Mittwoch, 12. Juni

Die New Yorker lasen am Morgen die Schlagzeile:

DEUTSCHE AN DER MARNE, STRASSEN NACH PARIS GESPERRT;
BRITEN GREIFEN LIBYEN AN, ITALIENER BOMBARDIEREN MALTA.
USA HALTEN UNSERE SCHIFFE VOM MITTELMEER FERN

Die Pariser Bürger lasen an diesem Morgen fast gar keine
Schlagzeilen. Von den zwanzig Pariser Tageszeitungen war nur
der *Herald Tribune* in ein paar Hauptstraßen nahe der Place
de l'Opéra zu finden. Er trug die Datierung »2-Uhr-Ausgabe,
53. Erscheinungsjahr, Nummer 19244«. Nummer 19245 erschien am 22. Dezember 1944, vier Monate nach der Befreiung
von Paris. Eine Schlagzeile dieser letzten Ausgabe nahm die
ganze Breite der Titelseite ein:

ITALIENISCHE BOMBER TRAGEN KRIEG NACH ASIEN, AFRIKA;
GROSSE SCHLACHT UM PARIS IM ENTSCHEIDENDEN STADIUM

Es gab auch einen Hoffnungsschimmer:

ROOSEVELT VERSPRICHT ALLIIERTEN
GRÖSSTMÖGLICHE HILFE

Walter Kerr teilte den Parisern mit, was sie ohnehin wußten:
daß ihre Stadt praktisch verlassen war. (Er hatte den Artikel ursprünglich für seine amerikanischen Leser geschrieben.)
»Fouquet hat den Betrieb gestern nachmittag eingestellt.
Ein Hotel nach dem anderen wird geschlossen, heute die Plaza

Athénée und heute abend oder morgen das Crillon.« Er erwähnte die amerikanischen Fahnen an den Fenstern amerikanischer Staatsbürger (und auch über der belgischen Botschaft, die nun unter dem Schutz der USA stand). In der Nähe des Grand-Palais, das als Ausstellungshalle diente, seien Männer immer noch dabei, Luftschutzbunker auszuheben.

Die Rückseite der Zeitung enthielt nur ein paar kleine Anzeigen: eine für das Juweliergeschäft Tiffany an der Rue de la Paix, eine weitere für die National City Bank of New York an den Champs-Elysées (unter besonderem Hinweis auf die Schließfächer der Bank); die Buchhandlung W. H. Smith and Son's in der Rue de Rivoli machte Reklame für ihre Teestube. Außerdem stand auf dieser Seite eine Übersicht über die nächsten Abfahrtszeiten italienischer Dampfer.

Am Nachmittag hielten die Verkäufer eine Zeitung in französischer Sprache feil: gleichsam ein Rettungsring. Sie war das Erzeugnis der Freiwilligen von drei Tageszeitungen, die normalerweise miteinander im Wettbewerb standen: *Le Journal, Le Matin* und *Le petit Journal*. Die Leser, die gierig auf Nachrichten waren, erhielten den üblichen, beidseitig bedruckten Bogen mit dem Titel *Edition Parisienne de Guerre*, Pariser Kriegsausgabe. Neben dem Datum, dem 12. Juni, stand eine »Nummer 1«, als würde es am nächsten Tag eine Nummer 2 geben.

HALTET TROTZDEM
AUS

wurden die Leser auf der Titelseite aufgefordert. In dem Hauptartikel war von wilden Angriffen und tapferen Gegenangriffen die Rede. Die Überschrift wirkte hoffnungsvoll:

Amerikanische öffentliche Meinung
entwickelt sich rasch
zugunsten der Alliierten

Einzigartig war die *Edition Parisienne de Guerre* auch insofern, als sie dank des Abzuges der Armee ohne Einwirken der Zensur entstanden war. Zum Beispiel konnte nun über das Wetter, ein

350

Tabuthema in Kriegszeiten, geschrieben werden. Mithin wurde der »apokalyptische Himmel« des Vortages geschildert – der Rauch, der die Sonne verhüllte. Man fragte sich, ob ein künstlicher Rauchschleier das Phänomen verursacht hatte oder der ununterbrochene Strom der Autos, die Paris durchquerten (der Reporter hatte offensichtlich keine Lösung für das Rätsel zu bieten). Die Zeitung veröffentlichte auch einen Rat der Militärregierung: Junge Männer, die noch nicht im wehrpflichtigen Alter, doch über siebzehn waren, sollten die Pariser Region verlassen, ebenso alle Männer, die wegen kriegswichtiger Arbeit vom Militärdienst freigestellt waren, es sei denn, sie arbeiteten bei der Polizei, der Métro, den Gas- und Elektrizitätswerken, der Müllabfuhr oder der Wasserversorgung. Das Polizeipräsidium hatte einen Requisitionsbefehl für Bäckereien, Apotheken und Lebensmittelgeschäfte erlassen. Jeder in diesen Bereichen Tätige machte sich strafbar, wenn er seine Arbeit einstellte.

Auf der Rückseite hieß es in einem kurzen Artikel, ein Mann in Mönchskleidung habe in der Métro behauptet, Rußland habe Deutschland den Krieg erklärt, was beweise, daß Maurice Thorez und André Marty – zwei Kommunistenführer, die sich damals als Flüchtlinge in Moskau aufhielten – recht aktiv gewesen seien. Dasselbe Gerücht, hieß es weiter, sei auch in einer anderen Métro-Linie zu hören gewesen; der in deutscher Hand befindliche Brüsseler Rundfunk habe diese Falschmeldung zuerst gesendet.

Die Anzeigen in der *Edition Parisienne de Guerre* schienen noch aus der Vorkriegszeit zu stammen: Reklame für eine Lotion zur Vorbeugung gegen graue Haare, für einen Hundezwinger, der Wach- und Schoßhunde verkaufte, für eine Arznei gegen Rheumatismus.

In Berlin hatte Propagandaminister Goebbels eine wichtige Mitteilung für die Spezialisten, die Rundfunkprogramme für die Franzosen sendeten: Sie sollten alle kritisieren, die beabsichtigten, Paris zu befestigen und die Eroberung der Stadt durch die Deutschen zu erschweren; es gelte, zu Friedensdemonstrationen aufzurufen, mit denen »das Schlimmste verhindert werden« könne.

Goebbels beauftragte seinen militärischen Verbindungsmann, beim Oberkommando der Wehrmacht zu ermitteln, ob es
den deutschen Offensivtruppen lieber sei, wenn die Pariser Zivilisten die Hauptstadt räumten oder wenn sie dort blieben; künftige Sendungen sollten den Wünschen der Militärs angepaßt
werden. Dies, sagte Goebbels, sei der Zeitpunkt für äußerste
Anstrengungen. Die Arbeit vieler Monate könne gekrönt
werden, wenn man es schaffe, in Paris eine Revolution auszulösen.

*

Der Korrespondent Walter Kerr wußte nicht mehr, was sich
abspielte, obwohl er eigentlich für dieses Wissen bezahlt wurde.
Zum Beispiel konnte er nicht sagen, wo sich die Front befand,
und er hatte immer noch nicht herausfinden können, ob Paris
von den Armeen, die nun, wie anzunehmen war, vor der deut-
schen Offensive zurückwichen, verteidigt werden sollte. Die
Stadt war immer noch voll von versprengten Soldaten und
Flüchtlingen, die ununterbrochen von Norden nach Süden
zogen, und Kerr beschloß, beim amerikanischen Botschafter
Informationen einzuholen. Bullitt hatte zuviel mit einem unauf-
hörlichen Strom sichtlich verängstigter Besucher zu tun, weshalb
Kerr bei Oberst Horace Fuller, dem Militärattaché, vorsprach.
»Ich glaube, ich weiß, was los ist«, sagte der Offizier (der bei
Kerrs früheren Besuchen weniger überzeugt gewirkt hatte). Er
stand von seinem Stuhl auf und trat an eine Wandkarte. »Ich
habe mich gefragt, wo die französischen Panzer sind – warum sie
keinen Gegenangriff gestartet haben. Aber nun meine ich, daß
sie sich hier konzentrieren.« Er zeigte auf das Gebiet ungefähr
hundertsechzig Kilometer südöstlich von Paris. »Ich erwarte,
daß sie sehr bald, vielleicht heute oder morgen, gegen die deutsche Flanke vorstoßen werden.«
Es gab also noch Hoffnung. Ein wenig getröstet begab sich
Kerr zum Hôtel des Invalides, wo er feststellte, daß General
Héring und etliche Mitglieder seines Stabes abgefahren waren.
Vielleicht nach Norden, um den Schachzug Galliénis von 1914 zu
wiederholen? Niemand schien es zu wissen. Oder vielleicht nach

Süden? Mehrere Unteroffiziere zuckten die Achseln und nickten dann bestätigend.

Pietro Nenni besuchte die Zentrale der Italienischen Sozialistischen Partei im Exil in der Rue du Faubourg Saint-Denis 103. Dort erfuhr er von seinen Genossen, daß die französische Polizei Razzien bei italienischen Staatsbürgern veranstaltete. Ein Mitglied der Gruppe war von einem zornigen Franzosen geohrfeigt worden; das war jedoch ein Einzelfall. Die Italiener wurden aufgefordert, ihre Loyalität gegenüber Frankreich zu erklären, was, wie Nenni fand, von den Franzosen sehr großzügig war. Kein Italiener brauchte sich der französischen Armee anzuschließen.

Aber nun wurde es auch für Nenni Zeit abzureisen; er wollte nach Alençon, zu seiner Familie. Die französische Regierung hatte es dem berühmten Oppositionsführer relativ leichtgemacht, den nationalsozialistischen Angreifern zu entgehen: Man hatte ihm einen Platz in einem Abendzug nach Tours reserviert. Mittlerweile fiel ein leichter Nieselregen. Nenni fuhr durch leere Stadtteile – sogar das Arbeiterviertel Belleville wirkte öde –, und der Eindruck der Verlassenheit wuchs, als er an der Place de la République vorbeikam und sich auf den Boulevards nach Westen zur Place de l'Opéra wandte. Dort sah er den üblichen Verkehrspolizisten, der mit seinem weißen Stab nicht elegante Autos, sondern »einen malerischen, von Ochsen gezogenen Wagen« dirigierte. Dann folgte das erwartete Gedränge an der Gare d'Austerlitz: Reisewillige brüllten und fluchten, Kinder heulten, ältere Menschen murrten. Sein Zug setzte sich vier Stunden nach der planmäßigen Abfahrtzeit in Bewegung; es kam zu langen und erschöpfenden Fahrtunterbrechungen, dauernd waren klagende und weinende Kinder zu hören. Nenni war entsetzt über die Reaktion seiner Mitreisenden. Arbeiter sprachen von Revolution, aber ihre Worte klangen für ihn eher wie haltlose Beschwerden.

Aus der Sicht des Finanzdirektors Eugène Depigny im Rathaus war der 12. Juni der letzte Tag des umfassenden Exodus – der Tag, an dem sogar Krämer in ihre Lieferwagen stiegen und abfuhren. Alles, was man hörte, bestätigte die Annahme, daß Paris zu einem Schlachtfeld würde, daß Straße um Straße verteidigt werden sollte. Jeder wußte, daß Männer draußen in den Vororten Gräben aushoben. Das war deutlich genug, doch es sorgte auch für Zweifel, Sorge und schließlich Angst, denn man merkte ja, wie ungenügend die Vorbereitungen waren.

Niemand in der Umgebung von Paris produzierte nun noch Lebensmittel; kein Nachschub gelangte in die Stadt, die Vorräte schrumpften, die Verteilungssysteme waren nahezu vollständig zusammengebrochen. Zum Beispiel würde es keine Frischmilch und kein Fleisch mehr geben; die kleinen Bauernhöfe rund um die Vororte standen leer; Salat und Erbsen wurden nicht mehr geerntet. An diesem Morgen boten Blumenverkäufer am Ost- und Westtor der Stadt kleine Karotten; die Leute standen Schlange, bis die Vorräte ausgingen. Am Abend gab es in Eugène Depignys Lieblingsbistro nur Zwiebelsuppe. Eine Stunde später fuhr der Bistroeigentümer zusammen mit dem letzten Obst- und Gemüsehändler des Viertels – dem letzten – aus der Stadt hinaus. Was Paris insgesamt betraf, so hatte der militärische Nachschubdienst nach seinem Abzug nur für zwei Tage ausreichende Lebensmittel hinterlassen, die dank der reduzierten Stadtbevölkerung allerdings für sechs oder acht Tage genügen mochten. Der Requisitionsbefehl des Polizeipräsidiums bezog sich auf Geschäfte, in denen noch Kondensmilch, Mehl, Frisch- und Gefrierfleisch zu haben waren. Der Polizeipräsident und der Seine-Präfekt hatten dem offiziellen Wortlaut eine persönliche Note hinzugefügt:

Wir erinnern daran, daß jeder Ladenbesitzer, wie alle anderen Bürger auch, an seinem Arbeitsplatz bleiben sollte, heute mehr denn je. Das Wirtschaftsleben geht normal weiter. Die Behörden werden allen, die ihre Pflicht erfüllen, den nötigen Schutz gewähren.

Überraschenderweise blieben die Lebensmittelpreise stabil (überraschend jedenfalls für den Polizeipräsidenten, der die Preise täglich beobachtete). Kaum jemand strebte einen raschen illegalen, unpatriotischen Gewinn an. Erstaunlicherweise kam es zu keinen Massenerkrankungen, keinen Epidemien. Erste-Hilfe-Stationen, von den Zivilschutzbehörden mit Personal ausgerüstet, und die Polizei verfolgten die Entwicklung aufmerksam. Medikamentenvorräte wurden requiriert, um während des Exodus Stockungen bei der Lieferung zu vermeiden. Wegen der geschrumpften Stadtbevölkerung wurden sogar weniger schwere Krankheiten gemeldet als in normalen Zeiten.

Die Polizei behielt die Prostituierten der Stadt weiterhin im Auge, so daß eine erkennbare Zunahme von Geschlechtskrankheiten ausblieb. Streunende Hunde wurden eingefangen, um Tollwutausbrüche zu verhindern.

Die Tatsache, daß die Wohlhabenden Paris verlassen hatten, während die weniger glücklichen Bürger zurückgeblieben waren, um sich den Deutschen zu stellen, sollte den Feinden des republikanischen Frankreich wohlfeile Propaganda liefern. Weniger als einen Monat nach dem Einmarsch der Deutschen veröffentlichte *La Gerbe*, eine prodeutsche Pariser Wochenzeitung, den angeblichen Brief eines fünfundzwanzigjährigen Parisers, der diese Tage beschrieb:

Ich nahm mein Rad, um eine kleine Fahrt zu machen. Ich durchquerte das gesamte 8. und 16. Arrondissement, das Zentrum, das 9. und 10. Arrondissement und einen Teil der Vororte. So sah es aus: In den Vierteln der Reichen war nichts, keine Seele; sämtliche Fenster, besonders im 16., waren fest verschlossen. Die Arbeiterviertel dagegen waren voll. Wer blieb, das war das Volk von Paris, … Diejenigen, die anstelle des Herzens ihre Brieftasche haben und um ihr verdammtes sorgenfreies Leben zittern, waren verschwunden. Wir wollen nicht, daß sie zurückkehren. Arbeitende Menschen, die sich nicht von Propaganda beeinflussen lassen, bleiben ihren Pflichten als Pariser treu …

Die beredte Polizeistatistik zeigt, daß von einer Vorkriegsbevölkerung von 2 829 746 Menschen am 26. Juni lediglich 983 718 in Paris geblieben waren. Nur 24,9 Prozent der Einwohner des reichen 16. Arrondissements hielten sich noch in der Stadt auf. Das ärmliche 4. Arrondissement hingegen mit seinen mittellosen Bewohnern (darunter ein großer Teil des jüdischen Arbeiterstandes), hatte noch 45,9 Prozent seiner Bevölkerung aus Friedenszeiten.

Odette Daviet wurde im Juni fünfzehn Jahre alt. Sie hatte im Frühjahr ihre mittlere Reife erreicht und wäre weiter zur Schule gegangen, wenn die Ankunft der Deutschen diesen Traum nicht beendet hätte. Sie wohnte mit ihren Eltern an der Rue Charlot (in Marais, ebenfalls einem weniger privilegierten Viertel, nur ein paar Straßen vom 4. Arrondissement entfernt). Ihr Vater weigerte sich zu glauben, daß seine Familie in Gefahr sei – nicht einmal seine fünfzehnjährige Tochter. Er erklärte: »Glaubt nicht alles, was die Leute sagen.« Die Familie hielt eng zusammen, sie würden sich nicht trennen. Ein Radio besaßen sie nicht, aber sie hörten, was auf der Straße geredet wurde. Sie sahen die Wochenschau im Kino und akzeptierten deren optimistische Darstellung der Ereignisse. In den Kommuniqués hieß es stets, die Franzosen zögen sich in vorbereitete Positionen zurück.

Bereits zur Zeit der Münchner Krise im Herbst 1938 horteten die Daviets Zucker und Speiseöl (sie hatten einfach nicht genug Bargeld, um auch andere Vorräte anzulegen). Sie fanden, sie hätten Glück gehabt – ihr Haus war nicht bombardiert worden. Den Luftangriff vom 3. Juni hatten sie nicht einmal bemerkt. Nur wer Verwandte in den Provinzen hatte, dachten sie, verließ Paris. Odette Daviet und ihre Familie waren hundertprozentige Pariser und hatten nirgendwo Verwandte – wohin also hätten sie sich wenden können? Der Vater wurde 1939 einberufen; da er bereits fünfundvierzig Jahre alt war, hatte man ihn zum Wachdienst an der Gare de Lyon abgeordnet, doch er war freigestellt worden, bevor die deutsche Offensive im Mai 1940 begann.

Die Daviets waren keine Juden, aber in ihrem Viertel wohnten viele jüdische Mitbürger. Wer eine Möglichkeit zur Abreise hatte, war bereits fort. Doch sogar einige jüdische Freunde der Daviets wollten nicht glauben, daß die Deutschen Paris erobern konnten oder daß sie, falls sie es dennoch schafften, gefährlich waren. Manche Juden, die Paris verlassen hatten, kehrten bald zurück – unter der deutschen Besatzung. Im Haus der Daviets hatte auch eine italienische Familie gewohnt; sie zog aus, als Italien den Krieg erklärte.

356

Marcel Jouhandeau, einer der »Überlebenden« im reichen 16. Arrondissement, ging zum Postamt an der Rue Saint-Ferdinand, um ein Päckchen aufzugeben. Gerade als er eintraf – kurz vor Mittag –, fiel die eiserne Jalousie herab; schluchzende Postangestellte umarmten einander. Es sei nicht »bloß« eine panische Flucht, schrieb Jouhandeau in sein Tagebuch, denn auch jene, die unbedingt hätten bleiben wollen, schickten sich nun zur Abreise an. Auf der breiten Avenue Malakoff war – außer der verläßlichen Apotheke – nur noch ein einziges Geschäft geöffnet.

An einer Ecke der nahegelegenen Avenue de la Grande Armée sah Jouhandeau, wie eine Frau einem Soldaten zuwinkte, der mit einem Fahrrad vorbeifuhr. Der Mann sprang sofort vom Rad und brüllte: Das sei der Faschistengruß gewesen! Jouhandeau griff ein, um einen Lynchmord zu verhindern.

Paul Léautaud war an diesem Morgen in Paris, um den Flüchtlingsstrom am Boulevard Saint-Michel zu beobachten; seine Aufmerksamkeit galt weiterhin den Menschen, die Haustiere bei sich hatten. Er sprach mit einem Bauernpaar; der Mann und die Frau lenkten jeweils einen Pferdekarren, an dem einen war eine Kuh angebunden. Wo seien die Hunde?

In einem anderen Karren, versicherte der Bauer; sie würden ihn an der Porte d'Orléans einholen. Nach den Katzen hatte Léautaud sich nicht erkundigt; diese »armen Geschöpfe« ließ jeder zurück.

Es war, als würde die Stadt und ihre unmittelbare Umgebung durch einen Kokon geschützt; der Feind machte gar keinen Versuch, ihn zu durchdringen. Statt direkt nach Süden zur Hauptstadt vorzustoßen, nahmen die Deutschen weiterhin Territorien östlich und westlich von Paris ein. Im Osten waren Guderians Panzerkolonnen in der Champagne durchgebrochen und hatten die Tore des wichtigen Knotenpunkts Montmirail erreicht. Im Westen überquerten die Deutschen die Seine bei Vernon und bedrohten Evreux.

Dies, beschloß General Weygand, war das Signal zum Rückzug, den er in seiner Anweisung vom 11. Juni umrissen hatte. Nun ließ er den Befehl durch General Georges ausführen. Die

Deutschen wußten natürlich nicht genau, was Weygand plante. An diesem 12. Juni sah es auf ihrer Seite immer noch so aus, als würde Paris verteidigt werden. Deutsche Divisionen, die von Norden her auf Paris vorrücken sollten, begegneten immer noch Artilleriefeuer. Als sie weiter vormarschierten, stießen sie auf Betonverschanzungen, Schützengräben und mit Stacheldraht verstärkte Baumschranken.

Der »Armeebarde« Wilhelm von Schramm hielt sich in General von Küchlers Hauptquartier auf, als ein Fernmeldeunteroffizier hereinstürzte. Er hatte gerade eine Mitteilung des offiziellen Pariser Rundfunks aufgefangen, in der angedeutet wurde, daß Paris eine offene Stadt sei. Doch die Frontberichte deuteten immer noch auf Widerstand hin; deutsche Einheiten, die die Nonette und die Oise überschritten, wurden von feindlichem Feuer eingedeckt. Am Nachmittag konnte sich Schramm persönlich über die Kampfhandlungen informieren. Die Brücke bei Creil war unter französischem Beschuß. Dann wurde eine andere Brücke bei Pont Sainte-Maxence von französischen Tieffliegern angegriffen. Nichts davon ließ vermuten, daß die Stadt aufgegeben worden war.

An der Loire trafen sich Churchill und seine Begleiter an diesem Morgen beim Frühstück zu einem letzten Gespräch mit den Franzosen. Churchill kam wieder auf das Thema zu sprechen, das ihm besonders zu schaffen machte, und fragte, weshalb Paris und seine Vororte nicht als Hindernis benutzt werden könnten, um die feindlichen Linien zu zerschneiden und den deutschen Vormarsch – wie 1914 – zu verlangsamen. Vielleicht könnte die Stadt auch genauso eingesetzt werden, wie Madrid von den spanischen Republikanern in dem nicht lange zurückliegenden Bürgerkrieg? Würde man dadurch nicht Zeit für eine französisch-britische Gegenoffensive an der Seine westlich von Paris gewinnen? Könnten die Franzosen nicht wenigstens aushalten, bis die Vereinigten Staaten den Krieg erklärten?

General Weygand hatte nichts gegen die Planung einer Gegenoffensive einzuwenden, aber er wußte einfach nicht, woher er die erforderlichen Truppen nehmen sollte. Reynaud bat wiederum um stärkere britische Luftunterstützung, und

Churchill versprach, diese Bitte sofort nach seiner Rückkehr nach London dem britischen Kriegskabinett vorzutragen. Aber er war der Ansicht, daß es ein verhängnisvoller Fehler wäre, Großbritannien seiner so wichtigen Verteidigungskräfte zu berauben. Reynaud gab hilfreich zu bedenken, das eigentliche Problem bestehe darin, mehr Kampfflugzeuge zu produzieren, und in diesem Bereich seien die Vereinigten Staaten mit ihrem gewaltigen Industriepotential die einzige Hoffnung. Churchill versprach, mit Roosevelt darüber zu reden.

Tatsächlich sprach Churchill noch am selben Nachmittag mit seinem Kriegskabinett über die französische Bitte. Er war nicht optimistisch, was die französischen Chancen anging, aber er glaubte, daß Reynaud, falls die Front zusammenbrach, auf Charles de Gaulles Führungseigenschaften zurückgreifen werde. (Der Brigadegeneral hatte Churchill offenkundig imponiert.)

Außerdem sandte er eine Nachricht an Roosevelt, wie er Reynaud versprochen hatte, und drängte den amerikanischen Präsidenten, Reynaud in dessen Entschluß zur Fortsetzung des Kampfes zu bestärken. »Wenn es irgend etwas gibt, was Sie den Franzosen öffentlich oder privat mitteilen können, dann ist jetzt der Zeitpunkt gekommen.«

Beim Mittagessen stieß Weygand hervor, wie sich Reynaud später erinnerte: »Das Land wird Ihnen nicht verzeihen, wenn Sie eine Chance zum Frieden verwerfen, um England treu zu bleiben.« Pétain stimmte ihm zu.

In Paris dachte General Henri Dentz am Morgen über das Dilemma nach, in dem er nun steckte. Man hatte ihn von einem Kommandoposten an der Ostfront zurückgeholt, damit er General Héring bei der Verteidigung von Paris zur Seite stand, und ihn dann genau in dem Moment, als Paris zur offenen Stadt erklärt worden war, zu Hérings Nachfolger als Militärbefehlshaber gemacht – nur, um Paris den Deutschen zu übergeben. Da Hérings Emissär, General de Lannurien, am selben Morgen nach Briare zurückkehrte, um weitere Instruktionen von Weygand zu holen, schrieb Dentz einen Brief an den Oberbefehlshaber und bat ihn, sich die beklagenswerte Situation des neuen Militärbefehlshabers klarzumachen. Dentz wünschte, daß Weygand die Entscheidung zurücknahm oder ihm zumindest seinen Auftrag schriftlich bestätigte.

Weygand las den Brief und beschloß, trotzdem telefonisch zu antworten: »Meine Entscheidung ist endgültig. Sie müssen in Paris bleiben.« Später erklärte er, Dentz wegen dessen Autorität, Opfermut und Kaltblütigkeit für die Aufgabe ausgewählt zu haben.

Um 12.15 Uhr gab Weygand telefonisch folgende Anweisungen zum Status von Paris durch, die von Héring aufgezeichnet wurden:

1. Paris wird zur offenen Stadt erklärt.
2. Wir werden uns nicht verteidigen, weder in den Außenbezirken noch am Stadtrand, noch innerhalb der Stadt.
3. Es werden keine Brücken zerstört und keine Verteidigungsvorbereitungen innerhalb der Stadt getroffen.
4. Im Falle eines Rückzugs dürfen kämpfende Truppen die Stadt nicht durchqueren.

Der Oberbefehlshaber forderte vorläufig keinen Abzug der französischen Truppen von der Front nördlich, nordöstlich und nordwestlich der Stadt. Aber er beschied Héring, falls dessen Armee an der Nonette nicht standhalten könne, sich in die »Sicherheitsposition« der Hauptstadt zurückzuziehen, die zum Beispiel bei Aulnay-sans-Bois keine vierzehn Kilometer von der Gare du Nord entfernt war. Danach sollten die Franzosen zu einer Linie zurückweichen, die sich vom Wald von Rambouillet bis Juvisy-sur-Orge erstreckte. Diese beiden Positionen lagen *unterhalb* von Paris.

»Paris zu verteidigen hätte bedeutet, die Stadt ohne den geringsten Nutzen Feuer und Vernichtung preiszugeben«, vertraute Dentz seinem Tagebuch an. »Was den Vorschlag betrifft, daß die Menschen von Paris zu den Waffen greifen sollten (zu welchen Waffen?), um Panzerdivisionen, die gerade französische Armeen aufgerieben haben, Widerstand zu leisten – solche Reden hätten nur zu einem Massaker führen können.«

Es war Weygands Entscheidung, er hielt an ihr fest und rechtfertigte sie später. Der Status der offenen Stadt habe dafür gesorgt, daß Paris als einzige europäische Hauptstadt seine Schönheit habe bewahren können.

General Héring hatte nun sein aktives Kommando zu übernehmen, und er wußte, was das bedeutete. Weygand hatte sich euphemistisch geäußert, als er Dentz am Telefon erklärte: »Der Befehlshaber der Armee von Paris folgt den Bewegungen der Heeresgruppe.« Mit »Bewegungen« war nun in erster Linie Rückzug gemeint. Um 18.00 Uhr verabschiedete sich Héring im Hôtel des Invalides von Dentz und übergab ihm die Stadt. Er begriff, welche Gedanken seinen Nachfolger beschäftigten, doch Dentz brachte keinen Protest vor, denn er war, wie Héring folgerte, ein guter Soldat. Am Ende des Krieges, als Dentz wegen Verrats vor Gericht gestellt wurde – man klagte ihn an, den Deutschen beim Kampf gegen die Freien Franzosen und die Briten in Syrien geholfen zu haben –, sagte Héring zu seiner Entlastung aus. Dentz wurde zum Tode verurteilt, doch Charles de Gaulle wandelte die Strafe in eine lebenslängliche Haft um; nicht viel später starb Dentz in einem Gefängniskrankenhaus.

Polizeipräsident Langeron ließ überall in der Stadt Plakate mit folgendem Text aufhängen:

AN DIE
BÜRGER VON PARIS

Angesichts der ernsten Lage, in der Paris sich befindet, erfüllt das Polizeipräsidium weiterhin seinen Auftrag.

Es muß Sicherheit und Ordnung in der Hauptstadt aufrechterhalten.

Wir werden diese Pflicht bis zum Ende erfüllen.

Bürger von Paris, ich verlasse mich wie immer darauf, daß ihr mir meine Aufgabe erleichtert.

Verlaßt euch auf mich.

Ich versichere euch noch einmal meiner tiefen Zuneigung und meines uneingeschränkten Engagements.

Roger LANGERON
Polizeipräsident
Paris, den 12. Juni 1940

Im Hôtel des Invalides hatte Oberst Groussard, der Stellvertreter des Militärbefehlshabers, eine mögliche Ursache für Störungen identifiziert: französische Deserteuere, die von den nördlichen Schlachtfeldern geflohen waren, aber auch Arbeiter, die man rekrutiert hatte, um hastig Verteidigungsstellungen nördlich der Stadt errichten zu lassen. Groussard hatte dafür gesorgt, daß diese unerwünschten Personen in Lager in den Vororten Colombes, Maisons-Lafitte und Massy-Palaiseau gebracht wurden. Innerhalb von drei Tagen waren die Lager überfüllt, und es gab keine Offiziere, die die Soldaten zurück an die Front hätten führen können, keine Waffen und keine Züge, um die Männer nach Süden zu befördern. Es war jedoch unerläßlich für die Ordnung und Ruhe der Stadt, daß die »Horde«, die sich nun oberhalb von Paris sammelte, nicht ins Stadtinnere gelangte. Anderenfalls mußte – aus der Sicht der Militärregierung – das Schlimmste befürchtet werden. Oberst Groussard befahl, Flüchtlinge nicht durch, sondern um Paris zu leiten.

Die Hüter von Recht und Ordnung konnten schwerlich mit ihrem Auftrag zufrieden sein. Ferdinand Dupuy, Kanzleichef des Polizeireviers an der Place Saint-Sulpice, das für das 6. Arrondissement zuständig war, wußte, daß die Streifenpolizisten der Stadt erwartet hatten, zusammen mit anderen Beamten aus Paris evakuiert zu werden. Einzelne Polizisten hatten bereits die Koffer gepackt, um jeden Augenblick aufbrechen zu können. Doch nun, am 12. Juni, erhielten sie dieses Rundschreiben vom Polizeipräsidenten Langeron:

Meine lieben Freunde,
angesichts der ernsten Lage, in der Paris sich befindet, haben wir den Befehl erhalten, unseren Auftrag fortzusetzen.

Wir müssen Sicherheit und Ordnung in der Hauptstadt aufrechterhalten.

Wir werden diese Pflicht bis zum Ende erfüllen.

Wieder einmal, liebe Freunde, verlassen sich die Menschen von Paris auf euch.

Und wieder einmal versichert euch euer Präsident seines Vertrauens und seiner tiefen Zuneigung.

Ungeachtet des herzlichen Tonfalls der Botschaft – und Ferdinand Dupay konnte sich an keine ähnliche Mitteilung erinnern – war ihr Inhalt ein Schock. Die Regierung forderte fünfzehn- bis zwanzigtausend Männer auf, die zumeist bewaffnet oder waffenfähig waren, sich dem Diktat der Deutschen zu unterwerfen. Einige Polizisten murrten, sie würden trotzdem abfahren, um sich zumindest der Armee anzuschließen. Manche verließen die Stadt tatsächlich, obwohl sich die Reviervorsteher alle Mühe gaben, sie zurückzuhalten.

Langeron wußte sehr gut, was in seinen Männern vorging; ihm war klar, welcher Druck von Familien, Freunden und Nachbarn ausgeübt wurde. Deshalb berief er noch am selben Abend so viele Männer wie möglich in den Haupthörsaal des Präsidiums. Ungefähr tausend Beamte erschienen und füllten den Saal. Langeron legte die Position der Regierung dar. Auch ihm sei der Gedanke unerträglich, auf die Ankunft des Feindes zu warten, doch die Polizei habe die Pflicht, die Pariser zu schützen, nötigenfalls sogar vor sich selbst – was bedeute, daß sie an Handlungen gehindert werden müßten, die deutsche Vergeltungsmaßnahmen hervorrufen könnten, und daß Plündereien entgegenzuwirken sei. Langeron werde die Abreise von gewissen Familienmitgliedern ermöglichen, zum Beispiel von jungen Mädchen, von Müttern kleiner Kinder, von Männern aus Elsaß-Lothringen sowie von Beamten, die sich mit Spionagefällen beschäftigten. (Viele dieser Männer weigerten sich trotzdem, die Stadt zu verlassen.) Aber alle anderen müßten bleiben und ihren Dienst fortsetzen.

Die Beamten zeigten Verständnis für die Position der Regierung, und die Versammlung endete mit »Vive la France!«-Rufen.

Roosevelts Anweisung an Bullitt, die am Vorabend (kurz vor Sonnenaufgang nach Pariser Zeit) abgeschickt worden war, wurde entschlüsselt und dem Botschafter beim Frühstück vorgelegt. Er verfaßte die beredteste Antwort, zu der er unter den Umständen fähig war.

Zunächst erinnerte er den Präsidenten an einen Abend, den sie mehr als zwei Jahre zuvor im Weißen Haus verbracht hatten.

Im Laufe des Gesprächs hatte Bullitt vorhergesagt, daß ein Krieg ausbrechen werde und die Deutschen Paris bedrohen würden, daß das State Department Bullitt zur Abreise auffordern und er sich weigern werde. Er hatte gegenüber Roosevelt die Hoffnung geäußert, daß man ihm keinen derartigen Befehl erteilen werde, da er ihm nicht gehorchen könne, woraufhin Roosevelt ihm versichert hatte, er brauche nicht mit einem solchen Befehl zu rechnen. Bullitt fuhr fort: »Wie ich Ihnen gesagt habe, als Sie mich am Sonntagabend, den 9., anriefen, beruht mein tiefstes persönliches Motiv dafür, daß ich bleiben will – unabhängig davon, ob mein Charakter gut oder schlecht sein mag –, auf der Tatsache, daß ich, seitdem ich vier Jahre alt war, nie vor etwas davongelaufen bin.« Er setzte hinzu: »Wenn ich Paris nun verließe, wäre ich nicht mehr ich selbst.«

Und für den Fall, daß dies allzusehr danach klang, als wolle er die nationale Politik auf seiner eigenen Launenhaftigkeit aufbauen, machte Bullitt deutlich:

Ich bin sicher, daß es meine Pflicht ist hierzubleiben.

Diese Botschaft ist die einzige offizielle Organisation, die in der Stadt Paris noch funktioniert, abgesehen vom Hauptquartier des Gouverneurs der Streitkräfte und vom Polizeipräsidium.

Tausende von Menschen aller Nationalitäten – Franzosen, Kanadier, Engländer, Belgier, Rumänen und sogar Italiener – suchen in ihrer Verzweiflung bei uns Rat und Trost. Die Tatsache, daß ich hier bin, trägt wesentlich dazu bei, eine unheilvolle Panik zu verhindern.

Bald könne er sogar noch von größerem Nutzen sein, denn General Héring werde sich mit seiner Armee zurückziehen und General Dentz den Posten des Militärbefehlshabers übergeben.

Angesichts der Gefahr von Feuern und Zusammenrottungen hat man beschlossen, die Polizisten und die Feuerwehrmänner der Stadt auf ihren Posten zu lassen, bis die Deutschen Paris vollständig eingenommen haben. Man hat mir erklärt, daß man mich zu gegebener Zeit – und zwar sehr bald – schriftlich auffordern wird, als Vertreter des Diplomatischen Korps von Paris die Obhut über die Zivilbehörden dieser Gemeinschaft zu übernehmen, während sich der Übergang von der französischen Regierung zur deutschen Militärbesatzung vollzieht, und den General, der die deutschen Streitkräfte befehligt, für die geordnete Einnahme der Stadt zu behandeln [*sic!*].

Bullitt dachte sogar daran, über Rundfunk mitteilen zu lassen, daß ein Auto der amerikanischen Botschaft zu einer bestimmten Zeit langsam die Straßen nach Chantilly entlanggefahren werde. Darin würden der amerikanische Militär- und Marineattaché sitzen, die bereit seien, über den geordneten Übergang zur deutschen Herrschaft zu verhandeln. Bullitt meinte, daß ein solches Verfahren Tausende von Leben retten könne; er hoffte, daß der Präsident keine Einwände haben werden.

Er führte jedes Argument und jede Bitte ins Feld, die seine Phantasie heraufbeschwören konnte. »Die Franzosen halten immer noch die Nonette-Linie in meinem Garten in Chantilly, aber die Deutschen haben das Flüßchen bei Senlis überschritten und die Lage ist schwierig«, berichtete er Roosevelt. »Die Franzosen entlang der ganzen Front kämpfen angesichts eines viermal so starken Feindes immer noch mit demselben unglaublichen Mut.«

Er war überzeugt, daß Tony Biddle die Kontakte zur französischen Regierung in Tours pflegen könne.

Ich habe in diesem Telegramm nichts über die Tradition gesagt, daß der amerikanische Botschafter Paris nicht verläßt. Denken Sie an Gouverneur Morris und sein Holzbein während der Schreckensherrschaft, an Washburne während der Kommune, an Herrick. Es wird für die Franzosen und den [amerikanischen] Auswärtigen Dienst stets wichtig sein, wenn sie sich daran erinnern können, daß wir nicht von der Stelle weichen, selbst wenn andere es tun.

J'y suis. J'y reste.

Euch allen liebe Grüße.

Am späten Nachmittag sprach der Botschafter beim Polizeipräsidenten Langeron vor, um seine Absichten zu bekräftigen. »Wir sind durch Freundschaft miteinander verbunden«, schrieb Langeron in sein Tagebuch. »Aufrichtig, mutig, intelligent – er ist ein Mann mit dem Herzen auf dem richtigen Fleck. Wir arbeiten vertrauensvoll zusammen.«

Abgesehen von der Hilfe, die Botschafter Bullitt und sein Personal bieten konnten, gab es nun wenig Schutz für britische Bürger, denn im Gegensatz zu den Vereinigten Staaten war Großbritannien alles andere als eine neutrale Nation. Der Engländer Peter Fontaine verbrachte den Tag mit dem Versuch, »ein Auto und Benzin zu erbetteln, zu borgen oder zu stehlen«, wie er in seinem Tagebuch vermerkte. Er blieb erfolglos und ging zur britischen Botschaft, wo er vor dem Büro des Militärattachés aufgestapelte Akten entdeckte. Wie der Portier ihm mitteilte, rechneten die übriggebliebenen Mitarbeiter damit, daß sie sich weit hinter die provisorische Unterkunft der französischen Regierung in Tours zurückziehen würden.

Auf der Straße beobachtete Fontaine, wie Militärlastwagen junge Männer, die das Wehrpflichtalter noch nicht ganz erreicht hatten, einsammelten, um sie aus der Stadt zu transportieren.

Bertha Pons war eine britische Staatsbürgerin, die hoffte, in Paris bleiben zu können, denn ihr Mann war ein französischer Frontsoldat. Aber der Tag kam, an dem sogar sie wußte, daß es Zeit war aufzubrechen. Als sie an diesem Morgen die britische Botschaft aufsuchte, fand sie niemanden, der ihr helfen konnte. Man schickte sie um die Ecke zur amerikanischen Botschaft, die es sich zur Aufgabe gemacht hatte, britische Zivilisten mit dem Zug nach Saint-Malo an der Nordküste der Bretagne zu senden, von wo aus sie den Kanal überqueren konnten. Aber ein Zug nach Saint-Malo war von feindlichen Flugzeugen beschossen worden, weshalb nun keine Züge mehr in diese Richtung fuhren. Am nächsten Tag bemerkte sie auf dem Weg zur amerikanischen Botschaft Plakate, auf denen es hieß, daß Paris zur offenen Stadt erklärt worden sei. Da sie keinen anderen Ausweg hatte, packten Bertha Pons und ihre Schwiegermutter

Brot und Sardinen ein und setzten sich auf ihre Fahrräder, doch die Verkehrsstauungen zwangen sie später, ihre Reise zu Fuß fortzusetzen.

Florence Gilliam gehörte zu den Amerikanern, die im Gegensatz zu vielen ihrer Landsleute geblieben waren. Man tauschte Adressen aus und ließ Testamente beglaubigen. Sie machte sich Gedanken über all die anderen Amerikaner, die, wie sie selbst, in ihrem geliebten Paris ausharrten. Für manche war es eine Art Pflicht; sie hatten Frieden und Freude in Frankreich erlebt und konnten es in Zeiten der Gefahr nicht im Stich lassen. »Aber für die meisten war dasselbe Gefühl entscheidend, das etliche Franzosen davon abgehalten hatte, sich dem Exodus anzuschließen«, resümierte sie. »Wieso leben Menschen an den Hängen eines Vulkans? Weil es ihr Vulkan ist.«

Aber es gab gute Gründe zur Abreise, sogar für einen Schweizer Journalisten, der unter den Deutschen wahrscheinlich wenig zu leiden haben würde. Edmond Dubois begründete später, daß er abgefahren war, »weil Paris sich plötzlich verändert hatte. Man kann sich nicht vorstellen, wie der Straßenfeger und die Zeitungsverkäuferin das Vertrauen zu einer Straße festigen. An dem Tag, an dem der Straßenfeger nicht mehr auftaucht und der Zeitungskiosk gechlossen bleibt, wird die Straße nervös...« In den Abendstunden stieß Dubois auf eine Kuhherde, die an der Place de L'Alma, mitten in einem eleganten Viertel, ungehindert umherstreifte (die Kühe kamen aus der nahegelegenen Ferme d'Auteuil). Die Tiere waren hungrig, und ihr Muhen rief in den verlassenen Straßen ein trauriges Echo hervor. Die wenigen Passanten bedachten die Herde kaum mit einem Blick. Später dachte Dubois, daß es wahrscheinlich dieses Bild war, das ihn zur Abreise bewogen hatte.

Wenn wir Sergio Bernacconi, dem Korrespondenten des *Giornale d'Italia*, glauben dürfen, hatte man seinen im Stade Buffalo eingesperrten Landsleuten nach achtundvierzig Stunden Internierung noch immer nichts zu essen gegeben. Er machte den Zusammenbruch der französischen Verwaltung dafür verantwortlich. Gerüchte gingen um, die der faschistische Korrespondent pflichtgemäß aufzeichnete: Verschiedene führende Politiker und Militärs sowie Journalisten seien erschossen worden, Generale hätten Selbstmord begangen. Léon Blum sei dabei, in Paris eine provisorische Regierung zusammenzustellen, die den Deutschen die Macht übergeben werde. Bernacconi hielt es für möglich, daß dieses letzte Gerücht der Wahrheit entsprach. Da Blum, fügte der Italiener hinzu, den Volkszorn fürchte, werde er sich vielleicht der Gnade der Deutschen ausliefern, um seine eigene Haut zu retten.

Unteroffizier Guy Bohn, im bürgerlichen Leben Anwalt und nun der juristischen Abteilung der Pioniertruppen zugeteilt, erfuhr am Morgen des 12. Juni, daß die Überreste seines Korps mit einer Lastwagenkolonne nach Royan an der Atlantikküste evakuiert werden sollten. Unmittelbar nach dem Mittagessen wurde er ins Büro des Korpskommandeurs Oberst Albert Regimbal an der Rue de Grenelle, nur ein paar Schritte vom Kriegsministerium entfernt, beordert. Regimbal hatte einen Auftrag für ihn: Bohn sollte den Eiffelturm in die Luft sprengen! Auf der Spitze des Turms stand die höchste, leistungsfähigste Antenne in Frankreich – ein äußerst wichtiger Faktor für das militärische Fernmeldewesen. Bohns erste Reaktion war: Warum ich? Nach militärischen Maßstäben war er mit seinen dreiunddreißig Jahren ein alter Soldat. Bohn, der Sohn eines Marineoffiziers, hatte sich für die Offiziersausbildung beworben, als er das Wehrdienstalter erreicht hatte, aber er war als ungeeignet abgelehnt worden, weil er rechts und links verwechselte. Auf seines Vaters Rat hin schloß er sich aber den Pionieren an, wo er sehr viel über Sprengstoffe lernte. Während des »Sitzkrieges« war er an der Luxemburger Front stationiert, doch nachdem er sich in jenem Winter eine Lungenentzündung zugezogen hatte, wurde er als untauglich für den aktiven Dienst nach Paris zurückgeschickt und erhielt einen Posten zugewiesen, bei dem er seine beruflichen Kenntnisse als Jurist einsetzen konnte.

Aber dieser Posten gab ihm nicht die Befugnis, den Eiffelturm zu sprengen. So entgegnete er ruhig und mit angemessenem Respekt vor dem Rang des Obersten, daß er nicht der richtige Mann für diesen Auftrag sei; für derlei sollte ein aktiver Offizier der örtlichen Pioniereinheit zuständig sein. Regimbal gab zurück, er habe keine Wahl, denn sämtliche ihm unterstehenden Männer seien Reserveoffiziere aus anderen Waffengattungen und könnten nicht mit Sprengstoff umgehen. Bohn sei der einzige Unteroffizier mit den erforderlichen Fertigkeiten. Es habe noch einen anderen Kandidaten gegeben, doch dieser sei entsandt worden, um eine Brücke im Westen der Stadt, auf dem Weg der vormarschierenden deutschen Truppen, zu sprengen.

Bohn beharrte weiterhin respektvoll darauf, daß er den Auftrag nicht ausführen könne – jedenfalls nicht allein, ohne ein Team von Pionieren. Außerdem müßte er die Baupläne des Turmes sehen, um herauszufinden, ob bereits Sprengstoffnischen vorgesehen waren. Selbst dann würde das Unternehmen vielleicht zwei Tage dauern. Möglicherweise sei es ratsam, sich auf die nördliche, der Seine am nächsten liegende Säule zu konzentrieren, da die vorherrschenden Winde von Süden und Südwesten kämen. Wenn man hinreichend starken Sprengstoff verwendete, würde der Turm umstürzen, aber selbst wenn er sich nur zur Seite neigte, werde man den Schaden nicht beheben können (Bohn zog einen Vergleich zu dem Zustand eines bei einem Zusammenstoß zertrümmerten Autos). Damit werde es keine Sendemöglichkeit vom Eiffelturm mehr geben.

Nach seiner Errichtung war der Eiffelturm mit dreihundert Metern das höchste Bauwerk der Welt (das Woolworth Building, der erste Wolkenkratzer New Yorks, war 247,5 Meter hoch). Er wiegt sieben Millionen Kilo, besteht aus zwölftausend Metallteilen und steht auf vier massiven Zementblöcken mit einer Oberfläche von jeweils sechsundzwanzig Quadratmetern, die bis zu einer Tiefe von vierzehn Metern in den Boden reichen. Der Turm war von seinem Erbauer Gustave Eiffel damals – im Jahre 1889 – nicht als Funkturm geplant; die Idee zu einer solchen Nutzung kam den Rundfunkpionieren Anfang des zwanzigsten Jahrhunderts. In der Vorkriegszeit wurden die höchste Antenne und einer der leistungsfähigsten Sender der Welt installiert; das Hauptkabel war so lang wie der Turm und maß unter der Erde weitere hundertzweiundfünfzig Meter. Schon vor dem Ersten Weltkrieg konnte der Sender die fernen Kolonien Frankreichs erreichen, und er verband Paris durch ein Relaisnetz mit den Militäreinrichtungen an der Grenze zu

Deutschland. Es war diese neuentdeckte Anwendung, die Eiffels Prachtbau Anfang des Jahrhunderts vor der Zerstörung rettete.

Unteroffizier Bohn machte noch ein weiteres Argument geltend: Paris sei zur offenen Stadt erklärt worden, was bedeute, daß keine Kriegshandlungen gestattet seien. Die Sprengung des Eiffelturms werde gewiß als eine Kriegshandlung gelten, und man werde Bohn persönlich – schon allein deshalb, weil er den Pionieren nur als Jurist zugeordnet sei – zur Rechenschaft ziehen.

Er konnte technische und juristische Einwände vorbringen, doch die entscheidende Frage durfte er seinem Obersten nicht stellen: Wie kann man das Symbol der Ville lumière, der Stadt des Lichts, in die Luft jagen?

Der Oberst brach das Schweigen. Bohn sollte im Hauptquartier bleiben und auf weitere Befehle warten. Um fünfzehn Uhr wurde er wiederum ins Büro des Obersten gerufen. Er erfuhr, daß man den Turm nun doch nicht sprengen, sondern nur die Sendeanlagen am Sockel zerstören werde. Aber es gebe etwas, das er tun könne und nur er: Er solle sich zum Fort Issy-les-Moulineaux, anderthalb Kilometer südlich von Paris, begeben und den dortigen Militärsender sprengen. Dessen strategische Bedeutung als Schaltstelle für die französischen Truppen im Nahen Osten sei erheblich.

Bohn salutierte, ging hinaus und fand kein Fahrzeug, das ihn zu dem Fort bringen konnte. Alos fuhr er mit der Métro zur Place Balard am Südrand der Stadt und hielt vergeblich Ausschau nach einem Taxi. In seiner Verzweiflung hielt er ein amerikanisches Botschaftsfahrzeug an, an dessen Steuer eine junge Frau saß. »Ich muß sofort zum Fort Issy, um es zu sprengen, bevor die Deutschen eintreffen«, erklärte er der Dame – der Vertreterin eines Staates, den er fast für einen Verbündeten Frankreichs hielt. »Die Deutschen sind ziemlich nahe«, stimmte sie zu. Sie folgte seinen Anweisungen, bis sie das auf einer Anhöhe gelegene Fort erreichten, hielt jedoch – wegen der amerikanischen Neutralität – kurz vor dem Hügel an. Die letzten fünfhundert Meter legte er zu Fuß zurück.

Die Anlage, die Bohn vorfand, bestand aus zwei Stahltürmen, hundertvierzig Meter voneinander entfernt und siebzig Meter hoch; auf jedem Turm befand sich eine Antenne. Sie ähnelten dem imposanten Eiffelturm und standen auf den gleichen gekrümmten Stützpfeilern. Also tat er, was er mit dem Eiffelturm getan hätte: Er brachte den Sprengstoff – Melinit in Form kleiner Stangen – unter den Pfeilern an, die den vorherrschenden Westwinden gegenüberlagen. Weiteres Melinit brauchte er für die Sender. Ein Hauptmann aus dem Pionier-Generalstab tauchte auf, billigte Bohns Plan und fuhr ihn nach Paris zurück, wo er Bericht erstatten und den erforderlichen Sprengstoff abholen wollte. In dem nahezu verlassenen Hauptquartier machten sie einen höheren Offizier ausfindig, der zur Militärregierung gehörte; auch er hieß den Plan gut und drängte überflüssigerweise zur sofortigen Durchführung. Bohn nutzte die Gelegenheit zu dem Kommentar, daß es angesichts des Status von Paris als offene Stadt für Zerstörungen solchen Ausmaßes etwas spät sei. Der Offizier war derselben Meinung, aber er fügte hinzu, die strategische Bedeutung der Sender überwiege solche Vorbehalte.

Danach stand der unglückselige Unteroffizier wieder auf der Straße und mußte sich von neuem zu Fuß auf den Weg machen. Er ging zur Kaserne am Boulevard de Latour-Maubourg, um sich das nötige Material – Sprengstoff, Zündschnüre und Zünder – aushändigen zu lassen, aber wie sollte er sie transportieren? Der verantwortliche Offizier weigerte sich, ihm einen Lastwagen zu stellen, da man sich zur Evakuierung anschickte. Bohn mußte mit einer Meldung an das Hauptquartier drohen, bevor er ein Fahrzeug erhielt. Er setzte sich neben den Fahrer, der sich unterwegs ständig beschwerte, weil er so gefährliches Material befördern mußte. Bohn nahm den Kasten mit Knallquecksilber-Sprengkapseln auf den Schoß, um sie von den Explosivstoffen auf der Ladefläche fernzuhalten. Als sie die Stadt verließen, dachte Bohn einen Moment lang über die Absurdität seiner Lage und seiner Aufgabe nach. Er war sich ziemlich sicher, daß er nicht mit offizieller Anerkennung rechnen konnte, wenn die Operation gelang.

Es war 19.00 Uhr, als sie die Festung erreichten. Er machte sich sofort an die Arbeit, wobei er sich weitgehend auf Vermutungen verlassen mußte, denn das Handbuch, das er während einer kurzen Abendbrotpause durchblätterte, stammte aus dem Jahr 1890. Um 22.00 Uhr trafen vom Eiffelturm immer noch Botschaften ein, die über Kurzwelle nach Beirut weitergeleitet werden sollten. Sämtliche Telegramme mußten bis 1.00 Uhr verschlüsselt und abgeschickt werden, denn danach sollte der Sender außer Betrieb sein.

Während Bohn begann, seine Ladungen anzubringen, hörte er ferne Schüsse, und er fragte sich, ob die örtliche Gendarmerieabteilung das Fort bereits verteidigte. Um 1.00 Uhr schickte der Funker die letzten Botschaften ab: Die französischen Sender im Ausland mußten informiert werden, daß die Station den Funkverkehr einstellte. »Ich kann ihnen nicht klarmachen, daß alles vorbei ist«, teilte der Funker Bohn mit. Es gab kein Codewort für die Einnahme von Paris. Diesen Teil der Nachricht sandte der Funker verschlüsselt; was er der Welt mitzuteilen hatte, nahm ihn sichtlich mit.

Auch Guy Bohn war mitgenommen; er war nun allein mit dem Funker und ein paar Soldaten, die ihm assistierten. Sie schlugen mit Hämmern auf die Sender ein und rissen elektrische Leitungen heraus. Um 2.30 Uhr war die erste Arbeitsphase beendet. In der Ferne durchbrach Maschinengewehrfeuer, das immer näher zu kommen schien, die Stille der Nacht. Bohn ging in die Küche und machte sich einen Imbiß. Im Wachlokal stand ein Feldbett, und er döste eine halbe Stunde.

Um vier Uhr dämmerte es. Bohn benutzte eine Zigarette, um die Zündschnur anzustecken, überzeugte sich, daß sie brannte, und lief davon. Er zählte bis 110, dann ertönte die Explosion: eine einzige trockene Detonation, gefolgt von einem Metallregen. Das war Turm eins. Als der zweite Turm auf die Sendezentrale stürzte, fügte er den Anlagen weiteren Schaden zu – ein unerwarteter Bonus. Aber es gab noch mehr zu tun, denn die Sender selbst waren in den Steinwall verankert. Bohn befahl seinen Helfern, in den Räumen Benzin auszuschütten; das Melinit würde das übrige erledigen und dafür sorgen, daß zurückgelassene Dokumente vernichtet wurden. Sobald er konnte, kehrte Bohn auf das Gelände zurück, um die zertrümmerten Pfeiler, die zerstörten Gebäude und das klaffende Loch zu inspizieren, wo die Hauptanlage gewesen war.

Um 8.30 Uhr war er wieder am Eiffelturm und erhielt den Befehl, sich zur Verfügung zu halten, während eine Pioniereinheit die unterirdischen Installationen sowie die Generatoren auf der ersten Plattform des Turms zerstörte – nicht mit Sprengstoff, sondern mit Schmiedehämmern. Dann wurden die Antennen einfach abgeschnitten.

Der Befehlshaber von Fort d'Issy schrieb später einen »Zerstörungsbericht«, in dem er den Mut und die Initiative des Unteroffiziers Bohn hervorhob. Aber wie Bohn vorausgesehen hatte, erhielt er nie ein offizielles Lob, und er vertraute sein Abenteuer niemandem außerhalb der amtlichen Stellen an. Als er später um die Erlaubnis bat, die Überreste des Forts zu besichtigen, wurde er abgewiesen.

Am 12. Juni um 18.30 Uhr trat das französische Kabinett in Anwesenheit des Oberbefehlshabers in Präsident Lebruns Gemächern im Schloß Cangé zusammen, feierlich beschützt von zwei Pförtnern, die in glücklicheren Zeiten vor dem Elysée-Palast Wache gestanden hatten. Weygand wurde um einen Situationsbericht gebeten, und er begann damit, daß er seine jüngsten Memoranden über die französischen Aussichten und seine Warnungen vor den Konsequenzen eines Scheiterns in Erinnerung brachte. Nun stehe es noch schlechter als zu dem Zeitpunkt, da er die Berichte vorgelegt habe, denn Paris sei eingekesselt, Reserveeinheiten gebe es nicht. Nur wenn man die Feindseligkeiten einstelle, könne das übrige Frankreich vor einer Invasion gerettet werden; nur dann könnten die französischen Streitkräfte erhalten bleiben. Bei Fortsetzung der Schlacht sei mit einer totalen Niederlage und mit Chaos – unter der Zivilbevölkerung ebenso wie unter den Soldaten – zu rechnen. Es sei Zeit, sich um Frieden zu bemühen. Er schloß: »Sie wissen bestimmt, wie schwer es mir fällt, so etwas zu sagen. 1918 war ich es, der den Deutschen in Fochs Namen die Waffenstillstandsbedingungen diktierte. Ich war ein siegreicher General, nun bin ich ein besiegter und entehrter General. Ich habe nur einen einzigen Wunsch: daß eine Bombe auf mich fällt, damit ich nicht länger existiere:«

Reynaud widersprach ihm: Weygand habe zwar keinen Sieg errungen, aber er habe die französische Ehre gerettet. Als einziger unter den anwesenden Ministern war Pétain mit Weygand einer Meinung: »Wir müssen einen Waffenstillstand schließen.« Weygand bat, sich zurückziehen zu dürfen, da er das Gefühl habe, daß sich einige seiner Zuhörer über ihn lustig machten, doch Lebrun versicherte dem General, daß seine Worte durchaus respektvoll aufgenommen worden seien.

An diesem Abend kam es zu keiner Entscheidung.

Oberst Jean Perré ging als ein Gegner de Gaulles in die Geschichte ein, als Taktiker, der Panzer nur für ein Hilfsmittel der Infanterie, nicht für eine entscheidende Offensivwaffe hielt. Später war Perré ein überzeugter Anhänger Pétains in Vichy und Kommandeur der Leibgarde des Marschalls.

Aber nun, im Juni, zählte Oberst Perré noch zu den bewunderten Offizieren. Als Patriot wies er den Chauffeur seines Befehlsfahrzeugs in der Nacht des 11. Juni an, am Triumphbogen anzuhalten und er stieg aus, um dem Unbekannten Soldaten unter dem Monument seine Achtung zu erweisen. Wie konnte ein Patriot zulassen, daß dieses Grab in feindliche Hände fiel?

Sobald Perré sein neues Hauptquartier im Schloß Chamarande bei Arpajon erreicht hatte, schickte er einen Stabsoffizier zurück nach Paris, um der Militärregierung, dem Polizeipräsidenten und sogar den verbleibenden Mitgliedern des Stadtrates das Problem vorzutragen. Und am selben Abend – dem Abend des 12. Juni – erschien Perré selbst von neuem in Paris, diesmal zusammen mit anderen hohen Offizieren, darunter Oberst Adrien Roche, Befehlshaber der 2. Panzerbrigade. Oberst Roches Chauffeur und Sekretär, Eugène Goormachtigh, wartete im Stabsfahrzeug, während die Offiziere am Fuß des Monuments debattierten. Ringsum herrschte völlige Stille, auf dem sonst so geschäftigen Platz und den zwölf Boulevards, die hier mündeten, rührte sich nichts mehr. Ein Kreis kleiner Laternen um den Triumphbogen war die einzige Lichtquelle; sie warfen lange Schatten hinter den dicht beieinanderstehenden Männern, während die Gedächtnisflamme weiterflackerte. Für Oberst Roches Chauffeur war es ein feierlicher, tiefempfundener Trauergottesdienst. Oberts Perré erhöhte die Feierlichkeit durch ein paar Worte der Huldigung, doch dann brach ihm die Stimme.

Die Offiziere setzten die Diskussion fort. Sie schlugen vor, den Unbekannten Soldaten unter den Klängen eines Trommler- und Hornistenchors auszugraben. Noch andere Pläne wurden geäußert ... Aber der einfache Soldat Goormachtigh war überzeugt, daß an jenem Abend nichts geschehen würde.

Denn selbst wenn die noch übriggebliebenen Stadtbehörden den Plan billigten (schließlich konnte diese symbolische Geste der Auflehnung als Verletzung des Status einer offenen Stadt interpretiert werden), würde es der Division an Geräten fehlen, um den versiegelten Marmordeckel zu öffnen oder den schweren Sarg zu heben; die Pioniere waren bereits zu weit südlich von Paris. Es war fast drei Uhr, als Perré seine Offiziere Haltung einnehmen ließ und um eine Schweigeminute bat. Dann kehrte die kleine Gruppe zu den Stabsfahrzeugen zurück. Während sie sich in Bewegung setzten, dachte Eugène Goormachtigh: Der Unbekannte Soldat soll weiter Wache halten. Es ist ein Symbol, das der Feind nicht wagen wird anzurühren. Es wird ihm Ehrfurcht einflößen.

37

Donnerstag, 13. Juni

Als die Berichte bei den Feldkommandeuren, dann im Hauptquartier an der Loire eintrafen, wurde noch deutlicher als zuvor, daß es nicht nur um Paris ging. Der Feind hatte die Elite seiner Streitkräfte, seine besten Panzerdivisionen, nicht zu einer raschen und brutalen Eroberung der Hauptstadt konzentriert – die Deutschen kämpften um ganz Frankreich. An diesem Tag war der Feind im Begriff, den nur noch symbolischen Widerstand der französischen Truppen an der Maginotlinie zu überwinden. General Hans Guderians Panzer fuhren nicht durch die Ile de France – die schützenden Blumenblätter um die Blüte Paris –, sondern weiter östlich entlang der Marne, um französische Einheiten, die sich ins sogenannte französische Kernland zurückzogen, den Weg abzuschneiden. Der Rückzug wurde zu einer vernichtenden Niederlage. Die von General von Kleist befehligte Panzergruppe rückte entlang einer Linie von Epernay und Romilly nach Auxerre nach Süden vor. Also würden weder Kleist noch Guderian in den Genuß eines wohlverdienten triumphalen Einzugs in Paris kommen.

Im Nordwesten überquerte der Feind nun die Seine, um in Evreux einzumarschieren und an der Westflanke der Stadt weiterzuziehen. Die französischen Streitkräfte, die bis dahin nördlich von Paris stationiert gewesen waren, hielten sich an Weygands Befehl, die Stadt beim Rückzug nicht zu durchqueren. Damit war die »Position Paris«, wie es im militärischen Sprachgebrauch hieß, aufgegeben worden. Die Stadt war jetzt wirklich offen.

Der Mann, dem es beschieden sein sollte, die Verteidigung – oder die fehlende Verteidigung – von Paris auf die Probe zu stellen, war Georg von Küchler, Befehlshaber der deutschen 18. Armee, der sich bereits durch die Zerschlagung des niederländischen Widerstandes ausgezeichnet hatte. Er hätte an der Spitze seiner Truppen in Paris einmarschieren können, und zwar auf der Hauptstraße von Senlis aus. Tatsächlich fuhr er in einem offenen Stabswagen an den ersten Einheiten der Vorhut, der 87. Division, vorbei, doch vereinzelte Schüsse in Saint-Witz, nur siebenundzwanzig Kilometer von der Hauptstadt entfernt, stimmten ihn um. Trotzdem, Paris war die nächste Station. »Paris – der deutsche Wunschtraum des Ersten Weltkrieges!« sinnierte einer von Küchlers untergebenen Offizieren: »Mit stolzer Freude und klopfendem Herzen sahen wir es seit den Mittagsstunden weit rechts vor uns liegen: das Filigranwerk des schlanken Eiffelturms und die dickbäuchige, grellweiße Marmorkuppel von Sacré Cœur, die sich mit jedem Kilometer weiter südwärts immer höher am Horizont emporreckten.«

In dem Dorf Louvre stießen sie auf französischen Widerstand, den sie jedoch rasch überwanden. Weitere Gegenwehr wurde in Roissy-en-France (damals noch nicht Standort eines großen Flughafens) und in Villepinte geleistet. Die Männer der 87. Infanteriedivision merkten, daß sie die feindliche Verteidigung nun nahezu ignorieren konnten. Es genügte, gleichgültig vorzurücken und dann weiße Taschentücher zu schwenken, um dem Gegner zu zeigen, was man von ihm erwartete. Hätten sie angehalten, um das französische Artilleriefeuer zu erwidern, wären sie vielleicht in ein Gefecht verwickelt worden, das den Vorstoß hätte verlangsamen und den Feind in seinem Widerstand hätte bestärken können.

Um sechs Uhr abends schlossen sich deutsche Vorhuteinheiten – Panzer- und Aufklärungstruppen – am Nordufer des Ourqkanals bei Sevran (das heute mit dem Schnellzug nur noch Minuten von Paris entfernt ist) zusammen. Deutsche Panzer brachten die Eisenbahnbrücke im Zentrum des Dorfes rasch in ihre Gewalt. Die Kanalbrücke wurde jedoch von Gewehrschützen mit Artillerieunterstützung hartnäckig verteidigt, aber um acht Uhr hatten die Deutschen die Brücke mit Hilfe von Panzern der 9. Infanteriedivision eingenommen, die gerade rechtzeitig aufgetaucht waren.

Dann entdeckten die Männer der 87. Infanteriedivision, daß das schwerste Feuer auf französischer Seite nur eine Illusion gewesen war: ein französischer Munitionszug, anscheinend von deutschen Geschützen getroffen, explodierte stoßweise, ein Waggon nach dem anderen.

Jetzt konnten sie auch die Marne überqueren und ihre Flankenbewegung um Paris nach Osten fortsetzen, hin zur Loire und zum Kern des französischen Widerstandes. Aber dann traf ein unerwarteter Befehl des Oberkommandos ein:

87. ID. DREHT AM MORGEN DES 14.6.
AM OURQ-KANAL AB UND BESETZT PARIS!

Manche Offiziere hätten es vorgezogen, weiter zur Loire-Front vorzudringen und nicht als Besatzungsarmee zu dienen. Aber Soldaten gehorchen.

Der Divisionshistoriker läßt den Standort einer anderen Brücke über den Ourq-Kanal unerwähnt: Vert Galant bei Villepinte. Dort wurde eine Abteilung der 87. Infanteriedivision, die sich zur Überquerung des Kanals anschickte, durch das Maschinengewehrfeuer eines französischen Infanteriebataillons aufgehalten. Die Deutschen waren überzeugt, daß Dorfbewohner sich an der Aktion beteiligt hatten, trieben fünfzig Zivilisten zusammen und stellten sie vor ein Erschießungskommando. Einer der Männer überlebte und erzählte später seine Geschichte; sein Name brauchte nicht in die Marmorsäule eingeprägt zu werden, die man später zur Erinnerung an die Tragödie errichtete. Zwölf weitere Dorfbewohner wurden ebenfalls mit Erschießung bedroht und gezwungen, Gräber auszuheben. Den Rest der Dorfbevölkerung stellten die Deutschen unter Bewachung. Dann, berichtet François Maspero, erhielt die deutsche Abteilung den Befehl weiterzuziehen, und die überlebenden Bewohner wurden freigelassen.

Die 19. Panzerdivision, die bei der Besetzung von Paris ebenfalls eine Rolle spielte, befand sich als Heeresgruppenreserve zunächst in zweiter Linie. Doch am 13. Juni erhielt sie den Auftrag, den Wald von Compiègne nach französischen Truppenteilen zu durchkämmen. Nur elf französische Soldaten und zehn schwarze Afrikaner wurden gefangengenommen – die Deutschen unterschieden, vornehmlich aus Progapandagründen, zwischen Franzosen und »Negern«. Einige Deutsche gelangten an den berühmten Carrefour de l'Armistice, den Kreuzweg des Waffenstillstandes, wo sie sich den Tisch in Marschall Fochs Eisenbahnwagen ansehen konnten, an dem am 11. November 1918 der Waffenstillstand unterzeichnet worden war. Der Divisionshistoriker fragte: »Wer hätte 1918 gedacht, daß 1940 deutsche Truppen dort siegreich durchziehen würden?«

Die 30. Infanteriedivision, die ebenfalls in Paris einziehen würde, hatte wie die 19. Panzerdivision zur Heeresreserve gehört. In ihren Marschaufzeichnungen ist keine Rede von unterwegs geführten Gefechten. Der Divisionshistoriker notierte, daß nur einmal ein Langrohr auf die Stadt abgefeuert worden sei.

Es geschah, als die Männer in der Sommerhitze vorrückten, vorbei an umgestürzten Wagen, toten Pferden, gefallenen Schwarzen und zurückgelassenen Waffen. Der Kommandeur, der Adjutant und der Kradmelder fuhren der Truppe voraus und machten an einer französischen Batterie halt; die Schwarzen, die sie bedient hatten, waren in Gefangenschaft geraten oder geflohen. Während die Männer der 30. die Geschütze musterten, hörten sie eine heftige Explosion. Ein Geschoß heulte über ihre Köpfe hinweg, und die Männer machten sich auf ein Gefecht gefaßt.

Wie sich jedoch herausstellte, hatte der Kradmelder an einer zurückgelassenen französischen Kanone herumhantiert, und ein Schuß hatte sich gelöst. Die Kanone war auf Paris gerichtet gewesen, doch wenn es zu einem Rohrkrepierer gekommen wäre, hätten viele Soldaten der 30. Infanteridivision das Leben verloren.

Die Einnahme von Paris sei nun unvermeidlich, versicherte der Korrespondent Carlo Dall'Ongaro den Lesern des *Giornale d'Italia*. Der italienische Reporter begleitete deutsche Streitkräfte beim Marsch auf Paris. Die Eroberung der französischen Hauptstadt war ein Akt von politischer Bedeutung, vom militärischen Standpunkt aber nur ein Element in einem gewaltigen Manöver: dem deutschen Vormarsch an einer dreihundertachtzig Kilometer langen Front vom Ärmelkanal bis zum Rhein. Nur ein Wunder hätte die Deutschen aufzuhalten vermocht – und das Wunder blieb aus.»Die Flucht der Briten vom Kontinent, ihr nicht weniger hastiger Rückzug aus den letzten arktischen Stützpunkten in Norwegen, vor allem aber die Nachricht über den Kriegseintritt Italiens machten den Zusammenbruch zu einer Gewißheit.«

»Paris ist verloren. Dort herrscht die Panik.« So Propagandaminister Goebbels am 13. Juni. »Torgler arbeitet vorzüglich«, lobte er den früheren Kommunisten, der den Nazis nun als Ratgeber für die Beeinflussung der französischen Arbeiterklasse diente. »Es scheint, als wollte in Paris eine Revolution ausbrechen.«

Und weiter: »Nordwestlich stehen wir 20 km vor Paris... Das sind militärische Erfolge, die das Herz höher schlagen lassen. Das ist eine Freude für die ganze Nation.«

Dann: »Gegen Abend dramatisieren sich die Dinge in und um Paris ... Wir setzen alles daran, diese Stadt in ihren tiefsten Tiefen aufzuwühlen.«

Goebbels' Männer produzierten weiterhin kommunistisch klingende Propaganda, aber auch die echten französischen Kommunisten blieben trotz des über sie verhängten Partei- und Presseverbots nicht untätig. In einer Ausgabe des offiziellen kommunistischen Parteiorgans *L'Humanité* erfuhren die Anhänger von dem im Untergrund wirkenden Apparat: »Die Menschen haben genug von diesem Krieg.« Ein zweiter Artikel in dieser auf den 14. Juni datierten, doch wahrscheinlich am 13. oder früher erschienenen Ausgabe trug die Überschrift:

PARIS MUSS GEGEN HUNGERSNOT UND EPIDEMIEN
VERTEIDIGT WERDEN

Für die Knappheiten, behauptete *L'Humanité*, seien diejenigen verantwortlich, die aus der Stadt geflohen seien. »Aber die Menschen, die nicht abfahren konnten, weil sie kein Auto oder ausreichende Mittel besitzen, um sich ins Zentrum von Frankreich oder in die Bretagne bringen zu lassen, diese Menschen haben keinen Zucker, keine Kondensmilch und keine Konserven gehortet wie die Reichen...«

Endlich wurden die Pariser offiziell über den Status ihrer Stadt unterrichtet:

An jenem Morgen rief der unermüdliche William Bullitt die amerikanische Botschaft in Bern in der neutralen Schweiz an, um der deutschen Regierung eine Nachricht übermitteln zu lassen:

Paris ist zur offenen Stadt erklärt worden. General Héring, Militärbefehlshaber der Pariser Region, zieht seine Armee zurück, die Paris bisher verteidigt hat. Alle in Frage kommenden Maßnahmen werden getroffen, um die Sicherheit von Leben und Eigentum in der Stadt zu gewährleisten. Die Gendarmerie und die Polizei bleiben weiterhin in der Stadt, ebenso die Feuerwehrmänner, um Brände zu verhindern. General Dentz bleibt als Kommandeur des Pariser Gebiets am Platze, doch ohne Truppen, nur mit Unterstützung der Gendarmerie und der Polizei.

Botschafter Bullitt bleibt als Vertreter des Diplomatischen Korps mit der Gendarmerie, dem Militär- und dem Marineattaché, dem Botschaftsrat und sechs Botschaftssekretären in Paris. Mr. Bullitt hofft, soviel wie möglich dazu beitragen zu können, daß die Übergabe der Stadtverwaltung ohne den Verlust von Menschenleben vollzogen wird. Diese gesamte Mitteilung erfolgt auf persönlichen Wunsch von General Dentz.

Bullitts Botschaft wurde telefonisch von Bern an die amerikanische Botschaft in Berlin zur Weiterleitung an das deutsche Außenministerium durchgegeben. In Berlin war es 14.15 Uhr.

»Anruf von Bullitt«, schrieb Polizeipräsident Langeron in sein Tagebuch. »Der Botschafter, herzlich und großzügig wie immer, bringt seine Bewunderung für das Verhalten und die Einstellung der Polizei zum Ausdruck. Er weiß, wieviel mir seine Aussage wert ist.«

Vom Beobachtungsposten des Hôtel des Invalides aus wirkte Paris in der Tat verlassen. Diesen Eindruck hatte Oberst Georges Groussard, früher General Hérings und nun General Dentz' Stabschef. Groussard persönlich war »zornerfüllt«, denn seiner Ansicht nach hatten Soldaten nicht zu kapitulieren, sondern zu kämpfen. Er bat Dentz, ihn ins Feld ziehen zu lassen. Nach internationalem Recht, erwiderte der General, müßten die Deutschen sie freilassen, sobald sie die Stadt der Besatzungsmacht übergeben hätten; danach könnten Dentz und Groussard weiterkämpfen.

Jean Vidalenc, der sich später mit dem Exodus befaßte, meinte, der Umstand, daß Paris zur offenen Stadt geworden sei, in der keine Kriegshandlungen abgewickelt werden dürften, habe zu einer Abnahme der Spannung und zur Beendigung der Flucht von Stadtbewohnern beigetragen. Aber die Flüchtlinge aus anderen Landesteilen zogen weiterhin durch Paris; Polizeipräsident Langeron machte sich immer noch Gedanken über sie. »Wird sich dieser Exodus bis zur allerletzten Minute fortsetzen?« fragte er, denn es gab nun mehr Flüchtlinge als an den Vortagen. »Keine anderen Geräusche als die von Autos und Pferden. Kein menschliches Wesen sagt ein Wort. Die Atmosphäre ist gedrückt.«

Langeron wußte, daß er seine Pflicht den zurückgebliebenen Parisern gegenüber erfüllen und sie mit allem Notwendigen, in erster Linie mit Lebensmitteln, versorgen mußte. Er stellte fest, daß viele Lebensmittelgeschäfte trotz der Requisitionsbefehle geschlossen waren.

Und französische Panzer durchquerten die Stadt auf dem Rückzug, womit sie den Status von Paris zu verletzen schienen.

Unterdessen erhielt Langeron Anrufe aus ganz Frankreich von Menschen, die sich nach den aktuellen Ereignissen erkundigten. Der Polizeipräsident warnte die Anrufer, daß solche Telefonate in den kommenden Tagen unmöglich sein würden. Es war ein seltsames Gefühl, diese letzten Anrufe vor der »totalen Einkesselung« zu hören. Was würde aus Familienangehörigen werden, die abgereist waren? Wie lange würde die Trennung dauern? Im letzten Krieg waren die Menschen im feindlichen Territorium jahrelang von denen im übrigen Frankreich getrennt gewesen.

Wer war in größerer Gefahr – die Menschen innerhalb oder außerhalb von Paris?

Für das Rätsel des Rauches gab es natürlich eine einfache Lösung. Es waren weder Rauchschleier noch Giftgaswolken, sondern das französische Oberkommando hatte befohlen, sämtliche Ölreserven in Brand zu setzen, die dem Feind in die Hände fallen könnten; bereits am 10. Juni wurden im weit nördlich gelegenen Port-Jérôme, stromaufwärts von Le Havre, Feuer entfacht. Der amerikanische Botschaftsrat Robert Murphy erinnerte sich an einen Anruf des amerikanischen Geschäftsführers der französischen Niederlassung von Standard Oil of New Jersey. Der Mann war vom französischen Generalstab aufgefordert worden, die gewaltigen Benzinvorräte des Unternehmens in der Pariser Region zu vernichten, und er wollte sich die Bestätigung der Botschaft geben lassen, bevor er Vorräte in die Luft jagen ließ, die über Monate und unter hohen Kosten angesammelt worden waren. Murphy erwiderte, der Geschäftsführer solle die Anordnung ausführen, »denn alle sind sich einig, daß Paris demnächst besetzt wird«. Das Ergebnis war, sagte Murphy, »Dantes Inferno«.

Treibstofflager außerhalb von Paris fielen unter die Verantwortung des Oberkommandos, aber für Paris selbst war die Militärregierung zuständig. Hier beschloß man am Nachmittag des 13. Juni, nur jenseits der Stadtgrenzen liegende Depots zu zerstören, damit der Feind nicht behaupten könne, daß sich innerhalb der Stadt Kriegshandlungen abgespielt hätten.

Außerdem gab es einen humanen Grund für die Zurückhaltung, wie Oberst Groussard später erklärte. Die völlige Vernichtung der Vorräte in einer Zeit des Mangels hätte die Pariser um Brennstoff für Privathaushalte und für wesentliche Transportmittel gebracht. An diesem Nachmittag wurden die Tanks in Port-Marly und Colombes angezündet, und am Abend, nur Stunden bevor die Deutschen die Randbezirke der Stadt erreichten, folgten Vibry, Villeneuve-le-Roi, Villeneuve-Saint-George und Juvisy. Eigentlich hätte man auch Brücken sprengen müssen, aber dadurch wären Stromkabel und Wasserleitungen unbrauchbar geworden. Welchem militärischen Interesse hätte ein solches Vorgehen jetzt noch dienen können?

Michèle Rogivue und ihre Schwester Yvette standen am Boulevard Berthier und sahen zu, wie einige der letzten französischen Soldaten vorbeizogen. Michèle dachte später, sie hätten alte Uniformen aus dem Ersten Weltkrieg getragen, da ihre Bekleidung so uneinheitlich war. Ein paar Anwohner erbarmten sich und boten den Nachzüglern Wein an, doch die Soldaten lehnten ab und baten um reines Wasser. Zwei Männer gingen auf die beiden Mädchen zu und rieten ihnen, nicht in Paris zu bleiben: die Deutschen würden sie vergewaltigen. »Kommt mit uns«, sagten die Soldaten. Aber die Mädchen kehrten nach Hause zurück.

Der Engländer Peter Fontaine versuchte immer noch, die Stadt zu verlassen. Er hatte sich am Vortag lange nach einem Motorfahrzeug umgesehen, doch nun suchte er unverdrossen nach einem Fahrrad. Die meisten Läden hatten seit langem keine Bestände mehr, doch an der Avenue de la Grande-Armée (dem damaligen und späteren Pariser »Fahrradboulevard«) fand er ein Geschäft, das noch Räder führte. Nachdem er, wie ihm schien, stundenlang gewartet hatte, konnte er sich eines der letzten kaufen. Seit einem Vierteljahrhundert hatte er nicht mehr auf einem Fahrrad gesessen – würde er überhaupt noch damit umgehen können? Sein Rad hatte keine Klingel, aber es gab ja kaum Verkehrsteilnehmer, die gewarnt werden mußten. Fontaine schob das Rad am Triumphbogen vorbei und verspürte einen Anflug von Trauer, denn er dachte an den deutschen Siegesmarsch, der hier bald stattfinden würde.

An diesem Abend brannten keine Straßenlaternen, waren keine Restaurants geöffnet. Fontaine hörte Kanonenfeuer und

Explosionen – vermutlich von Rüstungsfabriken, die vor der Ankunft des Feindes gesprengt wurden. Der einsame Engländer ging über die Straße in ein kleines Lebensmittelgeschäft mit Tischen im Hinterzimmer; dort konnte er etwas zu essen bekommen. Der Ladenbesitzer und seine Töchter hatten Tränen in den Augen – würden die Boches Frauen vergewaltigen? Fontaine tat sein Bestes, um sie zu beruhigen: Die deutsche Armee sei die diszplinierteste der Welt. Ein Freund aus dem Polizeipräsidium trat ein; er war überrascht, Fontaine immer noch in Paris vorzufinden, denn bald werde die Stadt eingekreist sein.

Der Ladenbesitzer weigerte sich, Geld für das Essen anzunehmen: Er werde es unterwegs benötigen. Fontaine richtete bei Kerzenlicht sein Fahrrad her und belud es mit einer kleinen Handtasche und allen persönlichen Habseligkeiten, die es tragen konnte. Dann brach er auf – »der letzte, der Paris verließ«, wie er in seinem Tagebuch notierte.

Es kam immer noch zu Hin- und Rückfahrten. Christian Pineau, der von seinem Stiefvater Jean Giraudoux im Informationsministerium untergebracht worden war, hatte das Hotel Continental wie alle anderen planmäßig geräumt. Seine Autokolonne hatte Moulins, zweihundertfünfzig Kilometer südlich von Paris, am Abend des 11. Juni erreicht, und alle hatten dort einen Schlafplatz gefunden. Am nächsten Tag stellten Pineau und sein unmittelbarer Vorgesetzter, Guillaume de Tarde, im Laufe einer privaten Unterhaltung plötzlich fest, daß sie vergessen hatten, gefährliches Archivmaterial aus dem Ministerium zu entfernen. Es war ein ernstes Versäumnis, denn die Akten enthielten Namen von Personen, die dem Ministerium Propagandainformationen geschickt hatten; unter ihnen niederländische und belgische Staatsbürger, die nach Paris geflüchtet waren, sowie französische Juden und sogar deutsche Hitler-Gegner.

Pineau und Tarde wußten, daß diese Akten nicht in deutsche Hände fallen durften. Sie baten um Freiwilligenmeldungen, und Christian Pineau übernahm das Kommando über einen Einsatztrupp, bestehend aus drei muskulösen Schreibkräften. Die Männer verschafften sich einen verläßlichen alten Citroën und kehrten trotz des ihnen entgegenströmenden Flüchtlingszuges mühelos nach Paris zurück. Die Fahrt durch die Stadt war noch leichter, und so standen sie am frühen Morgen des 13. Juni vor der Tür des Continental. Den ganzen Tag hindurch stapelten sie Papiere im luxuriösen Innenhof des Hotels, ohne die Dokumente zu sortieren; sie verbrannten einfach alles, wobei sie darauf achteten, daß das Hotel nicht Feuer fing (und auch der Citroën nicht, denn sie beabsichtigten, ihn über Nacht im Innenhof zu parken). Pineau überquerte die Seine und ging zu seiner Wohnung an der Rue de Verneuil; am nächsten Morgen – er ahnte nicht, wo die Deutschen inzwischen angelangt waren – kehrte er ins Hotel zurück, um sich mit seinem Team zu treffen. Nur zwei der drei Helfer tauchten auf. Der dritte hatte, wie Pineau später erfuhr, den Weinkeller des Hotels geplündert und eröffnete nach dem Krieg ein Café. An diesem Morgen stockte der Verkehr, und sie brauchten fünfeinhalb Stunden, um Etampes, fünfundvierzig Kilometer südlich von Paris, zu erreichen. Als Christian Pineau Paris zum nächstenmal aufsuchte, war er Chef einer Widerstandsbewegung in dem von Deutschland besetzten Norden.

✳

Louise-Hermence Dethomas, eine Pariserin, deren Wohnung an der Straße zur Porte d'Orléans lag, beobachtete an diesem Nachmittag ein seltsames Schauspiel: ein großer Lastwagen fuhr mit einem Destillierapparat auf der Ladefläche an ihrem Fenster vorbei; es war eines jener gewaltigen Fahrzeuge, die ein Dorf nach dem anderen aufsuchen, um die Erzeugnisse von Bäumen und Sträuchern in Alkohol zu verwandeln. Männer und Frauen drängten sich auf dem Wagen und preßten sich zwischen die Messingventile und -schalter. Da sie kein Gepäck bei sich hatten, sah es so aus, als nähmen sie an einem Umzug auf einem Festwagen teil. Hinten saß ein Mann mit baumelnden Beinen; ein rotgesichtiger, glücklich wirkender Mann stand in Zylinder und Frack auf der Ladefläche. Mademoiselle Dethomas vermutete, daß er seinen teuersten Besitz gerettet hatte: seinen Hochzeitsanzug.

Edouard Gurevitch war neunzehn Jahre alt; er arbeitete

tagsüber und nahm abends an einem Fernschullehrgang teil. Er wohnte in einem jüdischen Viertel an der Rue de Tournelle, unweit der Bastille. Sein Vater war tot, und seine Mutter, die als Stenotypistin im Rüstungsministerium arbeitete, hatte Edouard und drei Schwestern aufgezogen.

Der junge Mann war einfach zu beschäftigt, um sich durch die Verwandlung von Paris nach dem Beginn der deutschen Offensive beeinflussen zu lassen. Ein Haus an seiner Straße wurde als Obdach für belgische Flüchtlinge beschlagnahmt. Schmutzige, unrasierte Soldaten fuhren mit der Métro. Polizisten trugen Gewehre. Aber die Pariser Juden hatten keine Angst. Keiner dachte, daß sich die Ereignisse, die in Deutschland abgelaufen waren, hier wiederholen könnten; keiner glaubte, daß Frankreich besiegt werden würde. Einige junge Männer im wehrpflichtigen Alter verließen die Stadt, doch die älteren Menschen blieben in Paris. Die Familie Gurevitch – wie die meisten in ihrer Straße – besaß nicht einmal ein Radio. Aber am 13. Juni wurde Edouard mitgeteilt, daß sich junge Männer in der örtlichen Garnison melden sollten. Die Garnison, die er aufsuchte, war leer.

Also brach er zu Fuß auf. In Orly sprang er auf einen Güterzug und setzte sich auf die Fracht. Der Zug beförderte ihn nach Orléans, wo er die Loire-Brücke überquerte, bevor sie gesprengt wurde, um den deutschen Vormarsch zu stoppen.

Josephte Lesot und ihre Eltern gehörten zu den vier letzten Familien, die sich noch in ihrem Wohnhaus in der Nähe des Jardin du Luxembourg aufhielten. Ihr Bruder Jean, der im wehrpflichtigen Alter war, hatte Paris mit einem Fahrrad verlassen, um ein Regiment zu suchen, dem er sich anschließen konnte. Die Lesots wurden praktisch zu den Concièrges ihres Hauses.

Eine Nachbarin genau unter ihnen hatte ein Aquarium, in dem sie Zwergkrokodile hielt. Josephte fürchtete, daß ihre Eltern und sie gebeten werden würden, sich um die Tiere zu kümmern, wenn die Nachbarin abreiste. Aber die Frau hatte einen anderen Einfall: sie schob die Krokodile einfach zwischen den Stäben des Eisenzaunes hindurch, der den Garten des Pharmazieinstituts umgab; dort gediehen die Tiere vermutlich und vermehrten sich.

»Nach dem Mittagessen fahre ich zum Einkaufen nach Paris«, notierte Paul Léautaud, der nichts Ungewöhnliches daran fand, in einer kurz vor der Eroberung stehenden Stadt Futter für seine Haustiere zu besorgen. Wie immer zogen Flüchtlingskolonnen über den Boulevard Saint-Michel. In der Redaktion des *Mercure de France* wartete keine Post auf ihn; der Schlachterladen, wo er gewöhnlich Pansen kaufte, war immer noch geschlossen. »Meine Tiere beginnen es langsam zu spüren.«

Heute machte er einen langen Spaziergang durch Paris, nordwärts zur Rue Blanche und wieder zurück. Von der Place de l'Opéra schaute er die gesamte Länge des Boulevards hinunter und sah niemanden. Ruß fiel herunter und beschmutzte sein Gesicht. Er war »entzückt«, Paris so zu sehen, denn dies war nur wenigen Parisern vergönnt. Niemand im Louvre oder in dessen Umgebung; man hätte ihn in Brand stecken können, wenn man dazu aufgelegt gewesen wäre. Er setzte den Spaziergang fort und sang vor sich hin – was sonst hätte er tun können?

Wieder auf dem Boulevard Saint-Michel, entdeckte er in dem Flüchtlingszug eine mit Habseligkeiten beladene Frau, die Holzschuhe anhatte. Eine Concièrge aus der Gegend sagte zu Léautaud: »Wenn sie die Porte d'Orléans erreicht, wird sie keinen Schritt mehr machen können.« Léautauds Blick fiel auf einen Kavalleristen mit einer schmutzigen Uniform und einem prächtigen weißen Pferd. Die Männer wie die Pferde taten Léautaud leid. »Die Deutschen sollen in zwei Tagen in Paris sein? Was werde ich empfinden? Wie werde ich mich benehmen, was wird meine Reaktion sein, wenn sie bei mir an die Tür klopfen? Und meine Bücher, meine Papiere, meine Tiere? Wie werde ich leben?«

Er schlug sich durch, indem er sich mit den Deutschen kompromittierte, mit Kollaborateuren, die ideologischer waren als er. Léautaud und seine Haustiere überlebten.

Die amerikanische Korrespondentin Virginia Cowles war in London stationiert, doch sie wollte das Ende unbedingt in Paris erleben. Sie hatte sogar versucht, die Front zu erreichen, was für Frauen damals als unangemessen galt, aber man hatte ihr zumindest einen Besuch versprochen. Ihr Visum für den Flug nach

Paris traf am 10. Juni ein, und Lord Halifax, der Außenminister, versicherte ihr am selben Tag, daß die französische Hauptstadt standhalten werde. Am nächsten Tag hatte sie eine Frist von zwanzig Minuten, um ihr Ticket abzuholen. Zwanzig Passagiere, die meisten von ihnen Engländer, nahmen die Maschine der Imperial Airways, deren Zielort »irgendwo in Frankreich« lag.

Der Pilot flog in geringer Höhe und folgte einem Zickzackkurs. Erst nach der Landung erfuhr die Journalistin, daß sie sich in Tours befanden. Die Passagiere mußten einen halben Tag warten, bis ein Zollbeamter erschien, der sie abfertigte; bis dahin hatten sie nicht einmal die Flugplatztoiletten benutzen dürfen. Paris? Alle hielten eine Reise dorthin für zu gefährlich. Aber es gab tatsächlich einen Zug, der in die Hauptstadt fahren sollte. Sie eilte zum Bahnhof und geriet in ein Gedränge, das sie an Indien erinnerte. Der Zug fuhr mit mehreren Stunden Verspätung ab, und ihr Abteil war so überfüllt, daß sie kaum atmen konnte. Aber dann, nach ein oder zwei Kilometern, stiegen alle aus; die Menge war überhaupt nicht nach Paris unterwegs, sondern stieg in einen Anschlußzug nach Süden um. Lediglich zwei andere Personen reisten mit ihr nach Paris: ein ägyptischer Beamter, der seine kleinen Kinder dort zurückgelassen hatte, und ein Franzose, der sich um seinen Laden Sorgen machte.

Sie trafen am 12. Juni um fünf Uhr morgens in Paris ein. Mittlerweile war die Gare d'Austerlitz nahezu menschenleer, denn die lärmende Horde befand sich außerhalb der Bahnhofstore. Polizisten waren auf die Barrieren geklettert und schrien in die Menge, daß keine Züge mehr eingesetzt würden. »Öffnet die Tore!« brüllte die Menge zurück. »Wenn sie die Züge nicht für uns fahren lassen wollen«, rief ein Mann, »dann fahren wir sie eben selbst!«

Auf einmal tauchte ein Taxi auf, das nicht weniger als neun Personen zum Bahnhof beförderte. Später hörte Virginia Cowles, daß es das letzte noch fahrende Taxi war. Sie stieg ein und ließ sich zuerst zum Hotel Ritz bringen, wo ein Portier ihr nach fünfminütiger Wartezeit mitteilte, daß das Hotel geschlossen sei. Dasselbe hörte sie im nahegelegenen Vendôme; sie versuchte es insgesamt bei mehr als einem Dutzend Hotels, doch sie erhielt nur zornige oder gar keine Antworten, und mehrere Male schlug man ihr die Tür vor der Nase zu.

Bis dahin hatte sie geglaubt, man würde Paris nicht kampflos aufgeben. Aber wo waren die Barrikaden, die Soldaten, die Geschütze? Überhaupt hatte sie nur ein Dutzend Concièrges, drei Polizisten und eine hysterische Menschenmenge am Bahnhof zu Gesicht bekommen. Vergeblich suchte sie nach anderen Auslandskorrespondenten, bis sie sich an das Hotel Lancaster an der Rue de Berri erinnerte; während des finnisch-sowjetischen Krieges hatte Walter Kerr ihr erzählt, daß sich Reporter dort häufig zum Pokerspiel trafen. Das Hotel war noch geöffnet, und Kerr war immer noch da! »Was tust du hier, um Gottes willen?« war seine erste Frage. »Bist du wegen der Besetzung gekommen?«

Virginia Cowles erlebte eine Stadt, die, meinte sie, kein anderer je so gesehen hatte – die fröhlichste Stadt der Welt, nun still und verlassen. Als sie mit Kerr die Avenue des Champs-Elysées hinauffuhr, sahen sie weit und breit kein anderes Auto. Die französische Regierung habe sich schändlich benommen, erklärte Kerr; sie habe versichert, daß sie in Paris bleiben werde, und sei dann ohne ein Wort geflüchtet. Die Pariser hätten nichts außer der Bekanntmachung gehört, daß Männer im wehrpflichtigen Alter aus der Stadt verschwinden sollten.

Am Arc de Triomphe standen drei einsame Polizisten Wache am Grab des Unbekannten Soldaten; die ewige Flamme brannte weiterhin. Sie überquerten den Fluß. Am Hôtel des Invalides waren Taxis aufgereiht, die anscheinend darauf warteten, noch in letzter Minute offizielle Dokumente abzutransportieren. Das gleiche Schauspiel vor der École Militaire. Dann – in den weniger zentralen, weniger eleganten Vierteln – fanden sie endlich die Menschen von Paris. »Das ist ein Morgen, den wir nie vergessen werden«, sagte Kerr. Aber Virginia Cowles wollte Paris nicht so in Erinnerung behalten; es war, als sehe man einem geliebten Menschen beim Sterben zu. Kerr machte ihr klar, daß die Deutschen die Stadt kampflos einnehmen würden; zur Zeit sei der Feind nur zwanzig Fahrzeugminuten von Paris entfernt, aber nirgendwo seien Kanonen zu hören. Die Journalistin spitzte im Laufe des Tages immer wieder die Ohren, doch es war alles ruhig, kein Geschützfeuer. An der Place de la Concorde sah sie ein halbes Dutzend Soldaten mit staubigen Gesichtern und schlammverkrusteter Kleidung. Zwei von ihnen hinkten, einer trug einen Kopfverband. Ein weiterer hatte die Schuhe in der Hand und ging auf Socken.

Die beiden überlegten, wie sie aus der Stadt gelangen konnten. Neben Kerrs Hotel war eine Autowerkstatt; sie fragte den Besitzer, ob er einen Wagen zu verkaufen oder zu vermieten habe. Er entgegnete mit wütender Miene, daß er, wäre nur ein einziges Auto in Paris übriggeblieben, dieses längst an sich gebracht hätte. Ihre letzte Hoffnung war die amerikanische Botschaft. Auf der Straße rannte ein alter Mann auf sie zu und bat sie, ihm bei der Abreise zu helfen. Er sei deutscher Jude und Leiter einer antifaschistischen Bewegung; sollten die Nazis ihn gefangennehmen, würden sie ihn erschießen. Virginia Cowles erwiderte, sie sei in der gleichen Lage; vielleicht könne die Botschaft helfen? Der Mann schüttelte den Kopf. Kerr meinte, die Botschaft sei von Hunderten Menschen in derselben Situation belagert und helfe ihnen nach Kräften. Aber dieser Mann mit seinem deutschen Akzent habe kaum eine Chance. Niemand werde ihn mitnehmen, weil alle fürchteten, daß er sich als Mitglied der Fünften Kolonne erweisen könne.

Sie suchten den Militärattaché, Oberst Fuller, auf, der verärgert schien, weil er sich um eine gestrandete Journalistin kümmern sollte. Dann begegneten sie einem weiteren Reporter, Henry Cassidy von Associated Press, der sie zu Tom Healy, einem Korrespondenten des Londoner *Daily Mirror*, schickte. Healy hatte ein Auto und war bereit, Virginia Cowles mitzunehmen. Sie tippte einen Artikel im Büro des *Herald Tribune*, und Kerr gab ihr einen seiner eigenen Artikel, den sie in Tours weiterzuleiten versprach. In einem Bistro konnten sie nur Kaffee bestellen, aber Kerr hatte Kekse bei sich – und dies war Virginias erste feste Nahrung seit nahezu achtundvierzig Stunden. Um 17.00 Uhr brach sei mit Healy auf. Als sie ihren Koffer im Hotel Lancaster abholte, sagte der traurige Portier geradezu vorwurfsvoll: »Ihr Land ist nun unsere einzige Hoffnung. Die Amerikaner haben Paris immer geliebt. Vielleicht werden sie uns nun helfen.« Virginia war versucht zu antworten, daß

Amerika in den vergangenen neun Monaten der Eroberung von acht Staaten zugesehen habe; das Land der Freiheit schicke viele Sympathiebekundungen aus, doch kaum etwas anderes.

Am Mittag sandte ein »früherer Marineangehöriger« dem Präsidenten Roosevelt ein geheimes und persönliches Telegramm aus London. Die Dechiffrierexperten, die den Text um 9.10 Uhr Ortszeit in Washington entgegennahmen, wußten vermutlich nicht, daß der Absender dieser Nachricht Winston Churchill war.

Franzosen haben wieder nach mir geschickt – das bedeutet Krise. Mache mich jetzt auf. Alles, was Sie nun sagen oder tun, um ihnen zu helfen, kann wichtig sein.

Der Premierminister wurde von seinem Außenminister Lord Halifax sowie von General Ismay und Lord Beaverbrook, dem Minister für Flugzeugbau, begleitet. Diesmal machten sie, eskortiert von Hurricane-Jägern, einen noch weiteren Umweg, um auf der Strecke nach Tours nicht die von den Deutschen besetzten Gebiete zu überfliegen. Der Landestreifen war bombardiert worden, doch Churchills Lancaster und die Hurricanes konnten zwischen den Kratern aufsetzen. Es war 14.00 Uhr, lange nach der englischen Mittagszeit. Da die Briten von niemandem empfangen worden waren, machten sie sich auf die Suche nach einem Café und verhandelten eindringlich mit dem Besitzer eines geschlossenen Bistros, bis dieser bereit war, sie zu bedienen. In der Präfektur von Tours trafen sie Paul Reynaud an, der fragte, ob die Briten wirklich wüßten, wie schlimm die Situation sei. Sollte Frankreich nicht von seiner Verpflichtung, keinen Separatfrieden mit den Deutschen zu schließen, entbunden werden?

Churchills Antwort lautete nein. Vor einem weiteren Appell an Roosevelt dürfe man über diese Frage nicht einmal diskutieren. Reynaud hielt dagegen, er könne sein Volk nicht auffordern, ohne Hoffnung auf einen Endsieg weiterzukämpfen.

Während ihres Gesprächs war eine Mitteilung von Roosevelt unterwegs: eine Antwort auf Reynauds Bitte vom 10. Juni, die ihn, versicherte der Präsident, sehr bewegt habe. Er fuhr fort:

Wie ich Ihnen und Mr. Churchill bereits erklärt habe, tut diese Regierung alles in ihrer Macht Stehende, um den alliierten Regierungen das so dringend benötigte Material zu liefern, und unsere Bemühungen, noch mehr zu tun, werden verdoppelt. Dies liegt daran, daß wir an die Ideale glauben, für die die Alliierten kämpfen, und sie unterstützen.

Das amerikanische Volk sei vom alliierten Widerstand beeindruckt. Ihm persönlich imponierte Reynauds Gelübde weiterzukämpfen, nötigenfalls sogar in den französischen Kolonien. Und er sei sicher, daß die Flottenstärke der Alliierten die Schlacht entscheiden werden.

Churchill las dieses Telegramm erst nach seiner Rückkehr nach London. Von dort aus kabelte er Roosevelt:

Es scheint mir absolut notwendig, daß diese Botschaft morgen, am 14. Juni, veröffentlicht wird, damit sie die entscheidende Rolle spielen kann, die den Gang der Weltgeschichte verändert. Sie wird, davon bin ich überzeugt, die Franzosen bewegen, Hitler einen zusammengestückelten Frieden mit Frankreich zu verweigern.

Doch leider erreichten Roosevelts Worte den französischen Ministerpräsidenten mit einer Einschränkung. Botschafter Biddle, der Bullitt vertrat, überreichte Reynaud den Text mit Außenminister Cordell Hulls Vorbehalt:

Wenn diese Nachricht ausgehändigt wird, muß ganz klar gemacht werden, daß sie persönlichen und privaten Charakter hat und nicht zur Veröffentlichung bestimmt ist.

Die Präsidentenwahl in den Vereinigten Staaten war nicht mehr fern, und Roosevelt hatte, wie Robert Murphy später sagte, die feste Absicht, als Friedenspräsident vor die amerikanischen Wähler zu treten.

Botschafter Joseph Kennedy in London, kein Freund der Alliierten und ihres Krieges, teilte Churchill nur zu gern die schlechte Nachricht mit, daß Roosevelt keine Veröffentlichung des Textes wünsche. Später rief Kennedy auf Geheiß Roosevelts noch einmal an und erklärte, die amerikanische Regierung sei nur mit Genehmigung des Kongresses befugt, die Nation in einen Krieg zu führen.

Churchill war enttäuscht (wie Kennedy dem Präsidenten berichtete). Er hatte damit gerechnet, daß Roosevelts Botschaft »den Franzosen ein wenig den Rücken stärken wird«. Churchill fürchtete, der Verzicht auf eine Veröffentlichung werde »auch die letzten Feuer« zum Erlöschen bringen.

Wenn man die mittlerweile freigegebenen Geheimtelegramme liest, so wird deutlich, daß Botschafter Kennedy, der im Gegensatz zu Bullitt vehement gegen jede Intervention eintrat, erhebliche Verantwortung für Roosevelts Entschluß trug, den Text seiner Nachricht an Reynaud nicht veröffentlichen zu lassen. Kennedy riet Roosevelt:

Die Gefahr einer Veröffentlichung Ihrer Note an Reynaud ist meiner Ansicht nach, daß Churchill darin eine absolute Verpflichtung der Vereinigten Staaten gegenüber den Alliierten sieht: daß nämlich, falls Frankreich weiterkämpft, die Vereinigten Staaten in den Krieg eintreten und ihnen helfen werden, wenn sich die Lage irgendwann weiter verschlechtert.

Roosevelt antwortete sofort – an Kennedys Adresse:

Meine Nachricht an Reynaud darf unter keinen Umständen veröffentlicht werden. Damit war in keiner Weise beabsichtigt, diese Regierung zu den geringsten militärischen Aktivitäten zur Unterstützung der Alliierten zu verpflichten, und sie wird nicht dazu verpflichtet.

In Washington wurde ein verlegener Pressesekretär des Präsidenten von Reportern gefragt, wie Roosevelt die Bitte Reynauds beantwortet habe. Er erwiderte, Roosevelts Rede in Charlottesville enthalte eine vollständige Antwort, obwohl der Präsident Reynauds Nachricht damals noch nicht in der Hand gehabt habe. Ein zufälliges Zusammentreffen, erklärte der Pressesekretär, und es zeige, wie vertraut Roosevelt mit den französischen Entwicklungen sei.

Reynauds Arbeitstag war noch längst nicht zu Ende. Er fuhr weiter zum Schloß Cangé, wo Präsident Lebrun und das Kabinett seit Stunden auf eine Sitzung gewartet hatten. Man war enttäuscht, daß Reynaud nicht von Churchill begleitet wurde. Es kam zu einer stürmischen Diskussion, als Reynaud dem Kabinett mitteilte, er habe den Briten erklärt, daß die französische Regierung Weygands Waffenstillstandsempfehlungen ablehne; einige Minister beklagten sich, da sie gar keine Gelegenheit gehabt hätten, ja oder nein zu sagen. Dann meldete Pétain sich zu Wort, der schweigsame Pétain, und unterstützte Weygands Aufruf zu einem Waffenstillstand; der Oberbefehlshaber zeichnete ein dramatisches Bild vom Ausmaß der Niederlage: der Augenblick sei gekommen, sagte er, die Feindseligkeiten einzustellen und die Flotte nach Nordafrika – außer Reichweite des Feindes – zu schicken.

Weygand hatte noch einen Trumpf im Ärmel: Er gab feierlich bekannt, daß deutsche Vorhuttruppen den Arbeiterbezirk Pantin, knapp außerhalb der nordwestlichen Stadtgrenze von Paris, erobert hätten. Außerdem hätten die Kommunisten in Paris einen Staatsstreich inszeniert, und Parteichef Maurice Thorez habe die Macht übernommen. Die Pariser Polizei und die motorisierten Einheiten seien entwaffnet worden.

Keine Erklärung Weygands hätte das Kabinett stärker erschrecken können. Der Gewährsmann des Generals war sein getreuer Adjutant, Hauptmann Gasser. Dieser hatte mit General Dentz, von dem das Gerücht über die Besetzung von Pantin stammte, und mit einem Offizier des Marineministeriums telefoniert, der ihm die Information über den kommunistischen Staatsstreich geliefert hatte.

Innenminister Georges Mandel entschuldigte sich und verließ den Raum, um zu telefonieren, einen Moment später war er mit Polizeipräsident Langeron verbunden.

»Nichts Neues?« fragte er Langeron.

»Nein.«

»Keine Vorfälle?«

»Keine.«

»Es ist nur...«, begann Mandel.

Langeron war erstaunt über das Zögern seines Ministers und versicherte ihm, daß er »gut informiert und absolut Herr der Lage« sei.

»Also gut«, fuhr Mandel fort. »Ich frage deshalb, weil uns eine wichtige Person gerade mitgeteilt hat, daß Paris in der Hand der Kommunisten ist und Thorez im Elysée-Palast sitzt.«

»Wer kann Ihnen das gesagt haben? Wer es auch war, ich bin überzeugt, daß er einem Komplott zum Opfer gefallen ist. Sie können ihm versichern, daß Paris angsterfüllt, aber ruhig ist. Es hat keine Vorfälle gegeben, und damit ist auch nicht zu rechnen. Die Kommunisten rühren sich nicht, niemand rührt sich...« Thorez sei nicht einmal in Paris, und das einzige Lebenszeichen im Elysée-Palast sei die der Garde Républicaine, die Langeron selbst dorthin geschickt hatte.

Aber das Ereignis war zu wichtig, um einfach vergessen zu werden. Weygand selbst begriff, daß man ihm vorwerfen könne, unwahre Gerüchte verbreitet zu haben, um die Kabinettsmitglieder zu beeinflussen. Er rief Dentz an, um sich in bezug auf den vermeintlichen Staatsstreich ein Dementi geben zu lassen, und meldete dies den versammelten Ministern. Im Zuge späterer Ermittlungen sagten zwei Marineoffiziere aus, sie hätten sich beim Polizeipräsidenten Langeron erkundigt, weshalb das Marineministerium plötzlich von Polizisten bewacht werde, und dieser habe geantwortet, Thorez werde bald im Elysée-Palast sein. Die Offiziere hätten Admiral Maurice Le Luc, dem Generalstabschef von Admiral Darlan, Meldung gemacht; Le Luc habe befohlen, Darlan zu informieren – und dann habe sich Hauptmann Gasser zufällig eingeschaltet ...

Ministerpräsident Reynaud fuhr von Cangé aus nach Tours und sprach um 22.00 Uhr über den Rundfunk zur Nation. »In dem Moment, in dem die Schlacht sich entscheidet«, begann er, »will ich das Heldentum der französischen Armee in die Welt hinausrufen!« Die Seele der Nation sei nicht besiegt. Frankreich habe für alle freien Menschen gekämpft, deshalb habe ein verwundetes Frankreich nun das Recht, die anderen Demokratien um Hilfe zu bitten. »Wir wissen, wie wichtig Ideale für das

Leben des großen amerikanischen Volkes sind. Wird es weiterhin zögern, sich gegen Nazideutschland zu stellen?« Roosevelt habe Frankreich stets unterstützt, doch nun sei erheblich mehr Hilfe erforderlich.

Reynaud erklärte, weshalb die Regierung Paris verlassen habe. »Wir mußten dafür sorgen, daß Hitler die legale Regierung nicht einfach beseitigen und der Welt dann verkünden konnte, Frankreich habe keine andere Regierung als ein Marionettenregime im Dienste Deutschlands.«

Der Zeitungsmann Quentin Reynolds war in Frankreich eingetroffen, um über den Krieg zu berichten, als der Krieg so gut wie vorbei war. Er blieb, um über die Belagerung von Paris zu berichten, doch nun war offensichtlich, daß es keine Belagerung geben würde. Paris war »eine einsame alte Dame« und deshalb keine militärische Priorität. Es konnte »verlassen werden – wenn auch widerwillig«. Und selbst wenn er einen Bericht gehabt hätte, wäre er nicht in der Lage gewesen, ihn abzuschicken. »Ein Reporter ohne Nachrichtenverbindungen ist wie ein Jockey ohne Pferd.«

»Unglaubliches Glück« half ihm, sein Problem zu lösen. Eine Frau, die im selben Café wie Reynolds saß, erzählte den Umstehenden, sie sei an jenem Morgen mit einem winzigen Baby Austin nach Paris gekommen. Sie wolle in Paris bleiben, besitze aber keinen Centime und hoffe deshalb, ihr Auto verkaufen zu können. Reynolds wußte, daß viele Menschen die Stadt seit Wochen vergeblich nach Fahrzeugen abgekämmt hatten, und er kaufte ihr den Wagen sofort ab. Dabei verzichtete er auf eine amtliche Bestätigung des Erwerbs, denn ihm genügte, daß der Wagen einen vollen Tank sowie Platz für einen Rucksack, eine Matratze, eine Schreibmaschine und einen Stahlhelm hatte. Bald hatte Reynolds die Flüchtlingskolonne eingeholt.

Sein Kollege Walter Kerr wanderte immer noch durch die Schattenstadt – eine Stadt ohne Zeitungen und nun auch ohne Banken. In der amerikanischen Botschaft erfuhr er, daß noch zwei- oder dreihundert seiner Landsleute in Paris seien. Das

Amerikanische Krankenhaus war geöffnet, ebenso die beiden amerikanischen Kirchen, die Zentrale der American Legion und das Pariser Büro der Amerikanischen Handelskammer.

Seine Spaziergänge führten ihn auf das Gelände des Hôtel des Invalides. Dort stieg er Treppen hinauf und hinunter und klopfte an die Türen leerer Büros, bis er einem einsamen Major begegnete. Kerr fragte ihn, ob französische Panzerdivisionen im Osten und Süden der Stadt konzentriert seien, aber der Offizier starrte ihn an, als hätte der Journalist den Verstand verloren. Daraufhin erkundigte sich Kerr, ob die Armee in den nördlichen Außenbezirken von Paris Widerstand leisten werde. Das erste, was der Offizier sagte, war: »Es gibt kein Frankreich.« Dann vertraute er Kerr an, daß er Befehl habe, nach Mitternacht in einen nördlichen Vorort zu fahren und dort die Stadt offiziell zu übergeben. Der nicht identifizierte Major dürfte André Devouges gewesen sein, der tatsächlich später mit den Deutschen zusammentraf, um über ihren Einzug zu verhandeln. Kerr hätte einen Exklusivbericht gehabt, wenn er die Information hätte verwerten können.

An diesem Abend dinierte Ferdinand Dupuy, Kanzleichef des Polizeireviers im 6. Arrondissement, mit Kollegen in einem der letzten Bistros im Viertel, als eine neben ihm sitzende Frau begann, auf »das unfähige Gesindel« zu schimpfen, das die Nation in den Ruin getrieben habe. Dupuy erwiderte leise, daß sich die Frau ihren Zorn für Hitler, den Aggressor, aufsparen solle; wenn ein Bandit einen friedlichen Bürger überfalle, mache man nicht das Opfer für dessen Arglosigkeit verantwortlich. Nach dem Essen gingen Dupuy und einige andere Polizisten, die ebenfalls ihren Dienst beendet hatten, zu Fuß durch die Stadt. Er fragte sich, ob Paris jemals so still und so dunkel gewesen war.

Sie hörten bellende Hunde – sicher herrenlose Hunde, die irgend jemand zurückgelassen hatte; das machte das Bild noch um einiges trostloser. Als sie den Hof des Louvre durchquerten, hallten ihre Schritte »wie auf einer leeren Dorfstraße« wider. Auf der Place de la Concorde sahen sie eine Kolonne schwerer Lastwagen, die sich nach Süden bewegte; über die Champs-

Elysées fuhr eine Autoschlange mit verdunkelten Scheinwerfern. Deutsche? Nein, es konnten keine Deutschen sein, schlossen die Polizisten nach kurzer Überlegung. Keine Seele auf den Quais. Weit entfernt, im Osten, ertönte eine Explosion. Widerstand? Aber dann schwieg die Kanone – wenn es eine gewesen war –, und die Beklemmung wuchs.

Auf dem Polizeirevier erfuhr Dupuy, daß vier Wachtmeister und zehn Streifenpolizisten an jenem Abend gegen den Befehl verschwunden waren. Ein anderer Mann, ein Selbstmörder, war zu Hause aufgefunden worden.

Der amerikanische Botschaftsrat Robert Murphy beschloß, einen letzten Spaziergang in der gespenstischen Atmosphäre des noch nicht besetzten Paris zu machen; Commander Roscoe Hillenkoetter, der Marineattaché, begleitete ihn. Die übrigen Mitarbeiter – die, so gut es ging, in der Kanzlei schliefen – ließen sie in der Botschaft zurück.

Vor der Botschaft begegneten sie dem Großrabbiner von Paris mit seiner Frau und zwei Freunden. Das Oberhaupt der jüdischen Gemeinde hatte in der Stadt bleiben wollen, doch die Abreise der Regierung hatte ihn eines besseren belehrt. Ob seine Gruppe in dem Botschaftskonvoi unterkommen könne, der nach Bordeaux aufbrechen solle? Murphy mußte ihm mitteilen, daß die nach Bordeaux verwiesenen Mitarbeiter bereits abgefahren seien, ohnehin hätten deutsche Panzer Paris inzwischen eingekreist. Um ihn zu überzeugen, ließ Murphy den Rabbi mit seinen Begleitern von einem Chauffeur der Botschaft an den Stadtrand fahren. Dort wurden sie zurückgeschickt.

Murphy und Hillenkoetter sahen keinen anderen Menschen auf der Straße. Kein Café war geöffnet, nirgends schimmerte ein Licht. Ab und zu bemerkten sie Artillerieblitze, die aus dem Südosten zu kommen schienen.

Um sieben Uhr abends brachte Botschafter Biddle in Tours eine Nachricht zu Papier, die für Washington chiffriert werden sollte:

Bullitt hat soeben telefonisch gemeldet, daß die deutsche Armee innerhalb der Tore von Paris ist. Die Stadt war ruhig.

Um 23.00 Uhr schickte Bullitt selbst eine Nachricht nach Washington. Er informierte das State Department, daß er in Gegenwart von zwei Zeugen die beiden letzten Geheimcodes in seinem Besitz vernichtet habe.

Der Journalist und Kritiker André Wurmser, damals und später ein überzeugter Kommunist, sollte bald einen Brief erhalten, der auf dem Schreibtisch seiner halbgelähmten Freundin Valentine Prager, einer Gelehrten und reichen Erbin, gefunden wurde. Der Feind, schrieb sie, werde gewiß am nächsten Tag in Paris sein, aber sie wolle bis zum folgenden Tag, dem Sonnabend, warten, bevor sie Selbstmord beging, da sie ein paar ihrer persönlichen Dinge ihrem Hausmädchen schenken wolle. Dieser Tag, der 13. Juni, sei so seltsam, am Himmel stünden schwere schwarze Wolken, und Regen falle in Form von »Rußkatarakten«. Nun, bei Einbruch der Dunkelheit, gebe es keinen Strom. Sie schreibe am Fenster, wo das Licht noch ausreiche, da sich der »Rußberg« nach Osten verlagert habe; sie blicke auf einen grau-rosigen Sonnenuntergang hinaus...

Ich denke mit Entsetzen an die Jahre, die ihr durchleben werdet, meine Freunde. Wie lange wird der Triumph der Diktatoren dauern? Alles, alles ist mir lieber als die abscheulichen Verbrüderungen mit den neuen Herren mitzuerleben... Welche finsteren Jahre stehen nun bevor!

Man kann sich fast in den Geist der höchsten Offiziere des deutschen Generalstabs, der die Übernahme von Paris vorbereitete, hineinversetzen, wenn man den dramatisierten Bericht liest, den ein Stabsoffizier kurz nach den Ereignissen darüber schrieb. In einer Propagandabroschüre, verfaßt in Romanform, schildert Wilhelm Ehmer seinen General: Erich Marcks, den Generalstabschef von General Georg von Küchler, der die 18. Armee befehligte. Marcks betrachtet eine Radierung der Kathedrale

Notre-Dame in einem Schloß bei Chantilly, das damals als provisorisches Hauptquartier diente, und bedauert die Notwendigkeit, Paris anzugreifen, ja auch nur seine Brücken zu zerstören; doch sie seien ein naheliegendes militärisches Ziel, besonders wenn die Franzosen sie benutzen, um ihre Truppen nach Süden in neue Verteidigungspositionen zu verlegen.

In diesem Augenblick betritt General von Küchler den Raum. »... die Truppe würde es nur schwer verstehen, wenn man ihr vor einer großen Siegesmöglichkeit in die Arme fiele«, erklärt Küchler. »Auch hängt Entscheidendes vom Verhalten des Gegners ab. Macht er durch seine weitere Verteidigung die Stadt zum Kampfgebiet, so gleicht die Lage der von Rotterdam.« Georg von Küchler wußte natürlich recht genau, was sich im Mai in Rotterdam abgespielt hatte. »Warschau verweigerte die Kapitulation, Rotterdam verzögerte sie über die gestellte Frist hinaus, Brüssel und auch Oslo ergaben sich jedoch bei unserem Anmarsch, und es fiel ihnen kein Dachziegel herab!« Anscheinend hielt es Küchler für möglich, Paris wie Rotterdam dem Erdboden gleichzumachen.

Doch zur Zeit gab die deutsche Luftaufklärung keinen Aufschluß über französische Truppenbewegungen in Paris oder über Bewegungen in Richtung der deutschen Linien; nur die ungeordnete Flucht verstreuter französischer Einheiten nach Süden war zu beobachten. Luftaufnahmen zeigten Paris ohne irgendein Lebenszeichen. Nur die legendären Monumente waren zu sehen – Monumente der Franzosen und der ganzen Menschheit. Die Stadt war zu groß, als daß man sie hätte umgehen können; der logische Schachzug bestand für die Deutschen deshalb darin, die Brücken zu schonen, damit ihre Truppen den Marsch nach Süden fortsetzen konnten. Keine Einkreisung, ein Frontalangriff war notwendig – es sei denn, die Franzosen kapitulierten. Falls die Deutschen Paris zerstören mußten, würden sie das Recht, »das unversöhnliche Gesetz des Krieges« (Ehmer legt General Marcks' Adjutanten diese Worte in den Mund), auf ihrer Seite haben.

Tatsächlich konnte es zu einer Zerstörungsschlacht kommen, in deren Verlauf die Landschaft um Paris, dann die nördlichen Vororte und schließlich die Ville de lumière selbst mit unabsehbaren Folgen verwüstet werden würden. »Ich kann unseren Truppen nicht in den Arm fallen, und wenn es dabei auch hart zugeht mit Paris!«, zitiert Ehmer den Befehlshaber der 18. Armee. »Man kann den Kuchen nicht essen, ohne ihn zu verzehren!« Er war schon am 12. Juni bereit gewesen, die Stadt anzugreifen. Aber sein Vorgesetzter, Fedor von Bock, schien den Berichten Glauben zu schenken, daß Paris eine offene Stadt sei. Peilgeräte bestätigten, daß keine französischen Militäreinheiten im Norden der Stadt Funksignale ausschickten. Nun erteilte Bocks Heeresgruppe Küchlers 18. Armee den Befehl zum Einmarsch.

✳

Auf seine eigene Initiative hin, ohne Rückfrage bei der Heeresgruppe, beschloß General von Küchler, einen Unterhändler mit präzisen Anweisungen zur Übergabe nach Paris zu schicken. Auch dieser Moment wurde von einem schriftstellernden Stabsoffizier aufgezeichnet: Wilhelm Ritter von Schramm. Er hatte soeben die Landschaft um Chantilly besichtigt und machte sich daran, seine Eindrücke vom Charme der Ile de France festzuhalten, als ihn sein Vorgesetzter, Major Theo Heinrich, fragte, was er zu schreiben gedenke. »Ein paar Zeilen über die Gegend von Paris«, antwortete Schramm. »Ihre Feder wird sich bald einem noch edleren Thema widmen können!«, sagte Heinrich. Dann forderte er Schramm auf, ihn bei einem Sonderauftrag zu begleiten: »Wir werden die Kapitulation von Paris verlangen!«

Um die Mission vorzubereiten, sandte das Hauptquartier dem Militärbefehlshaber von Paris einen unverschlüsselten Funkspruch, in dem ihm mitgeteilt wurde, daß sich ein deutscher Parlamentär um 18.00 Uhr deutscher Zeit (um 19.00 Uhr nach französischer Sommerzeit) an der Kreuzung der Nationalstraßen 1 (Paris–Dünkirchen) und 16 (Paris–Calais), nördlich des Vorortes Saint-Denis, einfinden werde. Man erwarte, daß französische Unterhändler sich dort mit ihnen treffen würden.

Am späten Nachmittag verließ die deutsche Gruppe das Schloß in zwei offenen Fahrzeugen. In dem ersten saßen Wilhelm von Schramm, der als Heinrichs Adjutant fungierte, und ein Unteroffizier mit einer Parlamentärsflagge. Heinrich folgte in dem zweiten Auto zusammen mit einem französisch sprechenden Hauptmann. Bei Fahrtantritt regnete es. Schramm hörte vereinzelte Schüsse, während sie sich den letzten deutschen Positionen vor den französischen Linien näherten. An einer Kreuzung sahen sie Panzerabwehrgeschütze und wurden angehalten. Einige Soldaten dieses vorgeschobenen Regiments warnten die Parlamentäre: Die Schlacht sei noch nicht ganz beendet. Gewiß, der französische Widerstand sei schwach, aber aus jedem Dorf und jedem Gehölz könnten Schüsse abgefeuert werden. Die Emissäre fuhren weiter und erreichten bald den letzten deutschen Vorposten, der mit Maschinengewehren und Panzerabwehrgeschützen ausgerüstet war. Noch weiter vor ihnen befand sich ein Spähtrupp, doch der zuständige Offizier konnte nicht sagen, wo genau er sich aufhielt. Sie hörten Artilleriefeuer.

Bevor die deutschen Unterhändler ins Niemandsland vorstießen, nahmen sie von einer der Kompanien, denen sie begegneten, einen Hornisten mit; er wurde ins erste Auto gesetzt. Der Abend war noch nicht angebrochen, aber der Sturm hatte den Himmel verdunkelt. Schramms dichterisches Gespür ließ ihn das Gespenstische der Situation besonders deutlich empfinden. Die Stille war beunruhigend. Es konnten doch nicht alle Franzosen verschwunden sein, in einigen der Häuser und Gärten an der Straße mußten sich noch feindliche Soldaten verstecken. Hatten die Franzosen den deutschen Funkspruch nicht erhalten?

Schramm achtete darauf, daß die weiße Flagge weiterhin griffbereit war; allerdings schien ihm die Fahnenstange etwas zu kurz. Bestimmt wurden sie von den Franzosen erwartet – damit ließe sich erklären, weshalb die Schüsse verstummt waren. Auf seinen Befehl hin fuhr der erste Wagen schneller. Er nickte dem Hornisten zu, der aufstand und dreimal das Signal zur Feuereinstellung blies. Die Warnung – oder Aufforderung – wurde mit Schweigen beantwortet. Sie konnten nichts anderes tun als weiterzufahren. Gelegentliche dumpfe Explosionen von Geschossen, Flammen, die aus Benzintanks schlugen, und herabrieselnder Ruß zeigten an, daß der Krieg noch nicht ganz vorbei war.

Vor ihnen war die Straße mit einer Barrikade abgesperrt. Schramm befahl seinem Hornisten, das Signal so laut wie möglich zu blasen. Die Fahrzeuge krochen nur noch dahin. Wahrscheinlich, vermutete Schramm, näherten sie sich nun der Kreuzung der Nationalstraßen 1 und 16, und er ließ den Chauffeur anhalten, stieg aus dem ersten Wagen und ging auf die etwa 150 Meter entfernte Barrikade zu, wobei er sich die Zeit nahm, die Häuser am Straßenrand hinter ihren kleinen Vorgärten zu mustern. Plötzlich tauchten neben der Straße Gestalten auf; Schüsse ertönten. Schramm packte die Parlamentärsflagge und brüllte so laut wie möglich: »Halt!« Das Gewehrfeuer nahm zu und zwang die Deutschen, Deckung zu suchen; kurz darauf setzten Maschinengewehre ein.

Die Franzosen schienen blindlings in die Gegend zu feuern, doch der führende Wagen war von mehreren Kugeln getroffen worden. Der Chauffeur des zweiten sprang zurück in sein Fahrzeug und raste davon; Schramm und seine Begleiter wichen zurück und versuchten sich zu decken. Der Feind befand sich nur 200 Meter hinter ihnen, während die erste deutsche Linie fast vier Kilometer entfernt war. Sollten sie bis zum Einbruch der Nacht warten, um zu ihren eigenen Linien zurückzukehren, und dann auf einer anderen Route durchzukommen versuchen? Major Heinrich sammelte seine Männer – es waren sechs Soldaten, den Hornisten eingeschlossen – hinter einer Gartenmauer. Jeder der drei Offiziere hatte eine Pistole mit acht Patronen. Die drei anderen waren unbewaffnet. Nun wurden Artilleriegeschütze gegen sie eingesetzt, und Wilhelm von Schramm kam es vor wie eine Wiederholung von 1918, als er unter Feuer zwischen Häusern hindurch und über Felder gerannt war …

Während sie sich, immer noch zu Fuß, zurückzogen, bemerkten sie verstohlene Bewegungen am Straßenrand. Als sie das Dorf Saint-Brice erreichten, lief ein französischer Soldat vor ihnen über die Fahrbahn. Die drei Offiziere streckten die Arme aus, bereit, ihre vierundzwanzig Pistolenkugeln abzuschießen, doch es fehlte an Zielen. Bevor die Parlamentäre am anderen Ende von Saint-Brice angekommen waren, tauchten deutsche Soldaten auf; sie gehörten zu einer Patrouille, die ausgeschickt worden war, als das Feuer beunruhigend zu klingen begann.

In der Romandarstellung des Vorfalls erklärt Wilhelm Ehmer, daß die französischen Soldaten an der Barrikade »Neger« – also »Wilde« entsprechend der nationalsozialistischen Ideologie – gewesen seien. Als die Deutschen versuchten, zwei weiße Gefangene zur Barrikade zurückzuschicken, um die Friedensmission zu erklären, hätten sich die Franzosen geweigert, weil sie befürchteten, daß die Schwarzen ihnen die Kehle durchschneiden würden. Die Frage blieb, was man von dem Angriff auf die Unterhändler zu halten hatte. War dies ein Zeichen dafür, daß Paris weiterhin Widerstand leisten würde? Oder war es einfach ein Mißverständnis, entstanden aus der allgemeinen Verwirrung? In Ehmers Version argumentiert General Marcks, es sei unmöglich, ständig die Interessen des Feindes im Auge zu haben, woraufhin ein Hauptmann einwendet, das Schicksal von Paris dürfe nicht von einem »Übergriff untergeordneter Subjekte« abhängen. In diesem Moment trifft General von Küchler ein. Er wünscht, daß seine Männer Paris bei Tagesanbruch angreifen, denn: »Stellen Sie sich bitte den Vorfall mit entgegengesetzten Fronten vor – die Franzosen würden schon nach einer halben Stunde ihre Bomben auf Berlin werfen.« Er hat einen Armeebefehl bei sich, der nur noch unterschrieben zu werden braucht; darin ist von einem »rücksichtslosen Angriff zum frühestmöglichen Zeitpunkt« die Rede. »Die Pariser können froh sein, wenn wir auf eine unmittelbare Vergeltung verzichten!« (Der von Wilhelm Ehmer porträtierte Küchler ist derselbe General, der nur einen Monat zuvor – im wirklichen Leben, nicht im Roman – Rotterdam dem Erdboden gleichgemacht hat.)

Nun ist es sein Generalstabschef, Erich Marcks, der ein milderes Vorgehen empfiehlt: »Wenn weiße Franzosen auf unseren Parlamentär geschossen hätten, wäre dies ein völkerrechtliches Vergehen von besonderer Schwere gewesen… Da es aber Neger waren, Menschen ohne soldatische Moral, so könnte man doch vielleicht noch zu einer anderen Schlußfolgerung gelangen.«

Marcks setzte sich durch, und die Deutschen gaben Paris eine weitere Chance. Aber Georg von Küchler ging auf Nummer Sicher: Er befahl den massiven Angriff auf Paris für neun Uhr am Morgen des 14. Juni. Schließlich würde er genug Zeit haben, den Befehl rückgängig zu machen.

Am Mittag des 13. Juni hatte General Henri Dentz zugesehen, wie sein Vorgänger Pierre Héring vom Hôtel des Invalides abfuhr, um zu seinen Truppen zu stoßen. Dann ließ sich Dentz unter einem »Katastrophenhimmel« durch die Stadt chauffieren, deren Sicherheit nun in seinen Händen lag. Er unterhielt sich kurz mit dem Polizeipräsidenten Langeron und dem Seine-Präfekten Villey, um Maßnahmen zur Verhinderung von Plünderungen abzusprechen.

Kurz nach 17.00 Uhr erhielt General Dentz den Text des deutschen Funkspruchs, in dem er aufgefordert wurde, Unterhändler zu dem Treffpunkt im Norden von Saint-Denis zu entsenden. Er beschloß, die Nachricht zu ignorieren, denn als Militärbefehlshaber einer offenen Stadt war er nicht verpflichtet, Kontakt mit dem Feind aufzunehmen. Er hatte einzig und allein die Ordnung aufrechtzuerhalten – mehr nicht. Die Deutschen würden ohnehin kommen, und sie würden mit dem Militärbefehlshaber anstellen, was sie wollten, aber er würde keinen Unterhändler zu ihnen schicken.

Vorsichtshalber telefonierte er jedoch mit dem Hauptquartier an der Loire und erläuterte seinen Standpunkt: daß der Befehlshaber einer offenen Stadt nicht befugt sei, in einen Dialog mit dem Angreifer einzutreten, sondern nur Mitteilungen entgegennehmen könne. General Georges stimmte ihm zu. Dann, um 19.00 Uhr, erhielt Dentz einen Anruf von General Weygand – und dieser Anruf erfüllte den Militärbefehlshaber, der ohne schriftliche Anweisungen in Paris geblieben war, um sich gefangennehmen zu lassen, mit persönlicher Genugtuung. »Sind die Deutschen da?« fragte Weygand.

»Nein, Monsieur le Général, noch nicht. Aber sie werden heute abend oder morgen hier sein. Gegenwärtig sind sie in Pantin und in Aubervilles. Sie haben mich aufgefordert, ihnen Parlamentäre zu schicken. Ich habe nicht geantwortet.«

»Das war richtig«, lobte Weygand. »Keine Vorfälle in Paris? Ist die Stadt ruhig?«

»Sehr ruhig, unheimlich ruhig. Ich habe Wachen am Polizeipräsidium und am Rathaus aufstellen und Plakate aufhängen lassen, auf denen die Pariser Bürger gebeten werden, ihre Würde zu bewahren.«

Nun ging auf den Funkempfängern der Polizei eine weitere Nachricht ein: Die deutschen Unterhändler seien beschossen worden; ein französischer Parlamentär solle am nächsten Morgen um fünf Uhr (natürlich deutsche Zeit) nach Sarcelles, genau im Norden des früheren Treffpunktes, kommen. Andernfalls werde man die Offensive gegen Paris einleiten.

Durch einen Irrtum des Polizeiübersetzers wurde »beschossen« im Französischen als »erschossen« wiedergegeben. Bis an ihr Lebensende blieben Dentz und Langeron, ganz zu schweigen von etlichen Kriegshistorikern, überzeugt, daß die Franzosen einen deutschen Friedensunterhändler getötet hatten. Diese deutsche Nachricht – jedenfalls in der entstellten Form, in der Dentz sie erhielt – schien weitere Überlegungen notwendig zu machen. Dentz brütete eine Stunde über dem Text. Am Ende gab er nach. Er konnte die Verantwortung für einen deutschen Angriff auf Paris – Langrohre gegen die Stadt – nicht übernehmen.

Nun befahl er einem seiner noch verbliebenen Stabsoffiziere, Major André Devouges, einen Leutnant als Dolmetscher mitzunehmen und sich zum Treffpunkt aufzumachen. Als der Funkspruch an die Deutschen sendebereit vorlag, war es zwei Uhr morgens. Dentz teilte den Deutschen mit, daß sein Emissär um sechs Uhr deutscher Zeit erscheinen werde.

Aus Major Devouges' Bericht an Dentz (entdeckt von dem Historiker Pierre Bourget) wird das Elend der unglücklichen französischen Offiziere deutlich, die man in Paris zurückgelassen hatte. Es wurde 2.40 Uhr in der Nacht vom 13. auf den 14. Juni, bevor der Major starten konnte; vorsorglich hatte er seinen Wagen mit einer weißen Fahne ausgestattet. Sein Dolmetscher und er machten kurz halt in einer Garnison an der Rue de Babylone, um einen Angehörigen der Garde Républicaine, der ihnen als Hornist dienen sollte, aus dem Schlaf zu rütteln. Sie rasten die Champs-Elysées hinauf, bogen in die Avenue de Wagram ein und fuhren nordwärts dem Stadtrand entgegen. Dann – die weiße Fahne flatterte im Wind – wurden sie langsamer, um nicht von schießwütigen französischen Soldaten aufs Korn genommen zu werden. In Saint-Ouen wurden sie aufgehalten und gewarnt: sie würden auf die Nachhut eines Infanterieregiments stoßen;

das geschah kurz darauf. Der befehlshabende Offizier ließ sich Devouges' Papiere zeigen und erkundigte sich, ob der Major zu Waffenstillstandsverhandlungen unterwegs sei. Dieser verneinte.

Der umsichtige Devouges hielt noch einmal – auf eigenen Wunsch – an der Kaserne von Saint-Denis, um sich zu überzeugen, daß dort keine französischen Soldaten mehr waren. Außerdem vergewisserte er sich, daß man an der Panzersperre nördlich von Saint-Denis, an der Straße nach Creil, weder Männer noch Geschütze vergessen hatte. Später entdeckte er an der Kreuzung der Nationalstraßen 1 und 16, wohin die Deutschen ihre ersten Parlamentäre entsandt hatten, eine immer noch verminte, von einer Reihe Lastwagen geschützte Panzersperre. Die Franzosen erreichten Sarcelles um 5.45 Uhr; die Deutschen trafen Minuten später ein. Sie forderten Devouges und seine Begleiter auf, ihnen nach Ecouen – ein Dorf achtzehn Kilometer nördlich von Paris – zu folgen.

Unterdessen verteilte General von Küchlers Stab Befehle für die Offensive gegen Paris, die an diesem Morgen um neun Uhr beginnen sollte. Generalstabschef Marcks hatte einen Gefechtsstand in Ecouen eingerichtet, von wo aus die Straße nach Paris kontrolliert werden konnte. Das alte Dorf besaß ein prächtiges Renaissanceschloß, doch Marcks hatte ein näher an der Straße liegendes Herrenhaus ausgewählt; laut Wilhelm von Schramm war es »fast ein Schloß«. Es gehörte einer ortsansässigen Familie (und wurde später, da es groß genug war, in eine Mädchenschule umgewandelt).

Die Franzosen wurden in einen großen Salon (eigentlich das Musikzimmer) mit Konzertflügel geführt. Schwerer Nebel hielt das Tageslicht zurück. Die Deutschen zündeten Kerzen in Kandelabern an, wie Schramm berichtet. In Major Devouges' weniger sentimentaler Erinnerung hatte man die Kerzen einfach auf umgedrehte Gläser gestellt. Nur der Blick aus dem Fenster beeinträchtigte die Stimmung: deutsche Panzer, mit Ästen getarnt, parkten auf dem Rasen.

Natürlich gab es keine Verhandlungen; die Deutschen verlasen lediglich ihre Bedingungen. Devouges schrieb sie anhand der Übersetzung des Dometschers nieder:

I. Damit Paris keine Gefechtszone wird, verlangen wir:
   1. daß innerhalb von Paris und bis zu einer Linie von
      Saint-Germain über Versailles, Juvisy und Saint-Maur
      nach Meaux weder von der Armee noch von der
      Bevölkerung Widerstand geleistet wird;
   2. daß innerhalb von Paris weder Brücken noch öffentli-
      che Versorgungsbetriebe (besonders Wasser und
      Elektrizität), noch Rundfunkeinrichtungen zerstört
      werden. Wenn der Generalgouverneur diese friedliche
      Lösung nicht garantieren kann, wird der Widerstand
      der Stadt mit den rigorosesten Mitteln, zu Lande und
      und in der Luft, gebrochen werden.
      Im Interesse der Aufrechterhaltung von Ordnung und
      öffentlicher Ruhe wird vereinbart:
   1. daß die städtische Polizei, die ihren Dienst weiter
      versieht, die Verantwortung für den Schutz vor
      Verbrechern, Plünderern etc. sowie für die Verhin-
      derung von Sabotage übernimmt;
   2. daß die Bevölkerung vom Moment des Einzugs der
      deutschen Truppen in die Stadt für achtundvierzig
      Stunden ihre Häuser nicht verläßt.
II. Das deutsche Oberkommando erkennt an, daß der Gene-
    ralgouverneur von Paris nur innerhalb der Zone, die auf
    der beigefügten Karte kenntlichgemacht ist, für die
    Einhaltung der oben angeführten Bedingungen verant-
    wortlich sein wird.
III. Der Generalgouverneur wird versuchen, mit dem franzö-
     sischen Oberkommando Kontakt aufzunehmen und
     sicherzustellen, daß die französischen Streitkräfte unter-
     halb der in Abschnitt I Absatz 1 angegebenen Linie blei-
     ben.

André Devouges hörte sich die Bedingungen mit zusammenge-
kniffenen Lippen an und unterbrach nur hin und wieder, um sich
zu vergewissern, daß er seinen Dolmetscher richtig verstand.
Am Ende der Lesung hatte er nur einen Einwand: Bei der
Diskussion über einen Waffenstillstand könne er lediglich für
Paris sprechen, das in den Zuständigkeitsbereich des Militärbe-

fehlshabers gehöre, nicht jedoch für das gesamte Gebiet, das sich im Süden der Stadt bis nach Meaux erstrecke. In diesem Fall, erwiderte der deutsche Parlamentär, habe es keinen Zweck, die Gespräche fortzusetzen. Entweder erlangten die Franzosen vor neun Uhr eine Garantie von ihrem Oberkommando – oder man werde Bomben auf Paris werfen. Der französische Major protestierte, da keine Antwort so rasch eintreffen könne. Aber der Deutsche blieb hart: Für seinen Befehlshaber sei dies eine wesentliche Bedingung.

Devouges ließ sich nicht einschüchtern. Er versprach, daß es keinen Widerstand geben werde – nicht einmal in den Vororten südlich von Paris, um die sich die Deutschen Sorgen machten. Außerdem wies er darauf hin, daß man Vollstreckungsprobleme haben werde, wenn man den Parisern ein achtundvierzig Stunden dauerndes Ausgangsverbot auferlege; schließlich halte sich nun eine große Zahl von obdachlosen Flüchtlingen in der Stadt auf, gar nicht zu reden von der Bewegungsfreiheit, die den Mitarbeitern der wesentlichen öffentlichen Dienste zugestanden werden müsse. Und wie sollten sich die Menschen ernähren, wenn sie das Haus nicht verlassen dürften? Zu diesem letzten Punkt erklärten die Deutschen, daß die Pariser, wenn man sie im voraus unterrichte, entsprechende Vorräte anlegen könnten.

Der deutsche Chefunterhändler verließ den Raum, um das Stabshauptquartier anzurufen. Doch zuvor stieß er noch eine Drohung aus, wie Schramm verzeichnet: Falls er nicht innerhalb einer Stunde zurückkehre, könne man die Gespräche als gescheitert betrachten; dann würden deutsche Bomber Paris angreifen und deutsche Kanonen beginnen, die Stadt zu beschießen. Der Franzose antwortete nicht. Es war nun 6.30 Uhr deutscher Zeit, also zweieinhalb Stunden vor dem Beginn der geplanten Offensive gegen Paris.

Nachdem der deutsche Chefunterhändler gegangen war, steckten sich die anderen – Deutsche wie Franzosen – Zigaretten an. Man plauderte ein wenig, aber Schramm bemerkte, daß die beiden französischen Offiziere wie gebannt auf die Wanduhr starrten. Als die Motoren der deutschen Panzer vor dem Fenster angelassen wurden, schraken die Franzosen zusammen.

Der deutsche Unterhändler kam fünfundfünfzig Minuten

später (nach Schramms Berechnung) zurück. Er hatte gute Nachrichten: Die Frage der Waffenstillstandslinie südlich der Stadt solle den Triumphzug der Deutschen in die feindliche Hauptstadt nicht aufhalten – in die Hauptstadt einer Welt, die alles verkörperte, was sie ablehnten und insgeheim begehrten. Totenstille herrschte, während beide Seiten das Protokoll paraphierten. Nur die Kerzen, dachte Schramm, wirkten lebendig. »Paris hat kapituliert!« rief seine Ordonnanz, rannte hinaus in den Garten und umarmte den ersten Panzerfahrer, dem er begegnete. Bald hatten sich alle Panzerbesatzungen versammelt; die Hurrarufe hätten wahrscheinlich nicht mehr lange auf sich warten lassen.

Aber in diesem Moment öffnete sich die Haustür. Die beiden französischen Offiziere erschienen und schritten zu ihrem Wagen. »Achtung!« ertönte das Kommando, die deutschen Soldaten rissen die Hand an die Stirn und salutierten dem besiegten Feind. Dann gingen sie auseinander, um die Jubelfahrt nach Paris vorzubereiten.

Ein Deutscher war überzeugt, daß er allein einen Teil des Vermächtnisses der Menschheit vor der Zerstörung bewahrt hatte. Als General Georg von Küchler im Laufe der Nürnberger Prozesse 1948 zusammen mit dreizehn anderen hohen Offizieren angeklagt wurde, während des Feldzugs gegen die Sowjetunion zivile und militärische Häftlinge mißhandelt zu haben, appellierte er an die französischen Militärbehörden: Sie sollten ihm helfen nachzuweisen, daß er trotz der Beschießung seiner Friedensparlamentäre Paris gerettet, Blutvergießen auf beiden Seiten vermieden und kostbare Kulturschätze vor der Vernichtung bewahrt habe.

Niemand im befreiten Frankreich eilte ihm zu Hilfe. Küchler wurde von einem amerikanischen Militärgericht zu zwanzig Jahren Haft (später verkürzt auf zwölf Jahre) verurteilt. In einer hagiographischen Darstellung seiner Karriere in der *Neuen Deutschen Biographie* wird Küchler als ein Mann geschildert, der die Nazis im tiefsten Inneren ablehnte, der sich gegen SS-Verbrechen wandte und bemüht war, die Folgen der niederländischen Kapitulation zu mildern.

38

Freitag, 14. Juni

In seinem Bericht über den deutschen Einmarsch in Paris begleitet der Soldat und Autor Wilhelm Ehmer die ersten deutschen
Stabsoffiziere, die auf der Höhe von Saint-Denis überraschend
einen Blick auf die besiegte Stadt erhielten:

>In der schon warmen Junisonne lag es [Paris] da, ein graues
Steinfeld von unübersehbarer Ausdehnung. Im Hintergrund
zur Linken wölbte sich die dunkle Kuppel des Panthéon auf
dem Hügelzug des Montparnasse, zur Rechten stach der
Eiffelturm nadelspitz in den seidenblauen Himmel.
>Da liegt es!«, sagte der Chef, und seine raumgreifende
Armbewegung schien mit einem einzigen Zupacken von der
Beute Besitz zu ergreifen.»Von hier aus hielten einstmals
Könige Ausschau, hier standen Blücher und Yorck, Bismarck
und Moltke.«

Aber es wurde Zeit, weiter vorzurücken. Die Reihe der
Befehlsfahrzeuge schloß bald zu einer Kompanie von Krad-
schützen auf und ließ sich von ihr eskortieren; durch leere Straßen hielten sie Einzug in Paris.
Allerdings waren die Straßen nicht ganz leer, denn an den
Kreuzungen standen gaffende Menschengruppen. Ehmer
notierte:»Die Pariser Arbeiter, ihre Frauen und Kinder vertrauten den Siegern in fassungslosem Staunen« – jedenfalls war dies
der Eindruck, den die leichtgläubigen Sieger hatten. Hier und da
sah man Polizisten,»den weißen Gummistab in der Hand, letzte
Hüter einer Ordnung, die nun von einer neuen Hand gelenkt
werden sollte«.
General Marcks ließ seinen Fahrer in die Hauptstraße einbie-
gen, die zur Gare du Nord führte.»Hier trifft man sonst mit dem

Zug aus Deutschland ein«, rief er, um die Fahrt für seine untergebenen Offiziere interessant zu machen. Auf dem Boulevard Sebastopol, auf dem sie immer tiefer »in das Herz der Stadt« eindrangen, war »bis auf einige stumme Polizeibeamte kein Mensch zu sehen«. Ausgestorbene Straßen, verschlossene Häuser und verrammelte Läden ... Der Konvoi überquerte die Seine und kam mit quietschenden Bremsen auf der zweiten Brücke, dem Pont Saint-Michel, zum Stehen, denn von hier aus bot sich ein Blick auf die nahegelegene Kathedrale Notre-Dame. Die Deutschen betrachteten die alten Steine auf dem Fluß – »Steine und Wasser, die gleichen wie vor siebenhundert Jahren«. General Marcks rühmte den Anblick, und niemand dürfte ihm widersprochen haben.

Dann wurde es ernster, denn Truppen, die sich nach Süden zur letzten Front bewegten, mußten Paris über den Boulevard Saint-Michel und durch die Porte d'Orléans durchqueren. Eine zweite Heeressäule marschierte weiter im Westen durch die Stadt, was ihr die Möglichkeit bot, über die Place de la Concorde zu ziehen. Eine dritte Säule durchquerte Paris noch weiter westlich, am Arc de Triomphe vorbei und über die Champs-Elysées. General Marcks war dort, um sie zu inspizieren. Am Triumphbogen ließ er seinen Fahrer anhalten und stieg mit seinem Adjutanten aus, um den Unbekannten Soldaten zu ehren. Die ewige Flamme war erloschen, wie sich Ehmer erinnerte. Später sollte der am Grab stehende Wächter beschwören, daß die Flamme immer gebrannt hatte.

Kurz darauf traf General Küchler ein, der seinen Vorgesetzten, General Fedor von Bock, begleitete.

»Für eine kurze Weile«, berichtet Ehmer, »stockte der feldgraue Zug, die Truppen formierten sich, Musik erklang, und mit wuchtiger Kraft begann der Vorbeimarsch vor den siegreichen Heerführern – der Marsch von Paris, der Marsch zur Vollendung und Krönung des Sieges.«

Generalleutnant Bogislav von Studnitz, dessen 87. Infanteriedivision die Ehre hatte, Paris zu besetzen – und nicht einfach nur durch die Stadt hindurchzumarschieren –, stand genau um neun

Uhr (deutscher Zeit) bei Bondy auf der Brücke über den Ourcq-Kanal. Er, der nie einen Fuß auf den Boden von Paris gesetzt hatte, teilte verschiedenen Einheiten bestimmte Sektoren der Stadt zu. Er sorgte dafür, daß sich die Musikkorps an der Spitze der Division befanden, »damit der feierliche Einmarsch der Regimenter in Frankreichs Hauptstadt unter klingendem Spiel erfolgen kann«.

Die Panzerjägerabteilung 187, die während des Vorstoßes auf Paris oft als Vorausabteilung der Division eingesetzt worden war, erhielt den ehrenvollen Auftrag, als erste deutsche Truppe in Paris einzuziehen und die wichtigsten Regierungsgebäude zu besetzen. Als erstes wuschen die Männer ihre Fahrzeuge und sich selbst im Wasser des Kanals, um in Paris einen möglichst sauberen Anblick zu bieten.

Dann durchquerten sie die Vororte Noisy-le-Sec und Montreuil, mitten durch den am Freitagmorgen stattfindenden Markt. Überraschte Passanten starrten ungläubig auf die anrollende Marschkolonne. Als sie begriffen, wessen Kolonne es war, rissen sie ihre Kinder von der Straße und schlugen Türen und Fenster zu. Doch nach reiflicher Überlegung – da nichts Schreckliches geschah – öffneten sie ihre Türen wieder und kehrten auf die Straßen zurück. Place de la Nation, Place de la Bastille… Auf der Place de l'Hôtel de Ville fuhr die Panzerabteilung geschlossen auf. Der Kommandeur verließ sein Fahrzeug und schritt über das Pflaster zum Haupteingang des Rathauses. Er wurde offensichtlich erwartet, denn livrierte Diener rissen die breiten Flügeltüren auf. Der Offizier erklärte: »Ich habe die Ehre, als Kommandeur der ersten, die Stadt Paris besetzenden deutschen Truppe Ihnen, Herr Präfekt, einen Auftrag meines Divisionskommandeurs zu überbringen.«

Damit war der Form Genüge getan. Jetzt trat der Dolmetscher vor, um dem Präfekten Achille Villey mitzuteilen, daß General von Studnitz ihn im Laufe des Morgens im Hotel Crillon erwarte, wo der General Quartier beziehen werde. Der Präfekt, den die Deutschen als einen schlanken, zierlichen Mann beschrieben, trug einen Frack und ein blutrotes, breites Ordensband. Villey nickte hastig und ließ sich den Namen des Divisionskommandeurs mehrmals buchstabieren, bevor er ihn no-

414

tierte. Trotzdem sprachen die meisten zeitgenössischen Historiker von »Stutnitz«.

Während der Begegnung des Präfekten mit dem deutschen Offizier holten Soldaten die Trikolore auf dem Rathaus nieder und hißten die deutsche Flagge. Die Deutschen meinten, ein halblautes Stöhnen zu hören – inzwischen hatte sich eine neugierige Menge um das Rathaus versammelt –, während das Hakenkreuzsymbol langsam am Flaggstock hochstieg.

✳

Als Polizeipräsident Langeron sein Büro früh am Morgen betrat, überlegte er, wie der Tag enden werde. Er war schließlich kein beliebiger Polizeipräsident, sondern der Hüter des demokratischen Paris, der als Ermittler in etlichen Fällen von Verschwörung gegen die Republik tätig gewesen war – Verschwörungen, an denen häufig Nazi-Sympathisanten beteiligt waren. Er konnte sofort verhaftet und nach Deutschland gebracht werden, aber vorläufig hatte er seinen Auftrag zu erfüllen.

Um 7.45 Uhr informierte man ihn, daß vier deutsche Offiziere in den Hof des Polizeipräsidiums gefahren seien. Wenige Minuten später standen zwei hohe Offiziere vor seinem Schreibtisch. Doch zunächst hatten sie an der Tür eine höfliche Pause gemacht und, fast respektvoll, salutiert. Auf französisch forderten sie den Polizeipräsidenten auf, um elf Uhr zu einem Treffen mit dem Kommandeur der Besatzungsarmee im Hotel Crillon zu erscheinen.

Es war fast acht Uhr, als die ersten Deutschen im Büro des Militärbefehlshabers auftauchten. Oberst Groussard hatte zuerst Infanteriekolonnen gesehen, die auf dem Weg nach Süden am Hôtel des Invalides vorbeimarschierten, und danach hatten deutsche Verkehrspolizisten Position an wichtigen Kreuzungen bezogen. Er beobachtete, daß der deutsche Soldat, der an der Ecke der Rue de Grenelle postiert war, bald von Parisern umringt wurde, die versuchten, ihn in ein Gespräch zu verwikkeln; einige scherzten sogar mit ihm. Es war Groussards erste persönliche Erfahrung mit dem, wie er meinte, schockierenden Verhalten vieler Pariser Bürger.

Die Deutschen, die nun sein Büro betraten, hatten einen seltsamen Auftrag. Sie forderten ihn auf, ihnen die von den Franzosen im Ersten Weltkrieg erbeuteten deutschen Fahnen auszuhändigen. Es schien, als hätten sie diesen Besuch seit zweiundzwanzig Jahren geplant.

General Dentz entgegnete mit fester Stimme, daß er nicht wisse, wo die deutschen Fahnen sich befänden. Diese Antwort stieß auf Mißfallen, und sofort nahmen die Soldaten im Gebäude eine drohende Haltung ein. Zwei behelmte Männer mit Maschinenpistolen kamen sogar in den Raum, wo Dentz und Groussard das Gespräch führten. Währenddessen zogen draußen immer mehr Soldaten auf. Der Anblick, die fremden Laute, verstärkten den Eindruck bei den französischen Offizieren, in eine unmögliche Situation geraten zu sein.

Nach einer Stunde stand Groussard auf, um sich sein Zigarettenetui aus seinem Büro zu holen; er wurde angebrüllt, sich wieder hinzusetzen. Ein Leutnant trat ein, um zu melden, daß er die Telefonverbindungen kappen solle, aber er werde sich zufriedengeben, wenn die Franzosen versprächen, die Telefone nicht zu benutzen. Groussard entgegnete, er werde niemandem sein Wort geben; sie könnten die Telefondrähte durchtrennen, wenn sie wollten. Der Leutnant blieb im Zimmer und schickte die Soldaten hinaus.

Die Atmosphäre änderte sich, als General von Studnitz' Abgesandter mit der Aufforderung an General Dentz eintraf, den Kommandeur im Crillon aufzusuchen. Dentz hatte keine Einwände – im Gegensatz zu Oberst Groussard: Er erklärte Dentz, daß er persönlich sich nicht von der Stelle rühren werde. Denn wenn sie am hellichten Tage zum Crillon gingen, würden sie sich zur Zielscheibe des Spottes von ganz Paris machen. »Es ist erniedrigend und lächerlich für einen französischen General und Obersten, sich in Uniform – mit leeren Händen und unbewacht – durch eine vom Feind besetzte Stadt zu bewegen.«

»Wir werden bestimmt von einem deutschen Offizier begleitet«, gab Dentz zurück.

»In diesem Fall müssen wir bereit sein, uns als Kriegsgefangene betrachten zu lassen. Aber nach internationalem Recht sollten wir nicht als Gefangene, sondern als Friedensunterhändler behandelt werden.«

Der deutsche Leutnant, der bei ihnen saß, ließ sich nun zum Hotel Crillon durchstellen. Nachdem er eine Weile mit einem anderen Offizier – vielleicht mit Studnitz selbst – gesprochen hatte, ließ er General Dentz wissen, daß sich der deutsche Kommandeur einverstanden erklärt habe, das Treffen auf 22.00 Uhr zu verschieben. Er setzte hinzu: »Sie werden nicht begleitet.«

Am Mittag war der Panzerjägerkommandeur in der Lage, General von Studnitz zu melden, daß die Besetzung des Stadtzentrums abgeschlossen sei. Er kam gerade rechtzeitig, um die Parade der 9. Infanteriedivision zu beobachten, die auf der Place de la Concorde an General von Küchler vorbeizog.

Walter Kerr stand an diesem Morgen um vier Uhr auf. Er stieg vor dem Hotel Lancaster an der Rue de Berri auf sein Rad, fuhr zur Place de la Concorde und wartete dort. Andere amerikanische Reporter waren zu ihm gestoßen, bevor die Deutschen auftauchten. Als erste kamen zwei Kradkundschafter, gefolgt von zwei Befehlsfahrzeugen; sie rasten die Champs-Elysées hinunter, überquerten die Place de la Concorde und hielten vor dem altehrwürdigen Crillon an. Die Deutschen hämmerten an das schwere Portal des Hotels, während weitere deutsche Fahrzeuge – einige von den Champs-Elysées, andere von der Rue Royale her – auf dem Platz erschienen. Inzwischen dämmerte es. Dann kam jemand herbei, der die Hoteltür aufschloß.

Kerr fuhr mit dem Rad zu seinem Büro im Gebäude des *Herald Tribune*, um einen Artikel zu tippen, den er hoffte, irgendwie abschicken zu können.

Der Finanzdirektor Eugène Depigny war ein offizieller Zeuge des Wirrwarrs am Rathaus. Er sah, wie die deutschen Panzerjägerbatterien von der Rue du Temple her eilig auf den Platz rollten und sich an strategisch wichtigen Punkten postierten, als würde das Rathaus von feindlichen Streitkräften verteidigt. Sogar Panzerabwehrgeschütze wurden in Stellung gebracht und auf die beiden Haupttore gerichtet, und sie blieben schußbereit, solange die deutschen Offiziere in dem Gebäude waren und mit Präfekt Villey sprachen. Bald begann der Einmarsch der deutschen Truppen – eine anscheinend endlose Parade über die Avenues von Norden nach Süden. »Grün, grau, grün, grün, immer grau, immer grün – bis zum Erbrechen!« Fast alle Deutschen wirkten frisch, und ihr Kriegsgerät sah frisch lackiert aus, wie eben erst ausgepackt.

Den Behördenvertretern, die dieses Schauspiel gleichsam auf Logenplätzen miterlebten, war klar, daß die erschöpften französischen Heere den verlorenen Boden nicht zurückgewinnen konnten. Desto wichtiger schien es, mit allen Kräften an Paris festzuhalten, und die Angestellten des Rathauses waren dazu bereit. Nur zwei Prozent von ihnen hatten ihren Arbeitsplatz verlassen; die meisten waren Frauen mit kleinen Kindern, die evakuiert werden mußten, junge Mädchen, die ihren Eltern folgten, und Männer, die bald im wehrpflichtigen Alter sein würden.

Ein französisches Bataillon, das unvorsichtig genug gewesen war, Paris auf dem Rückzug zu durchqueren, war immer noch auf dem Weg durch die Stadt, als die Deutschen ein Stadttor nach dem anderen einnahmen. Dem Bataillonskommandeur gelang es, dem Vorsteher des Polizeireviers im 14. Arrondissement eine Nachricht zukommen zu lassen. Der Vorsteher machte sich sofort zur Porte d'Orléans auf und fand einen Vorwand, um die dort stehende deutsche Einheit abzulenken, während andere Polizeibeamte das unglückselige französische Bataillon durch die seltener benutzte Porte d'Arcueil aus der Stadt geleiteten.

Die motorisierte Gendarmerie war nun eine anomale Erscheinung. Sie gehörte zur Polizei, war jedoch dem Verteidigungsministerium unterstellt und bildete zu Kriegszeiten praktisch eine Militäreinheit. Sie war im Norden von Paris stationiert, und ihr Befehlshaber Georges Benoît-Guyod verfolgte die Entwicklungen an diesem Morgen über das Telefon. Zuerst erfolgte die Entwaffnung der Garde Républicaine, dann die der städtischen Polizei. Ein Zivilist näherte sich dem Garnisonstor auf dem

Fahrrad, um den Befehlshaber zu unterrichten, daß die Deutschen über den Boulevard Victor-Hugo in Clichy eintrafen. In diesem Moment entdeckte Benoît-Guyod auf der Avenue des Grésillons Soldaten eines französischen Artillerieregiments, die sich verirrt zu haben schienen. Sie wußten nicht einmal, daß Paris eine offene Stadt war. Er lud sie zu einem Imbiß in die Garnison ein.

Das Telefon klingelte. Benoît-Guyods Oberst bestätigte den Einzug der Deutschen in die Stadt; die Militärregierung habe befohlen, keinen Widerstand zu leisten. Auch dürften in dieser Nacht kein Streifenfahrten gemacht werden; die Männer sollten, wenn möglich, innerhalb des Gebäudes bleiben. Sogar der bewaffnete Wachtposten am Tor sei durch eine einfache Ordonnanz zu ersetzen. Zwei Stunden später erging ein neuer Befehl: Die Gendarmen könnten ihre regelmäßigen Patrouillen wieder aufnehmen. Da ihre dunkelblauen Uniformen denen der städtischen Polizei ähnelten, werde niemand sie fälschlich für Soldaten halten. Wenn jemand nach ihrer Identität fragte, sollten sie laut antworten: »*Gendarmerie française!*«

Als Benoît-Guyod hinausfuhr, um einen Wachtposten an einem Treibstofflager in Saint-Denis aufzustellen, sah er sich plötzlich zwei mit Maschinengewehren bewaffneten Deutschen gegenüber. Daraufhin rief er: »*Gendarmerie française!*«, und wurde mit freundlichem Nicken, von einem Unteroffizier sogar einem Lächeln, bedacht.

Louis Lochner war seit einem Dutzend Jahren als Chefkorrespondent von Associated Press in Berlin akkreditiert. Nun begleitete er die deutschen Truppen bei ihrem Marsch durch Europa, doch der Anblick der Geisterstädte Belgiens und Nordfrankreichs hatte ihn nicht auf das vorbereitet, was er am nächsten Tag in Paris vorfinden sollte. Er hatte ein vitales Paris gekannt.

Wer je in Paris gewesen ist [telegrafierte er der Zeitschrift *Life*], stelle sich dieses Bild vor: auf der Place de la Concorde kein Karussell hupender Autos, brüllender Zeitungsverkäufer, gestikulierender Polizisten und fröhlich plaudernder

Fußgänger, wie es diesen prächtigen Platz gewöhnlich kennzeichnet. Statt dessen deprimierende Stille, nur ab und zu unterbrochen vom summenden Motor eines deutschen Offizierswagens, der zum Hotel Crillon, wo man hastig eine deutsche Kommandantur eingerichtet hat, unterwegs ist. Am Fahnenmast des Hotels flattert das Hakenkreuzsymbol in der Brise; in den Tagen von 1919, als Wilson die Jubelrufe der französischen Menge auf dem Balkon entgegennahm, hat hier das Sternenbanner gehangen.

Solche trostlosen Szenen wiederholten sich, schrieb Lochner, überall: »Boulevards, auf denen es normalerweise von Menschen wimmelte..., sind Geisterstraßen.« An den Champs-Elysées hatte nur noch ein einziges Café geöffnet. Lochners Kollege William Shirer, der ebenfalls aus Berlin gekommen war, faßte es in seinem Tagebuch zusammen: »Ich habe das Gefühl, daß wir in Paris den totalen Kollaps der französischen Gesellschaft erleben – den Zusammenbruch der Armee, der Regierung, der Moral des Volkes. Es ist so ungeheuerlich, daß man es kaum glauben mag.«
Auf der Spitze des Eiffelturms war eine Hakenkreuzfahne gehißt, wie Lochner notierte (natürlich war er den Anblick von Nazisymbolen von Berlin her gewöhnt), eine weitere über dem Außenministerium am Quai d'Orsay und – »grotesker als alles andere« – eine dritte am Arc de Triomphe. Lochner war einer von neun Auslandskorrespondenten, die am Mittag des 14. Juni nach Paris gekommen waren; sie wurden von Vertretern des deutschen Heeres, des Propagandaministeriums und des Auswärtigen Amtes begleitet. Zuerst wies man sie ab, als sie in dem bei ausländischen Journalisten sehr beliebten Hotel Scribe nach Zimmern fragten, denn es war von den deutschen Besatzungsbehörden mit Beschlag belegt worden. Doch der für die Korrespondenten zuständige Oberstleutnant befahl dem Geschäftsführer des Hotels, Zimmer bereitzustellen.
Eines, worüber Lochner und seine Kollegen an jenem Tag nicht berichten konnten – denn sie unterlagen der Militärzensur –, war die Tatsache, daß sie und andere Reporter aus nichtkriegführenden Nationen von den Deutschen aufgefordert wurden,

ihren Botschaften fernzubleiben. Einer der Besucher, Fred Oechsner von United Press, nahm bei seiner Rückkehr nach Berlin vierzehn von Walter Kerr geschriebene Artikel mit, die der *Herald Tribune*-Korrespondent nicht aus Paris hatte abschicken können. Nur einer von ihnen wurde vom Berliner Zensor gebilligt.

Der elfjährige Claude Poirey war mit seiner Tante und seinem Großvater aus Dieppe nach Paris gekommen, da sie es nicht für ratsam hielten, in einem Kanalhafen auf die Deutschen zu warten. Ein Verwandter bot ihnen eine leere Wohnung in der Rue Blanche an. Sie sahen zu, während zahlreiche Pariser die Stadt verließen – sie selbst hatten ihre Flucht bereits hinter sich.

Im Morgengrauen wurden sie von merkwürdigen Geräuschen geweckt, die sich anhörten wie das ununterbrochene Poltern von Stiefeln auf dem Straßenpflaster. Claudes Tante ging mit ihm hinaus, um nachzusehen, was sich abspielte. Als sie die Place Blanche erreichten, erblickten sie die Soldaten, die sich in dichten Reihen, in einer endlosen Kolonne in Schlangenformation von der Place Pigalle her auf die Place de Clichy zubewegten. Ein in der Nähe stehender Pariser Bürger täuschte sich gründlich: »Wir sind gerettet!« rief er. »Paris wird verteidigt! Das ist die britische Armee!« Claudes Tante schnitt ihm das Wort ab: »Die Briten ziehen sich anders an.« Sie hatte zahlreiche Briten in Dieppe gesehen und wußte Bescheid. Um die Frage endgültig zu klären, ging sie auf einen Polizisten zu, der ihr bestätigte: es waren die ersten deutschen Soldaten in Paris. Der Mann, der sie für die britischen Retter gehalten hatte, brach in Tränen aus.

Nach dem Frühstück gingen Claude und seine Tante noch einmal hinaus. Diesmal begegneten sie französischen Soldaten auf einem Motorrad mit Beiwagen, die durch die schmale Rue Blanche auf den Platz zufuhren. Claudes Tante winkte ihnen zu, bis sie anhielten, und warnte sie, der Paraderoute fernzubleiben; die Soldaten wendeten und bogen nach Süden ab.

Erna Friedländer, die aus Deutschland geflüchtete Nazigegnerin, die sich so sehr bemüht hatte, als feindliche Ausländerin eingesperrt zu werden, hatte sich zwei Wochen in der Wohnung ihrer Wohltäterin aufgehalten, ohne ein einziges Mal das Haus zu verlassen. In den letzten Tagen zog sie sich nachts nicht einmal aus und hatte stets einen gepackten Koffer bei der Hand. Dann beschloß sie, sich endlich einmal auszuschlafen, und legte ihre Kleidung ab. Ihre Gastgeberin rüttelte sie am nächsten Morgen um zehn Uhr wach und zog sie hinüber ans Fenster, das auf ein Eck-Café hinausging. An einem Tisch vor dem Café saßen uniformierte Deutsche und sangen ein Landserlied, das sie gut kannte. Erna drehte dem Fenster den Rücken zu, setzte sich hin und begann zu weinen.

Die Rogivues hatten weißrussische Freunde, die an den Champs-Elysées über dem Ermitage-Kino wohnten. Michèle Rogivues Eltern befürchteten, ihre Freunde könnten sich einsam fühlen, da nun alle Pariser in der Umgebung verschwunden waren. Deshalb wollte sich die ganze Familie – Mutter, Vater, drei Töchter und ein kleiner Sohn – früh am Morgen von ihrem Mietshaus an der Rue Albert Samain im Nordwesten von Paris zu den Champs-Elysées aufmachen, um ihren Freunden Gesellschaft zu leisten und sie aufzumuntern. An der Avenue Hoche, unweit des Arc de Triomphe, wurden sie von einer vorbeirasenden Kradabteilung gezwungen stehenzubleiben – es waren deutsche Soldaten! Kaum jemand hielt sich auf den Straßen auf, die Fenster waren verrammelt, aber die Rogivues entdeckten eine Militärkapelle und weitere Soldaten auf der Avenue. Die Besatzer erschienen Michèle groß und stattlich, und alle aus demselben Holz geschnitzt; gewiß hatte Hitler seine besten Truppen nach Paris entsandt. Als Michèle sich abwandte, sah sie, daß eine Frau, die den Vorbeimarsch beobachtet hatte, zu weinen anfing. Ein neben ihnen stehender Mann warnte das Mädchen, sich nicht von der Stelle zu rühren,- denn sie könne sich durch eine offensichtliche Geste der Feindseligkeit gegenüber den Besatzern in Schwierigkeiten bringen. Michèles Vater, der seine impulsive Tochter kannte, hielt sie fest an der Hand. Also rührte sich die Familie nicht von der Stelle. Und die Soldaten sahen immer noch einer wie der andere aus. Die Rogivues hatten den verrückten Einfall, daß die Soldaten im Kreis um das Viertel marschierten, um die zuschauenden Pariser zu täuschen.

Kanzleichef Ferdinand Dupuy nahm keine Bewegung wahr, als er sich um acht Uhr zu seinem Büro im Polizeirevier an der Place Saint-Sulpice begab. Doch an der Ecke Rue Madame und Rue Vaugirard hörte er die Gespräche vor der Bäckerei. »Sie sind überall«, sagte eine Kundin. »Ich kam vom Boulevard Montparnasse und wäre beinahe über einen von ihnen gestolpert...«

Dupuy erhielt die Bestätigung in seinem Büro: Die Deutschen waren tatsächlich überall, aber sie verhielten sich nicht aggressiv. Die Pariser reagierten mit »Entgeisterung«, notierte er, und dieses Gefühl mischte sich mit »einer Art ängstlicher Neugier«. Erst um elf Uhr sah Dupuy selbst die ersten feindlichen Soldaten vor dem Polizeirevier. Zwei Männer in einem feldgrünen Fahrzeug hielten vor dem Bezirksrathaus an, um über Lautsprecher eine Botschaft zu verkünden: Deutsche Truppen hätten Paris besetzt, die französischen Behörden hätten die Bevölkerung aufgefordert, ruhig zu bleiben, und dieser Aufforderung müsse gehorcht werden. Das deutsche Oberkommando werde keine feindseligen Handlungen dulden. Angriffe oder Sabotage würden mit dem Tode bestraft werden. Waffen seien abzugeben. Die Bevölkerung habe für achtundvierzig Stunden zu Hause zu bleiben.

»Ängstliche Neugier« – Dupuys Beschreibung läßt sich auf viele Begegnungen des Tages anwenden. Man war zuerst bestürzt und erschrocken, dann erleichtert, wenn die Deutschen keine Feindseligkeit an den Tag legten. Die Beobachtungen eines deutschen Kriegskorrespondenten, die der Historiker Henri Amouroux zitiert, stehen mit dem im Einklang, was viele Pariser erlebten. Französische Zivilisten, die mit den Besatzern Kontakt hatten, wirkten resigniert, berichtete der Journalist Leo Leixner. Sie versuchten an den Gesichtern der Soldaten abzulesen, was ihnen bevorstand. Wenn die Deutschen lächelten, kam es zu beifälligen Reaktionen. »Wie bin ich froh, daß der erste Soldat, den ich treffe, so freundlich ist«, rief eine Frau aus der Vorstadt. Ein deutscher Offizier erstand während einer Pause Bananen bei einem Straßenverkäufer, während Mütter ihre Kinder hinter ihren Röcken verbargen. Der Offizier bemerkte es, ging zu dem Krämer zurück, kaufte Schokolade und schenkte sie den Kindern. Leixner glaubte, Seufzer der Erleichterung zu hören. Eine Frau weinte: »Mein armes Frankreich! Wir sind nicht schuld an dem Unglück.« Das Zusammenleben wurde leichter, als die Pariser begriffen, daß die Deutschen nicht so schlimm waren, wie man sie in den Zeitungen dargestellt hatte (schrieb der deutsche Korrespondent Leo Leixner).

General Dentz' Stellvertreter, Oberst Groussard, nutzte eine frühe Gelegenheit, sich im besetzten Paris umzusehen; ihn interessierte, wie die Bürger die deutschen Soldaten empfingen. Häufig genug hielt er das Benehmen seiner Landsleute für erbärmlich. In Arbeitergegenden ebenso wie in Vierteln der Ober- und Mittelschicht wurden die Deutschen ständig von Parisern angesprochen, die mit dem Feind scherzten und ihre Hilfe anboten.

Groussard war ein Patriot in einer schwierigen Situation; vielleicht gab es keine andere Möglichkeit für ihn, als übertrieben zu reagieren. Er bemerkte, daß die Deutschen, obwohl der französische Major in Ecouen gegen eine achtundvierzigstündige Ausgangssperre protestiert hatte, diese Maßnahme mit Lautsprecherwagen verkündeten. Doch am Abend wurde der Befehl zurückgenommen, und der Oberst dachte: »Sie hatten ja auch wirklich nichts von der gewaltigen, amorphen Masse zu befürchten, der es manchmal am elementarsten Instinkt der Würde fehlte.«

Während die Deutschen über den Boulevard Saint-Germain marschierten, fiel Amalia Mangin auf, daß einige Pariser applaudierten. Ein paar riefen: »Bravo!«

Max Taumann verließ die Métro-Station Poissonnière, als er die ersten deutschen Kolonnen sah. Eine junge Frau neben ihm flüsterte: »Die haben schöne Augen.« Dann keifte sie einen in der Nähe stehenden Indochinesen an: »Geh zurück in dein eigenes Land – was hast du hier zu suchen!«

Taumann beobachtete, wie deutsche Soldaten ausscherten, um an einem Straßenstand Bananen zu kaufen. Der Händler wollte kein deutsches Geld annehmen. Ein französischer Polizist trat hinzu, um die Bananen zu bezahlen und sich dafür den deutschen Geldschein geben zu lassen.

Einige der Bravorufe, mit denen die Deutschen begrüßt wurden, hörten sich italienisch an. Der Korrespondent Walter Kerr erspähte ein paar gerade aus der Internierungshaft entlassene Italiener; sie sprangen neben dem deutschen Militärcorps her. »Sie sind in Zivil«, schrieb er, »und so stolz und glücklich, daß man glauben könnte, sie hätten Paris eigenhändig erobert.«

»Menschen sind so beschaffen, daß sie einander verstehen«, hieß es in einem Brief an die kollaborationistische *La Gerbe* (der Brief stammte angeblich von einem Leser der prodeutschen Zeitung, die kurz nach dem Einmarsch zu erscheinen begann). »Am 14. Juni hatten die Spekulanten das Weite gesucht, die Menschen blieben zurück in der Stadt. Am Mittag fraternisierte die Bevölkerung bereits mit den ›Fritzen‹.« Der Briefschreiber gab zu, daß manche Franzosen und Französinnen die Begrüßung übertrieben. Während eines deutschen Vorbeimarsches an der Rue Lafayette »konnte eine dicke, kleine Dame nicht ruhig bleiben. Es sprudelte aus ihr hervor, wie ansehnlich die Deutschen und wie schön ihre Pferde seien«. Der Briefschreiber erinnerte die dicke Dame daran, daß Franzosen in der Schlacht ums Leben gekommen waren.

Ein anderer Leser teilte *La Gerbe* mit, wie sehr ihm die deutsche Ausrüstung (feldgraue Jacken aus reiner Wolle zum Beispiel) und das Aussehen der Soldaten imponierten – sie seien frisch rasiert, im Gegensatz zu den bärtigen französischen Nachzüglern, die noch vor kurzem die Stadt durchquert hatten. Die Ankömmlinge seien höflich, bäten, wenn sie etwas wollten, und bezahlten die Waren (wenn auch mit deutschem Geld, und da niemand genau wußte, wieviel eine deutsche Mark wert war, wurden Waren oft ohne Bezahlung abgegeben).

Der Briefschreiber schloß mit dem Gedanken, daß die Pariser allenfalls auf ihre eigene Regierung zornig seien, die sie im Stich gelassen habe.

Oberst Hans Speidel wurde an jenem Tag von General Fedor von Bock in die Stadt geschickt, um die Militärregierung einzusetzen. Er gelangte rasch zu der Ansicht, daß die Pariser erleichtert über den Anblick der Deutschen seien, denn ihre Gegenwart bedeutete, daß man die Stadt nicht zerstören würde. Ein anderer Angehöriger des Hauptquartierstabs, der Volkswirt Herbert Eckelmann, berichtete dem Historiker David Pryce-Jones, wie hilfsbereit die Franzosen gewesen seien; sie hätten sich nichts sehnlicher gewünscht als die Rückkehr zum normalen Leben. Sobald die Ladenbesitzer gemerkt hätten, daß die Deutschen ihre Einkäufe bezahlten, seien sie dankbar für die neuen Kunden gewesen. Wenn überhaupt jemand Zurückhaltung gezeigt habe, dann nur die ältere Generation der Pariser Bürger.

Youki Desnos aus Montparnasse, die Gefährtin von Dichtern und Malern, war dabei, als an diesem Morgen das Hakenkreuz über der Place de la Concorde aufstieg. Der Anblick machte sie benommen, und um sich zu erholen, nahm sie an einem Tisch vor Maxim's Platz, das um die Ecke lag. Ein deutscher Marineoffizier setzte sich zu ihr, bestellte Champagner und fing an, ihr von seinen Problemen zu erzählen. Er freue sich, in Paris zu sein, aber man habe ihm befohlen, sich in Rouen zu melden. Würde er dort Frauen finden? Oder sei *sie* bereit, ihn zu begleiten? (Sie war damals siebenunddreißig Jahre alt.) Der Offizier sagte, er habe Kaviar und Champagner in seinem Wagen. Was hatte sie schließlich im verruchten Maxim's zu suchen, wenn sie nicht die Art Frau war, die mit diesem charmanten Offizier nach Rouen fahren würde?

Pietro Solari, langjähriger Korrespondent des italienischen *Corriere della Sera* in Berlin, traf mit den ersten deutschen Divisionen ein. Er sah zu, wie deutsche Offiziere Kränze am Grab des Unbekannten Soldaten niederlegten. Der Platz war so gut wie verlassen, doch Solari bemerkte ein paar Zuschauerinnen, die überwiegend schwarze Kleidung trugen, beteten und sich weinend bekreuzigten. Die Deutschen hätten sich anders verhalten, schrieb der faschistische Journalist, aber sie seien genauso bewegt gewesen. Ein deutscher Major vertraute ihm an, er habe in dem früheren Krieg an der Marne und diesmal an der Seine gekämpft; man werde den Augenblick nie vergessen. »Eine blinde Regierungspolitik ist an alldem schuld«, erklärte der Deutsche. »Das stimmt, das stimmt«, erwiderten die Zuschauerinnen, wie Solari schrieb.

Auch dem italienischen Journalisten fiel der Kontrast zwischen dem verlassenen Stadtzentrum und den lebhaften Arbeitervierteln im Norden auf. An der Avenue des Champs-Elysées zählte er nur zehn Menschen, und an der Kathedrale Notre-Dame entdeckte er einen halb umgestürzten französischen Panzerwagen, zwei Polizisten und ein paar vergessene Krankenwagen. Deutsche Soldaten waren nur auf Brücken und an Kreuzungen zu sehen. Einige Gebäude wurden bewacht, doch weder der Quai d'Orsay noch die Deputiertenkammer gehörten dazu – vielleicht deshalb, schrieb Solari, »weil das Böse, das von diesen finsteren Gebäuden ausgehen konnte, für alle Ewigkeit ausgelöscht war«.

Die Franzosen auf der Straße schienen ihm verärgert zu sein, weil sie zugeben mußten, daß die Deutschen sich anständig oder sogar großzügig benahmen.

Ein ruhiger Abend und dann ein ruhiger Morgen hatten die Künstlerin Hélène Azenor überrascht. Was war aus dem Krieg geworden? Sie verließ ihr Atelier an der Rue Campagne-Première, um mit dem Rad zum rechten Seine-Ufer zu fahren und ihre Mutter zu besuchen. Sie passierte die leeren Tuilerien und bog an der Place de la Concorde nach rechts ab. Dort sah sie die Besatzer. Sie war so verblüfft, daß sie heftig bremste und fast vom Rad gefallen wäre. Ein deutscher Soldat versperrte ihr den Weg und verbot ihr, den Platz zu überqueren. Sie begriff, weshalb, denn auf der Place de la Concorde wimmelte es von deutschen Soldaten mit Lastwagen, Panzern und Motorrädern. Nach einigen Umwegen erreichte sie die Wohnung ihrer Mutter an der Rue de Miromesnil. Und es gelang ihr, nach Montparnasse zurückzukehren, ohne einen weiteren Deutschen zu Gesicht zu bekommen. In der Rue Campagne-Première wollte ihr niemand glauben, daß sie auch nur einen einzigen gesehen hatte. Ein paar französische Nachzügler in Uniform wanderten den Boulevard du Montparnasse entlang; auch sie schenkten ihr keinen Glauben.

Bereits am Nachmittag saßen feldgraue Soldaten auf den Terrassen der berühmten Cafés – Dôme, Rotonde, Coupole – von Montparnasse. Andere Soldaten bewegten sich in Marschformation nach Süden, den Straßen entgegen, die sie an die neuen Fronten führen würden. »Sie waren groß und blond«, erinnerte sich Hélène Azenor, und ihre Uniformen waren »makellos«. Am Abend erschienen Lastwagen der wohlorganisierten Feinde vor der Notunterkunft an der Ecke der Rue Raspail und der Rue Campagne-Première, um die Flüchtlinge einzuladen, die immer noch dort wohnten. Sie sollten nach Nordostfrankreich und Belgien zurückgeschickt werden.

Während die ersten deutschen Einheiten über die Stadt ausschwärmten, setzte ein prominenter Pariser Bürger einen seit langem durchdachten Plan in Gang. Er hatte seinen Freunden mitgeteilt, daß er keine Deutschen in seiner geliebten Stadt sehen, sich jedoch auch dem Exodus nicht anschließen wolle. Thierry de Martel, der Sohn des Comte de Martel de Janville und einer berühmten Schriftstellerin, die ihre Romane mit »Gyp« unterzeichnete, hatte sich seinerseits einen Namen als überaus fähiger Gehirnchirurg gemacht. Zum Zeitpunkt der Kriegserklärung war er Chef der chirurgischen Abteilung im angesehenen Amerikanischen Krankenhaus in Paris. Als die ersten verwundeten Soldaten eintrafen, übernahm Dr. Martel die schwierigen Fälle, etwa die Entfernung von Granatsplittern aus Kopfwunden. Aus den Krankenhausaufzeichnungen geht hervor, daß der vierundsechzigjährige Chirurg jeweils nahezu vierundzwanzig Stunden ununterbrochen in seiner Station arbeitete.

Er war auch ein sehr geselliger Mann, dieser Großneffe des Comte de Mirabeau, einer eindrucksvollen Gestalt der Französischen Revolution. Einer seiner Freunde war William Bullitt, der als Botschafter die Ehrenpräsidentschaft des Amerikanischen Krankenhauses innehatte. Martel hatte Bullitt am 12. Juni in der Botschaft aufgesucht, um ihm zu erklären, daß er in einem von den Deutschen eroberten Paris nicht leben könne; deshalb bitte er um Erlaubnis, die Stadt zu verlassen. Der Botschafter – so besagt die Legende – forderte Martel auf, auf seinem Posten zu bleiben. Es gibt noch andere Hinweise auf Thierry de Martels wachsende Befürchtungen, während die Deutschen sich näherten. Sein Freund, der Schriftsteller André Maurois, hörte ihn versichern, daß er sich umbringen werde, sobald die Deutschen in die Stadt einzögen. Die meisten Menschen, erklärte er, wüßten nicht, wie man Selbstmord begeht, doch ein Chirurg könne genauso mühelos mit einem Revolver umgehen wie mit einem Skalpell. Er bot sogar an, Maurois zu helfen, falls auch er die Deutschen nicht erleben wolle.

Am 23. Mai schrieb Dr. Martel für sich selbst ein Rezept aus, mit dem er zwei Schachteln Phenobarbital in Ampullen erhielt. Er hatte bereits seine Frau nach Bordeaux geschickt und seinem Personal freigegeben. Dann schickte er seinen engsten Mitarbeiter nach Angoulême, wo das Amerikanische Krankenhaus seine Rückzugsbasis hatte. Am 13. Juni, allein in seinem Stadthaus an der Rue Weber 18, setzte Thierry de Martel sich hin, um seine letzten Briefe zu schreiben. An Bullitt:

Ich habe Ihnen versprochen, daß ich Paris nicht verlassen würde, aber ich habe nicht gesagt, ob ich tot oder lebendig in Paris bleiben würde. Bliebe ich lebendig zurück, würde ich meinem Feind einen Blankoscheck ausstellen. Wenn ich tot in Paris bleibe, ist es ein Scheck ohne Deckung. Adieu.

Ein aufgeschlagenes Buch wurde neben seiner Leiche gefunden, Victor Hugos *Hernan*; folgender Satz war unterstrichen: »Da man groß sein muß, um sich dem Tod zu stellen, erhebe ich mich.«

In einem Schreiben an seine Sekretärin gab dieser fromme Christ der Hoffnung Ausdruck, daß er eine kirchliche Beisetzung erhalten werde. Es habe keinen Zweck, Wiederbelebungsversuche zu machen. »Ich bereite das, was ich tue, besser vor als unsere Politiker.« Denjenigen, die seine Leiche am 14. Juni bei Tagesanbruch entdecken würden, machte er die Arbeit so leicht wie möglich. Er rasierte sich zum letzten Mal und legte sich ein

Kinnband um. Seine Köchin fand ihn um 8.25 Uhr auf dem Fußboden seines Operationssaals; sie nahm einen leichten Gasgeruch wahr. Der Polizeiinspektor, der den amtlichen Bericht schrieb, stieß auf ein Rohr, das von einem kleinen Gasherd stammte, sowie auf eine große Injektionsspritze. Als Todesursache gab er Phenobarbital und Gas an.

Trotzdem war es schwer, an diesem Tag einen beispielhaften, nützlichen Tod zustande zu bringen, denn es gab keine Presse und keinen Rundfunk, um die Nachricht zu verbreiten, und alle Freunde waren Hunderte von Kilometern entfernt. Der Polizeipräsident hörte natürlich von Dr. Martel; sein Selbstmord war einer von mehr als einem Dutzend, die am 14. Juni gemeldet wurden. Ein anderer, der die Ankunft der Deutschen nicht abwartete, war der Wächter des Pasteur-Instituts (einst das erste Kind, das von der Tollwut geheilt wurde).

Sogar in einem Buch über die Geschichte des Amerikanischen Krankenhauses von Paris im Zweiten Weltkrieg, das im Laufe desselben Jahres herauskam, wurde Dr. Martels heldenhafte Arbeit am Operationstisch, nicht jedoch sein Tod beschrieben. Es erschien im besetzten Paris mit Billigung des Kriegsministers in Marschall Pétains Vichy-Regierung.

Um 15.00 Uhr, als der Schriftsteller Marcel Jouhandeau vor dem Lebensmittelgeschäft in der Nähe seines Hauses stand und auf die Öffnung wartete, brach eine Frau neben ihm plötzlich in Tränen aus. Es war Dr. Martels Hausangestellte. »Seit sechzehn Jahren, Monsieur, habe ich einem gerechten Mann gedient. Er wollte nicht sehen, was wir sehen, und ich muß sehen, wovor er die Augen verschlossen hat, aber ich kann *ihn* nicht mehr sehen.«

Die Unterlagen der Staatsanwaltschaft über polizeilich gemeldete Todesfälle werden durchschaubarer, wenn man sie mit dem deutschen Einmarsch in Verbindung bringt. Selbstmorde von jüdischen Flüchtlingen zum Beispiel. »Er litt an Neurasthenie«, erklärte ein anderer Flüchtling der Polizei in einem solchen Fall (der Tote war ein russischer Emigrant, der sich von einem Dach hinuntergestürzt hatte). »Er war nicht mehr fähig, zu schlafen oder zu essen, und wirkte äußerst nervös und niedergeschlagen.« Wieder ein anderer Flüchtling, ein Tscheche, brachte sich mit einem Rasiermesser um. Eine Frau von einundsechzig Jahren, deren Sohn an der Front war, schickte am 13. Juni einen Brief ans Kommissariat des 15. Arrondissements: »Da ich die Ankunft der Deutschen in Paris nicht erleben möchte, gehe ich freiwillig in den Tod. Ich sende Ihnen diese Nachricht..., damit es zu keiner Explosion kommt.«

Gleich nachdem ihr Brief geöffnet worden war, schickte der Kommissar einen Streifenpolizisten zu ihrer Wohnung, der das Gas schon im Treppenhaus roch, bevor er die Tür aufbrach und die Leiche entdeckte.

Die meisten Selbstmordopfer waren weder Ausländer noch Flüchtlinge, noch Juden, doch die Angst und Depression infolge der Niederlage Frankreichs wurden in den Obduktionsberichten immer wieder erwähnt.

André Wurmsers behinderte Freundin Valentine Prager, die ebenfalls ihren Selbstmord vorbereitete, war dabei, ihre Papiere in Ordnung zu bringen, als es zu einem Stromausfall kam, der von vier bis 8.30 Uhr dauerte. Sie wandte sich wieder dem unvollendeten Abschiedsbrief an Wurmser zu. Freunde hätten ihr erzählt, schrieb sie, wie Paris nun aussehe – mit dem Hakenkreuz über dem Arc de Triomphe. Da sie den Kurzwellenempfänger eines Nachbarn benutzen könne, habe sie Reynauds Rede insgesamt viermal gehört. Ihrer Meinung nach hätte er einfach sagen sollen, daß Paris aufgegeben worden sei, um es vor der Zerstörung zu retten.

Die Stille sei erstaunlich, berichtete sie Wurmser. »Man kann eine Frau hören, die auf der Straße geht. Und weiter entfernt eine Trommel. Anscheinend marschieren sie pausenlos.«

Die marschierenden Soldaten sind für die Pariser die bleibende Erinnerung an jenen Tag. Die endlos marschierenden Soldaten. Kanzleichef Ferdinand Dupuy hörte eine Schilderung der Vorgänge am Triumphbogen von dem offiziellen Hüter der ewigen Flamme: Deutsche Wachtposten mit Maschinenpistolen seien um das gesamte Monument postiert, und direkt unter dem

Bogen habe man sogar einen Panzerwagen geparkt. Am Beginn aller zwölf Straßen, die auf den Platz mündeten, seien Geschütze aufgestellt, und auf dem Dach eines Regierungsgebäudes an der Ecke Avenue de Wagram und Avenue de Mac-Mahon stünden Maschinengewehre. All diese Vorbereitungen galten offenbar dem Besuch der Generale von Bock und von Küchler. Dupuy empfand die Ironie dieser deutschen Huldigung an einen Unbekannten Soldaten, dessen Grab von der Hakenkreuzfahne über dem Arc de Triomphe entweiht wurde. Er nahm mit Befriedigung zur Kenntnis, daß nach Protesten das Hakenkreuz von dem Monument verschwand und nie wieder aufgezogen wurde.

Nachdem die Generale dem Grab des Unbekannten Soldaten ihre Aufwartung gemacht hatten, begann die Parade. Soldaten trafen aus der Avenue de Wagram und der Avenue Friedland an dem Monument ein und zogen weiter durch die Avenue de la Grande-Armée und die Avenue Kléber. Den ganzen Tag und die ganze Nacht hindurch marschierten Truppen zu den Klängen von Militärmusik. Vermutlich war der Aufmarsch vor dem Triumphbogen ein unerläßliches Manöver für die bestgekleideten Regimenter in Paris, die anschließend zu den letzten Kämpfen der Schlacht um Frankreich aufbrachen.

Die Deutschen mit ihrer Begabung für Bildpropaganda konnten bald Filme und Fotos der marschierenden Männer präsentieren. Die illustrierte Wochenzeitschrift *Signal*, die in englischer und in französischer Sprache erschien, wurde an allen Kiosken in Paris verkauft. Eine frühe Ausgabe des Propagandaorgans brachte ein Foto der deutschen Truppen am Triumphbogen neben einem Bild der siegreichen französischen Armee, die Marschall Joffre 1919 an denselben Platz geführt hatte; auf der folgenden Seite waren deutsche Soldaten zu sehen, die am 1. März 1871 unter dem Bogen hindurchmarschierten. *Signal* zeigte den Franzosen ihre brennenden Treibstoffreservoire, doch auch Pariser Mitbürger, die an den Champs-Elysées saßen, während deutsche Militärfahrzeuge vorbeirollten. Außerdem das Foto eines Straßencafés, in dem Pariser neben uniformierten Deutschen ihren Aperitif tranken, und die Bildunterschrift lautete: »Genau wie im Frieden sitzen Pariser in Straßencafés an den Champs-Elysées ...«

In deutschen Wochenschauen sieht man die Eroberer die Stufen des Eiffelturms hinaufsteigen, um die Hakenkreuzfahne aufzuziehen, und über die Champs-Elysées marschieren, während schwarzer Rauch im Westen den Himmel verdunkelt. Die französischen Zivilisten, die in den Wochenschauen auftreten, wirken neugierig und offensichtlich interessiert an den Ereignissen, aber sie lächeln nicht. Der Kameramann hat einige Mühe, glückliche Gesichter zu finden, bis er das Lächeln von zwei jungen Damen einfängt, die sich nicht alles Elend der Welt aufgebürdet haben.

FEIERTAG IM REICH
AUS ANLASS DES STURZES VON PARIS

Hitler ordnet dreitägiges Fest an,
während frohlockende Menschenmengen
»Deutschland über alles« singen

Diese Meldung stammt aus der *New York Times*: Hitler habe befohlen, zur Feier des Sieges die Kirchenglocken zu läuten. In Berlin spielten Orchester, Menschenmassen jubelten, und die Staatsoper führte in einer Sondervorstellung die *Meistersinger* auf, eines von Hitlers Lieblingswerken. Das gesamte Ensemble trat an den Rand der Bühne, um den Arm zum Nazigruß zu heben, und das Publikum tat dasselbe. (Eine Ausnahme bildete, wie die *Times* sorgfältig betonte, die Loge des US-Geschäftsträgers Alexander C. Kirk, dessen amerikanische Gäste nur aufstanden, aber offenbar nicht das Horst-Wessel-Lied oder die Nationalhymne mitsangen.)

Hitlers eigene Zeitung schrieb, mit der dreitägigen Flaggenparade würde nicht nur der Sturz von Paris, sondern auch der Sieg in Norwegen gefeiert. Der Verlust der Pariser Industrie, hieß es im *Völkischen Beobachter*, schwäche das militärische und wirtschaftliche Potential Frankreichs ganz erheblich; in Paris seien die Hälfte sämtlicher Flugzeugtriebwerke und -ausrüstungen, aller Panzerfahrzeuge und Werkzeugmaschinen sowie ein großer Teil der chemischen Erzeugnisse, Waffen und Munition, optischer Geräte und Kugellager des Landes produziert worden.

In seinem Tagebuch fügte Joseph Goebbels hinzu: »Panik und Zersetzung haben die ganze Stadt demoralisiert.«

Das Hauptquartier von General Bogislav von Studnitz im Hotel Crillon war nur ein paar Schritte – über die schmale Rue Boissy d'Anglas – von der amerikanischen Botschaft entfernt. Sobald William C. Bullitt klar war, wer sein neuer Nachbar sein würde – als nämlich über dem Hotel die Hakenkreuzfahne flatterte –, entsandte er seine wichtigsten Mitarbeiter zu einem Gespräch mit dem deutschen Befehlshaber. Sie sollten herausfinden, was vor sich ging, sich über die deutsche Haltung gegenüber der Zivilbevölkerung unterrichten und prüfen, wie die Amerikaner den Parisern unter deutscher Besatzung helfen konnten.

Die Straße zwischen der Botschaft und dem Hotel war zwar schmal, doch verkehrsreich. Während Bullitts Abgesandte – Botschaftsrat Robert Murphy, Oberst Horace Fuller und Commander Roscoe H. Hillenkoetter – auf dem Bürgersteig standen und warteten, weil in dem Augenblick ein Militärkonvoi passierte, hielt plötzlich ein deutsches Fahrzeug vor ihnen an. Ein Offizier stieg aus und fragte auf englisch: »Sie sind doch Amerikaner, nicht wahr?« Der Offizier hatte mehrere Jahre in den Vereinigten Staaten verbracht. »Können Sie uns sagen, wo sich hier ein geeignetes Hotel finden läßt?«

Die Frage war so unerwartet und unpassend, wie sich Murphy erinnerte, daß die Amerikaner in Gelächter ausbrachen. Einer von ihnen – Hillenkoetter oder Fuller – erwiderte: »Die ganze Stadt scheint Ihnen zu gehören. Sie hat Hunderte leerer Hotels. Suchen Sie sich eins aus.«

Im Foyer des Crillon begegneten die Amerikaner einem Polizeidirektor, den sie kannten. Ihm war befohlen worden, das Crillon zu öffnen und anstelle der französischen Fahne die Hakenkreuzflagge zu hissen. Als er keine Möglichkeit fand, in das abgeschlossene und verbarrikadierte Gebäude einzudringen, hatte ein deutscher Oberst ihm gedroht: »Wenn das Hotel nicht in fünfzehn Minuten offen und die französische Fahne nicht unten ist, werden wir sie herunterschießen, und auch Sie können mit einer Kugel rechnen!« Rasch wurde ein Schlosser ausfindig gemacht. »Ich bin ganz schön ins Schwitzen geraten«, sagte der Polizeibeamte. Nun konnte dieses Grandhotel, in dem Könige und Staatsoberhäupter logiert hatten, den Eroberern als Unterkunft dienen. Das Gebäude war unter Ludwig XVI. von dem Architekten Jacques-Ange Gabriel entworfen worden; damals sollte es Botschafter und wichtige ausländische Besucher beherbergen ...

Murphy und die Attachés gingen zur Prince-of-Wales-Suite hinauf. Dort stieß Murphy auf einen Oberst, den er fünfzehn Jahre zuvor in München kennengelernt hatte. Der Offizier war nun Studnitz' Adjutant, und die Amerikaner wurden fortan wie alte Freunde behandelt. Der General ließ Champagner aus dem Weinkeller des Hotels kommen; angeblich war es der beste Champagner des Hauses. (Er machte jedoch keinen großen Eindruck, denn Hillenkoetter entsann sich später, Cognac getrunken zu haben.) Die Attachés hatten Gelegenheit, den General über die militärische Situation zu befragen, und seine Antworten klangen recht offen. Er rechne damit, sagte er, daß die Säuberungsaktionen in Frankreich noch zehn Tage dauern würden; danach werde man sich auf die Invasion Großbritanniens vorbereiten.

Botschafter Bullitt hatte keinen Kontakt mit der Besatzungsmacht gewünscht, doch er änderte seine Meinung, als er von seinen Mitarbeitern erfuhr, daß Studnitz angeboten habe, den Höflichkeitsbesuch zu erwidern, und daß der General freimütig über die deutsche Militärstrategie spreche. Murphy fand heraus, daß der deutsche Befehlshaber auch in anderer Hinsicht kooperativ war, besonders was die Gewährung von Ausreisevisa für amerikanische und sogar für einige französische und britische Staatsbürger betraf. Daran ließ sich ablesen, daß die Deutschen mit einem baldigen Ende des Krieges rechneten.

Um elf Uhr betraten die beiden höchsten Vertreter der noch in Paris verbliebenen Zivilbehörden, der Seine-Präfekt Achille Villey und der Polizeipräsident Roger Langeron, gemeinsam das Hotel Crillon. Beim Anblick des Generals von Studnitz mit seinem Monokel, seinem Schnurrbärtchen und seinem etwas altmodischen Gebaren eines Kavallerieoffiziers fragte sich Langeron: Ist die Nazi-Armee der des Kaisers so ähnlich? Bei

Studnitz war Oberst Hans Speidel, damals und später ein »guter Deutscher«. Der Befehlshaber erkundigte sich zunächst: »Können Sie Ordnung garantieren?« Langeron antwortete für die französische Seite: »Ich kann sie garantieren, wenn ich bei meiner Arbeit in Ruhe gelassen werde.« Der General dachte nach und erklärte dann: »Wenn die Ordnung aufrechterhalten wird und wenn ich mich auf die Sicherheit meiner Soldaten verlassen kann, werden Sie nichts von mir hören.«

Damit brauchte man sich nur noch den Details zu widmen. Die Deutschen waren bereit, die achtundvierzigstündige Ausgangssperre zurückzunehmen, aber sie bestanden auf einer abendlichen Sperrstunde um 21.00 Uhr (Paris wurde auf die deutsche Zeit umgestellt).

Um 13.30 Uhr war General von Studnitz an der Reihe, das Crillon zu verlassen, die schmale Straße zu überqueren und William Bullitt einen Besuch abzustatten. Er versprach dem Botschafter, daß man amerikanisches Eigentum respektieren und daß die deutsche Militärverwaltung kooperativ sein werde.

Bei der morgendlichen Begegnung mit Robert Murphy und den Militärattachés hatte Studnitz seine Besucher eingeladen, der Parade seiner früheren Truppe, der 185. Infanteriedivision (bekannt als Grünes Herz), beizuwohnen, die um 15.30 Uhr über die Place de la Concorde marschieren sollte. Die Amerikaner akzeptierten. Zum verabredeten Zeitpunkt stellten sie sich mitten auf den Platz; Studnitz bat sie zu sich auf die Paradetribüne. Die Amerikaner aber meinten, daß dies in der Wochenschau ein schlechtes Licht auf sie werfen würde, weshalb sie erwiderten, es sei doch die Division des Generals, und nur ihm gebühre der Ruhm für ihre Erfolge. Dann zogen sie sich zurück – so Murphys Erinnerung – und mischten sich unter die gewöhnlichen Pariser Bürger, die zusammengekommen waren, um das Schauspiel zu betrachten.

Aber Walter Kerr war ebenfalls dort, und zu seinem Erstaunen erspähte er Robert Murphy, der von der Botschaft geradewegs zur Paradetribüne ging, um seinen Platz neben Studnitz einzunehmen. Die Kapelle stimmte einen Militärmarsch an, und Soldaten strömten von der Rue Royale herbei. Vor dem bekümmerten Journalisten stand jetzt ein Vertreter seiner Regierung

436

neben einem Nazi-Offizier, während deutsche Heereskamera-
männer jede Sekunde für die Wochenschau aufzeichneten.
Später ging Kerr zusammen mit Murphy zur Botschaft zurück
und fragte ihn, wie er sein Verhalten erkläre. Murphy sagte, es
gebe eine einfache Antwort: »Der General wollte den Botschafter neben sich haben, und der Botschafter befahl mir, ihn zu
vertreten.« Der Botschaftsrat war offenbar genauso bekümmert
wie Kerr und zog es vor, nichts weiter zu sagen.

Das Amerikanische Krankenhaus hatte seine Pflicht gegenüber
den französischen Soldaten am 13. Juni erfüllt, als die französischen Militärbehörden anordneten, sämtliche Soldaten, die
aufrecht sitzen könnten, zu evakuieren; sie wurden mit Krankenwagen zu den Bahnhöfen gefahren, wo bereits Sonderzüge
warteten, um sie aus der Gefechtszone zu bringen. Nun, am
ersten Tag der Besatzung, entdeckten die Krankenhausbehör-
den, daß rund achthundert französische Soldaten, darunter viele
Verwundete, im Elysée-Palast festgehalten wurden. Zwei
amerikanische freiwillige Krankenfahrerinnen, Mrs. Maurens
Hamilton und Miss Charlotte Moulton, rasten zur Rue du Faubourg Saint-Honoré und verschafften sich Zutritt zum Elysée-
Gefangenenlager. Etliche internierte Soldaten waren schwer
verwundet, und die Frauen überredeten die deutschen Wächter,
der Evakuierung von zwanzig der am stärksten gefährdeten
Patienten zuzustimmen; sie wurden in ein Krankenhaus unweit
der Gare d'Austerlitz gefahren. Dann kehrten die Frauen
ins Amerikanische Krankenhaus zurück und informierten den
geschäftsführenden Direktor Edward B. Close über ihre
Entdeckung, vor allem darüber, daß viele im Elysée-Palast
eingesperrte Soldaten dringend Hilfe benötigten. Obwohl es
bereits 22.30 Uhr war, fuhren Close und Mrs. Hamilton, begleitet von einem Arzt und einer Krankenschwester, mit Medikamenten zurück zum Präsidentenpalast, wo die Deutschen ihnen
gestatteten, Erste Hilfe zu leisten. Am nächsten Morgen setzten
sie die Behandlung fort; diesmal hatten sie einen Brotvorrat
mitgebracht; im Laufe dieses und der folgenden Tage gelang es
ihnen, weitere Soldaten in Pariser Krankenhäuser zu transportieren.

Deutsche Truppen haben Paris besetzt.

Die Stadt ist einer Militärregierung unterstellt.

Der Militärgouverneur der Region Paris wird die nötigen Maßnahmen für die Sicherheit der Soldaten und die Aufrechterhaltung der Ordnung treffen.

Den Befehlen der Militärbehörden muß bedingungslos gehorcht werden.

Vermeiden Sie alle verantwortungslosen Handlungen.

Jede Form der Sabotage, ob aktiv oder passiv, wird streng bestraft.

Es bleibt der Umsicht und der Urteilskraft der Bevölkerung überlassen, Paris in den Genuß der Vorzüge zu bringen, die einer offenen Stadt zustehen.

Die deutschen Soldaten haben den Befehl erhalten, die Bevölkerung und deren Eigentum zu respektieren, vorausgesetzt, daß die Bevölkerung ruhig bleibt.

Alle müssen in ihren Wohnungen oder an ihrem Arbeitsplatz bleiben und ihre Tätigkeit wiederaufnehmen.

Dies ist der beste Weg für jeden, der Stadt, der Bevölkerung und sich selbst zu dienen.

Der Oberbefehlshaber
der Heeresgruppe

Nur wenige, die den Text des Plakates lasen, konnten wissen, daß der Unterzeichner General Fedor von Bock war, dessen Divisionen nichts mit der Operation Sichelschnitt und dem Durchbruch bei Sedan zu tun gehabt, sondern den Vorstoß südlich, östlich und westlich von Paris – und dann direkt in die Stadt hinein – angeführt hatten.

Bevor der Tag vorbei war, hatte man sich an den Anblick und den Klang deutscher Lautsprecherwagen gewöhnt. Sogar am Rathaus sah man zwei deutsche Offiziere, die aus einem offenen Stabswagen ausstiegen, um in ausgezeichnetem Französisch auf die Menge einzureden. Wenn die Franzosen einen Friedensvertrag mit Deutschland unterzeichneten, sagten sie, würden die Deutschen innerhalb von zwei Wochen mit Großbritannien fertigwerden.

Präfekt Villey legte den letzten Schliff an die Ausgabe des *Bulletin Municipal*, die am nächsten Morgen verteilt werden sollte; sie war kürzer als gewöhnlich und bestand nur aus einem Blatt, Vorder- und Rückseite. Um so bedeutungsvoller wurde Villeys Erklärung:

> Es ist möglich, seine Verpflichtungen zu erfüllen, denn infolge von Regierungsanweisungen sind alle notwendigen Maßnahmen im Hinblick auf Sicherheit, Hygiene, Lebensmittel, Energieversorgung und Verwaltungsangelegenheiten getroffen worden, um die Fortsetzung normaler Aktivitäten zu gestatten.
> Die Bevölkerung muß Würde zeigen, indem sie Ordnung, Disziplin und Harmonie aufrechterhält.

Zu den Einrichtungen, die an diesem Tag in Betrieb waren, gehörte die Métro, das städtische U-Bahn-System, nun das einzige öffentliche Transportmittel. Aber die Métro beförderte nur noch 300 000 Passagiere am Tag – die geringste Zahl seit 1903, als nur zwei Linien in Betrieb waren. Es gab einfach nicht viele Pariser, die mit der Métro oder einem anderen Transportmittel hätten fahren können, und wer Gelegenheit dazu hatte, wußte kaum, wohin. Am Ende des Jahres – die Einschränkungen für den Straßenverkehr galten weiterhin – beförderte die Métro täglich 2,8 Millionen Menschen.

Am Spätnachmittag trat ein junger Schwarzer, der für den Pariser *Herald Tribune* arbeitete, in Walter Kerrs Büro und gestand, daß er Angst habe. Könne Kerr ihm helfen, ein Rad zu finden, damit er aus Paris fortkomme? »Aber Sie sind doch Amerikaner«, gab Kerr zurück. »Sie haben nichts zu befürchten.«
»Doch. Ich wurde in Georgia geboren, aber damals gab es für Farbige keine Geburtsurkunden. Mein Vater nahm mich mit nach Jamaika, als ich noch ein Junge war, und ich habe einen britischen Paß.« Das war tatsächlich ein Problem, denn man erwartete allgemein, daß die britischen Bürger, die sich noch in Paris aufhielten, jederzeit zusammengetrieben werden konnten. »Außerdem«, fuhr der Mann fort, »glauben die Deutschen, daß

ich Senegalese bin, und Sie wissen ja, was sie mit Senegalesen anstellen.« Er fuhr sich mit dem Finger über die Kehle.

Kerr ging hinaus, um mit Edward Haffel, dem Lokalredakteur des geschlossenen *Herald Tribune*, zu sprechen. Haffel erwähnte ein zusätzliches Fahrrad, das im Keller verstaut sei. Der sicherste Ort für den in Georgia geborenen Jamaikaner sei die Insel Batz vor der bretonischen Küste. Haffels Frau und Kinder waren bereits dort, und der Jamaikaner erhielt ein Empfehlungsschreiben, das er Haffels Frau übergeben konnte. Nach Einbruch der Dunkelheit machte er sich auf.

Marcel Jouhandeaus erste Begegnung mit dem Feind spielte sich bereits um sechs Uhr morgens ab, als er die Avenue Malakoff überquerte und plötzlich zwei deutschen Unteroffizieren gegenüberstand, die Touristenfotos vom Luna-Park machten. Dann beobachtete er von seinem Fenster aus, wie die siegreichen Truppen dieselbe Route einschlugen, der die Flüchtlinge und Nachzügler auf ihrem Zug von Norden nach Süden gefolgt waren. Die endlose Prozession erschien Jouhandeau wie ein Bronzefresko. »Aus einer Entfernung betrachtet, wirken die Gesichter so, als wären sie aus demselben Metall wie die Helme und Fahrzeuge; ihre Umgebung scheint sie nicht zu beeinflussen.«

Eine verlassene Insel war sein Viertel jetzt, aber die Apotheke hatte noch immer geöffnet und war eine Art Clubhaus geworden: »Man klagt, man hofft gemeinsam.«

Als Paul Léautaud sich rasiert hatte und bereit war, am Mittag mit der Vorortbahn in die Stadt zu fahren, wußte er, daß er dort die Deutschen vorfinden würde, denn eine Familie, die am Morgen mit einer Schubkarre voller Habseligkeiten durch Fontenay-aux-Roses gekommen war, hatte sie gesehen. Léautaud zog sich vor der Abfahrt seine derbsten Schuhe an: für den Fall, daß er zu Fuß heimkehren mußte. Auf dem Weg zum Bahnhof begegnete er der Frau des Bürgermeisters, die im Rundfunk gehört hatte, Paris stehe unter dem Schutz der amerikanischen Botschaft. »Es geht uns großartig«, knurrte er. »Die amerikanische Botschaft gegen die deutsche Armee. Und schon brauchen wir nicht mehr zu fürchten, daß man uns die Kehle durchschneidet. Der amerikanische Botschafter kommt daher und ruft: ›Der

Feind ist tot!'« Wie immer stellte Léautaud die Rollen schau-
spielerisch dar, wodurch er die Bürgermeistersgattin und ihre
Kinder zum Lachen brachte.

In Paris folgte er seiner gewöhnlichen Route von der Station
Luxembourg den Boulevard Saint-Michel hinauf; nun sollte er
seinen ersten Deutschen zu Gesicht bekommen. Dann hinüber
zur Rue de Condé: beim *Mercure de France* war niemand.
Weiter zu seiner Bäckerei am Carrefour de l'Odéon: kein Brot.
Zu einer zweiten Bäckerei an der Rue de l'Ancienne-Comédie:
eine Schlange. Immerhin fand er Lebensmittel für sein Mittagessen und kaufte für alle Fälle auch etwas Butter, außerdem
Bananen für sein Äffchen.

Von Freunden erfährt er, deutsche Lautsprecherwagen hätten
verkündet, daß alle Pariser Bürger zwei ganze Tage zu Hause
bleiben müßten und daß Plünderern die Todesstrafe drohe. Die
Freunde stellen ihr Radio an, und Léautaud hört »eine tiefe,
melodramatische Stimme voller Tremolos«. Er bittet: »O nein,
schaltet das ab. Wer ist dieser Stümper?« Sie antworten, der
Sprecher sei Paul Reynaud, was Léautaud kaum glauben kann.
»Wie kann ein so kleiner Mann eine solche Stimme haben!«
Seiner Ansicht nach ist Reynaud ein Trottel.

Maurice Kahane wurde von der Sonne geweckt, blickte hinaus
auf den Boulevard Saint-Germain und sah die Silhouette eines
»bis zu den Augenbrauen behelmten« Soldaten, der einen
langen, graugrünen Ledermantel trug und auf lässige Art den
Verkehr regelte. Kahane kam die Absonderlichkeit seiner Situation zu Bewußtsein: der einzige Ausweis, den er besaß, war ein
britischer Paß, und er hatte einen jüdischen Namen. Damit,
dachte er, war es mit seiner Karriere als Verleger vorbei.

Indessen nahm er kurz darauf den Mädchennamen seiner
Mutter an, Girodias, und wurde einer der aktivsten Verleger im
besetzten Paris; einige seiner Bücher erschienen sogar auf
deutsch.

Im Laufe des Tages beschloß Polizeipräsident Langeron, eine
weitere Fahrt durch die Stadt zu unternehmen und vor allem die
verschiedenen Polizeireviere aufzusuchen, damit die Beamten
seiner Fürsorge sicher sein konnten. Überall war es ruhig. Aber

bei seiner Rückkehr erfuhr er, daß sein erster Stellvertreter, Jacques Jacques-Simon, der als Direktor des polizeilichen Nachrichtendienstes wie Langeron den Rang eines Präfekten bekleidete, von den Deutschen vorgeladen und aufgefordert worden war, seine wertvollen Unterlagen über politische Aktivitäten herauszugeben. Allerdings hatte man die heikelsten Dokumente bereits mit einem Flußboot beiseite geschafft und das Boot dann weit von Paris versenkt; andere Akten waren in Paris verbrannt worden. Nun bezichtigten die Deutschen Jacques-Simon, er habe den Status der offenen Stadt verletzt, der solche Vernichtungen verbiete.

Langeron befahl seinem Fahrer, ihn zur amerikanischen Botschaft zu bringen, wo er Bullitt erklärte, daß er diesen Bruch der am Morgen abgegebenen Zusicherungen nicht akzeptieren könne. Bullitt schickte Robert Murphy über die Straße, um die Deutschen zu warnen: Unter diesen Umständen werde niemand die Verantwortung für die Sicherheit der Stadt übernehmen. Jacques-Simon wurde bald freigelassen; später sagte er, Robert Murphy habe ihm das Leben gerettet.

Der Polizeiangestellte Ferdinand Dupuy beschloß, sich die berühmten deutschen Soldaten genauer anzusehen: waren sie wirklich größer und besser als Franzosen? Er suchte eine Antwort an der Ecke Boulevard Raspail und Rue des Sèvres, in der Nähe des Hotels Lutetia, das die Deutschen requiriert hatten. Die Soldaten waren ziemlich blond, frisch rasiert, windgegerbt und ganz in Grün. Sie wirkten müde, etwas gleichgültig ihrer Umgebung gegenüber, doch höflich. Später am Abend trieb die Neugier ihn zum Montparnasse, wo nur ein paar Cafés geöffnet waren (allerdings blieben die Vorhänge zugezogen). Im Dôme fand er deutsche Offiziere, die neben elegant gekleideten Frauen an der Bar standen; auch die Frauen schienen Deutsche zu sein. In einem anderen Café waren die Frauen zweifellos Prostituierte, die darauf warteten, von deutschen Offizieren eingeladen zu werden.

Am ersten Tag der Besatzung sind die Deutschen noch rücksichtsvoll, dachte Dupuy. Ob sich das ändern würde, blieb abzuwarten. Am Morgen hatte die Polizei den Befehl erhalten, ihre

Waffen abzuliefern, als wäre sie eine besiegte Armee, doch am Abend erging ein Gegenbefehl, und die Beamten erhielten ihre Pistolen und sogar ihre Karabiner zurück – allerdings mit der Auflage, niemals deutsche Soldaten zu bedrohen. Auch die Pariser Zivilisten mußten ihre Waffen abliefern, und bald häuften sich Pistolen, Jagdgewehre und sogar Schwerter in den Polizeirevieren, von wo die Deutschen sie zu unbekannten Zielen beförderten.

Um 22.00 Uhr schickte General von Studnitz ein Stabsfahrzeug zum Hôtel des Invalides, um General Dentz und Oberst Groussard abzuholen. Es war dunkel, die Ausgangssperre hatte begonnen, so daß wahrscheinlich kein Pariser den Militärbefehlshaber sehen würde oder ihn als Verräter bezeichnen konnte, wie Studnitz' Divisionshistoriker mit einem Hauch von Ironie anmerkten. Der deutsche Kommandeur empfing die Besucher mit einer steifen Verbeugung. Groussard hielt Studnitz für »einen von diesen Standarddeutschen«, geboren in Uniform. Sein Gesicht war ziegelrot, kleine blaue Augen stachen daraus hervor, und wenn er zornig war, wurde er noch röter.

Dentz ließ Studnitz wissen, er sei nur aufgrund eines Befehls, dem er sehr ungern gehorche, immer noch in Paris. Auf die Frage, über wieviele Männer er verfüge, antwortete er, er habe einige Nachschubleute und Sanitäter sowie ein paar Kompanien von Gendarmen.

»Ihre Aufgaben?«

»Wir haben keine Aufgaben mehr. Wir sollten die Ordnung in Paris aufrechterhalten und für die Lebensmittelversorgung und die Evakuierung wesentlicher öffentlicher Einrichtungen sorgen, aber es versteht sich von selbst, daß Ihre Ankunft uns von allen Pflichten entbindet.«

Georges Groussard, der Henri Dentz nicht immer bewundern sollte, bewunderte ihn jedenfalls in diesem Moment. Daran dachte er später zurück, als Dentz des Verrats für schuldig befunden wurde.

Die Spannung erhöhte sich. Studnitz machte Dentz für die Vernichtung der Treibstofflager verantwortlich, wodurch die

Kriegsregeln gebrochen worden seien. Dafür werde man sowohl Dentz als auch Groussard vor Gericht stellen; bis dahin seien sie Gefangene. Dentz entgegnete, er habe die Vernichtung der Reserven am Vortag angeordnet, als er noch vollauf dazu berechtigt gewesen sei. Groussard warf ein, Studnitz dürfe Dentz und ihn nicht gefangennehmen, da sie auf französischen Befehl hin in der Stadt geblieben seien; sie hätten das Recht auf sicheres Geleit zu ihren eigenen Linien. Man werde diesen Protest neutralen Nationen vortragen... Der deutsche Befehlshaber beruhigte sich plötzlich und verkündete, das Schicksal der französischen Offiziere solle vom Oberkommando entschieden werden:

An diesem Morgen verfaßte Ministerpräsident Reynaud in Tours eine neue Nachricht für Präsident Roosevelt und bat Botschafter Biddle, den Text nach Washington zu senden. Die Nachricht sei vertraulich, doch wenn Roosevelt es für nützlich halte, könne er den Inhalt in Geheimsitzungen des Senats und des Repräsentantenhauses bekanntgeben. Reynaud begann damit, daß vier Tage blutiger Kämpfe vergangen seien, seit er zum letzten Mal an Roosevelt geschrieben habe. Nun müsse Frankreich zwischen zwei Möglichkeiten wählen: der Fortsetzung des Krieges durch eine Exilregierung und weiteren Opfern – oder einem Waffenstillstand.

Die Franzosen könnten sich nur dann für den Widerstand entscheiden, »wenn sich in der Ferne eine Aussicht auf Sieg abzeichnet«, erklärte Reynaud in seiner Nachricht. »Die einzige Chance, die französische Nation, die Vorkämpferin der Demokratien, und mit ihr auch England zu retten, an dessen Seite Frankreich sich dann mit seiner starken Flotte stellen könnte, besteht darin, daß das Gewicht der amerikanischen Macht noch an diesem Tag in die Waagschale geworfen wird.« Dies möge nicht allein von Roosevelt abhängen, doch wenn der Präsident den baldigen Kriegseintritt seines Landes nicht versprechen könne, werde das Schicksal der Welt ein anderes sein. »Dann werden Sie sehen, daß Frankreich wie ein Ertrinkender untergeht und verschwindet, nachdem es dem Land der Freiheit, von dem es Erlösung erwartet, einen letzten Blick zugeworfen hat.«

444

Biddle fügte diesen pathetischen Worten ein paar eigene Bemerkungen hinzu: »Reynaud war in einem Zustand tiefster Niedergeschlagenheit und Sorge.« Aber der Inhalt der Nachricht könne nicht in Frage gestellt werden: Ohne Eingreifen der Vereinigten Staaten innerhalb der nächsten achtundvierzig Stunden werde Frankreich kapitulieren müssen.

Bevor Reynauds flehentliche Bitte auf Roosevelts Schreibtisch gelangte, hatte der Präsident wiederum mit Churchill, dem »früheren Marineangehörigen«, Kontakt aufgenommen. Er versicherte die Alliierten seiner Unterstützung, aber er könne die Vereinigten Staaten nicht in den Krieg schicken – dazu sei nur der Kongreß in der Lage. Zunächst wolle Roosevelt die beiden Kammern auffordern, 50 Millionen Dollar für die Ernährung und Bekleidung von Zivilflüchtlingen in Frankreich bereitzustellen.

Der Präsident setzte hinzu, er hoffe, daß Frankreich seine Flotte nicht in die Bedingungen eines Waffenstillstandes einbeziehen lassen werde.

Als Oberster Befehlshaber der Wehrmacht und Führer der Nation gab Adolf Hitler in seinem Gefechtsstand nahe der französisch-belgischen Grenze eine Anweisung aus. Die Franzosen hatten nicht nur die Pariser Region geräumt, sondern auch begonnen, sich von dem befestigten Dreieck Epinal–Metz–Verdun hinter die Maginotlinie zurückzuziehen, und es war nicht ausgeschlossen, daß sie in die Gegend südlich der Loire zurückweichen würden. Nun war es möglich, den fliehenden Feind am Aufbau einer neuen Verteidigungslinie zu hindern und die französischen Streitkräfte im Osten zu vernichten. Hitler befahl, die Offensive, unterstützt von Hermann Görings Luftwaffe, energisch fortzusetzen. Eine Flucht über den Seeweg sei durch die Zerstörung von Häfen und Schiffen zu vereiteln.

Am Abend wurde Otto Abetz, einer der besten deutschen Frankreichexperten, von Außenminister Joachim von Ribbentrop ans Telefon gerufen. Abetz hatte einen beträchtlichen Teil der Hitler-Ära damit verbracht, politische und kulturelle Beziehungen zu Franzosen anzuknüpfen, die bereit waren, den Beteuerungen der Nazis zuzuhören. Nun erhielt er den Befehl, zu Hitlers Hauptquartier zu fliegen; Ribbentrop deutete nur an, daß man in Paris einen Auftrag für ihn habe. Hitler wurde deutlicher: Abetz solle sich in die deutsche Botschaft in Paris begeben und das Auswärtige Amt gegenüber den militärischen Besatzungsbehörden repräsentieren.

Abetz war für diese Aufgabe gerüstet. Vorher hatte man ihn bereits mit anderen hervorragenden deutschen Frankreichspezialisten nach Belgien geflogen; zu diesen Experten gehörten Friedrich Sieburg, Autor und Propagandist; Karl Epting, der frühere Leiter des Deutschen Akademischen Austauschdienstes in Frankreich; und Rudolf Schleier, ein Vertreter der Deutsch-Französischen Gesellschaft. Als Abetz kurz darauf formell zum deutschen Botschafter in Frankreich ernannt wurde, erwiesen sich diese Männer als eindrucksvolle Fürsprecher der nationalsozialistischen Doktrin, die nicht immer in gutartigen Dosierungen verabreicht wurde.

Einer der ersten Aufträge, mit denen Hitler und Ribbentrop den neuen Botschafter bedachten, war die Sicherstellung von Kunstwerken im besetzten Frankreich, zum Beispiel von jüdischen Sammlungen.

Goebbels brauchte sich nun nicht mehr um Paris zu kümmern und konnte seine Sender auf das französische Kernland richten. Das Thema der Piratenprogramme lautete jetzt: »Es ist sinnlos, in letzter Minute für Frankreich zu sterben; es ist viel wichtiger, für Frankreich zu leben.«

In New York schnitt Sol Levitas, Verleger der Wochenzeitung *New Leader*, die Schlagzeile des Tages auf der Titelseite des *World Telegram* aus:

PARIS IST GEFALLEN

Sein kleiner Sohn Mitchel fragte ihn, weshalb er dies tue. »Weil ich sie zusammen mit einer anderen Schlagzeile – ›Paris befreit‹ – einrahmen will.« Als es soweit war, rahmte er tatsächlich beide Schlagzeilen ein.

39

Nach dem 14. Juni

Der Rest ist Geschichte. Er ist festgehalten in bemerkenswert freimütigen Fotografien, aufgenommen oder in Auftrag gegeben von den Deutschen, vor allem in unauslöschlichen Erinnerungen und natürlich in den Protokollen der Kriegsverbrecher- und Landesverratsprozesse. Die Besatzungsarmee verlor keine Zeit, sondern begann sofort, die Vorrechte des Siegers in Anspruch zu nehmen. General Dentz und Oberst Groussard durchlebten drei Tage vornehmer Internierung in ihrem Hauptquartier im Hôtel des Invalides und wurden – mit Botschafter Bullitts Hilfe – am 22. Juni, nach Unterzeichnung des französisch-deutschen Waffenstillstandsabkommens, freigelassen.

Deutsche Beamte blickten ihren französischen Kollegen bald in jedem Regierungs- und Kommunalbüro über die Schulter. Alle Einzelheiten der Besatzung waren im voraus ausgearbeitet und in Handbüchern gedruckt worden; Besatzungsoffiziere erhielten eine Sonderausbildung. Welche Orte aufzusuchen und was dort zu tun sei, stand schon seit langem fest. Zum Beispiel marschierte eine Einheit der deutschen Abwehr in das größte Hotel am linken Seineufer, das Lutetia am Boulevard Raspail, und teilte der Geschäftsführung mit, daß sie vierundzwanzig Stunden Zeit habe, sämtliche Zimmer zu räumen. Rund fünfzig Abwehroffiziere bezogen dort sogleich Quartier.

Im Hôtel du Louvre, gegenüber der Comédie-Française auf der anderen Seite des Platzes, wohnte ein weiterer der neuen Gäste: Helmut Knochen, der an der Universität Göttingen in Philosophie promoviert hatte. Er leitete eine kleine Abteilung von Reinhard Heydrichs Sicherheitsdienst, die Nazigegner, besonders Juden, aufspüren sollte. Knochen begann mit der nächstliegenden Informationsquelle, dem Polizeipräsidium, wo er die Akten deutscher politischer Flüchtlinge, französischer nazifeindlicher Aktivisten und führender Angehöriger der jüdischen Gemeinschaft in Frankreich verlangte.

Es gab einige überraschende Funde. Eine Abwehreinheit entdeckte unversehrte Akten in der Zentrale der Sicherheitspolizei an der Rue des Saussaies; die Sicherheitspolizei, in einem Flügel des Innenministeriums untergebracht, war für den Inlandsnachrichtendienst und die Spionageabwehr verantwortlich. Bald brütete die Gestapo über den erbeuteten Akten, um herauszufinden, wer auf deutscher Seite wichtige Militärinformationen hatte durchsickern lassen. So rasch wie möglich führten die Deutschen Hausdurchsuchungen in den Wohnungen von führenden französischen Persönlichkeiten wie Georges Mandel, Edouard Daladier, Paul Reynaud, Léon Blum und dessen Luftfahrtminister Pierre Cot sowie Gewerkschaftschef Leo Jouhaux durch. Auch die Freimaurerzentrale wurde nicht ausgelassen.

Am 20. Juni erschien ein neuer Gast im Hotel Lutetia: Major Oskar Reile, der die Spionageabwehr des Heeres leitete. Seinen Erinnerungen zufolge traf er mit einer gewissen Beklommenheit in Paris ein, da er die Stadt nie zuvor besucht hatte. Aber er hatte seit 1935 gegen Frankreich gearbeitet, kannte das Land so gut, wie es einem Studenten seiner Sprache und seiner Kultur aus der Ferne möglich war, und er befehligte dreißig Agenten, die der Landessprache mächtig waren. Reile kam gut mit Oberst Friedrich Rudolph aus, dem Chef der Abwehroperationen in Paris. Rudolph warnte ihn: Man werde die gefürchtete Gestapo heranziehen, wenn es Reile nicht gelinge, die deutschen Streitkräfte vor Spionage und Sabotage zu schützen – und die Gestapo werde viel brutaler vorgehen.

Reile erfuhr von einem weiteren Glücksfall: Als deutsche Truppen La Charité-sur-Loire erreichten, hatten sie versiegelte Eisenbahnwaggons entdeckt, die hochgeheime Archive enthielten, darunter die des französischen militärischen Nachrichtendienstes. Natürlich wußte Reile nicht, daß es den Franzosen gelungen war, ihre beiden wichtigsten Geheimnisse – die Identität des als H. E. bekannten Spions und die Dechiffrieroperation gegen Enigma – in Sicherheit zu bringen.

Allmählich kehrten die ersten Pariser in die Stadt zurück. Die Deutschen halfen ihnen, indem sie, wenn nötig, Lastwagentransporte anboten und Benzin an Flüchtlinge mit funktionsfähigen Fahrzeugen verteilten. Die Statistik läßt vermuten, daß Menschen aus ärmeren Vierteln rascher zurückkamen als solche aus reicheren Gegenden.

Juden – sogar ausländische Juden, die während der Hitlerzeit nach Frankreich geflüchtet waren – erschienen wieder in Paris: zum Beispiel Edouard Gurevitch, der neunzehnjährige Fernstudent, der die Stadt zu Fuß verlassen hatte, während seine Mutter und seine Schwester zurückblieben. Er mußte seine Abschlußprüfungen ablegen, und wo sollte das möglich sein, wenn nicht in Paris? Am Tag seiner Rückkehr stellte er fest, daß er gerade rechtzeitig für die Prüfung des vorletzten Gymnasialjahres – an der Sorbonne – gekommen war. Er betrat den Saal und legte die Prüfung ab; danach hatte er sogar noch Zeit, das Gymnasialprogramm zu absolvieren, bevor er in den Untergrund ging.

Die Angehörigen der Familie Gurewicz (keine Verwandten), die Paris nicht verlassen hatten, stellten plötzlich fest, daß ihre Freunde – wie sie selbst Juden ausländischer Herkunft – aus zeitweiligen Verstecken in der Provinz nach Paris zurückkehrten. Die Stadt mochte von den Deutschen besetzt sein, aber sie war ihre Heimat und ihre Einkommensquelle. Mirra Gurewicz entging der Aushebung ausländischer Juden im Juli 1942 dadurch, daß sie bei einer Freundin übernachtete. Ihre Eltern blieben zu Hause, denn sie hatten gehört, daß nur junge Menschen fortgebracht werden sollten zur Zwangsarbeit: Die Deutschen nahmen ihren Vater nicht mit, denn er war über sechzig; ihre Mutter, unter fünfundfünfzig, wurde verhaftet und verschwand spurlos.

Die aus Deutschland geflüchtete Erna Friedländer – in den spannungsgeladenen Junitagen hatten sie und die Freundin, bei der sie nach ihrem vergeblichen Versuch, sich internieren zu lassen, untergekommen war, das Haus nicht verlassen – kam endlich zu dem Schluß, daß sie sich in die Straßen des deutschen Paris hinauswagen konnte. Ernas Freundin sagte, sie müsse zum Friseur und wolle damit keinen Tag länger warten.

Zu Fuß gelangten sie bis zum Parc Monceau, dem größten Park im nordwestlichen Paris. Dort sahen die beiden Frauen frisch gemalte Schilder mit der Aufschrift auf deutsch: NICHT AUF DEN RASEN TRETEN. Erna konnte ihr Gelächter nicht unterdrükken. Es war so typisch für die Deutschen!

Kanzleichef Ferdinand Dupuy sammelte nun die Geschichten zurückkehrender Pariser. Zum Beispiel erfuhr er, daß eine Familie – Mann, Frau, zwei Töchter –, die am 12. Juni aus Paris geflüchtet war, in siebenunddreißig Stunden nur fünfundzwanzig Kilometer zurückgelegt hatte. Ein deutscher Luftangriff hatte sie gezwungen, ihr Auto zu verlassen; es war verbrannt, ebenso ihre Kleidung und ihr Bargeld. Als die Deutschen die Familie einholten, zeigten sie sich nachsichtig und schickten die vier zu Fuß zurück nach Paris. Es war eine viertägige Reise, da sie Hauptstraßen vermieden und über die Felder wanderten; sie verbrachten die Nächte in Scheunen und machten tagsüber Abstecher in Gärten am Wegesrand. Eine andere, fünfköpfige Familie hatte eine Panne auf der Straße nach Orléans. Die Deutschen stellten ihnen ein Auto und Benzin für die Rückfahrt nach Paris zur Verfügung.

Bald hatte die Pariser Polizei eine neue Aufgabe: Sie mußte den Zug der Rückkehrer, die kein Hehl aus ihrem Elend machten, von der Place de la Concorde, dem Sitz des Oberkommandos, fernhalten.

Stadtkommissar Helmut Rademacher, ein höherer Beamter im Reichsfinanzministerium, hatte einen Schnellkurs in »Besatzungsarbeit« durchlaufen; trotzdem empfand er es als sehr schwierig, eine besetzte Stadt in Gang zu halten. Zum Zeitpunkt des deutschen Einmarsches war die Lebensmittelversorgung völlig zum Stillstand gekommen. In den ersten Tagen der Besatzung gab es nur verderbliche Nahrungsmittel, aufgefunden in den Lagerräumen der Stadtbahnhöfe. Diese Vorräte wurden – ebenso wie tiefgekühlte Butter-, Eier-, Käse-, Fisch- und Fleischbestände – an die Bevölkerung ausgegeben.

Allmählich – oft mit Ermutigung oder materieller Hilfe der Behörden – tauchten die Handelsgärtner aus der Umgebung von

Paris wieder mit ihren Produkten auf dem traditionellen Markt-
platz im Zentrum auf; auch die Straßenmärkte in den einzelnen
Stadtvierteln erhielten wieder frischen Nachschub. Die Preise
stiegen rasch, aber die Polizei war noch schneller. Am 22. Juni
wurden die Höchstpreise von Grundnahrungsmitteln durch
einen Erlaß wieder auf das Niveau vom Monatsbeginn gesenkt.
Ab dem 17. Juni war der Brotverbrauch der Pariser auf
350 Gramm pro Tag beschränkt. Allerdings beharrten die gefrä-
ßigen Deutschen darauf, daß Konditoreien weiterhin ihre traditionellen Köstlichkeiten herstellen durften. Dem Rathausbeam-
ten Eugène Depigny zufolge kauften die Deutschen in den
ersten Tagen hauptsächlich Feldstecher, Kameras, Straßenkar-
ten und bequeme Schuhe. Später machten sich höhere Offiziere
auch auf die Suche nach Antiquitäten. Kohle war für Bäckereien, Wäschereien, Restaurants und Privathaushalte, die sie
zum Kochen benutzten, reserviert; Milch gab es für Kleinkinder
unter achtzehn Monaten, später auch für Kinder bis zu fünf
Jahren, für Kranke und Alte.

Die Versorgung normalisierte sich natürlich mehr oder weni-
ger, als die Züge wieder fuhren. Die Fleischproduktion im
Schlachthof La Villette hatte innerhalb eines Monats nach dem
Einmarsch den vorherigen Stand erreicht.

Als Polizeipräsident Langeron entdeckte, daß manchen der
weiterhin geöffneten Apotheken die Grundstoffe zur Herstel-
lung von Medikamenten ausgegangen waren, befahl er, die
Vorräte von Apotheken zu verwenden, deren Eigentümer oder
Geschäftsführer die Stadt verlassen hatten. Ein medizinischer
Notdienst wurde eingerichtet. Und es gab immer noch das
Problem streunender Hunde; mittlerweile waren es sehr viele
geworden – die Gefahr von Tollwut war stets gegenwärtig.

Im Nordwesten von Paris, unweit der Kirche Sainte-Odile,
sah Michèle Rogivue zu, wie deutsche Soldaten auf dem Bürgersteig Tische aufstellten und dann ein Zeltdach darüber errichte-
ten. Sie stellten Brot und Käse auf die Tische und verkündeten
über Lautsprecher, daß die Lebensmittel nichts kosteten: »Alle
Franzosen können sich bedienen ...« Aber »alle Franzosen«
verschmähten das Zelt, jedenfalls zuerst. Michèle blieb lange
genug, um zu beobachten, daß der Hunger häufig stärker war als

die Prinzipien, besonders nach Einbruch der Dunkelheit, als es weniger Zeugen gab. »Es ist schließlich unser Käse«, flüsterten die Pariser, die ihn annahmen. Die Rogivues blieben den Tischen fern, doch ihre treue Concièrge trat heran und verteilte die Ausbeute später großzügig. »Dann haben die um so weniger«, erklärte sie.

Auf seinen Spaziergängen durch die Straßen von Paris bemerkte der künftige deutsche Botschafter Otto Abetz in den ersten Tagen erfreuliche Beispiele für »Verbrüderungsszenen«, besonders in den Arbeitervierteln. »Ich erinnere mich eines kleinen Cafés auf einem der großen Boulevards, in welchem sich an einem der ersten Sonntage nach der Besetzung eine neugierige Menge von Franzosen um einen Grenadier der Division von Briesen drängte. ›Or kaput, travail or‹, erklärte der junge Soldat, dessen sprachlicher Akzent und elastische Bewegungen den Hamburger Hafenarbeiter verrieten. Den Ärmel seines Waffenrockes hochstreifend, ließ er einen ansehnlichen Bizeps spielen: ›Voilà mon or.‹ Das Publikum klatschte zu dieser wirtschaftsphilosophischen Demonstration lebhaftesten Beifall.«

Der elfjährige Claude Poirey, der in einer Seitenstraße der Place Blanche wohnte, spazierte an dem grellen Moulin Rouge vorbei, als neben ihm ein offener deutscher Wagen anhielt. Der Fahrer blieb am Steuer sitzen, während sein Offizier aufstand, um Touristenfotos zu machen. Auf einmal erkannte der Offizier, der sich nach geeigneten Motiven umsah, eine berühmte Varietésängerin. »Fréhel« rief er, »ein Bild!« Die Sängerin drehte sich um, erblickte die Uniform, wandte sich dann wieder ab und zeigte auf ihr Gesäß. »Das ist Fréhel!«, sagte sie barsch. Wie es der Zufall wollte, war sie eine sehr üppige Bretonin. Der Deutsche nahm es mit einem Lachen hin, und Claude staunte mit offenem Mund über ihre Kühnheit. (Hätte diese Chanteuse nur weiterhin ihr Hinterteil gezeigt! Bald trat sie in Nazideutschland auf, was ihr nach der Befreiung nicht vergessen wurde.)

Der faschistische Sympathisant Pierre Drieu la Rochelle hatte sich in den letzten Tagen des freien Paris versteckt, weil er befürchtete, daß »Juden und Anglophile« ihm etwas antun könnten. Nun, da die Deutschen einmarschiert waren, wußte er, daß sich die literarische Szene ändern würde – sogar sein Lieblingsverlag Gallimard und dessen *Nouvelle Revue française*, wie er in seinem Tagebuch festhielt. Man »wird zu meinen Füßen kriechen. Dieser Haufen von Juden, Päderasten und feigen Surrealisten wird nun den Kopf einziehen«. Drieus Vision erwies sich als zutreffend. Mit deutscher Unterstützung wurde er zum Gebieter der *Nouvelle Revue française*, die keinen Platz mehr für Juden hatte – und auch nicht für Päderasten oder feige Surrealisten.

Die Deutschen schafften es, die Züge in Bewegung zu setzen. Allmählich nahm die Métro ihren Betrieb wie in der Vorkriegszeit wieder auf. Nur Busse fehlten, die häufig in den Provinzen festsaßen – ohnehin hätte es kein Benzin für sie gegeben. Die Pendler aus den Vorstädten benutzten die Eisenbahn oder Fahrräder oder gingen zur nächstgelegenen Métrostation. Der Telefondienst war auf Paris beschränkt, doch überall in der von den Deutschen besetzten Zone konnten Briefe verschickt werden; später wurden auch Vichy und der Süden in den Postverkehr einbezogen.

Die Banken wurden wieder geöffnet, doch Personalmangel und finanzielle Einschränkungen sorgten dafür, daß ihre Tätigkeit sich im minimalen Rahmen hielt. Zum Beispiel durften Sparer bei der Caisse d'Epargne in zwei Wochen höchstens fünfhundert Francs abheben. Die Banken, die sich in sichere Gegenden im Süden verlagert hatten, bekamen nun in der Vichy-Zone Kundschaft.

Maurice Zuber, ein junger Angestellter des Comptoir d'Escompte de Paris (es bildete den Kern der künftigen Banque Nationale de Paris), war am 9. Juni aus der Hauptstadt in den Kurort Châtel-Guyon in den Hügeln der Auvergne evakuiert worden. Dort hatte man das Hôtel Splendide für seine Bank requiriert, und andere Pariser Banken waren in weiteren Kurhotels des Städtchens untergebracht. Er merkte bald, daß man nur Vichy (rund fünfundvierzig Kilometer entfernt) oder die Provinzhauptstadt Clermont-Ferrand anrufen konnte, und selbst dazu war eine fünf- oder sechsstündige Wartezeit erforderlich (sofern man nicht nachts sein Glück versuchen wollte). Eines Tages wurde Zuber zu einem Gespräch mit dem Bahnhofsvorsteher des nahegelegenen Riom ans Telefon gerufen; der Beamte sagte, er verwahre seit einiger Zeit einen Haufen Jutesäcke mit dem Kennzeichen der Bank von Frankreich in einem Lagerraum; was er mit ihnen anfangen solle? Der junge Zuber fuhr mit dem Rad nach Riom und machte sich pflichtbewußt daran, die Säcke zu untersuchen. Sie waren mit Goldbarren für die verschiedenen Pariser Banken gefüllt, die sich nun über die Auvergne verteilten.

Als sich die Möglichkeit bot, schickte Zubers Bank ihr Personal zurück nach Paris. Aber einige Angestellte wurden in der Vichy-Zone eingesetzt. Man wies Maurice Zuber der Filiale in Lyon zu, das zur Hauptstadt von Pétains Frankreich wurde.

In Paris wurden die Schulen wieder geöffnet. Lehrer, die sich nicht zu weit aus der Stadt entfernt hatten, nahmen ihre Arbeit am 17. Juni wieder auf. Am 10. Juli fand, laut Angaben der Behörden, an 346 Grundschulen für 38 000 Schüler, an fünf Mittelschulen, zehn Gymnasien und fünfzehn Berufs- und Fachschulen Unterricht statt. Die Abschlußprüfungen am Gymnasium, zunächst verschoben, waren nun für den 28. und 29. Juli angekündigt.

Aber viele der Fabriken, die Paris zum industriellen Zentrum des Landes gemacht hatten, blieben geschlossen, selbst wenn die Arbeiter zurückgekehrt waren (oder die Stadt nie verlassen hatten). Die Deutschen wußten diese Fabriken zu nutzen: sie beschlagnahmten die Werke, füllten sie mit Facharbeitern und ließen sie Kriegsmaterial herstellen. Renault war eines der großen Unternehmen, die, einschließlich der Direktoren, bald unter deutscher Leitung arbeiteten.

Da die französische Regierung weit von Paris entfernt war – man hatte sie aus der Gegend von Tours in das noch fernere Bordeaux verlegt – und für den Botschafter Bullitt ein Stellvertreter einspringen mußte, sorgte der amerikanische Konsul Henry S. Waterman in Bordeaux für die Kontakte zwischen Washington und den Franzosen. Auf diese Weise erreichte Roosevelts Antwort an Reynaud den französischen Ministerpräsidenten am

15. Juni. Die Amerikaner, schrieb er, bewunderten und unterstützten Frankreich, und sie würden weiterhin für die französischen Kriegsbemühungen erforderliche Materialien schicken.
»Ich weiß, Sie werden Verständnis dafür haben [Reynaud hatte
natürlich nicht das geringste Verständnis], daß diese Aussagen
keinen Hinweis auf militärische Verpflichtungen enthalten. Nur
der Kongreß kann solche Verpflichtungen eingehen.«

Churchill seinerseits telegrafierte dem Präsidenten an jenem
Abend: »Die Erklärung, daß die Vereinigten Staaten, wenn
nötig, in den Krieg eintreten werden, könnte Frankreich retten.
Andernfalls wird der französische Widerstand vielleicht in ein
paar Tagen zusammenbrechen, und wir bleiben allein zurück.«
Der Premierminister ging noch weiter und deutete die Möglichkeit an, daß sein Kriegskabinett von einer prodeutschen Mehrheit gestürzt werden könnte; wenn eine neue Regierung die
Flotte Seiner Majestät mit der Kriegsmarine Deutschlands,
Japans, Frankreichs und Italiens vereine, werde eine Koalition
entstehen, die stärker sei als die Vereinigten Staaten.

Als Doyen des Diplomatischen Korps (in Wahrheit war er der
einzige hohe Diplomat, der sich noch in Paris aufhielt) stattete
William Bullitt dem Hotel Crillon einen Höflichkeitsbesuch ab –
ein Ereignis, das in den Annalen des amerikanischen Außenministeriums unerwähnt bleibt. Aber ein Angehöriger von General
von Studnitz' Stab, der spätere Historiker seiner Division, war
anwesend. Er schrieb: »Welche Gefühle mögen dabei Bullitt
bewegt haben, in diesem Hotel Grillon [sic!], das zwei Jahrzehnte
zuvor – tempora mutantur – nach der deutschen Niederlage im
Ersten Weltkrieg dem Präsidenten Wilson als Wohnsitz diente
und in dem dieser seine ersten, später so verquer verlaufenden
Besprechungen über die Gründung des Völkerbundes führte?
Gerade Bullit [sic!], der bislang als einer der eifrigsten Verfechter der ›antifaschistischen‹ Politik seines Präsidenten Roosevelt
und engagierter Gegner von jeglichem ›apeasement‹ [sic!] galt!«

Ungeachtet seiner Gefühle vergaß Bullitt nicht, weshalb er
gekommen war: Er bat höflich, aber entschieden um den Schutz
der auswärtigen Missionen, besetzt oder nicht, durch den deutschen Militärbefehlshaber.

Später am selben Tag schickte Bullitt den Marineattaché Roscoe Hillenkoetter im Zusammenhang mit einem weniger wichtigen Ersuchen über die Straße. Bullitt wünschte, nach Chantilly zu fahren, um sich zu überzeugen, wie sein Haus die Schlacht überstanden hatte. Die Frage schien General von Studnitz aus der Fassung zu bringen. Er gab »natürlich« sein Einverständnis, bat jedoch den Botschafter, bis zum nächsten Tag zu warten. Da in Chantilly keine schweren Gefechte stattgefunden hatten – was Bullitt selbstverständlich wußte –, wollte der General das Haus zuerst in Augenschein nehmen lassen.

Am selben Abend kletterten deutsche Soldaten auf das Dach der amerikanischen Botschaft, um Telegrafen- und Telefonleitungen für die Fernmeldezentrale zu legen, die im Crillon eingerichtet wurde. Bullitt sandte hastig einen weiteren Diplomaten zum Hotel mit einer Warnung: Falls die Leitungen nicht binnen einer Stunde wieder entfernt würden, müsse dies als Übergriff auf amerikanisches Gebiet gelten, und der Botschafter werde persönlich jeden Deutschen auf dem Gelände erschießen. Tatsächlich postierten sich Bullitt und seine engsten Mitarbeiter, jeder mit einem Revolver in der Hand, an den Fenstern. Jede Waffe enthielt sechs Kugeln.

Die Deutschen bauten die Leitungen sofort wieder ab.

Am nächsten Tag hielt General von Studnitz sein Wort und ließ den amerikanischen Botschafter und dessen Begleiter von einer Kompanie Kradfahrer nach Chantilly eskortieren. Dort stellte Bullitt fest, daß das Haus nur geringfügig beschädigt worden war (ein Geschoß hatte ein Stück aus einer oberen Ecke herausgeschlagen). Niemand hatte eingebrochen, keine Plünderer waren am Werk gewesen.

Bullitt blieb länger in Paris, als er ursprünglich beabsichtigt hatte, denn die Deutschen waren, so Robert Murphy, »unerwartet mitteilsam hinsichtlich ihrer Leistungen und Absichten«. Die Informationen konnten nicht in die Vereinigten Staaten geschickt werden, aber man sammelte sie, um Washington später Meldung zu machen.

Murphy erinnerte sich an eine weitere Einzelheit: Als eine für die Botschaft bestimmte Sendung mit Lebensmitteln und Zigaretten vom Zoll aufgehalten wurde, war dafür, wie man herausfand, ein deutscher Offizier verantwortlich, der, nachdem er die Empfängeradresse bemerkt hatte, erklärte: »Das sind also Bullitts Zigaretten! Da kann er lange warten. Ich habe früher in Philadelphia gewohnt, und ich konnte ihn nie ausstehen.«

Gelegentlich, wenn der Botschafter unbedingt mit Washington Verbindung aufnehmen mußte, teilte er die Nachricht Ernst Achenbach mit, dem für die Wiedereröffnung der deutschen Botschaft zuständigen Beamten; Achenbach leitete den Text an das Auswärtige Amt in Berlin weiter, wo man ihn der dortigen amerikanischen Botschaft übergab. Bullitt konnte nie sicher sein, ob eine Meldung wirklich in Washington angekommen war.

Zwei der in Paris zurückgebliebenen Ratsherren, Jean Chiappe und Noël Pinelli, bahnten sich einen Weg durch Straßensperren und Geschützstellungen, um Bullitt aufzusuchen. Die gewohnte Fröhlichkeit des Botschafters war, meinte Pinelli, einem »finsteren Pessimismus« gewichen. Die Besucher erkundigten sich, ob Bullitt beim Schutz zivilen Eigentums helfen könne, doch er erwiderte, er werde nicht mehr allzulange in Paris sein. Sie widerstanden der Versuchung, Bullitt an seine früheren Versprechen zu erinnern, und sie waren bestürzt über seinen ernüchterten Kommentar: »Bei dem Tempo sind die noch vor Weihnachten im Weißen Haus!«

Mittlerweile leitete Bullitt nur noch ein Asyl. Die Residenz des Botschafters stand jedem Mitarbeiter offen, der dort wohnen wollte. Von den rund fünfhundert amerikanischen Bürgern, die in Paris geblieben waren, hatten sich 266 bei der Botschaft registrieren lassen. Während einige, die sich dem Exodus angeschlossen hatten, zurückgekehrt waren, wollte etwa die Hälfte der amerikanischen Bürger ausreisen. Sie konnten mit gültigen Pässen in die Vichy-Zone fahren, doch für die meisten war die Beschaffung von Benzin ein unüberwindliches Hindernis, und viele befanden sich durch die Schließung der Banken in einer verzweifelten finanziellen Lage. Einige Amerikaner zogen in das Hotel Bristol an der Rue du Faubourg Saint-Honoré, von wo die Botschaft mühelos zu Fuß zu erreichen war. Das Hotel stand unter amerikanischem Schutz. Insgesamt stellte die Botschaft ungefähr siebenhundert Bescheinigungen für die

Versendung von Geschäfts- und Privateigentum aus; offenbar wurden alle anerkannt. Das Amerikanische Krankenhaus, das Amerikanische Rote Kreuz und sogar einige Firmen setzten ihre Tätigkeit fort. Bullitt und sein Personal konnten sich völlig frei bewegen.

Britische Amtsgebäude wurden versiegelt, und rund tausend britische Staatsbürger bedurften des Schutzes. Einige benötigten Bargeld, bei dessen Beschaffung das freiwillige British Colony Committee half. Auch die Amtsgebäude Kanadas, Südafrikas und Ägyptens wurden der amerikanischen Zuständigkeit unterstellt und versiegelt. Bullitt versuchte das gleiche für Belgien zu tun, doch die Deutschen lehnten seine Bitte ab. Sämtliche Bankkonten wurden gesperrt, und es gab keine Devisen, obwohl die Deutschen mit ihrem eigenen Geld französische Francs kauften.

Am Sonntag, dem 16. Juni, tobte der Krieg immer noch. Französische Divisionen wichen unter Beschuß ins Loire-Tal zurück; sie hielten Orléans und Giens, während die Deutschen an ihren Flanken vorrückten. General Georges hielt stand, wo er konnte, und verschanzte sich an Stützpunkten, an denen der Vormarsch des Feindes blockiert oder wenigstens verlangsamt werden konnte. Aber nun mußte er General Weygand mitteilen, daß er nicht mehr in der Lage war, seine Aktionen fortzusetzen. Weygand traf am Mittag mit dieser schlechten Nachricht in Bordeaux ein. Die französische Armee brauche einen Waffenstillstand, doch sie werde nicht kapitulieren. Der Unterschied war sehr wichtig für Maxime Weygand, denn Kapitulation bedeutete Unehre, während ein Waffenstillstand einem ehrenvollen Frieden vorausging.

Die Pariser wußten natürlich nichts von diesen Überlegungen, genausowenig wie sie ahnten, was ihre Regierung in Bordeaux entschied. In der morgendlichen Kabinettssitzung mußte Reynaud einräumen, daß Roosevelt nichts anderes als materielle Hilfe anbiete, während die Briten Frankreich an seine Verpflichtung erinnerten, keinen Separatfrieden zu schließen. Da die Regierung immer noch nicht bereit war, sich um eine Friedensregelung zu bemühen, gab Pétain seinen Rücktritt bekannt. »O nein, das können Sie uns nicht antun – nicht in diesem Moment!« rief Präsident Lebrun. Trotzdem kam es zu einer Entscheidung: Reynaud würde nach Nantes in der südlichen Bretagne zu einem Gespräch mit Churchill fliegen, den er bereits gewarnt hatte: Wenn er, Reynaud, nicht um einen Waffenstillstand nachsuchen dürfe, werde ihn ein neuer französischer Ministerpräsident ablösen, der alles tun würde, was Hitler wünschte.

Churchill flog diesmal nicht nach Frankreich, sondern schickte Reynaud ein Telegramm: Großbritannien erwarte, daß die Franzosen die Vereinbarung, keinen Separatfrieden zu unterzeichnen, einhielten. Aber wenn Frankreich seine Flotte in britische Häfen einlaufen lasse, habe die Regierung Seiner Majestät nichts gegen Gespräche zwischen Franzosen und Deutschen. Andererseits sei Großbritannien bereit, sich mit Frankreich zu einer ständigen Union – mit gemeinsamen Verteidigungs-, politischen und finanziellen Einrichtungen – zusammenzuschließen …

Man will uns glauben machen, daß Hélène de Portes, die immer noch an Reynauds Seite war, ihm einen Zettel zusteckte, auf dem stand: »Ich hoffe, du wirst keine Isabella von Bayern sein.« (Sie spielte auf die französische Königin an, die einen englischen König, ihren Schwiegersohn, als französischen Thronfolger anerkannte.)

Es war natürlich schon zu spät, selbst für eine Isabella. An diesem Abend trat Reynaud, der nicht kapitulieren wollte, sein Amt an Pétain ab, der die Kapitulation wollte.

Bullitt wartete bis zum 30. Juni, bevor er Paris verließ. Dann organisierte er eine Art Karawane, zu der Robert Murphy, sein Militär- und sein Marineattaché sowie der Dritte Botschaftssekretär Carmel Offie gehörten. Man hatte sogar einen »blinden Passagier«: Dudley Gilroy, einen englischen Major im Ruhestand, der einen Rennstall unweit von Bullitts Haus in Chantilly verwaltet hatte; mit ihm kam seine Frau, die in den Vereinigten Staaten geboren war. Bullitt gab Gilroy einen amerikanischen Paß und den Rat, an deutschen Grenzkontrollpunkten den Mund zu halten. Das Wetter war herrlich. Sie kamen gut voran auf der Fahrt nach La Bourbole, einem weiteren Kurort mit zahlreichen Hotels in den Hügeln der Auvergne. Unterwegs machten sie halt zu einem Picknick. In La Bourbole – und eine Woche später in Madrid – verfaßte Bullitt ausführliche Telegramme über Gespräche, die er mit Pétain-Anhängern und -Gegnern in Vichy geführt hatte. In Washington war man noch nicht ganz darauf eingestellt, Bullitts Energie einzusetzen; später fand er bei den Freien Franzosen eine angemessene Aufgabe.

Bevor irgend jemand in den Vereinigten Staaten wußte, was aus William Bullitt geworden war, entsandte die amerikanische Botschaft in Berlin ihren Ersten Sekretär, den jungen, doch erfahrenen Diplomaten George Frost Kennan, der herausfinden sollte, was in Paris vorging. Begleitet von einem amerikanischen Krankenfahrer, machte er sich am 2. Juli in einem geborgten Chevrolet auf den Weg. Sie kamen an Szenen der Verwüstung vorbei, denn sie mußten sich an die Invasionsroute halten, und stießen auf den Strom erschöpfter Flüchtlinge, die nach Hause zurückkehrten. Paris wirkte verlassen; sogar die deutschen Offiziere, die vor dem Café de la Paix saßen, schienen einsam zu sein. Die amerikanische Botschaft hatte, wie Kennan feststellte, ihre Fahne und ihr Wappenschild eingebüßt, und die hohen Eisentore waren geschlossen. In Bullitts Abwesenheit sprach Kennan mit Maynard Barnes, dem Presseattaché, der berichtete, wie wütend der Botschafter gewesen sei, weil es unmöglich war, Nachrichten zu senden oder zu empfangen. Kennan versprach, in Washington darauf hinzuwirken, daß man der dortigen deutschen Botschaft dieselben Schwierigkeiten machte.

Er verbrachte die Nacht im Hotel Bristol. »Ein großer Teil des Hotelpersonals fehlte«, notierte er. »Das ganze Gebäude machte einen provisorischen Eindruck. Aber es war den Amerikanern gelungen, die Deutschen fernzuhalten, und mit dieser Regelung waren sie durchaus zufrieden.«

Am nächsten Tag versuchte er, Freunde zu finden, doch niemand war zu Hause. In Restaurants fielen ihm Deutsche auf, »die sich große Mühe gaben, Eleganz an den Tag zu legen, obwohl sie gar nicht wußten, zu welchem Zweck«. Kennan suchte nach einer Metapher, um seinen Eindruck zu beschreiben. »Könnte man den Deutschen nicht sagen, daß der Geist von Paris zu zart und scheu gewesen ist, um ihrer Herrschaft standzuhalten, und daß er sich in dem Moment verflüchtigt hat, als sie glaubten, ihn fassen zu können?«

Bei der Fahrt von Südfrankreich nach Spanien hatten William Bullitt und seine Begleiter Schwierigkeiten an der Grenze, da ein spanischer Einwanderungsbeamter die Identität des Exmajors Gilroy und seiner Frau in Zweifel zog. Bullitt gab sie als seinen Butler und sein Dienstmädchen aus, doch Frances Gilroy, eine Dame aus Bullitts Gesellschaftstagen in Philadelphia, benahm sich keineswegs wie ein Dienstmädchen. Es blieb dem Dritten Sekretär Carmel Offie überlassen, das Problem zu lösen. Er nahm den spanischen Beamten beiseite und flüsterte: »Begreifen Sie denn nicht, daß der Botschafter eine Geliebte hat?«

Für die in Paris ansässige Amerikanerin Florence Gilliam war es wie das Lied, das die Amerikaner bald über die französische Hauptstadt sangen: »*No matter how they change her, I'll remember her that way.*« Die innere Schönheit der Stadt war erhalten geblieben. Mehr noch: Seit man die Sandsäcke und andere Schutzvorrichtungen entfernt hatte, sah Paris besser aus als in den Monaten zuvor. Es gelang ihr, sich durch die Stadt zu bewegen, ohne auf deutsche Schilder, Wachtposten oder Fahrzeuge zu stoßen. Sogar die Verdunklung konnte sie als »gleichzeitig gräßlich und wunderbar« betrachten. Natürlich gab es Unannehmlichkeiten, etwa das Verbot von Privatwagen. Deshalb mußte man häufig zu Fuß gehen oder die Métro benutzen, die gewöhnlich überfüllt war, denn die Untergrundbahn war nun das Hauptverkehrsmittel sowohl für deutsche Soldaten als auch für die Pariser Bürger. Und es war nicht ratsam, den letzten Zug zu verpassen, selbst wenn man eine Genehmigung hatte, noch spät unterwegs zu sein, denn in einem solchen Fall mußte man sich auf einen langen Spaziergang nach Hause oder eine teure Heimfahrt mit einem Pferdebuggy oder einem Fahrradtaxi gefaßt machen. Deshalb verbrachten die Menschen nun mehr Abende zu Hause.

In den frühen Tagen der Besatzung hielt Sylvia Beach ihren Buchladen, Shakespeare & Company, an der Rue de l'Odéon geöffnet. Die Geschäfte gingen gut, da sich die französischen Kunden um englische Lektüre geradezu rissen. Schließlich stellte sie eine Helferin ein, eine junge französische Jüdin, die durch die Nazivorschriften gezwungen worden war, ihr Studium an der Sorbonne abzubrechen. Miß Beach entschied sich, das Schicksal ihrer neuen Freundin zu teilen, was bedeutete, daß sie öffentliche Orte meiden mußten. Bald durften Juden nicht einmal mehr auf Parkbänken sitzen. Shakespeare & Company überlebte bis zum Ende der amerikanischen Neutralität.

Zum Zeitpunkt des deutschen Einmarsches füllte sich die Amerikanische Kirche am Quai d'Orsay mit Mitgliedern des Chores und Gemeindeangehörigen, die sich innerhalb ihrer Wände sicherer fühlten als außerhalb. Ein unzweifelhafter Vorteil für die Kirche war eine Bescheinigung der amerikanischen Botschaft, die sowohl das Gotteshaus als auch die angrenzenden Dienstgebäude als ihr Eigentum auswies – Vizekonsul John R. Wood persönlich hatte die Notiz angebracht.

Der Organist Edmund Pendleton hielt jeden Sonntagmorgen »Gespräche« ab, wie er sagte. Seine Gemeinde schrumpfte auf eine immer kleinere Gruppe von regelmäßigen Besuchern, hauptsächlich Frauen; die Zahl verringerte sich weiter, als die Botschaft ihren Bürgern im Frühjahr 1941 dringend riet, Paris zu verlassen. Nachdem die Vereinigten Staaten im Dezember in den Krieg eingetreten und die meisten Amerikaner interniert worden waren, erschienen nur noch ein paar ältere Damen zu den Gottesdiensten, die nun von französischen protestantischen Geistlichen abgehalten wurden. Inzwischen hatten die Deutschen begonnen, die geräumigen Kircheneinrichtungen zu übernehmen – zuerst die Turnhalle.

Die Ereignisse in den letzten Tagen des Pariser *Herald Tribune* drehten sich um den Sportkolumnisten W. H. Robertson, den winzigen Exzentriker, der als »The Sparrow« (»der Spatz«) bekannt war. Laurence Hills, der Pariser Verlagsdirektor, und Robertson hatten sich hartnäckiger als alle anderen geweigert, aus der Stadt abzureisen. Hills erlag innerhalb der nächsten

Monate einer tödlichen Krankheit; danach trug der französische Geschäftsführer der Zeitung die Verantwortung für die Druckerei. Aber Robertson wollte, wie uns sein Biograph mitteilt, nicht eingestehen, daß sich etwas geändert hatte. Er ging weiterhin täglich ins Büro, schrieb sogar seine Kolumne und behielt sein Zimmer im Hotel Lotti an der Rue Castiglione, obwohl in alle anderen Räume deutsche Offiziere eingezogen waren. Laut Walter Kerr wurde ›The Sparrow‹ schon am ersten Abend nach der Besetzung von einem Wächter angehalten, als er das Hotel verlassen wollte, denn die Sperrstunde hatte begonnen. Robertson richtete sich zu seiner vollen Größe von einem Meter dreiundvierzig auf und brüllte: »Wie kommen Sie denn auf den *Blödsinn?*« Der Offizier, der zur Vermittlung heruntergerufen wurde, kannte den Journalisten zufällig von den Berliner Olympischen Spielen des Jahres 1936. Der Amerikaner durfte das Hotel verlassen, und der Offizier begleitete ihn.

Was Kerr anging, so kämpfte er um das Recht, seiner New Yorker Zeitung Nachrichtenartikel zu schicken – ohne Erfolg. Eines Tages erlebte er im Büro des Pariser *Tribune*, wo es nichts zu tun gab, eine Überraschung, denn der schwarze Angestellte, der sich mit dem Fahrrad zur bretonischen Küste aufgemacht hatte, kehrte zurück – erschöpft, aber froh, wieder da zu sein. Er war bis nach Roscoff vorgedrungen, hatte die als Versteck vorgesehene Insel jedoch nie erreicht. Die Bewohner der Gegend hatten nur genug Nahrungsmittel für sich selbst, weshalb er sich wieder auf den Weg nach Paris machte. In Le Mans wurde er von den Deutschen aufgegriffen, die ihn für einen Soldaten aus den Kolonien hielten und in ein Gefangenenlager brachten. Aber er trug einen Brief bei sich, den Kerr ihm mitgegeben hatte; darin hieß es, er sei amerikanischer Staatsbürger und arbeite für eine amerikanische Zeitung. Dieser Brief gab ihm die Freiheit zurück. Nun setzte er sich hin, zog einen Schuh und eine Socke aus und wedelte mit einem schmutzigen Papierfetzen. Das Stück Papier enthielt die Namen von vierzehn internierten britischen Soldaten, die ihre Familien wissen lassen wollten, wo sie sich befanden. Kerr erklärte dem schwarzen Amerikaner, der in Wirklichkeit britischer Staatsbürger war, daß die Deutschen ihn erschossen hätten, wenn sie die Liste bei ihm gefunden hätten. »Das weiß ich, aber es waren nette Kerle, und sie mußten all die Drecksarbeit im Lager machen.«

Kerrs eigener Krieg gegen das Dritte Reich trat in ein entscheidendes Stadium ein. Man gab ihm zu verstehen, daß er *nie* eine Genehmigung erhalten werde, von Paris aus Artikel abzuschicken. Auch nach Berlin konnte er nicht gehen, denn das dortige Büro seiner Zeitung war von den Deutschen geschlossen worden. Er besaß ein Visum für Portugal, doch um dorthin zu gelangen, mußte er Spanien durchqueren, und sein spanisches Visum war abgelaufen. Deshalb besorgte er sich etwas rote Tinte, änderte das Datum und reiste reibungslos durch Spanien nach Portugal. In Lissabon begegnete er an der Bar seines Hotel dem Herzog von Windsor. »Ich werde als Gouverneur auf die Bahamas geschickt«, sagte der Herzog mit sichtlich geringer Begeisterung. Kerr erwiderte, er habe gehört, es seien sehr schöne Inseln. »Tatsächlich?« fragte der Herzog von Windsor. »Dann nennen Sie mir doch mehr als eine Stadt auf den Bahamas.« Kerr konnte es nicht. Er kehrte in sein Zimmer zurück, um den ersten Teil einer Artikelreihe über das besetzte Paris zu schreiben. Dann trat er die Heimreise an. Sein nächster Krieg sollte im Juni 1941 in der UdSSR beginnen.

Während seines Studiums an der Sorbonne arbeitete Max Imhoff jun. als Redaktionsassistent beim Pariser *Tribune* (Walter Kerr hatte ihn als einen großen, schlanken jungen Mann mit dicken Brillengläsern in Erinnerung). Imhoff war in Clinton, New Jersey, geboren, doch er hatte einen Schweizer Vater und eine französische Mutter, weshalb er sich in Europa sehr wohlfühlte. Als viele Amerikaner Paris zu verlassen begannen, blieb er zurück. Im Büro des *Tribune* war immer noch viel zu tun; man mußte aufräumen und Material sammeln für den Tag, an dem die Zeitung wieder erscheinen konnte. Es gab so viel zu tun, daß er eines Tages nach der Sperrstunde noch im Büro war. Auf dem Weg zu seinem Zimmer in der Nähe der Sorbonne merkte er, daß er seine Brille im Büro vergessen hatte, und kehrte um, um sie zu holen.

Wiederum auf dem Heimweg, wurde er von deutschen Polizisten in Zivil angehalten. Er ging etwas leichtfertig mit seinen Vernehmern um und erzählte ihnen, er habe seine Freundin nach Hause gebracht; aber dann fiel ihm kein Name für das Mädchen ein. Man brachte ihn in eine Haftanstalt, und nun berichtete er in fließendem Deutsch, was wirklich vorgefallen war. Auch diese Geschichte glaubte ihm niemand, und man zerbrach seine Brille, um sich zu überzeugen, daß er sie wirklich brauchte. Um drei Uhr morgens wurde er mit einer ausdrücklichen Verwarnung nach Hause eskortiert. Am nächsten Tag erfolgte ein neuerliches Verhör; er durfte nicht mehr zum *Tribune* zurückkehren. Aber es gelang ihm, mit dem amerikanischen Korrespondenten Eric Sevareid Verbindung aufzunehmen, der ihm half, nach Spanien zu entkommen. Von dort legte er die gesamte Strecke nach Portugal zu Fuß – und gelegentlich auf Bauernkarren – zurück. In Portugal heuerte er als Schiffsteward an, um den Atlantik überqueren und in die Heimat zurückkehren zu können.

Der russische Schriftsteller Ilja Ehrenburg war länger und länger zu Gast in der sowjetischen Botschaft. Er ging durch die Straßen des besetzten Paris und war in der paradoxen Lage eines Mannes, der, obwohl russischer Jude und notorischer antifaschistischer Intellektueller, mit den Nazis verbündet sein sollte. Für Ehrenburg, der sich im Montparnasse heimisch fühlte, war es nun eine tote Stadt: In seinem Roman *Der Fall von Paris* bezeichnet er eine der handelnden Personen als Pompeji. Unter den wenigen Menschen, an denen er vorbeikam, waren Körperbehinderte und alte Frauen, die auf Parkbänken saßen und strickten. Dies alles, sinnierte Ehrenburg, mußte die Deutschen überrascht haben, denn sie hatten ein Sündenbabel erwartet. Sie dinierten gewissenhaft in Terrassenrestaurants und fotografierten einander vor Notre-Dame oder dem Eiffelturm. Sie kauften Souvenirs, obszöne Postkarten und Taschenwörterbücher; Prostituierte boten ihnen ihre Dienste an. Dann begannen die Schilder zu erscheinen: ARISCHES GESCHÄFT. KEIN ZUTRITT FÜR JUDEN. Die Besatzungsbehörden schützten ihre eigenen Soldaten durch Schilder wie das folgende, das am Café Dôme hing: FÜR DEUTSCHE VERBOTEN.

Alles – die Denkmäler, die Cafés – ist noch am Platz, dachte Ehrenburg. Nur eines fehlt: Paris.

Kanzleichef Ferdinand Dupuy stellte in seinem Polizeirevier Saint-Sulpice fest, daß die deutschen Vorschriften immer zahlreicher wurden. Im Juli würde es zur Abwechslung eine gute Nachricht geben: Die Sperrstunde sollte um 22.00 Uhr beginnen, so daß die Pariser eine zusätzliche Stunde im Freien verbringen konnten. Restaurants, Cafés und andere öffentliche Stätten mußten um 21.30 Uhr, die Métro um 21.45 Uhr geschlossen werden. Zwischen zehn Uhr abends und fünf Uhr morgens war jede Art der Fortbewegung, ob mit einem fahrbaren Untersatz oder zu Fuß, verboten.

*

Nach der Abreise aus Paris mit seiner kostbaren Ladung schweren Wassers zur Atomspaltung hatte der Physiker Hans Halban eine zeitweilige Unterkunft für sich selbst, Frau und Kind und einen Laborassistenten – nicht zu vergessen seine kostbaren Aufzeichnungen – in einer Villa außerhalb von Clermont-Ferrand gefunden. Anfang Juni stieß sein Kollege Lew Kowarski zu ihm. Er brachte Apparaturen aus ihrem Pariser Labor mit, die von Militärlastwagen transportiert wurden. Frédéric Joliot-Curie blieb bis zum 10. Juni in Paris, um dafür zu sorgen, daß alle tragbaren Gegenstände aus dem Collège de France entfernt wurden. Papiere, die er nicht mitnehmen konnte, verbrannte er. Dann zogen seine Frau Irène und er zu dem Forscherteam in Clermont-Ferrand, doch Rüstungsminister Raoul Dautry befahl der Gruppe am 16. Juni, nach Bordeaux und von dort – mit dem schweren Wasser – ins Ausland weiterzureisen.

Die Halbans und die Kowarskis fuhren gemeinsam nach Bordeaux, wobei sie infolge der ihnen eingeräumten Priorität Straßen benutzen durften, die sonst der Armee vorbehalten waren. Während einer Mittagspause in einem Café hörten sie, wie Marschall Pétain im Rundfunk für einen Waffenstillstand plädierte. Halban sagte nichts, ging jedoch hinaus, um Gift zu besorgen für den Fall, daß sie aufgegriffen wurden. Kowarskis Frau kommentierte arglos: »Typisch Hans – der muß dauernd einkaufen.« Sie hatten die Benzinkanister mit dem schweren

Wasser im Kofferraum ihres großen alten Peugeot verstaut. Halbans Frau kannte inzwischen die Bedeutung der Kanister; sie standen genau unter den Rücksitzen, auf denen sie und Frau Kowarski und ihre beiden kleinen Kinder saßen.

Joliot beschloß in letzter Minute, Frankreich nicht zu verlassen. Dafür gab es eine Reihe von Gründen; der wichtigste hatte mit Irènes Gesundheit zu tun: Sie war wegen chronischer Tuberkulose in medizinischer Behandlung. Zudem hatten die Joliots ihre Kinder bereits in ein Versteck in der Bretagne geschickt. Aber die anderen Forscher und ihre Familien fuhren an Bord eines kleinen britischen Kohlenschiffes ins Vereinigte Königreich; sie hatten Anweisung, »in Großbritannien die am Collège de France begonnene Forschung fortzusetzen, die absoluter Geheimhaltung zu unterliegen hat«. Nach dem Urteil eines Historikers der französischen Atomforschung trug der hastig am 16. Juni – kurz vor dem Rücktritt des Kabinetts Reynaud – hingekritzelte Befehl dazu bei, die Mitwirkung der Franzosen an der Kernforschung der Kriegszeit sicherzustellen und den Weg für die ehrgeizigen Atomenergieprojekte zu ebnen, die in Frankreich später zur Herstellung von Bomben und Elektrizität führen sollten.

Die Halbans und Kowarskis verbrachten einen gefährlichen Tag in den Docks von Bordeaux, während sie auf Joliot warteten, denn ein neben ihnen liegendes Schiff geriet an eine Treibmine, explodierte und sank. Am ersten Tag auf See – an Bord war auch ein belgischer Diamantenhändler – baute Halban ein Floß, mit dessen Hilfe sie ihr wertvolles Gepäck – schweres Wasser und Diamanten – im Falle eines U-Boot-Angriffs retten konnten.

Sie erreichten Großbritannien unversehrt, und mit ihnen das schwere Wasser. (Joliot-Curie drückte sich in einer Mitteilung an einen Kollegen etwas anders aus: »H. und K. sind mit dem Gurgelmittel in England angekommen.«) In Ermangelung zuständiger französischer Behörden unterstellten sie sich den Briten, obwohl sie mit ihrer Forschung ihren Gastgebern weit voraus waren (die Briten konzentrierten sich darauf, Radargeräte für den Kriegseinsatz zu perfektionieren und überließen die Atomforschung jüdischen Flüchtlingen, die von Militärprojekten ferngehalten wurden). 1942 sandte Churchill die Halban-Gruppe nach Kanada, um ihnen den Zugang zu amerikanischen Aktivitäten auf diesem Gebiet zu erleichtern.

Die Pionierarbeit des Joliot-Curie-Teams sollte erst knapp ein Vierteljahrhundert nach der Befreiung von Paris gewürdigt werden. Dies geschah in Form einer lobenden Erwähnung und einer symbolischen Zahlung, mit der laut Glenn Seaborg, dem Direktor der amerikanischen Atomenergiekommission, »ihre Ansprüche auf Erfindungen und Entdeckungen nach dem Atomenergiegesetz anerkannt« wurden.

Eine der ersten Aufgaben der neu in Paris etablierten Gestapo war – nach Beobachtung des Polizeipräsidenten Roger Langeron – die Jagd auf Herschel Grynszpan. Im November 1938 hatte der damals siebzehnjährige Grynszpan einen deutschen Botschaftsangehörigen in Paris erschossen, um sich für die Deportation seines Vaters und Tausender anderer polnischer Juden durch die Nazis zu rächen (eigentlich hatte er beabsichtigt, den deutschen Botschafter zu ermorden). Das Pariser Attentat diente als Vorwand für die Reichskristallnacht, den Pogrom, in dessen Verlauf einundneunzig Juden ermordet sowie fast alle Synagogen und mehrere tausend jüdische Geschäfte in Deutschland zerstört wurden. Grynszpan wurde von der französischen Polizei verhaftet und von einem Gericht verurteilt. Als die Deutschen Paris im Juni 1940 erreichten, befand er sich in relativer Sicherheit in Orléans, und Langeron vermutete, daß man ihn seither weiter nach Süden gebracht hatte. Doch am Ende konnte das desorganisierte Gefängnissystem im besiegten Frankreich Grynszpan nicht mehr verbergen; er wurde fortgeschafft und verschwand spurlos.

Wenn die Gestapo nicht nach Grynszpan Ausschau hielt, überprüfte sie die Fälle von französischen Häftlingen, die man wegen Defätismus oder Schlimmerem verurteilt hatte – und ließ sie frei.

Langeron selbst war nun praktisch ein Gefangener; er hing von denen ab, die sich frei bewegen konnten, und hatte kaum Gelegenheit, seine Informationen auf ihre Richtigkeit zu überprüfen. Dies erklärt seine fälschliche Tagebucheintragung vom

18. Juni, die er, wie ihre Veröffentlichung beweist, auch nach der Befreiung von Paris noch für zutreffend hielt. »Hitler ist zu einem raschen Besuch hiergewesen. Er fuhr direkt zum Arc de Triomphe und inspizierte seine Truppen...« Als Langerons Männer Hitler in Paris sahen, war der Führer in Wirklichkeit in München und besprach sich mit Mussolini über die Friedensbedingungen. Hitler hatte beschlossen, die Franzosen milde zu behandeln, damit eine den Deutschen gefällige Regierung an der Macht blieb, die nicht versuchen würde, ihre Flotte in britischen Häfen in Sicherheit zu bringen. Kurz gesagt, Hitler hatte den Entwurf für Pétains Vichy-Regime vor sich, das Frankreich ruhighalten würde, während Deutschland den Krieg gegen Großbritannien fortsetzte.

Am 18. Juni machte die neue Pétain-Regierung, die Reynauds Kabinett abgelöst hatte, der Debatte in Bordeaux ein Ende, ob man weiterkämpfen oder um Frieden nachsuchen solle. Präsident Lebrun sprach sich ebenso wie die Präsidenten des Senats und der Deputiertenkammer dafür aus, den Krieg von Nordafrika aus fortzuführen. Pétain, der nun an der Macht war, entgegnete, es sei seine Pflicht, beim französischen Volk zu bleiben.

Reynaud hätte das Land verlassen können, denn Pétain war bereit, ihn als Botschafter nach Washington zu schicken. Aber der ehemalige Regierungschef begab sich weder in die Vereinigten Staaten noch an irgendeinen anderen Ort, wo er von Nutzen hätte sein können; in Zukunft sollte der streitbare kleine Politiker kein Glück mehr haben. Nicht einmal die Frau, die ihn (je nach Standpunkt) bestärkt oder geschwächt hatte, stand ihm in seiner Seelenqual zur Seite, denn Hélène de Portes kam auf der Fahrt zu ihrem Haus in Südfrankreich durch einen Autounfall ums Leben. Reynaud, der bei demselben Unfall schwere Verletzungen davongetragen hatte, wurde vom Vichy-Regime verhaftet und vor Gericht gestellt; danach hielten Pétain und seine rachsüchtigen Berater ihn bis ans Kriegsende in Gewahrsam. Er hatte recht gehabt, was den Krieg und die Beschwichtigungspolitiker anging, doch er bekam nie die Möglichkeit, es zu beweisen. Reynaud war der ungeliebte Held Frankreichs.

Die Pariser, die an diesem Abend den Londoner Rundfunk hörten, konnten die erste Ansprache von Reynauds bemerkenswertem Protegé, Brigadegeneral Charles de Gaulle, hören.

Frankreich ist nicht allein! Es ist nicht allein! Es hat ein riesiges Imperium hinter sich. Es kann sich mit dem britischen Imperium zusammenschließen, das die Meere beherrscht und den Krieg fortsetzt. Es kann sich – wie Großbritannien – der gewaltigen Industrieanlagen der Vereinigten Staaten bedienen.

Feierlich forderte er die sich in Großbritannien aufhaltenden französischen Offiziere und Soldaten sowie alle Ingenieure und Rüstungsfacharbeiter auf, in London mit ihm Kontakt aufzunehmen.

Später erinnerte sich fast jeder, der etwas darstellen wollte, an Charles de Gaulles Appell vom 18. Juni. In Wirklichkeit hatten nur wenige die Sendung gehört, und sie wurde nie aufgezeichnet oder wiederholt. Die BBC zu hören war noch nicht so üblich, wie es im besetzten Frankreich bald der Fall sein sollte. Radio Paris schwieg mittlerweile, doch kurz darauf gab es ein neues Radio Paris unter deutscher Schirmherrschaft; gleichzeitig förderten die Besatzungsbehörden so viele Zeitungen, daß die Kioske – und Paris selbst – bald wieder normal wirkten. Einige Tageszeitungen hatten vertraute Titel, aber es gab auch eine Menge neuer Zeitungen, und viele wurden von französischen Faschistenbewegungen veröffentlicht. Zum Beispiel brachte der frühere Chef der Antijüdischen Bewegung Frankreichs eine Zeitung mit dem Titel *An den Pranger* heraus, die den Zweck hatte, Juden und Freimaurer bei der Gestapo zu denunzieren und Schmähungen der Öffentlichkeit auszusetzen.

Eine der überraschenden politischen Auferstehungen feierte die Kommunistische Partei. Im Namen der damals untergetauchten Parteiführer beantragten weniger hochrangige Funktionäre bei der deutschen Kommandantur die Genehmigung, *L'Humanité* zu veröffentlichen. Paradoxerweise waren die Deutschen, deren Bündnis mit der Sowjetunion immer noch bestand, durchaus willens, ja zu sagen; es war die französische

Polizei, die ein Verbot erzwang. Als die Franzosen Kommunisten verhafteten, die aus dem Untergrund aufgetaucht waren, um die *Humanité* herauszugeben, wurden sie von den Deutschen wieder auf freien Fuß gesetzt.

Am 16. Juli konnte die Polizei für sich geltend machen, daß es im ersten Monat nach dem Einmarsch keinen einzigen Zusammenstoß zwischen den Menschen von Paris und der Besatzungsmacht gegeben hatte. Die Kriminalität, die im Juni so gut wie verschwunden war, hatte sich auch im Juli nicht wieder bemerkbar gemacht.

Hitlers Überraschung – die er sogar vor Mussolini geheimgehalten hatte – war der Ort der Waffenstillstandsgespräche: der Wald von Compiègne mit dem Eisenbahnwaggon, in dem am 11. November 1918 über die deutsche Kapitulation verhandelt worden war. William Shirer war als Reporter des New Yorker CBS zugegen; er berichtete den Amerikanern, daß Adolf Hitler in diesem Augenblick auf demselben Stuhl sitze, auf dem Marschall Foch nach dem letzten Krieg gesessen habe. Im Inneren des Waggons, außer Sicht- und Hörweite sogar von William Shirer, machten die Deutschen unmißverständlich klar, daß ihre Friedensbedingungen unwandelbar seien. Was aus Compiègne hervorging, war ein Frankreich, mit dem Hitler leben konnte.

40

Sonntag, 23. Juni

Das Unglaubliche wurde wahr: Adolf Hitler, Inkarnation des Bösen, besuchte Paris als Tourist. Es klingt wie ein Märchen. Aber sogar Polizeipräsident Roger Langeron war, wie wir wissen, bereit zu glauben, daß es geschehen war (fünf Tage bevor es sich wirklich ereignete). Der Bericht, den man Langeron erstattete und den er wiederholte, wurde zwangsläufig zu einer Quelle für Historiker. In seinen eigenen Kriegserinnerungen zeigt Pierre Mendès-France einen Hitler, der noch früher (am 15. Juni, einen Tag nach dem deutschen Einmarsch) in Paris erschien und einen Kranz am Grab des Unbekannten Soldaten niederlegte. Man sollte jedoch damit zufrieden sein, daß Hitler die Stadt neun Tage nach dem Einmarsch – einen Tag nach der Unterzeichnung des Waffenstillstandes – besichtigte.

Hauptsächlich durch die Enthüllungen von Hitlers Lieblingsarchitekten Albert Speer wurde bekannt, daß der Führer ein leidenschaftlicher Städteplaner war und wie andere Herrscher danach strebte, seine Hauptstadt umzugestalten. Hitler hielt Paris, wie er Speer erklärte, für die schönste Stadt der Welt, und er dachte daran, es zu einem Modell für Berlin zu machen. Die Avenue des Champs-Elysées und der Arc de Triomphe hatten es ihm besonders angetan; er wollte einen noch höheren und breiteren Bogen bauen lassen, und Unter den Linden sollte eine noch ausladendere Prachtstraße werden als die Champs-Elysées.

Wenn Hitler einen offiziellen Bildhauer hatte, dann wohl Arno Breker: Schöpfer heroischer Skulpturen von der Art, die bei den Nazis wie bei den Faschisten große Bewunderung fand. Der vierzigjährige Künstler zeigte deutsche Muskeln auf eine Weise, wie die neuen Deutschen sie zu sehen wünschten. Am 22. Juli hielt er sich in seinem Haus, das mit einem Atelier ausgestattet war, im Berliner Grunewald auf. Plötzlich schrillt die Glocke des Telefons in die Stille des Frühsommertages hinein: die Gestapo. Er wird höflich aufgefordert, sich für eine kurze Reise fertig zu machen; man werde ihn in einer Stunde abholen.

Breker, dessen Frau bestürzt war, erfuhr nichts Näheres. Genau eine Stunde später standen zwei SS-Angehörige unbestimmten Ranges vor seiner Tür; auch sie verweigerten jede Auskunft. Man fuhr durch den Grunewald zum Flughafen Staaken, wo eine Ju 52, die allgegenwärtige dreimotorige Maschine, wartete. Soldaten luden Kisten und Körbe mit Gemüse und Fruchtsäften ein – »eine sonderbare Fracht mitten im Kriege«. Nach dreistündigem Flug landete das Flugzeug in einer Breker nicht unbekannten Gegend: auf französischem Boden. Als er nach einer Autofahrt zwischen eilig hingesetzten Holzbaracken ausstieg, sah er vertraute Gesichter vor sich: Albert Speer und Hermann Giesler (einen weiteren von Hitlers Lieblingsarchitekten) – und beide schmunzelten. Breker erfuhr, daß er sich im Führerhauptquartier in Bruly-de-Pesche, nahe der belgischen Grenze südlich von Charleroi, befand.

Hitler trug eine einfache Uniform und hatte den Schirm seiner Mütze ins Gesicht gezogen (laut Breker wirkte er wie ein ganz gewöhnlicher Soldat). »Ich habe die Absicht, mit Ihnen, Speer und Giesler nach Paris zu fahren«, erläuterte der Führer. »Von Ihnen als altem Pariser möchte ich einen Plan ausgearbeitet haben, der die wichtigsten architektonischen wie städtebaulichen Brennpunkte der Stadt erfaßt. Wie gesagt, aus Zeitmangel war es nicht anders möglich.«

In der Tat kannte Breker sich in Paris gut aus. Wie so viele andere ausländische Künstler vor ihm hatte er immer wieder (bereits seit 1925) dort gearbeitet und sich mit den Cafés und Ateliers (ebenso wie mit den Denkmälern) der Stadt vertraut gemacht.

»Paris hat mich immer fasziniert«, fuhr Hitler fort. »Ein Besuch ist seit Jahren mein leidenschaftlicher Wunsch.« Doch seine politische Tätigkeit seit 1918 und die späteren Ereignisse hätten keine Möglichkeit dazu geboten. »Jetzt stehen die Tore für mich offen. Nie war bei mir eine andere Vorstellung vorhanden, als die Kunstmetropole mit meinen Künstlern zu besichtigen!« Hitler gestand, er habe daran gedacht, an der Spitze der siegreichen Truppen durch den Arc de Triomphe zu marschieren. »Doch will ich dem französischen Volk nach der Niederlage keine weiteren Schmerzen zufügen.« Brekers Hitler ist kein schlechter Mensch. Aber einer von Hitlers Generalen behauptete später, der Führer habe die Idee einer Siegesparade auf den Rat von Marschall Göring hin aufgegeben, der einen britischen Luftangriff fürchtete.

Die Nacht in Hitlers Hauptquartier war kurz. Breker erinnerte sich, bereits kurz nach Mitternacht gefrühstückt zu haben. Um drei Uhr setzte sich die Wagenkolonne zum Flugplatz in Bewegung. Dort stieg man in die viermotorige Focke-Wulf 200, die berühmte Condor, die von Hitlers bewährtem Piloten, Flugkapitän Hans Baur, gelenkt wurde. Am Flughafen Le Bourget außerhalb von Paris wartete wiederum eine Autokolonne (aus großen Mercedes-Limousinen, wie sich Speer entsann). Hitler setzte sich in dem ersten offenen Wagen neben den Chauffeur; hinter ihm nahmen Breker, Speer und Giesler Platz. Die Zivilisten trugen feldgraue Uniformen, um keine unnötige Aufmerksamkeit zu erregen. Die Kolonne – zu der auch Reichsleiter Martin Bormann und Hitlers Arzt, Karl Brandt, gehörten – näherte sich Paris durch die menschenleeren nördlichen Vororte, erreichte dann die Porte de la Villette, bog in die Rue de Flandre und die Rue Lafayette ein. Nun konnte die Gruppe einen Blick auf die erste Sehenswürdigkeit werfen: die Kuppel von Charles Garniers schmuckvollem Opernhaus. Breker entdeckte immer noch »keine menschliche Seele«, doch Baur schrieb später, er habe erste Portiers vor den Häusern, Straßenkehrer und heimkehrende Arbeiter gesehen; er meinte sogar, der Führer sei in seinem offenen Wagen hin und wieder erkannt worden.

Auf jeden Fall wurde er von Polizisten erspäht, die sofort den Polizeipräsidenten Langeron benachrichtigten. Dieser ließ den Führer – »recht unüberlegt«, wie er zugab – beschatten. (Schließlich »sind wir athletische Typen«, scherzte Langeron im Präsidium.)

»Um sechs Uhr betritt er die Oper«, heißt es in Langerons Bericht. »Er sieht sich alles an, von oben bis unten. Er hält sich lange auf der Bühne und in den Umkleideräumen auf.« Dem Polizeibericht zufolge wurde Hitler auf der Straße von niemandem erkannt – zumal kaum jemand unterwegs war. Keiner aus Hitlers Gruppe erwähnte später die Schar von Fotografen und Kameraleuten, die während des Besuchs jede einzelne Geste festhielten.

Hitler, in einen fast bis zu den Knöcheln reichenden Ledermantel gehüllt, schien die Leblosigkeit der Stadt zu deprimieren; er kauerte wortlos und verkrampft auf seinem Platz, wie Breker beobachtete. Als die Kolonne vor dem monumentalen Eingang der Oper eintraf, stand Oberst Hans Speidel auf den Stufen, um Hitler offiziell im Namen der Stadtkommandantur zu begrüßen. Jetzt erst entspannten sich die Züge des Führers. Er machte einen Rundgang durch das Gebäude und lobte, offenkundig vertraut mit Garniers Stil, »die alles zusammenfassende baukünstlerische Konzeption«. Im Inneren des Theaters bemerkte Breker, daß sich ein uniformierter Logenschließer, der die Eindringlinge erkannt hatte, jäh abwandte – »wie zur Säule erstarrt«. Sie betreten den Zuschauerraum, und Hitler ruft aus, dies sei das schönste Theater der Welt.

Sie verließen die Oper und fuhren weiter auf dem Boulevard de Capucines, der ohne Menschen und Autos wie eine Attrappe wirkte. Die Madeleine, unter Napoleon I. erbaut, läßt Hitler kalt; er findet sie »lehrhaft akademisch«. Man fuhr zur Place de la Concorde, wo der Führer die Proportionen der Zwillingspalais des Architekten Gabriel sowie die beiden marmornen Pferdegruppen am Beginn der Champs-Elysées bewunderte. Hitler befahl, langsam zu fahren, denn nun hatte man den Prototyp der Nord-Süd-Achse vor sich, die in Berlin bereits gebaut wurde. Am Arc de Triomphe fiel Breker ein, daß Hitlers Bogen in Berlin das Pariser Denkmal um das Doppelte übertreffen sollte. Speer sollte für die »Ausführung dieses Bauwerks« und Breker für die »figürliche Dekoration« verantwortlich sein.

An der Place du Trocadéro ließ Hitler halten. Man stieg die Steinrampe, die den Platz begrenzt, hinauf und hatte einen grandiosen Blick auf das Panorama der Stadt. Hitler lobte das französische »Gefühl für das Maßstäbliche«, die »kühn wirkende Zusammenfassung verschiedenster architektonischer Schwerpunkte« und die Verbindung von Kunst und Technik in Gestalt des Eiffelturms.

Sie überquerten den Fluß. Vor Napoleons Grabmal konnte Hitler die Statue von General Charles Mangin nicht übersehen, der 1923 für die Besetzung des Ruhrgebiets verantwortlich war. Der Gedanke an diese Erniedrigung ließ Hitlers Miene finster werden. »Wir sollten die Zukunft nicht mit Erinnerungen dieser Art belasten!«, sagte er barsch. Doch bald wurde er von der hinreißenden Fassade des Invalidendoms – von Hardouin-Mansart – abgelenkt. Im Inneren des Doms nahm die feierliche Atmosphäre die Besucher gefangen. Der Künstler Breker fragte sich, ob der Effekt von der »einmaligen Lichtführung« ausging. An der weißen Marmorrampe, die Napoleons Grab umschließt, hielt Hitler die Mütze an die Brust und verneigte sich schweigend.

Man beendete die Besichtigung des Doms und warf noch einen Blick auf die Fassade des Hôtel des Invalides an der Seine. Dann fuhr die Kolonne vorbei am Außenministerium und an der Deputiertenkammer zur deutschen Botschaft an der nahegelegenen Rue de Lille, folgte dem Boulevard Saint-Germain am Kriegsministerium vorbei, bog an der Rue Bonaparte in die Place Saint-Sulpice ein, ließ das Palais Luxembourg und die Rue Soufflot hinter sich und erreichte das Panthéon.

Die Polizei war bereits dort. Kanzleichef Ferdinand Dupuy erhielt die Nachricht von Kollegen im 5. Arrondissement: wie der Wächter des Panthéon von deutschen Soldaten geweckt worden war und den Befehl erhalten hatte, das Haupttor des Mausoleums, der Ruhmeshalle für die großen Männer Frankreichs, um Punkt sieben Uhr zu öffnen. Eine halbe Stunde später hielt ein Dutzend Fahrzeuge vor dem Monument, vor dem sich mittlerweile Soldaten mit Maschinenpistolen postiert hatten. (In Brekers Bericht hingegen ist von einem erstaunlichen Mangel an Sicherheitsmaßnahmen die Rede.) Hitler vermochte sich trotz der gewaltigen Maßstäbe nicht für die Innenarchitektur des Bauwerks zu erwärmen. Er wünschte, sich einen Eindruck von der Gegend zu verschaffen, in der Breker jahrelang gewirkt hatte, und man fuhr zum nahegelegenen Boulevard Montparnasse. Am berühmten Café Closèrie de Lilas zeigte Breker dem Führer Rudes Plastik von Marschall Ney (an dessen Hinrichtungsstätte), dann – auf der anderen Seite des Platzes – die »geniale Brunnenanlage der vier Erdteile von Carpeaux«. Sie hatten die Autos wieder verlassen.

Breker teilte David Price-Jones später mit, daß Hitler gern das Atelier gesehen hätte, in dem der Bildhauer in seinen Montparnasse-Jahren tätig war. Man hätte das Studio zu Fuß in nur fünf Minuten erreichen können, doch die Zeit sei knapp geworden. Die Legende besagt, daß Hitler und Breker tatsächlich vor dem Haus standen. Doch als sie klingelten, um eingelassen zu werden, habe die Concièrge bei Hitlers Anblick aufgekreischt und die schwere Tür wieder zugeschlagen.

Nun ging es auf dem Boulevard Saint-Michel weiter nach Norden. Hier sah man die ersten Polizisten in ihren traditionellen kurzen Pelerinen. Laut Breker legten sie die Hand ans Käppi, und Hitler erwiderte den Gruß. In der Kathedrale Notre-Dame äußerte Hitler die Meinung, daß sich in dieser Atmosphäre der Gotik »bereits ein vitaler Drang nach Klassik entlade, der den Geist der französischen Architektur dominierend geprägt habe«. Speer schrieb später, Hitler habe kein besonderes Interesse an den schönsten architektonischen Schöpfungen von Paris gezeigt: dem Place de Vosges, dem Louvre, dem Justizpalast und der Sainte-Chapelle.

Die berühmten Hallen waren so gut wie leer, nur ein heiserer Zeitungsverkäufer rief: »*Le Matin! Le Matin!*« Als er Hitler erkannte, warf er in seiner Panik alle Zeitungen von sich und rannte fort. An der Ecke der Rue de Halles stand eine kleine Gruppe unverkennbarer Marktfrauen; die rundlichste zeigte auf den Führer und rief: »*C'est lui – oh, c'est lui!*«

Der Logenschließer der Oper, die Marktfrauen und der Zeitungsverkäufer – dies waren Hitlers einzige menschliche Kontakte während der Rundfahrt.

Die Autokolonne kam noch einmal an der Oper vorbei, bewegte sich rascher zur Place Clichy und dann durch enge, gewundene Straßen hinauf zur Kirche Sacré-Cœur, der letzten Station. Man stieg aus, um von der Terrasse unterhalb der Basilika auf Paris hinunterzublicken. Niemand in der Gruppe fand Gefallen an Sacré-Cœur. Hitler bezeichnete sie seinen Generalen gegenüber, die zurückgeblieben waren, als »entsetzlich«.

Nun sagte Hitler: »Bei Beginn der Kampfhandlungen habe ich den Truppen den Befehl gegeben, Paris zu umgehen und auch in ihrer [*sic*!] Peripherie Kampfhandlungen zu vermeiden ...« Wenn Brekers Erinnerung ihn nicht trügt und Hitler tatsächlich einen solchen Befehl erteilte, dann waren die Kommandeure der Heeresgruppe, die in der Nacht vom 13. zum 14. Juni in Paris einmarschierte, davon nicht unterrichtet worden.

Um 8.15 Uhr verabschiedete sich Hitler von Oberst Speidel. Dann raste die Kolonne in Richtung Le Bourget, wo Baurs Condor mit laufendem Motor wartete. Hitler bat den Piloten, noch einige Runden über Paris zu fliegen, bevor sie nach Norden abdrehten. »Es war der Traum meines Lebens, Paris sehen zu dürfen. Ich kann nicht sagen, wie glücklich ich bin, daß er sich heute erfüllt hat«, erklärte der Führer. Speer empfand »etwas Mitleid« mit dem Mann, der bei seinem einzigen Besuch in Paris nur drei Stunden Zeit gehabt hatte. Die Frage einer Siegesparade wurde von neuem angeschnitten. Jetzt nannte Hitler einen neuen Grund, der dagegenspreche: »Ich habe keine Lust zu einer Siegesparade; wir sind noch nicht am Ende.«

Aber am Abend wurde der siegreiche Abschluß der Schlacht um Frankreich in Hitlers Hauptquartier trotzdem gefeiert. Später empfing er Speer in der kleinen Stube des Bauernhauses, das er sich als bescheidene Unterkunft gewählt hatte. »Bereiten Sie einen Erlaß vor, in dem ich die volle Wiederaufnahme der Bauten in Berlin anordne«, sagte Hitler. »War Paris nicht schön? Aber Berlin muß viel schöner werden! Ich habe mir früher oft überlegt, ob man Paris nicht zerstören müsse, aber wenn wir in Berlin fertig sind, wird Paris nur noch ein Schatten sein. Warum sollen wir es zerstören?«

CBS-Korrespondent William Shirer wurde an diesem Sonntag durch die Nachricht geweckt, sein Bericht über die Unterzeichnung des Waffenstillstandes sei eine sensationelle Exklusivmeldung gewesen (Walter Kerr fand es heraus, als er den Kurzwellenempfänger auf einen amerikanischen Sender einstellte).

Nach einer solchen Sensation war es sogar zu verschmerzen, daß der Berliner Korrespondent, der mit einem deutschen Begleiter in Paris war, Hitlers Besuch verschlafen hatte. Er frühstückte am Mittag mit Kerr und einem anderen Kollegen im Sonnenlicht vor dem Café de la Paix. Später ging er im verkehrsfreien Paris über die Place Vendôme zu den Tuilerien und freute sich über den Anblick von Kindern auf Schaukeln und Karussells (bis ein zorniger Polizist – vielleicht, um sich bei den Deutschen beliebt zu machen – befahl, den Spielplatz zu schließen). An der Seine ließen Angler ihre Leinen in den Fluß hängen, wie sie es jeden Sonntag taten und auch in Zukunft stets tun würden. An der Kathedrale Notre-Dame waren die Sandsäcke vom Mittelportal entfernt worden (möglicherweise – was Shirer allerdings nicht wissen konnte – aus Anlaß des frühmorgendlichen Besuches von Hitler). Im Inneren der Kathedrale hörten die Gläubigen die Botschaft von Kardinal Suhard; er rief zu Ruhe, Arbeit und Gebeten auf.

Zufällig folgte Shirer eine Zeitlang Hitlers Route: den Boulevard Saint-Michel entlang zum Panthéon und dann nach Montparnasse, dessen Cafés »so brechend voll von Spinnern waren wie immer« Außerdem bemerkte er einige tugendhafte Bürgerinnen; sie zogen über junge Pariserinnen her, die mit deutschen Soldaten flirteten.

Epilog

Der von den siegreichen Deutschen und den unterlegenen Franzosen am 22. Juni im Wald von Compiègne unterzeichnete Waffenstillstand – das zweite Abkommen wurde am 24. Juni von Franzosen und Italienern unterzeichnet – sah ein Ende der Feindseligkeiten kurz nach Mitternacht (deutscher Zeit) am 25. Juni vor. »Ich weiß nicht, welche Beziehungen wir zu der Regierung in Bordeaux unterhalten werden«, gestand Winston Churchill an jenem Tag im Unterhaus. »Sie hat sich dem Feind ausgeliefert und ist völlig in seiner Macht.« Fortan würden die Briten sich um ihre eigene Rettung und Verteidigung bemühen müssen, »wovon nicht nur das Schicksal der Briten, sondern auch der Franzosen, der Europäer und der ganzen Welt abhängt«.

»Der Führer ruft an: ganz beglückt über den großen Sieg«, kommentierte Goebbels in seinem Tagebuch. Hitler wisse noch nicht sicher, ob er gegen England vorgehen werde, doch wenn die Briten sich nicht fügten, müßten sie in die Knie gezwungen werden.

Am Abend wandte sich Philippe Pétain von Bordeaux aus über den Rundfunk an ganz Frankreich. Nach Meinung des neuen Regierungschefs – und Maxime Weygand stimmte mit ihm überein – war die Ehre des Landes gerettet; Frankreich solle nun über die Zukunft nachdenken. »Eine neue Ordnung beginnt«, verkündete Pétain. Das Leben werde schwer sein, doch er wolle die Wahrheit nicht verbergen. »Unsere Niederlage wurde aus unserer Schlaffheit geboren. Die Vergnügungssucht zerstört, was Opfermut aufgebaut hat.«

Später gestand Emmanuel Berl – ein eklektischer Verleger und französischer Jude, der von einigen der extremsten rechten Polemiker akzeptiert wurde –, daß er es war, der in den ersten Tagen der Regierung Pétain diese und andere Reden verfaßt hatte.

Kurz nachdem Hitler sie ärgerlich betrachtet hatte, wurde die Statue von General Mangin – dem General, den der Führer für die deutsche Erniedrigung im Ersten Weltkrieg mitverantwortlich machte – von ihrem Sockel gegenüber dem Schrein Napoleons entfernt und brutal zerstört. Es könnte der erste Racheakt gewesen sein, seit die Deutschen Paris erobert hatten. Natürlich wußte kein Pariser, was Hitler während seines Besuches empfunden oder gesagt hatte; niemand konnte ahnen, weshalb die Vernichtung gerade dieses Denkmals solchen Vorrang hatte. Polizeipräsident Roger Langeron dürfte sich einige Gedanken dazu gemacht haben, denn er berichtete staunend von der Beharrlichkeit der Zerstörer. Zuerst bohrten sie Löcher in die Bronze, um ihre Dicke zu messen; eine Gruppe von Offizieren stand aufmerksam dabei. Dann warfen ungefähr dreißig Arbeiter die Statue um und zerstückelten sie mit einem Schneidbrenner, die Inschrift zerschmetterten sie mit Schmiedehämmern. Und schließlich wurde der Steinsockel mit Hilfe von Sprengstoff ausgehoben. »Wieviel Mühe sie sich gemacht haben, und welch eine Huldigung!« erklärte Langeron.

Die sorgfältige Vernichtung des Denkmals – der Versuch, einen Moment französischer Geschichte auszulöschen – war nur ein Hinweis auf das, was kommen sollte: die Demontage der Politik und der Kultur und des Gesellschaftslebens von Frankreich. Komplizen fanden die Deutschen dafür in Vichy.

Einer der »guten« Deutschen – ein Gegner der Nazis, der aus einer antinationalsozialistischen Familie stammte (wofür man ihn und seine Angehörigen später bestrafte) – war ein neunzehnjähriger Luftwaffengefreiter namens Bernt Engelmann. Außerhalb von Rouen stationiert, wurde er Ende Juni nach Paris entsandt, um ein paar Kleinigkeiten für die Frau seines Majors zu besorgen. Die Franzosen, denen er begegnete, waren nicht feindselig – höchstens reserviert, doch recht freundlich, wenn sie höflich behandelt wurden. Vielleicht half es, daß Engelmann Französisch sprach, unbewaffnet war, nicht einmal Stiefel trug – und sein Mitgefühl nicht verhehlte. Wie er sich erinnerte, waren Verbrüderungen damals »ziemlich häufig«, wenn nicht sogar »normal«, besonders in der Arbeiterklasse; die Mittel- und

Oberschicht war zurückhaltender. Deutsche Soldaten standen im Ruf, »korrekt« und wohlerzogen zu sein, und dies entsprach, schrieb Engelmann, den Tatsachen; man habe damals einen gewissen Respekt voreinander empfunden.

Diese Periode wurde mit der Brutalität eines Donnerschlags beendet; die deutsche Besatzung von Paris wurde zu einem Inferno. Bald begann die Gestapo mit ihren Verwüstungen, unterstützt von französischen Söldnern und Freiwilligen aus den faschistischen Bewegungen der Vorkriegszeit. Häufig durften die französischen Helfer einen Teil der Beute behalten: das konfiszierte Eigentum von verhafteten Widerstandskämpfern, Juden und einfachen Patrioten, die sich der neuen Ordnung verweigerten. Allmählich schoben sich Kollaborateure auf alle einflußreichen Posten im deutschen Paris vor. Oft gingen sie in ihrer Propaganda – in Veröffentlichungen, Rundfunkansprachen und Reden – weiter, als die Deutschen verlangten oder erwarteten.

Durch die Plünderung Frankreichs – seiner Produktionsmöglichkeiten, seiner Landwirtschaft, seiner Bodenschätze – ließen die Deutschen Paris zu einer hungernden und frierenden Stadt ohne Brennstoff und Bekleidungsmaterialien verkommen. Die Schwarzmärkte blühten, und eine neue Schicht von Parisern, die durch Verrat und Spekulation reich wurde, herrschte Seite an Seite mit der Zivil- und der Militärverwaltung der Nazis. Für vier lange Jahre wurde aus der Stadt des Lichts ein dunkler und böser Ort. Es ließ sich niemand finden, der ein gutes Wort über sie zu sagen hatte.

Danksagungen

Die Zeitgeschichte hängt sehr stark von überlebenden Zeugen ab, oder, wenn es keine Zeugen mehr gibt, von denjenigen, die wertvolle Aufzeichnungen besitzen und sie den Forschern zur Verfügung stellen. Konkrete Beiträge zu diesem Buch sind in den Quellen angeführt. Aber hier möchte ich all denen danken, die mir bei meiner Suche nach Zeugen halfen oder mir Einblick in private oder öffentliche Dokumente gewährten; das gleiche gilt für die Einrichtungen, die mir ihr Türen öffneten.

Ein besonderes Wort des Dankes meinen Freunden, die ihre Übersetzerdienste anboten, vornehmlich (aus dem Deutschen) dem unermüdlichen Michel Hourst und Frau Renette van Wessem; den Redakteuren der *New York Times Book Review*, die meine Bitte um Zeugenberichte veröffentlichten (woraufhin ich nicht nur Reaktionen aus den Vereinigten Staaten, sondern auch aus Großbritannien und Frankreich erhielt!); *Historama* in Frankreich und *Alte Kameraden* in Deutschland für den Abdruck ähnlicher Nachfragen.

In den Vereinigten Staaten wurde ich in den National Archives und in der Library of Congress in Washington herzlich und zuvorkommend empfangen, und ich verbrachte nützliche Stunden in der alten, verläßlichen New York Public Library an der Forty-second Street. In Paris waren das Institut d'Histoire du Temps Présent meine unentbehrliche Quelle und sein Bibliothekar Jean Astrud mein bester Helfer. Außerdem danke ich den Archivaren des Polizeipräsidiums, des Außenministeriums, des Service Historique de l'Armée de Terre in Vincennes, der Stadt Paris und der Meteorologie Nationale. Von Emmanuel Le Roy Ladurie in der Bibliothèque Nationale und Chantal de Tourtier-Bonazzi in den Archives de France bekam ich Ermunterung und Rat. Erwähnen möchte ich auch das Commissariat à l'Energie

Atomique, die Association du Musée de la Résistance Nationale (und Isabelle Widloecher) sowie das Institut de Recherches Marxistes (und Roger Bourdeton). Unter den deutschen Einrichtungen, die mir großzügig Hilfe und Rat zukommen ließen, gebührt dem Militärarchiv des Bundesarchivs in Freiburg im Breisgau besonderer Dank. Außerdem danke ich dem Institut für Zeitgeschichte in München und dem Bildarchiv Preußischer Kulturbesitz in Berlin.

Weiterhin gilt mein Dank Dr. François Bernard, Gilbert Bloch, Max Brusset, Hans Buchholz, Maurice Darbellay, Joann Davis, Elaine Felsher, Eugénie Gemähling, Beverly Gordey, Edward Grecki, Richard Greeman, Renato Grispo, Anne M. Imhoff, Walter Kerr (aus Santa Fé, New Mexico), Vlady Kibalchich, David Koblick, Mitchel Levitas, Nancy Macdonald, Russell Porter, Melsene Timsit, Jérémie Veron und Henri de Wailly.

Quellen

PROLOG
Pierre Lazareff, *De Munich à Vichy* (New York: Brentano's, 1944);
Paul Reynaud, *Mémoires*, vol. 2, *Envers et contre tous* (Paris: Flammarion, 1963); Pierre Rocolle, *La Guerre de 1940*, vol. 1 (Paris: A. Colin, 1990); Maxime Weygand, *Mémoires*, vol. 3, *Rappelé au service* (Paris: Flammarion, 1950).

1. Auftakt zum ersten Tag
Aus Gesprächen mit Max Brusset.
Bulletin Municipal de la Ville de Paris, vol. 59, 1.–7., 15.–21, 22.–28.
März, 19.–25. April 1940; *Cabiers d'histoire de l'Institut de recherches marxistes* (Paris) 14 (1983); *Le Figaro*, 28. Februar, 1., 2., 12. März, 28. April, 10., 12. Mai 1940.

Yvon Bizardel, *Sous l'occupation* (Paris: Calmann-Lévy, 1964); Stéphane Courtois, *Lè PCF dans la guerre* (Paris: Ramsay, 1980); Georges Bernstein Gruber und Gilbert Maurin, *Bernstein le magnifique* (Paris: Lattès, 1988); Alistair Horne, *To Lose a Battle: France 1940* (London: Macmillan, 1969); Philippe Richer, *La drôle de guerre* (Paris: Orban, 1990); Jean Touchard, *La gauche en France depuis 1900* (Paris: Seuil, 1977); Rose Valland, *Le Front de l'art (1939–1945)* (Paris: Plon, 1961).

2. Donnerstag, 9. Mai
Jacques Bardoux, *Journal d'un témoin de la Troisième* (Paris: Fayard, 1957); Charles de Gaulle, *Lettres, notes et carnets (1919–Juin 1940)* (Paris: Plon, 1980); Dominique Leca, *La Rupture de 1940* (Paris: Fayard, 1978); Météorologie Nationale, *Résumé mensuel du temps en France, Années 1940 à 1944* (Paris: Météorologie Nationale, 1951); Anatole de Monzie, *Cidevant* (Paris: Flammarion, 1941); Robert Murphy, *Diplomat Among Warriors* (New York: Doubleday, 1964); Reynaud, *Mémoires*, vol. 2; Robert de Saint Jean, *Démocratie, beurre et canons* (New York: Maison Française, 1941).

3. Freitag, 10. Mai
Aus Gesprächen mit Fernande Alphandery, Walter Kerr (Santa Fe, New Mexico).

Archives of Ministère des Affaires Etrangères, Papiers 1940 Charles-Roux, vol. 14, Papiers Maurice Dejean PAAP 288, vol. 4; U.S. National Archives, 740.0011/280, 851.00/2017.

Janet Flanner, »Mr. Ambassador«, *The New Yorker,* December 10, 24, 1938; Martin Gilbert, »A Lion at Number 10«, *The Jerusalem Post International Edition* (Jerusalem), 19. Mai 1990; A.J. Liebling, »Letter from Paris«, *The New Yorker,* 18. Mai 1940; Robert Scheer, »The Diplomat as Dandy and Cad«, *Los Angeles Times,* 26. Juni 1988; Gordon Wright, »Ambassador Bullitt and the Fall of France«, *World Politics* (Princeton) 10, 1 (Oktober 1957).

Bardoux, *Journal*; Simone de Beauvoir, *La Force de l'âge* (Paris: Gallimard, 1960); Orville H. Bullitt, ed., *For the President: Personal and Secret* (Boston: Hougthon Mifflin, 1972); J. R. M. Butler, *History of the Second World War,* vol. 2 (London: Her Majesty's Stationery Office, 1957); Maurice Chevalier, *Ma route et mes chansons,* vol. 2, *Tempes grises* (Paris, Julliard, 1948); De Gaulle, *Lettres (1919–Juin 1940); Foreign Relations of the United States, Diplomatic Papers (1940),* vol. 1 (Washington: Government Printing Office, 1959); Adolphe Goutard, *1940: La Guerre des occasions perdues* (Paris: Hachette, 1956); Marie-Thérèse Guichard, *Les égéries de la République* (Paris, Payot, 1991); Gen. Louis Koeltz, *Comment s'est joué notre destin* (Paris: Hachette, 1957); Jean Lacouture, *De Gaulle,* vol. 1 (Paris: Seuil, 1984); Alain Laubreaux, *Ecrit pendant la guerre* (Paris: Inter-France, 1944); Albert Lebrun, *Témoignage* (Paris: Plon, 1945); Leca, *La Rupture*; B. H. Liddell Hart, *The Other Side of the Hill* (London: Cassell, 1951); Pierre Mendès France, *Liberté, liberté cherie* (Paris: Fayard, 1977); Monzie, *Ci-devant*; Murphy, *Diplomat*; Pertinax, *The Gravediggers of France* (New York: Doubleday, 1944); Reynaud, *Mémoires,* vol. 2; Rocolle, *La Guerre,* vol. 1; Saint Jean, *Démocratie*; Paul de Villelume, *Journal d'une défaite* (Paris: Favard. 1976).

4. Samstag, 11. Mai
Aus einem Gespräch mit Christian Pineau.

Archives, Service Historique de l'Armée de Terre, 31 N 36 Région de Paris.

Antoine Lefebvre, »Le Rôle et l'influence politique de la radio en France pendant la Seconde Guerre Mondiale«, mémoire de maîtrise, Université de Paris I, Année 1971–72.

Louis de Jong, »Les Pays-Bas dans la Seconde Guerre Mondiale«, *Revue d'Histoire de la Deuxieme Guerre Mondiale* (Paris) 50 (April

1963); Karl Drechsler, »Les ›Emetteurs clandestins français‹ de Goebbeles en mai-juin 1940«, *Recherches internationales à la lumière de Marxisme* (Paris) 1961, 23–24; A. J. Liebling, »Paris Postscript«, *The New Yorker*, 3., 10. August 1940; *Le Figaro*, 12. Mai 1940.

Goutard, 1940; Reynaud, *Mémoires, vol. 2; Quentin Reynolds, The Wounded Don't Cry* (New York: Dutton, 1941).

5. Sonntag, 12. Mai
Le Matin (Paris), 13. Mai 1940.

Clare Boothe, *Europe in the Spring* (New York: Knopf, 1940); Louis de Jong, *The German Fifth Column in the Second World War* (London: Routledge & Kegan Paul, 1956); *La Fin des Illusions: l'An 1940* [Brüssel, 1940]; Michael R. Marrus und Robert O. Paxton, *Vichy et les juif* (Paris: Calmann-Lévy, 1981); Jean Vidalenc, *L'Exode de mai-juin 1940* (Paris, Presses Universitaires de France, 1957).

6. Montag, 13. Mai
Bardoux, *Journal*; Butler. *History*; Winston S. Churchill, *Blood. Sweat and Tears* (New York: Putnam, 1941); Goutard. *1940*; General Heinz Guderian, *Erinnerungen eines Soldaten* (Heidelberg 1951); Horne, *To Lose a Battle*; Eberhard Jäckel, *La France dans l'Europe d'Hitler* (Paris: Fayard, 1968); Koeltz, *Comment s'est joué*; Liddell Hart, *The Other Side*; Gen. Erich von Manstein, *Verlorene Siege* (Bonn: Bernhard & Graefe Verlag, 12. Aufl. 1991); *Le Procès du Maréchal Pétain*, vol. 1 (Paris: Albin Michel, 1945); Paul Paillole. *Notre estion chez Hitler* (Paris: Laffont, 1985).

7. Dienstag, 14. Mai
Archives, Ministère des Affaires Etrangères, Papiers 1940 Dejean, vol. 5.

De Jong, »Les Pays-Bas«, Louis Gabriel-Robinet, »Le Rassemblement au Stade Buffalo«, *Le Figaro*, 15. Mai 1940; *Le Matin*, 13.–15. Mai 1940.

Bullitt, *For the President*; Butler, *History*; Jean Chauvel, *Commentaire*, vol. 1 (Paris: Fayard, 1971); Virginia Cowles, *Looking for Trouble* (New York: Harper, 1941); De Jong, *The German Fifth Column; La Fin des Illusions; Foreign Relation*; Raffaele Guariglia, *Ricordi* (Naples: Edizioni Scientifiche Italiane, 1949); Leca, *La Rupture*; Saint Jean, *Démocratie*.

8. Mittwoch, 15. Mai
Aus einem Gespräch mit Erna Friedlander.

Archives Ministère des Affaires Etrangères, Papiers Maurice

Dejean PAAP 288, vols. 6, 8; Archives, Service Historique de l'Armée de Terre, 31 N 36 Région de Paris.

Wright, »Ambassador Bullitt«; *Le Matin*, 24. Mai 1940.

Actes et Documents du Saint-Siège relatifs à la Seconde Guerre Moniale, vol. 1, *Le Saint-Siège et la Guerre en Europe* (Città del Vaticano: Libreria Editrice Vaticana, 1970); *Les Barbélés de l'exil* (Grenoble: Presses Universitaires, 1979); Boothe, *Europe*; Bullitt, *For the President*; Charles de Gaulle, *Mémoires de guerre*, vol. 1 (Paris: Plon, 1954); Jacques Fauvet, *Histoire du Parti Communiste francais*. vol. 2 (Paris: Fayard, 1965); Lisa Fittko, *Escape Through the Pyrenees* (Evanston, III: Northwestern University Press, 1991); *Foreign Relations*; Goutard, 1940; Roger Langeron, *Paris Juin 40* (Paris: Flammarion, 1946); Leca, *La Rupture*; Manstein, *Verlorene Siege;* Douglas Porch, *The French Foreign Legion* (New York: HarperCollins, 1991); Reynaud, *Mémoires*, vol. 2; Saint Jean, *Démocratie*.

9. Donnerstag, 16. Mai

Aus Gesprächen mit Max Brusset, Mrs. Els Placzek (vorm. Mrs. Hans Halban), Peter Halban, Bertrand Goldschmidt.

Archives, Ministère des Affaires Etrangères, Papiers Maurice Dejean PAAP 288, vol. 8; Papiers 1940 Dejean, vol. 6; Papiers 1940 Rochat, vol. 44; U.S. National Archives, 740.0011-3115, 3115 2/8.

Liebling, »Paris Postscript«; *Le Figaro*, 17. Mai 1940.

Pierre Andreu und Frédéric Grover, *Drieu La Rochelle* (Paris: Hachette, 1979); Bardoux, *Journal;* Bullitt, *For the President;* Chauvel, *Commentaire*, vol. 1; Winston S. Churchill, *The Second World War*, vol. 2, *Their Finest Hour* (London: Cassell, 1949); –, *Reden*, Bd. 1 (Zürich: Europa Verlag 1946); Ronald W. Clark, *Einstein* (New York: World Publishing Co., 1971); Courtois, *Le PCF*; De Jong, *The Fifth Column*; Gen. Maurice Gamelin, *Servir*, vol. 3, *La Guerre* (Paris: Plon, 1947); Bertrand Goldschmidt, *Pionniers de l'atome* (Paris: Stock, 1987); Jules Jeanneney, *Journal politique* (Paris: A. Colin, 1972); Laubreaux, *Ecrit pendant la guerre*; Lazareff, *De Munich à Vichy;* Paul Léautaud, *Journal littéraire,* vol. 13 (Paris: Mercure de France, 1962); Leca, *La Rupture;* Mendès France, *Liberté;* Jacques Minart, *P.C. Vincennes, Secteur 4,* vol. 2 (Paris: Berger-Levrault, 1945); Monzie, *Ci-devant;* Murphy, *Diplomat*; Pertinax, *Gravediggers*; Reynaud, *Mémoires*, vol. 2; Saint Jean, *Démocratie*; Francois Seydoux, *Mémoires d'Outre-Rhin* (Paris: Grasset, 1975); Spencer Weart, *Scientists in Power* (Cambridge, Mass.: Harvard University Press, 1979).

10. Freitag, 17. Mai
Archives, Service Historique de l'Armée de Terre, 31 N 2 Région de Paris.
Bulletin Municipale 59, 36 (18. Mai 1940); Drechsler, »Les Emetteurs Clandestins français«; A. J. Liebling, »Letter from Paris«, *The New Yorker*, 25. Mai 1940; *Le Figaro*, 18. Mai 1940; *Le Matin*, 9. Juni 1940.
Bardoux, *Journal*; Léon Blum, *Mémoires (1940 – 1945)* (Paris: Albin Michel, 1955); Courtois, *Le PCF*; De Gaulle, *Mémoires*, vol. 1; *Foreign Relations*; Jeanneney, *Journal politique*; Lacouture, *De Gaulle*, vol 1; Laubreaux, *Ecrit pendant la guerre*; Léautaud, *Journal littéraire*; Leca, *La Rupture*; Claude Paillat, *Le Désastre de 1940*, vol. 3 (Paris: Laffont, 1985); Reynaud, *Mémoires*, vol. 2; Weygand, *Mémoires*, vol. 3.

11. Samstag, 18. Mai
Aus einem Gespräch mit Max Brusset.
U.S. National Archives, 740.0011/3139.
Liebling, »Letter from Paris«, 25. Mai 1940; —; »Paris Postscript«.
Boothe, *Europe*; Bullitt, *For the President*; De Gaulle, *Mémoires*, vol. 1; *Foreign Relations*; Joseph Goebbels, *Die Tagebücher*, vol. 1, 4 (München: K. G. Saur, 1987); Jeanneney, *Journal politique*; Laubreaux, *Ecrit pendant la guerre*; Gen. Emile Laure, *Pétain* (Paris: Berger-Levrault, 1941); Herbert R. Lottman, *Pétain* (New York; Morrow, 1985); Minart, *P.C. Vincennes*; Monzie, *Ci-devant*.

12. Sonntag, 19. Mai
Von Dr. Pierre Daunois
Archives, Ministère des Affaires Etrangères, Papiers Maurice Dejean PAAP 288, vol. 6.
Drechsler, »Les ›Emetteurs clandestins français‹«; *L'Action Francaise* (Paris), 19. Mai 1940; *Le Figaro*, 20. Mai 1940.
Bardoux, *Journal*; Paul Baudouin, *Neuf mois au gouvernment* (Paris: Table Ronde, 1948); Churchill; *Blood, Sweat and Tears*; Ilja Ehrenburg, *La Chute de Paris* (Paris; Hier et Aujourd'hui, 1944); –, *La Nuit tomble* (Paris: Gallimard, 1966); Gamelin, *Servir*, vol. 3, Goebbels, *Tagebücher*, vol. 1, 4; Léautaud, *Journal littéraire*; Paul Reynaud, *La France a sauvé l'Europe*, vol. 2 (Paris: Flammarion, 1947); Weygand, *Mémoires*, vol. 3.

13. Montag, 20. Mai
Von Fernande Alphandery
Archives Nationales, W-III 278, 523 Mi-3; Archives, Service Histo-

rique de l'Armée de Terre, 31 N 26 Région de Paris; U.S. National Archives, 740.0011 2855 1/28.

Drechsler, »Les ›Emetteurs clandestins francais‹«; *Le Figaro*, 20. Mai 1940. Henri Amouroux, *Pétain avant Vichy* (Paris: Fayard, 1967); Arved Arenstam, *Tapestry of a Debacle* (London: Constable, 1942); Baudouin, *Neuf mois;* Bullitt, *For the President;* Chevalier, *Ma route*, vol. 3; De Jong, *The German Fifth Column;* Fauvet, *Histoire du Parti communiste,* vol. 2; Gamelin, *Servir,* vol. 3; Ugoberto Alfassio Grimaldi und Gherardo Bozzetti, *Dieci Giugno 1940: Il Giorno della Follia* (Bari: Laterza, 1974); Guariglia, *Ricordi;* Laubreaux, *Ecrit pendant la guerre;* Léautaud, *Journal littéraire*; Monzie, *Ci-devant;* Reynaud, *Mémoires*, vol. 2; Alexander Werth, *The Last Days of Paris* (London: Hamish Hamilton, 1940); Weygand, *Mémoires*, vol. 3.

14. Dienstag, 21. Mai
Roger Bourderon, »Mai-septembre 1940: l'activité de direction du PCF«, *Cahiers d'histoire de l'Institut de Recherches Marxistes* (Paris) 42 (1990); Drechsler, »Les ›Emetteurs clandestins français‹«; Liebling, »Paris Postscript«; *Le Figaro*, 20., 22. Mai 1940.

François Charles-Roux, *Cinq mois tragiques aux affaires étrangères* (Paris: Plon, 1949); Chauvel, *Commentaire,* vol. 1; De Gaulle, *Lettres (1919–Juin 1940)*; Goebbels, *Tagebücher*, vol. 1, 4; Léautaud, *Journal littéraire*; Leca, *La Rupture*; Werth, *The Last Days*.

15. Mittwoch, 22. Mai
Von Walter Kerr, Jeanine LeCocq (née Huzard). Aus dem Tagebuch von Jean Lessure, mit Genehmigung des Autors.

Archives, Ministère des Affaires Etrangères, Papiers Maurice Dejean PAAP 288, vol. 8; Archives, Service Historique de l'Armée de Terre, 31 N 2 Région de Paris.

La Croix (Paris), 24. Mai 1940; *Le Figaro*, 22. Mai 1940.

Andreu und Grover, *Drieu*; Beauvoir, *La Force de l'âge*; Charles-Roux, *Cinq mois; Foreign Relations*; Goebbels, *Tagebücher*, vol. 1, 4; Saint Jean, *Démocratie*; Weygand, *Mémoires*, vol. 3.

16. Donnerstag, 23. Mai
Archives, Service Historique de l'Armée de Terre, 31 N 2 Région de Paris.

Drechsler, »Les ›Emetteurs clandestins français‹«; *Le Matin,* 24. Mai 1940. Andreu und Grover, *Drieu*; Baudouin, *Neuf mois*; Marcel Jouhandeau, *Journal sous l'occupation* (Paris: Gallimard, 1980); —, *Le Peril juif* (Paris: Sorlot, 1939); Laubreaux, *Ecrit pendant la guerre*;

492

Louis Noguères, *Le Véritable procès du Maréchal Pétain* (Paris: Fayard, 1955); Werth, *The Last Days*.

17. Freitag, 24. Mai
Archives, Ministère des Affaires Etrangères, Papiers 1940 Dejean, vol. 5; Papiers Reynaud, vol. 5.
    Drechsler, »Les ›Emetteurs clandestins français‹«; *Le Matin*, 24. Mai 1940.
    Baudouin, *Neuf mois*; Courtois, *Le PCF*; De Gaulle, *Lettres (1919–Juin 1940)*; Jacques Duclos, *Mémoires*, vol. 3 (Paris: Fayard, 1970); Ehrenburg, *La Chute de Paris*; —; *La Nuit tambe*; Fauvet, *Histoire du Parti communiste*, vol. 2; Horne, *To Lose a Battle*; Laubreaux, *Ecrit pendant la guerre*; Ministero degli Affari Esteri, *I Documenti Diplomatici Italiani, Nona Serie (1939–1943)*, vol. 4 (Rome: Istituto Poligrafico dello Stato, 1960); Villelume, *Journal*; Weygand, *Mémoires*, vol. 3; André Wurmser, *Fidèlement vôtre* (Paris: Grasset, 1979).

18. Samstag, 25. Mai
Archives, Ministère des Affaires Etrangères, Papiers 1940 Dejean, vols. 5, 6; Archives Nationales, W-II 10.
    Geoffrey Cox, »Paris Moved Out When the Germans Moved In«, *The Independent* (London), 5. Juni 1940; *Le Figaro*, 25. Mai 1940.
    Bardoux, *Journal*; Baudouin, *Neuf mois; Documents on German Foreign Policy (1918–1945), Series D*, vol. 9 (Washington: Government Printing Office, 1956); Jeanneney, *Journal politique*; Lebrun, *Témoignage*; Leca, *La Rupture; Procès de Pétain*, vol. 1; Reynaud, *La France*, vol. 2; Edward L. Spears, *Assignment to Catastrophe*, vol. 1 (London: Heinemann, 1954); Weygand, *Mémoires*, vol. 3.

19. Sonntag, 26. Mai
Liebling, »Paris Postscript«; *La Croix*, 28. Mai 1940; *Le Figaro*, 26. Mai 1940.
    Bardoux, *Journal*; Gen. André Beaufre, *Mémoires* (Paris: Presses de la Cité, 1965); Bullitt, *For the President*; Charles-Roux, *Cinq mois*; Chauvel, *Commentaire*, vol. 1; *Foreign Relations*; Maurice Girodias, *J'arrive!* (Paris: Stock, 1977); Reynaud, *La France*, vol. 2; —, *Mémoires*, vol. 2; Reynolds, *The Wounded*; Franklin D. Roosevelt, *Selected Speeches, Messages, Press Conferences, and Letters* (New York: Holt, Rinehart & Winston, 1964); Spears, *Assignment*, vol. 1; Sir Llewellyn Woodward, *British Foreign Policy in the Second World War*, vol. 1 (London: Her Majesty's Stationery Office, 1970).

20. Montag, 27. Mai
Archives, Ministère des Affaires Etrangères, Papiers 1940 Reynaud, vol. 5; Archives, Services Historique de l'Armée de Terre, 31 N 2 Région de Paris.

Bullitt, *For the President*; Charles-Roux, *Cinq mois; Foreign Relation*; Lazareff, *De Munich à Vichy*; Reynaud, *Mémoires*, vol. 2; Weygand, *Mémoires*, vol. 3.

21. Dienstag, 28. Mai
Von Walter Kerr; aus einem Gespräch mit Annette Sireix.
Archives, Ministère des Affaires Etrangères, Papiers 1940 Reynaud, vol. 6. Drechsler, »Les 'Emetteurs clandestins français'«; Liebling, »Paris Postscript«; *Le Figaro*, 28. Mai 1940; *Le Matin*, 29. Mai 1940.

Boothe, *Europe*; Bullitt, *For the President*; Jean-Baptiste Duroselle, *L'Abîme (1939–1945)* (Paris: Imprimerie Nationale, 1982); *Foreign Relations*; Lacouture, *De Gaulle*.

22. Mittwoch, 29. Mai
Von Hélène Gibert (geb. Rogivue), Julien Green, Michèle Miller (geb. Rogivue), Annette Sireix, Wilebaldo Solano, Julius P. Winter.
Le Figaro, 31. Mai 1940; *Le Matin*, 24.–31. Mai 1940.

»The American Hospital of Paris in the Second World War« (Paris) 1940; Eugène Depigny, »Juin 1940 à l'Hôtel de Ville de Paris« (Paris 1945).

Actes et Documents du Saint-Siège, vol. 1; Hélène Azenor, *Vivre tout haut* (Paris: Les Octaviennes, 1989); Emmanuel Berl, *La Fin de la Ille République* (Paris: Gallimard, 1968); Boothe, *Europe*; Grimaldi, *Dieci Giugno*; Edouard Herriot, *Episodes (1940–1944)* (Paris: Flammarion, 1950); Leca, *La Rupture*; Jacques-Henri Lefebvre, *1939–1940: Le Suicide* (Paris: Durassié, 1942); Ministero degli Affari Esteri, *Documenti*, vol. 4; Nicole Ollier, *L'Exode* (Paris: Laffont, 1969); Weygand, *Mémoires*, vol. 3.

23. Donnerstag, 30. Mai
Archives, Service Historique de l'Armée de Terre, 31 N 36 Région de Paris.
Le Figaro, 31. Mai 1940.

Bullitt, *For the President; Foreign Relations*; Grimaldi, *Dieci Guigno*; Guariglia, *Ricordi*; Leca, *La Rupture*; Franklin D. Roosevelt, *Complete Presidential Press Conferences* (New York: Da Capo, 1972).

24. Freitag, 31. Mai
Clare Boothe, »Paris Whispers«, *Life*, 10. Juni 1940; *Le Figaro*, 31.
Mai 1940.

Actes et Documents du Saint-Siège, vol. 1; *Archives secrètes de la
Wilhelmstrasse*, vol. 9, 2 (Paris: Plon, 1961); Assemblée Nationale,
Les événements survenus en France de 1933 à 1945, Témoignages, vol.
7 (Paris: Presses Universitaires de France, 1951); Bardoux, *Journal*;
Boothe, *Europe*; Bullitt, *For the President*; Charles-Roux, *Cinq
mois; Foreign Relations*, vol. 2; Ministero degli Affari Esteri, *Documenti*, vol. 4; Weygand, *Mémoires*, vol. 3.

25. Samstag, 1. Juni
Aus einem Gespräch mit General Paul Nérot.
Archives, Service Historique de l'Armée de Terre, 31 N 36 Région de
Paris.

Baudouin, *Neuf mois*; Charles-Roux, *Cinq mois*; De Gaulle,
Lettres (1919–Juin 1940); —, *Mémoires*, vol. 1; *Foreign Relations*;
Guariglia, *Ricordi*; Leca, *La Rupture*; Roger Peyrefitte, *La fin des
ambassades* (Paris: Flammarion, 1953); Henri de Wailly, *De Gaulle
sous le casque: Abbeville 1940* (Paris: Perrin, 1990).

26. Sonntag, 2. Juni
Archives, Service Historique de l'Armée de Terre, 31 N 36 Région de
Paris; Archives Nationales, W-III 280.

Drechsler, »Les ›Emetteurs clandestins français‹«; Lefebvre, »Le
Rôle de la radio«; Liebling. »Paris Postscript«; *Le Figaro*, 2., 3. Juni
1940.

Assemblée Nationale, *Envénements survenus*, vol. 7; Chauvel,
Commentaire, vol. 1; De Gaulle, *Lettres (1919–Juin 1940)*; Peter
Fontaine, *Last to Leave Paris* (London: Chaterson, 1941); Goebbels,
Tagebücher, vol. 1, 4; Grimaldi, *Dieci Giugno*; Météorologie Nationale, *Résumé Mensuel*; Reynaud, *Mémoires*, vol. 2; Edward L.
Spears, *Assignment to Catastrophe*, vol. 2 (London: Heinemann,
1954).

27. Montag, 3. Juni
Aus Gesprächen mit Fernande Alphandery, Dr. Pierre Daunois,
Raymond Martin, Henri Quéffelec.

Archives, Ministère des Affaires Etrangères, Papiers Maurice
Dejean PAAP 288, vol. 8; Papiers 1940 Dejean, vol. 5; Archives
Nationales, W-III 280; Archives, Service Historique de l'Armée de
Terre, 31 N 36 Région de Paris; U.S. National Archives, 740.0011/
3468 1/2.

Cox, »Paris Moved Out«; Nicolas Weill, »Je Suis Partout reparaît,« *Le Monde*, 10.–11. Februar 1991; *Le Temps*, 4., 11. Juni 1940.

Assemblée Nationale, *Envénements survenus*, vol. 7; Sylvia Beach, *Shakespeare & Company* (New York: Harcourt, Brace, 1959); Emmanuel Beau de Loménie, *La Mort de la Troisième République* (Paris: Conquistador, 1951); Beauvoir, *La Force de l'âge*; Bullitt, *For the President*; Chauvel, *Commentaire*, vol. 1; DeGaulle, *Lettres (1919–Juin 1940)*; Depigny, »Juin 1940«; *Documents on German Foreign Policy*, vol. 9; Marcel Duhamel, *Raconte pas ta vie* (Paris: Mercure de France, 1972); Paul Durand, *La SNCF pendant la guerre* (Paris: Presses Universitaires de France, 1968); Ehrenburg, *La Nuit tombe*; Fontanie, *Last to Leave Paris*; Georges Friedmann, *Journal de guerre* (Paris: Gallimard, 1987); Goebbels, *Tagebücher*, vol. 1, 4; Arthur Koestler, *The Invisible Writing* (London: Collins –Hamish Hamilton, 1954); André Laffargue, *Le Général Dentz* (Paris: Iles d'Or, 1954); Lazareff, *De Munich à Vichy*; Léautaud, *Journal littéraire*; Leca, *La Rupture*; Geo London, *l'amiral Estéva et le général Dentz devant la Haute Cour de Justice* (Lyon: Bonneron, 1945); André Maurois, *La Bataille de france*, in Louis L. Snyder, *Guerre sur tous les fronts* (Paris: Calmann-Lévy, 1965); Pietro Nenni, *Vingt ans de fascismes* (Paris: Maspero, 1960); Ollier, *L'Exode*; Paul Paillole, *Notre espion*; ——, *Services spéciaux (1939–1945)* (Paris: Laffont, 1975); Reynaud, *Mémoires*, vol. 2; Jean Robert, *Notre Métro* (Paris: Régie Autonome de transport Parisiens, 1967); Victor Serge, *Mémoires d'un révolutionnaire* (Paris: Seuil, 1978); Spears, *Assignment*, vol. 2; Vidalenc, L'Exode;Werth, *The Last Days*.

28. Dienstag, 4. Juni
Archives, Services Historique de l'Armée de Terre, 31 N 2, 8 Région de Paris.
   Le Figaro, 7. Juni 1940; *Le Matin*, 4., 5. Juni 1940.
   Amouroux, *Pétain avant Vichy*; Churchill, *Blood, Sweat and Tears*; Robert Debré, *L'Honneur de vivre* (Paris: Stock-Hermann, 1974); Fontaine, *Last to Leave Paris*; Girodias, *J'arrive!*; Goebbels, *Tagebücher*, vol. 1, 4; William L. Langer, *Le Jeu américain à Vichy* (Paris: Plon, 1948); Leca, *La Rupture*; Roosevelt, *press Conferences*; Werth, *The Last Days*.

29. Mittwoch, 5. Juni
Archives, Service Historique de l'Armée de Terre, 31 N 6 Région de Paris.
   Le Figaro, 7. Juni 1940; *Le Matin*, 5. Juni 1940; *Le Temps*, 6. Juni 1940.

496

Baudouin, *Neuf mois*; Beau de Loménie, *La Mort*; Pierre Bourget and Charles Lacretelle, *Sur le murs de paris (1940–1944)* (Paris: Hachette, 1959); Bullitt, *For the President*; Butler, *History*, vol. 2; Churchill, *Second World War*, vol. 2; De Gaulle, *Mémoires*, vol. 1; *Documents on German Foreign Policy*, vol. 9; *Foreign Relations*; Girodias, *J'arrive!*; Col. Georges Groussard, *Chemins secrets* (Paris: Bader-Dufor, 1948); Leca, *La Rupture*; Pierre Lyet, *La Bataille de France* (Paris: Payot, 1947); Noguères, *Le Véritable procès*; Reynaud, *La France*, vol. 2; ——, *Mémoires*, vol. 2; Weygand, *Mémoires*, vol. 2; Woodward, *British Foreign Policy*.

30. Donnerstag, 6. Juni

Aus Gesprächen mit Walter Kerr.

L'Action Française (Paris), 7. Juni 1940; *Le Figaro*, 7. Juni 1940; *Le Matin*, 6. Juni 1940; *Le Temps*, 6./8. Juni 1940.

Lefebvre, »Le rôle de la radio.«

Baudouin, *Neuf mois*; Beau de Loménie, *La Mort*; Beaufre, *Mémoires*; Bullitt, *For the President*; Jérôme Carcopino, *Souvenirs de sept ans (1937–1944)* (Paris: Flammarion, 1953); Charles-Roux, *Cinq mois*; Chauvel, *Commentaire*, vol. 1; Evelyne Demey, *Paul Reynaud, mon père* (Paris: Plon, 1980); Fontaine, *last to Leave Paris; Foreign Relations*; Pertinax, *Gravediggers*; Saint Jean, *Démocratie*; Spears, *Assignment*, vol. 2; Vidalenc, *L'Exode*; Villelume, *Journal*; Weygand, *Mémoires*, vol. 3.

31. Freitag, 7. Juni

Aus Gesprächen mit Walter Kerr.

Le Figaro, 7. Juni 1940.

Boudouin, *Neuf mois*; Bullitt, *For the President*, Friedmann, *Journal*; Leca, *La Rupture*; Villelume, *Journal*.

32. Samstag, 8. Juni

Aus einem Gespräch mit Perla Epstein; aus der Korrespondenz mit Raymond Martin.

Archives, Ministère des Affaires Etrangères, Papiers 1940 Reynaud, vol. 5.

Archives, Préfecture de Police: »La Situation à Paris depuis le 14 Juin 1940«, Renseignements Généraux, 16. Juli 1940.

Cox, »Paris Moved Out«; *L'Action Française*, 8. Juni 1940; *Le Figar*, 8.–9. Juni 1940; *Le Matin*, 8.–9. Juni 1940.

Assemblée Nationale, *Evénements survenus*, vol. 7; Baudouin, *Neuf mois*; Beauvoir, *La Force de l'âge*; Blum, *Mémoires*; Bullitt, *For the President*; De Gaulle, *Mémoires*, vol. 1; Fernand Gregh,

L'Age de fer (Paris: Grasset, 1956); Alfred Fabre-Luce, *Journal de la France (Mars 1939–Juillet 1940)* (Ain: Imprimerie de Trévoux, 1940); Fontaine, *Last to Leave Paris*; Jouhandeau, *Journal*; Leca, *La Rupture*; Ministero degli Affari Esteri, *Documenti*, vol. 4; Reynaud, *Mémoires*, vol. 2; Saint Jean, *Démocratie*; Vidalenc, *L'Exode*; Villelume, *Journal*; Werth, *The Last Days*; Weygand, *Mémoires*, vol. 3.

33. Sonntag, 9. Juni
Aus einem Gespräch mit Marguerite Monino. Aus der Korrespondenz von Victor Serge, mit Erlaubnis von Vlady Kibalchich, mit freundlicher Genehmigung von Richard Greeman.

 Archives Nationales, W-III 279; Archives, Service Historique de l'Armée de Terre, 31 N 6, 36 Région de Paris; Observatoire Municipal (Paris). »Observations faites à Montsouris«, 9. Juni 1940, mit freundlicher Genehmigung des Météorologie Nationale.

Sergio Bernacconi, »Le ultime ore della Francia democratica,« *Il Giornale d'Italia* (Rome), 19. Juni 1940: Cox, »Paris Moved Out«; Liebling, »Paris Postscript«; Pierre Lyet, »Paris ›Ville Ouverte‹?« *Revue Historique de l'Armée* (Paris), Juni 1948; Wilhelm Ritter von Schramm, »Paris se rend: Notes d'un officier d'ordonnance qui assista à l'événement,« *Signal* (Berlin), 25. Juli 1940; *Le Figaro*, 10. Juni 1940; *Le Jour-Echo de Paris* (Paris), 9. Juni 1940; *Le Matin*, 9., 10. Juni 1940; *Le Petit Journal* (Paris), 10. Juni 1940; *Le Temps*, 10., 11. Juni 1940.

Pierre Audiat, *Paris pendant la guerre* (Paris: Hachette, 1946); Assembée Nationale, *Evénements survenus*, vol. 7; Bardoux, *Journal*; Baudouin, *Neuf mois*; Beau de Loménie, *La Mort*; Beauvoir, *La Force de l'âge*; Blum, *Mémoires*; Bullitt, *For the President*; Carcopino, *Souvenirs*; Robert Cardinne-Petit, *Les Secrets de la Comédie Française* (Paris: Nouvelles Editions Latines, 1958); Chauvel, *Commentaire*, vol. 1; Ehrenburg, *La Chute de Paris*; —, *La Nuit tombe*; Fontaine, *Last to Leave Paris*; Georges A. Groussard, *Service secret (1940–1945)* (Paris: Table Ronde, 1964); Guariglia, *Ricordi*; Herriot, *Episodes*; Jeanneney, *Journal politique*; Pierre Lazareff, *Dernière édition* (New York: Brentano's, [1942]); Léautaud, *Journal littéraire*; Lebrun, *Témoignage*; Leca, *La Rupture*; Maurice Martin du Gard, *La Chronique de Vichy (1940–1944)* (Paris: Flammarion, 1975); Maurois, *Bataille de France*; Nenni, *Vingt ans*; Louis Noguères, *La dernière étape: Sigmaringen* (Paris: Fayard, 1956); Peyrefitte, *La fin des ambassades*; Reynaud, *Mémoires*, vol. 2; Saint Jean, *Démocratie*; Roger Stéphane, *Toutes choses ont leur saison* (Paris: Fayard, 1979); Vidalenc, *L'Exode*; Werth, *The Last Days*; Weygand, *Mémoires*, vol. 3.

34. Montag, 10. Juni

Aus Gesprächen mit Fernande Alphandery, Gilbert Bloch, Marguerite Bouchardeau, Walter Kerr, Mirra Lustig (geb. Gurewicz), Paul Paillole, Denise Schorr (geb. Khaitman).

Archives, Ministère des Affaires Etrangères, Papiers Maurice Dejean.

Bernacconi, »Le ultime ore«; Liebling, »Paris Postscript«; Lyet, »Paris ›Ville ouverte‹?«; *Le Figaro*, 10., 11. Juni 1940; *Le Matin*, 10. Juni 1940; *Paris-Soir*, 11. Juni 1940; *Le Temps*, 10.–13. Juni 1940.

Actes et documents du Saint-Siège, vol. 4; Andreu und Grover, *Drieu*; Arenstam, *Tapestry*; Assemblée Nationale, *Evénements survenus*, vol. 7; Audiat, *Paris*; Raymond Barillon, *Le Cas Paris-Soir* (Paris: A. Colin, 1959); Baudouin, *Neuf mois*; Beau de Loménie, *La Mort*; Beauvoir, *La Force de l'âge*; Gustave Bertrand, *Enigma* (Paris: Plon, 1973); Gilbert Bloch, *Enigma avant Ultra* (priv. veröffentlicht 1988); Bullitt, *For the President*; Cardinne-Petit, *Les Secrets*; De Gaulle, *Mémoires*, vol. 1; Ferdinand Dupuy, *Quand les allemands entrèrent à Paris* (priv. veröffentlicht 1947); Ehrenburg, *La Nuit tombe*; Fontaine, *Last to Leave Paris; Foreign Relations*, vol. 2; Józef Garlínski, *Intercept: The Enigma War* (London: Dent, 1979); Guarigelia, *Ricordi; Histoire générale de la presse française*, vol. 3 (Paris: Presses Universitaires de France, 1972); Anne Jacques, *Pitié pour les hommes* (Paris: Seuil, 1943); Jouhandeau, *Journal*; Langeron, *Paris Juin 40*; Lazareff, *Dernière édition*; Leca, *La Rupture*; Lefebvre, *1939–1940*; Herbert R. Lottman, *Albert Camus* (New York: Doubleday, 1979); Mautois, *Bataille de France*; Monzie, *Ci-devant*; Murphy, *Diplomat*; Nenni, *Vingt ans*; Paillole, *Notre espion*;— , *Services spéciaux*; Noël Pinelli, *Les journées de juin 1940 à Paris* (Paris: Centre d'Etudes des Questions Actuelles, 1951); Vidalenc, *L'Exode*; Villelume, *Journal*; Weygand, *Mémoires*, vol. 3; Col. Frederick Winterbotham, *The Ultra Secret* (New York: Harper & Row, 1974).

35. Dienstag, 11. Juni

Aus Gesprächen mit Odette Daviet, Ruth Dixon, Walter Kerr, Henry Lemarié, Henri Quéffelec, Henri de Wailly. Aus der Korrespondenz von Victor Serge, mit Erlaubnis von Vlady Kibalchich, mit freundlicher Genehmigung von Richard Greeman.

U.S. National Archives, 124.516/277.

Bernacconi, »Le ultime ore«; Drechsler, »Les 'Emetteurs clandestins français'«; Gen. Pierre Héring, »Pourquoi n'a-t-on pas défendu Paris?« *Ecrits de Paris* (Paris), Juli 1947; Lyet, »Paris ›Ville ouverte‹?«; Wright, »Ambassador Bullitt«; *New York Herald Tribune*, 13. Juni 1940; *Le Temps* (Angers), 15. Juni 1940.

Kazar Nergararian, »The American Church in Paris during German Occupation and After Liberation«, 1945, mit frdl. Genehmigung der America Church in Paris.

Assemblée Nationale, *Evénements survenus*; Emmanuel d'Astier, *Sept fois sept jours* (Paris: Minuit, 1947); Audiat, *Paris*; Azenor, *Vivre tout haut*; Jean-Lous Barrault, *Souvenirs pour demain* (Paris: Seuil, 1972); Georges Benoit-Guyod, *L'Invasion de Paris* (Paris: Scorpion, 1962); Bizardel, *Sous l'occupation*; Blum, *Mémoires*; Bullitt, *For the President*; Guy Chapman, *Why France Collapsed* (London: Cassell, 1968); Churchill, *Second World War*, vol. 2; —, Reden, Bd. 1; Winston S. Churchill und Franklin D. Roosevelt, *The Complete Correspondence*, vol. 1 (Princeton: Princeton University Press, 1984); Depigny, »Juin 1940«; De Gaulle, *Mémoires*, vol. 1; Ehrenburg, *La Nuit tombe*; Fontaine, *Last to Leave Paris*; Florence Gilliam, *France: A Tribute by an American Woman* (New York: Dutton, 1945); Goutard, *1940*; Guariglia, *Ricordi*; Peggy Guggenheim, *Ma Vie et mes folies* (Paris: Plon, 1987); Jeanneney, *Journal politique*; Jouhandeau, *Journal*; Richard Kluger, *The Paper: The Life and Death of the New York Herald Tribune* (New York: Knopf, 1986); Langeron, *Paris Juin 40*; Lazareff, *Dernière édition*; Léautaud, *Journal littéraire*; Lebrun, *Témoignage*; Leca, *La Rupture*; Lefebvre, *1939–1940*; London, *L'amiral Estéva*; Mendès France, *Liberté*; Pinelli, *Les journées de juin*; République Française, Haute Cour de Justice, *Procès du Maréchal Pétain* (Paris: Imprimerie des Journaux Officiels, 1945); Reynaud, *La France*, vol. 2; —, *Mémoires*, vol. 2; Reynolds, *The Wounded*; Charles R. Robertson, *The International Herald Tribune: The First Hundred Years* (New York: Columbia University Press, 1987); Serge, *Mémoires*; Spears, *Assignment*, vol. 2; Gen. Maxime Weygand, *En lisant les Mémoires de guerre du Général de Gaulle* (Paris: Flammarion, 1955); —, *Mémoires*, vol. 3

36. Mittwoch, 12. Juni
Aus Gesprächen mit Guy Bohn, Odette Daviet, Eugène Goormachtigh, Walter Kerr, Gen. Paul Nérot, Bertha Pons, Henri de Wailly.

Archives Nationales, 72 AJ 271: »Destruction de la Station Radiotélégraphique Militaire du Fort d'Issy-les-Moulineaux«; Archives, Préfecture de Police: »La Situation à Paris«; Archives, Service Historique de l'Armée de Terre, 31 N 2 Région de Paris.

Bernacconi, »Le ultime ore«; Drechsler, »Les ›Emetteurs clandestins français‹«; Héring, »Pourquoi«; Lyet, »Paris ›Ville ouverte‹?«; Schramm, »Paris se rend«; *Edition Parisienne de Guerre* (Paris), 12. Juni 1940; *La Gerbe* (Paris), 11. Juli 1940; *New York Herald Tribune*,

13. Juni 1940; *New York Times*, 12. Juni 1940; *Le Temps*, 12. Juni 1940.

Audiat, *Paris*; Baudouin, *Neuf mois*; Pierre Bourget, *Paris 1940–1944* (Paris: Plon, 1979); Bullitt, *For the President*; Butler, *History*, vol. 2; Churchill, *Second World War*, vol. 2; —, *Reden*, Bd. 1; Churchill und Roosevelt, *Complete Correspondence*, vol. 1; Edmond Dubois, *Paris sans lumières*, in Gérard Walter, *La Vie à Paris sous l'occupation* (Paris: A. Collin, 1960); Anthony Eden, *The Eden Memoirs: The Reckoning* (London: Cassel, 1965); Fontaine, *Last to Leave Paris; Foreign Relations*, vol. 1; Gilliam, *France*; Goutard, *194*; Groussard, *Chemins secrets*; Jouhandeau, *Journal*; Lacouture, *De Gaulle*, vol. 1; Laffargue, *Le Général Dentz*; Al Laney, *Paris Herald: The Incredible Newspaper* (New York: Appleton-Century, 1947); Langeron, *Paris Juin 40*; Léautaud, *Journal littéraire*; Lebrun, *Témpoignage*; London, *L'amiral Estéva*; Nenni, *Vingt ans*; Nougères, *Dernière étape*; —, *Le Véritable procès*; Pinelli, *Les journées de juin; Procès de Pétain*; Reynaud, *La France*, vol. 2; Bruce Singer, *100 Years of the Paris Trib* (New York: Abrams, 1987); Wailly, *De Gaulle*; Weygand, *Mémoires*, vol. 3.

37. Donnerstag, 13. Juni

Aus Gesprächen mit Rabbi Edouard Gurevitch, Walter Kerr, Jean Lesot, Michèle Miller (geb. Rogivue), Christian Pineau.

Archives, Ministère des Affaires Etrangères, Papiers 1940 Dejean, vol. 5; Archives, Préfecture de Police: »La Situation à Paris«; Archives, Service Historique de l'Armée de Terre, 31 N 2 Région de Paris; U.S. National Archives, 740.0011/3763, 124.516/287.

René Bluet's Protokoll, Verhandlung von Gen. Henri Dentz, Archives Nationales 334 AP 31.

Bourderon, »Mai-septembre 1940«; Louis-Hermence Dethomas, »Porte d'Orléans,« *Journal de la France* (Paris: Tallandier), April 12, 1971; Lyet, »Paris ›Ville ouverte‹?«; Carlo Dall'Ongaro, »L'avanzata germanica«, *Il Giornale d'Italia* (Rome), 14. Juni 1940; Schramm, »Paris se rend«; *La Croix* (Bordeaux), 15. Juni 1940; *Le Temps* (Angers), 13.–15. Juni 1940.

Baudouin, *Neuf mois*; Piere Bourget, *Histoires secrètes de l'occupation de Paris*, vol. 1 (Paris: Hachette, 1970); Hans Breithaupt, *Die Geschichte der 30. Infanterie-Division (1939–1945)* (Bad Neuheim: Podzun, 1955); Bullitt, *For the President*; Churchill, *Second World War*; —, *Reden* Bd. 1; Churchill und Roosevelt, *Complete Correspondence*, vol. 1; Cowles, *Looking for Trouble*; Dupuy, *Quand les allemands*; Wilhelm Ehmer, *Die Nacht vor Paris* (Stuttgart: J. Engelhorns Nachf. Adolf Spomann o.J.); Fontaine, *Lasat to Leave Paris;*

501

Foreign Relations, vol. 1; Goebbels, *Tagebücher*, vol. 1, 4; Goutard, *1940*; Groussard, *Chemins secrets*; — *Service secret*; Otto von Knobelsdorff, *Geschichte der Niedersächsischen Panzer-Division* (Bad Nauheim: Podzun, 1958); Laffargue, *Le Général Dentz*; Langeron, *Paris Juin 40*; Léautaud, *Journal littéraire*; Lebrun, *Témoignage*; Leca, *La Rupture*; Lefebvre, *1939–1940*; François Maspero, *Les Passagers du Roissy-Express* (Paris: Seuil, 1990); Murphy, *Diplomat*; Heinrich Oehmichen und Martin Mann, *Der Weg der 87. Infanterie-Division* (Eschwege: Traditionsgemeinschaft der 87. I.D., 1969); Paillat, *Le Désastre*, vol. 3; *Procès de Pétain*; Reynolds, *The Wounded*; Pierre Rocolle, *La Guerre de 1940*, vol. 2 (Paris: A. Colin, 1990); Norman E. Turorow, *War Crimes, War Criminals and War Crimes Trials* (New York: Greenwood Press, 1986); Vidalenc, *L'Exode*; Weygand, *Mémoires* vol. 3; Wurmser, *Fidèlement vôtre*.

38. Freitag, 14. Juni

Aus Gesprächen mit Erna Friedlander, Walter Kerr, Mitchel Levitas, Liliane Lévy-Osbert, Amalia Mangin, Michèle Miller (geb. Rogivue), Claude Poirey. Über Dr. Thierry de Martel: Otto Gresser, Dr. Alain Pierandrei, American Hospital of Paris.

Archives Nationales, W-III 279–280; Archives, Ville de Paris, 222/74/1, Parquet du Tribunal de Grande Instance: Morts sans suite; U.S. National Archives, 124.516/290.

Lefebvre, »Le rôle de la radio«; Isabelle Maheo de la Tocnaye, »Thierry de Martel,« Dissertation, Université de Rennes (1979). Jean Lefranc, in *Journal de la France* 104 (19. April 1971); Louis P. Lochner, »Germans Marched into a Dead Paris«, *Life*, 8. Juli 1940; Yvette Ouvriez, in *Journal de la France* 104, 19. April 1971; René Parizot, in *Journal de la France* 104, 19. April 1971; Pietro Solari, »A Parigi con le truppe del Reich«, *Corriere della Sera* (Mailand), 17. Juni 1940; Max Taumann, in *Journal de la France* 104, 19. April 1971; *Bulletin Municipal Officiel de la Ville Paris*, 15. Juni 1940; *Corriere della Sera* (Mailand), 16. Juni 1940; *New York Times*, 15. Juni 1940; *Signal* (Berlin), 7., 15. Juli 1940; *Völkischer Beobachter*, 15. Juni 1940.

Otto Abetz, *Das offene Problem* (Köln: Greven Verlag 1951); »The American Hospital«; Henri Amouroux, *La Vie des français sous l'occupation* (Paris: Fayard, 1961); Azenor, *Vivre tout haut; Archives secrètes de la Wilhelmstrasse*; Benoît-Guyod, *L'Invasion*; Gruber und Maurin, *Bernstein*; Bullitt, *For the President*; Churchill und Roosevelt, *Complete Correspondence*, vol. 1; Charles de Gaulle, *Lettres, Notes et Carnets* (Juin 1940–Juillet 1941) (Paris: Plon, 1981); —, *Mémoires*, vol. 1; Depigny, »Juin 1940«; Youki Desnos, *Les*

Confidences de Youki (Paris: Fayard, 1957); Dupuy, *Quand les allemands*; Ehmer, *Die Nacht; Foreign Relations*, vol. 1; Girodias, *J'arrive!*; Goebbels, *Tagebücher*, vol. 1, 4; Groussard, *Service secret*; Jouhandeau, *Journal*; Langeron, *Paris Juin 40*; Léautaud, *Journal littéraire*; London, *L'amiral Estéva*; André Maurois, *Destins exemplaires* (Paris: Plon, 1952); —, *Mémoires* (Paris: Flammarion, 1970); Murphy, *Diplomat*; Oehmichen und Mann, *Der Weg*; David Pryce-Jones, *Paris in the Third Reich* (New York: Holt, Rinehart & Winston, 1981); Robert, *Notre Métro*; William Shirer, *Berlin Diary* (New York: Grosset & Dunlap, 1943); Walter, *La Vie à Paris*; Wurmser, *Fidèlement vôtre*.

39. Nach dem 14. Juni

Aus Gesprächen mit Odette Daviet, Bertrand Goldschmidt, Rabbi Edouard Gurevitch, Peter Halban, Anne M. Imhoff, Walter Kerr, Mirra Lustig (geb. Gurewicz), Michèle Miller (geb. Rogivue), Els Placzek (vorm. Mrs. Hans Halban), Claude Poirey, Maurice Zuber. In Zusammenarbeit mit dem Collège de France und Jacques Bounolleau, Archiv beim Commissariat à l'Energie Atomique in Paris. Archives, Préfecture de Police: »La Situation à Paris«; U.S. National Archives, 124.513, 124.516, 124.51 series.

Raymond Dallidet, »Eté 40 à Paris«, *Cahiers d'Histoire de l'Institut de Recherches Marxistes* (Paris) 42 (1900); Depigny, »Juin 40«; G. Gilguy, »L'histoire des brevets de base de l'équipe Joliot,« *Bull. D'Informations Scientifiques et Techniques* (Paris, Commissariat à l'Energie Atomique) 71, April 1973; Wrigth, »Ambassador Bullitt«.

Abetz, *Das offene Problem*; Henri Amouroux, *Le 18 Juin 1940* (Paris: Fayard, 1964); Baudouin, *Neuf mois*; Beach, *Shakespeare & Co*; Philippe Bourdrel, *Histoire des juifs de France* (Paris: Albin Michel, 1974); Will Brownell and Richard N. Billings, *So Close to Greatness: A Biography of William C. Bullitt* (New York: Macmillan, 1987); Bullitt, *For the President*; Churchill und Roosevelt, *Complete Correspondence*, vol. 1; Courtois, *Le PCF*; Jean-Louis Crémieux-Brilhac und Hélène Eck, »France«, in *La Guerre des ondes* (Paris: A. Colin, 1985); Dupuy, *Quand les allemands*; Ehrenburg, *La Chute de Paris*;—, *La Nuit tombe; Foreign Relations*, vol. 1; Gilliam, *France*; Anatol Goldberg, *Ilya Ehrenburg* (New York: Viking, 1984); Bertrand Goldschmidt, *Le Complex atomique* (Paris: Fayard, 1980); —, *Pionniers*; Jäckel, *La France*; George F. Kennan, *Sketches from a Life* (New York: Pantheon, 1989); Laffargue, *Le Gen. Dentz*; Laney, *Paris Herald*; Langeron, *Paris Juin 40*; Lebrun, *Témoignage*; Leca, *La Rupture*; Lefebvre, *1939–1940*; Noëlle Loriot, *Irène Joliot-Curie* (Paris: Presse de la Renaissance, 1991); Henri Michel, *Paris alle-*

mand (Paris: Albin Michel, 1981); Ministère des Affaires Etrangè-res, *Inventaire de la Collection des Papiers 1940* (Paris: Imprimerie Nationale, 1990); Murphy, *Diplomat*; Oehmichen, *Der Weg*; Pail-lole, *Notre espion*; Pryce-Jones, *Paris*; Oskar Reile, *Treff Lutetia Paris* (München: Welsermühl, 1973); Reynaud, *La France*, vol. 2; Snyder, *Guerre sur tous les fronts*; Walter, *La Vie à Paris*; Weart, *Scientists in Power*; Weygand, *Mémoires*, vol. 3.

40. Sonntag, 23. Juni
»L'Armistice vu par un officier allemand,« *Le Monde*, 1.–2. Juli 1940.
   Abetz, *Das offene Problem*; Gen. Hans Baur, *Mit Mächtigen zwischen Himmel und Erde* (Oldendorf: K. K. Schütz KG 1971); Arno Breker, *Im Strahlungsfeld der Ereignisse* (Oldendorf: K. K. Schütz KG 1971); Alan Bullock, *Hitler: A Study in Tyranny* (New York: Harper & Row. 1962); Adolf Hitler, *Libres propos sur la guerre et la paix* (Paris: Flammarion, 1952); Jäckel, *La France*; Langeron, *Paris Juin 40*; Mendés-France, *Liberté*; Pryce-Jones, *Paris*; Shirer, *Berlin Diary*; Albert Speer, *Erinnerungen* (Frankfurt, Ullstein 1968); Walter Warlimont, *Inside Hitler's Headquarters* (New York: Praeger, 1964).

EPILOG
Aus Gesprächen mit Bernt Engelmann.
   Emmanuel Berl, *Interrogatoire par Patrick Modiano* (Paris: Galli-mard, 1976); Churchill, *Blood, Sweat and Tears*; Bernt Engelmann, *Bis alles in Scherben fällt* (Köln: Kiepenheuer & Witsch 1983); Joseph Goebbels, *The Goebbels Diaries (1939–1941)* (London: Hamish Hamilton, 1982); Langeron, *Paris Juin 40*.

Personenregister

Abetz, Otto, 445 f., 452
Achenbach, Ernst, 457
Alphand, Hervé, 126
Alphandery, Fernande, 30 f., 118, 214, 291 f.
Arenstam, Arved, 91, 117, 287
Astier, Emmanuel d', 322
Attlee, Clement, 194
Attolico, Bernardo, 171
Audiat, Pierre, 313
Azenor, Hélène, 176-178, 322, 427 f.

Baker, Josephine, 145
Bardoux, Jacques, 18, 34, 78, 88, 110, 153
Bargeton, Paul, 26
Bames, Maynard, 460
Barrat, Arthur S., Marschall, 22, 56
Barrault, Jean-Louis, 327 f.
Baudouin, Paul, 138, 141, 145, 147, 198, 238, 247, 249-251, 259, 272, 298 f., 344
Baur, Hans, Hauptmann, 474, 478
Beach, Sylvia, 221, 225, 462
Beaumont, Germaine, 54, 138
Beaussart, Msgr. Roger, 110, 129
Beauvoir, Simone de, 33, 125, 223, 260, 265, 290
Beaverbrook, Lord, 392
Beigbeder Atienza, Juan 208
Benoît-Guyod, Georges, Major, 322, 418 f.
Berl, Emmanuel, 173, 480

Bernacconi, Sergio, 282 f., 303 f., 335, 367 f.
Bernstein, Henry, 8, 126 f.
Betrand, Gustave, Hauptmann, 308-311
Biddle, Anthony Drexel Jr., 249, 273, 302, 365, 393, 399, 445
Billotte, Gaston, General, 139
Bizardel, Yvon, 321
Blanchard, Pierre, General, 139, 148
Blesson, Jacques de, 26
Blum, Léon, 21, 95, 123, 126, 133, 142, 153, 257 f., 279 f., 282, 324-327, 368, 448
Bock, Fedor von, General, 402, 425, 432, 438
Bohn, Guy, Unteroffizier, 368-372
Bohr, Niels, 80, 82
Bonhomme, Léon, Hauptmann, 136, 276
Boothe, Clare, 45, 70, 100 f., 154 f., 164, 174 f., 190 f.
Bormann, Martin, 474
Bouchardeau, Marguerite, 294 f.
Bourdet, Edouard, 317
Bourdet, Pierre, 407
Brandt, Dr. Karl, 474
Breker, Arno, 472-477
Brusset, Max, 17, 102
Bullitt, William C., 22, 35-38, 43, 57 f., 61-64, 67, 73, 79, 83, 93 f., 104-106, 115, 118, 128, 148, 153, 161 f., 166 f., 172 f., 182-185, 189, 192-195, 212 f., 218, 226 f.,

505

Healy, Tom, 391
Heinrich, Theo, Major, 402-404
Henry, Patrick, 35
Héring, Pierre, General, 54, 72-
75, 93, 134, 140, 160, 183, 200,
210 f., 271, 318, 327, 346 f.,
352, 359-361, 364, 382, 406
Herriot, Edouard, 73, 75, 79, 103,
172 f., 183, 273, 281 f.
Heydrich, Reinhard, 447
Hillenkoetter, Roscoe, Kommandeur, 399, 434 f. 456
Hilsum, Charles, 141, 143
Hills, Laurence, 341-343, 462
Hindenburg, Paul von, General-
feldmarschall, 106
Hitler, Adolf, 8, 9, 12, 14, 16, 19,
25-27, 34, 39 f., 47-49, 59, 62,
69, 82, 88, 105 f., 123, 133, 138,
140, 147f., 155, 166, 173, 184,
191, 193 f., 206, 230, 239, 241,
271, 307 f., 393, 397 f., 433,
445 f., 469, 471-479, 480 f.
Hoppenot, Henri, 281
Hull, Cordell, 58, 128, 185, 193,
261, 302, 393
Huzard, Jeanne, 126

Ickes, Harold, 38
Imhoff, Max, Jr., 464
Ironside, William, General, 138
Ismay, Hastings, General, 83 f.,
392
Iwanow, Nikolai, 140 f.

Jacques, Anne, 295 f.
Jacques-Simon, Jacques, 442
Jeanneney, Jules, 73 f., 76, 103 f.,
146 f., 273
Jolas, Maria, 337
Joliot-Curie, Frédéric, 80-82, 466-
468
Joliot-Curie, Irène, 80-82, 466

Jong, Louis de, 87
Jouhandeau, Marcel, 133, 252 f.,
314, 340, 357, 430, 440
Jouhaux, Léon, 448
Jouvet, Louis, 14
Joyce, James, 337

Kahane, Maurice: s. Girodias,
Maurice
Kennan, George Frost, 460
Kennedy, Joseph, 79, 393 f.
Kérillis, Henri de, 33
Kerr, Walter, 127, 164, 240, 251,
289 f., 323, 343, 349, 352,
390 f., 397 f., 417, 421, 425,
437, 439 f., 463 f., 478
Khaitman, Denise, 293 f.
King, Mackenzie, 80
Kirk, Alexander C., 433
Kleist, Ewald von, General, 49,
376
Knickerbocker, H. R., 155
Koestler, Arthur, 224
Kowarski, Lew, 80-82, 466 f.
Küchler, Georg von, General, 39,
59 f., 283, 376, 400-402, 405,
408, 411, 413, 417, 432

Langeron, Roger, 68, 258, 315,
323, 325 f., 334, 361, 363, 366,
382 f., 395 f., 406 f., 415,
435 f., 441 f., 451, 468, 472,
474 f., 481
Lannurien, Emile Barazer de,
General, 346 f.
La Rocque, François de, 34
Lattre de Tassigny, General Jean
de, 268
Laubreaux, Alain, 34, 97, 98, 102,
133, 137
Laurent-Eynac, André, 32, 135,
212
Laval, Pierre, 102, 106, 312

508

Herbert R. Lottman · Der Fall von Paris

■ Porte de la Villette

1. Außenministerium
2. Amerikanische Botschaft
3. Britische Botschaft
4. Kriegsministerium
5. Gare Montparnasse
6. Luftwaffenministerium
7. Citroën-Werke
8. Renault-Werke
9. Gare d'Austerlitz

XVIII

Gare du Nord ■

JE DE CHÂTEAUDUN

Gare de l'Est ■

XIX

IX

X

BELLEVILLE

II

PLACE DE LA
RÉPUBLIQUE

CONCORDE

III

I

RUE DES ROSIERS

Palais de Justice

XI

XX

Hôtel-de-Ville ■

IV

BOULEVARD
SAINT-GERMAIN

RUE
SOUFFLOT

■ 9

Gare de Lyon

BOULEVARD
SAINT-MICHEL

Panthéon ■

Seine

V

XII

■ Santé Prison

XIII

BOIS
DE VINCENNES